L'intégration communautaire en Afrique centrale (1994-2023)

Enjeux, bilan et perspectives

Sous la direction de

Jean de Noël ATEMENGUE

L'intégration communautaire en Afrique centrale (1994-2023)

Enjeux, bilan et perspectives

Préface de Désiré AVOM

L'Harmattan
Cameroun

5-7, rue de l'Ecole-Polytechnique, 75005 Paris

http://www.editions-harmattan.fr

ISBN : 978-2-336-48238-5
EAN : 9782336482385

REMERCIEMENTS

Le présent ouvrage collectif recueille les contributions des membres et sympathisants de l'Observatoire Sous-Régional d'Intégration Communautaire en Afrique Centrale (OBSIC-AC). Il est le fruit d'un projet patiemment mûri à travers des conseils, des orientations et l'accompagnement d'un certain nombre d'acteurs institutionnels et personnels auxquels l'OBSIC-AC, à notre modeste voix entend témoigner sa reconnaissance. Nous pensons précisément :

- Au Professeur ATEMENGUE Jean De Noël, Directeur de l'ouvrage, pour l'inspiration, l'accueil cordial et l'enrichissement pertinent qu'il lui a apporté ;
- Au Professeur BELLA Achille, pour l'accompagnement scientifique et les encouragements constants en vue de la finalisation de cet ouvrage ;
- Au Professeur AVOM Désiré, Doyen de la Faculté des sciences économiques et de gestion de l'Université de Yaoundé 2-Soa pour le rayonnement particulier qu'il a accordé à cet ouvrage en acceptant de signer sa préface ;
- Au Docteur MBANG Augustin, Inspecteur des Impôts, D.A.F. à l'École Supérieure de Commerce et de Gestion (SUP DE CO) de Yaoundé, pour la foi au projet global de mise sur pied d'un observatoire sur les problématiques d'intégration communautaire en Afrique centrale ;
- Au Docteur LIBONG BADJAN Patrice, Coordonnateur du Secrétariat technique du COPIL/CER-AC, pour ses heureux éclaircissements relatifs à la compréhension des pratiques des institutions communautaires ;
- À Monsieur NDONG OWONA Thierry, Directeur de publication du Journal Intégration, pour sa bienveillante attention, sa disponibilité et sa confiance vis-à-vis de l'OBSIC-AC ;
- À l'Ambassade du Congo au Cameroun, et à travers elle, Monsieur NKOU Stanislas Michel, Conseiller d'Ambassade, qui de tout temps, n'a manqué aucune occasion pour accompagner l'OBSIC-AC dans la réalisation des initiatives qu'il conduit en vue de la promotion de l'intégration communautaire ;

Last but not the least, nous tenons à exprimer, à titre personnel, notre sincère et profonde gratitude aux contributeurs qui ont accepté de rehausser la qualité de cet ouvrage par leurs réflexions incisives.

Le Secrétaire Général de l'OBSIC-AC

Dr AMINE AMOA Idriss

PRÉSENTATION

L'Observatoire Sous-Régional d'Intégration communautaire en Afrique Centrale (OBSIC-AC) est une organisation de la société civile qui a pour mission la promotion, l'appui, l'évaluation et la facilitation de l'intégration communautaire au sein de la sous-région « Afrique centrale ». Elle regroupe les citoyens des pays membres de la CEMAC/CEEAC, a son siège social à Yaoundé (Cameroun) et exerce ses activités en toute légalité sur la base du **récépissé de déclaration d'association n°00000755/RDA/J06/A2/SAAJP/ BAPP du 24 juillet 2020**.

Afin de réaliser ses missions, l'OBSIC-AC fait usage de différentes méthodes, parmi lesquelles la sensibilisation, l'éducation, le monitoring, le reporting, le montage et l'exécution de projets communautaires. Son architecture institutionnelle est structurée autour d'un Secrétariat général, clé de voûte de l'organisation, dirigé par un Secrétaire général et deux Secrétaires généraux adjoints, ainsi que d'unités administratives et techniques, piliers de l'organisation.

SOMMAIRE

PRÉFACE

« Se réunir est un début. Rester ensemble est un progrès. Travailler ensemble est la réussite ». Ces mots de l'industriel américain **Henry FORD** traduisent non seulement l'importance des regroupements, mais aussi, et surtout mettent en lumière le processus séquentiel qui conduit à la réussite de tels regroupements. Partant de ce constat, le contexte économique contemporain caractérisé par la fragmentation géoéconomique et la remise en cause du multilatéralisme, contraint de plus en plus les États, notamment ceux de petite taille économique, à sortir des considérations individuelles qui, au demeurant, peuvent compromettre leur réussite, pour les projeter résolument et durablement vers des regroupements dans le cadre des intégrations régionales. Elles apparaissent comme, les seuls espaces susceptibles de garantir l'épanouissement de leurs populations. Cet épanouissement résulte d'une mutualisation des forces, qui permet un élargissement des marchés et des opportunités, une minimisation des difficultés, un partage des risques et au-delà, une homogénéisation progressive des préférences. Malgré ces avantages bien visibles dans certains espaces comme l'Union Européenne, l'Afrique Centrale reste la zone du monde la moins intégrée sur le plan commercial avec un niveau d'échanges intra-zones qui dépasse à peine 2%, bien en deçà des performances des autres regroupements sous-régionaux en Afrique, comme la Communauté Economique des États de l'Afrique de l'Ouest (CEDEAO), la Communauté de Développement d'Afrique Australe (SADC) avec respectivement environ 10% et 18,5%. De même, sur le plan politique, les avancées, bien que réelles, demeurent insuffisantes. Ces faibles performances semblent corrélées avec la rareté des travaux de recherche qui y sont consacrés. Le présent ouvrage, intitulé « ***L'intégration communautaire en Afrique Centrale*** *»*, qui est une synthèse rare, à jour, constitue dès lors, une œuvre utile, porteuse d'une semence féconde et d'un réel espoir.

C'est donc avec empressement et un grand bonheur que j'ai accepté la sollicitation de mon ami Monsieur le **Professeur Jean de Noël ATEMENGUE** d'en être le préfacier. Monsieur le **Professeur Jean de Noël ATEMENGUE**, l'un des spécialistes camerounais du droit économique, a su fédérer autour de lui plusieurs générations de collègues pour produire un ouvrage abordant différents aspects de l'intégration. Cet ouvrage est pertinent pour au moins trois raisons. D'abord, l'hétérogénéité des champs disciplinaires, qui lui donne une envergure que je qualifierais d'interdisciplinaire, avec une pluralité des contributeurs issus d'horizons scientifiques divers à la plume parfois critique, souvent prospective, mais toujours suggestive. C'est dire à la suite de l'économiste américain d'origine hongroise **Bela BALASSA** que l'intégration économique est un processus interpellant une expertise plurielle à savoir : économie, sociologie, droit, histoire, anthropologie, etc. Ensuite, la qualité scientifique de l'ouvrage, qui réunit des universitaires et praticiens de grande qualité, tous spécialistes de divers aspects de l'intégration communautaire. Enfin, la pertinence des contributions, qui met en exergue de façon explicite les aspects pratiques et techniques qui du reste, peuvent nourrir davantage l'expérience d'intégration dans la Communauté Économique et Monétaire de l'Afrique Centrale (CEMAC).

Que dire de plus ? Au moment où les peuples africains, dans leur immense majorité, attendent avec optimisme l'accélération du processus d'intégration avec la mise en œuvre de la Zone de Libre-Échange Continentale (ZLECAF), la parution du présent ouvrage arrive comme une boussole pour les acteurs politiques et économiques de la sous-région. Aussi, compte tenu de l'environnement institutionnel encore perfectible, cet ouvrage offre un ensemble d'orientations qui, appliquées par les décideurs nationaux et communautaires, peuvent susciter cette vague légitime d'optimisme, au sein d'une sous-région dont les populations sont interrogatives, mais convaincues de la nécessité de consolider son intégration. Plus généralement, même s'il est établi de longue date que la principale difficulté, en Afrique n'est pas le manque de bonnes politiques ou de stratégies claires, mais l'insuffisance de leur mise en œuvre, il est toutefois indispensable pour cette mise en œuvre, de bien comprendre l'économie politique qui est à la base du processus et des contraintes à l'intégration économique en Afrique.

L'amélioration et la consolidation durable du projet d'intégration, qui apparaissent comme des défis majeurs pour le développement concerté des pays africains pourront, j'en suis sûr, en tirer profit. Je suis particulièrement confiant et saisis l'occasion qui m'est offerte pour adresser mes félicitations et encouragements à mon cher ami et non moins estimé collègue Jean de Noël pour la poursuite de cette ambitieuse et salvatrice œuvre pour notre sous-région.

Aussi, vais-je formuler mes vœux de succès pour cette grande œuvre et recommander sa lecture aux étudiants, enseignants-chercheurs, femmes et hommes politiques, acteurs de la société civile, aux différents fonctionnaires nationaux en charge des questions d'intégration, et sous-régionaux, de s'en approprier pour une implémentation efficace.

Professeur Désiré AVOM

Agrégé de Sciences Économiques
Doyen de la Faculté des sciences économiques
et de gestion de l'Université de Yaoundé 2

INTRODUCTION GÉNÉRALE

Par

Jean de Noël ATEMENGUE

Professeur titulaire
Université de Ngaoundéré

Le projet communautaire participe du rêve, de l'ambition et de la volonté. Le rêve d'une « République universelle » ; la volonté de se rassembler ; l'ambition d'être unis face à l'adversité, quelle qu'en soit la nature. C'est une ambition qui se manifeste depuis quelques décennies déjà. En effet, des espaces géoéconomiques, et même, de plus en plus, géostratégiques se créent un peu partout dans le monde et essaient de rayonner avec efficacité, le plus loin possible.

Si, s'agissant de l'Europe, c'était à l'époque une rêverie de philosophe, la réalité aujourd'hui est constante : l'Europe communautaire existe bel et bien même si, par ailleurs, le sentiment national persiste ou resurgit avec plus ou moins de vigueur, par-ci par-là. Il n'empêche, cette Europe-là exerce incontestablement une forte attraction sur la plupart des autres pays du vieux continent, lesquels voudraient bien entrer dans le « club communautaire ». C'est donc dire que l'idée communautaire est une grande idée ; elle fonde un grand projet, le *projet communautaire* en l'occurrence. De cette idée, il convient d'étudier les fondements et les enjeux auxquels elle renvoie.

Parlant des *fondements de l'intégration communautaire*, il faut d'emblée rappeler une évidence : de tout temps, les hommes ont toujours éprouvé le besoin de se mettre ensemble, d'unir leurs forces pour construire quelque chose de grand ensemble. Après des siècles de confrontations tribales, de guerres civiles ou interétatiques, voire mondiales, les hommes, dans le cadre des États contemporains ont, après le séisme multidimensionnel provoqué par la Seconde Guerre mondiale, entrepris d'intégrer au plan économique déjà les diverses sociétés politiques constituant ce qu'on appelle la communauté internationale. Ceci a été et continue d'être fait dans l'optique de conjurer à jamais la guerre. C'est donc une attitude morale, philosophique et idéologique. Elle constitue le fondement premier de la Communauté.

L'Union Européenne (UE) telle qu'elle existe aujourd'hui est considérée comme le modèle en matière de construction communautaire. Elle exerce en effet une attraction considérable et même une sorte de fascination sur des pays jusque-là isolés, quand ils ne sont pas purement et simplement en conflit les uns contre les autres. L'idée communautaire est donc certainement une grande idée.

C'est une grande idée que les Africains ont fait leur, entreprenant de ce fait de construire des espaces économiques intégrés sur le continent noir. Ce faisant, les Hommes Noirs *« sont entrés dans l'Histoire »*, au moins sur ce plan-là... Il ne saurait évidemment être question pour nous autres Africains de parcourir, pour la reprendre, toute l'histoire de la construction européenne. Il nous suffit de savoir que l'idée d'une communauté de nations juridiquement organisée, économiquement articulée en vue d'une intégration, la plus large possible, nous est, pour une large part, inspirée d'Europe, en prenant la roue de cette dernière. Et l'Afrique s'est très vite mobilisée à l'orée des indépendances pour ce qui concerne son intégration.

En effet, l'idée d'une communauté africaine transcendant les égoïsmes nationaux, dépassant les frontières héritées de la colonisation a très tôt germé dans l'esprit des pères des indépendances africaines et de quelques grands intellectuels négro-africains, chantres de la négritude ou du retour en Afrique de la diaspora noire (Kwamé Nkrumah, Senghor, Aimé, Césaire, Modibo Keita, Marcus Garvey, W.E. Dubois, etc.). Ces Africains-là, en pensant l'Afrique comme une entité globale comme une communauté transcendée, auraient pu paraphraser J.-J. Rousseau, le philosophe de Genève en disant : *« Il n'y a plus aujourd'hui de Camerounais, de Nigérians, de Congolais, de Tchadiens, de Libyens même, quoi qu'on en dise ; il n'y a plus que des Africains »*. Partant d'entités souveraines (les États), les Africains entreprennent depuis les années 60 d'édifier des espaces géoéconomiques qui s'analysent en des communautés économiques (et parfois monétaires). Procédant par cercles concentriques, l'Afrique essaie de s'unir tant du point de vue économique que politique. À travers tout le continent en effet, des cadres et des structures d'intégration communautaire sont établis et fonctionnent avec plus ou moins de bonheur, selon les cas.

Mais de quelle intégration s'agit-il ? De quelle intégration peut-il être question ? Comment surmonter les égoïsmes nationaux, la volonté de puissance des gouvernants de chaque pays ? Quels axes d'intégration privilégier et qui viendraient concrétiser l'idée communautaire, réaliser le projet d'intégration ? Qu'est-ce qui fait qu'aujourd'hui, et pour ne prendre que l'exemple de la CEMAC et de la CEEAC, que les Camerounais, les Tchadiens, les Centrafricains, les Congolais, les Gabonais et les Équato-Guinéens, les Angolais, les Congolais, les Santoméens veuillent se mettre ensemble ou alors se mettent effectivement ensemble, s'associent pour édifier un espace politiquement, économiquement, monétairement et stratégiquement intégré ? Qu'est-ce qui rapproche ou serait susceptible de rapprocher tous ces peuples ?

Le questionnement ci-dessus soulevé articule les fondements politiques, historiques, économiques ou encore stratégiques de la Communauté. Il renvoie à un projet difficile à réaliser ; il est même loin d'être évident qu'il se réalise un jour et connaisse un succès irréversible. Ce qui est important, pour l'heure, c'est que l'idée et l'ambition communautaires existent en Afrique aussi. Elles renvoient à des enjeux formidables.

Les *enjeux de l'intégration communautaire en Afrique centrale* sont multiples, diversifiés et, somme toute, grandioses. Enjeu entendu ici comme ce qu'on peut gagner ou perdre dans une opération ou dans une compétition donnée. Que rapporte ou rapportera la construction d'un espace politiquement, économiquement, monétairement et stratégiquement intégré en Afrique centrale au sens large ? Quelles chances, mieux, quelles opportunités perdraient les 50 à 60 millions d'habitants de la CEMAC par exemple, en ne rendant pas effectif le projet contenu dans l'acte fondateur de la CEMAC ?

Cette intégration, dont l'objet est économique et monétaire, se fait par le droit, lequel traduit en règle la volonté politique des États de mutualiser des pans entiers de leurs souverainetés respectives pour, justement, bâtir une *Communauté intégrée.*

L'enjeu politique

À la lecture des textes fondamentaux de la CEMAC et de la CEEAC, la dimension politique de la construction communautaire n'apparaît pas tout de suite : « *La mission essentielle de la communauté est de promouvoir un développement harmonieux des États dans le cadre de deux unions : une union économique et une union monétaire* » (art 1er, Traité constitutif de la CEMAC). A priori donc, la conception de l'intégration retenue se limite au seul aspect économico-monétaire, laissant de côté l'idée même d'une intégration politique, celle-là qui aurait notamment et à terme impliqué l'institution d'une citoyenneté communautaire ou encore la mise en œuvre d'une politique étrangère commune. Il est cependant possible de penser qu'*en ne prenant pas clairement position sur l'idée d'une intégration politique, même à long terme, les États membres condamnent la CEMAC à l'extrême difficulté de vivre effectivement ; une telle attitude est un obstacle réel à une intégration véritable.* On peut néanmoins apercevoir que l'intégration politique est sous-entendue avec l'institution (au moins formelle) d'un marché commun dans la sous-région. C'est probablement cette dimension politique sous-jacente qui induit la *citoyenneté communautaire*. En effet, les textes de la CEMAC retiennent le principe de la disparition des frontières internes à la Communauté, impliquant ainsi la liberté de circulation et d'établissement des ressortissants de la CEMAC dans tout pays composant celle-ci. L'enjeu est que cette citoyenneté communautaire soit conduite jusqu'au bout de sa logique en établissant le pouvoir de suffrage au profit des ressortissants de la CEMAC, quel que soit leur pays de résidence dans la Communauté. Cette idée est depuis longtemps une réalité dans la plupart des pays de l'Union européenne. Cette idée pourra-t-elle un jour devenir réalité en Afrique centrale ? Si le bilan de la construction communautaire dans cette partie du monde peut susciter un certain pessimisme, il convient toutefois de ne pas insulter l'avenir en se fermant cette perspective-là.

La dernière dimension de l'enjeu politique réside dans la perspective de la définition d'une *politique étrangère commune*. C'est peut-être le pari le plus difficile à remporter. La logique de la construction communautaire commande de s'y atteler un jour ou l'autre. En effet, ayant mis ensemble l'essentiel de leurs ressources intellectuelles, économiques pour exécuter des politiques communes dans les domaines économique et monétaire, il serait incohérent que les États membres de la CEMAC ne parlent pas d'une seule voix face aux entités étrangères, face à la concurrence extérieure. C'est une question de logique et d'efficacité.

L'enjeu stratégique : la défense et la sécurité communes

L'histoire l'enseigne à suffisance : les pays d'un espace géopolitique intégré ne se font pas la guerre, surtout quand ils sont des démocraties (E. Kant). La dimension stratégique et sécuritaire n'est pas formellement considérée par les textes organiques de la CEMAC, mais il est probable et, en tout cas, souhaitable, que les États membres de la Communauté en viennent à terme à cette idée pour la réaliser. En revanche, s'agissant de la CEEAC, la perspective sécuritaire est bien ouverte.

L'enjeu économique

C'est l'enjeu central le plus visible et le plus certain. Tant la CEEAC que la CEMAC ont un objet d'ordre économique auquel il convient d'ajouter la dimension monétaire pour ce qui est de la CEMAC. L'enjeu économique doit être situé par rapport au « marché commun » autour duquel s'articulent l'existence et le projet d'intégration de l'Afrique centrale.

D'inspiration libérale, le « marché commun » renvoie à l'économique. Il peut être défini comme *« une aire géographique unique substituée à la diversité des aires géographiques nationales qu'elle fusionne et sur lesquelles s'appliquent les règles de l'économie de marché* » (Jean Boulouis).

L'enjeu économique est donc celui-ci : construire en le développant un espace économique intégré. Cette démarche implique la disparition de toutes les entraves douanières et fiscales nationales à la libre circulation des biens et des personnes et l'application des règles de concurrence identiques à l'intérieur du marché commun.

Comme on l'a compris, l'idéal communautaire concerne toutes les parties du globe. C'est un idéal d'autant plus exigeant que le monde est, depuis la fin de la Seconde Guerre mondiale, en intégration continue : c'est la mondialisation.

Le Traité de la CEMAC est entré en vigueur en 1999. C'est en effet le 25 juin 1999, après avoir constaté que l'ensemble des États membres en avait ratifié le Traité constitutif et les autres conventions de base, que les chefs d'État de la CEMAC lancèrent officiellement et solennellement les activités de cette organisation dans le cadre de la « *Déclaration de Malabo* ». Ce Traité fut révisé le 25 juin 2008 à Yaoundé, en même temps que les conventions subséquentes. Aujourd'hui, la CEMAC est appelée à disparaître pour être absorbée par la CEEAC. C'est une des problématiques que soulève et tente d'éclairer le présent ouvrage collectif sur *l'intégration communautaire en Afrique centrale*. Le propos centré sur le droit communautaire et sur les politiques communautaires vise pour l'essentiel à rendre compte de la dynamique de l'œuvre communautaire en Afrique centrale, en discutant des normes et des pratiques institutionnelles de l'intégration dans cette sous-région d'Afrique, pour en analyser les enjeux, en faire un bilan d'étape et en déceler quelques perspectives à court et à moyen terme. La perspective d'ensemble, initialisante, est relative à **la rationalisation de l'intégration communautaire en Afrique centrale**. Une rationalisation rendue nécessaire par la prolifération des organisations sous-régionales en Afrique centrale, l'enjeu étant de réussir la fusion annoncée entre la CEMAC et la CEEAC, mais qui est en réalité une absorption de la première organisation par la seconde. En tout état de cause, il est plausible que c'est dans le cadre de la CEEAC que seront durablement et efficacement mises en œuvre *les mesures de surveillance multilatérales et l'uniformisation des pratiques institutionnelles*, la CEMAC s'étant montrée finalement inapte à avancer sur ce terrain. Il est légitime de considérer que la CEEAC, en tant qu'elle réunit tous les États de l'Afrique centrale, est en même temps le cadre et l'instrument idoine pour collaborer avec d'autres organisations sous-régionales, à l'instar de la CEDEAO, dans la perspective, entre autres, de *la protection de l'environnement en Afrique subsaharienne*. Il est tout aussi légitime de penser que la réussite de cette collaboration entre les deux organisations sous-régionales, toutes reconnues par l'Union africaine, serait un pas décisif pour surmonter *l'épreuve de l'intégration panafricaine.*

Aussi bien, les normes édictées et les droits et libertés fondamentaux consacrés par le législateur communautaire apparaissent comme des outils précieux pour atteindre cet objectif ultime. Mais force est de constater que l'Afrique centrale est, sur ce plan aussi, loin de la coupe aux lèvres, elle qui peine à rendre effective la liberté de circulation des personnes et des biens, pourtant consacrée par les textes communautaires. D'où, fatalement, la récurrence des conflits aux frontières ; conflits dont la gestion n'est manifestement pas de nature à installer *la liberté de circulation dans la non-discrimination* entre nationaux et étrangers « communautaires ». Il apparaît par conséquent que *la mise en œuvre des actes juridiques régissant la libre circulation des personnes en Afrique centrale* n'est ni ferme, ni efficace, de manière à empêcher *l'expulsion des étrangers* fussent-ils communautaires. Il importe cependant de ne pas céder à un pessimisme sclérosant, tant il est constant que les États de l'Afrique centrale ont défini des politiques communautaires crédibles dans divers domaines ; des politiques que les organes exécutifs communautaires ont pour mission de mettre en mouvement. Le bilan effectué révèle des avancées importantes dans la mise en œuvre des *politiques de la recherche, de l'enseignement supérieur et de la formation professionnelle* ; des acquis incontestables également dans le domaine du *financement du développement dans la zone CEMAC à travers la Banque de développement des États de l'Afrique centrale.* Cette banque a notamment contribué au financement du *commerce intra-CEMAC*. Les États parties à la Communauté ont porté leur commerce intra-communautaire en s'adossant sur ce qui apparaît en réalité comme leur principale réussite : *la politique monétaire commune définie et réalisée dans le cadre de la BEAC.*

Il apparaît en revanche que les peuples des deux communautés appelées à fusionner n'ont pas été réellement mis en situation de décider directement des orientations de l'œuvre d'intégration. En effet, *la participation du Parlement communautaire au processus décisionnel de la CEMAC* est, jusqu'à ce jour, restée dans les limbes, les peuples d'Afrique centrale en général et ceux de la CEMAC en particulier n'ayant jamais été convoqués pour élire leurs représentants au Parlement communautaire. Il se manifeste ainsi un déficit démocratique regrettable dans le processus d'intégration en Afrique centrale. Il n'en demeure pas moins que la vie juridico-institutionnelle de la CEMAC a révélé la relative vigueur de l'autre institution non exécutive de l'édification communautaire, la justice communautaire en l'occurrence. Les différentes études spécifiques faites dans le cadre de cet ouvrage démontrent en effet à suffisance que *le contrôle juridictionnel des activités communautaires* est effectif, à défaut d'être toujours efficace et efficient ; que *l'accès à l'administration de la justice communautaire* est balisé d'une manière globalement satisfaisante, toute chose qui a permis, entre autres, *l'invocabilité des normes communautaires CEMAC par le juge camerounais.*

Première partie :

NORMES ET PRATIQUES INSTITUTIONNELLES

Titre 1 :

LA RATIONALISATION DE L'INTÉGRATION COMMUNAUTAIRE

LA CEMAC À L'ÉPREUVE DE L'INTÉGRATION « PANAFRIQU'UN[1] »

Par

Abel MOUSSI

Docteur en Philosophie de l'Université de Yaoundé I
Licencié en Droit
Assistant à l'Université de Dschang

Résumé

L'intégration sous-régionale est à la fois une stratégie philosophique et économique dont l'efficacité se perçoit dans la coexistence harmonieuse et le développement des États. En Afrique, l'intégration a eu une forte consonance politique dans la mesure où elle était perçue comme un instrument de libération et d'émancipation du continent. Elle avait donc une visée fédératrice, mieux panafricaine. Confrontée à de nombreuses réalités, la fédération s'est avérée idéaliste, illusionniste et s'est substituée par la confédération. Ainsi, est-on passé du panafricanisme au panafriqu'un. La réalisation de cette autre entreprise, axée autour de l'union africaine (UA), dépend aussi bien de la participation des États que des communautés sous-régionales. Or en zone CEMAC, l'intégration est en butte à plusieurs facteurs. Il est donc nécessaire de repenser une nouvelle stratégie d'intégration de la CEMAC afin qu'elle soit résolument actrice de la consolidation de la confédération africaine.

Mots-clés : CEMAC ; communauté ; intégration ; panafricanisme ; panafriqu'un

---

[1] Le concept « panafriqu'un » dénote la vision confédérale de l'Afrique, construite autour de l'Union africaine. L'intégration panafriqu'un exige le dépassement des États-nations pour un arrimage à la collectivité institutionnelle continentale. Elle nécessite une bonne intégration des communautés économiques, ainsi que leur collaboration. Panafriqu'un révèle donc la conscience identitaire d'attachement à l'Afrique et à ses institutions de développement.

Abstract

Sub-regional integration is both a philosophical and economic strategy whose effectiveness can be seen in the harmonious coexistence and development of States. In Africa, integration had a strong political connotation insofar as it was perceived as an instrument of liberation and emancipation of the continent. It therefore had a unifying, more pan-African aim. Faced with many realities, the federation turned out to be idealistic, illusionist and replaced by the confederation. Thus we have moved from Pan-Africanism to Pan-Africanism. The realization of this other enterprise centered around the African Union (AU), depends on the participation of both States and sub-regional communities. However, in the CEMAC zone, integration is hampered by several factors. It is therefore necessary to rethink a new CEMAC integration strategy so that it is a resolute actor in the consolidation of the African confederation.

***Keywords** : CEMAC; community ; integration ; Pan-Africanism; panafrican one*

INTRODUCTION

L'Afrique se débat. Certes, elle se bat pour mériter une place digne dans le concert des nations, mais elle est visiblement à la traîne au regard des nombreuses fractures qu'elle connaît dans divers domaines. Pour sa renaissance et son émergence, l'Afrique semble avoir choisi une stratégie holistique et fédérative dont l'aboutissement est la globalisation de ses micro-États en une seule entité politique ; d'où la notion du panafricanisme. Celle-ci soulève une vieille problématique toujours renouvelée à savoir : comment se fera réellement le « un » de l'Afrique ?

Pour les intellectuels africains de la première heure à l'instar de Kwame Nkrumah, l'unité de l'Afrique ne résulterait que du dépassement des actuels États-nations africains pour aboutir à un seul État fédéral. Cette position difficile mettait l'accent sur la possible intégration du continent africain. Pour résoudre cette difficulté, deux courants, radicaux et modérés, se constituèrent par des approches opposées.

La doctrine radicaliste plus favorable à la philosophie nkrumahéenne optait pour une transformation sans transition en un « Super État africain ». Pour les modérés, le futur État africain devrait être le résultat d'un processus progressif d'intégration des sous-régions africaines. Le triomphe de ces derniers était l'acte qui donna naissance aux communautés sous-régionales, à une nouvelle fragmentation de l'Afrique en des communautés sectorielles. C'est de là que la Communauté Économique et Monétaire des États de l'Afrique Centrale (CEMAC) tire sa légitimité.

La présente réflexion consistera à diagnostiquer les maux qui minent l'intégration en zone CEMAC, afin de proposer théoriquement une thérapie susceptible de booster les relations sous-régionales dans une nouvelle orientation d'intégration régionale. Tel est le sens du projet « panafriqu'un ». Dès lors, le problème philosophique est dual : celui du statut et même du rôle de la CEMAC dans la nouvelle dynamique intégrative de la communauté africaine. L'examen de cette double préoccupation s'articulera tour à tour sur les entraves de la coopération en zone CEMAC (I), puis l'impact des pesanteurs de l'intégration de la CEMAC dans le projet panafriqu'un (II), enfin, une nécessaire intensification coopérative en zone CEMAC, propédeutique à l'ouverture de l'intégration régionale (III).

I. LES ENTRAVES DE LA COOPÉRATION EN ZONE CEMAC

Le 16 mars 1994 est la date de signature du traité instituant la CEMAC. Cet acte juridico-politique visait à donner vie à une institution supra-étatique en même temps qu'elle euthanasiait une autre, en l'occurrence l'Union Douanière des États de l'Afrique Centrale (UDEAC). À sa naissance officielle le 25 juin 1999, la CEMAC était légataire des objectifs manqués de l'UDEAC. Ainsi, elle devait prioritairement promouvoir une vie communautaire entre les États membres.

À bien observer la dynamique de l'intégration en Afrique Centrale, on conclut sans ambages que l'identité communautaire reste un luxe. Le déficit d'intégration manifeste que l'on décrie en zone CEMAC se perçoit sur le plan politique (1), économique (2), et techno-culturel (3).

I.1. Les entraves politiques de la coopération en Afrique Centrale

D'emblée, il faut souligner que tout projet coopératif repose sur une volonté politique. Car, c'est la politique qui esquisse les grands axes du projet communautaire, c'est encore elle qui les met en jeu tout en définissant ses enjeux.

Les entraves politiques de la coopération en Afrique Centrale sont pluriformes. On note une mauvaise volonté, voire une absence totale de volonté des États (a), qui trahissent manifestement leur égoïsme fondé sur l'argument souverainiste (b), entravant la vie communautaire, non moins que les conflits (c). Par conséquent, nous demeurons dans une intégration figurative.

a. L'absence de la volonté politique des États

Parler du manque de volonté politique des États dans le processus d'intégration communautaire peut paraître paradoxal et peu sérieux dans la mesure où l'adhésion à une institution communautaire émane de la volonté libre des États souverains. Toutefois, il faut souligner que dans la réalité, les États sont fourbes, rusés et expriment mal leur volonté de participer à la construction d'une vie communautaire. La volonté politique des États dénote leur engagement coopératif ; elle met en exergue leur volonté à coexister. Dans le cas de la CEMAC, beaucoup est dit de façon fallacieuse, mais rien n'est fait au fond, tout simplement à cause du manque d'implication des États dans les actions communautaires. On perçoit chez ces États le phénomène kantien *« d'insociable sociabilité »*, qui se caractérise par ce double sentiment paradoxal du vouloir et du refus de coopérer.

Selon Christian Deblock, *« le concept d'intégration renvoie à l'idée de fusion de deux ou de plusieurs unités distinctes en vue de former une nouvelle entité*[2] *»*. Dans cette perspective, l'intégration résulte d'un consensus ; elle exige l'acceptation d'une vie collective. Pour cela, Deblock souligne que : *« l'intégration implique un degré élevé d'engagement politique, une forte coordination des politiques économiques, et une imbrication toujours étroite des économies concernées*[3] *. »* Malheureusement en Afrique Centrale, les politiques sont réticents, ils ne sont pas suffisamment intégrés, par manque de volonté. C'est dans ce sens que Deblock nous rappelle que : *« trop souvent dans le passé, les engagements politiques n'ont pas été suivis d'effets*[4] *»*, comme c'est le cas au sein de la CEMAC.

b. Le souverainisme

L'argument souverainiste est corolaire au manque de volonté politique, dans la mesure où certains États s'empêchent de s'impliquer dans la vie communautaire arguant de préserver leur souveraineté. Ce prétexte constitue une idée légère, car l'engagement politique dans le processus d'intégration communautaire ne compromet pas la souveraineté des États.

En Afrique Centrale où il existe des États contestés et déchirés, il arrive que les chefs d'État réduisent leurs actions à la consolidation de leur État en s'isolant. Or, toute forme d'isolation est une faute. L'ouverture et la participation à la vie communautaire sont d'ailleurs une forme d'expression de sa souveraineté.

---

[2] DEBLOCK (C.), « L'indice d'intégration en Afrique », *Revue internationale économique (en ligne)*, hors-série. Transformations, 2017, document en ligne consulté le 24 juillet 2020.
[3] DEBLOCK (C.), *op.cit.*, document en ligne consulté le 24 juillet 2020.
[4] *Idem.*

Selon Anderson Ouamba, *« il y a aussi des blocages dus aux réticences de certains États qui estiment qu'ils ont plus à perdre qu'à gagner en intégrant entièrement l'union* [5] *»*. Mais qu'ont-ils réellement à perdre ?

En Afrique Centrale, les États sont soucieux de protéger leur souveraineté afin d'exprimer leur puissance. De tels comportements désintégrateurs mettent en péril la cohésion communautaire. Alors, *« il est à croire que toute la problématique de l'intégration dans cette zone, souvent remise en cause par le principe de souveraineté, est en réalité le fait des chefs d'État, qui par leurs égoïsmes et leurs intérêts particuliers, se targuent d'adopter ou non les textes qui leur semblent bon gré* [6] *»*.

c. Les conflits en zone CEMAC

La sous-région Afrique centrale est une zone conflictogène marquée par la présence des terroristes ainsi que par des guerres de sécession. Pour une communauté de six pays dont presque plus de la moitié est en instabilité, il va sans dire que l'intégration n'évolue pas à un rythme normal. Car, la paix est un critère indispensable dans le processus d'intégration.

Les micro-États de la sous-région n'ont jamais réussi à construire une nation forte. À l'intérieur de ces États, c'est l'instabilité et l'insécurité qui prévalent. Ce qui amène Philippe Moreau à qualifier ces États *« d'États artificiels*[7] *»*. Car pris isolément, dit Moreau,

> *« le Tchad État artificiel, rassemble tous les obstacles que rencontrent les jeunes nations africaines. Depuis son indépendance (1960), ce pays vit dans la guerre civile, ses divisions sont multiples, quelque peu schématisées en une cassure entre un Nord musulman, tournée vers le monde Arabe et méditerranéen, et un Sud utile, christianisé.*[8] *»*

Le Tchad n'est pas le seul concerné par cette situation décrite par Moreau ; le Cameroun l'est également. Ce dernier pays est globalement en insécurité dans la mesure où il se trouve actuellement sur quatre fronts à savoir : au Nord contre Boko Haram, le Nord-ouest et Sud-ouest (partie dite anglophone) par les sécessionnistes et à l'Est par les rebelles centrafricains.

Plus proche des deux États ci-dessus cités, se trouve la Centrafrique (RCA) qui se bat depuis des décennies à se reconstruire, car elle était, il n'y a pas longtemps, totalement fragmentée et déchirée. Préoccupés par la consolidation et le maintien de la paix dans leurs États respectifs, les chefs

---

[5] OUAMBA (A.), *La souveraineté de l'État et l'intégration sous-régionale en Afrique centrale : le cas de la CEMAC*, UYII-IRIC, Master I, 2009, consulté le 02/08/2020.

[6] *Idem.*

[7] MOREAU (P.), *Les relations internationales dans le monde d'aujourd'hui. Entre globalisation et fragmentation*, ed. STH, Paris 1992, p. 262.

[8] *Idem.*

d'État sont de plus en plus réticents relativement au chantier d'intégration communautaire.

I.2. Les entraves techno-culturelles de la coopération en Afrique centrale

Lorsqu'il s'agit d'étudier les dynamiques d'intégration, il est indispensable de prendre en compte les aspects susceptibles de mettre en exergue la promotion d'une vie commune prospère à l'instar de la culture (1), de la technologie (2), et de la science (3)

a. Les problèmes culturels de l'intégration en zone CEMAC

Les efforts effectués par Cheick Anta Diop afin de démontrer l'unicité de la culture africaine sont mal exploités en zone CEMAC. Pourtant, *« malgré l'existence des frontières artificielles héritées de la période coloniale, les peuples d'Afrique centrale n'ont jamais cessé de maintenir entre eux des liens de parenté et d'identité culturelle[9] »*. Sur le plan anthropologique, il y a un groupe ethnique, les Fang, que l'on retrouve à la fois en Guinée Équatoriale, au Gabon et au Cameroun. D'ailleurs, *« plusieurs langues vernaculaires sont parlées par des populations situées de part et d'autre des frontières entre le Gabon et d'autres pays de la sous-région [10]»*. Ceci devrait constituer des liens forts entre les peuples des différents États.

L'intégration n'est pas juste une affaire des États, mais aussi celle des peuples. Ceux-ci sont appelés à former une unité métissée. C'est donc dire que la culture est un autre aspect de la coopération. La culture est porteuse d'une identité. Malheureusement, l'expression culturelle des États de la CEMAC ne contribue pas suffisamment à la promotion de l'intégration des États. Cela prouve que : *« la culture de manière générale a été reléguée aux oubliettes lorsque, plus grave encore, elle n'a pas été réduite ou substituée, à une de ses simples expressions [11]»*. Dès lors, *« le bilan est lourd ! (...) c'est l'effritement de l'homme comme identité constituée[12] »*. D'un point de vue synoptique, il faut renforcer la stratégie sous-régionale sur le développement et la promotion de la culture. Quid de la technologie ?

---

9 *Stratégie sous-régionale sur le développement et la promotion de la culture en Afrique centrale, 2014-2015*, p.24.
10 IDIATA (F.), *Ces belles idées reçues sur les langues du Gabon,* Éditions culturelles, Paris, 2009, p.30.
11 *Stratégie sous-régionale sur le développement et la promotion de la culture en Afrique centrale, 2014-2015*, p.11.
12 *Idem.*

b. La précarité technologique des États de la CEMAC

Les batailles technologiques sont l'évènement du siècle, elles bouleversent les hiérarchies en place[13]. À travers la technologie de nos jours, l'humanité s'unifie, les interdépendances se révèlent et la coopération technologique devient un enjeu de développement.

En Afrique centrale, le train de la modernité technologique semble très loin des préoccupations majeures des États. Visiblement, les États de la CEMAC ont consommé la fracture technologique. Ils sont en arrière de toutes les révolutions à l'instar de la révolution numérique. Cette dernière révolution est d'actualité. Assurément, le monde bascule vers le numérique. *« La question du rôle du réseau est devenue primordiale. Les enjeux de cette nouvelle technologie de communication sont nombreux. (...) La question n'est plus de savoir si l'Afrique va accompagner cette évolution, mais bien de déterminer comment les Africains vont pouvoir tirer le meilleur parti de cette révolution.[14] »*

La prise en compte de cette préoccupation pourrait permettre le décollage de la sous-région qui devra construire des infrastructures des techniques numériques. Car, à en croire Abdoul Ba, *« il (le numérique) constitue un formidable outil de développement et de solidarité,[15] ».* Il est sans doute un facteur intégrateur.

c. La faible promotion scientifique des États de l'Afrique centrale

Tout comme dans le secteur technologique, la sous-région CEMAC n'est pas une capitale scientifique de référence. Or, le traité instituant la CEMAC réserve dans la première section de son deuxième chapitre consacré aux politiques sectorielles, une place de choix à l'enseignement, la recherche et la formation professionnelle. Selon ce traité, la CEMAC devra œuvrer à la rationalisation et l'amélioration des performances de l'enseignement supérieur, de la recherche et de la formation professionnelle. Elle devra créer, ou développer les institutions communes d'enseignement supérieur, et coordonner les programmes d'enseignement supérieur[16]. En réalité, le bilan est peu élogieux : la CEMAC est une zone où on ne retrouve pas de grandes infrastructures scientifiques qui seraient le produit de la coopération. Certes, on parlera de l'université inter- États (Cameroun-Congo), mais c'est encore insuffisant. Or, la science demeure un facteur de rassemblement et de

---

[13] MOREAU (P.), *op.cit.*, p.9.

[14] BA (A.), *Internet, cyberespace et usage en Afrique*, L'Harmattan, Paris, p.186.

[15] BONJAWO (J.), *Révolution numérique dans les pays en développement, l'exemple africain*, Dunod, p.11.

[16] Traité instituant la Communauté Economique et Monétaire des États de l'Afrique Centrale, p.12.

collaboration. Comment peut-on promouvoir le développement sans laboratoire pour le concevoir ?

Les universités sont de réels lieux de brassage des intelligences susceptibles de penser la vie communautaire. Les universités des États de la CEMAC ne sont pas compétitives et occupent de mauvaises positions dans les différents classements. Ces universités n'ont pas de programmes de formation harmonisés favorisant la cohésion et le déplacement facile des étudiants à l'intérieur de la sous-région.

I.3. Les entraves économiques de l'intégration des États de la CEMAC

Sur le plan économique, la zone CEMAC est l'une des régions les plus fragiles à cause de la non-effectivité de la libre circulation des biens et des personnes (a), des problèmes de leadership (b), ainsi que d'infrastructures (c).

a. La non-effectivité de la libre circulation des biens et des personnes.

L'un des problèmes fondamentaux de l'intégration économique en zone CEMAC est celui de la barrière que constitue la libre circulation des biens et des personnes. On ne peut parvenir à une réelle intégration sans les échanges entre les pays de la zone CEMAC. Or, pour Achille Mbog Pibasso : *« parmi les cinq régions que compte le continent, l'Afrique centrale est de loin la zone la moins intégrée avec les échanges commerciaux intra-communautaires autour de 3%,* [17] *».*

Depuis l'UDEAC, le problème de la libre circulation a été soulevé, mais jusqu'ici son application n'est pas effective. Ceci cause de lourdes conséquences sur la dynamique de l'économie de la sous-région. Le marché de la CEMAC n'est pas compétitif, encore moins attrayant du fait des mesures protectionnistes, qui constituent un réel blocage aux investissements étrangers. Dès lors, il y a rejet des capitaux et des services. La politique commerciale ne favorise pas la délocalisation des investisseurs. Ces différents points constituent de graves entraves au marché sous-régional qui n'est donc pas fédérateur.

b. Le problème de leadership en Afrique centrale

L'intégration nécessite davantage la cohésion que des rivalités. Dans chaque communauté économique, il existe des États leaders dont le rôle est d'impulser la dynamique d'émergence. Cela a semblé être le cas en Afrique centrale un certain temps où le leadership était reconnu au Cameroun et au

[17] MBOG PIBASSO (A.), « Les pays de la CEMAC face aux enjeux de l'intégration régionale », Financial Afrik.com, consulté le 24 juillet 2020.

Gabon. Mais avec l'émergence qu'ont connue d'autres États, à l'instar de la Guinée équatoriale, le leadership des anciens États est querellé et le pouvoir est diffus, convoité de façon hypocrite par les autres États. On assiste dès lors à un phénomène de rivalité qui ne promeut pas l'intégration de la sous-région.

Le Cameroun, à travers son poids démographique et sa position stratégique en tant que pays de transit de la sous-région avec une économie un peu plus diversifiée, pouvait se positionner comme moteur de l'intégration. Cependant, l'émergence pétro-économique de la Guinée équatoriale permet à ce pays de se repositionner en remettant en cause le leadership du Cameroun.

c. Les problèmes infrastructurels de la CEMAC

La zone CEMAC connait un ralentissement dans son processus d'émergence dû au problème infrastructurel. En Afrique centrale, les échanges sont freinés à cause du manque d'infrastructures de transport et même technologiques. Cette situation impacte négativement la croissance de la sous-région, tant il est vrai que les États de l'Afrique centrale connaissent un trafic d'échange moins dense à cause du manque de voies de liaisons modernes. Au regard de ce constat, la zone CEMAC est peu évoluée comparativement aux autres communautés économiques.

Dans la même perspective, on peut souligner un manque d'infrastructures technologiques. Dans ce sillage, nous citons les infrastructures électriques, hydrauliques, et numériques. L'électricité est un facteur de croissance industrielle. Sa faible densité conduit inéluctablement à une faible production industrielle. De même, l'Afrique centrale connait une réelle fracture numérique. Or, le monde aujourd'hui est numérique, aucun domaine de la vie n'échappe à ce système technique. La médecine, la politique, et même l'économie sont devenues numériques. Dès lors, la fracture numérique constitue une entorse grave au décollage économique de la sous-région. Ainsi, au regard de ces multiples entraves à l'intégration de la CEMAC, peut-on la considérer comme un acteur majeur dans le processus de construction de l'unité confédérale de l'Afrique ?

II. L'IMPACT DES PESANTEURS DE LA CEMAC DANS LE PROJET PANAFRIQU'UN

Incontestablement, l'intégration en Afrique centrale demeure un vaste chantier. Pourtant un maillon important dans la construction d'une Afrique prospère, la CEMAC se montre réfractaire à toute progression vers une réelle intégration africaine. C'est donc dire que les entraves à la coopération en zone CEMAC sont négativement lourdes de conséquences, et cela est perceptible à travers la fragilisation de la coopération inter-sous-régionale (1), un retard de développement africain (2), et une difficile construction de l'unité africaine (3).

II.1. La fragilisation de la coopération inter-sous-régionale

Pour parvenir à une véritable confédération, *« l'Afrique doit s'unir*[18] *»*. L'unité de l'Afrique bien que ne pouvant plus se faire sur le modèle fédéral nécessite une bonne coopération de ses communautés économiques. Dès lors, l'enjeu de l'intégration africaine résulte de la qualité des relations internationales africaines (a) dont l'étude démontre un faible degré de solidarité étatique (b). De ce constat, découle une difficile construction de l'identité africaine (c).

a. Un ralentissement des relations africaines

Les relations internationales africaines sont une forme de lecture globale de la coopération entre les entités politiques africaines. Cette grille d'analyse constitue donc un cadre sapientiel d'appréhension des interactions entre les États africains. Cependant, il convient de mentionner qu'il existe plusieurs Afriques. *« L'Afrique multiple, c'est l'Afrique institutionnalisée de manière différentielle par les États à travers des cadres de regroupement sur la base de la solidarité géographique ou encore de la solidarité par intérêt.*[19] *»* Ces différents cadres de regroupement sont en réalité des communautés économiques. Car, *« les dynamiques d'intégration économique régionale révèlent diverses Afriques : l'Afrique de l'UMA, l'Afrique de la CEDEAO, l'Afrique de l'UEMOA, l'Afrique de la CEMAC*[20] *»*. C'est la bonne intégration de ces Afriques qui conduit à une union africaine prospère.

Seulement, l'intégration dans ces Afriques à l'instar de la CEMAC ne favorise pas le processus de leur unification. La CEMAC n'est pas suffisamment intégrée, et cela a des répercussions à l'échelle continentale. La CEMAC constitue une entrave à l'intégration régionale dans la mesure où ses pesanteurs en matière de coopération ne favorisent pas la politique de l'unité de l'Afrique. La mauvaise coordination des politiques d'intégration en Afrique centrale, marquée par une faible volonté des chefs d'État, leur égoïsme, est un réel facteur désintégrateur au sein de la CEMAC, et a fortiori à l'échelle régionale.

On n'assiste pas à une collaboration entre la CEMAC et d'autres communautés économiques sous-régionales. Les institutions de la CEMAC réduites aux fonctions administratives ne permettent pas son ouverture à l'Afrique. Dès lors, on constate que l'échec des politiques d'intégration en Afrique centrale obstrue l'émergence des relations internationales africaines.

---

[18] Cet impératif constitue le titre de l'ouvrage de Kwame Nkrumah, dans lequel il livre sa politique générale de l'Afrique.

[19] SINDJOUN (L.), *Sociologie des relations internationales africaines*, Karthala, Paris, 2002, p.12.

[20] *Ibid.*, pp. 12-13.

b. Une solidarité déficitaire

Les États de la CEMAC manifestent très souvent un formalisme dans le respect des principes édictés dans la charte de l'OUA à savoir : la non-ingérence, le respect de la souveraineté et de l'intégrité des États. La mauvaise interprétation et l'attachement excessif à ces principes brisent la solidarité entre les États. Ceci crée souvent un solipsisme étatique, c'est-à-dire un repli sur soi de la part des États. On note par là un manque de solidarité. Toutefois, ce renfermement sur soi fragilise les échanges entre les États non seulement de la sous-région, mais aussi de la région, ainsi que l'interdépendance. Il caractérise une réelle fracture d'intégration. Par conséquent, la CEMAC n'est pas un acteur sérieux dans le projet de construction de l'unité africaine.

c. L'impossible construction d'une identité africaine

L'identité africaine est le symbole de l'afrocentrisme, c'est l'attachement à l'Afrique et à ses valeurs. À travers l'identité africaine, on perçoit la détermination ontologique, c'est-à-dire qu'on comprend mieux ce que signifie être africain. Elle résulte de la promotion du sens de l'être africain. L'intégration sous-régionale n'a de consistance que dans la mesure où elle participe à la construction de cette identité africaine. C'est à travers l'intégration qu'on bâtit la personnalité africaine. Or, à l'observation de l'intégration en Afrique centrale, on constate très vite des facteurs afro pessimistes qui représentent un blocage à l'édification de l'unité institutionnelle de l'Afrique. Cette appréhension s'adosse sur le manque consensuel d'une volonté politique des chefs d'État, leur appétit égoïste qui brise l'élan de solidarité. Tout ceci ne concourt pas à la promotion de la culture africaine qui, par nature, est fédératrice.

La CEMAC ne se considère pas comme une puissance agissante dans la construction de l'identité africaine ; elle n'est pas une institution médiatrice pour l'unité africaine. Car, elle ne fédère pas les énergies tant à l'intérieur de la sous-région qu'à l'extérieur au niveau continental. En zone CEMAC, les États sont comme des solitudes en commun. Chacun en réalité n'est fixé que sur lui et ne regarde pas au dehors de lui pour percevoir les autres et se rendre compte que nous sommes condamnés à un même devenir. On se sent plus soi qu'africain. Cette primauté du soi sur l'Afrique est également rejet de l'identité africaine.

II.2. Les entraves au développement de l'Afrique

Le développement de l'Afrique est l'affaire de tous ses États. Toutes les communautés économiques doivent contribuer pour l'émergence de la région. Toutefois, s'agissant de la CEMAC, il faut souligner que le statut déplorable de l'intégration n'augure pas le progrès de la sous-région. La désintégration des États de la CEMAC fragilise la croissance régionale (a), participe à la fracture technoscientifique (b), ainsi qu'à la déconstruction d'une éthique afro-citoyenne (c).

a. Le retard de la croissance régionale

Compte tenu de la faiblesse de son économie, de son marché peu dynamique, la CEMAC n'a pas d'atouts reluisants susceptibles de promouvoir le développement collectif de l'Afrique. En fait, il faut dire que la CEMAC n'est pas un pôle d'influence économique, elle n'est pas une véritable puissance qui peut entraîner l'Afrique vers l'émergence. Considérée comme l'une des communautés les plus pauvres d'Afrique, la CEMAC ne contribue pas suffisamment à la croissance de l'Afrique.

Peu développée sur le plan infrastructurel, la CEMAC ne favorise pas les échanges inter-étatiques. Elle ne suscite pas la convoitise des autres communautés, car ses performances d'intégration étant peu élogieuses, la CEMAC n'apporte pas un fort potentiel pour la croissance de l'Afrique.

b. La fracture techno-culturelle

La mandature 2012-2017 de la commission de la CEMAC était fondée sur un « renouveau communautaire » avec pour principe dialectique « de la CEMAC des États à la CEMAC des peuples ». Cette mandature visait à intensifier la coopération entre les peuples de la CEMAC. Ceci allait directement impacter l'Afrique à travers la coopération avec les partenaires voisins. Or, malgré la proximité clanique des peuples, on n'observe pas l'unité. Ceci crée un écart entre l'objectif d'intégration et le rêve panafriqu'un. Les velléités de fission des chefs d'État l'emportent sur la volonté de fusion. Les résistances à l'intégration brisent les efforts d'unité. La xénophobie et le tribalisme affectent l'intégration de la région.

Dans la même perspective, relativement au volet technoscientifique, l'Afrique centrale est très peu industrialisée, et peu numérisée, avec des infrastructures vétustes. À l'observation, la CEMAC ne répond pas aux enjeux du siècle ; elle semble ne pas parvenir à inventer des solutions adéquates aux problèmes majeurs. Car, la CEMAC est sous-équipée et mal aménagée. Tout ceci ne la prédispose pas à apporter le matériau nécessaire au progrès de la région.

c. La déconstruction d'une éthique afro-citoyenne

Après les indépendances, l'Afrique a opté pour une politique globale qui tenait sur le principe de solidarité des États. Cela a créé des liens de fraternité entre les peuples. Cette dynamique de cohésion favorisait la coopération entre les États. Mais l'échec de l'intégration dans les communautés économiques à l'exemple de la CEMAC a détruit ces valeurs traditionnellement construites. On fait état d'une réelle crise de valeurs africaines en Afrique centrale, en l'occurrence la solidarité, l'interdépendance qui participent à l'homogénéisation des intérêts de la région. Or, la philosophie du projet panafriqu'un comme défini dans la charte de l'union africaine s'adosse sur la fraternisation des peuples africains. Mais l'extraversion des États de la CEMAC, tournés vers l'occident, est un réel problème qui déstructure le lien social naturel entre les Africains. Désormais, le frère n'est plus reconnu, il est devenu étranger chez lui ; l'unité devient un rêve hors de portée.

II.3. Une impossible unité africaine

Au regard de tous les facteurs désintégrateurs observés en zone CEMAC, il est évident que l'échec de l'intégration communautaire des États d'Afrique centrale contraste tout projet d'union tant sur le plan relationnel qu'institutionnel ; mieux aux niveaux fédéral (a) et confédéral (b). Ceci conduit inéluctablement à une impossible libération de l'Afrique (c).

a. L'échec de la fédération de l'Afrique

Selon Philippe Moreau, *« le monde des États est une jungle ; et le premier devoir de toute communauté est celui de la défense*[21] *»*. La pertinence de ces propos de Moreau a été perçue et défendue par les pères fondateurs du nationalisme africain. C'est pour cette raison que Kwame Nkrumah évoquait l'impératif de l'unité africaine. D'ailleurs, dit-il : *« notre force est dans une politique unie de progrès.* [22]*»* Pour cela, nous devons nous munir d'une *« volonté croissante d'unité* [23]*»* afin de promouvoir *« une communauté continentale de buts* [24]*»*. Ainsi, *« l'Afrique serait de moins en moins le support d'une identité distincte*[25] *»*.

La substance de cette analyse se trouve dans la nécessité d'intégration régionale. Pour y parvenir, les États africains doivent parvenir à se fédérer. Car, une communauté n'est jamais singulière, elle résulte de la mise en commun de plusieurs entités. Son unité est conditionnée par l'acceptation de dépasser leur singularité. Cependant, l'échec de l'intégration véritable des États de l'Afrique centrale est un facteur désintégrateur de la communauté régionale africaine. Par conséquent, cet échec crée la désillusion des pères fondateurs qui rêvaient de voir une Afrique fédérale malgré sa multi polarisation communautaire. C'est donc dire d'après Kwame Nkrumah que la fin du panafricanisme est le dépassement des confédérations économiques

---

[21] MOREAU (P.), *op.cit,* p. 9.
[22] KWAME NKRUMAH, o*p.cit.*, p.15.
[23] *Idem.*
[24] *Idem.*
[25] SINDJOUN (L.), o*p.cit.*, p.9.

pour la formation d'une fédération d'États. Toutefois, en l'état actuel de l'intégration en zone CEMAC, cette confédération ne participe pas à la réalisation de l'unité fédérale de l'Afrique.

Quid de son unité confédérale ?

b. Une difficile confédération africaine

Après la victoire du groupe de Monrovia, il eut le besoin de rassembler les États africains autour des mêmes idéaux afin de promouvoir la solidarité entre les États et le développement du continent. Ce projet prenait donc la forme d'une confédération dont la concrétisation fut la création de l'organisation de l'unité africaine (OUA) en 1963. C'est cette unité confédérale qui donne sens au concept de panafriqu'un. Alors, le projet « panafriqu'un » n'est pas l'unité institutionnelle de l'Afrique.

Cette confédération ne peut avoir une certaine consistance que si les communautés régionales lui donnent des moyens à travers la coopération. Cependant, la CEMAC affaiblit cette confédération à travers ses multiples facteurs désintégrateurs comme la dispersion des États et leurs égoïsmes, la mauvaise coordination des politiques d'intégration qui génère le manque de cohésion et d'une dynamique d'ensemble.

À l'échelle panafriqu'un, la CEMAC n'est pas perçue comme un levier de développement de l'Afrique. Les États de la CEMAC sont théoriquement membres de l'Union africaine, mais dans la pratique, ils sont peu actifs. Ceci peut se percevoir à travers les absences répétées des chefs d'État (Cameroun) aux sommets de l'UA, ainsi que leur manque de contribution. L'économie de la CEMAC déjà fragile est insignifiante pour l'émergence de l'Afrique. De ce fait, la CEMAC n'influence pas positivement l'ascension de l'Afrique.

d. Une impossible libération de l'Afrique

La philosophie du projet panafriqu'un et même celle de la fédération de l'Afrique constituaient une stratégie de combat pour la libération de l'Afrique de son passé colonial. Cette philosophie confédérale visait par le biais de la solidarité à doter l'Afrique des possibilités de se libérer du colon. Kwame Nkrumah dit à cet effet que : *« pour être sûrs que leur hégémonie sur ce continent ne cessera pas, ils feront tout pour combattre chez les masses africaines la volonté croissante d'unité. De même que notre force est dans une politique unie de progrès, de même la force des impérialistes est dans notre désunion. Nous ne pouvons leur tenir tête efficacement qu'en leur opposant un front unifié.*[26] *»* De ces propos de l'ex-président ghanéen, il en ressort

---

[26] KWAME NKRUMAH, *op.cit.*, p.15.

clairement que le projet panafriqu'un est une invitation à l'unité africaine, afin de conquérir la liberté du continent.

Ce projet mettait en exergue la nécessité de l'intégration. Or, en Afrique centrale, l'intégration se portant mal, contribue tacitement à l'aliénation de l'Afrique. Cela dit, l'Afrique centrale reste une porte ouverte à l'assujettissement du continent et à sa fragmentation. Dès lors, l'Afrique à travers la CEMAC ne sortira pas de *« la grande nuit noire »*. Il est impératif de repenser des stratégies pour la promotion de l'intégration en zone CEMAC, en vue de sa participation à l'émergence de l'Afrique à travers la coopération régionale.

III. LES COMPOSANTES D'UNE STRATÉGIE DE RELANCE D'INTÉGRATION EN AFRIQUE CENTRALE, PROPÉDEUTIQUE À UNE COOPÉRATION RÉGIONALE

Il est certain qu'en jetant un regard lucide sur l'état de l'intégration de la zone CEMAC, on se heurte à des résistances qui ne favorisent pas l'ouverture de la sous-région au continent. Ce constat affecte les relations internationales africaines et ne participe pas au renforcement du projet confédéral. Pour relancer l'intégration en Afrique centrale, il est nécessaire d'intensifier la coopération des États membres (1), de promouvoir la paix (2) et de se doter d'une volonté de puissance (3).

III.1. Une nécessaire intensification de la coopération en zone CEMAC

C'est un fait, l'intégration en Afrique centrale est menacée. Pour lui donner un souffle nouveau, il est nécessaire d'intensifier la mise en œuvre des projets politiques (a), économiques (b) et techno-culturels (c).

a. L'intensification des projets politiques

Il est évident qu'aucun projet ne peut être efficient s'il n'est pas préalablement précédé d'une volonté forte. C'est donc dire que le premier chantier politique sur lequel doivent s'investir les États est le développement d'une bonne volonté en matière de coopération. Ceci permettrait de dépasser les égoïsmes et d'autres comportements désintégrateurs. De même, le dépassement des velléités séparatistes émanant du souverainisme est un impératif. Car, de façon empirique, l'attachement excessif à la souveraineté constitue un frein à l'intégration. En outre, le respect des engagements tenus par les États est un facteur qui octroie la consistance et la dynamique aux institutions communautaires. Un accent particulier doit être mis sur la promotion de la solidarité interétatique, symbole d'interdépendance.

Bien évidemment, la mise sur pied d'un parlement communautaire est une bonne initiative, mais il faudra lui donner les moyens de travailler.

Ces différents marqueurs n'auront de sens que grâce à un engagement serein des États dans la construction d'une communauté de destin entre les peuples de l'Afrique centrale. Dès lors, la CEMAC se positionnera comme un acteur non négligeable dans la réalisation de l'unité confédérale de l'Afrique, elle entreprendra des relations de fraternités avec les autres communautés économiques. Toutefois, cette reconstruction pragmatique et évolutive de l'intégration des États de la CEMAC, dénote d'une prise de conscience d'émancipation et d'interdépendance de l'unité politique de l'Afrique.

b. L'intensification des projets économiques

Considérée comme le bras séculier de la politique, l'économie est le poumon de l'intégration communautaire. S'agissant de la CEMAC, le secteur économique constitue un réel problème. Même si les projets sont théoriquement élaborés, il convient de dire que dans la pratique, peu, voire rien n'est fait. On peut alors comprendre l'étiologie de la désintégration de l'Afrique centrale.

Dès lors, pour que la CEMAC redécolle économiquement, il lui faut changer de trajectoire. C'est donc le moment de rendre effective la libre circulation des biens et des personnes, afin d'intensifier les échanges et de promouvoir un marché commun. Dans la même perspective, les États doivent lutter contre les mesures protectionnistes. En effet, l'intégration économique est un vecteur d'émergence. Car, comme le souligne Abdoulaye Wade, *« sur le plan intérieur, toutes les politiques de développement des États séparés, en dépit d'une aide extérieure massive, ont échoué économiquement. (...) On ne s'est aperçu que l'une des causes essentielles de cet échec tenait à la balkanisation du continent, en son cloisonnement en une multitude d'espaces économiques et de petits marchés non viables contre les limites desquels se heurtent rapidement les effets de tout investissement.*[27] *»*

À la lumière de cette affirmation de Wade, il en ressort que la coopération économique doit être faite à l'échelle « panafriqu'un » afin de fédérer toutes les micro-économies autour d'un même destin. Pour y parvenir, les économies régionales doivent être fluorescentes afin de participer positivement à la croissante du continent.

c. L'intensification des projets techno-culturels

De toutes les analyses des projets d'intégration, le projet technologique est le plus marginalisé. Or, la technologie de même que la science sont des facteurs non négligeables pour la réussite d'une intégration communautaire.

---

[27] WADE (A.), *Un destin pour l'Afrique. L'avenir d'un continent*, Michel Lafont, 2005, p.178.

En Afrique centrale, les projets d'intégration portent peu sur la technoscience. Abdoulaye Wade souligne à cet effet que la technologie est déterminante pour l'intégration des peuples africains. C'est pourquoi dans sa vision de l'unité africaine, il met l'accent sur la technologie et le numérique. Car dit-il *: « la sous-information des peuples africains constitue l'une des principales barrières qui les séparent de l'unité.*[28] *»* De ces propos, on pourra relever que les nouvelles technologies de la communication sont sans doute un instrument de rapprochement des peuples.

La CEMAC devra donc investir sur les nouvelles technologies afin de rapprocher ses peuples et de se rapprocher aussi d'autres communautés ; bref, s'ouvrir à l'Afrique tout entière. *« Nous voilà à l'ère du numérique. (...) La grande magie des nouvelles technologies de l'information et de la communication aura sans doute été de proposer de mesurer les distances non plus en mètres, mais en mégabits par seconde*[29]*».* La CEMAC doit s'approprier le numérique qui constitue aussi une véritable source épistémologique. D'ailleurs, dit Wade, *« notre voyage à la quête du savoir et de la rencontre avec l'autre se résume donc maintenant à notre capacité à nous doter de ces technologies. (...) Il est légitime en effet de penser que si rien n'est fait, le gap numérique aggravera le gap du savoir et l'isolement communicationnel de certains peuples.*[30] *»* Assurément, le numérique permettra la liaison des communautés. C'est pourquoi nous devons promouvoir ce que Wade a appelé *« la solidarité numérique*[31] *».*

III.2. La promotion de la paix

Pour se mettre résolument sur la voie de l'émergence, les États e la CEMAC doivent promouvoir la paix à la fois à l'intérieur de leurs États (a), dans la sous-région (b) ainsi qu'avec les États africains voisins (c).

a. La promotion de la paix dans les États de la CEMAC

Certains États connaissent des situations d'instabilité marquées par les déchirements à l'intérieur du pays. Dès lors, la consolidation de la nation et la stabilité deviennent les chantiers majeurs. Ces épreuves inconfortables justifient l'isolement des États. Or, tout isolement en communauté est désintégrateur.

Il incombe aux États de développer des stratégies de promotion de la paix afin de permettre un climat de cohésion nationale, véritable facteur d'intégration. De ce fait, les chefs d'État doivent combattre les fléaux tels que

---

[28] *Idem.*
[29] *Idem.*
[30] *Ibid.*, p.180-181.
[31] *Ibid.*, p.182.

la sécession, le terrorisme et les guerres civiles dont la finalité est la déstabilisation de l'État.

b. La promotion de la paix dans la sous-région

Un climat de tension entre les États crée de la méfiance et entraine la fracture relationnelle. Dès lors, l'intégration ne peut véritablement s'effectuer, car les acteurs ne sont plus liés par les principes de solidarité et d'interdépendance qui sous-tendent toute vie communautaire. Sur le plan diplomatique, les actes comme la xénophobie, l'agression des étrangers affectent gravement les relations inter-étatiques. Le cas de la CEMAC l'illustre très bien dans la mesure où l'on assiste dans certains pays à des actes de menace des ressortissants des autres pays de la sous-région, ceci au grand mépris du principe de libre circulation des personnes.

Les actes belliqueux et désintégrateurs ne favorisent pas la promotion d'une coexistence pacifique entre les États. Par conséquent, ils ne sont pas révélateurs d'intégration. Il est donc important que les relations entre les États de la CEMAC reposent sur une certaine magnanimité, condition préalable pour parvenir à une véritable communauté intégrée.

a. La promotion de la paix en Afrique

Tout comme les États ne peuvent vivre en autarcie, les communautés aussi ne doivent pas évoluer en vase clos. Il est important d'entretenir les rapports pacifiques avec les autres. Les États de la CEMAC doivent privilégier la gestion pacifique des conflits et opter pour une politique de la prévention des conflits. Car, la paix est considérée comme un indice d'intégration. Dans un climat harmonieux, les États intégrés connaissent un réel progrès parce qu'ils sont interdépendants. Certes, l'interdépendance est faite d'alliances et d'hostilité, mais il n'en demeure pas moins que c'est à travers les alliances qu'un État se construit.

L'interdépendance n'obstrue pas la recherche de la puissance. Seule une vraie collaboration harmonieuse entre les États de la CEMAC en particulier, et ceux du continent africain en général pourra favoriser leur émancipation. Cette analyse sommaire démontre qu'un déficit de puissance fragilise l'élan de développement de la CEMAC.

III.3. Une philosophie de la volonté de puissance comme levier du développement de la CEMAC

Adopter le principe de volonté de puissance dans le projet d'émergence de la CEMAC ne relève pas de la complaisance. Il faut reconnaître la substance philosophique de la volonté de puissance dans son déploiement à l'intérieur des relations internationales. Dans une communauté économique en panne d'intégration, la volonté de puissance se présente comme la boite à outils susceptible de remédier au problème concerné. Dans le cas d'espèce, c'est à travers la volonté de puissance que la CEMAC sera elle-même une puissance (a), en adoptant une intégration concurrentielle (b), et en reconnaissant le peuple comme acteur d'intégration (c).

a. De la volonté de puissance à la puissance en acte

La volonté de puissance est un principe générique de la philosophie de Nietzsche à partir duquel il analyse les phénomènes. C'est un principe transcendantal qui permet l'autoréalisation du sujet. Dans le champ des relations internationales, la volonté de puissance est le principe constitutionnel de la puissance en acte. *« L'idée de la puissance en acte renvoie à la mobilisation des ressources, à la capacité. Il convient d'éviter d'opposer l'inventaire des ressources à la mise en œuvre des ressources : la puissance repose sur le continuum potentialité-effectivité. Privilégier la mobilisation des ressources est une approche partielle ; car celle-ci n'en est pas totalement séparée.* [32]*»*

En analysant cette affirmation, on comprend que loin d'être tout simplement un principe théorique, la puissance en acte telle que clarifiée par Luc Sindjoun est aussi un principe praxistique dont le but est l'accomplissement du sujet. Dès lors, de la volonté de puissance à la puissance en acte, il y a qu'un seul pas : vouloir et agir.

Dans le cas de la CEMAC, il convient de changer son modèle d'intégration. Il ne s'agit pas d'un renouveau tel que fut baptisée la mandature 2012-2017 de la commission de la CEMAC, mais d'une renaissance dans le sens d'impulser une nouvelle dynamique d'une communauté qui se veut désormais trans-territoriale. La CEMAC doit se positionner comme un nouveau pôle d'influence en Afrique. Pour cela, elle doit être intégrée et conquérante. Elle doit contribuer au renforcement de l'institution panafriqu'un (UA). Car, *« le panafricanisme comme idéologie d'unification de l'Afrique telle que pensée par Kwame Nkrumah ignorait la puissance dans les relations intra-africaines, la puissance était conçue de manière collective à travers la figure d'une Afrique unie faisant face au monde. (...) Les dynamiques de régionalisation et de globalisation contribuent à actualiser en Afrique la figure de la puissance collective*[33] *»*. C'est pourquoi l'intégration de la CEMAC doit concourir à faire d'elle une puissance et à travers elle l'Afrique.

Pour y parvenir, la CEMAC doit être plus intégrée et conquérante. Il y a donc un réel exercice à effectuer : fédérer les acquis de la sous-région, coordonner les politiques d'intégration en affectant des ressources aux

---

[32] SINDJOUN (L.), *op.cit.*, p.209.
[33] *Ibid.*, p.155.

institutions, développer le potentiel minier, s'ouvrir aux autres États du continent. Car, *« la puissance fait sens à travers la notion d'interdépendance contrairement à certaines analyses. (...) La puissance n'a jamais renvoyé à la domination complète.* [34]*»* Enfin, il faut développer le marché commun, puisque *« les marchés semblent être devenus les supports de puissances* [35]*».* En réalité, l'appropriation de la volonté de puissance est un heureux préalable pour la renaissance de l'intégration de la CEMAC.

b. L'intégration concurrentielle comme instrument pour la renaissance de la CEMAC

La quête de la puissance générée par la volonté de puissance dans le cadre des relations internationales ne s'exprime que dans la compétitivité. De ce fait, pour la renaissance de la CEMAC, elle doit être compétitive. Ceci exige un changement de modèle d'intégration. À une intégration classique de la solidarité doit se substituer une intégration concurrentielle. Celle-ci s'articule sur des principes d'ouverture. Car, cette concurrence s'effectue à la fois sur le plan territorial et extraterritorial.

L'intégration concurrentielle s'appuie sur la libre circulation des biens et des personnes. Elle permet à l'économie d'être compétitive, car elle exige aux entreprises de développer des stratégies susceptibles de booster les activités. Cette intégration n'annule pas la solidarité entre les États, mais elle permet l'ouverture et la fluctuation du marché. La compétitivité est un facteur capital pour le développement d'une économie. Dès lors, les entreprises de la CEMAC dans une perspective concurrentielle pourraient accroître l'économie de la sous-région, et lui permettre d'être compétitive à l'échelle continentale.

La stratégie concurrentielle implique le développement du marché, la création des emplois, la qualité et la variété des produits. Elle conduit à l'industrialisation de la sous-région. L'intégration concurrentielle et solidaire fera de la CEMAC un pôle économique et industriel. On aboutira à l'internationalisation du marché CEMAC qui, sans doute, contribuera à l'émergence de l'Afrique.

c. Le peuple comme acteur fondamental de l'intégration en zone CEMAC

Considérer le peuple comme acteur de l'intégration ne consiste pas à désengager l'État de ses missions en matière de coopération, car il ne s'agit pas de « désétatiser » la CEMAC, mais plutôt de renforcer le rôle de l'État en lui adjoignant le peuple qui a son rôle à jouer pour son mieux-être. C'est le peuple qui est le grand bénéficiaire de l'intégration communautaire. Pour une

---

[34] *Ibid.*, p.147.
[35] *Ibid.*, p.143.

intégration concurrentielle axée sur l'ouverture du marché, il faut reconnaître la puissance économique du peuple.

Un marché ne peut se développer sans fonds d'investissement privés. Dès lors, il faut souligner que l'État seul ne peut pas construire la puissance économique. Alors, il faut donner la possibilité aux entreprises privées qui possèdent une force financière importante de jouer un rôle. Cette quête de puissance de la CEMAC doit se faire avec toutes les forces vives de la communauté. Il s'agit de faire de la CEMAC un centre d'influence économique du continent. L'exemple du Nigéria est expressif. La première puissance économique du continent s'est développée par le potentiel de son fort réseau privé transnational. Elle fait rayonner le marché de l'Afrique de l'Ouest. *« L'intégration régionale telle que symbolisée par la CEDEAO depuis 1975 participe en partie de la volonté de puissance du Nigéria. (...) Le Nigéria comme puissance constitue un État région dont les ressources géographiques, démographiques et économiques sont supérieures à celles des autres États de l'Afrique de l'Ouest. Le Nigéria est l'État pivot du néorégionalisme ouest-africain et de l'intégration régionale formelle. Le Nigéria a une capacité d'action et d'influence au-delà du territoire national.* [36]»

CONCLUSION

La CEMAC est à la traine, mais elle n'abdique pas. Certes elle s'essouffle, mais a besoin de se ressourcer. Pour cela, il urge de repousser et d'accélérer l'intégration sur un nouveau modèle concurrentiel sans toutefois transgresser le cadre juridique communautaire. Ceci exige aussi le renforcement des liens entre les États, et l'adoption des projets intégrateurs du développement, mais surtout leur réalisation. La collaboration des chefs d'État relative aux stratégies et à l'évaluation de l'intégration est un atout majeur. Le rapprochement des peuples est un indice fondamental qui justifie la cohésion existentielle dans la sous-région. Loin de s'enfermer, la CEMAC doit être une fenêtre sur l'Afrique, elle doit occuper une position axiale dans le processus d'unification confédérale du continent. Assurément, cette CEMAC rénovée sera un acteur capital pour l'émergence de l'Afrique.

RÉFÉRENCES BIBLIOGRAPHIQUES

BA Abdoul, *Internet, cyberespace et usages en Afrique*, L'Harmattan, Paris, 2003, 286 p.

BONJAWO Jacques, *Révolution numérique dans les pays en développement*, l'exemple africain, Dunod/Paris, 2011, 176 p.

---

[36] *Ibid.*, p.218.

DEBLOCK Christian, « L'indice d'intégration en Afrique », *Revue internationale économique (en ligne), hors-série,* T*ransformations*, 2017, pp. 71-92.

IDIATA Franck, *Ces belles idées reçues sur les langues du Gabon,* Éditions culturelles, Paris, 2009, 188 p.

MBOG PIBASSO Achille, « Les pays de la CEMAC face aux enjeux de l'intégration régionale », *https://www.financialafrik.com/2020/03/16/les-pays-de-la-cemac-face-aux-enjeux-de-lintegration-regionale/*, consulté le 13 mars 2022.

MOREAU Philippe, *Les relations internationales dans le monde d'aujourd'hui. Entre globalisation et fragmentation,* ed. STH, Paris 1992, 474 p.

OUAMBA Anderson, *La souveraineté de l'État et l'intégration sous-régionale en Afrique centrale : le cas de la CEMAC,* UYII-IRIC, Master I, 2009, consulté le 02/08/2020.

SINDJOUN Luc, *Sociologie des relations internationales africaines*, Karthala, Paris, 2002, 248 p.

UNESCO, *Stratégie sous-régionale sur le développement et la promotion de la culture en Afrique centrale, 2014-2015*, validée et adoptée à Yaoundé par les ministres de la Culture, le 28 novembre 2013.

WADE Abdoulaye, *Un destin pour l'Afrique. L'avenir d'un continent,* Éditions Michel Lafont, Neuilly-Sur-Seine, 2005, 263 p.

DE LA PROLIFÉRATION À LA RATIONALISATION DES ORGANISATIONS SOUS-REGIONALES EN AFRIQUE CENTRALE : AUTOPSIE D'UNE FUSION ENTRE LA CEMAC ET LA CEEAC

Par

Martial Fabrice ETEME ONGONO

Master en droit public international et communautaire
Master en relations internationales
Chercheur en droit international et en relations internationales à l'Université de Yaoundé II

Résumé

L'Afrique centrale, cette sous-région au cœur de l'Afrique est dans la voie de concrétisation de l'esprit du Traité d'Abuja de 1991. Le Traité d'Abuja instituant la Communauté économique africaine regroupe l'Afrique en cinq communautés économiques régionales. L'Afrique centrale a connu une marche progressive entre la prolifération, la rationalisation et la fusion des organisations sous-régionales de son espace géographique. Notre analyse a permis de mobiliser les techniques de recherche documentaire et des données secondaires. L'hypothèse principale de cette recherche présente une évolution par le passé, le présent et le futur des organisations sous-régionales en Afrique centrale. Comme résultat obtenu, il en ressort que la fusion entre la CEEAC et la CEMAC nécessite d'être bien faite. C'est pourquoi celle-ci demande des préalables au niveau des organisations sous-régionales de l'Afrique centrale et des États membres de la CEEAC pour être normée.

Mots-clés : Rationalisation, Organisations sous-régionales, Intégration, fusion

Abstract

Central Africa, this subregion in the heart of Africa is on the way to concretizing the spirit of the 1991 Abuja Treaty. The Abuja Treaty establishing the African Economic Community groups Africa into five regional economic communities. Central Africa has experienced a gradual move towards the proliferation, rationalization and merger of the subregional organizations in its geographical area. Such an analysis made it possible to mobilize documentary research techniques and secondary data. The main hypothesis of this research presents an evolution in the past, present and future of sub-regional organizations in Central Africa. As a result, it emerges that the merger between ECCAS and CEMAC needs to be well done. This is why it requires prerequisites at the level of the sub-regional organizations in Central Africa and ECCAS member states in order to be standardized.

Keywords *: Rationalization, Sub-regional Organizations, Integration, Merger*

INTRODUCTION

« *L'Afrique doit s'unir* ,» affirmait Kwame Nkrumah. Après les indépendances, les États africains se sont trouvés confrontés à plusieurs problèmes. Ceux-ci ont permis aux dirigeants africains de prendre conscience du fait que le rayonnement de l'Afrique ne pouvait pas passer par une balkanisation, mais plutôt par le panafricanisme. L'idée du panafricanisme a débuté en Amérique durant la période de la « *traite négrière* » ; ensuite elle s'est répandue en Europe avant de se distiller en Afrique. L'évolution du panafricanisme a été marquée par une conférence et cinq congrès, la première conférence de Londres en 1900, les congrès de Paris de 1919, 1921 et 1923, le quatrième congrès de New-York en 1927 et le cinquième congrès de Manchester de 1945[1]. Grâce à ces congrès, un avènement du panafricanisme à l'africaine a été possible. On passera dès lors du panafricanisme noir américain à celui africain. Le panafricanisme est une doctrine visant à regrouper les Africains et les descendants d'Africains hors d'Afrique en une seule communauté pour l'éveil et l'unification du continent noir. D'une manière générale, le panafricanisme renvoie à une idéologie ayant pour but le

[1] Voir ANDREDOU KATTIE (J.-B.), *Le panafricanisme : Quelle contribution à la construction des États-Unis d'Afrique ?*, Mémoire de Maîtrise en science politique, Université Catholique de l'Afrique de l'Ouest d'Abidjan (UCAO), 2008, disponible sur : http://www.memoireonline.com/, consulté le 10 janvier 2023, pp. 8-11.

développement de l'unité et de la solidarité africaines[2]. Comme précurseurs du panafricanisme, nous avons Henry Sylvester Williams, William Edward Burghardt Du Bois, Marcus Garvey et Kwame Nkrumah[3]. En Afrique, deux courants de panafricanisme s'affrontaient : d'un côté, ceux qui prônaient la mise en place directe d'une unité continentale, le *« groupe de Casablanca »*, et de l'autre, ceux qui pensaient que l'unité africaine devait commencer par des regroupements sous-régionaux, avec une coopération économique, scientifique et culturelle, représentée par le *« groupe de Monrovia »*. C'est à la suite d'un consensus entre les thèses des deux groupes que sera fondée l'ex-OUA[4] en 1963. Après la défunte OUA, d'autres organisations à vocation sous-régionale verront le jour en Afrique dans une perspective d'intégration. Les Africains prendront progressivement conscience que la libération politique à elle seule ne suffisait pas, il fallait l'associer à l'indépendance économique[5].

La région d'Afrique est composée de cinq sous-régions,[6] dont l'Afrique centrale. La sous-région Afrique centrale est comme son nom l'indique située au centre de l'Afrique. Cette dernière est souvent considérée à tort ou à raison comme étant parmi les dernières sous-régions africaines en matière d'intégration sous-régionale. L'un des sujets qui «*fâche* » le plus est celui de la libre circulation des biens et des personnes. Il est vrai que certains États[7] de la sous-région Afrique centrale ont déjà vraiment fait un très grand pas dans la pratique en ce qui concerne la libre circulation des personnes et des biens. Bien plus, l'Afrique centrale compte plusieurs organisations sous-régionales, si tant est qu'une organisation sous-régionale est avant tout une organisation internationale qui est vue comme : « *un groupement d'États établi par convention, doté d'une constitution et d'organes communs, possédant une personnalité distincte de celle de chacun des États qui le composent et ayant la qualité de sujet de droit international avec compétence pour conclure des traités* »[8]. Il y a cependant lieu de préciser que l'organisation sous-régionale

---

[2] *Ibid.*, p. 1.
[3] *Ibid.*, pp. 5-8.
[4] L'OUA est le sigle de l'ancienne Organisation de l'Unité africaine devenue Union africaine en 2002.
[5] ETEKI MBOUMOUA (W.), présentation de l'ouvrage de NGANDJEU (J.), *L'Afrique contre son indépendance économique ? Diagnostic de la crise actuelle,* Paris, L'Harmattan, 1988, p.13.
[6] Les différentes sous-régions de l'Afrique sont : l'Afrique du Nord dénommée Afrique maghrébine ou Maghreb, l'Afrique centrale, l'Afrique de l'Ouest, l'Afrique de l'Est et l'Afrique méridionale ou australe. Cette répartition de l'Afrique a été opérée par le Conseil des ministres de l'ex OUA de 1976, grâce à la Résolution 464 relative à la répartition de l'Afrique en cinq sous-régions.
[7] Parmi ces États, on peut citer le Cameroun, le Tchad ou le Congo.
[8] Sir FITZMAURICE (G.), « Rapporteur spécial », *Annuaire CDI*, 1956, vol. II, p. 110, cité par ETEME ONGONO (M. F.) *La coopération judiciaire pénale dans les Communautés économiques régionales en Afrique : cas de la CEEAC et de la CEDEAO*, Mémoire de Master en droit public international et communautaire, 2014, Université de Yaoundé II, p. 8.

est une organisation internationale créée « *à l'échelon d'une portion géographiquement limitée d'une région [et parfois d'une sous-région* »[9]. Les différentes organisations sous-régionales en Afrique centrale sont : la Communauté économique et monétaire de l'Afrique centrale (CEMAC), la Communauté économique des pays des Grands Lacs (CEPGL) et la Communauté économique des États de l'Afrique centrale (CEEAC). Quel est le cheminement des organisations sous-régionales en Afrique centrale ? L'intérêt sera plus porté ici vers la CEMAC et la CEEAC ; il n'en demeure pas moins que parfois dans le souci d'évoquer toutes les organisations sous-régionales en Afrique centrale, la CEPGL pourra souvent être abordée. La méthodologie utilisée s'appuiera davantage sur la recherche documentaire, la méthode comparative, la méthode historique et les données secondaires. Dans la suite de cette analyse, il conviendra de montrer une prolifération des organisations sous-régionales en Afrique centrale par le passé (I), ensuite une rationalisation des organisations sous-régionales en Afrique centrale de nos jours (II) et enfin une fusion des organisations sous-régionales en Afrique centrale dans un proche avenir (III).

I. LA PROLIFÉRATION ANTÉRIEURE DES ORGANISATIONS SOUS-RÉGIONALES EN AFRIQUE CENTRALE

La prolifération passée des organisations sous-régionales en Afrique centrale se focalise sur la genèse des organisations sous-régionales (A) et la concurrence des organisations sous-régionales en Afrique centrale (B).

A. La genèse des organisations sous-régionales en Afrique centrale

L'étude de la genèse des organisations sous-régionales passera tour à tour par la CEMAC (1) et la CEEAC (2).

1. La CEMAC

L'origine médiate de la CEMAC remonte avant les indépendances africaines. Plusieurs États membres[10] de la CEMAC étaient avant les indépendances regroupés sous la dénomination de l'ancienne Afrique équatoriale française (AEF). Ceci peut en partie expliquer le fait que le 29 juin 1959, ces derniers ont convenu de créer l'ex-Union douanière équatoriale (UDE) afin de renforcer leurs liens issus avant et pendant la période coloniale. Le Cameroun a décidé de rejoindre ladite initiative en 1961. Trois ans après l'adhésion du Cameroun à la défunte UDE, les Chefs d'État du Cameroun, de

---

[9] BOISSON DE CHAZOURNES (L.), « Les relations entre organisations régionales et organisations universelles », *RCADI*, tome 347 (2011), pp. 130-131.

[10] Il s'agit en l'occurrence de la République centrafricaine, du Congo, du Gabon et du Tchad.

la République centrafricaine, du Congo, du Gabon et du Tchad se regroupèrent pour une nouvelle union dénommée Union douanière et économique de l'Afrique centrale (UDEAC). À la suite de cela, ils signèrent le 8 décembre 1964 le Traité instituant l'ancienne UDEAC[11] qui avait comme premier objectif de *« promouvoir l'établissement graduel d'un marché commun en Afrique centrale »*[12]. Ceci était une volonté manifeste des chefs d'État en question de poursuivre les efforts engagés avant 1960. Ce Traité est entré en vigueur le 1er janvier 1966. La Guinée Équatoriale s'est ajoutée à la liste des États membres de l'ex-UDEAC le 24 août 1983.

Les Chefs d'État des pays membres de l'ex-UDEAC ont décidé de s'associer autour d'un nouveau projet fédérateur pour mieux dynamiser l'intégration, car ils s'étaient rendus compte que les intérêts sont mieux protégés, mieux défendus en groupe[13]. Dans le même ordre d'idées, l'ex-UDEAC n'a pas été à la hauteur des attentes notamment avec des réformes qui ont entrainé la mise en place d'instruments qui contribueront davantage à la restriction des échanges et au ralentissement de la croissance dans les pays concernés[14]. Pour ce faire, ils ont procédé à la signature le 16 mars 1994 à N'Djaména (Tchad) du Traité instituant la Communauté économique et monétaire de l'Afrique centrale (CEMAC). Ce traité a réellement pris corps ou effet le 25 juin 1999 à Malabo (Guinée Équatoriale). La CEMAC a comme objectifs de :

- Assurer une gestion stable de la monnaie commune (franc CFA) ;
- Sécuriser l'environnement des activités économiques et des affaires en général ;
- Harmoniser les politiques sectorielles nationales pour une intégration toujours plus renforcée ;
- Établir une union de plus en plus étroite entre les peuples des États membres pour raffermir leurs solidarités géographique et humaine ;
- Promouvoir les marchés nationaux par l'élimination des entraves au commerce intra-communautaire ;
- Coordonner les programmes de développement et harmoniser les projets industriels ;

---

[11] BELAOUANE-GHERARI (S.), HABIB GHERARI, *Les organisations régionales africaines,* recueils de textes et documents, ministère de la coopération française et du développement, Paris, 1988, p. 232.

[12] BIAO (B.), « L'intégration régionale en Afrique centrale, bilan et perspectives », in HAMMOUDA (H. B.), BEKOLO-EBE (B.), MAMA TOUNA (dir.), *l'intégration régionale en Afrique centrale : bilan et perspectives*, Paris, Karthala, 2003, p. 33.

[13] KAMANDA WA KAMANDA, *Le défi africain,* Paris, ABC, 1976, p. 29.

[14] EFOUA MBOZO'O (S.), « Contribution à la réflexion sur la création du futur parlement de la CEMAC », in ABWA (D.), ESSOMBA (J.-M.), NJEUMA (M.Z.), de La RONCIERE (C.M.) (dir.), *Dynamiques d'intégration régionale en Afrique centrale*, Yaoundé, PUY, 2001, p. 705.

- Créer un véritable marché commun[15].

Les prémices de la CEMAC énoncées, il sied dès à présent de se tourner vers celles de la CEEAC.

2. La CEEAC

À l'origine en Afrique centrale, les États de cette partie de l'Afrique ont vite pris conscience de l'intérêt de la coopération économique et de l'intégration régionale en tant que facteurs susceptibles de contribuer à l'accélération de leur croissance et de leur développement[16]. Durant une réunion du sommet tenu du 17 au 19 décembre 1981 à Libreville (Gabon), les gouvernants de l'UDEAC — Union Douanière et Économique de l'Afrique Centrale — se sont entendus sur les éventualités « *d'élargissement de la coopération économique* »[17] en Afrique centrale, à travers la création d'une Communauté économique plus large des États d'Afrique centrale. La Communauté Économique des États de l'Afrique Centrale (CEEAC) a été créée le 18 octobre 1983 par les membres de l'UDEAC, São Tomé et Príncipe et les membres de la Communauté Économique des Pays des Grands Lacs (CEPGL)[18], créée le 20 septembre 1976 à Gisenyi au Zaïre devenu République démocratique du Congo. Actuellement, les États membres de la CEEAC sont au nombre de onze : l'Angola, le Burundi, le Cameroun, le Congo, la République Démocratique du Congo, la République Centrafricaine, le Gabon, la Guinée Équatoriale, le Rwanda, São Tomé et Príncipe et le Tchad. La CEEAC a une superficie de 6 642 012 km^2 et une population estimée à 140 millions de personnes en 2011. C'est la troisième plus grande Communauté économique régionale africaine. Le Traité instituant la CEEAC est entré en vigueur en décembre 1984. La CEEAC a pour mission essentielle « *de promouvoir et de renforcer une coopération harmonieuse et un développement équilibré et auto-entretenu dans tous les domaines de l'activité économique et sociale, en particulier dans les domaines de l'industrie, des transports et communications, de l'énergie, de l'agriculture, des ressources naturelles, du commerce, des douanes, des questions monétaires et financières, des ressources humaines, du tourisme, de l'enseignement, du perfectionnement, de la culture, de la science et de la technologie et du mouvement des personnes, en vue de réaliser l'autonomie collective, d'élever le niveau de vie des populations, d'accroître et de maintenir la stabilité*

---

[15] Informations tirées de l'URL : www.cemac.int/histoire consultée le 20 septembre 2020.

[16] Disponible sur le site: http://www.izf.net/pages/historique-lint-gration-conomique-en-afrique-centrale/ , (consulté le 18 septembre 2020).

[17] KAMTO (M.), « La Communauté économique des États de l'Afrique centrale, une Communauté de plus? », *AFDI*, vol. 33, 1987, p. 842.

[18] La Communauté Économique des Pays des Grands Lacs a comme membres : la République Démocratique du Congo, le Burundi et le Rwanda ; ce dernier membre fondateur de la CEEAC s'est finalement retiré de celle-ci le 5 juin 2007, avant de la réintégrer le 25 mai 2015.

économique, de renforcer les étroites relations pacifiques entre ses États membres et de contribuer au progrès et au développement du continent africain »[19].

À la suite de la genèse des organisations sous-régionales en Afrique centrale, il sera maintenant question de passer à la concurrence entre ces dernières.

B. La concurrence des organisations sous-régionales en Afrique centrale

L'Union africaine a reconnu huit organisations sous-régionales comme les CER[20] de toute l'Afrique. La création des organisations sous-régionales s'est faite de façon désordonnée, à telle enseigne qu'on a pu parler de l'inflation des regroupements sous-régionaux[21]. Il n'est pas rare qu'on assiste au chevauchement des institutions (1) et à des appartenances foisonnantes (2) en Afrique centrale.

1. Le chevauchement des institutions

Le chevauchement des institutions engendre certaines problématiques sur l'efficience des institutions et celles de l'attitude des États membres.

Primo, l'efficience des institutions, avec l'existence de plusieurs organisations sous-régionales en Afrique centrale, il est inévitable qu'on n'assiste pas à un plan d'action quasi-identique dans celles-ci. Surtout que les institutions desdites organisations poursuivent d'ordinaire les mêmes buts. D'où la « *duplication de programmes et d'activités (Édiction successive de normes identiques ou même contradictoires sur les mêmes questions comme c'est le cas pour les passeports et titres de voyage ; financement répété de mêmes projets et études...) qui ralentit la bonne marche du processus [d'intégration sous-régionale]* »[22]. En Afrique centrale, la CEMAC et la

---

[19] Traité instituant la CEEAC du 18 octobre 1983, art. 4 par. (1).

[20] Les Communautés Économiques Régionales (CER) en Afrique sont : la CEEAC (Communauté Économique des États de l'Afrique Centrale), la CEDEAO (Communauté Économique des États d'Afrique de l'Ouest), la CEN-SAD (Communauté des États Sahélo-Sahariens), le COMESA (Marché Commun de l'Afrique Australe et Orientale), l'EAC (Communauté de l'Afrique de l'Est), l'IGAD (Autorité Intergouvernementale pour le Développement), la SADC (Communauté pour le Développement de l'Afrique Australe), l'UMA (Union du Maghreb Arabe), disponible sur : http://www.unesco.org/new/fr/africa/regional-integration/sub-regional-organisations/ , dernière consultation le 10 septembre 2020.

[21] BEKOLO-EBE (B.), *Intégration et relations économiques interafricaines : bilan et perspectives*, thèse de Doctorat de 3e cycle d'économie internationale, Université de Paris I, Panthéon-Sorbonne, 1977, p.5.

[22] NDE TAWEMBE (D.D.), « L'impact des chevauchements entre Communautés économiques régionales sur le processus de l'intégration en Afrique : le cas de l'Afrique centrale », p. 3,

CEEAC « *font parfaitement double emploi et semblent s'ignorer dans leurs textes fondamentaux* »[23].

Chaque organisation veut avoir ses propres institutions ; il s'ensuit alors la création de bon nombre de juridictions communautaires risquant au passage de faciliter l'émergence du *forum shopping* en droit communautaire. Le professeur Jean-Louis Atangana Amougou rappelait d'ailleurs que « *le risque est donc très grand en Afrique de se retrouver face à une situation dans laquelle un litige, en raison des liens qu'il présente avec plusieurs ordres juridiques supranationaux, pose la question de la détermination de la juridiction communautaire compétente. Le fait qu'un justiciable soit embarrassé dans le choix de la juridiction constitue sans nul doute un risque d'insécurité juridique* »[24]. En outre, le double travail des experts et des représentants des États est à l'origine, non seulement de l'épuisement de ces précieuses ressources humaines, mais également davantage de charges pécuniaires pour les États. Ceci est inquiétant dans la mesure où « *la plupart des États africains sont pauvres financièrement* »[25]. Ce double travail consiste pour les experts et les représentants des États à assister maintes fois aux mêmes assemblées d'une Communauté à l'autre.

De plus, les législations dans certains domaines peuvent tendre à la contradiction ou à la confusion. Ces domaines sont d'après Abdul Kane : les instruments des zones de libre-échange, les instruments de l'union douanière (tarifs extérieurs, codifications des régimes douaniers, modèles de déclaration en douane, etc.), les instruments et l'étendue du droit à la libre circulation des personnes, les programmes énergétiques, les programmes de transport, les programmes de sécurité alimentaire et les stratégies de développement des TIC[26]. La problématique de l'efficience des institutions se répercute dans les États sous la forme de la problématique de l'attitude des États membres.

---

article consulté le 16 septembre 2020, disponible sur le site : http://www.chr.up.ac.za/chr_old/centre_projects/mooteng/2007/conference/nde%20tawembe%20article%20french.doc .

[23] FOLEFACK (E.), « Traité d'Abuja et foisonnement des institutions d'intégrations régionales en Afrique : problèmes de coordination, de comptabilité des projets et de la gestion des appartenances multiples. Les Cas de l'Afrique centrale, de l'Afrique orientale et australe », in FAU-NOUGARET (M.) (dir), *Actes du colloque de Bordeaux : la concurrence des organisations régionales africaines*, L'Harmattan, Paris, 2009, p.189.

[24] ATANGANA AMOUGOU (J.-L.) « Multiplication des juridictions internationales et sécurité juridique en Afrique », in FAU-NOUGARET (M.) (dir), *op.cit.*, p.143.

[25] MBOMBO KASANKIDI (T.), *La problématique de l'intégration de l'Afrique face à la multiplicité des organisations sous-régionales africaines*, Mémoire de Licence, Université de Kinshasa, 2011, consulté le 16 septembre 2020 sur le site : http://www.memoireonline.com/

[26] KANE (A.) (Expert de la CEA-BSR), Entretien du 27 avril 2011, cité par JANAL LIBOM (Y. J.), *Harmonisation et rationalisation des Communautés Economiques Régionales (CER) en Afrique : le cas de l'Afrique centrale (1991-2010)*, Mémoire de Master en histoire, Université de Yaoundé I, 2011, p. 90.

Secundo, concernant la problématique de l'attitude des États membres, le cloisonnement des objectifs des différentes organisations sous-régionales d'Afrique centrale prête quelques fois à confusion, au point où les pays membres ne savent plus lesquels appliquer ou poursuivre. Ce qui paraît encore plus surprenant, c'est que ce sont ces mêmes États qui adoptent ces objectifs. Une telle situation peut engendrer « *un manque de sérieux et de détermination de la part des dirigeants de ces États dans la mise en œuvre des résolutions et décisions prises par les communautés économiques, de même qu'un retard dans la ratification des protocoles complétant les traités, ou même la ratification de protocoles et accords contradictoires et imposant des obligations elles aussi contradictoires au même État* »[27]. Les États sont les premiers à approuver la mise en place d'une kyrielle d'organisations sous-régionales en Afrique centrale ; ce sont ces mêmes États qui par-derrière boudent les institutions des organisations au sein desquelles ils ont adhéré. Ce chevauchement des institutions est la matérialisation des appartenances plurielles des États dans les organisations sous-régionales présentes en Afrique de l'Ouest et centrale.

2. Les appartenances plurielles

Les appartenances plurielles des États de l'Afrique centrale sont occasionnées par la facilité d'adhésion dans les organisations sous-régionales et par le manque d'appréciation des incidences des engagements.

D'abord, en relation à la facilité d'adhésion dans les organisations sous-régionales, dans la majorité[28] des traités fondateurs des diverses organisations sous-régionales créées par les États de l'Afrique centrale, l'adhésion d'autres membres n'est pas exclue. Par ailleurs, l'adhésion d'un nouvel État membre est conditionnée à l'approbation unanime de tous les États membres — ceux siégeant à la Conférence des chefs d'État et de Gouvernement, puisque cette dernière est la plus haute institution — en vertu de leurs textes nationaux respectifs. On peut donc en déduire que : « *seules les considérations politiques sont prises en compte alors que bien souvent des intérêts économiques doivent être déterminants* »[29] ; d'autant plus que l'adhésion à ces organisations sous-régionales africaines n'est pas assez contraignante. Contrairement à l'Union européenne, où les États candidats à l'adhésion sont astreints à une période de pré adhésion ou d'observation au cours de laquelle de nombreux aspects sont

[27] NDE TAWEMBE (D.D.), « L'impact des chevauchements entre Communautés économiques régionales sur le processus de l'intégration en Afrique : le cas de l'Afrique centrale », *op. cit.*, p. 3.

[28] On pourra citer : le Traité révisé de la CEMAC du 30 janvier 2009 (article 55) et le Traité instituant la CEEAC (article 93).

[29] FOLEFACK (E.), « Traité d'Abuja et foisonnement des institutions d'intégrations régionales en Afrique : problèmes de coordination, de comptabilité des projets et de la gestion des appartenances multiples. Les Cas de l'Afrique centrale, de l'Afrique orientale et australe », *op. cit.*, p. 191.

évalués (on en veut pour preuve la Turquie qui, depuis des années, demande à faire partie de l'Union européenne). Ceci dit, « *l'acte d'adhésion n'est pas souvent le fruit d'une réflexion profonde de la part des [États] candidats [à l'adhésion]* »[30]. Avec de telles adhésions, les États risquent de ne plus pouvoir honorer tous leurs engagements.

Ensuite, le manque d'appréciation des incidences des engagements. En Afrique centrale, trois pays[31] détiennent le record des appartenances multiples dans les organisations sous-régionales à vocation d'intégration. Bien que ces organisations soient dotées de plusieurs institutions, dans la pratique, les États se limitent fréquemment à leur mise en place, laissant ainsi le soin au temps de s'occuper de leur mise en œuvre. En Afrique centrale, même si la CEEAC est une CER reconnue par l'Union africaine, il n'en demeure pas moins que c'est la CEMAC qui est la plus visible devant la CEPGL. Les gouvernants des États de l'Afrique centrale sont donc les principales personnes à l'origine de ces adhésions multiples ; quoique « *dans leurs discours, pendant les conférences officielles et dans les traités, ces dirigeants politiques adhèrent à l'idée d'une plus grande intégration tout en sapant le processus par leurs actions* »[32]. Il faut aussi constater qu'il y a « *une faible prise en compte des institutions dans les stratégies nationales de développement* »[33]. Cette faiblesse se manifeste par un afflux des citoyens de certains pays pour d'autres. Ces derniers n'hésitent pas souvent à expulser les nationaux des pays appartenant comme eux aux mêmes organisations sous-régionales — à la recherche d'un emploi pour de meilleures conditions de vie. Une étude a d'ailleurs démontré que ce n'est pas parce qu'on appartient à plusieurs organisations sous-régionales, qu'on s'intègrera mieux[34]. Progressivement, l'on est passé d'une logique de prolifération à celle de la rationalisation des organisations sous-régionales en Afrique centrale.

---

[30] *Idem*

[31] Ces trois pays sont le Burundi, la République démocratique du Congo et le Rwanda. Ceux-ci ont adhéré à quatre organisations sous-régionales à vocation d'intégration, au rang desquelles : la CEEAC, la CEPGL, la SADC, le COMESA ou la CAE.

[32] LAFATIME SENE (P.), *Les initiatives d'intégration en Afrique*, Mémoire de Master de droit international public et européen, Université Pierre Mendès France Grenoble II, 2005, consulté le 16 septembre 2020 sur le site : http://www.memoireonline.com/ .

[33] FOLEFACK (E.), « Traité d'Abuja et foisonnement des institutions d'intégrations régionales en Afrique : problèmes de coordination, de comptabilité des projets et de la gestion des appartenances multiples. Les Cas de l'Afrique centrale, de l'Afrique orientale et australe », *op. cit.*, p. 193.

[34] « *On s'aperçoit que la RD Congo, malgré son appartenance à plusieurs communautés économiques régionales est l'un des pays les moins intégrés avec 87,2 alors que le Libéria a un indice s'élevant à 207,9 et le Cameroun 144* » cette citation est tirée de JANAL LIBOM (Y. J.), *op. cit.*, p. 98, qui a cité FWELEY DIANGITUKWA, *Géopolitique, intégration régionale et mondialisation*, 2006, p. 179.

II. LA RATIONALISATION DES ORGANISATIONS SOUS-RÉGIONALES EN AFRIQUE CENTRALE DE NOS JOURS

Assurément de façon réaliste, on entend « *la rationalisation comme une progression avec les formes fortes et les formes faibles comme points terminaux. La forme forte de la rationalisation concerne l'absorption et la fusion des communautés économiques régionales existantes pour les adapter aux cinq communautés régionales prévues par le traité d'Abuja. Pour ce faire, des décisions et des interventions politiques importantes doivent être prises aux niveaux continental, régional, sous-régional et national. La forme faible consiste à laisser les communautés économiques régionales en l'état tout en harmonisant leurs programmes* »[35]. La rationalisation des organisations sous-régionales en Afrique centrale procède par deux temps forts : la rationalisation avant le comité de pilotage de rationalisation des Communautés économiques régionales (A) et la rationalisation avec le comité de pilotage (B).

A. La rationalisation avant le comité de pilotage de la rationalisation des communautés économiques régionales

La rationalisation avant la mise en place du comité de pilotage de rationalisation des organisations sous-régionales est passée par une harmonisation sur le volet politico-militaire (1) et sur le volet économique (2).

1. L'harmonisation sur le volet politico-militaire

L'harmonisation sur le plan politico-militaire dont il s'agit porte essentiellement sur les questions de maintien de la paix et de la sécurité en Afrique centrale. C'est avec l'avènement de la CEMAC et de la CEEAC qu'on assistera vraiment à un début d'actions coordonnées dans le domaine de la sécurité en Afrique centrale. Bien avant l'avènement de ces deux organisations, ces questions étaient directement gérées par les Nations Unies. Ces dernières pendant cette période ont mis en place un Comité consultatif connaissant des sujets liés à la sécurité en Afrique. Ledit Comité consultatif était constitué des États membres de la CEEAC. Ce faisant, la décision n°001/Y/Fév du 25 février 1999 des chefs d'État et de gouvernement d'Afrique Centrale réunis à Yaoundé, a fait observer la création du COPAX entendu comme le Conseil de paix et de sécurité en Afrique centrale. Le COPAX a été annexé à la CEEAC à travers un protocole datant du 2 février 2000 lors d'un sommet extraordinaire tenu à Malabo. Il faut rappeler que : « *[le COPAX] assure la paix aussi bien au sein de la CEEAC que de la CEMAC. Mais, il n'est entré en vigueur qu'en 2004* »[36].

---

[35] CEA, *État de l'intégration régionale en Afrique II : Rationalisation des communautés économiques régionales*, Commission Economique pour l'Afrique, Addis-Abéba, 2006, p. 50.
[36] JANAL LIBOM (Y. J.), *op. cit.*, p. 111.

Au vu des problèmes de sécurité de la sous-région à cette époque-là précisément au Tchad et en RCA, la CEMAC a dû y envoyer sa force multinationale en Centrafrique (FOMUC). La FOMUC avait pour mission de sécuriser la République centrafricaine. Le COPAX, organe de la CEEAC, prendra progressivement la place de la FOMUC dans le maintien de la paix et de la sécurité en Afrique centrale. Il est devenu l'organe de référence sur les thématiques relatives au maintien de la paix et de la sécurité en Afrique centrale. À ce titre : « *le COPAX qui est la pierre angulaire des mécanismes de paix et de sécurité en Afrique centrale dispose de deux instruments de mise en œuvre qui sont le MARAC et la FOMAC* »[37]. C'est dans cet esprit que la FOMUC dépendant de la CEMAC fera place le 12 juillet 2008 à la FOMAC à travers la création d'une Mission du Conseil de Paix et de Sécurité de la CEEAC (MICOPAX). On note ainsi un transfert de coordination des activités de maintien de paix et de sécurité entre la CEMAC et la CEEAC. Une telle option est aussi perceptible sur le volet économique.

2. L'harmonisation sur le volet économique

L'harmonisation sur le volet économique se concentre sur les transports et les échanges commerciaux. La CEEAC et la CEMAC ont pu remarquer le faible pourcentage d'échanges commerciaux dans la sous-région Afrique centrale dû en quelque sorte à un réseau routier peu développé. Ceci entraine un prix élevé des transports en Afrique centrale. C'est à la suite d'un tel constat que la CEMAC et la CEEAC se sont accordées en 2004 sur la nécessité de la mise en place d'un Plan Directeur Consensuel des Transports en Afrique centrale (PDCT-AC) regroupant des projets émanant des experts de la CEMAC, de la CEEAC et même de la Commission Economique des Nations Unies pour l'Afrique (CEA). Ce plan devait servir à la réhabilitation du réseau routier en Afrique centrale. L'amélioration du réseau routier viendra booster les échanges intracommunautaires dans la sous-région. L'Union européenne est un bailleur de fonds dans l'implémentation du PDCT-AC.

S'agissant des échanges commerciaux, l'attention a été portée sur l'adoption d'un tarif extérieur commun entre la CEMAC et la CEEAC avec l'apport technique du Bureau sous-régional pour l'Afrique centrale de la CEA (CEA/BSR-AC). À cet effet, un mémorandum de coopération a été signé entre la CEMAC, la CEEAC et la CEA/BSR-AC en avril 2005. La raison d'être d'un tel mémorandum est de faciliter les échanges dans le domaine de la coopération entre ces organismes afin de parvenir à un marché commun en Afrique centrale. Il est donc question d'une volonté de libéralisation des

---

[37] MBA ABESSOLO (C. R.), *Les instruments du COPAX face aux enjeux sécuritaires en Afrique centrale,* Université Omar Bongo, Mémoire de master recherche en Géographie, 2014, consulté le 11 mars 2020, disponible sur url : https://www.memoireonline.com/04/17/9836/Les-instruments-du-Copax-face-au-enjeux-securitaires-en-Afrique-centrale.html

échanges commerciaux dans la sous-région Afrique centrale. Les rencontres se sont multipliées entre les experts des pays membres de la CEMAC et de la CEEAC, notamment à Douala pour mieux pencher sur un procédé clair d'adoption d'un tarif extérieur commun en Afrique centrale. Toujours en 2007, les chefs d'États et de gouvernements de la CEMAC et de la CEEAC ont convenu de la création d'un comité de pilotage de la rationalisation des Communautés économiques en Afrique centrale (COPIL/CER-AC) pour booster les décisions allant dans le renforcement de l'intégration sous-régionale.

B. La rationalisation avec le comité de pilotage de la rationalisation des communautés économiques régionales

Le COPIL/CER-AC a été pensé pour donner une touche nouvelle au processus d'intégration régionale en Afrique centrale. En effet, le COPIL/CER-AC « *a été mis en place en vue du renforcement de l'intégration régionale et ultérieurement de l'intégration continentale. Cela répond à l'appel de la Déclaration de Syrte du 9 septembre 1999 appelant à une accélération du processus d'intégration et à l'adoption de cadres consensuels de coordination et de convergence de l'action des institutions d'intégration en Afrique* »[38]. Pour ce faire, un décryptage du COPIL/CER-AC s'avère nécessaire. Celui-ci peut se structurer en deux points : le cadre organisationnel (1) et le cadre opérationnel du COPIL/CER-AC (2).

1. Le cadre organisationnel du COPIL/CER-AC

La conférence des chefs d'État de la CEEAC du 30 octobre 2007 a été déterminante pour la création du COPIL/CER-AC. En réalité, c'est la déclaration de la 13e session ordinaire de la Conférence des Chefs d'État et de Gouvernement de la CEEAC qui a appelé la CEEAC et la CEMAC à mettre sur pied un Comité de concert avec l'Union africaine et la CEA pour gérer le rapprochement des deux communautés, afin de parvenir au final à une Communauté économique régionale dans toute l'Afrique centrale. Le COPIL/CER-AC est composé des : *« membres avec voix délibératives : composés de deux ministres par État membre, notamment le ministre en charge de l'intégration et le ministre en charge des finances. Les Membres avec voix consultatives: composés respectivement du (...) [Président de la commission] de la CEEAC ; du Président de la commission de la CEMAC ; d'un représentant désigné pour chacune des institutions ci-après : La*

---

[38] OUEDRAOGO (I.), *Gouvernance des institutions d'intégration économique de l'Afrique centrale. Le cas de la CEMAC*, Mémoire de Master, Institut Gouvernance, Humanités et Sciences Sociales de l'Université Panafricaine, 2015, disponible sur URL : https://www.memoireonline.com/04/20/11786/Gouvernance-des-institutions-d-integration-economique-de-l-Afrique-centrale-Le-cas-de-la-CEMAC.html consulté le 12 novembre 2020.

Commission de l'Union africaine ; la Commission Économique des Nations Unies pour l'Afrique ; la Banque africaine de Développement ; la Banque des États de l'Afrique Centrale ; la Banque de Développement des États de l'Afrique Centrale ; la Banque Nationale d'Angola ; la Banque Nationale du Burundi ; la Banque Centrale du Congo et la Banque Centrale de Sao Tomé & Principe [39].

Lors des réunions du COPIL/CER-AC, peuvent aussi prendre part aux travaux : le Président de la Banque de Développement des États des Grands Lacs (BDEGL), les dirigeants ou représentants des Institutions Spécialisées et Agences d'Exécution de la CEEAC, de la CEMAC et de la CEPGL, ainsi que les Membres de la Cellule des experts du COPIL/CER-AC[40]. C'est après la 14e session de la Conférence des chefs d'État et de gouvernement de la CEEAC que le Cameroun a été choisi pour assurer la présidence du COPIL/CER-AC notamment le ministre chargé des questions d'intégration (ministre de l'économie, de la planification et l'aménagement du territoire). Le lancement des activités du COPIL/CER-AC a débuté trois ans après sa création.

2. Le cadre opérationnel du COPIL/CER-AC

Le COPIL/CER-AC s'est déjà réuni à plusieurs reprises depuis sa création, sous la présidence du ministre de l'Économie, de la Planification et de l'Aménagement du Territoire du Cameroun.

Le COPIL/CER-AC est un organisme qui évolue sur un terrain précis. Il travaille de ce pas sur un plan d'action détaillé. C'est dans cette optique qu' « *[e]n octobre 2010, le COPIL/CER en Afrique centrale a réuni les ministres des pays membres de la CEEAC et de la CEMAC à Yaoundé, dans le but de poursuivre la réflexion sur la rationalisation des CER. Cette assise s'est soldée par l'élaboration d'un plan d'action en trois phases. La première phase s'étend au cours de 2011 et devrait œuvrer sur les actions de la rationalisation entreprises jusqu'en 2010 ; la deuxième phase s'échelonne en 2012 et aborde la problématique de la fusion ; la troisième phase devra parachever le processus* »[41]. L'on a pu remarquer la présence significative de l'Angola et du Burundi qui n'ont pas participé à la réunion de lancement du COPIL/CER-AC, le 5 juillet 2010 à Yaoundé. On peut donc constater une implication progressive de la totalité des États membres de la CEMAC et de

---

[39] JANAL LIBOM (Y. J.), *op. cit.*, p. 115.

[40] Voir La quatrième réunion du Comité de Pilotage de la Rationalisation des Communautés Économiques Régionales en Afrique Centrale (COPIL/CER-AC) qui s'est tenue le 27 novembre 2017 à Yaoundé, Hôtel Mont FEBE, sous la Présidence de Louis Paul MOTAZE, ministre de l'Économie, de la Planification et l'Aménagement du Territoire de la République du Cameroun.

[41] Abdul Khan, expert de la CEA/BSR-AC, entretien avec JANAL LIBOM (Y. J.) du 11 mai 2011.

la CEEAC dans le processus de rationalisation des CER en Afrique centrale. L'échéance qui a été arrêtée pour le processus de rationalisation des organisations sous-régionales CEMAC – CEEAC est 2023. L'on s'achemine alors vers la fin de la troisième phase du processus de rationalisation des CER en Afrique centrale. Le président de la Commission de la CEMAC relevait que : « *personne n'est contre la rationalisation, mais il nous faut travailler pour une bonne rationalisation* »[42]. Ceci montre le caractère fondamental que revêt une bonne rationalisation entre la CEMAC et la CEEAC pour les autorités communautaires. C'est une bonne rationalisation qui conduira à terme à la fusion des organisations sous-régionales en Afrique centrale.

III. LA FUSION DES ORGANISATIONS SOUS-RÉGIONALES EN AFRIQUE CENTRALE DANS UN PROCHE AVENIR

La fusion des organisations sous-régionales peut être appréhendée comme la forme rigide de la rationalisation pour une synchronisation de ces dernières aux cinq CER prévues par la Communauté économique africaine. À cet effet, il est loisible de s'appesantir sur la fusion par absorption (A) et les préalables d'une fusion normée (B).

A. La fusion par absorption de la CEMAC par la CEEAC

La fusion par absorption s'opère par une Déclaration des chefs d'État de la CEEAC (1) et une volonté politique de ces derniers (2).

1. La Déclaration des chefs d'État de la CEEAC

En date du 30 octobre 2007, lors d'un XVIIIe sommet à Brazzaville au Congo, les chefs d'État de la CEEAC se sont prononcés à l'unanimité en faveur de la forme rigide de la rationalisation. Ce faisant, ils ont appelé la CEMAC et la CEEAC au cours de cette déclaration à « *mettre conjointement en place un comité de pilotage de la rationalisation en vue de l'élaboration d'une feuille de route définissant les actions d'harmonisation des politiques, des programmes et instruments d'intégration des deux communautés pour aboutir à terme à une seule Communauté Économique Régionale dans l[a] région Afrique centrale* »[43]. Cet appel a été suivi, puisque le 5 juillet 2010 s'est tenue la première rencontre du COPIL/CER-AC. Le COPIL/CER-AC est l'organe chargé de parvenir à terme à la création de la Communauté

---

42 Allocution finale du Président de la Commission de la CEMAC, le Pr Daniel ONDO Rationalisation CEMAC - CEEAC / Réunion préparatoire / Malabo, https://www.facebook.com/Page.Commission.Cemac/?hc_ref=ARQozDjZHOj1VBIYHOZkWgiAs5FY3nlf_jnI8RXHQ36z1KW85fyyExxxPk7wgi7_9oc&ref=nf_target consulté le 12 décembre 2020.

43 Rapport de la réunion du lancement du comité de pilotage de la rationalisation des Communautés Economiques Régionales en Afrique centrale, Yaoundé, 05 juillet 2010, p. 2.

Economique Régionale de l'Afrique centrale (CERAC) par la fusion de la CEMAC et de la CEEAC. La CERAC doit regrouper les onze États membres de la CEEAC. C'est pourquoi l'on parle du passage d'une communauté de six États à celle de onze États. La Déclaration des chefs d'État lors du XVIIIe sommet à Brazzaville au Congo marque un tournant décisif dans la rationalisation des CER en Afrique centrale. Ceci s'explique par le fait que les chefs d'État de la CEEAC sont les plus hautes autorités politiques de cette CER. De plus, la Conférence des chefs d'État est l'organe suprême de la CEEAC. Les déclarations des chefs d'État ont un impact politique dans la CEEAC. C'est pour cette raison que ces déclarations sont traduites en volonté politique.

2. La volonté politique des chefs d'État de la CEEAC

La volonté renvoie à la faculté de vouloir, de se déterminer librement à agir ou à s'abstenir, en pleine connaissance de cause et après réflexion[44]. La volonté politique s'entend de la capacité à animer la dynamique du gouvernement d'une cité. Cette définition de la volonté politique s'applique bien au sein de la CEEAC.

La CEEAC comprend en son sein tous les États de la future CERAC, donc tous les États de l'Afrique centrale. Bien plus, les six États membres de la CEMAC sont également membres de la CEEAC. À la suite de cela, toute Déclaration provenant des chefs d'État de la CEEAC par extension émane aussi de la CEMAC. La Déclaration des chefs d'État lors du XVIIIe sommet à Brazzaville au Congo est un manifeste de volonté politique pour la rationalisation des CER en Afrique centrale. La volonté politique vient des dirigeants des États membres de la CEEAC. Les dirigeants des États membres de la CEEAC sont les personnes les plus autorisées à impulser la dynamique de l'intégration en Afrique centrale. Cela participe de l'approche *top down*. D'où la maxime populaire « *l'exemple vient d'en haut* ». En outre, la Déclaration des chefs d'État de la CEEAC comporte deux phases de volonté politique. La première fait état de l'élaboration d'une feuille de route devant servir à l'harmonisation des politiques et programmes de la CEEAC et de la CEMAC. La seconde porte sur la création à terme de la CERAC. Il ressort de ce qui précède que la volonté politique émanant des chefs d'État de la CEEAC est à deux niveaux : le niveau moyen et le niveau élevé. Après la présentation de la fusion par absorption, il est temps de passer aux préalables d'une fusion normée.

---

[44] *Dictionnaire, Le Petit Robert 2014.*

B. Les préalables d'une fusion normée entre la CEEAC et la CEMAC

La fusion entre la CEEAC et la CEMAC mérite de se faire dans de très bonnes conditions. C'est ce qui nous fait parler d'une fusion normée considérée comme une bonne fusion. Les préalables d'une fusion normée peuvent se faire au niveau des organisations sous-régionales (1) et des États membres de la CEEAC (2).

1. L'implication tous azimuts de la CEEAC et de la CEMAC dans la fusion

L'implication de tous les côtés de la CEEAC et de la CEMAC dans la fusion est nécessaire. Cette nécessité est sujette à la parfaite collaboration entre la CEEAC et la CEMAC dans la fusion. Ceci pour éviter d'arriver à une « stagnation intégrative »[45]. À travers une telle collaboration entre la CEEAC et la CEMAC, il en découlera une CERAC plus forte, car construite autour des forces de ces deux organisations sous-régionales. De plus, la CERAC doit également être pensée au-delà des faiblesses de la CEMAC et de la CEEAC. À l'image de la défunte Organisation de l'unité africaine et de l'Union africaine ou encore de l'ex-Société des Nations et de l'Organisation des Nations Unies. Bien plus, avec les projets intégrateurs de la CEMAC, l'on a pu noter récemment que l'engagement de la CEMAC a permis de dépasser les promesses de financement attendues de plus de 100 pour cent. Cette mobilisation de la CEMAC dans le cadre des projets intégrateurs est une parfaite illustration des résultats escomptés d'une forte implication de la CEEAC et de la CEMAC dans la fusion. C'est un dépassement des faiblesses et des forces de la CEEAC et de la CEMAC qui fera de la CERAC une institution forte. Barack Obama, ancien président des États-Unis, insistait sur le fait que l'Afrique a besoin non pas d'hommes forts, mais des institutions fortes. La CEMAC comme la CEEAC disposent de plusieurs institutions communautaires. L'embarras est que certaines de ces institutions sont méconnues des citoyens communautaires. Ce qui ne rend pas compte du travail attendu de la CEMAC et de la CEEAC dans le développement de l'intégration au sein de la sous-région Afrique centrale. La CEMAC intervient davantage au plan économique par rapport à la CEEAC qui, elle, occupe plus le terrain politique en Afrique centrale. L'implication tous azimuts de la CEEAC et de la CEMAC dans la fusion est un appel aux États membres à plus de synergie dans le processus d'intégration.

---

[45] MVELLE (G.), « La CEMAC à la recherche d'une introuvable nature théorique », *Revue africaine d'études politiques et stratégiques*, 2009, p. 61.

2. L'amélioration de la coopération entre les États membres de la CEEAC

La coopération vient du latin *cooperatio* qui signifie l'action de participer à une œuvre commune[46]. Les États membres de la CEEAC ont besoin de plus de coopération. Cette coopération s'intéresse davantage aux secteurs intégrateurs. Les marchés de la sous-région Afrique centrale ne sont pas suffisamment intégrés. En effet, les échanges intracommunautaires entre les États de la CEEAC ne sont pas assez représentatifs du potentiel économique de la sous-région Afrique centrale. L'Afrique centrale représente un espace d'environ 200 millions de consommateurs. De plus, les tracasseries au niveau des frontières des États membres de la CEEAC demeurent persistantes. Une plus grande coopération entre les différents États de la CEEAC sera à même de mieux combattre les différentes pesanteurs observables entre les frontières. Surtout que ces tracasseries ne permettent pas toujours de rendre effective la libre circulation des personnes et des services.

L'un des rôles majeurs de l'État dans le processus d'intégration régionale est de supprimer les discriminations[47]. L'amélioration de la coopération entre les États membres de la CEEAC inclut la participation des dirigeants de ces États. Cette participation est au cœur de l'adhésion intégrative de chaque État. Les dirigeants de chaque État sont habilités à prendre des engagements coopératifs. C'est donc à dessein que leur participation compte dans l'amélioration de la coopération entre les États membres de la CEEAC. Ce d'autant plus que l'intégration régionale n'a de chance de succès que si elle s'appuie non seulement sur des institutions, mais aussi sur des acteurs économiques et sociaux qui lui donnent vie chaque jour[48].

CONCLUSION

Au terme de cette étude, force a été de s'appesantir sur le cheminement des organisations sous-régionales en Afrique centrale. De ce qui précède, on peut retenir que le cheminement des organisations sous-régionales en Afrique centrale repose sur trois points : une prolifération des organisations sous-régionales par le passé, ensuite une rationalisation des organisations sous-régionales de nos jours et enfin une fusion des organisations sous-régionales dans un proche avenir. La fusion de la CEEAC et de la CEMAC est une vitrine ouverte à l'Afrique centrale pour s'exprimer d'une seule voix sur l'échiquier international. Lors d'une réunion de la cellule des experts du COPIL-CER, le Directeur Régional de la CEA pour l'Afrique centrale, Antonio Pedro, a souligné que la fusion entre la CEEAC et la CEMAC va « *permettre à la sous-région de parler d'une seule voix, audible et claire, et de s'inscrire dans une*

---

46 *Dictionnaire*, *Le Petit Robert 2014*, 2013, 2837 p.

47 SUAREZ (A.), *Intégration régionale, évolution d'un concept,* Paris, Hachette, 2009, p. 20.

48 FWELEY DIANGITUKWA, *op. cit.*, p. 175.

nouvelle dynamique d'intégration régionale ». Cette fusion nécessite de se faire selon les règles de l'art. La fusion dans les règles de l'art suppose que les préalables à une telle fusion soient davantage pensés et respectés. Il ne suffit pas pour la CEEAC et la CEMAC de fusionner, mais encore faudrait-il que cette fusion soit faite de façon durable et appropriée.

RÉFÉRENCES BIBLIOGRAPHIQUES

ATANGANA AMOUGOU (J.-L.) « Multiplication des juridictions internationales et sécurité juridique en Afrique », in FAU-NOUGARET (M.) (dir), *Actes du colloque de Bordeaux : la concurrence des organisations régionales africaines*, L'Harmattan, Paris, 2009, pp. 135-152.

BEKOLO-EBE (B.), *Intégration et relations économiques interafricaines : bilan et perspectives*, thèse de Doctorat de 3e cycle d'économie internationale, Université de Paris I, Panthéon-Sorbonne, 1977, 222 p.

BELAOUANE-GHERARI (S.), HABIB GHERARI, *Les organisations régionales africaines,* recueils de textes et documents, ministère de la Coopération française et du Développement, Paris, 1988, 474 p.

BIAO (B.), « L'intégration régionale en Afrique centrale, bilan et perspectives », in H. B. Hammouda, et al (dir.), *l'intégration régionale en Afrique centrale, bilan et perspectives*, Paris, Karthala, 2003, pp. 25-40.

BOISSON DE CHAZOURNES (L.), « Les relations entre organisations régionales et organisations universelles », *RCADI*, tome 347 (2011), 327 p.

CEA, *État de l'intégration régionale en Afrique II : Rationalisation des communautés économiques régionales*, Commission Economique pour l'Afrique, Addis-Abeba, 2006, 196 p.

Dictionnaire, Le Petit Robert 2014, 2837 p.

EFOUA MBOZO'O (S.), « Contribution à la réflexion sur la création du futur parlement de la CEMAC », in ABWA (D.) et al (dir.), *Dynamiques d'intégration régionale en Afrique centrale*, tome *2*, PUY, 2001, pp. 699-716.

ETEKI MBOUMOUA (W.), présentation de l'ouvrage de NGANDJEU (J.), *L'Afrique contre son indépendance économique ? Diagnostic de la crise actuelle,* Paris, L'Harmattan, 1988, 320 p.

ETEME ONGONO (M. F.) *La coopération judiciaire pénale dans les Communautés économiques régionales en Afrique : cas de la CEEAC et de la CEDEAO*, Mémoire de Master en droit public international et communautaire, 2014, Université de Yaoundé II, 125 p.

FITZMAURICE (G.) (Sir), « Rapporteur spécial », *Annuaire CDI*, 1956, vol. II, pp. 106-131.

FOLEFACK (E.), « Traité d'Abuja et foisonnement des institutions d'intégrations régionales en Afrique : problèmes de coordination, de comptabilité des projets et de la gestion des appartenances multiples. Les Cas de l'Afrique centrale, de l'Afrique orientale et australe », in FAU-NOUGARET (M.) (dir), *Actes du colloque de Bordeaux : la concurrence des organisations régionales africaines*, L'Harmattan, Paris, 2009, pp. 175-195.

FWELEY DIANGITUKWA, *Géopolitique, intégration régionale et mondialisation*, L'Harmattan, 2006, 320 p.

JANAL LIBOM (Y. J.), *Harmonisation et rationalisation des Communautés Economiques Régionales (CER) en Afrique : le cas de l'Afrique centrale (1991-2010)*, Mémoire de Master en histoire, Université de Yaoundé I, 2011, 147 p.

KAMTO (M.), « La Communauté économique des États de l'Afrique centrale, une Communauté de plus ? », *AFDI*, vol. 33, 1987, pp. 839-962.

KAMANDA WA KAMANDA, *Le défi africain*, Paris, ABC, 1976, 201 p.

LAFATIME SENE (P.), *Les initiatives d'intégration en Afrique*, Mémoire de Master de droit international public et européen, Université Pierre Mendès France Grenoble II, 2005, consulté le 16 septembre 2020 sur le site : http://www.memoireonline.com/

MBA ABESSOLO (C. R.), *Les instruments du COPAX face aux enjeux sécuritaires en Afrique centrale,* Université Omar Bongo, Mémoire de master recherche en Géographie, 2014, disponible sur url : https://www.memoireonline.com/04/17/9836/Les-instruments-du-Copax-face-au-enjeux-securitaires-en-Afrique-centrale.html, consulté le 11 mars 2020.

MBOMBO KASANKIDI (T.), *La problématique de l'intégration de l'Afrique face à la multiplicité des organisations sous-régionales africaines*, Mémoire de Licence, Université de Kinshasa, 2011, consulté le 16 septembre 2020 sur le site : http://www.memoireonline.com/

MVELLE (G.), « La CEMAC à la recherche d'une introuvable nature théorique », *Revue africaine d'études politiques et stratégiques*, UY II, FSJP, n° 6, 2009, pp. 63-96.

NDE TAWEMBE (D. D.), « L'impact des chevauchements entre Communautés économiques régionales sur le processus de l'intégration en Afrique : le cas de l'Afrique centrale », p. 3, disponible sur : http://www.chr.up.ac.za/chr_old/centre_projects/moteng/2007/conference/nde%20tawembe%20article%20french.doc, consulté le 16 septembre 2020

OUEDRAOGO (I.), *Gouvernance des institutions d'intégration économique de l'Afrique centrale. Le cas de la CEMAC*, Mémoire de Master, Institut Gouvernance, Humanités et Sciences Sociales de l'Université Panafricaine, 2015, disponible sur URL : https://www.memoireonline.com/04/20/11786/Gouvernance-des-institutions-d-integration-economique-de-l-Afrique-centrale-Le-cas-de-la-CEMAC.html, consulté le 12 novembre 2020.

Rapport de la réunion du lancement du comité de pilotage de la rationalisation des Communautés Economiques Régionales en Afrique centrale, Yaoundé, 05 juillet 2010.

SUAREZ (A.), *Intégration régionale, évolution d'un concept*, Paris, Hachette, 2009, 159 p.

Traité instituant la CEEAC du 18 octobre 1983.

Traité révisé de la CEMAC du 30 janvier 2009.

MESURES DE SURVEILLANCE MULTILATÉRALE ET UNIFORMISATION DES PRATIQUES INSTITUTIONNELLES EN ZONE CEMAC

Par

Stéphane MOUGNOL A MOUGNOL

Docteur en Droit public de l'Université de Yaoundé II
Maître-Assistant CAMES

Résumé

Les autorités communautaires ont eu tôt fait d'instituer de nouvelles mesures de surveillance multilatérale. Celles-ci s'inscrivent dans une dynamique susceptible d'assurer la construction d'un environnement budgétaire tendant à asseoir une certaine convergence des politiques macro-économiques. La nécessité d'édification d'un cadre macroéconomique s'est donc fait ressentir en raison des conséquences marquées par le triple choc pétrolier, sécuritaire et humanitaire qui ont frappé de plein fouet les États membres de la CEMAC. Ces mesures de surveillances multilatérales exercent un impact considérable au sein de l'environnement macroéconomique de la CEMAC. Elles participent non seulement à l'harmonisation des pratiques institutionnelles, mais aussi à la détermination d'instrument d'appréciation des efforts des États membres.

Mots clés : Surveillance multilatérale, espace communautaire, intégration économique

Abstract

Community authorities were quick to institute multilateral surveillance measures, these are part of a dynamic likely to ensure the construction of a budgetary environment tending to establish a certain convergence of macro-economic policies. The need to build a macro-economic framework is therefore felt because of the consequences marked by the triple oil, security and humanitarian shock that have hit the CEMAC member states hard. These multilateral surveillance measures exert a considerable impact within the macro-economic environment of CEMAC. They participate not only in the harmonization of institutional practices, but also in the determination of an instrument permit us to appreciate their efforts.

Keywords : *multilateral monitoring, community space, economic integration.*

INTRODUCTION

La communauté, dans la logique qui sous-tend sa formation, entend répondre aux objectifs de coopération, mais surtout d'intégration. La Communauté intégrative[1] comme celle de la CEMAC se caractérise non seulement par l'instauration d'une union monétaire et douanière, mais aussi comme une union économique articulée autour d'un marché commun et la libre circulation des personnes et de leurs biens. Pour espérer aboutir à un développement harmonieux au sein de la sous-région, la stabilité monétaire et surtout budgétaire est sans doute la clé de voûte d'une véritable intégration communautaire. Pourtant, les nombreuses crises que traversent les économies de la sous-région et la diversité des modalités de réponse à celle-ci en fonction de l'État n'ont pas manqué d'influencer les équilibres macroéconomiques au sein de la communauté. Dans l'optique d'apporter une solution globale susceptible de stabiliser économiquement l'espace communautaire, la réunion de la conférence des chefs d'État de la CEMAC tenue en décembre 2016 au Cameroun avait, en excluant la possibilité d'une dévaluation du franc CFA, prôné une politique budgétaire appropriée, une politique monétaire adéquate et une coopération internationale renforcée[2]. Les chefs d'État avaient par ailleurs prescrit le renforcement de la coordination des politiques

---

[1] EKO'O MENGUE (A.S.), *L'État membre de la communauté. Contribution à l'étude du droit national de l'intégration en Afrique francophone*, thèse de droit public, Université de Yaoundé II, 2020, p.30

[2] *Rapport intérimaire de surveillance multilatérale 2017 et perspectives pour 2018*, 34e édition, mars 2018, p.2

macroéconomiques et budgétaires, et confié au Programme des Réformes Économiques et Financières de la CEMAC le suivi des mesures prises[3]. Les nouvelles mesures de surveillance multilatérale adoptées en janvier 2017 s'inscrivent dans la dynamique de permettre la construction d'un environnement budgétaire tendant à asseoir une certaine convergence des politiques macroéconomiques et budgétaires des États membres.

Ces réformes, dans l'esprit qui a justifié leur élaboration, visaient à juguler les conséquences du triple choc pétrolier, sécuritaire et humanitaire que les États de la CEMAC ont subi depuis 2014, et qui s'est traduit sur le plan économique par un ralentissement de la croissance, une détérioration des comptes des finances publiques, une accentuation du déficit de la balance courante et une baisse accrue des avoirs en réserve, mettant ainsi à rude épreuve la stabilité du cadre macroéconomique de la sous-région à court et à moyen terme[4]. C'est donc dans l'optique de construire un espace économique solide que ces mesures ont été prises. Comme l'affirment par ailleurs M. Désiré AVOM et M. Daniel GBETNKOM, la procédure de surveillance multilatérale apparait comme *« l'une des voies à suivre en vue du renforcement de l'intégration économique des pays de la CEMAC. Elle vise, à travers la définition de critères, à renforcer la cohérence entre les variables de la politique monétaire et celles de la politique budgétaire (policy mix), afin de créer un environnement macro-économique sain, nécessaire pour une croissance économique durable et créatrice d'emplois »*[5]. Il convient également de faire observer que depuis l'avènement de la CEMAC en remplacement de l'UDEAC, cet espace a connu plusieurs expériences de surveillance multilatérale. À cet effet, l'on pourrait parler de l'expérience allant des années 1990 à 2002[6], de celle allant de 2003 à 2016, et enfin celle qui a été impulsée par les chefs d'État de la communauté en janvier 2017 et qui court jusqu'à nos jours. Force est de constater que chacune de ces expériences participe de l'amélioration du cadre de convergence économique tant par la consolidation d'un cadre normatif pertinent, que par celle d'un cadre institutionnel probant.

La consolidation d'un cadre normatif pertinent et extérieur aux États pourrait se justifier par les nombreuses difficultés, notamment la pression des groupes sociaux, et lobbies en faveur d'une augmentation des dépenses publiques, ou encore l'inefficace utilisation des ressources financières[7], à

---

[3] *Idem.*

[4] Préface du *Programme des réformes économiques et financières de la CEMAC*, août 2017.

[5] AVOM (D.), GBETNKOM (D.), « La surveillance multilatérale des politiques budgétaires dans la zone CEMAC : bilan et perspectives », *in Mondes en développement*, 2003/3, n ° 123, pp. 107-125.

[6] *Ibidem.*

[7] GUILLAUMONT JEANNENEY (S.), SAMPAWENDE TAPSOBA (J.), « Pro cyclicité de la politique budgétaire et surveillance multilatérale dans les unions monétaires africaines », *Document de travail de la série Études et Documents*, E 2009.04, CERRDI, 2009, p.3

laquelle ces pays ont été confrontés et qui ne leur a pas permis au final de tenir face aux crises individuellement. La fabrication de règles au niveau communautaire dans ce contexte se présentait comme le moyen pour tous les États de la communauté de mieux tenir face aux crises qui se succédaient mettant à rude épreuve leur environnement économique. L'édiction de ces normes au niveau communautaire avait aussi pour objectif d'harmoniser les pratiques institutionnelles des États membres afin d'apporter une solution collective à des problèmes communs à tous les pays de la communauté.

Fort de ce présupposé, l'on pourrait se demander comment les mesures de surveillance multilatérale participent-elles à l'harmonisation des pratiques institutionnelles en zone CEMAC.

Une telle interrogation amène à réfléchir sur l'impact de ces mesures dans la construction d'un véritable espace communautaire d'intégration. Par ailleurs, elle permettra également d'apprécier sous le prisme du droit, une réalité généralement saisie par les sciences économiques. Ainsi, l'on pourrait se rendre compte de ce que si la procédure de surveillance multilatérale participe à l'harmonisation des pratiques institutionnelles des États membres de la CEMAC à travers son apport à l'établissement d'un cadre normatif et institutionnel de convergence des politiques économiques (I), elle y participe également en ce qu'elle procède à la détermination d'instruments d'appréciation des efforts des États membres à la construction d'un cadre économique harmonieux (II).

I. LA CONTRIBUTION DES MESURES DE SURVEILLANCE MULTILATÉRALE À L'ÉTABLISSEMENT D'UN CADRE NORMATIF ET INSTITUTIONNEL DE CONVERGENCE ÉCONOMIQUE

Les chefs d'État de la zone CEMAC ont manifesté la volonté de renforcer l'intégration et la solidarité communautaires. Pour atteindre ces objectifs, ils ont misé sur la convergence économique qui se traduit respectivement par la construction d'un marché commun, la coordination des politiques économiques et l'harmonisation des législations. En réalité, assurer la cohérence des politiques nationales avec le bon fonctionnement de l'union économique et monétaire, telle est la principale mission qui est assignée aux mesures de surveillance multilatérale. Ainsi, elles interviennent afin de s'assurer de l'uniformisation des canons normatifs en matière budgétaire et financière (A), ainsi que de la permanence des réformes institutionnelles et de coopération (B).

A. L'uniformisation des canons normatifs en matière budgétaire et financière

Dans la perspective de coordonner leur législation en matière budgétaire et financière, les États membres de la CEMAC ont entrepris des mesures à l'effet d'atteindre en fin de compte à la création d'un cadre normatif uniformisé. Les crises pétrolières, sécuritaires et humanitaires que traverse la zone CEMAC ces dernières années n'ont pas manqué d'influencer grandement les orientations économiques et budgétaires des États de la communauté. Afin d'éviter son implosion, les États membres se sont engagés comme dans d'autres espaces,[8] à *« renforcer la compétitivité des activités économiques et financières des pays membres (...) ; assurer la convergence des performances et des politiques économiques des pays membres par l'institution d'une procédure de surveillance multilatérale ; créer entre pays membres un marché (...) ; coordonner les politiques sectorielles nationales par la mise en œuvre d'actions conjointes et, à terme, de politiques communes (...) ; harmoniser (...) les législations des pays membres -et particulièrement le régime de la fiscalité »*[9]. Les politiques budgétaires étant les plus mises en cause, dans les perspectives de stabilisation économique, l'uniformisation qu'entendent assurer les mesures de surveillance multilatérale postulent la conformité de ces politiques aux exigences du droit communautaire (1), toute chose qui a pour conséquence une réforme des pratiques financières des États membres (2).

1. La conformité des politiques budgétaires aux exigences du droit communautaire CEMAC

La nécessité de consacrer au niveau communautaire de telles exigences part de la nature des normes de cet ordre juridique et de son obligatoriété à l'égard des États membres. En effet, assis sur les principes de primauté, d'immédiateté normative et d'effet direct[10], les normes prises par les institutions communautaires, dans les domaines relevant de leur compétence et selon leur nature, sont opposables à ces États et directement applicables. C'est en raison de ces conséquences qu'une consécration par les institutions de la CEMAC semblait pertinente en ce sens que du fait de son extériorité par rapport aux États, elle facilitait une implémentation uniforme au sein des États membres.

---

[8] Notamment l'espace UEMOA.

[9] KIREYE (A.P.) (dir.), *Construire des économies intégrées en Afrique de l'Ouest. Expériences de la gestion de la croissance, de l'inclusion et de la volatilité*, FMI, 2016, pp. 119-135.

[10] Il s'agit là des principes qui, d'un point de vue juridique, fondent la différence entre le droit communautaire et le droit international, et justifient l'obligatoriété dont la première peut se prévaloir au sein des États membres.

Si à la lecture du traité instituant la CEMAC, l'on ne perçoit pas des références aux mesures de surveillance multilatérale, il reste que la convention de l'UEAC annexée au traité accorde une attention particulière à ce mécanisme. En effet, si l'on s'en tient au titre 111 de cette convention, le dispositif de surveillance multilatérale dans sa mise en œuvre consiste à vérifier d'une part la conformité des politiques aux grandes orientations fixées par le conseil des ministres, et d'autre part la cohérence des politiques nationales avec la politique monétaire commune[11]. C'est dans l'optique de s'arrimer à ces exigences communautaires que le Cameroun par exemple a aligné l'exécution de son budget dans le cadrage temporel allant du 1er janvier au 31 décembre[12]. La Loi de 2018 portant régime financier de l'État du Cameroun a également amorcé la mutation de la chambre des comptes en Cour des comptes, ceci en respect des directives communautaires. Ces quelques illustrations justifient, si besoin était encore, de la pertinence du niveau communautaire comme cadre d'impulsion de l'harmonisation des politiques budgétaires des États membres de la CEMAC.

C'est la convention UEAC qui détermine le cadrage global des politiques budgétaires nationales au sein de la communauté. À cet effet, en faisant recours aux mesures de surveillance multilatérale, *« les États membres s'interdisent tout déficit public excessif. Ils s'astreignent dans ce domaine à respecter une certaine discipline budgétaire »*[13]. Comme a pu l'indiquer le Programme des réformes économiques et financières de la CEMAC de 2017, *« l'harmonisation des procédures et la coordination des politiques budgétaires sont essentielles à la cohésion des unions monétaires et à leur intégration financière. L'harmonisation des procédures budgétaires grâce à la transposition des Directives du Cadre harmonisé de gestion des Finances publiques en zone CEMAC est indispensable à la Surveillance multilatérale. Le maintien d'importants déficits budgétaires pourrait conduire à l'épuisement des réserves de change, leur financement par la création monétaire, par l'endettement extérieur à des taux non concessionnels, par le prépaiement des revenus pétroliers ou la constitution d'arriérés de paiements peuvent mettre en péril tout le système de l'union »*[14]. L'on ne saurait envisager une telle action si les institutions émettrices des exigences à suivre n'étaient pas communautaires, mais étatiques.

La nécessité de conformité des politiques budgétaires aux exigences du droit communautaire se présente donc comme une condition essentielle de la

---

[11] Art.49 paragraphe 3 de la convention UEAC.

[12] C'est à travers la loi n°2002/001 du 19 avril 2002 portant modification de certaines dispositions de l'ordonnance n° 62/OF du 07 février 1962 réglant le mode de présentation, les conditions d'exécution du budget de la République fédérale du Cameroun, de ses recettes, de ses dépenses et de toutes les opérations s'y rapportant.

[13] Art.55 paragraphe 2 de la convention UEAC.

[14] Programme des réformes économiques et financières de la CEMAC, août 2017, p. 34.

survie de la communauté. L'Union Européenne fait figure d'exemple de l'effet d'entraînement qui pourrait survenir du fait du relâchement d'un État membre de la communauté. La crise qu'elle a traversée et qui a entrainé le Brexit est à bien des égards une conséquence de l'absence de rigueur dans l'application des mesures de surveillance multilatérale. Par ailleurs, les exigences communautaires en rapport avec les politiques budgétaires nationales ne se limitent pas à la réduction de l'inflation. Elles prennent également en compte les objectifs de promotion de la croissance, de la stabilité économique et de la réduction de la pauvreté.

Cependant, comment envisager une harmonisation des politiques budgétaires dans un contexte où les États membres de la communauté ne disposent pas des mêmes possibilités d'action économique et ne font pas face aux mêmes difficultés conjoncturelles ? Bien plus, comment obliger les États en situation de crise à se conformer aux exigences communautaires en matière d'uniformisation des pratiques en ce qui concerne leurs politiques budgétaires ? Le rapport FERDI du 15 juillet 2015 rédigé à la demande de la commission de la CEMAC a essayé d'apporter quelques solutions à ces préoccupations[15]. Si l'on peut percevoir dans ces propositions des ébauches

---

[15] « **Une première proposition** est de simplifier la grille des critères et des indicateurs en ne conservant que deux catégories de variables relatives à la surveillance multilatérale : 1) quatre critères de convergence assortis de normes ayant un caractère obligatoire, 2) une série d'indicateurs de surveillance, regroupant les critères complémentaires et les indicateurs de surveillance, complétés et restructurés. **La deuxième proposition** porte sur le solde budgétaire ; nous préconisons : i) de considérer le solde budgétaire global, de préférence dons compris ; ii) de maintenir une norme commune, mais en ajustant les soldes pour tenir compte de la situation hétérogène des pays en matière de ressources pétrolières, de manière que les États épargnent sous forme financière une partie de ces ressources. Il est proposé que le taux d'épargne des ressources pétrolières soit constant ou progressif en fonction du taux de dépendance des ressources budgétaires aux ressources pétrolières et éventuellement adaptables en fonction de la variation (positive ou négative) de celles-ci;; iii) d'autoriser un solde global négatif (faible) si les ressources pétrolières sont absentes ou faibles ; iv) de calculer le solde sur une période triennale glissante pour favoriser la contra cyclicité de la politique budgétaire. En ce qui concerne la dette, nous préconisons **(proposition 3)** : i) d'adopter le principe d'absence d'arriérés de paiements (au lieu de la règle présente de non accumulation d'arriérés ; ii) de retenir une mesure extensive de l'ensemble de l'endettement de l'État, garanties comprises et à moyen terme, dans la mesure du possible, de mesurer la dette en valeur nette actualisée ce qui permettrait de tenir compte des conditions d'endettement ; iii) de combiner un critère de plafond de dette et un horizon pour l'atteindre au plus tôt, ce qui définit le rythme autorisé d'accroissement de la dette, qui dépend de la proximité de la dette au plafond ; iv) de mesurer la variation de l'endettement et sa norme sur une base glissante triennale pour faciliter la cyclicité de la politique budgétaire. En ce qui concerne le critère de l'inflation **(proposition 4)**, nous recommandons de calculer le taux sur une période de trois ans, afin d'éliminer l'impact des facteurs exogènes conjoncturels. Cet indicateur moyen est une solution de second best par rapport au calcul de l'inflation sous-jacente qui dans son principe doit éliminer tous les facteurs accidentels et se révèle relativement complexe. La solution proposée (de moyenne triennale) nous paraît préférable au calcul actuel d'une inflation sous-jacente qui élimine les prix des produits alimentaires et ne tient pas compte de leur évolution tendancielle pouvant être différente de celle des autres biens. C'est une manière plus simple et plus crédible de tenir

de solutions d'un point de vue macro-économique, il reste que ces difficultés, d'un point de vue juridique, demeurent. En effet, les États étant libres d'adhérer ou de se retirer d'une communauté, il est important d'envisager des modalités de surveillance multilatérale qui, tout en considérant la souveraineté des États, prennent en compte la volonté des États membres à construire au-delà d'un simple espace de coopération, un véritable espace d'intégration. Aussi, l'on pourrait dans l'optique d'apporter une solution juridique aux problématiques sus-évoquées, reposer les exigences communautaires en matière de politique budgétaire sur les actes contraignants du droit communautaire à savoir le règlement[16]. De ce point de vue, le conseil des ministres pourrait jouer un rôle important dans la garantie de l'obligatoriété des mesures de surveillance multilatérale à travers leur capacité à édicter des règlements[17], mais aussi à travers leur capacité à contrôler la mise en œuvre effective de ces exigences. D'un autre côté, la commission qui dispose de la capacité de mettre en jeu la responsabilité des États pour violation du droit communautaire devrait se voir reconnaître davantage de compétence à l'effet de prononcer des sanctions automatiques allant dans le sens de durcissement des conditionnalités d'accès aux financements communautaires. Ces mesures permettraient d'optimiser l'impact de la procédure de surveillance multilatérale, toute chose qui permettrait de consolider l'uniformisation des politiques budgétaires nationales et participerait à la stabilisation des grands agrégats économiques dans la communauté. Toutefois, de tels aménagements normatifs doivent être complétés par des réformes des pratiques financières que la surveillance multilatérale tend à asseoir.

---

compte de l'instabilité des prix alimentaires. **La cinquième proposition** est de restructurer l'analyse des indicateurs de surveillance pour faciliter le diagnostic macroéconomique et de les compléter. Il est notamment proposé : i) de calculer un solde primaire hors dons et hors recettes pétrolières, destiné à apprécier le caractère contra-cyclique de la politique budgétaire ; ii) d'interpréter le taux de pression fiscale en fonction du niveau de développement ; iii) de restaurer l'indicateur masse salariale/dépenses totales ; iv) de définir un plafond pour le service de la dette (en % des recettes fiscales) ; v) de définir des indicateurs mesurant la part des investissements productifs et des investissements en capital humain dans la dépense totale ; vi) de confier à la COBAC le soin de définir un ou plusieurs indicateurs mesurant le risque d'une crise bancaire.

La sixième et dernière proposition est de rendre opérationnel un instrument de cadrage macroéconomique prévisionnel à moyen terme. La surveillance multilatérale ne doit pas être seulement rétrospective. Il s'agit de redonner toute leur place aux « programmes de convergence » afin de définir une trajectoire de retour à la norme des critères ». Cf. GUÉRINEAU (S.), GUILLAUMONT JEANNENEY (S.) et LÉON (F.), « Viabilité budgétaire et renforcement du dispositif de surveillance multilatérale au sein de la CEMAC », *Rapport Ferdi,* juillet 2015, pp. 9-10.

[16] Le Règlement en droit communautaire étant un acte de portée générale, obligatoire dans tous ses éléments et directement applicable aux États membres, ceci en l'absence de tout mécanisme interne de transposition

[17] Art 40, paragraphe 3 du traité CEMAC.

2. La nécessaire réforme des pratiques financières à l'aune des mesures de surveillance multilatérale

Les pays de la zone CEMAC ont longtemps reposé leur économie sur l'exploitation des ressources naturelles et plus particulièrement sur leur manne pétrolière. Le choc pétrolier et les crises qui se sont succédé ont mis à nu les points faibles des économies de la sous-région qui étaient fortement dépendantes des ressources pétrolières. Dans l'espace communautaire CEMAC, comme l'affirmaient Émilie LAFFITEAU et Serge Jean EDI, *« les économies sont faiblement diversifiées, car plusieurs pays de la zone n'exportent quasiment que leur production pétrolière. En 2006, celle-ci représentait 91 % des exportations de la Guinée équatoriale, 84 % de celles du Tchad, 83 % du Gabon, 82 % du Congo et 48 % du Cameroun. Le secteur industriel reste relativement faible, ne représentant que 11 % du PIB si on exclut le secteur pétrolier. La croissance des pays est entièrement dépendante des cours des matières premières et reste donc volatile »*[18]. C'est dans l'optique de résorber ces faiblesses que les chefs d'État, sur proposition de la commission, ont engagé des réformes allant dans le sens d'adopter de nouvelles pratiques financières qui rendraient les économies plus résistantes aux fluctuations du cours du pétrole dans les marchés financiers. Le principal challenge pour les États membres de la CEMAC est donc de mettre à profit leurs revenus issus de l'exploitation de leurs ressources naturelles et surtout pétrolières, afin de rehausser fortement la croissance en dehors de ce dernier secteur qui s'avère très fluctuant et assez instable pour fonder une stabilité économique certaine et faire reculer sensiblement et durablement la pauvreté. La diversification des ressources fiscales non pétrolières serait par conséquent une alternative viable afin de créer un environnement économique stable. Cela permettra également d'assurer des investissements publics productifs, améliorer le climat des affaires pour renforcer la compétitivité et stimuler l'investissement privé. Plus fondamentalement, il faudrait s'attaquer aux taux élevés de pauvreté en améliorant la qualité des dépenses consacrées à l'éducation et à la santé et créer davantage de possibilités d'emploi dans les secteurs non pétroliers.

C'est dans l'optique d'atteindre à terme cet objectif que la convention UEAC en son article 2 a décliné les grandes orientations que devraient poursuivre les États membres dans le cadre de leurs politiques budgétaires et financières. Les mesures de surveillance multilatérale dans ce contexte représentent la garantie de l'harmonisation des réformes liées aux pratiques financières et managériales des États de la communauté. Bien plus, elles sont le gage de la volonté des États et de la communauté de construire un espace véritablement intégré d'un point de vue économique, ce d'autant plus que les

---

[18] LAFFITEAU (E.), EDI (S.J.), « Les pays de la CEMAC convergent-ils ? », *STATECO*, N°108, 2014, pp. 31-43.

réformes sont engagées dans l'optique de parvenir à la stabilisation de l'environnement économique qui s'est trouvé sclérosé par de mauvaises pratiques en matière de gestion des finances publiques. C'est pourquoi les Grandes orientations des Politiques Économiques (GOPE) sont élaborées chaque année et sont adoptées en même temps que les rapports de surveillance multilatérale par le Conseil des ministres de la CEMAC[19], afin de tenir compte de l'adéquation entre l'un et l'autre.

Cependant, l'uniformisation recherchée des pratiques budgétaires et financières en zone CEMAC par le biais de la surveillance multilatérale induit nécessairement par ce même fait la permanence des réformes du cadre institutionnel ainsi que de la coopération.

B. La permanence des réformes institutionnelles et de la coopération, une conséquence de la surveillance multilatérale

En tant qu'élément d'appui à la stabilisation budgétaire et à la prévention des risques d'illiquidité et d'insolvabilité, le dispositif de surveillance multilatérale de la CEMAC joue un rôle de premier plan dans l'instauration d'une discipline monétaire et dans le mouvement de convergence économique au sein de cette zone[20]. Il est destiné également à garantir la conformité des politiques économiques nationales avec les objectifs préalablement fixés par la communauté et ses institutions. À ce titre, les rapports de surveillance multilatérale peuvent conduire à un réaménagement à la fois du cadre normatif et institutionnel de la communauté. C'est l'un de ses principaux apports au regard de sa pratique en zone CEMAC depuis son institution dès 1994. En effet, à travers ces différents rapports et les limites qu'elle a contribué à révéler, la surveillance multilatérale dans la communauté CEMAC a impulsé des réformes tant au niveau institutionnel (1), qu'au niveau de la coopération régionale et internationale (2).

1. L'importance des réformes institutionnelles dans la stabilisation de l'environnement économique

La mise en œuvre de la surveillance multilatérale a mis à nu de nombreuses faiblesses du système économique et communautaire qu'il fallait juguler afin d'atteindre l'objectif de convergence recherché. Elles étaient à la fois d'ordre normatif et institutionnel. En ce qui concerne cette dernière dimension, Désiré

[19] GUILLAUMONT JEANNENEY (S.) et LÉON (F.), « Viabilité budgétaire et renforcement du dispositif de surveillance multilatérale au sein de la CEMAC », *op.cit.*, p. 18.
[20] LAFFITEAU (E.), EDI (S.J.), « Les pays de la CEMAC convergent-ils ? », *op. cit.*, pp. 31-43.

AVOM et Daniel GBETNKOM ont essayé de dresser un bilan de la surveillance multilatérale en zone CEMAC de 1994 à 2002[21].

Dans l'optique de garantir la stabilité de la monnaie, exécuter de façon optimale les programmes d'ajustement structurel et promouvoir une croissance économique saine et durable, la surveillance multilatérale a incité à de nombreux réaménagements institutionnels allant dans le sens d'atteindre les objectifs de la communauté. En effet, après la dévaluation du franc CFA et les déficits budgétaires observés dans la zone CEMAC, des ajustements d'ordre institutionnel étaient nécessaires afin de ne pas accroitre les déficits déjà importants. Une meilleure coordination des politiques monétaires et budgétaires était nécessaire, et seule la surveillance multilatérale était à même de révéler ses limites. C'est en réaction à ce constat que la BEAC a vu son rôle renforcé dans la perspective de stabilisation des agrégats monétaires. Les institutions nationales au travers de cette surveillance étaient-elles également tenues d'évoluer afin de s'arrimer à la nouvelle conjoncture.

Cependant, le constat de la faible prise en compte des exigences normatives communautaires par les institutions à la fois de la communauté et des États membres a poussé la Conférence des chefs d'État en 2005 à l'occasion d'une session extraordinaire, à effectuer un audit qui a abouti à l'élaboration d'un Programme de Réformes Institutionnelles (PRI) censé relancer le processus d'intégration. C'est ainsi que le cadre institutionnel va s'enrichir de nouvelles institutions dont la mission était d'atteindre cet objectif. Il s'agit entre autres du Comité de Pilotage (ministres et représentants des institutions communautaires ainsi que des organisations sous-régionales de la société civile) du Programme des Réformes Institutionnelles (PRI), appuyé par une Cellule Communautaire de suivi composée d'experts, à l'image du Comité de Pilotage[22]. *« Le Comité de Pilotage, placé sous la supervision du Président dédié au PRI, était « chargé de la conduite de l'ensemble du Programme des Réformes Institutionnelles (PRI) et notamment :*

De la déclinaison du programme détaillé et des modalités du PRI ;

Du suivi et de l'évaluation de la mise en œuvre dudit programme ».

Institué pour *« donner une impulsion décisive au processus d'intégration mis en place dans le cadre de la Communauté Economique et Monétaire de l'Afrique Centrale (CEMAC) », le PRI était décliné en sept (07) chantiers mis en œuvre de 2006 à 2008 puis de 2008 à 2010, en s'appuyant sur le dispositif de pilotage »*[23]. Il est par ailleurs chargé dans le cadre de la surveillance qu'il

---

21 AVOM (D.), GBETNKOM (D.), « La surveillance multilatérale des politiques budgétaires dans la zone CEMAC : bilan et perspectives », *op.cit.*, pp. 107-125.

22 Rapport CEMAC, *Vers une intégration accélérée pour une CEMAC émergente : renouveau communautaire 2012-2017*, p.40.

23 *Idem.*

effectue, de l'amélioration de la Gouvernance et rationalisation des Institutions, Organes et Institutions Spécialisées de la Communauté et de l'audit des Institutions, Organes, Institutions Spécialisées et Agences d'Exécution de la Communauté[24]. C'est également dans le cadre du renforcement de son cadre institutionnel que l'on a assisté à l'installation des Cours de justice et des comptes CEMAC. C'est en respect des directives CEMAC qu'au plan national, les États membres se sont orientés vers la création de véritables Cours des comptes afin de connaître du contentieux financier dans l'État.

Des institutions beaucoup plus spécialisées ont également vu le jour. Il s'agit à titre illustratif de la Commission Économique du Bétail, de la Viande et des Ressources Halieutiques (CEBEVIRHA) et l'Organisation de Coordination pour la lutte contre les Endémies en Afrique Centrale (OCEAC) en tant qu'Agences d'exécution établies par l'Acte Additionnel n° 03/13-CEMAC-176-CCE-SE[25]. Dans le cadre des domaines que la surveillance multilatérale a contribué à consolider, l'on a sans doute le cadre structurel de la coopération tant au niveau intra-communautaire qu'extra-communautaire.

2. La pertinence du renforcement de la coopération régionale et internationale

Comme souligné plus haut, la communauté est certes un espace de coopération, mais elle est aussi et surtout un cadre d'intégration[26]. À ce titre, elle repose sur un fort élan de solidarité qui va gouverner les rapports entre les États membres d'une part, et d'autre part entre la communauté et des entités juridiques extérieures à elle.

La surveillance multilatérale permet de se rendre compte des disparités qui pourraient exister entre États d'un même espace d'intégration. Aussi, lorsque la conjoncture d'un État se trouve détériorée du fait d'éléments exogènes ou endogènes, les autres États membres se doivent, pour la survie de la communauté, d'être solidaires des efforts que l'État en crise entreprendrait afin de la juguler. L'Union Européenne au lendemain de la crise financière de 2008 est une illustration de cet état notamment dans les cas de la Grèce, du Portugal, de l'Italie, de l'Espagne. Dans le cadre de la CEMAC, son rapport *« Vers une intégration accélérée pour une CEMAC émergente : renouveau*

---

[24] *Idem.*

[25] Acte Additionnel n° 02/13-CEMAC-176-CCE-SE, du 25 juin 2013, portant institution des Agences d'exécution de la Communauté

[26] L'art.2 du traité révisé CEMAC consacre cette réalité en disposant que : *« la mission essentielle de la communauté est de promouvoir la paix et le développement harmonieux des États membres dans le cadre de l'institution des deux unions : une union économique et une union monétaire. Dans chacun de ces deux domaines, les États membres entendent passer d'une situation de coopération, qui existe déjà entre eux, à une situation d'Union susceptible de parachever le processus d'intégration économique et monétaire ».*

communautaire 2012-2017 » montre que la solidarité sous-régionale a trouvé un terrain d'expression favorable ici. En effet, « *plusieurs appuis financiers ont été accordés par la Communauté à la RCA en raison de l'insécurité qui a touché cet État membre (...) Ce pays a également bénéficié d'un apport en matériel en matériel et de la mise à disposition de contingents de militaires par chaque État membre. De même, au plan bilatéral, plusieurs aides financières ont été consenties à la RCA* »[27]. C'est une surveillance multilatérale rigoureuse qui a pu permettre de se rendre compte des difficultés de ces pays et justifier le déclenchement des mécanismes de solidarité. Le préambule de la convention UEAC rappelle cet impératif de solidarité en posant que : « *Conscients des handicaps résultant de l'enclavement et de l'insularité de certains États membres et de la nécessité d'appuyer, dans un esprit de solidarité, les efforts de ces États visant à réduire leurs handicaps en vue d'un développement harmonieux de la communauté* ». Une coopération poussée entre ces États est donc nécessaire afin d'atteindre les exigences d'intégration poursuivies.

Cependant, la surveillance multilatérale porte également sur les actes et engagements résultant de la coopération internationale. En effet, l'article 8 du traité CEMAC révisé en 2009 dispose que : « *la communauté engage toutes coopérations utiles avec les organisations régionales et sous-régionales existantes.*

Elle peut faire appel à l'aide technique ou financière de tout État qui l'accepte ou des organisations internationales dans la mesure où cette aide est compatible avec les objectifs définis par le présent traité et les textes subséquents.

Des accords de coopération et d'assistance peuvent être signés avec les États tiers ou les organisations internationales... ». À ce sujet, force est de constater que la communauté CEMAC peut être créditée d'une forte activité en ce qui concerne la coopération internationale. C'est ainsi que des partenariats importants ont été consolidés. C'est le cas avec l'organisation internationale de la francophonie qui a financé de nombreux projets allant dans le sens de l'amélioration de l'environnement économique. C'est également le cas du FMI, de l'UE, de la Banque mondiale, de la Banque africaine de développement, de l'Agence française de développement, entre autres, qui apportent des appuis tant techniques que financiers afin de renforcer les efforts d'intégration dans la communauté. Bien sûr, la surveillance multilatérale est le gage sans lequel tous ces appuis ne sauraient être obtenus.

---

[27] Rapport CEMAC, *Vers une intégration accélérée pour une CEMAC émergente : renouveau communautaire 2012-2017, op.cit.*, p. 48.

En tout état de cause, les mesures de surveillance multilatérale permettent la détermination d'instruments d'appréciation des efforts de la communauté et des États membres pour l'atteinte des objectifs communautaires.

II. LA DÉTERMINATION PAR LA SURVEILLANCE MULTILATÉRALE D'INSTRUMENTS D'APPRÉCIATION DES EFFORTS DES ÉTATS MEMBRES

Les mesures de surveillance multilatérale sont généralement appliquées parce qu'elles garantissent la viabilité et la durabilité de l'union monétaire et parce qu'en veillant à ce qu'aucun État membre de la communauté n'accuse des déficits ou des taux d'inflation plus élevés que ses voisins, on protège les pays membres des effets contagieux d'une éventuelle instabilité macroéconomique dans l'un ou l'autre pays de l'union. Ces mesures garantissent aussi que les pays membres conservent leur compétitivité relative au sein de l'union en leur exigeant une certaine discipline dans la mise en œuvre de leurs politiques économique, budgétaire, ou monétaire. Au niveau national, elles constituent une référence dans la création de programmes nationaux de convergence à moyen terme, indiquant les politiques et échéanciers que chacun doit suivre pour assurer la convergence budgétaire avec les autres membres, tout en améliorant potentiellement le contrôle national sur le projet d'union monétaire. Ils peuvent aussi permettre d'identifier et de mettre en œuvre des réformes spécifiques et de modifier les politiques[28]. Ces mesures visent enfin à permettre une surveillance étroite des changements au niveau national, et peuvent mettre au jour des lacunes justifiant une intervention régionale dans la mise en œuvre des programmes nationaux de convergence, garantissant ainsi la convergence économique des pays membres[29]. Aussi, lorsque l'on observe l'espace communautaire CEMAC, l'on peut constater dans le cadre de la surveillance multilatérale une évolution des indicateurs de convergence (A), même si la problématique de l'obligatoriété de ce dispositif dans les ordres juridiques nationaux reste présente (B).

A. L'évolution des indicateurs de convergence

La mise sur pied de la CEMAC s'est accompagnée concomitamment de l'instauration de la surveillance multilatérale comme garant de la convergence économique. Depuis lors et à la lecture des textes et de la doctrine qui s'est penchée sur la question, l'on pourrait noter une constante amélioration

---

[28] BHATIA (R.J.), ZHANG (J.), KIPTOO (C.K.), *Faciliter la surveillance budgétaire multilatérale dans le cadre d'une union monétaire en ciblant la région du COMESA*, 14 février 2011, p. XII.
[29] *Ibid.*, p. XIII.

qualitative des indicateurs de la surveillance (1), toute chose qui traduit un perfectionnement progressif du processus d'intégration en Afrique centrale (2).

1. La constante amélioration qualitative des indicateurs de la surveillance multilatérale

Dans le cadre de la surveillance multilatérale, les indicateurs n'ont pas vocation à rester statiques. Au contraire, ils évoluent ou changent au gré des évolutions de la conjoncture de la communauté dont ils servent de référentiel. C'est ainsi que dans l'espace communautaire CEMAC, objet de l'étude, l'on pourrait observer leur évolution à l'aune des travaux qui se sont penchés sur la question. En effet, face à la difficulté persistante d'adaptation des instruments retenus par rapport à la conjoncture, certaines études ont mis en avant les faiblesses du dispositif et particulièrement son extranéité étatique, c'est-à-dire son absence d'ancrage dans les habitudes politiques et administratives des États auxquels ils étaient appliqués. En d'autres termes, le dispositif de surveillance multilatérale a été considéré comme une conditionnalité à l'aide multilatérale. C'est dans la perspective d'une démarche d'appropriation de ce dispositif par les États que l'on est parti d'une imposition souple à une imposition de plus en plus rigide de son contenu.

D'un point de vue chronologique, l'on a pu observer une reconfiguration au fil des ans de ses indicateurs. C'est M. Claude N'KODIA qui en a fait une synthèse permettant de mieux apprécier leur évolution. Il indique que de 1994 à 2001, quatre critères et indicateurs de la surveillance multilatérale avaient été retenus. Il s'agissait :

- du taux de couverture extérieure de la monnaie supérieur ou égal à 20 %.
- du solde budgétaire primaire positif ou nul.
- de la non-accumulation des arriérés intérieurs et extérieurs.
- de la croissance de la masse salariale de la fonction publique inférieure ou égale à celle des recettes budgétaires[30].

Ces critères ont fait l'objet de nombreuses analyses et critiques venant majoritairement des économistes et des institutions de la CEMAC. Ce sont les limites découlant de ces indicateurs qui ont justifié en janvier 2002 l'avènement de nouveaux critères et indicateurs de la surveillance multilatérale. À cet effet, on a assisté à une reconfiguration de ceux-ci de sorte à leur donner une plus grande incidence dans la mise en œuvre des politiques de convergence économique. Aussi, l'on a assisté à la consécration de critères de premier rang à savoir : le taux de couverture extérieure de la monnaie supérieur ou égal à 20 %, le solde budgétaire primaire positif ou nul, la non-

---

[30] N'KODIA (C.), « Les pactes de convergence en zone franc : quels critères et quels objectifs en zone CEMAC ? », *Revue française d'économie*, 2011/2 Volume XXVI, pp. 115-148.

accumulation des arriérés intérieurs et extérieurs, une croissance de la masse salariale de la fonction publique inférieure ou égale à celle des recettes budgétaires[31].

À côté de ces critères de premier rang, il identifie des indicateurs de second rang. Il s'agit de :

- *« Des indicateurs généraux de performance : Taux de croissance du PIB réel, taux de couverture extérieure de la monnaie supérieur ou égal à 20 %, solde du compte extérieur courant rapporté au PIB, avoirs extérieurs bruts (en mois d'importation).*
- *Des indicateurs analytiques : Taux d'investissement par rapport au PIB (total, public, privé), ratio de la masse salariale rapporté aux recettes budgétaires totales, hors dons ; suivi de la compétitivité extérieure (indice de taux de change effectif réel), suivi des performances extérieures (exportations de biens et services non-facteurs sur PIB, importations de biens et services non-facteurs sur PIB).*
- *Des indicateurs de politique économique : Suivi de la politique budgétaire (solde primaire sur recettes totales, solde primaire sur PIB, solde budgétaire global sur PIB), suivi de la politique monétaire (évolution de la masse monétaire, des crédits à l'économie et des créances nettes sur l'État) »*[32].

Étant consacrés par le droit dérivé CEMAC, les indicateurs de la surveillance multilatérale qui sont généralement édictés par le Conseil des ministres après un travail préalable de la Commission peuvent bénéficier d'un effet direct en fonction de l'instrument à travers lequel ils sont consacrés. Au-delà de permettre une harmonisation des pratiques entre les institutions de la communauté, cette évolution de la surveillance multilatérale traduit à bien des égards une volonté de faire progresser la convergence économique.

2. Le perfectionnement progressif du processus d'intégration

La réglementation communautaire en matière de surveillance multilatérale a fait l'objet de nombreuses évaluations, même si celles-ci mettent davantage en avant la dimension économique plutôt que la dimension juridique. Sans revenir sur les conclusions macroéconomiques déjà largement étudiées par la doctrine économiste, l'on peut constater que du point de vue des pratiques institutionnelles, les États membres, sous la pression des bailleurs de fonds internationaux, tendent de plus en plus à s'arrimer aux exigences communautaires.

---

[31] *Ibid.*, p. 115.
[32] *Idem.*

En effet, depuis 1994, chaque année, les États ont toujours essayé, avec plus ou moins de succès, de respecter les indicateurs posés par la surveillance multilatérale. Les limites observées dans le temps ont conduit la communauté à réaménager soit totalement, soit partiellement le cadre général de la surveillance multilatérale, afin de le rendre plus apte à être implémenté par les États membres. Le choc pétrolier et la recrudescence des menaces sécuritaires dans certains pays à partir de 2014 ont justifié la tenue, en 2016 et en 2019, de sessions extraordinaires qui étaient aussi l'occasion pour la conférence des chefs d'État, organe le plus important de la communauté, de faire l'état des lieux du processus d'intégration en zone CEMAC. À cet effet, afin d'éviter une nouvelle dévaluation du franc CFA, les États membres ont en 2016 pris l'engagement à faire des efforts d'ajustement sur le plan intérieur et extérieur, mais aussi de respecter les exigences de la surveillance multilatérale. La non dévaluation de la monnaie à nos jours est un signe non négligeable du respect de ces mesures. Bien d'autres indicateurs montrent qu'un véritable effort a été fait dans l'atteinte des exigences de la conjoncture. Il s'agit entre autres de :

- *La mise en œuvre effective de la libre circulation des personnes dans l'espace CEMAC ;*
- *La Stabilisation des Services de la Commission dans l'une des capitales de la Communauté, afin de mettre un terme à la situation d'errance qui persistait depuis 2013 ;*
- *La nomination et l'installation des membres de la Commission de la CEMAC ;*
- *L'installation des Juges de la Cour de Justice et de la Cour des Comptes Communautaires ;*
- *Le suivi de la mise en œuvre et la poursuite diligente du Plan Opérationnel 2017-2021 du Programme Économique Régional et du Programme des Réformes Économiques et Financières de la CEMAC (PREF-CEMAC) ;*
- *L'adoption des Politiques communes, notamment la Politique Commune d'Émi Immigration en zone CEMAC, la Politique Commune de Transport et le Schéma Directeur des Infrastructures Routières et Ferroviaires en zone CEMAC ; la Politique énergétique et le Schéma Directeur pour la production et le transport de l'électricité en zone CEMAC et l'Acte Additionnel relatif au recouvrement intégral de la Taxe Communautaire d'Intégration (TCI)*[33].

Le dossier de presse du sommet extraordinaire des chefs d'État de la CEMAC de novembre 2019 laisse percevoir néanmoins que, si certains indicateurs n'ont pas été respectés par aucun État membre, notamment ceux se rapportant au ratio masse salariale rapportée aux recettes fiscales et au taux

[33] Dossier de presse du Sommet extraordinaire des chefs d'État de la CEMAC, novembre 2019, p.8.

de pression fiscale au cours des années 2016, 2017 et 2018, l'on observe néanmoins que la croissance a été perceptible en 2019, et aurait dû se poursuivre durant l'année 2020, n'eût été la survenance de la crise sanitaire liée à la pandémie de la COVID 19.

En dépit des difficultés traversées par la communauté, l'on peut aisément déduire que les résultats obtenus sont la conséquence d'un réel effort des États membres à respecter le dispositif de surveillance multilatérale. Toutefois, l'on pourrait supputer que les objectifs seraient davantage atteints si on réussit à juguler la problématique de l'obligation pour les États membres de respecter ce dispositif.

B. La consolidation de l'obligatoriété des exigences du droit communautaire

Dans un contexte où en dépit de l'appartenance à une même communauté les États ont sauvegardé l'essentiel de leur souveraineté, il devient difficile de leur imposer des obligations sans une volonté propre à eux de s'y soumettre. C'est la raison pour laquelle, au sein de la communauté CEMAC, les délibérations au sein du principal organe de la communauté sont adoptées par consensus[34]. Malgré cela, l'on relève toujours une réelle difficulté pour les exigences du droit communautaire de s'imposer dans les ordres juridiques nationaux. Il s'agit d'une difficulté inhérente aux rapports de système qu'il est nécessaire de régler afin de donner plus d'obligatoriété au dispositif de surveillance multilatérale et, par-là, harmoniser les pratiques institutionnelles en vue d'une meilleure convergence des politiques économiques et monétaires. Ces difficultés sont perceptibles tant au niveau communautaire (1) qu'au niveau national (2).

1. Les difficultés d'imposition des exigences communautaires aux États membres

Le problème ici ne se situe pas tant dans l'existence d'un droit communautaire opposable aux États membres. La difficulté se situe davantage sur les moyens que le droit communautaire offre à ses institutions afin de rendre ses règles obligatoires à l'égard des États membres de la communauté.

La première difficulté se situe en zone CEMAC au niveau de la lente mise en œuvre des institutions et particulièrement juridictionnelles, susceptibles de veiller au respect des dispositions communautaires par les États membres. En effet, depuis l'avènement de la CEMAC dans les années 90, plusieurs institutions avaient été mises sur pied afin de faciliter le travail de la communauté. En dehors de l'UEAC et de l'UMAC, il y avait également le

[34] Article 16 du traité révisé CEMAC.

parlement communautaire, la cour de justice et la Cour des comptes[35]. Si les deux premières ont bénéficié d'une naissance concomitante à la communauté du fait de leur vocation, les trois autres et plus particulièrement les institutions juridictionnelles n'ont fait l'objet d'une mise en œuvre matérielle que très récemment. Dans ce contexte, seules des sanctions administratives pouvaient être prononcées à l'encontre de l'État qui ne respectait pas les règles édictées par la communauté.

La communauté européenne qui est présentée comme modèle d'espace d'intégration a forgé l'obligatoriété du droit communautaire à l'égard des États membres en grande partie par l'action de son juge. Pourtant, dans la zone CEMAC, l'on peinait à rendre opérationnelle cette institution. Ceci pourrait justifier certains écarts observés notamment dans le respect des directives communautaires véhiculant le dispositif de surveillance multilatérale. Même s'il faut reconnaître, en raison du caractère souverain des États, que le recours au juge doit rester mesuré afin d'éviter que les États qui font face à des difficultés conjoncturelles ne leur permettant d'appliquer au mot les actes communautaires sortent de la communauté[36].

Par ailleurs, la fluidité des rapports institutionnels entre la CEMAC et les États membres peut également constituer une limite à l'imposition des exigences communautaires au sein des États. En effet, il n'existe pas au Cameroun, pour prendre cet exemple, et cela est surprenant, un point focal de la CEMAC en dehors du ministère des Affaires étrangères. Bien plus, la diffusion de la réglementation communautaire ne prend pas toujours en compte les exigences communicationnelles du moment.

Par ailleurs, la commission en tant qu'organe communautaire permanent est également appelée à jouer un rôle essentiel dans la mise en œuvre du droit communautaire. C'est à elle en effet qu'il revient de veiller au respect des mesures de surveillance multilatérale et de sanctionner les différentes violations de leur contenu. La capacité de saisine du juge de la communauté, qui lui est reconnue, dans le cadre de l'action en manquement, est un outil supplémentaire qu'il pourrait utiliser subtilement afin d'harmoniser les pratiques institutionnelles en zone CEMAC.

C'est dire que les institutions communautaires elles-mêmes sont appelées à jouer un rôle essentiel dans la consolidation de l'obligatoriété du droit communautaire même si, en fin de compte, les États restent en dernier ressort les garants de sa mise en œuvre. L'harmonisation des pratiques institutionnelles est donc un objectif qui met à contribution les institutions communautaires et les institutions nationales.

---

[35] Art 10 du traité révisé de la CEMAC, 2009.

[36] DUTHEIL DE LA ROCHÈRE (J.), « L'application du droit communautaire en France », in *Revue générale de droit*, Volume 13, numéro 2, 1982, pp. 521-540.

2. La participation des États membres au processus communautaire d'harmonisation des pratiques institutionnelles

En dépit de l'autonomie affichée de l'ordre juridique communautaire, par rapport à l'ordre juridique international d'une part et les ordres juridiques nationaux d'autre part, il reste que sa mise en œuvre dans les États membres est fortement liée à la volonté de ceux-ci de donner de l'effet au droit communautaire sur leurs territoires. Ainsi, en ce qui concerne la mise en œuvre effective de la surveillance multilatérale, il appartient aux États de faire preuve de volontarisme dans l'implémentation de ces mesures. Si les institutions communautaires sont celles-là qui sont chargées de prendre les mesures à l'effet d'appliquer efficacement le droit communautaire, c'est aux États en dernier ressort qu'il appartient d'assurer le respect des règles communautaires.

Comme le dispose le traité CEMAC : *« les États membres apportent leur concours à la réalisation des objectifs de la communauté en adoptant toutes mesures générales ou particulières visant à assurer l'exécution des obligations découlant du présent traité. À cet effet, ils s'abstiennent de prendre toute mesure susceptible de faire obstacle à l'application du présent traité et des actes pris pour son application.*

En cas de manquement par un État aux obligations qui lui incombent en vertu du droit communautaire, la cour de justice peut être saisie en vue de prononcer des sanctions dont le régime sera défini par des textes spécifiques »[37]. Par ces dispositions, le traité communautaire formule deux obligations à l'égard des États membres : l'une positive et se traduisant par l'obligation d'apporter leur concours à la réalisation des objectifs de la communauté, et l'autre négative et se présentant sous le prisme de l'interdiction d'adopter toute mesure susceptible de faire obstacle à l'application du droit communautaire sur leur territoire.

Au niveau national, les institutions nationales jouent un rôle important dans la mise en œuvre effective des mesures de surveillance multilatérales. Fort des obligations qui leur incombent du fait des dispositions communautaires, ce sont elles qui assurent l'exécution sur le terrain des décisions communautaires parce qu'il n'existe pas d'échelon opérationnel au niveau national de l'administration communautaire[38].

Dans la difficulté de brusquer les États membres dans la mise en œuvre du droit communautaire, une des possibilités que le droit communautaire pourrait user afin non pas d'obliger les États, mais à les inciter, c'est-à-dire leur donner plus de motivation, à appliquer le droit communautaire pourrait résider dans

---

[37] Art. 4 du traité révisé de la CEMAC, 2009.

[38] DUTHEIL DE LA ROCHÈRE (J.), « L'application du droit communautaire en France », *op.cit.*, pp. 521-540.

la nature et la modulation des sanctions, qu'elles soient positives ou négatives. En ce qui concerne les sanctions positives, les avantages que l'État membre tirerait du respect du dispositif de surveillance du point de vue de l'aide communautaire ou des taux d'intérêt en matière d'emprunt devraient être tels que la plus-value qu'ils apportent à l'État les rend indispensables pour leur stabilité économique. En ce qui concerne les sanctions négatives, le durcissement des sanctions mis en rapport avec les avantages tirés de la communauté pourrait participer à une plus grande effectivité de la surveillance multilatérale et l'atteinte des objectifs de convergence économique.

CONCLUSION

En fin de compte, l'objet de la présente réflexion portait sur l'impact de la surveillance multilatérale dans l'harmonisation des pratiques institutionnelles en zone CEMAC. De la lecture qui a été faite et du prisme juridique qui guidait les analyses, il en est ressorti que ce procédé tel qu'institué par les actes normateurs de la communauté a vocation à uniformiser et non pas à unifier les pratiques institutionnelles dans l'espace d'analyse. Aussi, au regard des travaux qui ont émergé de la thématique et en dépit de leur ancrage épistémologique dans les sciences économiques, il en ressort que ce dispositif contribue substantiellement à l'uniformisation des pratiques institutionnelles des États membres notamment en ce qui concerne les politiques budgétaires et financières en sus des réformes qui visent à améliorer leur contenu et par la même occasion leur efficacité. Par ailleurs, la surveillance multilatérale détermine les instruments d'évaluation de l'effectivité de l'harmonisation des pratiques des institutions nationales, de même qu'il permet son auto-évaluation afin d'optimiser à la fois son effectivité et son efficacité.

RÉFÉRENCES BIBLIOGRAPHIQUES

BHATIA (Rattan J.), ZHANG (Jian), KIPTOO (Christopher K.), Faciliter la surveillance budgétaire multilatérale dans le cadre d'une union monétaire en ciblant la région du COMESA, 14 février 2011, 136 p.

EKO'O MENGUE (Arsène Silvère), L'État membre de la communauté. Contribution à l'étude du droit national de l'intégration en Afrique francophone, thèse de droit public, Université de Yaoundé II, 2020, 556 p.

AVOM (Désiré), GBETNKOM (Daniel), « La surveillance multilatérale des politiques budgétaires dans la zone CEMAC : bilan et perspectives », in *Mondes en développement*, 2003/3, n ° 123, pp. 107-125.

DUTHEIL DE LA ROCHÈRE (Jacqueline), « L'application du droit communautaire en France », in *Revue générale de droit*, Volume 13, numéro 2, 1982, pp. 521-540.

GUILLAUMONT JEANNENEY (Sylviane), SAMPAWENDE TAPSOBA (Jules), « Pro cyclicité de la politique budgétaire et surveillance multilatérale dans les unions monétaires africaines », Document de travail de la série *Études et Documents*, E.2009.04, CERRDI, 2009, disponible sur https://shs.hal.science/halshs-00554337, 47 p.

LAFFITEAU (Émilie), EDI (Serge Jean), « Les pays de la CEMAC convergent-ils ? », *STATECO*, n°108, 2014, pp. 31-43.

N'KODIA (Claude), « Les pactes de convergence en zone franc : quels critères et quels objectifs en zone CEMAC ? », *Revue française d'économie*, 2011/2 Volume XXVI, pp. 115-148.

GUÉRINEAU (Samuel), GUILLAUMONT JEANNENEY (Sylviane) et LÉON (Florian), « Viabilité budgétaire et renforcement du dispositif de surveillance multilatérale au sein de la CEMAC », *Rapport Ferdi*, juillet 2015, pp. 9-10.

P. KIREYE V. (Alexei) (dir.), Construire des économies intégrées en Afrique de l'ouest. Expériences de la gestion de la croissance, de l'inclusion et de la volatilité, FMI, 2016, disponible sur https://doi.org/10.5089/9781475532258.071, 393 p.

Commission CEMAC, Rapport intérimaire de surveillances multilatérales 2017 et perspectives pour 2018, 34e édition, mars 2018, mars 2018, 88 p.

Rapport CEMAC, Vers une intégration accélérée pour une CEMAC émergente : renouveau communautaire 2012-201

FIN OU RENOUVEAU DE LA CEMAC ? LA PERSPECTIVE DE LA RATIONALISATION DES COMMUNAUTÉS ÉCONOMIQUES RÉGIONALES EN AFRIQUE CENTRALE

Par

Arsène TCHAGNA TAKWI

Docteur en droit public de l'Université de Yaoundé II
Assistant à l'Université de Yaoundé II

Et

Irène NGUELEWOU MATHO

Doctorante en droit public
Boursière doctorale Max Planck

Résumé

Quel sort réserver à la CEMAC dans le cadre du processus de rationalisation ? Telle est l'interrogation servant de fil conducteur à la présente réflexion. En considération de l'aspiration d'unité africaine, de la superposition des normes et compétences, ainsi que des conflits consécutifs, il est apparu urgent pour les États d'Afrique centrale de rassembler leurs efforts communs en vue d'éviter désormais des dispersions d'énergie inutiles. Cependant, bien que réputée comme la Communauté la plus dynamique de l'Afrique centrale, la CEMAC semble souffrir tant de sa non-reconnaissance par l'Union africaine que de sa superficie par rapport à la CEEAC. Pourtant, il est pertinent de relever que la fusion-constitution qui semble être la trajectoire de rationalisation adoptée par les Chefs d'État d'Afrique centrale aboutira à la succession de la CEMAC par la nouvelle Communauté d'Afrique centrale, avec toutes les implications juridiques y afférentes. Dès la réalisation de cette succession, les résultats de la présente réflexion apparaîtront aisément à notre intellection.

Mots-clés : CEMAC ; rationalisation ; succession ; intégration ; COPIL/CER-AC.

Abstract

What is the fate of CEMAC in the context of the rationalization process? This is the question that serves as a guideline for the conduct of the present reflection. In view of the aspiration for African unity, the overlapping of norms and competencies, and the resulting conflicts, it has become urgent for the Central African States to pool their joint efforts in order to avoid unnecessary dispersion of energy. However, although it is reputed to be the most dynamic community in Central Africa, CEMAC seems to be suffering both from its non-recognition by the African Union and from its size compared to ECCAS. However, it is relevant to note that the merger-constitution, which seems to be the rationalization path adopted by the Central African Heads of State, will lead to the succession of CEMAC by the new Central African Community, with all the related legal implications. As soon as this succession takes place, the results of the present reflection will be readily apparent to our intellection.

Keywords: *CEMAC ; rationalization ; succession ; integration ; COPIL/CER-AC*

INTRODUCTION

La question de l'intégration par les États, populations ou territoires d'Afrique centrale n'a pas cessé d'intéresser les cercles politiques, scientifiques voire de la société civile, depuis l'octroi de l'indépendance aux peuples africains. En effet, la multiplication des organisations d'intégration, précisément en Afrique centrale, s'est avérée un frein majeur à l'idée et à l'aspiration d'unité africaine[1]. Si tant est que depuis l'année 1976, l'Afrique centrale soit considérée comme une des cinq régions devant contribuer au projet politique et philosophique d'émergence d'une Afrique unie[2]. Et la création des États-Unis d'Afrique centrale est apparue comme une étape préalable et nécessaire à la réalisation de ce projet[3]. Seulement, en juillet

[1] Voir KAMTO (M.), « La Communauté économique des États d'Afrique centrale, une Communauté de plus ? », *AFDI*, vol.33, 1987, pp.839-862.

[2] En vertu de l'article 1d du Traité d'Abuja, la répartition de l'Afrique est faite en cinq régions, comme prévu par la *résolution CM/Res.464 (XXVI) du 1er mars 1976 du Conseil des ministres de l'OUA*, à savoir : Afrique du Nord, Afrique de l'Ouest, Afrique Centrale, Afrique de l'Est et Afrique australe.

[3] BORELLA (F.), « Les regroupements d'États dans l'Afrique indépendante », *A.F.D.I.*, vol. 7, 1961, pp. 787-807 ; « Le régionalisme africain et l'Unité africaine », *A.F.D.I.*, vol.9, 1963, pp. 838-865 ; Aussi, DINDELO (U.), KOKO (S.), « États-Unis d'Afrique : Préalables et perspectives d'Avenir », *Institute for Security Studies 141*, juin 2007, 14p.

2006[4], l'UA[5] n'a reconnu que la CEEAC[6] comme unique organisation d'intégration d'Afrique centrale faisant formellement partie du processus d'unification africaine, au détriment de la CEPGL[7] et de la CEMAC[8]. Plus précisément, la CEEAC est l'une des huit Communautés Economiques Régionales (CER) reconnues par l'UA, et représente *per se* le visage de la région 'Afrique centrale' dans le cadre du processus d'intégration continentale. Pourtant, au moins cinq organisations internationales africaines ont été créées en Afrique centrale, parmi lesquelles la CEMAC qui se positionne comme l'une des plus dynamiques sur les plans économique[9], politique[10] et judiciaire[11]. Depuis sa création à N'Djamena le 16 mars 1994, et en dépit de multiples crises qu'elle a connues, la CEMAC n'a pas, contrairement à la CEEAC, cessé ses activités à quelque moment que ce soit[12].

En raison de la pluralité des Communautés régionales en Afrique centrale, du dédoublement des compétences et des normes qu'elle occasionne, ainsi que des risques réels de collision consécutive, tels que signalés par la communauté scientifique et constatés dans les faits socio-politiques, la nécessité de la rationalisation s'est posée – voire imposée – de façon urgente vis-à-vis des politiques régionales pour l'Afrique centrale. La réaction ne s'est pas fait longtemps attendre, les États membres de la CEMAC, de la CEEAC et de la

---

[4] *Décision relative au moratoire sur la reconnaissance des Communautés économiques régionales (CER) – DOC.EX.CL/278(IX)*, Assembly/AU/Dec.112 (VII), septième session ordinaire de la Conférence de l'UA, Banjul, 2 juillet 2006.

[5] L'Union africaine (UA) voit formellement le jour en juillet 2002.

[6] La Communauté Economique des États de l'Afrique Centrale (CEEAC) est créée le 18 octobre 1983 par 11 États de l'Afrique centrale. Sa Charte constitutive est révisée le 18 décembre 2019 à Libreville.

[7] La Communauté Economique des Pays des Grands Lacs (CEPGL) a été adoptée le 20 septembre 1976 à Gisenyi (Rwanda), et relancée en avril 2007 par les trois États membres, anciennes colonies belges.

[8] La Communauté Economique et Monétaire de l'Afrique Centrale (CEMAC) voit le jour avec la signature à N'Djamena le 16 mars 1994 de son traité constitutif, tel que révisé le 25 juin 2008.

[9] C'est dans le cadre de la CEMAC que l'Union Monétaire d'Afrique Centrale (UMAC) et l'Union Économique d'Afrique Centrale (UEAC) ont été instituées, en vue de coordonner les politiques monétaires, financières et d'investissement dans les États d'Afrique centrale.

[10] Voir notamment le passeport CEMAC institué au sein des six États membres, à travers les textes suivants : l'Acte additionnel N°08/CEMAC-CCE-05 du 29 juin 2005 relatif à la libre circulation des personnes en zone CEMAC ; le Règlement N°1/00-CEMAC-042-CM-04 du 21 juillet 2000, portant institution et conditions d'attribution du passeport CEMAC ; le Règlement N°01/08-UEAC-042-CM-17 modifiant le Règlement N°1/00-CEMAC-042-CM-04 portant institution et conditions de gestion et de délivrance du Passeport CEMAC du 20 juin 2008.

[11] Voir notamment la Convention régissant la Cour de justice CEMAC du 5 juillet 1996, l'Accord de coopération judiciaire entre les États membres de la CEMAC du 28 janvier 2004, ou encore l'Accord d'extradition entre les États membres de la CEMAC du 28 janvier 2004.

[12] De 1993 à 1998, la CEEAC a cessé de fonctionner en raison de multiples crises internes affectant ses États membres, et paralysant les activités de la Communauté.

CEPGL[13], ayant manifesté leur volonté de donner vie au besoin urgent de rationalisation de leurs Communautés régionales d'appartenance[14], en tenant compte du principe de subsidiarité. Dès lors, il s'avère intéressant de s'interroger sur le sort réservé à la CEMAC, dans la mesure où comme sus-relevé, celle-ci n'est pas reconnue par l'UA. En d'autres termes, la CEMAC de par ses institutions et ses activités (projets, programmes et plans d'action) se verra-t-elle absorbée par la CEEAC, qu'importe la dénomination de la Communauté nouvelle retenue ? Ou bien devra-t-elle simplement synchroniser ses institutions et activités avec celles de la CEEAC, dans la perspective d'un dialogue inter-communautaire ? De façon plus synthétique, *quel sort est réservé à la CEMAC dans le cadre du processus de rationalisation* ? Pour répondre à cette question délicate, il convient de mettre en exergue, à travers une démarche juridique – dogmatique, droit comparé et analyse institutionnelle – et prospective, la fin amorcée de la CEMAC par l'activation du processus de rationalisation (I) d'une part et son renouveau retrouvé par l'application du processus de rationalisation (II) d'autre part.

I. LA FIN AMORCÉE DE LA CEMAC PAR L'ACTIVATION DU PROCESSUS DE RATIONALISATION

La fin de la décennie 2000 marque une prise de conscience assumée des États d'Afrique centrale quant au besoin urgent d'amorcer la rationalisation des Communautés régionales d'Afrique centrale. La CEMAC prise en tenaille dans ce processus, quoique reconnue comme une Communauté dynamique[15], court le risque de disparaître. Cette disparition est à tout le moins posée comme une hypothèse plausible d'un point de vue objectif (A). D'ailleurs, l'hypothèse s'avère aussi formellement valable (B).

A. La plausible disparition de la CEMAC du fait de la rationalisation des Communautés régionales d'Afrique centrale

La décision de mise en place du processus de rationalisation remonte à 2009, avec l'institution d'un Comité de Pilotage devant conduire le processus, sous la présidence de la République du Cameroun. Il convient de préciser que le Cameroun joue un rôle de premier plan tant pour la prise de décisions que

---

[13] De façon moins enthousiaste pour ces derniers.

[14] Voir MOUANGUE KOBILA (J.), DONFACK SOKENG (L.), « La CEMAC : À la recherche d'une nouvelle dynamique de l'intégration en Afrique centrale », *AYIL*, 1999, pp. 65-105.

[15] Voir ISSA SAYEGH (J.), « L'intégration juridique des États africains de la zone franc », *Penant*, n°823/107, janvier-avril 1997, pp.6 et ss. ; MOUANGUE KOBILA (J.), DONFACK SOKENG (L.), « La CEMAC : À la recherche d'une nouvelle dynamique de l'intégration en Afrique centrale », *op.cit.*, pp. 67 et ss.

pour l'amorce du processus. Très tôt, dès lors, fut posée la problématique de la méthode de rationalisation à adopter (1) et de sa finalité (2), notamment à l'égard de la CEMAC.

1. La fusion CEMAC-CEEAC-CEPGL comme méthode de rationalisation adoptée

Sur la base de la volonté de l'Union africaine exprimée principalement à l'Article 3 de son Acte constitutif[16], la treizième Conférence des Chefs d'État et de Gouvernement de la CEEAC tenue en octobre 2007 à Brazzaville avait invité les Présidents en exercice de la CEEAC et de la CEMAC à mettre en place un Comité de Pilotage en vue de l'élaboration d'une Feuille de Route définissant les actions d'harmonisation des politiques, des programmes et instruments d'intégration des deux Communautés, pour aboutir, à terme, à une seule Communauté Economique Régionale pour l'Afrique centrale (CER-AC). Dans cette optique, la quatorzième Conférence des Chefs d'État et de Gouvernement de la CEEAC tenue à Kinshasa le 24 octobre 2009 avait envisagé la mise en place d'un comité de pilotage pour la rationalisation des Communautés économiques régionales d'Afrique centrale. Six ans plus tard, le 31 mars 2015, la Décision conjointe N°01 CEEAC/CEMAC devait porter à concrétisation la volonté des Chefs d'État énoncée en 2009, à travers la création du Comité de Pilotage de la Rationalisation des Communautés Economiques Régionales en Afrique Centrale (COPIL/CER-AC). Sa présidence a été confiée au Cameroun.

En tenant compte de la diversité des obstacles à l'intégration communautaire en Afrique centrale[17], le COPIL/CER-AC a opté pour la fusion comme méthode de rationalisation, à la différence de l'absorption[18]. En effet, face au choix entre la rationalisation-fusion et la rationalisation-absorption qui s'est posée devant lui, le Comité s'est incliné devant le premier. Contrairement donc à la méthode d'absorption qui impose la dissolution soit d'une Communauté au détriment de l'autre, soit de toutes les Communautés en vue de la création d'une Communauté nouvelle, la méthode de fusion tient compte des acquis, actifs et passifs de chaque Communauté[19]. Au demeurant,

---

[16] L'article 3 de l'Acte constitutif de l'UA définit les objectifs clés de l'organisation, notamment l'accélération de l'intégration multisectorielle du continent.

[17] Voir ADOUM-BAKHIT HAGGAR (H.), *La Communauté Economique et Monétaire d'Afrique Centrale (CEMAC) : Les obstacles à l'intégration en Zone CEMAC*, L'Harmattan, Études Eurafricaines, Paris, 2022, pp. 21 et ss.

[18] RANJEVA (R.), *La succession d'organisations internationales en Afrique*, Pedone, Paris, 1978, pp.84 et ss.

[19] YUSUF ABDULQAWI (A.), "Pan-Africanism and International Law", *RCADI*, vol. 369, 2013, pp.199 et ss. ; BORELLA F., « Le régionalisme africain et l'Unité africaine », *A.F.D.I.*, vol. 9, 1963, pp. 838-865 ; TCHAGNA TAKWI (A.), « Le complexe des organisations internationales africaines : coexistence, concurrence, complémentarité », in TCHEUWA J.C.,

l'option pour la rationalisation-fusion ne semble pas nouvelle dans l'histoire de l'intégration régionale[20]. Au regard des similarités observées, le COPIL/CER-AC s'est sans doute inspiré de la trajectoire de développement de l'UE. Ainsi, à la suite du traité de Paris de 1951 portant création de la Communauté européenne du charbon et de l'acier (CECA) et des traités de Rome de 1957 portant création de la Communauté économique européenne (CEE) et de la Communauté européenne de l'énergie atomique (EURATOM), le constat des freins et lourdeurs multiples à une intégration européenne efficace avait poussé les États membres des trois communautés à opter pour leur fusion en une seule communauté. En 1965, le traité de fusion CECA-CEE-EURATOM fut adopté afin d'institutionnaliser la Communauté européenne[21]. À la suite des processus successifs d'élargissement et d'approfondissement, l'Acte Unique Européen fut adopté en 1986, tapissant le chemin devant conduire à l'érection de l'Union européenne en 1992. En observant ce principe de progressivité, l'UE est apparue en tant qu'organisation bien élaborée tant sur le plan politique (mise en place du Parlement européen unique à l'actif du traité de fusion et organisation de la première élection des parlementaires au suffrage universel direct en 1979) que sur le plan économique (érection du marché unique européen dès 1981).

Par ailleurs, au regard de la gradation observée dans le processus de rationalisation en vue de l'intégration européenne, la voie de la fusion choisie par le COPIL/CER-AC devra suivre trois phases graduelles : i) un partenariat stratégique autour du Président dédié du COPIL/CER-AC ; ii) une mutualisation des cadres institutionnels et organiques ; iii) la constitution d'une nouvelle CER[22]. En toute logique, l'on devrait déjà assister à la dernière phase de constitution d'une nouvelle CER en considération de la date butoir fixée en 2023[23] et au regard des dernières rencontres enregistrées[24]. À cette fin, la nouvelle Communauté succèdera à la CEMAC.

Les organisations internationales africaines. Regard croisé et défis contemporains, L'Harmattan, Yaoundé, 2022, pp. 61-78.

[20] LELART (M.), « Un exemple d'Intégration institutionnel : l'évolution de la Zone Franc, du Traité de Maastricht au Traité de l'UEMOA », *Revue Tiers-Monde*, n°136, pp. 897-918 ; « La Zone Franc face à Maastricht », *Revue Tiers-Monde*, n°128, octobre-décembre 1993, pp. 881-900 ; BUZELAY (A.), « L'union fiscale et douanière des douze : quels enseignements pour l'intégration régionale en Afrique Centrale ? », *Revue Tiers-Monde*, n°140, octobre-décembre 1994, pp.874-890

[21] BARTHE (M-A.), *Économie de l'Union européenne*, Economica, Paris, 2017, pp.72 et ss.

[22] Voir Communiqué final, quatrième réunion du Comité de Pilotage de la Rationalisation des Communautés Économiques Régionales en Afrique Centrale (COPIL/CER-AC), 27 novembre 2017, Yaoundé (Hôtel Mont FEBE).

[23] https://ecomatin.net/fusion-cemac-ceeac-les-experts-pour-la-dissolution-des-deux-organisations/

[24] https://www.cameroon-tribune.cm/article.html/40047/fr.html/creation-dune-nouvelle-communaute-economique-regionale-la-gestation-se-poursuit

2. La succession de la CEMAC comme finalité de la rationalisation adoptée

Toute institution naît, se transforme et disparaît, en fonction des conjonctures, de la réalisation des fins pour lesquelles elle a été créée ou encore de l'ampleur des objectifs qui lui sont assignés[25]. Dans cette optique, la mise en perspective des conditions de disparition de la CEMAC au bénéfice d'une Communauté unique d'Afrique centrale pose nécessairement la problématique de sa succession[26], posée en tant que finalité de la rationalisation-fusion. Envisager la problématique de la succession de la CEMAC dans le contexte de fusion des CER d'Afrique centrale revient à souligner les enjeux de la transmission de ses principes, objectifs et fonctions au bénéfice de la Communauté nouvelle. C'est également admettre que c'est au sein de la Communauté nouvelle que seront réalisés les principes, objectifs et fonctions transmis par la CEMAC. Surtout, la problématique de la succession met en exergue l'existence de l'héritage multiple de la CEMAC et de sa transmission à la Communauté nouvelle.

Les conditions[27] et la modalité[28] de la succession de la CEMAC étant établies par le COPIL/CER-AC, force est de reconnaître que sa disparition ne peut être posée comme absolue, mais relève plutôt de l'ordre du relatif. Dans le cadre de l'orientation vers la succession, l'héritage de la CEMAC est conservé, voire utilisé en tant que matériau de fondation de la Communauté nouvelle. Toutefois, la problématique de la succession énoncée présente des différences quant à la pratique courante, la plus importante étant relative au fait que la Communauté nouvelle ne sera pas le fruit de la succession de la CEMAC exclusivement, plutôt d'environ trois Communautés : CEMAC, CEEAC, CEPGL. Ainsi, la question de la succession des traités conclus ou celle de la succession des fonctionnaires exerçant au sein de chacune des Communautés précédemment existantes devra connaître une réponse singulière au vu des propositions attendues du COPIL/CER-AC ; ce qui conforte le caractère hypothétique de la fin annoncée de la CEMAC.

---

25 GNAMOU-PETAUTON (D.), *Dissolution et succession entre organisations internationales*, Bruylant, Bruxelles, 2008, 448 p.

26 RANJEVA (R.), *La succession d'organisations internationales en Afrique*, op.cit., pp.15 et ss.

27 Voir notamment FOLEFACK (E.), « Traité d'Abuja et foisonnement des institutions d'intégrations régionales en Afrique : Problèmes de coordination, de compatibilité des projets et de la gestion des appartenances multiples. Le cas de l'Afrique Centrale, de l'Afrique Orientale et Australe », in FAU-NOUGARET (M.) (dir.), *La concurrence des organisations régionales en Afrique*, L'Harmattan, Paris, 2012, pp.175-195.

28 RANJEVA (R.), *La succession d'organisations internationales en Afrique*, op.cit., pp.84 et ss.

B. La non-reconnaissance formelle de la CEMAC comme Communauté Economique Régionale en Afrique centrale

Le processus de rationalisation-fusion entend tenir compte des acquis de chaque Communauté considérée, mais aussi des principes et objectifs en vigueur au sein de l'UA et des organisations apparentées. Il ne pourra donc se dérouler de façon sereine qu'en considération de la reconnaissance formelle de la CEEAC comme incarnation de l'unité économique et de l'unité politique dans la zone 'Afrique centrale'.

À l'aube des indépendances africaines, la doctrine internationaliste n'a cessé de noter l'importance du renforcement des solidarités sous-régionales[29], en accord avec les politiques adoptées au niveau continental. Dans ce sens, François BORELLA observait déjà que « [t]*ous ces faits, et d'autres, montrent que l'O.U.A. et l'Afrique sont en train d'achever une étape, la première de leur existence autonome : celle de la décolonisation politique complète et du maintien des anciennes solidarités coloniales entre l'Europe et l'Afrique se transformant en liens économiques et culturels. Il leur faut maintenant affronter les problèmes de coopération entre États africains en tenant compte de la 'nouvelle donne' économique* »[30]. C'est en vue de matérialiser cette volonté que la décision a été tôt prise de réaliser l'intégration continentale en procédant par l'étape préalable des intégrations régionales afin de créer des blocs de solidarités régionales.

Dans les faits, c'est au regard de l'idéologie panafricaniste, fondée sur le postulat d'une unité culturelle, économique et politique des peuples d'Afrique, que l'ambition d'activer l'intégration régionale a pris sens. À la création de l'OUA en 1963, deux groupes, le « *groupe de Casablanca* » et le « *groupe de Monrovia* », s'affrontèrent déjà sur la nature de l'organisation continentale, ainsi que sur les modalités de son fonctionnement. La combinaison de cette double tendance, qui prônait cette intégration progressive des États africains, emporta l'adhésion, fut réaffirmée dans le *Plan d'action et l'Acte final de Lagos* d'avril 1980, et confortée par le Traité d'Abuja du 3 juin 1991 instituant la Communauté Economique Africaine (CEA). À cet effet, l'Afrique a été divisée en cinq régions[31]. Avec la succession de l'OUA par l'Union africaine (UA), huit (8) OIA ont été reconnues comme issues de l'idéologie de l'unité

---

[29] BIPOUN-WOUM (J-M.), *Le droit international africain. Problèmes généraux. Règlement des conflits*, L.G.D.J., Paris, 1970, pp.8 et ss. ; BORELLA (F.), « Les regroupements d'États dans l'Afrique indépendante », *op.cit.*, pp. 787 et ss. ; « Le régionalisme africain et l'Unité africaine », *op.cit.*, pp. 838 et ss. ; ISSA SAYEGH (J.), « L'intégration juridique des États africains de la zone franc », *Penant*, n°823/107, janvier-avril 1997.

[30] BORELLA (F.), « Évolution récente de l'Organisation de l'Unité africaine », *A.F.D.I.*, vol.20, 1974, p.225.

[31] Les cinq régions sont : Afrique du Nord, Afrique de l'Ouest, Afrique Centrale, Afrique de l'Est et Afrique australe.

africaine[32]. Dans la région 'Afrique centrale', c'est la CEEAC et non la CEMAC qui a bénéficié de cette reconnaissance.

Depuis 2013, l'Agenda 2063 a été adopté au sein de l'UA, avec entre autres pour objectifs d'accélérer le processus d'intégration continentale. L'agenda d'intégration africaine constitue dès lors un point majeur de l'Agenda 2063, principalement sur les plans politique et économique. Sur la base de ce document servant de boussole pour l'intégration africaine, l'UA a mis au point l'Indice africain d'intégration régionale multidimensionnelle (AMRII) *« en tant qu'outil de suivi et d'évaluation de la mise en œuvre des programmes d'intégration »*[33]. Cet outil permet donc d'évaluer les réalisations des CER par rapport aux objectifs et aux étapes des initiatives d'intégration, et ainsi d'identifier celles qui accusent un retard dans la mise en œuvre des plans et programmes d'intégration tels que définis par le traité d'Abuja et l'Agenda 2063.

Ces initiatives ne concernant que les CER et les mécanismes régionaux reconnus par l'UA, tels que la CEEAC, semblent exclure dans leur déploiement les Communautés régionales non reconnues par l'UA, telles que la CEMAC. Ce qui aurait pu pousser à conclure que la CEMAC ne constitue pas un acteur majeur dans le processus d'intégration en Afrique centrale, si elle n'avait pas cerné très tôt les enjeux et conséquences de sa participation au processus de rationalisation-fusion.

II. LE RENOUVEAU RETROUVÉ DE LA CEMAC PAR L'APPLICATION DU PROCESSUS DE RATIONALISATION

L'adoption par les États membres de la CEMAC du Traité révisé du 25 juin 2008 avait pour principal but de redynamiser la Communauté. Pourtant, dès 2009, la CEMAC s'est résolument engagée dans le processus de rationalisation avec d'autres Communautés d'Afrique centrale. Loin de paraître contradictoires, ces initiatives de la CEMAC s'inscrivent plutôt dans une logique de renouveau recherché et espéré par le processus de rationalisation. Car le renouveau recherché de la CEMAC tendrait à se matérialiser par la fin des obstacles à l'intégration (A) et le nouveau consensus de ses États membres (B).

---

[32] Les Communautés économiques régionales (CER) considérées sont : l'Union du Maghreb Arabe (UMA), la Communauté Economique Sahélo-Saharienne (CEN-SAD), la Communauté Économique des États de l'Afrique de l'Ouest (CEDEAO), la Communauté de Développement de l'Afrique Australe (SADC), le Marché Commun pour l'Afrique de l'Est et du Sud (COMESA), la Communauté d'Afrique de l'Est (CAE), l'Autorité Intergouvernementale pour le Développement (IGAD) et la Communauté Economique des États de l'Afrique Centrale (CEEAC).Voir TCHAMENI (A.), *Les évolutions du régionalisme africain. Le fonctionnement des Communautés économiques régionales*, L'Harmattan, Paris, 2013, pp.15 et ss.

[33] Voir https://au.int/fr/articles/lua-met-en-place-un-cadre-de-suivi-et-devaluation-de-lÉtat-de-lintegration-regionale.

A. Le renouveau de la CEMAC à travers la fin des obstacles à l'intégration régionale en Afrique centrale

Autant dans la doctrine que dans la pratique des Communautés économiques en Afrique centrale, la coexistence '*pacifique*' entre elles est presque toujours apparue tel un leurre. Le chevauchement et la duplication des compétences et des normes ainsi que le gaspillage des ressources ne pouvaient que constituer des obstacles à l'aspiration d'intégration régionale en Afrique centrale. Pour ainsi dire, l'aspiration d'ériger une Communauté Unique dans la sous-région sonnerait la fin des obstacles rencontrés. Car à ces obstacles, constitutifs de restrictions juridiques à la bonne marche de la CEMAC, s'adjoignent des obstacles non juridiques liés à la survivance de l'idéologie panafricaniste, au maintien de solidarités coloniales et à la formation de blocs d'intérêts[34].

D'une part, l'absence de la pluralité des Communautés en Afrique centrale constituerait la fin des obstacles juridiques à l'intégration régionale. En effet, et surtout à partir de la décennie 1980, de nouvelles Communautés économiques ont vu le jour au sein de la sous-région. Cet état de fait a poussé la doctrine à parler de « *foisonnement* » des organisations internationales en Afrique centrale[35]. Par voie de conséquence, il est rencontré des Communautés superposées les unes sur les autres, c'est-à-dire qui se chevauchent les unes aux autres. Ce que les économistes et les politologues désignent par le syndrome du « *bol de spaghettis* »[36], autrement dit, la tendance pathologique des États à l'institutionnalisation quantitative d'organisations internationales. Par ailleurs et par inférence, chaque État d'Afrique centrale se trouve membre de plusieurs Communautés régionales, ce qui est source d'« *appartenances multiples* »[37]. À cet effet, la coexistence entre la CEMAC, la CEEAC et la CEPGL ne pouvait que revêtir des oripeaux artificiels, compte tenu des engagements multiples et analogues des États membres aux différentes Communautés. Ainsi, le *foisonnement* des Communautés régionales et les *appartenances multiples* des États constituent

---

[34] ADOUM-BAKHIT HAGGAR (H.), *La Communauté Economique et Monétaire d'Afrique Centrale (CEMAC) : Les obstacles à l'intégration en Zone CEMAC*, *op.cit.*, pp. 35 et ss.

[35] Voir notamment KAMTO (M.), « La Communauté économique des États d'Afrique centrale, une Communauté de plus ? », *op.cit.*, pp. 852 et ss. ; FOLEFACK (E.), « Traité d'Abuja et foisonnement des institutions d'intégrations régionales en Afrique : Problèmes de coordination, de compatibilité des projets et de la gestion des appartenances multiples. Le cas de l'Afrique Centrale, de l'Afrique Orientale et Australe », in FAU-NOUGARET (M.) (dir.), *La concurrence des organisations régionales en Afrique*, *op.cit.*, pp. 175-195.

[36] Syndrome nommé par Jagdish Bhagwati, économiste néolibéral, ancien conseiller au GATT.

[37] Voir FOLEFACK (E.), « Traité d'Abuja et foisonnement des institutions d'intégrations régionales en Afrique : Problèmes de coordination, de compatibilité des projets et de la gestion des appartenances multiples. Le cas de l'Afrique Centrale, de l'Afrique Orientale et Australe », *op.cit.*, pp. 175 et ss.

des obstacles juridiques à la coexistence des Communautés régionales d'Afrique centrale. Et la rationalisation-fusion sonne la fin de ces obstacles.

D'autre part, la fin des obstacles non juridiques est également déterminante en vue du renouveau de la CEMAC. En effet, l'abolition d'au moins deux déterminants non juridiques permet de redorer le blason de la CEMAC quant au processus de rationalisation. D'un côté, en considération de la non-reconnaissance de la CEMAC par l'UA, comme cela a été déjà abordé. En effet, la fusion de la CEEAC et de la CEMAC permettrait que le poids de la non-reconnaissance ne pèse plus sur la CEMAC, tel un obstacle à son action en vue de la réalisation de l'intégration régionale. De l'autre côté, un obstacle non juridique est également souligné en raison de la survivance d'une solidarité coloniale entre la CEMAC, ses États membres et la France[38]. Dans ce sens, les États membres de la CEMAC sont essentiellement des anciennes colonies françaises[39]. Ainsi, le processus de rationalisation engagé depuis la fin de la décennie 2000 pourrait avoir pour effet, vis-à-vis de la CEMAC, d'amorcer une redynamisation de cette institution. La fin des obstacles juridiques et non-juridiques à l'intégration régionale en Afrique centrale marquerait pour ainsi dire un renouveau de la CEMAC à travers le processus de rationalisation[40]. Quoique ce renouveau ne trouvera *in concreto* tout son sens que lorsque la Communauté Unique sera effectivement instituée.

B. Le consensus pour le renouveau de la CEMAC à travers la création de la Communauté Unique d'Afrique Centrale

L'effectivité du processus de rationalisation dont la fin est prévue au cours de l'année 2023 devra être caractérisée par la création d'une Communauté Unique en Afrique centrale. La Communauté Unique, établie en remplacement de la CEMAC, de la CEEAC et de la CEPGL notamment, permettra non seulement d'éviter les freins et lourdeurs passés, mais aussi de mettre en œuvre un cadre d'intégration plus stable, plus consensuel et donc plus performatif. Toutes ces actions et initiatives devant concourir à la

---

[38] Anciennement Union Douanière Équatoriale (UDE) créée le 29 juin 1959, puis Union Douanière et Economique de l'Afrique Centrale (UDEAC) le 8 décembre 1964, la Communauté Economique et Monétaire de l'Afrique Centrale (CEMAC) voit le jour avec la signature à N'Djamena le 16 mars 1994 de son traité constitutif, tel que révisé le 25 juin 2008. La CEMAC comprend 6 États membres, lesquels, à l'exception de la Guinée équatoriale et partiellement du Cameroun, étaient des anciennes colonies françaises. Cependant, tous les 6 États membres ont en commun l'usage d'une monnaie unique, le Franc CFA, dont le caractère 'néocolonial' est de plus en plus mis en exergue.

[39] À l'exception de la Guinée équatoriale qui du fait principalement de la proximité géographique a adhéré à CEMAC, et partiellement le Cameroun.

[40] ADOUM-BAKHIT HAGGAR (H.), *La Communauté Economique et Monétaire d'Afrique Centrale (CEMAC) : Les obstacles à l'intégration en Zone CEMAC*, op. cit., pp. 35 et ss.

redynamisation de la Communauté[41], à travers une gouvernance efficace et un cadre institutionnel bien structuré. Par ailleurs, la CEMAC est demeurée consciente au fait qu'un nouveau cadre de concertation resterait une option à envisager en vue de son renouvellement. Ce cadre nouveau de concertation s'est manifesté par le processus de rationalisation enclenchée, avec pour aboutissement prévu l'érection de la Communauté Unique. Autant la doctrine que les politiques reconnaissent la pertinence de ce cadre de concertation mis sur pied dans l'optique de former un consensus fondateur pour une Communauté solide[42].

Le COPIL/CER-AC est considéré dans ce sens comme le cadre de concertation devant aboutir au consensus des États d'Afrique centrale en vue de la formation d'une Communauté Unique. L'érection de la Communauté Unique reste le résultat attendu du dialogue institué et entretenu entre la CEMAC et les autres Communautés régionales instituées en Afrique centrale. C'est ainsi dire, à la lumière des développements ci-dessus élaborés, que la succession de la CEMAC ne saurait constituer son extinction, mais plutôt son renouvellement. Qu'importe la dénomination de la Communauté Unique, les acquis de la CEMAC dont elle bénéficie font d'elle son héritière. Et même en droit civil, le bénéfice de l'héritage d'un legs n'exclut pas le bénéficiaire à l'acceptation d'un nouvel héritage reçu. La nouvelle Communauté Unique peut donc hériter autant de la CEMAC, de la CEEAC que de la CEPGL, et autant constituer le renouvellement de chacune des trois Communautés prédécesseurs. L'exemple du processus d'intégration européenne est symptomatique à cet égard[43].

CONCLUSION

Fin ou renouveau de la CEMAC par le processus de rationalisation en instance ? Il est difficile de répondre à cette problématique sans émettre des réserves. Sa pertinence et son intérêt ne font l'ombre d'aucun doute, mais l'analyse ne peut se soustraire d'une part d'abstraction. Bien que l'expérience du processus d'intégration européenne éclaire la réflexion et permet d'anticiper les résultats, ce cas ne peut suffire à lui seul pour construire un développement théoriquement bien fondé. Toutefois, avec notamment la

---

[41] Il ressort du Préambule du Traité révisé CEMAC que les États membres sont *« [r]ésolus à donner une impulsion nouvelle et décisive au processus d'intégration en Afrique centrale par une harmonisation accrue des politiques et des législations de leurs États ... »*. Cette volonté affiche clairement que l'ambition de la CEMAC de prendre part au processus de rationalisation n'est point factice.

[42] TCHAMENI (A.), *Les évolutions du régionalisme africain. Le fonctionnement des Communautés économiques régionales*, op. cit., pp. 200 et ss.

[43] LELART (M.), « Un exemple d'Intégration institutionnel : l'évolution de la Zone Franc, du Traité de Maastricht au Traité de l'UEMOA », op. cit., pp. 897-918 ; « La Zone Franc face à Maastricht », op. cit., pp. 881-900 ; BUZELAY (A.), « L'union fiscale et douanière des douze : quels enseignements pour l'intégration régionale en Afrique Centrale ? », op. cit., pp. 874-890.

question de la succession des organisations internationales, la balance semble pencher davantage en faveur d'un renouveau que d'une fin : renouveau des actes conventionnels et réglementaires, renouveau des institutions et organes, renouveau des fonds et du processus de financement, renouveau des projets, programmes et plans d'action, etc. Dans tous les cas, le COPIL/CER-AC livrera à nos soins analytiques le matériau nécessaire qui confirmera ou infirmera cette réflexion prospective sur le sort réservé à la CEMAC dans le cadre de la rationalisation des CER en Afrique centrale.

RÉFÉRENCES BIBLIOGRAPHIQUES

ADOUM-BAKHIT HAGGAR H., *La Communauté Economique et Monétaire d'Afrique Centrale (CEMAC) : Les obstacles à l'intégration en Zone CEMAC*, L'Harmattan, Études Eurafricaines, Paris, 2022, 184 p.

BARTHE M-A., *Économie de l'Union européenne*, Economica, Paris, 2017, 471 p.

BIPOUN-WOUM J-M., *Le droit international africain. Problèmes généraux. Règlement des conflits*, L.G.D.J., Paris, 1970, 364 p.

BORELLA F., « Les regroupements d'États dans l'Afrique indépendante », *A.F.D.I.,* vol. 7, 1961, pp. 787-807 ; « Évolution récente de l'Organisation de l'Unité africaine », *A.F.D.I.,* vol. 20, 1974 ; « Le régionalisme africain et l'Unité africaine », *A.F.D.I.,* vol. 9, 1963, pp. 838-865.

BUZELAY A., « L'union fiscale et douanière des douze : quels enseignements pour l'intégration régionale en Afrique Centrale ? », *Revue Tiers-Monde*, n°140, octobre-décembre 1994, pp. 874-890.

DINDELO U., KOKO S., « États-Unis d'Afrique : Préalables et perspectives d'Avenir », *Institute for Security Studies* 141, juin 2007, 14 p.

FOLEFACK E., « Traité d'Abuja et foisonnement des institutions d'intégrations régionales en Afrique : Problèmes de coordination, de compatibilité des projets et de la gestion des appartenances multiples. Le cas de l'Afrique Centrale, de l'Afrique Orientale et Australe », in FAU-NOUGARET M. (dir.), *La concurrence des organisations régionales en Afrique*, L'Harmattan, Paris, 2012, pp. 175-195.

GNAMOU-PETAUTON D., *Dissolution et succession entre organisations internationales*, Bruylant, Bruxelles, 2008, 448 p.

ISSA SAYEGH J., « L'intégration juridique des États africains de la zone franc », *Penant*, n°823/107, janvier-avril 1997, pp. 5-31.

KAMTO M., « La Communauté économique des États d'Afrique centrale, une Communauté de plus ? », *AFDI*, vol. 33, 1987, pp. 839-862.

LELART M., « Un exemple d'intégration institutionnelle : l'évolution de la Zone Franc, du Traité de Maastricht au Traité de l'UEMOA », *Revue Tiers-Monde*, n°136, pp. 897-918 ; « La Zone Franc face à Maastricht », *Revue Tiers-Monde*, n°128, octobre-décembre 1993, pp. 881-900.

MOUANGUE KOBILA J., DONFACK SOKENG L., « La CEMAC : À la recherche d'une nouvelle dynamique de l'intégration en Afrique centrale », *AYIL*, 1999, pp. 65-105.

RANJEVA R., *La succession d'organisations internationales en Afrique*, Paris, Pedone, 1978, 418 p.

TCHAGNA TAKWI A., « Le complexe des organisations internationales africaines : coexistence, concurrence, complémentarité », in TCHEUWA J.C., *Les organisations internationales africaines. Regards croisés et défis contemporains*, L'Harmattan, 2022, pp. 42-61.

TCHAMENI A., *Les évolutions du régionalisme africain. Le fonctionnement des Communautés économiques régionales,* L'Harmattan, Paris, 2013, 496 p.

YUSUF ABDULQAWI A., "Pan-Africanism and International Law", *RCADI*, vol. 369, 2013.

RÉGIONALISME ET PROTECTION DE L'ENVIRONNEMENT EN AFRIQUE SUBSAHARIENNE : ÉTUDE COMPARATIVE ENTRE LA CEEAC ET LA CEDEAO

Par

Idriss Martial TCHOUGNA-DIBANDOU

Docteur en droit public de l'Université de Douala
Chercheur au CEDIC (Université de Yaoundé 2)

Resumé

Le présent article envisage de jeter un regard singulier sur la relation qu'entretient la dynamique du régionalisme institutionnel avec la mission impérieuse de protection environnementale. En effet, substantiellement, le questionnement envisagé se propose d'explorer la fécondité sinon la particularité - s'il en est - de l'apport du système normatif issu des organisations régionales sur le terrain de la protection de l'environnement. Ce qui conduira au constat qu'en Afrique centrale, les organisations régionales d'intégration, quoique n'ayant pas vocation originelle à protéger l'environnement, constituent un cadre stratégique consacré pour la concrétisation de cette ambition salutaire. C'est fort de ce conditionnement psychologique qu'il est apparu pertinent d'y opérer une lecture des dynamiques et pratiques institutionnelles en Afrique centrale. C'est pourquoi la dynamique normative en matière environnementale y est tantôt assez originale, tantôt empreinte de dynamique réitérative. On y observe donc, au plan opérationnel, la prévalence d'une logique de coopération régionale par rapport à la logique communautaire projetée ou supposée. Somme de choses qui tend à minorer l'apport véritable de la construction communautaire à la consolidation significative de la solidarité des États africains face à l'urgence écologique.

Mots-clés : Environnement, régionalisme, droit communautaire, protection.

Abstract

This article intends to take a unique look at the relationship between the dynamics of institutional regionalism and the overriding mission of environmental protection. Essentially, the questioning envisaged proposes to explore the fertility if not the particularity - if any - of the contribution of the normative system resulting from regional organizations in the field of environmental protection. This will lead to the observation that in Central Africa, regional integration organizations, although not originally intended to protect the environment, constitute a strategic framework dedicated to the realization of this salutary ambition. It is on the strength of this psychological conditioning that it appeared relevant to read the institutional dynamics and practices in Central Africa. This is why the normative dynamic in environmental matters is sometimes quite original, sometimes borrowing from reiterative dynamics. We therefore observe, at the operational level, the prevalence of a regional cooperation logic compared to the projected or supposed community logic. Sum of things which tends to undermine the real contribution of community building to the significant consolidation of the solidarity of African States in the face of ecological emergency.

***Keywords**: Environment, regionalism, community law, protection.*

INTRODUCTION

Si la justification première de l'avènement des organisations régionales en Afrique a été et reste largement liée à des préoccupations d'ordre économique, il apparait de plus en plus que les regroupements sous-régionaux étendent considérablement le champ de leurs compétences. C'est donc à la faveur de l'admission de l'importance des externalités dans toute vision de développement que le régionalisme économique[1] va progressivement s'ouvrir aux préoccupations environnementales. Seulement, avec l'affirmation de la

[1] Appréhendé ici au sens de phénomène régional, d'une construction sociale. Lire utilement sur ce sujet : SANTANDER (S.), *Régionalisme et relations internationales. Entre dynamiques internes et projections internationales*, Presses universitaires de Liège, Liège, 2012 ; GOLDSTEIN (A.), « Le nouveau régionalisme en Afrique subsaharienne : l'arbre cache-t-il une forêt ? », *Cahier de politique économique* n°20, Centre de Développement de l'OCDE, 2002 ; GNIMPIEBA TONNANG (E.), *Droit matériel et intégration en Afrique centrale*,(contribution à l'étude des mutations récentes du marché intérieur et du droit de la concurrence CEMAC), Université de Nice, IDPD, 2004, 557p ; RAMON de ORUE Y ARRIGUI (J.), « Le régionalisme dans l'organisation internationale », *Recueil des Cours de l'Académie du Droit international*, 1935 ; ROHINTON (M.), « Les leçons de l'UEMOA », In *Intégration et coopération régionales en Afrique de l'Ouest*, Réal Lavergne (éd.), Paris, Karthala, 1996, pp. 251-275.

spécificité du droit communautaire par rapport à l'ordre juridique international[2], il apparait particulièrement stimulant de réexaminer le cadre communautaire institutionnel africain[3] à l'aune des préoccupations environnementales.

D'ailleurs, en droit international, la création d'une organisation internationale apparait d'abord comme « *une forme de relations internationales susceptible de servir aux buts sociaux les plus divers, toutes les fois que les États ressentent le besoin pour y satisfaire, d'un mode de collaboration plus étroit et plus intense que celui de simples rapports conventionnels* »[4]. Certes, la complexité[5] des manifestations du régionalisme institutionnel invite à des clarifications conceptuelles essentielles, mais outre cette exigence, la précision de notre cadre d'orientation analytique pour mieux souligner la plus-value de l'étude envisagée. Au sens de la présente analyse, le vocable régionalisme doit être justement assimilé dans une perspective de précision des liens qu'il entretient avec les notions d'organisations régionales et sous-régionales. Ainsi, tandis que l'expression « organisation sous-régionale » s'entend d'une « *organisation internationale intergouvernementale regroupant un nombre restreint d'États choisis principalement selon un critère géographique* »[6], le « régionalisme » doit être entendu comme un espace d'action et d'interaction de manière formelle ou informelle des acteurs publics (États, entités fédérées, institutions internationales) et privés (entreprises, ONG, universités, syndicats) – et producteur de normes, et partant de son sens politique[7]. Concernant la « protection de l'environnement », elle renvoie à l'« *Ensemble des actions visant à prévenir ou limiter ou éliminer les atteintes à l'environnement voire à assurer la restauration de ce dernier par des moyens juridiques, économiques, éducatifs, etc.* »[8]. Il s'ensuit que la protection de l'environnement envisagée ici est une entreprise transversale qui s'appuie certes sur des règles de droit international, mais seulement en vue de renforcer l'autorité ou mieux l'opposabilité de ses moyens de réalisation. Étant donné la transversalité et l'interdisciplinarité qu'exige l'analyse des

---

[2] Spécificité énoncée particulièrement par le juge européen dans l'affaire Van Gend & Loos c/ Administration fiscale néerlandaise rendue le 5 février 1963.

[3] Étant entendu que nombreux sont les auteurs qui doutent encore de l'existence d'un droit communautaire africain. D'aucuns parleront même de droit communautaire à l'africaine.

[4] TCHEUWA (J.-C.), *Le siège des organisations internationales : Contribution à l'étude de son statut juridique au regard de la pratique contemporaine,* thèse de Doctorat en droit public, Université Robert SCHUMAN, 1996-1997, p. 14, pp. 465.

[55] Compte tenu notamment, de la confrontation historique entre tendance souverainiste et tendance panafricaniste et fédératrice dans les regroupements régionaux en Afrique.

[6] SALMON (J.), *Dictionnaire de Droit international public*, Bruylant, Bruxelles, 2001, p. 793 et p. 1198.

[7] SANTANDER (S.), « Un regard comparatif sur les régionalismes africain et latino-américain », *Revue Interventions économiques*, Transformations, Hors-séries, mars 2017, pp. 6-9.

[8] SALMON (J.), *op cit.*, p. 901.

préoccupations environnementales, la mobilisation de matériaux normatifs et sociologiques orientera l'analyse vers une option méthodologique d'un positivisme ouvert sur le fait social.

Dès lors, le questionnement se situera au niveau de la particularité de l'implication des organisations sous-régionales africaines sur le terrain de la protection de l'environnement. En effet, qu'est-ce qui caractérise au sein des espaces CEEAC et CEDEAO, l'apport du régionalisme institutionnel à la protection de l'environnement ?

En présence d'une telle interrogation, il y a lieu d'espérer que l'implication de la CEEAC et de la CEDEAO dans la dynamique de protection de l'environnement se distinguera par l'ébauche d'un système communautaire ou régional de protection environnementale à l'effectivité perceptible. Pour autant, la clarté de l'analyse commande qu'une réflexion comparative des situations propres à chaque espace permette d'esquisser une image plus ou moins fidèle des constantes et des variables des entreprises régionales de protection de l'environnement en Afrique subsaharienne. C'est pourquoi, de l'examen de la substance matérielle du cadre normatif de protection et de l'analyse des cadres institutionnels des organisations sous-régionales concernées par l'étude, il convient de proposer l'image d'une pièce à double facette : l'une renvoyant à une réalité généreuse et l'autre renvoyant à une réalisation laborieuse. De sorte qu'il soit possible d'envisager la mobilisation de ces organisations régionales, d'une part, en termes de contribution stratégique à la reconnaissance impérieuse des préoccupations environnementales (I) et d'autre part, à travers la quête de cohérence et d'effectivité des dispositifs institutionnels régionaux de protection de l'environnement (II).

I. UNE RÉALITÉ AMBITIEUSE : L'ÉDIFICATION RÉGIONALE DE CADRES STRATÉGIQUES DE PROTECTION DES DROITS ENVIRONNEMENTAUX

L'idée suivant laquelle la prise en compte des enjeux environnementaux liés au développement des espaces sous-régionaux participe de l'édification régionale d'un cadre stratégique de protection des droits environnementaux, découle de plusieurs observations. En effet, si en Afrique de l'Ouest on assiste à un aménagement normatif assez global et original, en Afrique centrale c'est plutôt sur les questions relatives à la gestion des ressources forestières que l'effort d'encadrement normatif apparaît avec plus de lisibilité. D'où l'affirmation d'une part, de l'émergence d'un droit communautaire de l'environnement au sein de la CEDEAO (A) et le constat d'une orientation promotionnelle du cadre normatif de protection de l'environnement au sein de la CEEAC (B).

A. L'émergence d'un « droit communautaire de l'environnement » au sein de la CEDEAO

En dépit de la précocité apparente de l'idée proposée[9], il doit être précisé d'emblée que dans l'espace CEDEAO, c'est l'exploitation prospective des textes en vigueur[10] dans ce cadre qui constituera le principal matériau de l'analyse ici envisagée. Aussi, importe-t-il de préciser que comparativement à d'autres espaces d'intégration régionale[11], l'Afrique occidentale constitue un terreau fertile à la formulation d'une promesse de construction d'un droit communautaire[12] de l'environnement. Dans cette perspective, il y a lieu de relever l'esquisse d'une certaine originalité dans la consécration de principes communautaires de protection de l'environnement d'une part (1) et la formulation d'une stratégie régionale de protection de l'environnement d'autre part (2).

1. Une certaine originalité dans la consécration des principes de protection de l'environnement

Dans l'espace CEDEAO, outre les principes de coopération et d'harmonisation des politiques sectorielles en vue de la réalisation d'un développement harmonieux[13], il y a lieu de noter avec une pointe d'optimisme que cette organisation régionale a décidé de se doter d'une politique environnementale[14]. Laquelle va principalement s'adosser sur des principes[15] spécifiquement transposables aux questions écologiques. Il s'agit du principe

---

[9] Nombreux sont en effet les auteurs qui ont émis de sérieuses réserves quant à l'existence même d'un droit communautaire en contexte africain. D'aucuns préférant parler de droits communautaires au sens où il n'existerait non pas un, mais plusieurs droits communautaires correspondant à plusieurs espaces juridiques d'intégration sur le continent. Lire pour plus de précisions : Actes du Colloque de Saly du 27 au 28 avril 2006) sur les « droits communautaires africains », publiés dans Nouvelles annales Africaines, la Revue de la Faculté des Sciences juridiques et politiques de l'Université Cheikh Anta Diop du Sénégal (UCAD), disponible à l'adresse http://cyber.law.harvard.edu/credila-ucad/sites/credila-ucad/images/NAF_NOUV_N%C2%B01.pdf [consulté le 7 avril 2014] ; l'intervention du Professeur IBRIGA L.M., « L'ordre juridique communautaire et plus spécialement le droit dérivé » lors du séminaire organisé par l'Union internationale des Avocats (UIA) en collaboration avec l'Ordre des Avocats du Bénin (Cotonou) portant sur le titre Intégration économique et exercice du métier d'avocat, UIA, 2013, 13 p. Le texte est disponible à l'adresse suivante : www.uianet.org/.../IBRIGA,%20Luc%20Marius%2. [Consulté le 20 mars 2021].

[10] Notamment les protocoles, directives et décisions rendues par les organes décisionnels de la CEDEAO.

[11] C'est le cas de l'espace CEEAC et de SADEC qui accusent manifestement un véritable retard en matière 'intégration.

[12] Relevons à ce propos que la politique environnementale de la CEDEAO repose sur un acte additionnel au traité de la CEDEAO, et à ce titre fait partie intégrale des supports juridiques du droit communautaire de la CEDEAO.

[13] Suivant le traité révisé de la CEDEAO il s'agit de réaliser une Union économique.

[14] Celle issue de l'acte additionnel d'Abuja signé le 19 décembre 2008.

[15] Article 7.2 de l'acte additionnel précité.

de précaution, du principe de prévention, du principe de réitération, du principe d'interdisciplinarité, du principe de traçabilité, du principe de transparence et du principe de renforcement des capacités. Si *a priori*, tous ces principes apparaissent comme des déclinaisons des principes de droit international de l'environnement, il importe de saisir sinon de questionner la singularité de ces principes en rapport avec les questions environnementales en Afrique centrale. C'est pourquoi seuls les principes témoignant d'une certaine originalité bénéficieront ici d'une attention particulière.

C'est notamment le cas du principe de traçabilité[16], lequel implique fondamentalement que les produits issus de l'exploitation des ressources naturelles doivent être étiquetés ou identifiés de sorte que les autorités et les consommateurs soient aptes à déterminer le trajet suivi par ces derniers. Il s'agit donc là d'une démarche qui participe de la volonté d'impliquer les parties prenantes au processus décisionnel, dans l'exploitation des ressources à une prise de conscience écologique. Et précisément de ce que leur mode de production peut être source de dégradation irréversible pour les ressources naturelles. Seulement, ce principe peut être peu efficace, voire improductif, notamment dans l'hypothèse d'un environnement de pauvreté généralisée et de déficit technologique des Hautes parties appelées à le mettre en œuvre.

Le principe de partenariat apparaît comme un outil de clairvoyance et réaliste au service de l'opérationnalité de la protection environnementale. Il faut relever que ce principe implique concrètement que les programmes ou actions de protection de l'environnement doivent se faire en prenant compte des actions parallèles prises par des acteurs nationaux ou internationaux sur les mêmes thématiques. Et ce, en vue d'éviter les doublons et dispersions d'énergie qui participent de l'incohérence et de l'inefficacité dans la gestion des projets ou programmes de développement durable. En effet, il faut noter la présence d'autres acteurs sur le terrain de la protection de l'environnement en Afrique de l'Ouest, notamment le CILLS[17] et l'UEMOA[18]. Il y a donc lieu de coordonner les actions des acteurs multiples et aux agendas variés.

Pour sa part, le principe d'itération s'inscrit dans la démarche d'adaptabilité de la politique environnementale de la CEDEAO. Et ce, à la lumière des évolutions technologiques, des contingences et des incertitudes concernant les menaces environnementales globales et régionales. Il s'ensuit que depuis 2008, la CEDEAO s'est résolument inscrite dans une démarche

---

[16] Confère article 7. 2 (7) de l'acte additionnel précité.

[17] Le CILSS constitue le premier cadre technique intergouvernemental en Afrique de l'Ouest à s'être attaqué à une thématique inhérente aux enjeux écologiques. Il s'agit du Comité permanent Inter-États de Lutte contre la Sécheresse dans le Sahel créé le 12 septembre 1973 et composé de 13 États membres.

[18] Union économique et monétaire de l'Afrique de l'Ouest.

assez consistante de renforcement du cadre normatif régional de protection de l'environnement.

Concernant le principe d'interdisciplinarité, il constitue substantiellement le principe qui confère à la politique environnementale de la CEDEAO une colonne vertébrale assez originale. Cette originalité se ressentirait d'abord de ce qu'il invite les États membres à une ouverture disciplinaire dans l'analyse et la définition des stratégies nationales de protection de l'environnement. Par ailleurs, ce principe implique que le traitement des questions environnementales suggère une approche intersectorielle et donc transversale. Confirmation de l'idée que l'environnement est au-delà de l'abstraction, une réalité humaine[19]. Et à ce titre, il couvre bien toutes les activités qui affectent le cadre de vie et la qualité de vie des êtres vivants.

Le principe de renforcement des capacités pour sa part, traduit la nécessité d'inscrire la politique environnementale de la CEDEAO dans la perspective d'une mise à jour des moyens de réalisation de la protection de l'environnement au sein de chaque État membre. Ce principe est également expressif de la prise en compte des disparités en termes de qualité des ressources humaines et de quantité des ressources financières au sein de la communauté. C'est pourquoi ce principe témoigne de ce que cette politique s'inscrit dans la réalité et sur la longue durée.

L'originalité de ce cadre normatif ne tient certainement pas qu'à ces principes, mais également à la formulation de sa stratégie régionale.

2. Une stratégie régionale ambitieuse de protection de l'environnement

Si classiquement les traités constitutifs des espaces d'intégration économique en Afrique ne mettent pas l'emphase sur l'environnement dans la formulation des stratégies régionales, il apparait depuis 2008 que la CEDEAO, en plus de la politique commune de l'environnement formulée par l'UEMOA, a entrepris d'ébaucher intégralement une stratégie régionale de laquelle pourraient se dessiner les linéaments d'un droit communautaire de l'environnement propre à cet espace géographique. Cette stratégie se traduit concrètement par la formulation d'une vision, la définition d'objectifs précis et la détermination des axes stratégiques de réalisation de la politique environnementale dans le temps et l'espace.

Concernant sa vision de développement durable, la CEDEAO retient le tableau d'une « *Afrique de l'Ouest paisible, digne et prospère dont les ressources naturelles, diverses et productives, sont conservées, renforcées et gérées durablement pour le développement et l'équilibre de l'espace sous-*

---

[19] C'est du moins ce que consacre la CIJ dans l'affaire sur la licéité de la menace ou de l'emploi d'armes nucléaires, avis consultatif du 08/07/1996, Rec. 1996, pp. 241-242, § 29.

régional »[20]. Cette vision s'inscrit donc dans un projet de paix, de dignité et de prospérité dans l'exploitation, la conservation et la gestion de ses ressources naturelles. On note à ce propos une quête de durabilité du développement mise au service de l'équilibre sous-régional.

Cette stratégie régionale mise également sur un certain nombre d'objectifs majeurs. Ceux-ci s'énoncent à l'article 5 de l'acte additionnel portant politique environnemental de la CEDEAO. D'après ce texte, la politique environnementale ainsi adoptée se justifie par la nécessité « *d'inverser l'état de dégradation des ressources naturelles, d'améliorer la qualité des milieux et des cadres de vie et de conserver la diversité biologique, en vue d'assurer un environnement sain et productif, en améliorant l'équilibre des écosystèmes et le bien-être des populations* ». Il apparait certes, dans cette formulation, une démarche quelque peu floue. Mais, l'originalité de cette politique régionale ne sera véritablement perceptible qu'avec l'examen de ses axes stratégiques.

À ce propos, la CEDEAO retient (04) axes stratégiques qu'il convient ici d'analyser.

Le premier axe stratégique de cette politique communautaire repose sur la promotion de la Gouvernance environnementale[21] et le Renforcement des Capacités à cet effet. On y perçoit le souci d'opérationnalisation de la politique environnementale, ce qui, dans son principe, est une démarche assez louable et en adéquation avec la volonté politique de sauvegarde des ressources naturelles.

Le deuxième axe vise la promotion de la gestion durable des ressources pour l'amélioration de l'Économie sous-régionale dans le respect de l'environnement. Dans cet axe stratégique, la mise en évidence de l'omniprésence de la perception des ressources naturelles comme capital économique est indéniable. Il y a donc lieu de s'interroger si ce rappel était nécessaire dès lors qu'à l'échelle internationale, le principe de la souveraineté des États, dans l'exploitation de leurs ressources[22], a été consacré et maintes fois réitéré. Néanmoins, cet axe peut également traduire l'idée d'une appréhension anthropocentrique de la politique environnementale en Afrique de l'Ouest.

Par ailleurs, le troisième axe consiste à avoir une meilleure maîtrise cognitive et managériale des pollutions et nuisances et des flux de produits dangereux dans l'économie de la sous-région. Il y apparaît l'amorce d'une projection en termes de détermination des conditions d'effectivité de la politique environnementale énoncée. Cela traduit, en d'autres termes, la prise

[20] Confère article 4 de l'Acte additionnel portant politique environnementale de la CEDEAO.
[21] Établissement d'un dispositif sous-régional.
[22] C'est ce qui ressort de l'article 2 § 1 de la Charte des Nations Unies, du principe 2 de la Déclaration de Rio de Janeiro de 1992.

en compte de l'ouverture disciplinaire et cognitive qui conditionne, à une très grande échelle, l'effectivité à défaut de l'efficacité d'une telle stratégie de protection de l'environnement. La protection de l'environnement y apparait donc non plus seulement comme un savoir être, mais d'abord comme un ensemble de savoirs et de savoir-faire.

Enfin, la CEDEAO retient comme axe stratégique la promotion de l'information, de l'éducation et de la communication environnementales dans la sous-région. En effet, à l'ère de la postmodernité, l'information et l'éducation apparaissent de l'avis de Nathalie SEMAL[23], comme des conditions liminaires de l'intégration ou encore de redécouverte des arts de vivre en phase avec les enjeux écologiques.

À la faveur de ces considérations, il y a lieu de souligner que la CEDEAO a, du point de vue matériel, édifié un cadre normatif dont l'originalité et la pertinence restent soumises aux aléas de la multiplication des cadres régionaux dans le traitement des questions environnementales. De sorte que les organisations sous-régionales puissent paraître peu efficaces comme cadre de protection de l'environnement. Seulement, il demeure incontestable que l'esprit et la lettre des supports juridiques qui fondent la politique environnementale en Afrique de l'Ouest bénéficient d'un pragmatisme et d'une effectivité opératoire plus que probante.

B. L'orientation promotionnelle de la normativité de protection de l'environnement dans l'espace CEEAC : de l'ambiguïté à la subsidiarité

En Afrique centrale, l'intérêt pour les questions environnementales va apparaître à une échelle régionale à partir de la prise de conscience du potentiel économique des ressources forestières du bassin du Congo. Dès lors, l'amorce d'un certain encadrement juridique va se faire jour. Mais bien avant cet encadrement juridique spécifique, les textes constitutifs de la CEEAC ne confèrent qu'indirectement et implicitement une certaine place[24] aux questions environnementales. Il y a donc lieu de s'intéresser à la configuration de cet espace juridique d'intégration en rapport avec la protection de l'environnement. Pour l'essentiel, celle-ci oscille entre ambiguïté dans le renouvellement des engagements internationaux en faveur de la conservation de la biodiversité dans l'espace CEEAC (1) et consécration de principes subsidiaires de protection des écosystèmes forestiers en Afrique centrale (2).

---

[23] SEMAL (N.), « le développement durable est-il l'héritier du mouvement pro-environnement ? », in *Esprit critique*, hiver 2005, vol.07, n°01, p. 108.

[24] Place plutôt marginale et symbolique, voire utopique.

1. Les ambiguïtés dans la réitération des engagements internationaux en matière de conservation de la biodiversité dans l'espace CEEAC

À la lecture du traité constitutif de la CEEAC, il apparait un certain désintérêt[25] pour les questions environnementales. Certes, cette organisation sous-régionale va connaître des périodes de paralysie[26] qui vont déteindre sur son action et ses ambitions. On peut dès lors passablement comprendre ses retards, voire ses hésitations à s'approprier les questions environnementales comme matière dotée d'intérêt à l'échelle régionale. Il y aurait dès lors lieu de parler *a priori* d'un cadre partiel ou partial de protection de l'environnement. D'ailleurs, compte tenu des enjeux stratégiques[27] que comporte cet espace géographique, ce désintérêt ne pouvait être que de courte durée. D'où la mise sur pied d'une institution spécialisée dans la conception et la conduite d'une vision régionale de protection de l'environnement. C'est dans cet esprit que la COMIFAC[28] verra le jour. Il y a donc lieu d'explorer le cadre normatif de cette dynamique régionale de protection de l'environnement et d'en analyser la consistance.

D'abord, il faut relever que le cadre normatif de la CEEAC s'est particulièrement réorienté vers les questions de paix et de sécurité[29] d'une part et vers des questions de gestion des ressources naturelles d'autre part. C'est pourquoi cet édifice juridique va se faire de manière singulière au sein de la COMIFAC pour ce qui est des questions environnementales.

---

25 Au-delà des éléments factuels d'ordre fonctionnel, la posture de la CEEAC en termes de protection de l'environnement laisse la place à une double interprétation presque contradictoire. Soit, la CEEAC était insensible ou inapte à l'encadrement normatif des questions environnementales, soit elle a tout simplement fait le choix de confier cette mission à une autre institution spécialisée à dimension régionale.

26 En effet, du fait des troubles sociopolitiques et des conflits armés dans la majorité des États membres, la CEEAC a connu une période d'inactivité de 1992 à 1998.

27 Tant au plan diplomatique qu'au plan économique.

28 La COMIFAC est la Commission des Forêts d'Afrique Centrale. En effet, les Chefs d'État d'Afrique Centrale se sont mobilisés le 17 mars 1999 à Yaoundé (Cameroun) lors du premier Sommet sur la conservation et la gestion durable des forêts tropicales. Au cours de ce premier Sommet, ils ont signé la Déclaration dite « Déclaration de Yaoundé », qui proclame solennellement leur attachement au principe de conservation de la biodiversité et de la gestion durable des écosystèmes forestiers, ainsi que le droit des peuples à compter sur les ressources forestières pour soutenir leurs efforts de développement économique et social. À ce jour, elle comprend dix (10) pays : Burundi, Cameroun, Congo, Gabon, Guinée-Équatoriale, République Centrafricaine, République Démocratique du Congo, Rwanda, Sao-tomé & Principe et Tchad.

29 En effet, la rupture de la paix dans la majorité des États membres et ses conséquences justifie-t-elle la place prépondérante que prennent les questions de paix et de stabilité dans le « Programme de relance et de redynamisation » adopté par les Chefs d'État et de Gouvernement en juin 1999 à Malabo, après la décision de réactiver la CEEAC prise en février 1998 à Libreville.

Il n'existe donc pas à proprement parler de principes communautaires[30] de protection de l'environnement, car, cette protection est adossée sur ceux consacrés par les conventions signées sous l'égide des Nations Unies[31]. Pour autant, le cadre juridique régional ne s'en trouve pas dépourvu d'instruments juridiques propres en matière de protection de l'environnement.

En effet, le traité instituant la COMIFAC signé à Brazzaville en date du 5 février 2005, pose les bases juridiques d'une vision régionale de protection de l'environnement. Cette vision s'énonce dans un projet de « *conservation et de la gestion durable des écosystèmes forestiers d'Afrique Centrale* »[32]. Dans ce sillage, un certain nombre d'engagements spécifiques seront pris par les États membres de la COMIFAC. Il s'agit notamment de : l'inscription de la conservation et la gestion durable des forêts ainsi que la protection de l'environnement dans les politiques publiques nationales prioritaires ; l'harmonisation des politiques nationales en matière de forêts ; la prise de mesures destinées à concilier les actions en faveur de la conservation et de la gestion durable des écosystèmes forestiers avec les politiques de développement ; l'aménagement de mécanismes durables de financement du développement du secteur forestier à partir des revenus générés par l'activité forestière et la coopération internationale ; la mise en œuvre des actions prioritaires du Plan de Convergence ; le développement d'une fiscalité forestière adéquate et les mesures d'accompagnement des efforts de conservation, d'aménagement durable et de recherche sur les écosystèmes forestiers.

2. La consécration de principes subsidiaires de protection des écosystèmes forestiers par la COMIFAC dans l'espace CEEAC

La place singulière de ces axes apparait clairement à la lecture des missions de la COMIFAC et à l'observation des stratégies régionales de protection de l'environnement. Concrètement, l'objectif de la COMIFAC est de gérer de manière durable et concertée les ressources forestières de la sous-région et un réseau d'aires protégées représentatif de la diversité biologique et des écosystèmes, pour le bien-être des populations et l'équilibre de la planète[33]. Pour atteindre cet objectif, la COMIFAC a adopté un plan régional de convergence dont les axes stratégiques majeurs sont : l'harmonisation des politiques forestières et fiscales ; la connaissance de la ressource ;

---

30 Entendu ici comme principes garantissant l'effectivité des aspirations propres à une communauté juridique ou politique.

31 Il s'agit notamment de la Convention de Rio de 1992, la Convention sur la conservation de la biodiversité, la Convention des Nations Unies sur la Lutte contre la Désertification et de la Convention des Nations Unies sur les Changements Climatiques.

32 Confère article 1er du traité instituant la COMIFAC.

33 Plus précisément, l'article 5 du traité de Brazzaville stipule que *« La COMIFAC est une organisation chargée de l'orientation, de l'harmonisation, et du suivi des politiques forestières et environnementales en Afrique Centrale »*.

l'aménagement des écosystèmes, le reboisement forestier ; et la conservation de la diversité biologique.

Le potentiel écologique et économique que constituent les ressources du bassin du Congo justifie légitimement ce choix. D'ailleurs, compte tenu notamment de la configuration contigüe et de l'importance planétaire[34] de ce massif forestier, la tentation est plutôt forte de brandir la dimension forestière comme instrument d'attractivité et de surenchère ou de faire valoir dans le cadre des relations internationales contemporaines[35].

De ce qui précède, il apparait que la spécificité de la protection régionale de l'environnement en Afrique centrale réside dans la place particulière qu'occupent les ressources végétales et fauniques qu'abrite le bassin du Congo. C'est donc la conservation de la biodiversité et la gestion écologiquement rationnelle des ressources naturelles qui constituent le cœur de la stratégie régionale de protection de l'environnement.

Il s'ensuit que, les ressources forestières apparaissent comme la ressource et l'enjeu écologique majeur autour duquel la COMIFAC va se construire pour s'ouvrir finalement aux problématiques de désertification, de normes et standards environnementaux, de protection des mangroves. Dans ce sillage, il faut noter que cette approche sectorielle de protection de l'environnement peut paraître pertinente dans la mesure où l'interdépendance et la complexité qui saisissent cet espace écologique ne pouvaient pas être efficacement traitées exclusivement à l'échelle nationale. Ce choix n'est donc pas contestable sur le fond, mais peut l'être plutôt du point de vue méthodologique. D'où l'importance de l'examen des approches opératoires de protection régionale de l'environnement en zone CEEAC.

II. UNE RÉALISATION LABORIEUSE : L'AMÉNAGEMENT DE DISPOSITIFS D'OPÉRATIONNALISATION DE LA PROTECTION EN QUÊTE DE COHÉRENCE ET D'EFFECTIVITÉ

L'effort de concrétisation des ambitions régionales de protection de l'environnement repose tant sur des bases normatives que sur l'action d'institutions qui garantissent l'effectivité et le respect des obligations juridiques qui en découlent. C'est à ce titre que l'examen de la spécificité de la dynamique institutionnelle des organisations régionales de protection de l'environnement peut paraître envisageable. Dès lors, les tendances observées varient suivant que l'on se situe en Afrique centrale ou en Afrique de l'Ouest.

---

[34] Le bassin du Congo est considéré par les scientifiques écologistes comme le deuxième poumon écologique en termes de régulation de la température et d'absorption des émissions de gaz à effet de serre sur la planète.

[35] C'est ce qu'illustrent fort bien les négociations qui sont menées au sujet du financement des pays africains pour compenser les sacrifices qu'implique le développement durable pour leurs ambitions économiques.

À ce propos, il y a lieu de distinguer d'emblée l'ambivalence du dynamisme institutionnel qui prévaut au sein de l'espace CEDEAO (A), de la spécificité des procédés opératoires du dispositif institutionnel de protection environnementale dans l'espace CEEAC (B).

A. L'ambivalence du dynamisme institutionnel dans la protection de l'environnement dans l'espace CEDEAO

L'ambivalence de la dynamique institutionnelle sur le terrain de la protection de l'environnement résulte à première vue de ce que l'espace régional de protection de l'environnement apparait en Afrique de l'Ouest comme tiraillé entre enthousiasme des ambitions écologiques et timidité des cadres opératoires. C'est du moins ce que semblent confirmer deux observations concomitantes : la prévalence des missions de contrôle et de coordination des institutions régionales de protection environnementale d'une part (1), et la timide juridictionnalisation de la protection régionale de l'environnement d'autre part (2).

1. La prévalence des missions de contrôle et de coordination des institutions régionales de protection environnementale

Il faut préciser avant toute chose qu'en Afrique de l'Ouest, la CILSS, la CEDEAO et l'UEMOA apparaissent comme les piliers institutionnels autour desquels s'articule l'action régionale de sauvegarde des enjeux environnementaux. En effet, si un souci de complémentarité[36] et de cohérence[37] commence à connaître un certain satisfecit, il reste que d'un point de vue fonctionnel, les moyens d'action des organes régionaux de protection de l'environnement semblent ne pas être à la hauteur des promesses entretenues par les instruments normatifs. Il suffit, pour s'en convaincre, de convoquer ici quelques réalités fonctionnelles qui mettent presque à mal le projet communautaire de traitement des questions environnementales.

D'abord, la nature des attributions conférées généralement aux organes régionaux de protection environnementale. À ce propos, il ressort globalement en Afrique de l'Ouest la polarisation de la vocation de ces organes autour de 03 missions : la coordination des politiques régionales, l'harmonisation du cadre normatif, et le contrôle de l'effectivité des engagements des Hautes parties contractantes. Seulement, pour louable que puisse paraître cette dévolution, elle ne se démarque finalement pas - ou que très peu- du cadre normatif international existant. Pour faire plus concret, limiter l'action protectrice des institutions régionales à ce niveau, conduirait fort

[36] Notamment une complémentarité thématique entre UEMOA et CEDEAO.

[37] Cohérence, dans la mesure où il prévaut dorénavant une subsidiarité opérationnelle entre CEDEAO et le CILSS ou encore entre CEDEAO et organismes de Bassins.

probablement à réduire sa raison d'être à des nécessités esthétiques voire de réitération d'une ou des obligations internationales en matière de protection environnementale. C'est pourquoi il eut été souhaitable que tout au moins, l'étendue de ces missions bénéficiât d'une plus grande lucidité quant aux difficultés opérationnelles[38] que comporte cette ambition.

Concernant l'étendue des attributions conférées aux acteurs institutionnels régionaux, il y a lieu de regretter la restriction de la consistance de celles-ci. Relativement à la mission de coordination, celle-ci n'est pas toujours assortie de moyens aptes à anticiper les éventuels doublons[39] ou contradictions[40] dans la vision stratégique. De même, en se référant à la mission de contrôle, la pratique, laisse apparaître que la CEDEAO ne dispose que de moyens de contrôle d'envergure administrative et financière. D'ailleurs, ces contrôles administratifs se heurtent parfois aux susceptibilités d'ordre diplomatique que suscite la collaboration entre organismes spécialisés dont l'existence dépend exclusivement de plusieurs volontés étatiques souveraines.

Certes, comme le relève Parfait OUMBA, *« l'efficacité des normes environnementales dépend des moyens de contrôle mis en œuvre pour en assurer le respect »*[41], seulement, il y a fort à douter que seuls des contrôles d'ordre administratif puissent aboutir à quelques résultats en termes de management quotidien des questions environnementales.

Au plan financier, ce contrôle de la CEDEAO ne paraît pas aussi incitatif ou dissuasif que celui s'inscrivant dans le cadre de la conditionnalité environnementale[42] ; et ce en raison de ce que la subsidiarité opérationnelle existant entre la CEDEAO et les autres structures spécialisées implique une certaine impuissance opérationnelle de la CEDEAO, mais aussi, une certaine assistance technique dont la CEDEAO apparait comme principal bénéficiaire.

Faudrait-il espérer, qu'à cette apparente fébrilité des attributions dévolues aux organes régionaux de protection environnementale, le juge

[38] Et ce, compte tenu tant de la dimension géographique que de l'hostilité naturelle des gouvernements à céder leur souveraineté dans la gestion des ressources naturelles.

[39] C'est-à-dire des structures ayant les mêmes attributions au sein d'un même espace géographique et politique, contribuant par là même à une dispersion inutile d'énergies.

[40] Dans la mesure où les programmes à réaliser par plusieurs organisations au sein d'un même espace peuvent s'opposer matériellement ou méthodologiquement parlant.

[41] OUMBA (P.), « le rôle des organisations sous-régionales dans l'intégration et le développement du droit international de l'environnement en Afrique centrale », *Revue africaine de droit de l'environnement*, 2013, p. 54, pp. 42-54.

[42] Pour Alain VANDERVORST, la conditionnalité environnementale s'entend du fait pour une organisation financière internationale de considérer une ou plusieurs mesures liées à la protection de l'environnement comme nécessaires ou souhaitables au déclenchement ou au maintien d'une ou plusieurs de ses opérations. Cf. VANDERVORST (A.), « contenu et portée du concept de conditionnalité environnementale : vers un nouvel instrument au service du droit et de la protection de l'environnement en Afrique ? », p. 4.

communautaire apparaisse comme le véritable bouclier qui vienne parachever le dispositif de protection régionale des intérêts écologiques ?

2. Une juridictionnalisation timorée des dispositifs régionaux de protection de l'environnement

Le dispositif institutionnel de la CEDEAO est en effet doté d'un organe juridictionnel dont la principale vocation est de veiller à l'application des textes communautaires ainsi que leur interprétation dans un élan de dialogue avec les juges nationaux ou avec les autres institutions régionales. Si l'on peut se réjouir de l'effectivité de ce dispositif et du dynamisme de son prétoire de façon générale, il apparait que la plupart des différends résultant du non-respect des obligations relatives à la protection environnementale restent encore résolus par des voies non contentieuses. D'où la prévalence des modes alternatifs[43] de règlement des différends dans la plupart des cas.

Toutefois, il y a lieu de noter que les juridictions nationales des États membres peuvent également connaître des contrôles de conventionnalité des actes ou décisions administratives en contradiction avec des engagements régionaux en matière environnementale. C'est à ce niveau que l'effectivité du principe de l'application immédiate[44] du droit communautaire sur le territoire des États parties est souvent jaugée ou mieux évaluée. En Afrique de l'Ouest, la difficulté réside dans la concurrence des engagements régionaux sur les questions environnementales. De sorte qu'un État pourrait bien faire valoir l'application d'un engagement de l'UEMOA jugé plus flexible ou plus incitatif dans la perspective de la protection de l'environnement.

En effet, sur le terrain de la protection environnementale, ce sont davantage les organes quasi-juridictionnels qui administrent un certain nombre de sanctions en réaction aux atteintes environnementales. De ce point de vue, il existe un certain nombre de plateformes corporatives[45] de nature consultative et aux attributions de sanctions administratives. Pourtant, de l'avis d'Anne-Claire CHAMPENOIS, « *Dans le cadre d'une communauté (...), le principe de « hiérarchie des normes juridiques » doit être appliqué. Il faut savoir que*

---

[43] Ce qui *a priori*, ne constitue point une défaillance ; ce d'autant plus que le règlement à l'amiable participe sans doute de l'esprit de maintien d'une coopération pacifique et amicale entre les États membres et l'organisation régionale dans la perspective d'une diligente et sereine réalisation des objectifs communs. D'ailleurs, suivant la lettre et l'esprit de l'article 76 du traité de la CEDEAO, la possibilité de saisir la cour de justice de la communauté est clairement exprimée.

[44] En vertu notamment des articles 4 (i) et 5.2 du traité révisé instituant la CEDEAO.

[45] Dans ce sillage, il y a lieu de relever l'activisme des organisations de la société civile telles que le Secrétariat pour l'Évaluation Environnementale en Afrique Centrale (SEEAC), l'Association camerounaise pour l'Évaluation Environnementale (ACAMEE), l'Association Congolaise pour les Études d'Impacts Environnementaux (ACEIE), Association Centrafricaine des Professionnels en Évaluation Environnementale (ACAPEE) ou encore Association pour la Promotion des Études d'Impacts Environnementaux au Rwanda (APEER).

cette hiérarchie ne peut être respectée que si son respect est contrôlé par un juge »[46].

C'est ce que corrobore autrement M. Parfait OUMBA lorsqu'il souligne que « *le fait que le DIE (droit international de l'environnement) reconnaisse à chaque État le droit de définir sa politique environnementale et ne formule pour ainsi dire que des recommandations constitue un autre bémol à l'applicabilité des programmes des organisations sous-régionales* »[47].

B. Les faiblesses des procédés opératoires du dispositif institutionnel de protection environnementale dans l'espace CEEAC

Le traitement des questions environnementales par la CEEAC a connu un essor particulier depuis la déclaration dite de Yaoundé par laquelle nombre de Chefs d'État et de Gouvernement prendront l'engagement de mettre sur pied une organisation régionale chargée de coordonner et d'harmoniser les politiques de gestion des ressources naturelles en général et des écosystèmes forestiers en particulier. C'est pourquoi, d'un point de vue opérationnel, il convient de relever la fébrilité interne de la COMIFAC (1) et la posture peu coopérative des États membres dans la mise en œuvre de la stratégie régionale de protection de l'environnement en Afrique centrale (2).

1. La fébrilité des moyens de surveillance et de contrôle dans la mise en œuvre de la stratégie régionale de protection des ressources naturelles par la COMIFAC

Au-delà, sur le terrain de l'opérationnalité de la protection des écosystèmes forestiers, la COMIFAC se distingue par une volonté d'action qui s'inscrit principalement dans le sillage de la coordination régionale des programmes d'action auxquels ont souscrit les États membres. Pour ce faire, la COMIFAC dispose généralement d'équipes dépourvues de véritables moyens de suivi et de certification des mesures de protection environnementale projetée à l'échelle régionale.

En effet, ni la CEEAC ni la COMIFAC ne disposent véritablement de pouvoirs leur permettant de s'assurer de l'effectivité des engagements pris par les États membres à travers leurs programmes et politiques régionales en matière de sauvegarde des écosystèmes forestiers d'Afrique centrale. Ce qui peut largement mettre en minorité le projet régional de protection de l'environnement. Dès lors, l'option de déléguer la conception et la mise en

---

46 CHAMPENOIS (A.-C.), « *Inventaire des normes et standards environnementaux en Afrique centrale, Force juridique dans les pays membres du SEEAC* », SEEAC et Netherlands commission for Environment Assessment, Utrecht, Pays-Bas, 2011, p. 22.

47 OUMBA (P.), *op. cit.*, p. 51.

œuvre de politiques régionales en matière environnementale est apparue comme porteuse d'énormes espoirs en termes d'opérationnalité du projet régional. Ce d'autant plus que la COMIFAC est constituée d'organes techniques censés permettre la réalisation sereine des actions projetées.

De même, l'inexistence de cadres régionaux de certification environnementale fragilise considérablement la force normative des politiques régionales de protection de l'environnement à travers la COMIFAC. Le besoin de certification peut certes paraître superflu étant donné l'existence de standards internationaux de normes environnementales[48], mais il reste que face à la distinction entre durabilité faible et durabilité forte[49], la COMIFAC aurait bien pu constituer un cadre favorable à l'émergence de normes et standards environnementaux d'envergure régionale et plus en phase avec les réalités d'Afrique centrale. La plupart des États d'Afrique centrale de ce point de vue ont plutôt délégué cette activité à des acteurs non institutionnels[50]. À ce propos, nombre d'auteurs[51] soulignent le silence ou mieux l'aveu d'impuissance des législations nationales dans l'élaboration ou mieux la consécration de tels instruments de mesure et d'appréciation de la conformité environnementale. Cette défaillance congénitale dans le fonctionnement opérationnel de la COMIFAC laisse plutôt interrogateur quant à l'attitude des États membres de la CEEAC dans la mise en œuvre des politiques et stratégies de protection environnementale adoptées par cette institution spécialisée.

D'où l'inquiétude de quelques observateurs avertis[52], lorsqu'ils relèvent que le recours quasi systématique aux normes environnementales anglo-saxonnes ou européennes par les bailleurs de fonds internationaux dans leurs pays d'intervention, fait courir le risque d'une perte de diversité du droit de l'environnement. Car, susceptible de conduire à la caducité ou plutôt l'inopérationnalité des normes non occidentales et à l'omniprésence des normes occidentales.

---

48 On parle de normes ISO ou encore de normes de la Banque mondiale.

49 Lire utilement à ce propos KOUSNETZOFF (N), « le développement durable : quelles limites à quelle croissance ? », p. 97, in *l'économie mondiale* 2004, CEPII, éditions la découverte, collection repères, Paris, 2003.

50 Il s'agit notamment d'organismes non gouvernementaux qui participent par leurs activités à des échanges et des consensus au terme desquels des propositions de normes sont formulées à l'attention des pouvoirs publics pour encadrement normatif.

51 CHAMPENNOIS (A.-C.), NGANDE ELONG (A.-R.), « *États des lieux des normes et standards environnementaux en Afrique centrale* », in Colloque international en évaluation environnementale, du 13/09/2011 à Yaoundé, p. 26.

52 VANDERVORST (A.), « contenu et portée du concept de conditionnalité environnementale : vers un nouvel instrument au service du droit et de la protection de l'environnement en Afrique ? », *Afrilex*, n° 2-2001, p. 20.

2. Les défaillances dans la transposition des mesures régionales de protection de l'environnement par les États-membres de la CEEAC

Au sein de l'espace CEEAC, il apparait que la coopération des États membres dans la mise sur pied des stratégies régionales de protection de l'environnement souffre de quelques attitudes et aptitudes.

D'abord, la plupart des États membres n'appliquent que très modérément sinon symboliquement les décisions ou politiques régionales impulsées par la COMIFAC. Certes, en raison des incidences financières que comportent la plupart des projets ou programmes régionaux, il n'apparait pas distinctement que ces États y trouvent un intérêt écologique stratégique. Concrètement, le personnel des administrations en charge des questions environnementales n'est encore que très imparfaitement au fait de la vision régionale de protection de l'environnement telle que pensée et projetée par la COMIFAC. Par ailleurs, face aux mesures régionales initiées par la COMIFAC, il s'observe que la qualité du personnel en charge de la mise en œuvre des projets régionaux empêche une effectivité ou mieux une applicabilité immédiate des stratégies protectrices de l'environnement. De l'avis de nombreux observateurs, les enjeux environnementaux impliquent professionnalisation et spécialisation des ressources humaines. De sorte que la réalisation des politiques régionales de protection environnementale ne repose pas sur un personnel à expatrier ou à importer.

C'est possiblement eu égard à ces considérations que l'attitude des administrations nationales reste fortement marquée par une absence ou une faible transposition des mesures régionales de protection environnementale.

L'absence de transposition de ces actions ou initiatives régionales s'observe particulièrement dans l'espace CEEAC dans les pays tels que le Cameroun, le Tchad, la RCA, le Gabon et le Rwanda.

Curieusement, nombre d'États membres de la CEEAC se contentent de l'application ou de la référence à quelques normes et standards environnementaux d'envergure mondiale. On peut néanmoins se réjouir que certains projets initiés par la COMIFAC et financés par la BAD[53] ou la

---

[53] En effet, le programme d'Appui à la Conservation des Écosystèmes du bassin du Congo (PACEBCo) est une réponse de la Banque africaine de Développement aux préoccupations exprimées par les Chefs d'État lors du Sommet de Brazzaville en 2005, concernant la mise en œuvre du Plan de Convergence de la Commission des Forêts d'Afrique Centrale (COMIFAC). Le PACEBCo prend en charge 4 des 10 différents axes du Plan de Convergence de la COMIFAC dans la gestion concertée des forêts du bassin du Congo. Il en va de même du PROJET de Renforcement de la contribution des produits forestiers non ligneux à la sécurité alimentaire en Afrique Centrale réalisé en Guinée équatoriale, au Tchad, au Rwanda, au Burundi, et à SAO TOMÉ et PRINCIPE.

BDEAC, bénéficient d'un certain engouement ou tout au moins d'attitudes plus coopératives sur le terrain de la mise en œuvre.

Ces défaillances de transposition des initiatives et prescriptions régionales en matière de protection de l'environnement peuvent potentiellement s'expliquer, outre la mauvaise foi et le volontarisme des Hautes parties contraignantes, par le fait qu'il n'existe pratiquement pas de mesures incitatives. En effet, la fiscalité verte peine encore à trouver un terreau fertile et fécond auprès des institutions régionales ou communautaires. De sorte que, face à la réticence et à l'impossibilité pour certains États de s'acquitter de leurs cotisations au titre du fonctionnement des institutions communautaires, les organes décisionnels et techniques de ces organisations considèrent comme illusoire et utopique tout projet allant dans ce sens.

CONCLUSION

En définitive, le projet initial cognitif se proposait de saisir la particularité de l'intervention des organisations régionales dans la protection de l'environnement en Afrique centrale et de l'ouest. À ce sujet, l'exploitation des cadres normatifs et institutionnels, de même qu'une évaluation panoramique des initiatives régionales, a donné à constater que les organisations régionales participent considérablement à l'émergence d'un projet communautaire d'encadrement juridique des préoccupations environnementales. Seulement, face aux obstacles structurels et conjoncturels auxquels font face ces organisations, un certain nombre de rouages nécessaires à l'effectivité de visions communautaires de sauvegarde des enjeux écologiques à l'échelle régionale ne demeure finalement qu'un accélérateur ou mieux un multiplicateur de la dynamique de coopération régionale dans la gestion des préoccupations environnementales. Et donc, une source de densification de la diplomatie environnementale qui reste encore malheureusement peu perceptible auprès des couches sociales vulnérables. Ce sont là de notre modeste point de vue, les chantiers sur lesquels les organisations régionales soucieuses des enjeux écologiques devraient se pencher. C'est donc à l'effectivité d'un véritable droit communautaire de l'environnement qu'il faudrait espérer pour la CEDEAO et l'appel à la réalisation d'un véritable pôle international de négociations sur les enjeux environnementaux qu'il faut formuler pour la CEEAC.

RÉFÉRENCES BIBLIOGRAPHIQUES

CHAMPENOIS Anne Claire, *Inventaire des normes et standards environnementaux en Afrique centrale, Force juridique dans les pays membres du SEEAC*, SEEAC et Netherlands commission for Environment Assessment, Utrecht, Pays-Bas, 2011, 34 p.

CHAMPENNOIS Anne-Claire et NGANDE ELONG Alain-Rodrigue, « États des lieux des normes et standards environnementaux en Afrique centrale », in Colloque international en évaluation environnementale, du 13 septembre 2011 à Yaoundé, p. 26.

GNIMPIEBA TONNANG Edouard, *Droit matériel et intégration en Afrique centrale : contribution à l'étude des mutations récentes du marché intérieur et du droit de la concurrence CEMAC*, Thèse, Université de Nice, IDPD, 2004, 557 p.

GOLDSTEIN Andrea, « Le nouveau régionalisme en Afrique subsaharienne : l'arbre cache-t-il une forêt ? », *Cahier de politique économique n°20*, Centre de Développement de l'OCDE, 2002, 42 p.

GRANIER Laurent (coord.), *Aspects contemporains du droit de l'environnement en Afrique de l'Ouest et centrale*, UICN, GLAND, Suisse, 224 p.

KAMTO Maurice, *Droit de l'environnement en Afrique*, Edicef /Aupelf, 1996, 417 p.

MEKOUAR Mohamed Ali, « La convention africaine sur la conservation de la nature : hâter son entrée en vigueur en vue d'assurer sa mise en œuvre », Actes du colloque d'Abidjan du 29 au 31 octobre 2013 sur le thème : *Mécanismes institutionnels et financiers de mise en œuvre du droit de l'environnement en Afrique dans la perspective du développement durable*, pp. 155-161.

OUMBA Parfait, « Le rôle des organisations sous-régionales dans l'intégration et le développement du droit international de l'environnement en Afrique centrale », *RADE*, 2013, pp. 42-55.

SALMON Jean, *Dictionnaire de droit international public,* Bruylant, Bruxelles, 2001, 1198 p.

SANTANDER Sébastian, « Un regard comparatif sur les régionalismes africain et latino-américain », *Revue Interventions économiques*, Transformations, Hors-séries, mars 2017, pp. 6-9.

SEMAL Nathalie, « Le développement durable est-il l'héritier du mouvement pro-environnement ? » *Esprit critique*, hiver 2005, vol. 07, n°01, 108 p.

TCHEUWA Jean-Claude, *Le siège des organisations internationales : Contribution à l'étude de son statut juridique au regard de la pratique contemporaine,* Thèse de Doctorat en droit public, Université Robert SCHUMAN, 1996-1997, 465 p.

VANDERVORST Alain, « Contenu et portée du concept de conditionnalité environnementale : vers un nouvel instrument au service du droit et de la protection de l'environnement en Afrique ? », *Afrilex*, n° 2-2001, 20 p.

Titre 2 :

NORMES, DROITS FONDAMENTAUX ET INTÉGRATION COMMUNAUTAIRE

NORMES COMMUNAUTAIRES ET INTÉGRATION BUDGÉTAIRE DES ÉTATS DE L'AFRIQUE CENTRALE

Par

Patrick Achille OND OND

Docteur en Droit Public de l'Université de Ngaoundéré
Chargé de cours

Résumé

Le constat selon lequel l'État n'est plus la matrice des finances publiques, mais une portion d'un tout qui le dépasse se fait progressivement jour dans la sous-région d'Afrique centrale. En effet, il en ressort que dans cet espace communautaire ponctué par un rythme d'intégration assez remarquable, l'harmonisation et le développement des normes budgétaires sont les préoccupations majeures de l'institution CEMAC. Le début des années 2010 donne d'ailleurs à voir une excroissance normative envisageant, dans la sous-région concernée, un cadre harmonisé de bonne gouvernance en matière financière et spécifiquement budgétaire. Un tel dynamisme ne saurait pourtant laisser le communautariste indifférent, tant les enjeux de la construction communautaire demeurent jusqu'à ce jour et dans cette sphère comme un rêve qui continue simplement d'être caressé. Le droit peut-il donc être mis au service de l'intégration communautaire ? En d'autres termes et relativement à l'objet de la présente étude, comment les normes communautaires contribuent-elles à l'intégration budgétaire des États d'Afrique centrale ? À l'analyse incrémentale du dispositif normatif disponible, on peut soutenir que la contribution des normes communautaires à l'intégration budgétaire des États d'Afrique centrale se fait suivant un mécanisme binaire : non seulement elles harmonisent la constitution budgétaire, mais également elles assurent la cohérence du contrôle budgétaire. Finalement, en tant que catalyseur de l'intégration économique et monétaire des États de la CEMAC, le droit ne pouvait véritablement pas rester en retrait de cette dynamique intégrative.

Mots-clés : normes, communauté, intégration, budget, CEMAC

Abstract

The observation that the State is no longer the matrix of public finances but a portion of a whole that goes beyond it is gradually emerging in the Central African sub-region. Indeed, it appears that in this community space punctuated by a rather remarkable pace of integration, the harmonization and development of budgetary standards are the major concerns of the CEMAC institution. The beginning of the 2010s also shows a normative growth envisaging, in the sub-region concerned, a harmonized framework of good governance in financial and specifically budgetary matters. Such dynamism cannot, however, leave the communitarian indifferent, as the issues of community construction remain to this day and in this sphere like a dream that simply continues to be cherished. Can the law therefore be put at the service of community integration? In other words and relative to the subject of this study, how do community standards contribute to the budgetary integration of Central African States? In the incremental analysis of the normative system available, it can be argued that the contribution of community standards to the budgetary integration of Central African States is made according to a binary mechanism: not only do they harmonize the budgetary constitution, but they also ensure the consistency of budgetary control. Finally, as a catalyst for the economic and monetary integration of the CEMAC States, the law could not really remain in the background of this integrative dynamic.

Keywords *: standards, community, integration, budget, CEMAC*

INTRODUCTION

Le droit public, comme toute chose sociale n'est-il pas en perpétuelle transformation de son essence, de sa structure et de sa substance ? Cette interrogation propédeutique à la présente analyse s'abreuve à la source de la problématique actuelle des transformations que subit le droit public, surtout financier. En effet, il ne fait plus l'ombre d'un doute que désormais, Parlement et Gouvernement assignés et assiégeant le domaine de la loi financière, ne sont plus seuls à déterminer le contenu des Finances publiques. Bien au contraire, ils doivent intégrer une série de contraintes et de normes externes. Il s'agit le plus souvent de la conséquence de la participation des États à l'intérieur desquels ils se déploient, à des organisations internationales dotées pour certaines d'un pouvoir contraignant en matière budgétaire et financière[1]. Le professeur HERTZOG remarquait à juste titre que « *l'État n'est plus la*

[1] BOUVIER (M.), « Mutations des finances publiques et crise du pouvoir politique ? », *op. cit.*, p. 255. Ces contraintes résultent aussi de la dépendance de l'État et des autres personnes publiques par rapport aux marchés financiers évoquée par HERTZOG (R.), « La mutation des finances publiques : manifeste pour une discipline rajeunie ! », *RFFP*, n° 79, 2002, p. 270.

matrice des Finances publiques, mais une portion d'un tout qui le dépasse »[2]. Cette idée se fait jour dans le contexte africain où des organismes sous-régionaux africains comme l'UEMOA[3] et la CEMAC[4] font progressivement de l'harmonisation et du développement des normes budgétaires leur préoccupation essentielle. Ces organes ont mis en place un système de surveillance budgétaire multilatérale ou d'harmonisation budgétaire. Au-delà des textes destinés à coordonner les procédures nationales, ces organes ont récemment adopté des directives harmonisant le droit budgétaire au sein de leurs communautés.

Dans la sous-région d'Afrique centrale en particulier, c'est la directive du 19 décembre 2011 de la CEMAC[5] qui cristallise actuellement toutes les attentions. Élaboré pour édicter de nouvelles normes (lois et textes réglementaires) dans l'espace communautaire[6], ce nouvel instrument juridique vise, entre autres, le renforcement des pouvoirs du Parlement en matière budgétaire, mais surtout la coordination de l'activité budgétaire. La vérité est que, les finances publiques s'internationalisant, celles de ces États ont reçu l'influence du courant des réformes imposées par les institutions financières comme le Fonds Monétaire International qui, depuis 1990, maintenait une certaine confidentialité sur les relations entretenues avec les États membres. En 1996, le directeur général du Fonds Monétaire International, Michel Camdessus, exprimait même déjà la nécessité de développer la transparence des finances publiques, considérée comme un facteur déterminant du développement économique et de la stabilité financière[7]. Sur le plan budgétaire principalement, cette doctrine du Fonds Monétaire International a exigé la séparation des pouvoirs entre l'exécutif, le législatif et le judiciaire, afin de garantir la mise en œuvre d'un droit budgétaire *« clair et ouvert »*, qui implique surtout des discussions lors de son élaboration[8]. Depuis lors, on observe une volonté de réforme du droit budgétaire et un renforcement des prérogatives du Parlement dans la

---

[2] Ibid., p. 265.

[3] L'Union Économique et Monétaire Ouest Africaine, compte 8 États membres (Bénin, Burkina Faso, Côte d'Ivoire, Guinée-Bissau, Mali, Niger, Sénégal et Togo.

[4] La Communauté Économique et Monétaire de l'Afrique Centrale, qui compte 6 États membres, (la Centrafrique, le Congo, le Gabon, la Guinée équatoriale, le Cameroun et le Tchad).

[5] Directive n° 01/11-UEAC-190-COM-22 du 19 décembre 2011 relative aux lois de finances au sein de la communauté économique et monétaire de l'Afrique centrale (CEMAC). Cette Directive a succédé à celle préalablement adoptée en 2008 et ayant un objectif plus modeste.

[6] Le processus de transposition de la directive suit son cours dans les États membres de la CEMAC : le Congo en 2017, le Gabon et le Tchad en 2014.

[7] BOULEY (D.), « Les standards internationaux de la bonne gouvernance selon le FMI », *in* M. Bouvier (dir), *La bonne gouvernance des finances publiques dans le monde, Actes de la 4e Université de printemps des finances publiques*, LGDJ, Paris, 2009, p. 15.

[8] DESMOULIN (G.), « L'émergence de règles supranationales : une menace pour la maîtrise du pouvoir budgétaire ? », *in Mélanges en l'honneur de Joël Molinier*, LGDJ, Paris, 2012, p. 161.

procédure budgétaire. Il va de là qu'en contrepartie des aides économiques octroyées par ces partenaires économiques, on assiste à une « *quasi-confiscation du pouvoir budgétaire national* »[9] laquelle, sous l'effet des normes communautaires, est animée par le souci d'« *un rééquilibrage* »[10] des pouvoirs entre le Parlement et le Gouvernement dans l'élaboration, l'exécution et le contrôle budgétaire.

La présente étude s'insère donc dans un contexte global marqué par le mouvement d'internationalisation[11] du droit sous-tendu par la mondialisation ; c'est-à-dire la caractérisation d'un phénomène ou d'une pratique par des éléments internationaux. En clair, on voit par-là l'ouverture des ordres juridiques nationaux aux normes d'origine externe avec pour principal marqueur la réception et l'insertion des secondes par les premiers. De fait, l'ordre juridique camerounais est, à l'instar des autres ordres juridiques étatiques avec lesquels il partage la communauté CEMAC, pénétré par un droit *« externe »*, *« extérieur »* quelques fois qualifié d'étranger[12], d'*« exogène »*[13] ou encore de *« droit venu d'ailleurs »*[14].

Cependant, l'insertion de cette kyrielle de normes externes dans les ordres juridiques nationaux constitue le nid des explications rivales. En effet, elle semble attisée par un ensemble de mouvements dits universels, régionaux et même sous-régionaux. De plus, en dehors du cadre purement régional, l'invasion de l'ordre juridique national par les normes externes se traduit par la conclusion des conventions internationales, bilatérales ou multilatérales, devant régir les situations internes des États.

---

[9] YONABA (S.), « Le système financier des États africains francophones à l'épreuve de l'impératif de « discipline budgétaire » - Réflexions liminaires », *in Mélanges en l'honneur de Robert Hertzog, Réforme des finances publiques et modernisation de l'administration*, Economica, Paris, 2011.

[10] N'DRI-THEOUA (P.), « Le rééquilibrage des pouvoirs dans la procédure budgétaire en Côte d'Ivoire », *Revue gestion et finances Publiques*, n° 5, 2015, p. 135

[11] Le concept d'internationalisation a fait son apparition au sein de la doctrine internationaliste durant le dernier quart du XXe siècle. Ce terme a d'abord été employé par les praticiens et les observateurs de la vie internationale dans ses différentes facettes économiques, politiques et sociologiques. Lire dans ce sens, KUKULKA (J.), « Les lois régissant le développement des relations internationales », *AFRI* 2001, vol. II, p. 279. Il a par la suite été usité en matière de développement économique, de socialisation du travail, de production à l'échelle mondiale, ainsi qu'aux transformations du domaine des procédés d'information. Enfin, c'est la progression de la théorisation des relations internationales qui sera à l'origine du développement de la notion d'internationalisation par les auteurs du droit international. Pour des développements conséquents, lire HANAN (Q), *L'internationalisation du droit constitutionnel*, Dalloz, Paris, Collection Nouvelle Bibliothèque de thèses, 2015, p. 540.

[12] TORCOL (S.), « Le droit constitutionnel européen, droit de la conciliation des ordres juridiques », *RFDC*, 2016/1, p. 101.

[13] BERRAMDANE (A.), *La hiérarchie des droits. Droits internes et droits européen et international*, L'Harmattan, Paris, coll. « Logiques juridiques », 2002, p. 64.

[14] GAIA (P.), « Le Conseil Constitutionnel et l'Europe », in *Renouveau du droit constitutionnel, Mélanges en l'honneur de Louis FAVOREU*, Dalloz, Paris, 2007, p. 1281.

De nos jours, la tendance a changé. Du fait de la mondialisation triomphante[15], « *les relations interétatiques ont dépassé la dimension du voisinage pour atteindre la dimension universelle* »[16]. Elle a ainsi redéfini les rapports entre les ordres juridiques au point où il a été observé que « *les frontières entre les espaces juridiques internes et internationaux ne sont plus étanches même lorsque les souverainetés se veulent exclusivement absolues et prétendent édifier des remparts (...)* »[17]. À défaut de déterminer les systèmes juridiques, la mondialisation les transforme au point où le droit international, « *du fait des nouvelles dimensions des problèmes internationaux qu'il est chargé de régir, (...) est appelé à dépasser le cadre interétatique et bilatéral traditionnel et à se situer à une échelle mondiale* »[18]. Dans un tel contexte, « *l'élaboration des normes de droit international ne relève plus uniquement des souverainetés exclusives des États* »[19]. Ainsi, il apparait donc que la question du passage des normes externes de leurs ordres d'origine respectifs vers ceux étatiques se présente sous des perspectives fort différentes de celles qui ont prévalu jusqu'à une certaine époque.

Spécifiquement en Afrique centrale, avec les organisations d'intégration, les États d'Afrique centrale entretiennent des rapports encore plus étroits. C'est ainsi que bien avant l'avènement de la CEMAC, ils ont été membres de l'Union Douanière Equatoriale (UDE)[20] qui, à travers la convention du 08 décembre 1964, deviendra l'Union Douanière et Economique de l'Afrique Centrale (UDEAC). Cette dernière avait pour ambition de mettre en place une politique commerciale extérieure commune et en matière fiscale, d'instituer une procédure d'harmonisation, de coordination de la législation et de la réglementation au sein de l'Union[21]. Entrée effectivement en fonction le 1er février 1966, cette organisation visait à promouvoir un Marché Commun Africain[22]. Les manquements et insuffisances observés par le Cameroun et les autres membres de l'UDEAC ne les laisseront pas insensibles à la nécessité

---

[15] MOUTON (J-D.), « La mondialisation et la notion d'État », *op.cit.*, p. 11.

[16] BELAID (S.), « Droit international et droit constitutionnel : les développements récents », *op. cit.*, p. 50.

[17] AMOR (A.), « La perméabilité juridique entre l'ordre international et l'ordre constitutionnel », *op. cit.*, p. 95.

[18] BELAID (S.), « Droit international et droit constitutionnel : les développements récents », *op. cit.*, p. 51.

[19] MUSTAPHA (S-B.), « Allocution d'ouverture », in ACHOUR (R-B.) et LAGHMANI (S.) (dir.), *Droit international et droits internes, développements récents,* op. *cit.*, p. 4.

[20] Le Cameroun a adhéré à l'Union Douanière Équatoriale à travers la signature à Bangui de la Convention du 23 juin 1961 et ensuite de l'acte du 27 juin 1962.

[21] MVOMO ELA (W.), « Histoire et géopolitique de l'intégration en Afrique Centrale en zone CEMAC : l'impératif d'une refondation », in *Cahiers juridiques et politiques de l'Université de Ngaoundéré*, 2010, p. 309.

[22] Pour ce faire, elle prendra conscience du rôle majeur de la monnaie dans une économie de marché. Dans ce sens, elle institue à travers la convention du 22 novembre 1972, la Banque des États de l'Afrique Centrale, dont la mission sera d'émettre une monnaie commune en Afrique (FCFA) et de tenir et de gérer les réserves officielles de change.

de prendre des mesures palliatives. C'est ainsi que les chefs d'États et de Gouvernement ont dû signer le 16 mars 1994, à Ndjamena au Tchad, le traité instituant la Communauté Economique et Monétaire des États de l'Afrique Centrale (CEMAC)[23].

Au total, la conclusion des accords internationaux par les États d'Afrique centrale et leur appartenance concomitante aux organisations de coopération d'une part et à celles d'intégration d'autre part, les mettent aux prises avec les normes de natures diverses, ce qui du reste impacte profondément le sens et la portée des pouvoirs des institutions nationales en matière budgétaire.

Pour mieux cerner cette relation, il convient de résoudre la difficulté définitionnelle qui se pose d'emblée à la compréhension du présent sujet. Car, celui-ci mêle des notions dont chacune se trouve affectée, déjà à l'« état de repos », d'un fort coefficient d'incertitude.

C'est d'abord la norme communautaire et précisément la norme communautaire dans le cadre de CEMAC. Par norme juridique, il convient théoriquement d'entendre la signification d'un énoncé prescriptif contenu dans un texte ou acte juridique appartenant à un ordre juridique[24]. Sous ce rapport, une norme communautaire qui est d'origine externe, peut être comprise comme la signification de l'énoncé prescriptif d'une stipulation juridique édictée, dans le cadre des rapports de droit de l'intégration, destinée à régir la conduite d'un ensemble d'États déterminés ou de leurs sujets. Ainsi perçue, la norme communautaire est celle qui est élaborée par le jurislateur propre à la Communauté, manifestant par la même occasion son autonomie. Mais le dire ne saurait signifier que l'imbrication qui existe entre la norme communautaire et celle internationale classique est de nature à éclipser leurs spécificités. À l'observation de la société internationale, il parait premièrement que le droit international est un droit de coordination et non un véritable droit de contrainte. Dans ce sens, certains auteurs, à l'exemple de Puffendorf, estiment que le droit international est la morale[25] ou selon la célèbre formule d'Austin, une morale « *positive* »[26]. Deuxièmement, le droit international semble se caractériser par l'absence d'organes spécialisés pour la création et l'application de ses normes et admettrait comme principales

---

[23] Ce texte sera complété le 05 juillet 1999 par l'Additif relatif au système institutionnel et juridique ainsi que de trois conventions régissant respectivement l'Union Économique de l'Afrique Centrale (UEAC), Union Monétaire de l'Afrique Centrale (UMAC), et la Cour de Justice CEMAC (CJ/CEMAC).

[24] MILLIARD (E.), « Qu'est-ce qu'une norme juridique ? », in La Normativité, *Cahiers du Conseil constitutionnel*, n° 21 avril 2006-septembre 2006, p. 6.

[25] QUADRI (R.), « *Le fondement du caractère obligatoire du droit international public* », *RCADI*, T. 80, 1952-1, p. 595.

[26] *Idem.*

sanctions la guerre et les représailles[27]. Il est en effet exact que, *« la communauté internationale reste, légalement et pratiquement, dépourvue d'un organe centralisé possédant une autorité que les États seraient obligés de respecter »*[28]. C'est principalement à travers ces deux éléments, à savoir l'organe d'élaboration des normes et les sanctions, que l'on distingue nettement aujourd'hui le droit international et le droit communautaire. Si le droit communautaire actuel est certes le droit d'une communauté particulière d'États, il institue toutefois des organes en charge de la création et de la mise en œuvre des normes qui régissent le fonctionnement de cette communauté. Ensuite, la sanction des violations des normes communautaires est assurée par un organe juridictionnel institué par la communauté. De plus, le traité instituant la Communauté est autonome à l'égard du droit international dont il relève[29]. Acte de droit international, le traité qui pose le droit primaire de la communauté se distingue des traités internationaux classiques par son autonomie, son intégration directe au droit des États membres et sa supériorité[30] à l'égard de ceux-ci. Semblables précisions sont valables tant pour les règlements que pour les directives communautaires. Autonome dans sa source, son contenu, son interprétation et son contrôle, le droit communautaire pénètre dans le droit national dont il se distingue, à l'image des *« cellules d'une ramification nerveuse dans un tissu cellulaire »*[31]. L'ordre juridique communautaire peut être considéré comme la synthèse des ordres juridiques parce qu'il se trouve au confluent du droit interne et du droit international[32]. Enfin, les normes issues du droit communautaire se distinguent substantiellement de celles découlant du droit international. En effet, si les premières jouissent de l'intégration immédiate, de la validité immédiate, de l'applicabilité immédiate, et de la primauté, les secondes nées des cadres de pure coopération, doivent franchir un certain nombre d'obstacles juridiques pour être applicables dans l'ordre interne étatique. Mais quoi qu'il en soit, toutes ces formes de normes sont d'origine externe aux États. Les normes de droit de l'intégration ou communautaires, contrairement aux normes de droit international classique ont, pour la plupart, vocation à

---

[27] KELSEN (H.), *Théorie générale du droit et de l'État suivi de La doctrine du droit naturel et le positivisme juridique*, Bruylant, LGDJ, Bruxelles, Paris, 1997, p. 378.

[28] DUPUY (P-M.) et KERBRAT (Y.), *Droit international public*, Dalloz, Paris, 13e éd., 2016, p.4.

[29] Il convient de relever que cette question de l'autonomie du droit communautaire vis-à-vis du droit international classique partage la doctrine. Voir pour l'affirmation de cette autonomie du droit communautaire : SIMON (D), « Les fondements de l'autonomie du droit communautaire », in *Droit international et droit communautaire : perspectives actuelles*, Pedone, Paris, SFDI, 2000, p. 207. Et pour la thèse contraire, PELLET (A.), « Les fondements juridiques internationaux du droit communautaire », *Collected Courses of the Academy of European Law,* 1997, vol. V, p. 193.

[30] MEGRET (J.), « La spécificité du droit communautaire », *RIDC*, vol. 19, n° 3, 1967, p. 567.

[31] *Ibid.*, p. 574.

[32] SOMA (A.), « Les caractères généraux du droit communautaire », *op. cit.*, p. 1.

s'insérer directement dans les ordres juridiques des États qui en constituent les membres. C'est le cas précis de la CEMAC.

C'est ensuite l'intégration budgétaire. La paternité du concept d'intégration peut, dans le domaine des sciences sociales, être attribuée à Emile Durkheim. Pour lui, l'intégration et la société sont les faces d'une même pièce, sans quoi la société ne pourrait être cohérente. Sous ce rapport, l'intégration serait donc une caractéristique même de la société, qui lui permettrait de fonctionner malgré les différences qui y règnent. Au niveau supra-étatique, l'intégration désigne le processus dans lequel les États géographiquement voisins concluent un accord afin d'améliorer la coopération par le biais d'institutions et de règles communes. Elle est fondée sur la solidarité. Dans le cadre de la présente étude, l'intégration qui est visée est relative aux compétences des institutions nationales en matière budgétaire ; les compétences en question s'articulant autour de la théorie des quatre temps alternés dont les bases furent jetées dès le 22 juillet 1814 par le Baron Louis[33]. Car, comme le font savoir les professeurs BOUVIER, ESCLASSAN et LASSALE, *« le budget de l'État, en tant qu'il se présente sous la forme d'un ensemble d'actes-conditions, est une institution caractéristique du droit public. Il traduit le partage de compétences qui caractérise la structure de la quasi-totalité des personnes publiques, à savoir la présence d'un organe délibérant agissant par voie d'autorisations, et d'un organe exécutif chargé de traduire dans les faits les décisions de l'organe délibérant »*[34].

Pour faire passer ce projet conventionnel d'intégration dans le domaine budgétaire en réalité quotidienne[35], le droit est utilisé comme le socle, le régulateur et le catalyseur de l'intégration économique et monétaire des États de la CEMAC[36]. De fait, en signant ces textes de base, le Cameroun et les cinq autres États membres de la CEMAC acceptent de se soumettre non seulement à l'ensemble des règles de droit qui y sont contenues, mais également à celles qui seront édictées dans le cadre de l'accomplissement de leurs missions par les organes de la Communauté. L'application de ce droit communautaire apparait donc comme « *un élément consubstantiel à la situation juridique globale de chacun* »[37] des États membres de la CEMAC. Toute chose qui amène alors à se demander, comment les normes communautaires contribuent-elles à l'intégration budgétaire des États d'Afrique centrale ?

---

[33] Ministre français des Finances de cette époque.

[34] *Idem.*

[35] PRISO-ESSAWE (S-J.), « Préface », KAMTOH (P.), *Introduction au système institutionnel de la CEMAC*, Africaine d'Édition, Yaoundé, 2014, p.226.

[36] KAMTOH (P.), *Introduction au système institutionnel de la CEMAC*, *op. cit.*, p. 23.

[37] PRISO-ESSAWE (S-J.), « Préface », KAMTOH (P.), *Introduction au système institutionnel de la CEMAC*, *op. cit.* p. 112.

La réponse à cette question n'est pas une sinécure, étant entendu que le processus d'intégration financière et monétaire dans cette sphère de l'Afrique reste ralenti par des relents souverainistes des États. Pour autant, le sujet invite à jeter instamment les bases de l'analyse du cadre harmonisé de gestion des finances publiques. Il en ressort en effet que l'année 2011 aura été prolifique pour les États membres de la Communauté Économique et Monétaire de l'Afrique Centrale (CEMAC)[38], l'une des plus riches en matière de production des normes communautaires relatives aux finances publiques[39]. La raison de l'adoption de ces directives est que le système des finances publiques en vigueur était inadapté pour répondre au défi de développement auquel étaient confrontés les pays membres. En effet, la volonté d'aligner la gestion des finances publiques sur les normes internationales, de renforcer l'intégration régionale et de faciliter la surveillance multilatérale, a entraîné une reconfiguration normative et institutionnelle au sein de la CEMAC, afin de garantir une saine gestion et l'efficacité des décisions des autorités à travers des Institutions supérieures de contrôle des finances publiques (ISC) indépendantes.

En clair, la norme communautaire contribue à l'intégration budgétaire des États d'Afrique centrale au moyen d'un mécanisme binaire. D'une part, elle harmonise la constitution budgétaire (I) et, d'autre part, elle assure la cohérence du contrôle de l'exécution budgétaire (II).

I. L'HARMONISATION DE LA CONSTITUTION BUDGÉTAIRE

Les normes communautaires de la CEMAC harmonisent les budgets nationaux dans l'optique d'améliorer leur transparence. Cette harmonisation couvre deux aspects importants : l'aspect formel (A) et l'aspect procédural (B).

A. L'harmonisation de la constitution formelle du budget

Comme la directive des lois l'énonce : *« La réforme budgétaire au sein des États membres de la CEMAC poursuit trois objectifs principaux : l'instauration d'une politique budgétaire à moyen terme, le renforcement de l'efficacité de la dépense publique et une amélioration de la transparence*

---

[38] Précisément, c'est le 19 décembre 2011 que le Conseil des ministres de l'Union Économique de l'Afrique Centrale (UEAC) a rendu public le nouveau cadre harmonisé de gestion des finances publiques dans la sous-région.

[39] Plusieurs directives ont été adoptées à cette date : Directive n° 01/11-UEAC-190-CM-22 relative aux Lois de Finances ; Directive n° 02/11-UEAC-190-CM-22 relative au Règlement général de la comptabilité publique ; Directive n° 06/11-UEAC-190-CM-22 relative au Code de transparence et de bonne gouvernance dans la gestion des finances publiques ; Directive n° 07/11-UEAC-028-CM-22 portant révision de la Directive n° 1/99-CEMAC-028-CM-03 portant harmonisation des législations des États membres en matière de Taxe sur la Valeur Ajoutée (TVA) et Droit d'Accises (DA).

budgétaire à travers un accroissement des pouvoirs de contrôle du Parlement ». Leur rédaction a insufflé une nouvelle orientation de la gestion budgétaire des États membres qui passe d'abord par la recherche d'une discipline budgétaire.

1. L'instauration d'une discipline budgétaire

C'est l'article 7 de la Directive n° 01/11-UEAC-190-CM-22 relative aux Lois de Finances qui impose la discipline dans la politique budgétaire des États membres. Il dispose que « *Les budgets des administrations publiques, notamment celui de l'État, doivent être établis et financés dans des conditions qui garantissent la soutenabilité de l'ensemble des finances publiques. Conformément aux engagements internationaux pris dans le cadre de la Communauté Économique et Monétaire de l'Afrique Centrale, la politique budgétaire doit éviter tout déficit public excessif et se conformer à la discipline budgétaire qu'implique la monnaie commune ».*

Ce texte souligne le cadre financier qui s'impose aux budgets des administrations publiques et des États et implique pour cela que soit garantie la soutenabilité de l'ensemble des finances publiques c'est-à-dire la capacité à honorer les engagements financiers dans le futur.

Matériellement, ce critère s'apprécie dans le cadre global des finances publiques et concerne donc le budget de l'État, mais également les budgets des autres administrations publiques, notamment les établissements publics et collectivités territoriales.

La politique budgétaire ainsi déterminée devra éviter les déficits publics excessifs et se conformer à la discipline budgétaire qu'impose l'appartenance à la monnaie commune. En effet, l'équilibre financier arrêté par la loi de finances doit respecter l'ensemble des critères du pacte de convergence. L'article 7 énonce plus loin que la « solution » pour y arriver réside dans l'obligation pour le gouvernement de *« définir une politique budgétaire à moyen terme conforme aux critères fixés par les conventions régissant la Communauté Economique et Monétaire de l'Afrique Centrale ».* De même, *« il en assure la bonne mise en œuvre et se prête aux obligations de la surveillance multilatérale »*[40]. En effet, le pacte de convergence de la CEMAC astreint les États membres à une programmation de leurs finances publiques afin de respecter les critères macroéconomiques et budgétaires. Pour cela, *« Chaque année, le Gouvernement établit un cadre budgétaire à moyen terme définissant, en fonction d'hypothèses économiques réalistes, l'évolution sur une période minimum de trois ans : de l'ensemble des dépenses et des recettes des administrations publiques, y compris les contributions des bailleurs de fonds internationaux ; du besoin ou de la capacité de financement*

[40] Directive n° 01/11-UEAC-190-CM-22 relative aux Lois de Finances, Art. 7 *in fine*.

des administrations publiques en résultant, des éléments de financement ainsi que du niveau global d'endettement financier des administrations publiques. Sur la base de ce cadre budgétaire à moyen terme et dans les limites qu'il fixe, le Gouvernement établit des cadres de dépenses à moyen terme décomposant, sur une période minimum de trois ans, les grandes catégories de dépenses publiques, par nature et par fonction et, le cas échéant, par ministère »[41].

Cet article introduit l'impératif, pour le gouvernement, d'établir un cadre budgétaire à moyen terme (CBMT) sur une période minimale de trois ans, en cohérence avec l'obligation de définir une politique budgétaire à moyen terme. Même si l'annualité reste le cadre d'exécution du budget de l'État, d'une part, la directive inscrit la programmation budgétaire qui devient la traduction de choix politiques devant désormais considérer les impacts excédant l'horizon annuel, d'autre part. Elle intègre les stratégies nationales et sectorielles de développement, une approche qui institutionnalise le budget comme outil de politique économique et sociale.

Afin de renforcer le lien entre le budget annuel et les politiques nationales et sectorielles de développement, de nouveaux outils de programmation budgétaire triennale deviennent les supports de préparation des projets de lois de finances. L'instauration d'une politique budgétaire à moyen terme offre ainsi une réponse technique à la problématique de l'articulation entre les stratégies nationales et sectorielles de développement et le budget. Celle-ci est subordonnée à une coordination.

2. La coordination de la politique budgétaire

La coordination des politiques budgétaires, qui apparaît comme une composante essentielle dans ce nouveau dispositif, constitue dans cette perspective un défi majeur. Défi parce qu'elle intervient dans un environnement de très faibles gouvernances nationale et régionale ; ceci malgré les programmes de gouvernance mis en place avec le soutien de la communauté internationale dans la plupart de ces pays.

Cette coordination constitue dès lors, d'après les enseignements de la nouvelle économie institutionnelle[42], un cadre d'apprentissage collectif dans la réduction des incertitudes et la recherche de réputation d'une part, de confiance mutuelle et de crédibilité d'autre part. Cependant, elle induit des coûts de négociation, se prête parfois à la tricherie et pose généralement des problèmes lorsqu'il s'agit de répartir les responsabilités entre les instances nationale et communautaire. C'est pourquoi nombreux sont ceux, en Europe par exemple, qui plaident en faveur d'une large autonomie des politiques nationales, en application du principe de subsidiarité, arguant que la

---

[41] *Ibid.*, Art. 8.

[42] NORTH, 1991.

concurrence favorise l'acquisition de l'expérience et la sélection des politiques les plus efficaces.

Au-delà de ces réserves, la coordination des politiques budgétaires s'appuie sur l'expérience empirique, certes, mais aussi sur de solides arguments théoriques. En effet, les économistes s'accordent de plus en plus aujourd'hui sur l'importance de la politique budgétaire comme étant désormais le seul instrument à la disposition des États membres d'une union monétaire pour amortir les fluctuations de l'activité et soutenir la croissance économique. Mais, la crainte que certains États conduisent des politiques budgétaires irresponsables compromettant la stabilité d'ensemble justifie la mise en place des dispositifs destinés à assurer, de façon permanente, le respect de la discipline budgétaire, et plus généralement encore des politiques économiques. L'objectif de la coordination des politiques budgétaires serait par exemple d'éviter la mutualisation du fardeau en termes de taux d'intérêt sur l'ensemble des pays membres, qui résulterait d'un comportement budgétaire qualifié d'opportuniste pour un État-membre[43]. Ces effets peuvent être particulièrement néfastes dans les pays ayant conservé une politique budgétaire vertueuse. Autrement dit, l'on attend de la coordination des politiques budgétaires qu'elle réduise l'occurrence des chocs et qu'elle contribue efficacement à la stabilisation macro-économique. À cet effet, KENEN (2000) propose de distinguer deux finalités principales à la coordination : d'une part, elle vise la recherche d'un optimum collectif par un ajustement réciproque des instruments[44] et, d'autre part, elle est une réponse aux évènements afin de prévenir les crises ou de minimiser leurs conséquences (regime preserving coordination). C'est ce qui a nourri par exemple, dans le cadre de l'Union européenne, des réflexions et des débats sur la discipline budgétaire et a justifié l'introduction, dès le Traité de Maastricht en 1992, de la prohibition des « déficits excessifs », puis l'instauration, dans celui d'Amsterdam en 1997, du Pacte de stabilité et de croissance pour prévenir et sanctionner ces déficits. Il ne s'agit pas de parvenir immédiatement à une homogénéisation des politiques nationales, mais de traiter désormais leur interaction comme un sujet d'intérêt commun.

3. L'amélioration de la transparence budgétaire

L'amélioration de la transparence budgétaire passe entre autres par la confirmation du principe de la sincérité budgétaire et l'instauration de l'information du public.

---

[43] Le free rider ou « resquilleur ».

[44] C'est le ''policy optimizing coordination''.

a- La confirmation du principe de la sincérité budgétaire

La directive de 2011 de la CEMAC portant code de transparence et de bonne gouvernance dans la gestion des finances publiques[45] ajoute, aux côtés des principes classiques applicables d'élaboration budgétaire bien connus des États membres, le principe de la sincérité budgétaire. *In concreto*, ce code de transparence prévoit, lorsqu'il traite des attributions et responsabilités des institutions, que « *les budgets et les comptes des Institutions et organes constitutionnels sont établis et gérés dans les mêmes conditions de transparence, de sincérité [...] que celles qui sont définies par le présent ''Code de transparence et de bonne gouvernance dans la gestion des finances publiques'' pour l'ensemble des administrations publiques* »[46].

La sincérité budgétaire en question s'apprécie relativement aux informations disponibles au moment de leur élaboration et des prévisions qui peuvent raisonnablement en découler[47].

Au Congo, cette prescription a été retenue par la loi organique relative au régime financier de l'État de 2012 et ensuite par la loi organique relative aux lois de finances de 2017. Adoptée en application de la directive CEMAC, cette loi organique fait notamment référence à la sincérité comptable qui implique que la description du patrimoine de l'État soit sincère et reflète une image fidèle de la situation financière de l'État, contrairement à l'ancienne loi organique de 2000 qui ne faisait aucune référence à ce principe.

En clair, les nouvelles directives confortent le choix d'une modernisation des finances publiques dans la Communauté par l'introduction de nouveaux principes d'ordre opérationnels à travers des réformes budgétaires devant être mises en œuvre par les États membres. L'information du public en est un axe important.

b- L'instauration de l'information du public

Analysant la question de l'information, Alfred SAUVY écrit : « *La démocratie n'étant pas convenable sans une large information, nous risquons les plus violentes secousses, du fait de la carence de celle-ci* »[48].

L'information du public est une nouveauté introduite dans la directive relative aux lois de finances et celle relative au code de transparence et de bonne gouvernance de la CEMAC, car le peuple doit être informé de toutes les étapes du processus budgétaire. D'après la section VII de la directive

---

[45] Directive n° 06/11-UEAC-190-CM-22 relative au Code de transparence et de bonne gouvernance dans la gestion des finances publiques.

[46] *Ibid.*, Section IV, point 2.

[47] Article 3 alinéa 2 de la directive de la CEMAC de 2011 portant code de transparence et de bonne gouvernance.

[48] LANGROD, SAUVY (Alfred) (dir.), *La consultation dans l'Administration contemporaine*, *op. cit.*, p.18.

relative au code de transparence et de bonne gouvernance : « *l'information doit être exhaustive et porter sur le passé, le présent et l'avenir et couvrir l'ensemble des activités budgétaires et extrabudgétaires. Le calendrier de diffusion des informations sur les finances publiques est annoncé au seuil de chaque année et respecté. L'information régulière du public sur les grandes étapes de la procédure budgétaire, leur enjeu économique, social et financier est organisé dans un souci de pédagogie et d'objectivité. La presse, les partenaires sociaux, et d'une façon générale tous les acteurs de la société civile sont encouragés à participer à la diffusion de l'information ainsi qu'au débat public sur la gouvernance et la gestion des finances publiques* [49] ». Dans la même veine, notons que la répartition des compétences, des charges et des ressources publiques entre les niveaux d'administrations et les relations financières qu'ils entretiennent entre eux sont clairement définies et font l'objet d'une information globale, claire et cohérente. Pour sa part, l'article 3 fait une place au Parlement en reconnaissant un droit d'information et de communication sans réserve sur tous les aspects relatifs à la gestion des deniers publics. L'information du public passe par la collecte de cette information puis par la diffusion de cette information.

En matière fiscale, l'information constitue un outil indispensable d'aide à la prise de décision. Ici, les services consultés fournissent aux décideurs, entre autres : des données techniques indispensables pour éviter des erreurs ; les renseignements sur l'état présent des contribuables ; les résultats des réformes fiscales passées ; les conséquences prévisibles de certains choix fiscaux ; etc.

Relativement aux informations collectées, elles sont aussi celles émanant des populations concernées par la réforme fiscale envisagée. En effet, en matière de réforme des impôts fonciers par exemple, il convient de relever que si les populations rurales africaines sont en général illettrées, il n'en demeure pas moins qu'elles peuvent fournir aux pouvoirs publics des informations utiles à leur politique. C'est dire que pour qu'elles soient utiles pour le décideur fiscal, les informations collectées doivent être en particulier diversifiées et de qualité. La diversité de ces informations se manifeste aussi bien au niveau de leur statut (alors que certaines informations sont des données de fait ou objectives, d'autres découlent d'une appréciation ou évaluation à tendance subjective) que de leur nature (si certaines informations sont strictement juridiques, en revanche, d'autres sont économiques, sociologiques, psychologiques, politiques, etc.). La consultation au niveau de la préparation d'une réforme fiscale apporte aux experts une information difficile à obtenir autrement. On peut donc convenir avec Louis BOULET et Roselyne PY que : « *Le mécanisme consultatif répond en premier lieu au souci que peut avoir le responsable qui l'utilise de recueillir toute l'information disponible et utile pour la connaissance d'une situation donnée, de son*

[49] La section 2 de la directive relative aux lois de finances de 2011 et l'article.

évolution, etc.. »[50]. Composante essentielle du phénomène participatif, la consultation contribue donc à « *perfectionner l'information dont l'administration dispose, afin d'améliorer la qualité de ses décisions* »[51]. Chemin faisant, l'administration fiscale diffuse par ce biais l'information disponible.

Suivant le second point, notons de toute évidence que le faible degré d'information fiscale en Afrique appauvrit la rationalité cognitive du contribuable qui ne parait généralement pas bien armé non seulement pour connaître ses obligations fiscales, mais aussi ,et surtout établir le lien entre l'impôt et la dépense publique. Les pouvoirs publics africains devraient profiter de la consultation des représentants des contribuables afin de leur expliquer le but intrinsèque de la politique fiscale. La consultation doit être aussi un instrument de diffusion de l'information fiscale disponible. Par ailleurs, il ne devrait pas seulement être question d'informer les contribuables sur le bien-fondé de l'impôt ; mais aussi son utilisation et de la gestion publique en général. La diffusion de l'information fiscale disponible devrait être un des piliers d'une politique plus vaste de transparence fiscale. Ceci permettra aux contribuables de passer d'une vision négative de l'impôt à une vision positive. Comme l'écrit Robert BANGS : « *(...) Un programme fiscal bénéficiera du soutien de l'opinion publique si celle-ci a pleinement conscience des coûts et des avantages du développement, et si elle reconnaît que les avantages en valent la peine. Sinon, le développement économique demeurera à l'état de vague aspiration, ou sera simplement une autre méthode d'exploitation du plus grand nombre au profit de quelques-uns* »[52]. Informé sur le bien-fondé de l'impôt, sur son utilisation et plus généralement sur la gestion publique, le contribuable se sentira acteur de la politique fiscale. C'est l'impératif de participation qu'il convient de mettre en relief.

Ce qui précède rend bien compte de la logique intégrative activée par les normes communautaires en matière budgétaire. La même logique transparait d'ailleurs au plan de la procédure d'élaboration des budgets des États membres.

B. L'harmonisation de la constitution procédurale du budget

Dans ce cadre, il sera question de présenter les règles harmonisant la procédure d'adoption du budget, après celles liées à l'examen du budget.

---

[50] BOULET (L.), PY (R.), « Consultation et gestion moderne », in LANGROD, SAUVY (Alfred) (dir.), La consultation dans l'Administration contemporaine, *op. cit.*, p. 924.

[51] CHEVALLIER (J.), *Science administrative*, PUF, Paris, coll. « Thémis Science politique », 4e édition mise à jour, octobre 2007, p. 438.

[52] BANGS (R-B.), *Politiques financières pour les pays en voie de développement*, Istra, Paris, 1971, coll. Tendances actuelles, p. 267.

1. La procédure d'examen budgétaire

Quel est l'intérêt de l'examen du budget et quel en est le régime ? Ainsi se trouvent posées les deux questions qui rendent compte de la procédure d'examen budgétaire dans les États de la CEMAC.

Tout d'abord, l'examen du projet de loi de finances est « *un épisode central de la vie politique, au motif que c'est le moment où l'exécutif rend compte de l'ensemble de ses politiques, où se décident les orientations de l'économie nationale* »[53]. Ayant la responsabilité d'examiner l'acte le plus important au regard de la continuité des services publics, les commissions des finances des assemblées parlementaires occupent une place déterminante aussi bien dans le système politique que dans le système budgétaire[54].

L'examen consiste à auditionner les responsables des départements ministériels sur les propositions d'inscription en recettes et en dépenses. Les débats sont organisés autour de documents mis à la disposition de la commission sur sa demande. C'est ainsi que chaque ministère ou institution doit faire parvenir à la commission l'état d'exécution du budget des deux exercices précédents et de l'exercice en cours à la date la plus récente, les difficultés liées à l'exécution du budget de même que les propositions pour résorber ces difficultés.

L'examen des dispositions du budget doit se dérouler principalement au sein de la Commission des finances. Celle-ci doit pouvoir solliciter l'avis de commissions spécialisées appelées à se prononcer, dans leur domaine de compétence, sur les diverses parties du budget après audition des ministres responsables. À cet égard, mérite d'être soulignée l'expérience du Burkina Faso, qui a créé au sein de la Commission des finances des sous-commissions chargées d'étudier un certain nombre de budgets après avoir rencontré et auditionné les ministères responsables.

Les projets de loi et, après examen de leur recevabilité, les propositions de loi déposés sont envoyés à l'examen d'une commission saisie au fond. Le cas échéant, les commissions permanentes autres que celle saisie au fond ont la faculté de présenter un avis sur le texte concerné.

Enfin, relativement à la procédure d'examen du budget, indiquons que le budget passe par la préparation et l'examen du rapport.

D'une part, pour ce qui est de la préparation du rapport, toute commission saisie d'un texte, qu'elle soit permanente ou spéciale, saisie au fond ou pour avis, procède d'abord à la désignation, en son sein, d'un rapporteur dont le rôle est d'éclairer les travaux de la commission en lui présentant un rapport dans

[53] HERTZOG (R.), « Les pouvoirs financiers du parlement », *RDP*, numéro spécial, 2002, p. 303

[54] BOUHADANA, *Les commissions des finances des assemblées parlementaires en France*, LGDJ, Paris, 2007, p. 15.

lequel il expose ses vues sur le texte et, le cas échéant, fait des propositions d'amendement. Assisté par le secrétariat de sa commission, le rapporteur doit tout d'abord se livrer à un important travail préparatoire : Il étudie le texte et s'entoure de tous les avis qu'il juge nécessaires. Il peut notamment rencontrer les membres des cabinets ministériels et les hauts fonctionnaires concernés. Il peut proposer l'organisation d'auditions de personnalités compétentes, auxquelles le bureau de la commission peut accorder une certaine publicité, notamment en permettant à la presse ou au public d'y assister[55].

Les rapporteurs spéciaux de la commission des finances sont les seuls à bénéficier, vis-à-vis de l'exécutif, de pouvoirs d'investigation juridiquement définis, qui leur permettent de procéder à toutes investigations sur pièces et sur place, et à toutes auditions qu'ils jugent utiles. Tous les renseignements et documents d'ordre financier et administratif qu'ils demandent doivent leur être fournis, réserve faite des sujets à caractère secret concernant la défense nationale et la sécurité intérieure ou extérieure de l'État et du respect du secret de l'instruction et du secret médical. Dans la pratique, les autres rapporteurs ne rencontrent généralement pas de difficulté pour obtenir les informations demandées[56].

S'agissant de l'examen du rapport, notons qu'une fois les travaux préparatoires achevés, l'examen du texte est inscrit à l'ordre du jour d'une séance de la commission concernée, à laquelle peuvent participer, outre ses membres, les membres du Gouvernement intéressés, ainsi que les membres d'autres commissions, en particulier les auteurs d'amendements et l'auteur de la proposition examinée, et les rapporteurs des commissions saisies pour avis. Après une discussion générale ouverte par l'exposé du rapporteur, la commission examine les articles du texte, assortis des amendements présentés par le rapporteur, les autres membres de la commission ainsi que, si le dépôt a eu lieu à temps, par des députés extérieurs à la commission ou par le Gouvernement. Chaque amendement est adopté ou rejeté par un vote de la commission, qui conclut ses travaux par un vote sur l'ensemble du texte. Ce dernier a une portée différente selon la nature des textes soumis à son examen : dans le cas d'une proposition émanant de l'assemblée à laquelle appartient l'auteur, les amendements adoptés par la commission sont immédiatement intégrés au texte qui sera examiné en séance publique sous cette forme modifiée;- dans le cas d'un projet de loi ou d'un texte transmis par l'assemblée saisie en premier, les amendements adoptés par la commission ne sont pas intégrés au texte ; ils sont soumis aux mêmes règles de recevabilité financière et aux mêmes conditions d'examen que ceux des groupes ou des députés individuels. En principe, les règles de procédure suivies dans les commissions

---

55 *Idem.*

56 Assemblée parlementaire de la francophonie, Recueils des procédures et des pratiques parlementaires, le fonctionnement du parlement et la procédure législative ; *op. cit.*, pp. 13-16.

sont, *mutatis mutandis*, les mêmes que celles applicables dans l'hémicycle, mais dans la réalité, elles s'y appliquent cependant avec beaucoup plus de souplesse. Les discussions se déroulent en général dans un climat serein, et les décisions sont prises avec un formalisme minimal ; le vote par scrutin n'est pratiquement jamais demandé et le « *quorum* », c'est-à-dire la présence de la majorité des commissaires, est très rarement invoqué. Le travail préparatoire du rapporteur, ainsi que les délibérations de la commission sont synthétisés dans un rapport mis en distribution avant le débat public, qui constitue le principal instrument de travail des parlementaires et qui contient :- une analyse globale du texte, de sa place dans la législation qu'il modifie et des comparaisons internationales qu'il suggère, ainsi qu'un jugement politique d'ensemble; - un tableau comparatif dans lequel apparaissent, en colonnes juxtaposées, la législation applicable avant l'intervention du projet, le texte du projet initial et les amendements adoptés par la commission ; le *« sommier »*, recueil des amendements non adoptés par la commission ; le cas échéant, deux annexes d'information : l'une sur le droit européen applicable ou en cours d'élaboration et rappelant les positions prises par l'Assemblée par voie de résolution ; l'autre établissant la liste des textes susceptibles d'être abrogés ou modifiés à l'occasion de l'examen de la nouvelle législation[57].

Une fois le budget examiné, s'ensuit la procédure de son adoption.

2. La procédure d'adoption budgétaire

Le droit communautaire CEMAC a reconduit, en le renforçant, les pouvoirs des parlements nationaux dans la phase d'adoption du budget (a), même si les procédures à cet effet ont connu quelques révisions (b).

a- La solidification du cadre organique d'adoption budgétaire

Il convient avant tout de préciser que la procédure d'adoption du budget de l'État n'a pas été modifiée par le cadre harmonisé de gestion des finances publiques. Elle demeure régie et encadrée par les différentes constitutions nationales qui en fixent les contraintes temporelles et en définissent les organes compétents[58]. Selon la constitution congolaise par exemple, la loi de finances est adoptée par le Parlement et si les délais d'adoption ne sont pas respectés, une ordonnance est prise en Conseil des ministres[59]. Cela étant, l'adoption des directives communautaires a eu, pour effet de reconnaître aux Parlements nationaux, un véritable pouvoir budgétaire. Alors que l'adoption de la loi de finances « *relevait davantage de la ratification que de*

---

[57]*Ibid.*, pp. 13-17.

[58] MOYEN (G.), « La procédure budgétaire dans les États d'Afrique francophone : cas du Congo, du Bénin et du Burkina-Faso », *Annales des Sciences juridiques et politiques* 14, n° 3, 2013, pp. 48-70. 56

[59] DZOUMA-NGUELET (H-M), « La réception de la directive CEMAC dans le droit financier congolais », *Annales des Sciences juridiques et politiques* 14, n°3, 13 juillet 2016, p. 27.

l'autorisation budgétaire[60] », la directive relative aux lois de finances est venue renforcer l'importance du vote parlementaire en établissant le droit d'amendement par les parlementaires.

b- La révision des procédures d'adoption budgétaire

L'adoption des budgets a connu, sous l'impulsion des normes communautaires, quelques révisions s'agissant aussi bien du dépôt des projets de loi de finances que de leur élaboration.

Au sujet du premier point, il est nécessaire de mentionner que, selon l'article 39 de la directive CEMAC relative aux lois de finances, le projet de loi de finances de l'année, y compris le rapport et les annexes explicatives prévus à l'article 47 ci-dessous, est déposé sur le bureau du parlement 15 jours avant l'ouverture de la session budgétaire, sauf disposition constitutionnelle contraire. Lorsque le projet de loi de finances n'a pu être déposé en temps utile pour que le parlement dispose avant la fin de la session budgétaire de l'entier délai prévu à l'alinéa précédent, cette session est immédiatement (et de plein droit) suivie d'une session extraordinaire dont la durée est au plus égale au temps nécessaire pour parfaire ledit délai[61].

Lors du dépôt du projet de loi de finances (PLF), le gouvernement devra transmettre davantage d'informations notamment, pour ne citer que deux exemples marquants : - une présentation à structure constante du PLF ; - une présentation en deux sections fonctionnement/ investissement des dépenses et des recettes de l'État.

De même, il faut améliorer l'information du parlement sur la situation financière et patrimoniale de l'État. C'est-à-dire, au-delà du budget de l'année, il faut disposer d'informations sur le bilan de l'État en actif comme en passif. De ce point de vue, la Cour des comptes est investie d'une nouvelle mission de certification des comptes de l'État. On est loin cependant encore d'une véritable comptabilité patrimoniale.

Les directives prévoient les dates limites du dépôt du projet de loi de finances et de son adoption par le Parlement, les contraintes qui pèsent sur les possibilités d'amendement du projet de loi et les moyens de droits par lesquels les dépenses et les recettes peuvent être exécutées dans le cas où le vote de la loi de finances n'a pu intervenir avant le début de l'année (articles 58 UEMOA et 53 CEMAC). Le projet de loi de finances de l'année ... est déposé sur le bureau du Parlement au plus tard le jour de l'ouverture de la session budgétaire (UEMOA) ; 15 jours avant l'ouverture de la session budgétaire (CEMAC), ... Lorsque le projet de loi de finances a été déposé dans les délais sur le bureau

---

60 Conseil constitutionnel, 25 juillet 2001, n°2001-448 DC. Par cette décision adoptée à l'occasion de son examen de la loi organique relative aux lois de finances de 2001, le Conseil constitutionnel français apporte des précisions sur le principe de sincérité.

61 L'art. 39 de la directive CEMAC de 2008 relative aux lois de finances.

du Parlement, il doit être adopté au plus tard à la date de clôture de la session budgétaire. À défaut, il peut être adopté par ordonnance.

Sur le second point de l'adoption des projets de loi de finances, précisons que, tout comme le dépôt du projet, l'adoption de la loi de finances est également encadrée par un délai qui nécessite un respect rigoureux par les acteurs en charge de son adoption. La directive de la CEMAC relative aux lois de finances énonce en son article 53 alinéa 3 que : *« le parlement doit se prononcer sur ce projet de loi de finances au plus tard avant la clôture de la session budgétaire. À défaut, il peut être mis en vigueur par ordonnance »*. Ce délai n'apparait pas clairement dans la constitution camerounaise du 18 janvier 1996. Son article 30 alinéa C1 précise que : « *L'Assemblée Nationale, après délibération, adopte le texte à la majorité absolue des Députés. Le texte adopté définitivement par l'Assemblée Nationale est transmis au Président de la République pour promulgation.* » Par contre, ce délai apparait clairement dans la constitution gabonaise en son article 69 : « *La chambre de représentants du peuple se réunit de plein droit le premier jour ouvrable trente jours à partir de la date de promulgation des résultats du vote.* » La loi organique de 2014 prévoit plutôt un délai de 45 jours pour le dépôt de projet des lois de finances au bureau du parlement. Elle précise que le projet de loi de finances de l'année, y compris les documents l'accompagnant prévus aux articles 12 et 13 de la présente loi, est déposé par le gouvernement sur le bureau de l'Assemblée nationale au plus tard quarante-cinq jours après l'ouverture de la seconde session ordinaire.

La loi de finances Tchadienne de 2022 n'a pas manqué d'insister quant au respect de ce délai prescrit lorsqu'elle énonce : *« Après l'adoption définitive du Projet de Loi de finances, arrive la promulgation de ladite loi par le Président de la République qui consiste à apposer sa signature sur le projet de Loi. Ainsi, pour l'année 2022, le Projet de Loi de finances a été signé le 31 décembre 2021 par le Président du Conseil Militaire de Transition du Tchad, MAHAMAT IDRISS DEBY ITNO, Président de la République, Chef de l'État*[62] *»*.

L'adoption du projet de loi constitue le moment ultime pour les députés, car cette adoption donne l'autorisation au gouvernement d'exécuter sa politique budgétaire. Ainsi, les recettes et les dépenses font l'objet d'un vote par chapitre, tandis que pour les comptes spéciaux et les budgets annexes, le vote se fait par catégorie de compte spécial et par budget annexe de façon globale. L'adoption du projet de loi se fait article par article. Le Président de l'Assemblée nationale donne la parole au Président de la Commission des Finances et du Budget pour présenter le budget pour adoption en respectant les dispositions ci-dessus citées. L'adoption commence par le tableau des recettes, ensuite le tableau des dépenses, puis les comptes spéciaux du Trésor

[62] Loi de finances 2022 de la République du Tchad.

et les budgets annexes et enfin le projet de loi article par article[63]. Après l'adoption du projet de loi, chaque groupe parlementaire fait sa déclaration, soit pour apporter son soutien à la loi (majorité), soit pour évoquer des réserves, voire la critiquer (opposition).

De ce qui précède, il ressort que les normes communautaires CEMAC activent le processus d'intégration en harmonisant la constitution formelle procédurale des budgets nationaux. L'intention du législateur CEMAC est donc loin d'être négligeable, lui qui veille également à ce qu'il y ait une certaine cohérence au niveau du mécanisme du contrôle budgétaire.

II. LA COHÉRENCE DU CONTRÔLE BUDGÉTAIRE

Le budget de l'État détermine, pour un exercice budgétaire, la nature, le moment et l'affectation de ses recettes et de ses dépenses, ainsi que le solde budgétaire qui en résulte et les modalités de son financement. Il est le cadre par excellence (A) de l'exercice du triple contrôle tel qu'institué par le droit communautaire CEMAC (B).

A. L'arrimage du champ d'application du contrôle

Le droit CEMAC définit en les arrimant, les éléments constitutifs du budget, objet du contrôle amélioré. Ces éléments se rapportent aussi bien aux recettes (1) qu'aux dépenses (2).

1. L'arrimage des recettes budgétaires

D'après la Directive CEMAC relative aux Lois de Finances, les recettes budgétaires de l'État sont fiscales et non fiscales[64]. Mais le dire serait de nature à occulter certaines modifications apportées à la composition des recettes fiscales, surtout pour ce qui est de la TVA et des droits douaniers, à la suite desquels les normes communautaires CEMAC se sont efforcées de construire des bases communes à tous les États membres.

D'une part pour ce qui est de la TVA, l'harmonisation passe par la généralisation du champ d'application de l'impôt, avec des exonérations strictement limitées. La Directive retient un champ d'application large de la TVA.

---

63 ASSEMBLÉE PARLEMENTAIRE DE LA FRANCOPHONIE, Actes du séminaire parlementaire le travail et le rôle du parlementaire en coopération avec l'agence intergouvernementale de la francophonie, Niamey– Niger, 24 au 26 octobre 2000, p. 54.

64 Aux termes de l'article 12 de la Directive relative aux Lois de Finances, les recettes budgétaires de l'État comprennent : les recettes fiscales comprenant les impôts, les taxes, droits et autres transferts obligatoires autres que les cotisations de sécurité sociales, les dons et legs et les fonds de concours, les cotisations sociales et les autres recettes comprenant les revenus de la propriété, les ventes de biens et services, les amendes, pénalités et confiscations, les transferts volontaires autres que les dons et les recettes diverses.

Dans ce sens, la notion d'activité économique est mise à contribution pour étendre le champ d'application de la TVA. On peut lire : « *sont soumises à la Taxe sur la Valeur Ajoutée (TVA) les opérations faites par des personnes physiques ou morales, relevant d'une activité économique* ». Soucieux de garantir la neutralité de la TVA dans les États membres, les auteurs de la Directive ont appréhendé de manière large la notion d'activité économique en y incluant « *notamment* » plusieurs types d'activités[65]. Après avoir fixé les différentes opérations imposables, la Directive consacre quelques articles et annexes aux exonérations. Contrairement à l'interprétation large des opérations imposables, la liste des exonérations est quant à elle exhaustive. En schématisant, cette liste tient compte des préoccupations socio-économiques des États membres.

Par ailleurs, afin de mieux marquer sa primauté sur les normes nationales, qu'elles soient administratives, législatives ou même constitutionnelles, la Directive de la CEMAC sur la TVA indique qu'en dehors des biens et services visés par elle, « *les États membres n'accordent pas d'autres exonérations ou exemptions de la Taxe sur la Valeur Ajoutée* »[66]. Deux exemples permettent de mettre en exergue ce laminage de la compétence fiscale des États membres en matière d'exonération. En effet, la loi congolaise sur la TVA adoptée en 1997 était muette sur l'imposition ou non à la TVA des opérations liées au trafic international. Or, d'après l'article 614 de la Directive de la CEMAC susvisée, ces opérations[67] sont exonérées de TVA. Pour se conformer à ce dispositif communautaire, le législateur congolais a été dans l'obligation d'apporter à l'ancien article 7 de la loi sur la TVA des modifications en y ajoutant, via la loi de finances pour l'exercice 2005, le principe de l'exonération de ces opérations. De même, afin de respecter la législation communautaire, les autorités camerounaises ont, par la loi de finances pour l'exercice 2005, procédé à la suppression des exonérations de TVA sur le

[65] On cite les importations ; les livraisons de biens faites à des tiers ou les livraisons à soi-même ; les prestations de service à des tiers et les prestations de service à soi-même ; les ventes d'articles d'occasion faites par des professionnels ; les cessions d'éléments d'actif non compris dans la liste des biens exonérés visés à l'article 241 du Code des Douanes de la CEMAC (modifié par les Actes n° 2/92-UDEAC-556-CD-SE1 du 30 avril 1992 et 2/92-UDEAC-1508-CD-61 du 21 juillet 1998) ; les locations de terrains non aménagés et de locaux nus effectuées par des professionnels de l'immobilier ; les subventions à caractère commercial quelle qu'en soit la nature, perçue par les assujettis à raison de leur activité imposable ; les revenus de prêts et les abandons de créance ; le raffinage, la distribution et la mise à la consommation des produits pétroliers, à l'exclusion de la revente au détail de ces produits (encore qu'il est permis aux États de ne pas opérer cette exclusion notamment en absence de taxation spécifique) ; les remboursements de frais engagés par un fournisseur pour le compte de son client autre que ceux refacturés au franc le franc ; et généralement, toutes opérations qui ne seraient pas expressément exclues du champ d'application par la Directive.

[66] Art. 6 al. 1 de la Directive CEMAC du 17 décembre 1999 portant harmonisation des législations des États membres en matière de TVA et des Droits d'Accises.

[67] Articles 158 et suivant du Code des Douanes de la CEMAC.

poisson congelé et le matériel informatique, non prévues par la directive de la CEMAC sur la TVA.

En clair, l'objectif du Traité CEMAC étant d'établir un marché commun comportant une saine concurrence, il s'impose l'établissement de taxes sur le chiffre d'affaires ne faussant pas les conditions de concurrence et n'entravant pas la liberté de circulation. C'est dans cette logique qu'ont été harmonisés la taxe sur la valeur ajoutée (TVA) et les droits d'assise. S'inscrivant dans la volonté de mettre en place un système qui garantisse *« la totale neutralité des fiscalités indirectes en ce qui concerne les échanges commerciaux entre les pays de la communauté »*, le système commun de TVA s'applique à l'ensemble des activités économiques exercées sur le territoire de la CEMAC composé par les différents États membres dont elle constitue par ailleurs la principale ressource budgétaire.

D'autre part, l'uniformisation des tarifs douaniers dans la zone de la CEMAC est également perceptible. Ainsi, dans le but d'accroître les activités commerciales régionales, il a été instauré une zone commerciale entre les pays de la CEMAC, caractérisée par la libre circulation des biens et services, des personnes et des capitaux, ainsi que par une création du marché commun et le soutien du développement économique de ses membres en harmonisant les politiques de développement, dont la politique fiscale. L'établissement d'une union douanière opérationnelle entre les différents États a été envisagé. Elle vise également à rendre la zone plus attractive tant en termes de marché que du point de vue des opportunités de rentabilisation des investissements. Les entreprises établies dans la zone disposent de ce fait, en lieu et place des marchés nationaux étroits et cloisonnés, d'un marché élargi de 42 millions de consommateurs, sur lequel la même monnaie, le franc CFA a cours légal et où elles pourront écouler librement et à des conditions préférentielles, leurs productions. Elles pourront également réaliser des économies d'échelle, réduire leurs coûts de production, renforcer leur compétitivité et les populations achèteront à des prix raisonnables.

Pour assurer la libre circulation des marchandises, il fallait d'abord abolir les droits de douane entre les États membres, la démarche emprunta un calendrier de réductions tarifaires graduelles qui aboutit à leur disparition complète au premier juillet 1968. Simultanément, la Communauté mit en place un tarif douanier commun, que les administrations nationales ont pour mission de recouvrer aux frontières extérieures de la Communauté pour le reverser au budget de celle-ci dont il constitue une ressource propre. La Communauté étant membre du GATT (Accord général sur les tarifs douaniers et le commerce) puis de l'Organisation mondiale du commerce (OMC), ce tarif extérieur commun ne doit pas être discriminatoire à l'égard des États membres de ces institutions. Ce tarif diminue par conséquent au fil des accords successifs qui caractérisent l'évolution du commerce international[68].

Si les règles douanières communes n'ont pas été élaborées sans difficulté, il est notable d'observer que l'Union douanière apparait aujourd'hui comme l'un des édifices les plus avancés dans le cadre de la CEMAC du fait de l'existence d'un véritable droit douanier communautaire constitué par une série de directives et actes adoptés par le Conseil des ministres. Cette législation douanière commune repose sur un tarif préférentiel généralisé (T.P.G), un tarif extérieur commun (TEC) et une taxe communautaire d'intégration ayant pour objet d'abonder le budget de la Communauté[69].

En effet, l'objectif de la réalisation d'un marché commun a amené les États membres de la CEMAC à instaurer un tarif préférentiel généralisé (T.P.G) à tous les produits originaires de la zone. Établi par l'Acte n°7/9-UDEAC-556-CD-SEI adopté le 23 juin 1993 pour remplacer la « Taxe unique » mise en place pour favoriser le développement industriel de la sous-région, le T.P.G traduit la volonté des États membres de *« promouvoir les échanges intra régionaux, face à la préférence sur les prix des industriels de la sous-région à ceux des pays tiers »*[70]. Contrairement à la Taxe unique qui n'était octroyée qu'au terme d'une procédure d'agrément, ce tarif préférentiel généralisé s'applique directement. Le Tarif extérieur commun (TEC) quant à lui, est une égalisation des charges douanières imposées aux produits importés des pays tiers à l'intérieur du territoire de l'Union. Impliquant une application uniforme dans l'ensemble de la Communauté, celui-ci est venu se substituer aux tarifs douaniers nationaux préexistants des États membres à travers l'adoption de mesures de réception à valeur législative dans leurs ordres internes respectifs[71]. Précisons que le TEC initialement établi par l'Acte n°5/94-UDEAC-556-CD-56 du 19 décembre 1993, a fait l'objet de plusieurs révisions. Le tarif extérieur commun actuellement en vigueur est celui adopté sur la base de la septième édition (2022) de la *« Nomenclature du Système harmonisé » de l'Organisation mondiale des douanes*[72]. Soulignons enfin que pour doter la Communauté de ressources suffisantes pour le fonctionnement de ses institutions et l'approvisionnement de son Fonds de développement

---

[68] GROSCLAUDE (J.) MARCHESSOU (Ph.), *Droit fiscal général*, Dalloz, Paris, 11e édition, 672 p.

[69] *Idem.*

[70] Acte n°7/9-UDEAC-556-CD-SEI du 23 juin 1993, p. 1.

[71] Cameroun, ordonnance du 24 janvier 1994 ; Congo, loi de finances du 1er avril 1994 ; Gabon, loi de finances du 1er févier 1994 ; Guinée équatoriale, loi du 06 juin 1994 ; RCA, loi de finances, 23 mars 1994 ; Tchad, loi du 1er mai 1994.

[72] Le Système harmonisé sert de base aux tarifs douaniers appliqués par 158 États parties à la convention sur le Système harmonisé. Adoptée le 17 janvier 2020, la septième édition de la Nomenclature dudit Système entrera en vigueur le 1er janvier 2022. Cité par ONDONGO (S-A). « La communautarisation de la politique budgétaire en zone CEMAC ». *Revue Cahiers africains de droit international, CADI*, 2021, 016, pp. 5-58.

(FODEC) dont l'objet est de financer les projets intégrateurs, il a été mis en place une taxe communautaire d'intégration (TCI) par Acte additionnel n°3/00/CEMAC-046-CM 05 modifié par l'Acte additionnel n°3/00/CEMAC-0466CE du 8 décembre 2001. Actuellement régie par l'Acte additionnel n°01/CEMAC-046-CCE du 26 février 2016 portant réaménagement du mécanisme autonome de financement de la communauté, cette taxe est fixée au taux de 1% de la valeur des marchandises en provenance des pays tiers[73].

Le tarif des douanes en vigueur est celui adopté par le Cameroun en 1994. Cette réforme comprend : le Droit de Douane (DD), la Surtaxe Temporaire (ST), le Tarif Préférentiel Généralisé (TPG) sur les échanges intra régionaux, le Tarif Extérieur Commun (TEC). L'un des acquis essentiels des précédentes réformes est l'uniformisation de la base de taxation et la réduction du nombre total de taux appliqués. Seuls les produits pétroliers restent taxés sur la base des valeurs mercuriales. Dans le cadre de la CEMAC, un traitement particulier est réservé aux produits originaires de l'union : la TGP. Dans ce système, il est appliqué, aux produits industriels ou originaires agréés, une taxe préférentielle dont le taux correspond à celui du droit commun réduit de 60%, et ceux originaires non agréés, leur taux étant celui du droit commun réduit de 5%. Dans le cadre de l'entrée en vigueur du TEC, les taux ont subi des modifications pour les années 2001 et 2003. Le rendement des droits de douane et autres était de 296 milliards de FCFA en 2004 contre 269 milliards de FCFA en 2003. Il faut noter que ce rendement est en nette progression depuis les années 2000. Dans les pays de la CEMAC, la fiscalité de porte a un objectif de rendement financier plutôt que de poursuite d'objectifs économiques[74].

2. L'arrimage des dépenses budgétaires

La directive de 2011 portant loi de finances de la zone CEMAC, énumère plusieurs types des dépenses à inscrire au tableau prévisionnel de budget d'un État. Il s'agit d'abord des dépenses liées aux charges financières de la dette et les dépenses de personnel. Ensuite les dépenses des biens et services plus celles de transfert et enfin les dépenses d'investissement et autres[75].

Tout d'abord, les charges de la dette de l'État comprennent entre autres, selon la directive de 2008 de la CEMAC relative aux lois de finances des États membres, les intérêts de la dette financière négociables et les intérêts de la dette non financière et les charges financières diverses. S'agissant des dépenses de personnel, elles sont constitutives des rémunérations d'activité,

---

[73] ONDONGO (S-A). « La communautarisation de la politique budgétaire en zone CEMAC ». *Revue Cahiers africains de droit international, CADI*, 2021, 016, pp. 5-58.

[74] NGONGANG (E.), *Efficacité des réformes sur le rendement fiscal en Afrique centrale : le cas spécifique du Cameroun, op. cit*, p. 43.

[75] Art 15 de la directive de 2011 de la CEMAC relative aux lois de finances.

des cotisations et contributions sociales, des prestations sociales et allocutions diverses[76].

Ensuite, les dépenses de transfert retracent les transferts aux ménages et les transferts aux entreprises d'une part et les transferts aux collectivités territoriales et les transferts aux autres collectivités tout comme les appels en garantie. En sus de ressources humaines, la permanence de l'activité étatique nécessite l'utilisation de plusieurs biens d'une part et le recours à certains services d'autre part. Par ailleurs, il arrive très souvent que l'État, dans le fonctionnement normal de ses services financiers, collecte par erreur certaines recettes qu'il sera tenu de rembourser, soit suite à une réclamation de l'usager concerné, soit lorsque les services techniques y afférents s'en aperçoivent. L'achat desdits biens, l'acquisition des services sus-évoqués et le remboursement de ces recettes mal recouvrées sont constitutifs d'importantes dépenses publiques regroupées sous l'appellation de 'dépenses des biens et services'. Une partie très importante de ces dépenses est aussi consacrée à l'entretien courant des immeubles, des routes et des biens acquis. Car, exposées à l'usure du temps, ces infrastructures se détériorent plus ou moins vite et appellent à leur réfection lorsque cela est encore possible. Et, dans le cas contraire, de nouvelles commandes sont faites en vue de l'acquisition des biens et services neufs. Au rang des dépenses de transfert, l'article 28 du régime financier de l'État et des autres entités publiques fait mention particulière et même pléonastique des subventions et transfert. Il s'agit, pour le second cas, des dépenses que l'État camerounais effectue en vue de s'acquitter des contributions relatives à son appartenance à telle ou telle organisation internationale.

Enfin, les dépenses de transfert sont relatives à celles des dépenses pour immobilisations corporelles de l'État puis celles des dépenses pour immobilisations incorporelles de l'État.

Les autres dépenses concernent les dépenses d'opérations financières regorgeant les prêts et avances, les dotations en fonds propres puis les dépenses de participation financière. L'harmonisation des codes des investissements en Afrique centrale prend corps dès 1960, à la suite de la création de l'Union Douanière Équatoriale (UDE). En décembre 1964, lorsque les États membres de l'UDE et la République fédérale du Cameroun ont décidé de se réunir pour fonder l'UDEAC, ils jugèrent également opportun de pérenniser cette action harmonisatrice. Ainsi, le Traité de Brazzaville avait prévu que le Comité de Direction préparerait et soumettrait au Conseil des Chefs d'État, avant le 1er juillet 1965, un projet de Code-cadre régissant les conditions fiscales, financières et économiques d'installation des entreprises prioritaires ou conventionnées opérant sur le marché de l'Union. En application de ces

[76] L'article 6 de la directive CEMAC de 2011 portant Code de transparence et de bonne gouvernance.

dispositions, et à la suite d'un travail acharné effectué par le Comité de Direction le 14 décembre 1965, fut adoptée la Convention commune sur les investissements[77] dans les États de l'UDEAC. Cette Convention fut mise à jour par l'Acte n° 3/79-UDEAC-292 du 12 décembre 1979. L'objet de ces lignes n'est pas de recenser toutes les mesures contenues dans cette Convention-cadre[78] destinées à attirer les investisseurs privés. Ce qui importe, c'est de montrer que par le biais de ladite Convention, les instances décisionnelles de l'UDEAC entendaient amputer la compétence des parlements nationaux en matière de fiscalité de développement. D'ailleurs, l'article 46 du Traité de Brazzaville de 1964 précisait que les dispositions des codes nationaux telles qu'elles ont été soumises au Comité de direction et, le cas échéant, harmonisées selon ses directives, ne pouvaient plus être modifiées unilatéralement. Au-delà de quelques dispositions générales qui amputent la compétence fiscale des États membres, une attention particulière sera accordée à celles touchant aux Conventions d'établissement. À titre d'illustration, le code des investissements Equato-Guinéen prévoit dans la même lancée plusieurs avantages réservés aux entreprises dont le projet a été approuvé sur une période pouvant aller jusqu'à 18 ans. Il y est prévu que les entreprises qui créent de nouveaux emplois bénéficient dans le calcul du revenu annuel imposable d'une réduction de la base imposable pouvant atteindre les 50% des salaires versés aux employés nationaux durant l'exercice. Et dans le cas de dépenses de formation liées au renforcement des compétences professionnelles locales, elles peuvent bénéficier d'une réduction de l'impôt sur le revenu pouvant atteindre 200% des dépenses engagées[79].

Au total, le droit communautaire CEMAC procède de manière progressive à l'arrimage des budgets nationaux dans l'optique de réaliser l'idéal du marché commun qui rentre parmi ses objectifs impérieux. Les éléments des budgets nationaux ainsi présentés constituent le champ d'application des moyens de contrôle visiblement réformés.

B. La réformation des moyens de contrôle

Aux termes de l'article 69 de la Directive relative aux Lois de finances, les opérations relatives à l'exécution des lois de finances sont soumises à un triple

---

77 Acte n° 18/65-UDEAC-15.

78 DONGMO (S.), *Les mesures fiscales aux fins d'incitation à l'investissement : leur harmonisation au sein de l'U.D.E.A.C.*, Mémoire de DES, Paris 1, 1975, 172 pages ; DEGOTEAU-KEITA (C.), *Le régime juridique des investissements étrangers dans l'UDEAC*, Mémoire de l'Institut des Hautes Études Internationales (IHEI), Paris 2, 1979, 113 pages ; DEFOUNDOUX-FILA (H.), *Essai sur les politiques et techniques d'attraction des capitaux dans les États de l'UDEAC*, Thèse de Doctorat 3e cycle, Poitiers, 1980.

79 MEMPHIL NDI (P.), *Attractivité économique des investissements directs étrangers en harmonisation des instruments et règles internationales*, Thèse de Doctorat, 21 octobre 2015, p. 136.

contrôle, parlementaire, administratif et juridictionnel. Il ressort de là que la norme communautaire aménage un double mécanisme non juridictionnel (1) et juridictionnel (2) du contrôle de l'exécution des budgets nationaux.

1. La prolifération des moyens non juridictionnels du contrôle

Au plan non juridictionnel, le droit CEMAC aménage un contrôle binaire des budgets nationaux à savoir parlementaire et administratif. Pour ne s'attarder que sur le premier cas[80], indiquons que ce type de contrôle se traduit tout d'abord par l'amélioration de l'information parlementaire. Le gouvernement a l'obligation de fournir au Parlement chaque année au moment de la session budgétaire, en vue de l'examen du projet de loi de finances de l'année, des informations sur l'évolution de l'économie nationale, les orientations des finances publiques et le développement des grands projets d'investissement.[81]

Par ailleurs, l'exécution du budget de l'État à mi-parcours fait l'objet d'une information écrite fournie au Parlement par le gouvernement au plus tard le 30 septembre de l'année courante. En plus, de nombreux documents à valeur informative doivent être joints au projet de loi de finances de l'année[82].

L'institution d'un rapporteur général pour les recettes et des rapporteurs spéciaux chargés des dépenses publiques vise à donner plus de visibilité au contrôle parlementaire. Le rapporteur général adresse au mois de septembre un questionnaire sur les dépenses qui entrent dans le cadre de sa compétence. Les réponses doivent lui être fournies par l'autorité destinataire du questionnaire au plus tard huit (8) jours avant la date de dépôt du projet de loi de finances de l'année. À défaut, l'autorité destinataire peut faire l'objet d'une observation de la part de l'assemblée à laquelle il appartient[83]. Quant aux rapporteurs spéciaux, ils disposent d'un pouvoir de contrôle sur place et sur pièces, aucun document ne peut leur être refusé, réserve faite des sujets à caractère secret touchant à la défense nationale, au secret de l'instruction et au secret médical.

---

[80] En effet, le contrôle administratif comprend, selon les termes de l'article 71 de la Directive de 2011 sur les lois de finances : le contrôle hiérarchique de l'administration sur ses agents, qui le cas échéant peut s'exercer dans un cadre disciplinaire ; le contrôle interne qui regroupe l'ensemble des procédures et méthodes permettant au responsable d'un service de s'assurer du bon fonctionnement de celui-ci et notamment de la bonne maitrise des risques ; le contrôle exercé par les inspections et corps de contrôle, y compris celui de l'inspection des finances qui peut s'exercer sur les services budgétaires et financiers de l'ensemble des ministères et enfin, le contrôle financier et comptable tel que défini aux articles 61 et 63 de la même directive.

[81] Loi de 2007, art 35.

[82] Lire à ce sujet l'article 36 de la loi n° 2007/006 du 26 décembre 2007, portant régime financier de l'État.

[83] Art. 37.

Dans ses prérogatives de contrôle, le Parlement peut aussi désigner des commissions d'enquête sur un sujet intéressant les finances publiques sur une période de six (6) mois renouvelables. Elles disposent de pouvoirs exercés dans les conditions prévues par la loi et peuvent se faire assister par des personnes de leur choix et procéder à des auditions. À l'exception toutefois du Président de la République. Elles sont obligées de transmettre aux autorités judiciaires tout fait susceptible d'entraîner une sanction pénale dont elles auraient connaissance, et saisir aussi dans la mesure du possible l'organe chargé de la discipline budgétaire.[84]

Il faut enfin souligner que la loi de règlement a acquis avec le nouveau régime un véritable statut de loi de finances au même titre que la loi de finances de l'année et la loi de finances rectificative. Elle est devenue un véritable baromètre de l'activité financière de l'État. Elle est précédée du dépôt d'un projet de loi de règlement et ses annexes et doit intervenir au plus tard le 30 septembre de l'année suivant celle de l'exercice auquel il se rapporte. Elle comporte en outre toutes les dispositions relatives à l'information et au contrôle parlementaire, sur la gestion des finances publiques, à la comptabilité de l'État au régime de la responsabilité pécuniaire des agents de service public[85].

En clair, le contrôle parlementaire constitue, avec le contrôle administratif, les formes de contrôle non juridictionnel prévues par les normes communautaires et désormais reçues par les législations nationales. Pour une efficacité de la transparence budgétaire, celles-ci sont complétées par les moyens juridictionnels de contrôle.

2. La démultiplication des moyens juridictionnels de contrôle

Le mécanisme juridictionnel du contrôle budgétaire voit apparaitre les juridictions communautaires (b) aux côtés des celles nationales (a).

a- L'intervention des juridictions nationales

Au plan national, on assiste d'abord à la substitution du législateur par le juge en matière financière dès lors qu'un vide juridique est constaté. La répartition jurisprudentielle du contentieux d'imposition entre le juge administratif et le juge judiciaire a pour raison d'être le mutisme du législateur[86]. À cet effet, la jurisprudence administrative camerounaise affirme de manière constante la compétence du juge administratif en matière d'imposition directe. Dans un arrêt du 10 décembre 1974[87], le conseil du

[84] Art 71.
[85] Art 20 (3).
[86] FERMOSE (J.), *Le juge fiscal camerounais*, Mémoire en vue de l'obtention du Master Droit public, Université de Ngaoundéré, 2012-2013, p28.
[87] CCA, arrêt n° 324 du 1O décembre 1974, société Destotour et chefflanjon c/ Administration du territoire.

contentieux administratif sans viser un quelconque texte législatif ou réglementaire affirme sa compétence en matière fiscale. L'affaire SIEWE André[88] le confirme davantage. À travers cet article, le juge supplée la loi et le rôle créateur de la jurisprudence est alors accentué et sa concurrence face aux parlementaires affirmés. De plus, la loi dans sa rédaction ne peut envisager tous les cas d'espèce. C'est alors qu'intervient la jurisprudence. Ainsi, le juge devient, par substitution aux parlementaires, un créateur de la loi. Cet état de choses est de notoriété publique. D'ailleurs, Stéphane RIALS constate à ce sujet : « *qu'il est admis partout que la juris-dictio ne saurait se borner à la legis-dictio* »[89]. En matière financière, ce processus de conception normative semble récurrent. En effet, le juge financier se pose souvent en jurislateur financier en concevant des normes applicables en la matière. Il contribue à la fabrication des normes lors de sa diction du droit pendant la solution d'un litige.

De plus, on n'est pas loin de percevoir la concurrence instituée par la Chambre des comptes. Au Cameroun, en effet, les comptes des comptables publics sont contrôlés et jugés par la Chambre des comptes rattachée à la Cour suprême. Cette Cour en France – et Chambre au Cameroun – juge non seulement les comptes des comptables, mais prononce également des sanctions à l'égard des ordonnateurs, auteurs d'irrégularités. La juridiction des comptes informe-t-elle vraiment bien le Parlement pour l'aider à exercer sa mission de contrôle ou cherche-t-elle à influencer ce contrôle dans le sens souhaité par elle ? Il se pose exactement, en l'occurrence, le problème des rapports entre le contrôle exercé par le juge financier et le contrôle exercé par les représentants du peuple, pour savoir s'il y est question d'une complémentarité ou d'une concurrence. Certes, la complémentarité y est, car de par sa mission d'assistance, la Cour des comptes aide le Parlement dans le contrôle de l'action gouvernementale. Toutefois, la concurrence est aussi plausible, car, comme le dit Robert HERZTOG : « *le contrôle assuré en partie par le parlement l'est aussi par la Cour des comptes* »[90].

b- L'irruption des juridictions communautaires

Au plan communautaire, c'est la convention régissant la Cour des comptes communautaire qui précise l'organisation et les compétences de cette juridiction. Déjà, aux termes de l'article 73 de la Directive relative aux lois de finances, il est énoncé que « *dans l'exercice de ses missions, la Cour des comptes de chaque État-membre peut au besoin solliciter de l'assistance de la Cour des comptes de la Communauté Economique et Monétaire...* ».

---

[88] CCA, décision n°335 du 15 mars 1995, SIEWE ANDRE c/Administration du territoire.

[89] Cité par BILOUNGA (S-T), « la diction du droit public financier », *op.cit.,* p.16.

[90] HERTZOG (R.), « La mutation des finances publiques : manifeste pour une discipline rajeunie ! », *RFFP*, n° 79, 2002, p. 265.

D'une manière générale, la Cour des comptes de la Communauté est chargée du contrôle juridictionnel des comptes des comptables de la Communauté et s'assure de la bonne gestion des ressources financières des Institutions, Organes et Institutions Spécialisés de la Communauté, à l'exception de ceux dont les Conventions ou Statuts en disposent autrement[91].

CONCLUSION

En définitive, le droit communautaire CEMAC, composite constitué d'un droit primaire et dérivé sans cesse mutant, se présente comme un vecteur important de l'intégration budgétaire des États membres qui constituent la Communauté. À la vérité, il donne un contenu juridique à la notion même de budgets nationaux, tout en soulignant à la fois la spécificité de sa nature juridique, les caractères permanents que l'on retrouve à travers les définitions successives que les textes ont données. C'est également lui qui retrace les évolutions que les textes ont consacrées et qui se traduisent par une distinction entre le budget et les lois de finances. Ce sont les mêmes textes qui renseignent à suffisance sur la dimension politique du budget, lorsqu'ils définissent les compétences des différents acteurs impliqués dans le processus d'élaboration du budget. En clair, la logique intégrative qu'il promeut au plan budgétaire l'incite, au travers des réformes opérées au début des années 2010, à assurer une harmonie ainsi qu'une cohérence des budgets nationaux. Il ne reste donc plus qu'à espérer que le projet de paix perpétuelle entre les nations, tant chéri par Emmanuel Kant trouve, dans la pratique institutionnelle des États membres de cette Communauté, un écho retentissant.

RÉFÉRENCES BIBLIOGRAPHIQUES

AMOR (A.), « La perméabilité juridique entre l'ordre international et l'ordre constitutionnel », in *L'internationalisation du droit constitutionnel*, *RCAIDC*, vol. XVI, Tunis, 2007, pp. 95-124.

ASSEMBLÉE PARLEMENTAIRE DE LA FRANCOPHONIE, *Actes du séminaire parlementaire : le travail et le rôle du parlementaire en coopération avec l'agence intergouvernementale de la francophonie*, Niamey-Niger, 24 au 26 octobre 2000, 179 p.

BELAID (S.), « Droit international et droit constitutionnel : les développements récents », *in BEN ARCHOUR (R.), LAGHMANI (S.), Droit international et droits internes, développements récents,* Colloque des 16-17-18 avril 1998, A. Pedone, Paris, pp. 47-79.

BERRAMDANE (A.), *La hiérarchie des droits. Droits internes et droits européen et international*, L'Harmattan, Paris, coll. « Logiques juridiques », 2002, 276 p.

[91] Convention régissant la Cour des Comptes communautaires, Art. 3.

BOUHADANA, *Les commissions des finances des assemblées parlementaires en France*, LGDJ, Paris, 2007, 420 p.

BOULEY (D.), « Les standards internationaux de la bonne gouvernance selon le FMI », *in* BOUVIER (M.) (dir), *La bonne gouvernance des finances publiques dans le monde, Actes de la 4e Université de printemps des finances publiques*, LGDJ, Paris, 2009, pp. 1-18.

CHEVALLIER (J.), *Science administrative*, PUF, Paris, coll. « Thémis Science politique », 4e édition mise à jour, octobre 2007, 24 p.

DEFOUNDOUX-FILA (H.), *Essai sur les politiques et techniques d'attraction des capitaux dans les États de l'UDEAC*, Thèse de Doctorat 3e cycle, Poitiers, 1980, 645 p.

DEGOTEAU-KEITA (C.), *Le régime juridique des investissements étrangers dans l'UDEAC*, Mémoire de l'Institut des Hautes Études Internationales (IHEI), Paris 2, 1979, 113 p.

DESMOULIN (G.), « L'émergence de règles supranationales : une menace pour la maîtrise du pouvoir budgétaire ? », *in Mélanges en l'honneur de Joël Molinier*, LGDJ, Paris, 2012, 708 p.

DONGMO (S.), *Les mesures fiscales aux fins d'incitation à l'investissement : leur harmonisation au sein de l'U.D.E.A.C.*, Mémoire de DES, Paris 1, 1975, 172 p.

DUPUY (P-M.), KERBRAT (Y.), *Droit international public*, 13e éd., Dalloz, Paris, 2016, 994 p.

DZOUMA-NGUELET (H-M), « La réception de la directive CEMAC dans le droit financier congolais », *Annales des Sciences juridiques et politiques* 14, n°3, 13 juillet 2016, pp. 22-47.

FERMOSE (J.), *Le juge fiscal camerounais*, mémoire en vue de l'obtention du Master Droit public, Université de Ngaoundéré, 2012-2013, 127 p.

GAIA (P.), « Le Conseil Constitutionnel et l'Europe », in *Renouveau du droit constitutionnel, Mélanges en l'honneur de Louis FAVOREU*, Dalloz, Paris, 2007, pp. 1279-1291.

GROSCLAUDE (J.) MARCHESSOU (Ph.), *Droit fiscal général*, 11e édition, Dalloz, 2022, Paris, 420 p.

HERTZOG (R.), « La mutation des finances publiques : manifeste pour une discipline rajeunie ! », *RFFP*, n° 79, 2002, pp. 259-278.

HERTZOG (R.), « Les pouvoirs financiers du parlement », *RDP*, numéro spécial, 2002, pp. 288-299.

KAMTOH (P.), *Introduction au système institutionnel de la CEMAC*, Afrédit, Yaoundé, 2014, 266 p.

KELSEN (H.), *Théorie générale du droit et de l'État suivi de La doctrine du droit naturel et le positivisme juridique*, Bruylant, LGDJ, Bruxelles, Paris, 1997, 517 p.

KUKULKA (J.), « Les lois régissant le développement des relations internationales », *AFRI* 2001, vol. II, pp. 276- 292.

LANGROD (G.) (dir.), La consultation dans l'Administration contemporaine, Cujas, Paris, 1972, 970 p.

MEGRET (J.), « La spécificité du droit communautaire », *RIDC*, vol. 19, n° 3, 1967, pp. 565-577.

MILLIARD (E.), « Qu'est-ce qu'une norme juridique ? », in La Normativité, *Cahiers du Conseil constitutionnel*, n° 21, avril - septembre 2006, pp. 4-8.

MOUTON (J-D.), « La mondialisation et la notion d'État. Rapport introductif », *in SFDI, L'État dans la mondialisation,* Pedone, Paris, Colloque de Nancy, mai 2013, pp. 1-15.

MOYEN (G.), « La procédure budgétaire dans les États d'Afrique francophone : cas du Congo, du Bénin et du Burkina-Faso », *Annales des Sciences juridiques et politiques* 14, n° 3, 2013, pp. 48-70.

MVOMO ELA (W.), « Histoire et géopolitique de l'intégration en Afrique Centrale en zone CEMAC : l'impératif d'une refondation », in *Cahiers juridiques et Politiques de l'Université de Ngaoundéré*, 2010, pp. 307-323.

N'DRI-THEOUA (P.), « Le rééquilibrage des pouvoirs dans la procédure budgétaire en Côte d'Ivoire », *Revue gestion et finances Publiques*, n° 5, 2015, pp. 579-633.

NGONGANG (E.), « Efficacité des réformes sur le rendement fiscal en Afrique centrale : le cas spécifique du Cameroun », *RSEG*, n°7, 2007, pp. 31-60.

ONDONGO (S-A). « La communautarisation de la politique budgétaire en zone CEMAC ». *Revue Cahiers africains de droit international, CADI*, 2021, 016, pp. 5-58.

PELLET (A.), « Les fondements juridiques internationaux du droit communautaire », *Collected Courses of the Academy of European Law,* 1997, vol. V, pp. 193-271.

PRISO-ESSAWE (S-J.), « Préface », KAMTOH (P), *Introduction au système institutionnel de la CEMAC*, Afredit, Yaoundé, 2014, 266 p.

QUADRI (R.), « *Le fondement du caractère obligatoire du droit international public* », *RCADI,* T. 80, 1952-1, pp. 579-633.

SIMON (D), « Les fondements de l'autonomie du droit communautaire », in *Droit international et droit communautaire : perspectives actuelles*, Pedone, Paris, SFDI, 2000, pp. 207-249.

TORCOL (S.), « Le droit constitutionnel européen, droit de la conciliation des ordres juridiques », *RFDC,* 2016/1, pp. 101-126.

YONABA (S.), « Le système financier des États africains francophones à l'épreuve de l'impératif de « discipline budgétaire » - Réflexions liminaires », *in Mélanges en l'honneur de Robert Hertzog, Réforme des finances publiques et modernisation de l'administration*, Economica, Paris, 2011, pp. 619-633.

LA PROBLÉMATIQUE DE LA PROTECTION DES DROITS DE L'HOMME EN ZONE CEMAC : L'EXEMPLE DU DROIT AU TRAVAIL

Par

FADOU NDAM MAÏWA

Docteure en droit public de l'Université de Ngaoundéré

Et

Natacha Michèle Leonnelle NOMO

Doctorante en Science politique
Université de Douala

Résumé

La problématique de la protection des droits de l'homme en zone CEMAC, à l'exemple du droit au travail, vise à démontrer que cette question occupe une place centrale dans le projet porté au sein de la sous-région. Cette assertion se justifie par l'idée selon laquelle de nombreux mécanismes juridiques érigés en zone CEMAC visent à garantir le droit au travail dans cet espace. Toutefois, on peut se demander si cette garantie est effective. À l'analyse, il convient de relever que le droit au travail dans l'espace CEMAC bénéficie d'une garantie relative. Cela apparait nettement tant dans l'articulation des mécanismes juridiques consacrés à l'encadrement du droit au travail que dans la mise en œuvre de ce droit fondamental. Pour vérifier ce point de vue, il nous a été donné de mobiliser une méthode dogmatique associée à une démarche opérationnelle. Cette approche méthodologique nous a permis d'énoncer qu'autour de l'efficacité des mécanismes juridiques qui régissent la problématique du droit au travail en zone CEMAC, il y ressort une certaine relativité due à la garantie fragile et aux facteurs socio-culturels rédhibitoires.

Mots clés : Droits de l'homme ; droit au travail ; CEMAC ; garantie ; facteurs rédhibitoires.

Abstract

The issue of the protection of human rights in the CEMAC, following the example of the right to work, aims to demonstrate that this issue occupies a central place in the project carried out within the sub-region. This assertion is justified by the idea that many legal mechanisms established in the CEMAC zone aim to guarantee the right to work in this area. However, one can wonder if this guarantee is effective. Upon analysis, it should be noted that the right to work in the CEMAC area benefits from a relative guarantee. This appears clearly both in the articulation of the legal mechanisms devoted to the supervision of the right to work and in the implementation of this fundamental right. To verify this point of view, we were given the opportunity to mobilize a dogmatic method associated with an operational approach. This methodological approach has allowed us to state that around the effectiveness of the legal mechanisms that govern the issue of the right to work in the CEMAC zone, there emerges a certain relativity due to the fragile guarantee and prohibitive socio-cultural factors.

***Keywords**: Human rights; right to work; CEMAC; guarantee; prohibitive factors.*

INTRODUCTION

Impulsées à l'échelle mondiale par les phénomènes de la révolution industrielle de 1760 et le vent des libertés[1] de 1789[2], les prémices du droit à un travail décent et protégé en Afrique ont émergé vers la fin de la période coloniale[3]. En effet, durant cette époque fortement caractérisée par la pratique de l'esclavage et du travail forcé[4], les peuples à la peau noire issus du commerce triangulaire[5] observé entre l'Afrique, l'Amérique et l'Europe ont été déportés vers les colonies du Nouveau Monde afin de pouvoir assurer la culture des vastes plantations de café, de canne à sucre et d'autres plantes

---

[1] MINE (M.) et MARCHAND (D.), *Le droit du travail en pratique*, Éditions d'Organisations, Groupe Eyrolles, 21 éd., 61bd Saint-Germain, Paris, p. 20.

[2] Notamment la Révolution française.

[3] Cours sur Les réalités africaines et enjeux pour le droit du travail, dispensé à l'Université Montesquieu Bordeaux IV, publié en janvier 2000, consulté le 25 juin 2020 à 11h15minutes sur afrilex.u.bordeaux4.fr/réalités-africaines-et-enjeux-Pour.html.

[4] LEMESLE (R.), *Le droit du travail en Afrique noire francophone* , EDICEF, Paris, 1989, p. 23.

[5] Encore appelé traite atlantique ou traite occidentale, le commerce triangulaire désigne la traite négrière qui fut menée au moyen des échanges entre l'Europe, l'Afrique et l'Amérique pour assurer la distribution des esclaves noires aux forces coloniales pour approvisionner l'Europe en produits et en contrepartie, celles-ci fournissaient à l'Afrique des produits européens et américains, on Fr.m.wikipedia.org/wiki/commerce-triangulaire, consulté le 05 novembre 2019 à 08h28minutes.

tropicales sous le regard attentif de l'administration coloniale[6] qui n'hésitait pas à leur infliger diverses peines inhumaines et dégradantes[7]. Face à la situation traumatisante que subissaient les peuples des territoires colonisés, l'Organisation des Nations Unies (ONU)[8] va penser une politique pour la libération de ces peuples autochtones qui ont longtemps été réduits au rang de « *simple main-d'œuvre* », source d'énergie humaine inépuisable[9]. C'est donc en se basant sur son objectif fondamental qui est celui du *maintien de la paix et de la sécurité mondiale* que, l'Organisation des Nations Unies va entreprendre une dynamique juridique visant au démantèlement de la décolonisation[10]. Cela aboutira bien plus tard, dans les années 1960 à un dynamisme de libéralisation générale au sein des États africains dont les bases reposaient pour l'essentiel sur la légitimité du pouvoir et sur l'État de droit. Relativement à l'État de droit, il était question de procéder à la mise en œuvre d'un ensemble de mécanismes juridiques relatifs à la protection et à la préservation des droits de l'Homme, à l'instar du droit au travail observé au niveau de la Communauté Economique et Monétaire d'Afrique Centrale (CEMAC). Il est vrai que l'implémentation de ces instruments juridiques se heurte aux effets néfastes de la crise économique qui ont été subis par ces États.

Proclamé par l'article 23 de la Déclaration des Nations Unies de 1948, le droit au travail[11] est le droit d'obtenir un emploi, c'est-à-dire la faculté de pouvoir exercer un emploi sans y être entravé illégitimement[12]. Ce droit vise à la préservation de la dignité de l'être humain. La Communauté Economique et Monétaire de l'Afrique Centrale (CEMAC)[13] pour sa part est une organisation communautaire, sous-régionale d'Afrique à vocation

[6] LEMESLE (R.), *Le droit du travail en Afrique noire francophone* , *op. cit.*, p. 23.

[7] Cette pratique du travail forcé a donné lieu en 1930 à l'adoption de la première convention internationale du travail interdisant le travail forcé marquant ainsi le début de la protection des libertés individuelles dans les colonies de l'époque, in VALTICOS (N.), « Normes Internationales du Travail et droits de l'Homme. Où en est-on à l'approche de l'an 2000 », *Revue Internationale du Travail*, vol.137, n°2, 1998, p. 155.

[8] C'est une Organisation intergouvernementale qui a été créée le 26 juin 1945 par la signature de la Charte des Nations Unies en remplacement de la Société des Nations Unies, entrée en vigueur le 24 octobre 1945, l'ONU regroupe 193 États membres qui aspirent à un monde de paix durable, on Fr.m.wikipedia.org/wiki/organisations-des-nations-unies, consulté le 04 novembre 2019 à 15h20 minutes.

[9] fr.m.wikipédia/org/wiki/organisations-des-nations-unies, consulté le 04 novembre 2019 à 15h20 minutes.

[10] LEMESLE (R.), *op. cit*, p. 22.

[11] Voire article 15 de la déclaration universelle des droits de l'Homme du 10 décembre1948 et article 6 du pacte international relatif aux droits économiques, sociaux et culturels du 16 décembre 1966.

[12] DION (G.), « Le droit au travail », *Relations industrielles*, Vol.15, n°4, octobre 1960, pp. 399-401.

[13] LAFFITEAU (E.) et EDI (S.J.), « Les pays de la CEMAC convergent-ils ? », in STATECO, n°108. Lance, WILLIAMS, 1969, p. 31.

économique, qui est constituée de six États d'Afrique Centrale à savoir : le Cameroun, le Congo, le Gabon, la Guinée équatoriale, la République centrafricaine et le Tchad.

Si l'économie et la monnaie occupent une place centrale dans le projet porté par la CEMAC, la problématique des droits de l'Homme n'en est pas pour autant négligée par les États membres. Des mécanismes juridiques sont institués en zone CEMAC et visent à garantir le droit au travail dans l'espace CEMAC. Mais, cette garantie est-elle effective ?

Cette question n'est pas dénuée d'intérêt en ceci qu'elle permet de remettre au goût du jour la problématique de la mise en œuvre des engagements internationaux contractés par les pays membres de la CEMAC auprès de l'Organisation Internationale du Travail (OIT)[14]. En effet, par l'adoption d'instruments internationaux du travail, l'OIT veille à ce que chaque pays ayant adhéré à sa cause parvienne à la consolidation, à l'édification de la justice sociale tout en se préoccupant des questions qui relèvent du marché du travail, de l'emploi et de la protection sociale. À l'analyse, le droit au travail dans l'espace CEMAC est d'une garantie relative. Cela apparait nettement tant dans l'articulation des mécanismes juridiques afférents au droit au travail (I) que dans la mise en œuvre de ce droit fondamental (II).

I. LA GARANTIE RELATIVE DU DROIT AU TRAVAIL PAR LES MÉCANISMES JURIDIQUES

Il est vrai que la CEMAC se présente comme une organisation interétatique à vocation essentiellement économique. Cependant, à la lecture de son traité révisé, il apparait clairement que cette organisation communautaire met un point d'honneur sur les questions relatives au droit d'accès à un emploi[15]. De ce fait, le droit au travail fait non seulement l'objet d'une consécration par les textes juridiques (A), mais aussi, bénéficie d'un encadrement institutionnel (B) en zone CEMAC.

A. La consécration normative du droit au travail par les textes juridiques en zone CEMAC

La réglementation du droit au travail en zone CEMAC découle d'une part des outils communautaires (1) et d'autre part des instruments nationaux du droit au travail (2).

---

[14] L'Organisation Internationale du Travail a été créée en 1919 par le traité de Versailles. Il s'agit de l'une des nombreuses institutions spécialisées du système des Nations Unies qui depuis 1946 mène diverses activités dans le but de la promotion et de la protection des droits de l'Homme.

[15] Voire préambule du traité révisé de la CEMAC du 25 juin 2008.

1. Les instruments communautaires consacrant le droit au travail

La réglementation du droit au travail en zone CEMAC découle de l'avant-projet de l'acte uniforme OHADA et de quelques textes de l'UDEAC. Si l'espace OHADA a eu à harmoniser plusieurs autres domaines du droit, les réformateurs ont pris conscience de la nécessité de faire de même avec le droit au travail et à la sécurité sociale. C'est dans cette optique que du 10 au 12 juin 2015, s'est tenue à Yamoussoukro, la réunion du Conseil des ministres de l'OHADA afin de débattre sur l'évolution des travaux en la matière. D'un autre côté, les experts des États de la CEMAC se sont réunis du 25 au 28 novembre 2015 à Malabo et ont convenu de l'opportunité de poursuivre les travaux relatifs à l'harmonisation du droit au travail dans l'espace OHADA[16].

À l'issue des discussions y relatives, les représentants des États de la CEMAC ont relevé qu'il était important de prendre en compte l'ensemble de leurs préoccupations afin de parvenir à une harmonisation consensuelle du droit au travail[17]. Ils ont par conséquent proposé la tenue d'une réunion du Comité *ad hoc* qui regrouperait non seulement les ministres en charge du domaine du travail dans les pays respectifs de la CEMAC, mais aussi les ministres en charge de la justice, des finances ou de l'économie. Dans la perspective de cette réunion, il a été suggéré à la commission de la CEMAC d'inciter les États à lui faire parvenir leurs observations sur la nouvelle mouture de l'avant-projet transmis par le secrétaire permanent de l'OHADA avant la fin du premier trimestre 2016. Depuis lors, cet acte uniforme reste très attendu dans la mesure où il sera à l'origine des transformations profondes et des innovations qui seront apportées dans le cadre de l'accès à l'emploi en Afrique en général et plus particulièrement au niveau communautaire. Pour mener ses activités à terme, le comité doit considérer toutes les réalités en matière de travail observées dans les six pays membres et par la suite, les responsables fourniront des résultats satisfaisants.

Au sein de l'Union Douanière et Economique de l'Afrique Centrale (UDEAC), il existait plusieurs textes dédiés à l'encadrement du marché du travail communautaire. De ce fait, l'on distingue des actes du droit au travail, une décision relative à la sécurité sociale et un règlement consacré à la fonction publique communautaire. Les actes du droit au travail sont des normes qui ont été adoptées en décembre 1977 par le conseil des chefs d'État après avis du comité de direction. Ces actes s'intéressent à l'égalité de traitement de tous les ressortissants des États membres, aux questions relatives aux conflits de lois en matière de relation du travail à l'intérieur de l'union et aux conditions d'accès à l'emploi des travailleurs. L'adoption de ces textes au sein de l'Union résulte de la volonté des autorités en charge du travail de

---

[16] DRAVO-ZINZINDOHOUE (C.M.J.), *La mise en place d'un droit uniforme du travail dans le cadre de l'OHADA*, Atelier National de Reproduction de Thèses, 2009, p. 57.
[17] *Ibid*, p.59.

mettre en place un cadre juridique favorable à l'épanouissement des nationaux, des ressortissants des États membres et quelques fois des étrangers à la recherche d'une stabilité socio-économique. Ainsi, nous recensons trois actes à savoir : l'acte n°05/77-UDEAC-70 du 21 décembre 1977, l'acte n°06/77-UDEAC-70 du 21 décembre 1977 et l'acte n°18/77-UDEAC-70 du 21 décembre 1977. Ces textes intervenaient dans le cadre des relations de travail qui s'établissaient entre travailleurs et employeurs, en matière de sécurité sociale, de vie syndicale et de rémunération des travailleurs.

La question des travailleurs migrants était également prise en compte. En effet, la décision n°06/77-UDEAC-70 du 21 décembre 1977 régissait la situation des travailleurs migrants notamment, en ce qui concerne la législation, la garantie de leurs droits déjà acquis ou en cours d'acquisition et l'attribution des bénéfices des prestations dues par le biais d'une convention communautaire.

Le règlement de l'Union Économique d'Afrique Centrale (UEAC) a été adopté sur proposition de la commission de la CEMAC après avis du comité Inter-États afin de réguler le statut des fonctionnaires[18] en zone CEMAC. Perçu comme principale source du droit communautaire dérivé[19], ce règlement se charge de déterminer un cadre juridique rationnel pour la gestion des ressources humaines de la communauté. Il s'agit du règlement n°03/09-UEAC-007-CM-20 du 11 décembre 2009 qui dispose des critères de compétence, d'efficacité et d'intégrité à remplir par les travailleurs pour obtenir un emploi auprès des services de la CEMAC.

2. Les instruments nationaux du droit au travail applicables dans les États membres de la CEMAC

Le droit à l'emploi tel qu'il est appliqué dans les six États membres de la CEMAC se traduit au plan interne par une énonciation du droit au travail dans les textes constitutionnels et une explicitation par les textes législatifs.

Ce fut au début des années 1990, avec le vaste mouvement de réformes constitutionnelles et le phénomène de la mondialisation [20]juridique, que les frontières entre ordres juridiques nationaux et ordre international se sont

[18] Voire affaire DJEUKAM, professeur vacataire au sein de l'Institution Communautaire École Inter-États des Douanes (EIED).

[19] Le règlement a pour fondement l'article 40 du traité révisé CEMAC. Il est pris par le Conseil des ministres et le comité ministériel.

[20]Pour le Professeur SADOK B., la mondialisation est une tendance qui se matérialise par « l'émergence d'un consensus éthique et politique partagé nollen vollens par un nombre plus en plus grand d'États et d'Organisations Internationales et dont, la mise en œuvre par les législations nationales devient quasiment obligatoire et inévitable , car sanctionné d'une manière directe par le droit ou, le cas échéant par la politique », in *Droit international et droit interne : développements récents*, Rencontres internationales de la Faculté des sciences juridiques, politiques et sociales de Tunis, A. Pedone, colloque des 16-17-18 avril 1998, p. 75.

davantage réduites[21]. Plusieurs facteurs pourraient expliquer une telle situation, à l'instar de la fin du bloc communiste, des transitions démocratiques, des processus d'intégration régionale, de l'avènement des nouvelles organisations internationales et de l'accroissement du nombre des conventions multilatérales dont les effets imposent des modifications internes conséquentes[22]. Étant donné que ce sont les textes constitutionnels qui déterminent tant la validité interne que la valeur hiérarchique des différentes normes internationales qui sont applicables dans les États, il leur revient de déterminer les modalités d'intégration de ces engagements selon les méthodes juridiques du monisme[23], du dualisme[24] ou de l'uniformisation[25]. Les pays de la CEMAC ont ainsi opté pour les méthodes du dualisme et de l'harmonisation, afin de reconnaître le droit au travail au sein de leur ordre juridique respectif[26].

Tout d'abord, nous avons une affirmation, une réaffirmation, un attachement ou une adhésion formelle aux textes universels déclaratifs relatifs aux des droits de l'homme et aux libertés fondamentales[27]; ensuite, on note une certaine référence aux conventions internationales relatives aux principes des droits et des libertés sociaux, politiques, économiques et culturels ; enfin, chacun des pays de la CEMAC consacre à travers plusieurs articles le droit au travail et à la sécurité sociale. À cet effet, ils reconnaissent à chaque citoyen le droit au travail[28] et s'efforcent de créer les conditions de jouissance effective

---

21 VIRALLY (M.), « Sur un pont aux ânes : Les rapports entre droit international et droits internes », in *Mélanges offerts à Henri Rollin : problèmes de droit des gens, SFDI*, 1964, pp. 488-505.

22 Que l'on songe à la convention d'Ottawa sur les mines antipersonnelles en 1997, ou au traité établissant la Cour pénale internationale en 1998, ou encore la convention sur les disparitions forcées en 2006.

23 DAILLIER (P.), « Monisme et Dualisme : un débat dépassé ? », in BEN ACHOUR (R.) et LAGHMANI (S.), (dir.), *Droit international et droits internes développements récents*, Rencontres internationales de la Faculté des sciences juridiques, politiques et sociales de Tunis, A. Pedone, Colloque des 16, 17 et 18 avril 1998, p. 17.

24 Le système dualiste privilégie la méthode de la *réception* des normes internationales par le droit interne. De par cette technique, il n'existe aucun lien entre l'ordre international et l'ordre interne, d'où cette séparation totale qui implique l'adoption des mesures d'exécution interne, voire la transformation de la norme internationale.

25 La théorie de l'uniformisation des normes milite en faveur d'une harmonisation des droits nationaux et une reconnaissance croissante de la solidarité internationale. Dans le cadre de l'uniformisation des normes, les États aspirent à la réalisation d'intérêt commun.

26Dans les pays de tradition de Common Law, il revient souvent au juge de déterminer certaines règles fondamentales, dont la place du droit international comme tel est le cas au Canada. Il s'agit alors davantage d'une pratique constitutionnelle que d'une exigence textuelle.

27 Voire préambules des Constitutions du Cameroun, du Tchad, de la Centrafrique, du Congo-Brazzaville, de la Guinée Équatoriale et du Gabon.

28 Voire les articles : 26 alinéas 1 (a) de la constitution camerounaise, 1 alinéa (7) de la Constitution Gabonaise, 13 alinéa (l) et 25 de la Constitution de la Guinée-Équatoriale, 35 de la Constitution Tchadienne, 9 de la Constitution Centrafricaine et 125 de la Constitution du Congo-Brazzaville.

de ce droit. Ils assurent aussi à chaque citoyen l'égalité de chance face à l'emploi et garantissent à chaque travailleur une rémunération juste et équitable, des libertés d'association et syndicales[29]. L'on peut donc comprendre qu'à la suite des mouvements de démocratisation des années 1990, la consécration constitutionnelle des droits du travailleur est devenue une réalité.

Le législateur dispose d'une grande marge de manœuvre en ce qui concerne l'application des principes constitutionnels relatifs aux préoccupations d'ordre humanitaire à l'exemple du droit d'accès au travail. Pour ce faire, il procède par le mécanisme juridique de la transformation législative qui prend des formes très variables, mais finalement convergentes d'un système à l'autre. Il est important de souligner que dans les États de la CEMAC, ce sont les Constitutions qui confèrent au parlement la compétence pour légiférer dans le domaine du droit du travail et de la sécurité sociale[30]. La technique consiste généralement à voter une loi, puis la déclarer applicable. Ledit texte est alors reproduit en annexe de la loi portant Code du travail. Ce sont entre autres les lois : n°92-007 du 14 août 1992 portant code de travail au Cameroun, n°45-75 du 15 mars 1975, mise à jour par les lois n°22-88 du 17 septembre et n°6-96 du 6 mars 1996 portant code de travail du Congo-Brazzaville, n°3/94 du 21 septembre 1994, modifiée par la loi n°12/2000 du 12 octobre 2000 portant code de travail du Gabon, n°1990-02 du 4 janvier 1994 portant réglementation générale du travail en Guinée Équatoriale, n°90-004 portant code du travail de la République Centrafricaine et n° 38/PR/96 du 11 décembre 1996 portant code du travail de la République du Tchad.

Au-delà de l'encadrement normatif, il existe un cadre institutionnel qui vient compléter le processus de l'institutionnalisation du droit au travail au sein de la CEMAC et de ses États membres.

B. L'encadrement institutionnel du droit au travail

De nombreuses institutions ont été créées en vue d'assurer la bonne organisation, le bon fonctionnement du domaine du travail et des questions relatives au travail, à la prévoyance sociale, à la condition des travailleurs, aux rapports professionnels, à l'emploi, aux mouvements de la main-d'œuvre, à l'orientation professionnelle, au placement, à la santé et à la sécurité des

[29] Voire les articles : 26 alinéas 1 (a) de la constitution camerounaise, 1 alinéa (13) de la Constitution Gabonaise, 11 et 76 alinéas (f et h) de la Constitution de la Guinée-Équatoriale, 29 de la Constitution Tchadienne, 10 de la Constitution Centrafricaine et 125 de la Constitution du Congo Brazzaville.

[30] La Constitution camerounaise du 18 janvier 1996 révisée le 14 avril 2008 précise que : « sont du domaine de la loi : (a) les droits garantis et obligations fondamentaux du citoyen : la sauvegarde de la liberté et de la sécurité individuelles ; le régime des libertés publiques ; le droit au travail, le droit syndical, le régime de la protection sociale ; les devoirs et obligations du citoyen en fonction des impératifs de la défense nationale ».

travailleurs. Ces institutions sont reparties en structures communautaires (1) et en structures nationales (2).

1. Les structures communautaires dédiées au droit au travail

En termes de structures communautaires, l'on retrouve les institutions spécialisées dans le domaine du travail et de la sécurité sociale qui, dans le cadre de leurs activités, bénéficient de l'accompagnement de l'équipe d'appui technique de l'OIT au travail décent pour l'Afrique Centrale.

La CEMAC dispose de deux institutions qui sont spécialisées dans le domaine du droit au travail et à la sécurité sociale. Il s'agit de la Conférence Interafricaine de la Prévoyance Sociale (CIPRES) et du Comité tripartite sous-régional du Dialogue social. Créée le 21 septembre 1993 à Abidjan conjointement par les ministres des Finances et ceux en charge de la prévoyance sociale, la (CIPRES) s'est vue assigner plusieurs missions[31]. Cet organisme a été institué par les parties contractantes dans l'optique de poursuivre en commun la réalisation des objectifs [32] suivants : promouvoir la prévoyance sociale et soutenir les actions visant à son extension dans les États membres [33], fixer les règles communes de gestion applicable aux organismes de prévoyance sociale, instituer un contrôle permanent de la gestion des organismes de prévoyance sociale en vue de rationaliser leur fonctionnement pour mieux garantir les intérêts des assurés sociaux, y compris ceux des travailleurs migrants. Il est également question : d'instaurer un système d'appui-conseil et d'assistance aux organismes de prévoyance sociale des États membres, de réaliser des études et d'élaborer des propositions tendant à l'harmonisation des dispositions législatives et réglementaires applicables au secteur de la prévoyance sociale[34]. Enfin, il s'agit de faciliter la mise en œuvre par les actions spécifiques au niveau régional, d'une politique de formation initiale et permanente des cadres et techniciens des organismes de prévoyance sociale dans les États membres. L'OIT et la commission de l'UA jouent un rôle primordial en lien avec la Déclaration tripartite de Yaoundé sur la mise en œuvre du socle de protection sociale, dans une coopération active au niveau national, régional et interrégional avec les organisations d'employeurs et de travailleurs, et d'autres organisations comme les agences des NU, la Banque Mondiale (Banque Mondiale) et le Fonds Monétaire International (FMI). D'autres acteurs sont également mis à contribution, à l'instar des membres

---

[31] Selon l'article 3 du traité, la Conférence est dotée de la personnalité juridique. Elle peut à ce titre recevoir ou aliéner des biens, contracter et ester en justice. Le siège de la conférence est établi par décision du Conseil. Il peut être transféré en tout autre lieu par décision du Conseil. La Conférence bénéficie, dans les États, des droits, immunités et privilèges accordés aux organisations internationales.

[32] Article 2 du traité portant création de la conférence interafricaine de la prévoyance sociale.

[33] *Ibid,* article 2 al 1er.

[34] Article 2 al 5 du traité portant création de la conférence interafricaine de la prévoyance sociale.

actifs de la coalition des bailleurs de fonds et des ONG internationales représentant les mouvements nationaux et internationaux de la société civile.

Pour ce qui est du Comité tripartite sous-régional du Dialogue social[35] qui existe au sein de la CEMAC, il a pour mission de contribuer à la consolidation du processus de concertation, de négociation sociale en vue des politiques économiques et sociales dans les pays membres de la communauté[36]. Le comité assiste aussi le conseil des ministres de l'UEAC pour les questions relatives : au renforcement du dialogue social, à la libre circulation des travailleurs ou de la main-d'œuvre telle que prévue par l'article 27 de la convention régissant l'économie, à la politique communautaire de l'emploi et aux principes et droits fondamentaux de travail[37].

Le travail décent est à la fois une préoccupation universelle et un objectif essentiel à atteindre, qui nécessite une véritable coopération aux niveaux local, national et international, surtout qu'il existe de nombreuses difficultés pour le travail décent dans les régions du monde à l'instar de l'emploi des jeunes, du travail des enfants, du travail forcé, de la discrimination, de l'informalité, du non-respect des droits des travailleurs, des inégalités de genre et de l'inadéquation de la protection sociale. Il n'en demeure pas moins que la création de l'emploi décent reste le dénominateur commun mondial qui préoccupe toutes les autorités aussi bien dans les pays en voie de développement que dans les pays développés ou industrialisés[38]. C'est la raison pour laquelle le travail décent apparait en tant que moyen de promotion de la justice sociale, du respect des droits de l'Homme et de préservation de la dignité humaine.

On comprend aisément le bien-fondé de l'Équipe d'appui technique de l'OIT au travail décent pour l'Afrique centrale et du Bureau des pays de l'OIT pour le Cameroun, la Guinée équatoriale et São Tomé et Príncipe. Ces structures jouent un rôle d'accompagnement de ces États dans le domaine du travail et de la sécurité sociale, surtout[39]. Pour accompagner le Gouvernement

---

[35] Le comité a été créé par le règlement n13/06-UEAC-CM-14 du 11 mars 2006.

[36] Voire, programme de promotion du dialogue social en Afrique par l'OIT, (Prodiaf III).

[37] Voire rapport de la 5e session ordinaire du conseil des ministres CEMAC tenue le 11 décembre 2000 à N'Djamena, examen des affaires sociales par le conseil qui a pris acte des recommandations du comité et des conclusions des recteurs des universités d'Afrique Centrale.

[38] OUMBA (P.), « La problématique du travail décent en Afrique à la lumière des normes de l'OIT », café socio-anthropologique : Le travail dans tous ses États, Facultés des Sciences Sociales et de Gestion de l'Université Catholique d'Afrique Centrale, avril 2016, Yaoundé-Cameroun.

[39]Le monde du travail est profondément touché par la pandémie mondiale du Coronavirus. Outre la menace que cela représente pour la santé publique, les bouleversements économiques et sociaux menacent les moyens de subsistance et le bien-être à long terme de millions d'individus. L'OIT et ses mandants-Gouvernements, employeurs et travailleurs joueront un rôle primordial dans la lutte contre la pandémie en garantissant la sécurité des personnes ainsi que la viabilité des entreprises et des emplois.

camerounais dans son processus de lutte contre la pauvreté, les mandants tripartites ont retenu trois priorités, toutes alignées sur des orientations et des cadres de référence internationaux dont : *l'Agenda du travail décent pour l'Afrique, le Pacte mondial pour l'emploi, le Plan cadre des NU pour le développement, le document de stratégie pour la croissance et l'emploi (aujourd'hui Stratégie Nationale de Développement 2021-2030) et la vision 2035.* Il est à chaque fois précisé que le travail décent est un outil de lutte contre la pauvreté. Ces priorités ont servi de fondement pour les activités de l'Équipe d'appui technique au travail décent pour l'Afrique Centrale et du Bureau du Cameroun de la période allant de 2016-2017.

Au niveau de São Tomé et Príncipe, les discussions participatives menées avec les mandants ont relevé deux priorités qui s'appuient de manière concomitante sur une initiative intitulée : « *São Tomé et Príncipe 2030 : le pays que nous devons construire* ». Prioritairement, il était question de promouvoir l'emploi décent pour les hommes, les femmes et renforcer les capacités des mandants tripartites au dialogue social pour améliorer l'application des normes internationales de travail. À la demande des autorités de Guinée équatoriale en 2017 et suivant une approche participative, l'ETD/BP-Yaoundé a accompagné le gouvernement dans l'élaboration d'un programme qui couvrira la période 2019-2022. Bien que le processus soit encore en cours, les priorités identifiées par les mandants de Guinée Équatoriale sont en lien avec le Plan national de développement économique et social à l'horizon 2020 et s'alignent sur les orientations des cadres de référence internationaux que sont : l'Agenda du travail décent en Afrique et le Pacte mondial pour l'emploi.

2. Les structures nationales de droit au travail présentes dans les pays membres de la CEMAC

Au niveau de leurs espaces géographiques respectifs, chacun des six pays membres de la CEMAC dispose, conformément aux textes juridiques en vigueur, d'une administration centrale du travail et des juridictions du travail.

L'administration centrale du travail se subdivise en un ensemble d'organes ayant un rôle actif et de structures consultatives. Les organes ayant un rôle actif se regroupent autour d'un ministère en charge des questions de droit au travail et à la sécurité sociale (MINTSS), des directions qui y sont rattachées et des services extérieurs. En plus de ses fonctions classiques de protection, des nouvelles responsabilités dont il est investi pour la promotion et le développement du monde du travail[40], le MINTSS présent dans les États de la CEMAC dispose pour l'accomplissement de ses missions de quatre directions sur lesquelles il exerce une tutelle. Il s'agit de : la direction de l'emploi qui s'occupe des questions relatives à la promotion de l'emploi ; la direction du

[40] LEMESLE (R.), *Le droit du travail en Afrique noire francophone* , *op. cit,* p. 77.

travail qui élabore la législation et la réglementation du travail, les questions d'ordre professionnel et les conditions de travail ; la direction de la prévoyance sociale qui conçoit et suit l'application de la législation en matière de prévoyance sociale, d'agrément des institutions privées de prévoyance sociale ainsi que la coopération bilatérale et multilatérale dans le domaine de la prévoyance sociale[41] ; et la direction de la santé et de la sécurité sociale qui œuvre pour la conception, l'application de la législation et de la réglementation en matière de santé et de sécurité du travail. Dans le cadre de l'obtention des renseignements sur les mesures visant à prévenir les maladies professionnelles, le délégué du personnel de la Société Civile Professionnelle (SCP) de Yaoundé a saisi le 9 mars 1999, un médecin-inspecteur du travail, pour plus amples explications[42].

Les services extérieurs du MINTSS sont l'inspection du travail et le Fonds National de l'Emploi (FNE)[43]. L'inspecteur est un fonctionnaire du corps de l'administration du travail qui est placé à la tête d'une circonscription régionale ou départementale. Les inspecteurs exercent des fonctions de conseil[44], sont habilités par le Code du travail à procéder par conciliation au rapprochement, au règlement des litiges, qui surviennent entre employeurs et travailleurs, opèrent aussi des visites d'entreprise ou sur les lieux pour des besoins d'enquêtes ou pour des poursuites à l'endroit d'un quelconque employeur qui fait obstacle à la visite[45]. Pour sa part, le FNE existe au Cameroun pour faciliter l'insertion des jeunes dans le circuit de la production, de la recherche d'un premier emploi en fonction des exigences du marché. De même, il collabore avec la Caisse nationale de prévoyance sociale (CNPS) qui a pour objectif de mettre en œuvre la politique générale du gouvernement en matière de sécurité sociale dans diverses branches[46].

Quant aux organes consultatifs, ce sont la Commission Nationale Consultative du Travail (CNCT) et de la Commission Nationale de Santé et de la Sécurité au Travail (CNSST). La CNCT[47] a pour mission d'étudier les problèmes concernant les conditions de travail, l'emploi, l'orientation et la formation professionnelle, le placement, les mouvements de main-d'œuvre,

---

[41] WANDJI (D.), *Droit du travail en Afrique francophone,* Collection UREF, CERIMA, Douala, 2003, p. 152.

[42] ESSONO (B.E.), *Le droit du travail à l'exemple,* éd. SOPECAM, Yaoundé, 2006, p. 1319.

[43] Crée au Cameroun par le décret n°90/805 du 25 avril 1990.

[44] Voire affaire M. ESSY contre Société camerounaise des Prestations Industrielles (SOCAPI) du 8 septembre 1998.

[45] Article 169 du code du travail camerounais.

[46] Lire la loi n°67/LF/77 du 12 juin 1967 portant allocation familiale ; loi n°77/11 du 13 juillet 1977 relative aux risques professionnels, loi n°69/LF/18 du 10 novembre 1969 consacrée à la pension vieillesse, d'invalidité et de décès.

[47] La commission nationale consultative du travail a remplacé le Conseil national du travail prévu dans le Code du travail de 1974. Mais il ne s'agit que d'un changement de dénomination, les attributions de l'organe étant restées les mêmes.

les migrations, l'amélioration de la condition matérielle des travailleurs, la prévoyance sociale et les syndicats professionnels. Elle émet également des avis et formule des propositions sur la législation et la réglementation à intervenir dans les matières où cet avis est prévu[48]. Pour ce qui est de la CNSST, elle est instituée auprès du ministre chargé du travail. Elle a pour rôle l'étude des problèmes relatifs à la médecine du travail, à l'hygiène et à la sécurité des travailleurs. C'est pourquoi elle peut émettre des suggestions et avis sur la législation et la réglementation dans ces domaines, formuler des recommandations à l'usage des travailleurs et des employeurs, des organismes d'assurances ou à l'égard des départements ministériels concernés par la protection de la santé des travailleurs. Ces propositions s'appliquent aussi à l'homologation des machines dangereuses et aux procédés de fabrication susceptibles de comporter des risques pour la santé des travailleurs. Elle effectue ou participe à tous les travaux scientifiques qui rentrent dans son champ d'activité[49].

L'avènement des juridictions du travail dans les États de la CEMAC a pour inspiration lointaine la loi de 1952[50] qui institua le Code du travail des territoires d'Outre-Mer (TOM). Ce nouveau code créa des tribunaux du travail et des juridictions arbitrales. Généralement institués par les décrets d'application du code de travail, les tribunaux du travail[51] sont reconnus pour leur efficacité dans la résolution des différends individuels qui surviennent le plus souvent entre employeurs ou entre plusieurs travailleurs et employeurs, mais aussi pour des raisons ayant trait à l'inobservation d'une clause du contrat de travail individuel[52]. Il peut s'agir d'un litige qui advient à l'occasion d'un contrat d'apprentissage entre l'apprenti et le maître[53]. Le litige peut également porter sur le paiement des heures supplémentaires, de la prime de transport ou sur l'absence de paiement des indemnités de préavis et de licenciement[54]. Il faut dire que ce n'est qu'en cas d'échec de la phase de conciliation auprès de l'inspection que le plaignant a le droit de saisir la chambre sociale qui est une procédure gratuite, qui débute par une tentative de conciliation donnant lieu à l'établissement d'un procès-verbal. En cas d'échec de la tentative de conciliation, le litige fait l'objet d'un jugement régulier au terme duquel l'organe rend une décision exécutoire à l'issue de

---

48 Article 117 alinéa 2 du Code du travail camerounais.

49 Article 120 alinéa 2 du Code du travail camerounais.

50 LEMESLE (R.), *op. cit,* p. 251.

51 C'est généralement le tribunal de première instance qui incarne ce rôle par le biais de sa chambre sociale.

52 ESSONO (B.E.), *Le droit du travail à l'exemple, op.cit,* p. 143.

53 Pour éviter toute ambiguïté quant à la distinction entre conflit individuel et conflit collectif, voire affaire Société de Bastos contre Foumthim janvier rendue par la Cour suprême le 21 mars 1999.

54 Voire affaire M. FOUDA contre SIPAC de Garoua du 17 août 1995.

laquelle les parties peuvent, lorsqu'elles ne sont pas satisfaites, user des voies de recours.

L'arbitrage est perçu comme l'exercice d'un pouvoir proprement juridictionnel et le Code du travail camerounais en fait, après l'échec de la phase de conciliation, la voie à suivre pour la solution des conflits collectifs. Le conflit collectif met en jeu un intérêt collectif en présence d'un groupe indifférencié de travailleurs et il se caractérise par : l'intervention d'une collectivité de salariés organisés ou non en groupements professionnels et par la nature collective de l'intérêt. Cette procédure peut être introduite par l'inspecteur du travail à l'issue de diverses tentatives de conciliation infructueuses, par le ministre du Travail qui décide après avoir reçu le dossier de la part de l'inspecteur du travail de saisir la juridiction arbitrale, ou bien lorsque l'inspecteur convoque les parties pour qu'ils désignent eux-mêmes des arbitres[55]. Durant la phase d'arbitrage, le lock-out ou la grève sont strictement interdits[56]. L'arbitrage est gratuit, présidé par un magistrat ou par le président de la cour d'appel et il se déroule sous la présence d'un membre qui représente des partenaires sociaux. Au terme de la procédure, la juridiction rend une sentence arbitrale qui est obligatoirement exécutée et qui fera l'objet d'une communication auprès des parties.

En dépit de ces mécanismes juridiques, il existe des facteurs rédhibitoires qui tendent à remettre en cause le droit au travail décent et protégé dans la vie quotidienne.

II. L'EXERCICE FRAGILE DU DROIT AU TRAVAIL

Depuis le début des années quatre-vingt, les États de la CEMAC sont exposés à de nombreuses difficultés qui tendent parfois à remettre en cause l'exercice du droit au travail[57]. Celles-ci résultent des contraintes d'ordre structurel (A) et de l'inadéquation des sociétés des États de la CEMAC (B).

A. Les contraintes d'ordre structurel

Les contraintes structurelles découlent de la défaillance des textes juridiques nationaux du travail (1) et des lacunes observées dans le dispositif institutionnel national du travail (2).

---

[55] WANDJI (D.), *Droit du travail en Afrique francophone, op.cit,* p. 263.

[56] S'il arrive que lors de la tenue de la procédure de l'arbitrage un lock-out ou une grève a lieu, l'employeur sera condamné à verser des échéances et les travailleurs de leur côté perdront le droit à l'indemnité de préavis et aux dommages et intérêts pour rupture de contrat.

[57] À travers une baisse vertigineuse de l'offre d'emploi et une réduction de la protection chez les travailleurs qui est très relative en temps normal.

1. Les défaillances relevant des textes juridiques nationaux du travail

Lorsqu'elles sont mal conçues, les lois regorgent souvent des notions imprécises avec pour conséquence une mauvaise application, source d'insécurité pour leurs sujets. Ainsi, les textes qui régissent le droit du travail dans les États de la CEMAC révèlent une certaine rigidité des législations nationales du travail et la survivance de certaines discriminations prohibées en droit.

Relativement à la rigidité de la législation nationale du travail, le législateur ne s'est pas contenté de reprendre les conventions internationales du travail telles qu'elles ont été consacrées. Il est allé plus loin au moment de leur incorporation en y apportant non pas des modifications, plutôt des ajustements, sous prétexte qu'ils correspondaient plus aux modèles des sociétés africaines. Dans les faits, ces sociétés sont caractérisées par un environnement peu libéral qui a toujours eu à infléchir l'évolution du droit au travail en faveur de la vie politique et des intérêts des entreprises[58]. Pour ce faire, le législateur procède de temps à autre à la restriction de certains droits et libertés fondamentaux du travail lorsqu'il est question de liberté syndicale, de protection du droit syndical, du droit d'organisation et de négociation collective. Pour des raisons sécuritaires et de maintien de paix, l'exercice de ces droits est sévèrement réglementé à tel point qu'il peut arriver que la législation en vigueur impose parfois des mesures en vue de la limitation de ces droits liés au travail. Ce fut le cas des responsables syndicaux qui, après avoir mené une grève légale à l'hôtel Ayaba dans la ville de Bamenda (Cameroun) en mars 2010 pour la réclamation des mois d'arriérés de salaires dus aux employés de cet établissement, ont été arrêtés et mis en détention pendant des heures sous prétexte de trouble à l'ordre public[59].

Toutes les constitutions des États membres de la CEMAC reconnaissent le principe selon lequel : « *Tous les Hommes sont égaux en droits et en devoirs* ». Il ne devrait donc exister aucune discrimination entre citoyens d'un pays, quelles que soient leurs particularités. Malheureusement, à l'analyse des multiples textes applicables au domaine du travail, l'on constate avec regret que cette règle n'est pas respectée dans la mesure où la société africaine tend à privilégier un droit coutumier[60] qui promeut certaines pratiques discriminatoires au travail basées sur le sexe et la nationalité. Selon le BIT, la discrimination est un « *phénomène insidieux et changeant, difficile à quantifier et à combattre efficacement. Il n'existe pas d'indices qui permettent*

---

[58] POUGOUE (P.G.) et KAMTO (M.), *Les orientations du droit du travail camerounais après la réforme du 14 août 1992,* PUC, Yaoundé, 1994, p. 53.

[59] Human Rights Watch, World Report 2010 : Cameroun, in www.hrw.org, consulté le 09 janvier 2023 à 14 h 00 min..

[60] POUGOUE (P.G.) et KAMTO (M.), *op.cit,* p. 51.

de mesurer l'évolution du phénomène »[61]. Au Cameroun, les pratiques discriminatoires d'emploi et de travail en rapport avec le sexe touchent beaucoup plus les femmes qui sont victimes d'écarts, de disparités en matière de revenus, de rémunération et d'accès à l'emploi[62]. Malgré la pléthore des normes qui garantissent le droit des femmes dans le domaine de l'emploi et de la profession, le mari peut encore empêcher son épouse d'exercer une activité professionnelle après avoir notifié le greffier du tribunal de commerce[63]. Il existe aussi des discriminations basées sur la nationalité qui réservent aux travailleurs expatriés un traitement de faveur. Plus concrètement, le travailleur expatrié, à l'exception du fonctionnaire étranger dont le statut est encadré par la fonction publique internationale ou communautaire, bénéficie durant son séjour de travail d'un grand nombre d'avantages : congés payés d'une durée plus longue, frais de transport et de voyage plus importants ; en plus de son salaire de base, il a droit à des primes, des indemnités d'expatriation ou d'éloignement qui sont à la charge de l'employeur[64].

2. Les lacunes découlant du dispositif institutionnel interne du travail

Il peut arriver que les institutions ne soient pas en mesure de pleinement accomplir leurs tâches pour des raisons indépendantes de leur volonté. Cela se fait ressentir en droit du travail par le biais d'une pénurie du personnel qualifié et d'une insuffisance des ressources allouées aux institutions nationales du travail.

Selon les multiples investigations menées par les experts de l'OIT, il subsiste une pénurie de personnel dans le monde du travail imputable à l'incapacité professionnelle, à l'insuffisance de la formation des responsables nationaux et des employeurs en matière de droit au travail[65]. Concernant les travailleurs, il est généralement recommandé aux entreprises ou aux structures, qui souhaitent effectuer des recrutements de personnels ou encore embaucher des travailleurs, de passer un entretien avec les demandeurs d'emploi. Cette phase permet au responsable des ressources humaines

---

[61] Human Rights Watch, World Report 2010 : Cameroun, in www.hrw.org, consulté le 09 janvier 2023 à 14 h 00 min.

[62] Rapport présenté lors de la 43e session du comité pour l'élimination de la discrimination à l'égard de la femme tenue le 28 février 2009 au Cameroun.

[63] MIENDJEM (I.L.), *Étude nationale sur la discrimination en matière d'emploi et de profession et proposition d'un plan national d'action au Cameroun,* BIT, Genève, juin 2011, pp. 47-48.

[64] Au Cameroun, l'indemnisation d'expatriation ou d'éloignement a disparu du Code du travail de 1992. Cependant, elle demeure en vigueur en droit positif en ce qu'elle peut découler de la convention collective ou du contrat individuel.

[65] FADOU NDAM (M.), *Le Cameroun et la mise en œuvre des conventions internationales du travail : contribution à l'étude des rapports entre le droit interne et le droit international,* Mémoire de droit public, Université de Yaoundé II, 2017, p. 71.

d'apprécier, tout en évaluant les aptitudes professionnelles des candidats, afin de retenir uniquement ceux dont le profil correspond aux besoins des entreprises. Malgré cela, il existe des cas où les recrutements ne se font pas en fonction des qualités professionnelles des demandeurs d'emploi, mais plutôt par affinité. Par conséquent, nombreux sont ces employés qui n'arrivent pas à exercer leurs fonctions parce qu'ils n'ont pas la qualification professionnelle requise, poussant ainsi certains employeurs à licencier le personnel incompétent[66].

Par ailleurs, dans la plupart des pays membres de la CEMAC, les responsables de l'OIT ont constaté que certains cadres nationaux ne bénéficiaient pas d'une formation adéquate en matière de droit du travail. Pourtant, comme le rappelle le BIT, ils sont censés en fonction de leur qualification professionnelle, prendre part au processus d'élaboration de ces normes internationales du travail qui représente *un processus législatif particulier dans lequel interviennent les représentants des gouvernements, des travailleurs et des employeurs du monde entier*[67]. Malgré les possibilités de formation et d'assistance qu'offrent l'OIT et quelques structures installées au sein des États de la CEMAC, la pénurie du personnel qualifié en matière de droit du travail persiste et impacte par ricochet le niveau de développement des entreprises. Dans les entreprises, ce sont des problèmes en relation avec les politiques de formation à savoir : rapports entre formation préalable à l'emploi, formation en cours d'emploi et perfectionnement professionnels qui sont soulevés. En tant que faisceau de valeurs et d'idéaux toujours inaccessibles autour du travail de l'Homme, qui n'est pas une marchandise, il ne saurait être un simple instrument de gestion à la croisée des chemins entre l'économie et le social. Les textes en la matière effleurent à peine la question de la formation. Cela s'est avéré à l'issue de plusieurs descentes effectuées par les inspecteurs du travail dans les entreprises où il a été révélé que bon nombre d'employeurs et d'entrepreneurs ne connaissaient pas les différentes normes qui existent, pire encore, ne maitrisaient pas les textes applicables aux entreprises[68].

B. L'inadéquation des sociétés des États de la CEMAC

Quand il est question d'application et d'implémentation des textes de droits de l'Homme comme ceux de droit au travail, il existe une certaine disparité.

---

66 LEMESLE (R.), *Le droit du travail en Afrique noire francophone* , *op. cit.*, p. 256.

67 FADOU NDAM (M.), *Le Cameroun et la mise en œuvre des conventions internationales du travail : contribution à l'étude des rapports entre le droit interne et le droit international*, *op.cit*, p. 72.

68 KENOUKOU (C.A.), *Effectivité et efficacité des normes fondamentales et prioritaires de l'OIT : cas du Bénin et du Togo*, Institut international d'études sociales, BIT, Genève, 2007, p. 116.

Ce contraste se traduit par un environnement socio-économique en crise (1) et par l'influence des facteurs socioculturels (2).

1. Un environnement socio-économique en crise

La régression de l'activité économique mondiale a principalement engendré la prolifération du secteur informel qui est à l'origine des difficultés quant à la protection des travailleurs. Que ce soit en zone rurale ou en zone urbaine, l'on y retrouve un nombre impressionnant de travailleurs indépendants, dont la survie dépend étroitement de la volonté et du bon sens d'autres personnes. À cause de la pauvreté, ces travailleurs exercent des activités peu rémunératrices juste pour survivre[69]. Dans les zones rurales, ces travailleurs s'agglutinent uniquement dans le secteur de l'agriculture que l'on qualifie au Cameroun de *Two parties*. En ville, ce sont traditionnellement des chauffeurs de taxi, des conducteurs de pousse-pousse et d'autres petits métiers[70], que l'on observe un peu partout. Ces dernières années, des situations de dépendance économique se sont développées dans de nouveaux secteurs. L'appellation *Two parties* fortement ancrée en zone rurale, est une expression anglaise qui se traduit en français par le terme « *deux parties* »[71].

L'opération se conclut en général sans grand formalisme et sans précaution relative à sa durée. Aussi, le propriétaire terrien peut à tout moment vouloir y mettre fin et le travailleur cherche sans cesse à plaire au propriétaire pour que celui-ci lui renouvelle sa confiance. Le propriétaire surveille étroitement l'activité du travailleur, au moins pour éviter une dissimulation ou une distraction des fruits de la récolte. Dans la pratique, la surveillance est si tatillonne qu'elle se mue en un véritable lien de subordination. Les tribunaux devraient redoubler de vigilance, au besoin requalifier en contrat de travail les opérations de Two parties, qui montrent une dépendance étroite de l'exploitant à l'égard du propriétaire terrien.

Toutefois, il faut signaler que les opérations de *Two parties* se raréfient au fur et à mesure à cause du phénomène de l'exode rural pratiqué par les jeunes qui sont attirés par la ville. En revanche, dans les villes, le phénomène a pris de l'ampleur et il se présente sous diverses formes, beaucoup de conducteurs de taxi (voiture et motocyclette) et de pousse-pousse ne sont pas propriétaires de leur instrument de travail. Le taxi ou le pousse-pousse appartient à un patron qui perçoit chaque jour un montant fixe, quelle que soit la recette

---

[69] Pour pouvoir se loger, se nourrir et se vêtir.

[70] Des restaurants tournedos, des calls box, des sauveteurs, etc.

[71] À l'origine, l'expression désignait une opération qui consiste, pour un propriétaire terrien, à donner en exploitation ses terres à un travailleur qui, en retour, devait repartir en deux parts égales le produit issu de l'exploitation desdites terres. Bref, le travailleur n'avait droit qu'à la moitié des fruits issus de ses efforts.

journalière[72]. Cela comporte des contraintes pour l'exploitant parce qu'il doit verser un prix forfaitaire fixe qu'il ait pu travailler ou non, il doit laisser la voiture au repos à une certaine heure et se voit parfois interdire la circulation sur certains axes de la ville. La situation est bien proche du contrat du travail, puisqu'on identifie les éléments d'un lien de subordination. Mais, l'exploitant de taxi demeure libre de travailler ou de ne pas le faire, d'organiser son travail dans l'espace de temps qui lui est concédé et de conserver, par la suite, le surplus de la recette journalière sans toutefois déclarer le montant au propriétaire de la voiture. Conscient qu'il doit faire assez de recettes pour gagner sa quote-part, il travaille sous forte pression mettant ainsi en péril sa sécurité et celle des usagers[73]. Dans certains cas, le chauffeur de taxi perçoit un minimum mensuel qu'il complète chaque jour avec la différence de la somme à verser au propriétaire et le montant de la recette journalière. Dans d'autres cas encore, les parties ne fixent pas un montant journalier à verser par le chauffeur taxi, ces différentes situations mettant en exergue les aspects d'un véritable contrat de travail.

Chez les pousseurs, la situation est à peu près la même, mais la longévité dans le statut de pousseur non propriétaire n'est pas grande. En effet, le pousse-pousse ne coûtant pas très cher. Le pousseur non propriétaire désireux de devenir propriétaire met en général moins d'un an pour avoir suffisamment d'argent pour acquérir le sien. Malheureusement, la loi n'organise pas de protection spéciale pour ces travailleurs faussement indépendants qui sont en général rangés dans la catégorie du secteur informel. Raison pour laquelle, ils ne sauraient bénéficier des dispositions du droit commun[74] qui, jusqu'ici, ne viennent pas à bout des difficultés inhérentes à leur protection.

2. L'influence des facteurs socioculturels

Les facteurs socioculturels évoqués dans ce cadre font allusion à l'ignorance des travailleurs et à la survivance des croyances traditionnelles. Le travailleur c'est « *toute personne qui, quels que soient son sexe et sa nationalité, s'est engagée à mettre son activité professionnelle moyennant une rémunération, sous la direction et l'autorité physique, morale, publique ou*

[72] Dans la ville de Yaoundé, le montant journalier à verser par l'exploitant de taxi varie entre 8000 (huit mille) et 12000 (douze mille) francs CFA, en fonction de l'état de la voiture et de sa consommation au kilomètre.

[73] Car, il se rend coupable de violation du code de la route et des dépassements des capacités normales de résistance au travail.

[74] La moindre difficulté dans la recherche d'éléments de protection de ses travailleurs, n'est pas la conscience chez ceux-ci d'être de passage dans la situation. En effet, presqu'aucun chauffeur non propriétaire de taxi, et aucun pousseur ne pense qu'il peut demeurer dans sa situation. Aussi, ces travailleurs peuvent de temps à autre se plaindre, ils sentent difficilement la nécessité de se regrouper pour discuter des questions d'intérêt commun. Au moins, les tribunaux pourront, comme on l'a dit en ce qui concerne les Two parties, requalifier en contrat de travail, une opération qui dissimule une subordination.

privée d'une autre personne considérée comme l'employeur[75] ». Ainsi, le travailleur devrait à première vue au moins, connaître et maitriser le droit du travail, ce qui est rarement le cas. Car, dans la pratique, ce dernier fait souvent preuve d'une *ignorance certaine de la législation du travail* soit du fait du taux élevé de l'analphabétisme[76], soit du fait de la vulnérabilité d'une certaine catégorie de travailleurs[77]. Parlant de la vulnérabilité, elle concerne uniquement les travailleurs domestiques, les migrants et les temporaires qui, malgré la réglementation, sont victimes d'abus de la part de leurs employeurs sous diverses formes : absence de contrat de travail, interminables listes de tâches à accomplir, longues journées de travail, non-paiement des heures supplémentaires, congés non payés, absence d'affiliation à la CNPS, victimes de harcèlement sexuel, manque de considération en tant qu'être humain et salaires en dessous du Salaire Minimum Inter-Garanti (SMIG).

Quant à *la survivance des croyances traditionnelles*, il faut préciser que la tradition et le travail ne font toujours pas bon ménage en Afrique lorsqu'il s'agit de la femme ou de la fille. Les coutumes ont toujours accordé une place fondamentale à la femme dans le foyer. Il persiste encore des systèmes de patriarcat qui rejettent l'apprentissage moderne et portent plutôt leur choix sur le jeune garçon à qui la coutume reconnait le rôle d'assurer la subsistance de la famille. Dans la partie septentrionale du Cameroun, seules huit pour cent des filles dans le Nord et quatre pour cent dans l'Extrême-Nord sont scolarisées. Dans ces zones, le processus de socialisation consiste à maintenir la femme en permanence au foyer et la fille doit assister sa mère afin qu'une fois mariée, celle-ci soit à mesure de prendre soin de son foyer. D'autres préjugés personnels et alibis non justifiés contribuent à renforcer la supériorité des hommes vis-à-vis de la femme travailleuse, par exemple : la femme déteste par nature le travail difficile, les femmes sont naturellement peu ambitieuses, les femmes ont très peu d'imagination, la motivation des femmes se situe uniquement au niveau des besoins physiologiques et sécuritaires ; au travail, les femmes doivent être surveillées de près, contrôlées ou menacées de sanctions si l'on veut qu'elles atteignent les buts visés par l'entreprise[78].

CONCLUSION

Tout au long de cette étude, il ressort une certaine relativité due à la garantie fragile et aux facteurs socioculturels rédhibitoires. Pour ce qui est de la garantie, elle découle de l'ensemble des textes juridiques et du système

---

[75] Article 236 du Code du travail camerounais.

[76] Selon une enquête camerounaise menée auprès des ménages (ECAM II) entre 1996 à 2001, il a démontré qu'environ deux tiers de la population active avait un niveau d'instruction inférieur ou égal au primaire. D'un autre côté, le coût de l'éducation n'est pas à la portée des toutes les couches sociales.

[77] MIENDJEM (I.L.), *op.cit*, p. 64.

[78] KENOUKOU (C.A.), *op.cit*, p. 115.

institutionnel qui ont été consacrés en vue de faciliter l'implémentation des politiques nationales et communautaires de l'emploi, notamment à travers l'implémentation des instruments juridiques. Du point de vue institutionnel, nous avons pu apprécier l'apport de la CIPRES, du Comité tripartite sous-régional du dialogue social, de l'Équipe d'appui technique de l'OIT au travail décent pour l'Afrique centrale, des structures nationales en charge des questions relatives au droit du travail dans les six pays membres de la CEMAC, qui agissent par l'intermédiaire de l'administration centrale du travail, ses services extérieurs, la CNCT, la CNSST, les tribunaux du travail et les juridictions arbitrales. Au demeurant, le droit au travail se heurte à de nombreuses difficultés relevant des contraintes structurelles et de l'inadéquation de l'environnement des États membres de la CEMAC aux exigences de ce droit. Au regard de la délicatesse de ce droit fondamental de l'Homme, force est de relever que la défaillance des textes juridiques nationaux du travail, les lacunes imputables au dispositif institutionnel national, l'environnement socio-économique en crise et l'influence des facteurs socioculturels constituent un frein pour l'épanouissement des droits au travail.

RÉFÉRENCES BIBLIOGRAPHIQUES

DALLIER Patrick, « Monisme et Dualisme : un débat dépassé ? », in BENACHOUR Rafâa et LAGHMANI Slim, (dir.), *Droit international et droits internes dével oppements récents*, Rencontres internationales de la Faculté des sciences jurid iques politiques et sociales de Tunis, A. Pedone, Colloque des 16, 17 et 18 av ril 1998, pp. 9-22.

DE DRAVO-ZINZINDOHOUE Cécile Marie José, *La mise en place d'un droit unif orme du travail dans le cadre de l'OHADA*, Atelier National de Reproduction de Thèses, 2009, 562 p.

EKANI EBO'O Joseph, *La mise en œuvre du règlement portant Charte des investissements de la CEMAC dans les États membres : Contribution à la réflexion sur l'intégration Communautaire en zone CEMAC*, Université de Douala, Diplôme d'études approfondies (DEA) en droit public, 2005, on www.memoireonline.com/10/12/6303/La-mise-en-oeuvre-du-reglement-portant-charte-des-investissements-de-la-CEMAC-dans-les-États-membr.html_; consulté le 24 décembre 2020.

ESSONO B. E., *Le droit du travail à l'exemple,* éd. SOPECAM, Yaoundé, 2006, 25 6 p.

LAFFITEAU Emilie et EDI Serge Jean, « Les pays de la CEMAC convergent-ils ? » , in *STATECO.* N°108. Lance (GN.), WILLIAMS (WT.), 1969, pp. 31-43.

LEMESLE Raymond, *Le droit du travail en Afrique noire francophone* , EDICEF, P aris, 1989, 287 p.

MICHING. A.E, *Les défaillances de l'inspection du travail au Cameroun,* Université de Yaoundé II, mémoire de Master II-recherche en DPAE, 2011, 97 p.

MINE Michel ET MARCHAND Daniel, *Le droit du travail en pratique,* Éditions d' organisations, Groupe Eyrolles, 21éd. 61 bd, Saint-Germain, 75240 Paris Ced ex 05, 2013, 572 p.

OUMBA Parfait, *La problématique du travail décent en Afrique à la lumière des nor mes de l'OIT,* café socio-anthropologique 'Le travail dans tous ses états', Fac ulté des sciences sociales et de gestion de l'UCAC, Yaoundé, Cameroun, avri l 2016, 19 p.

UNICEF, *Convention relative aux droits de l'enfant, que sont les droits de l'Homm e ? Les droits de l'Homme appartiennent également à chacun d'entre eux : in troduction to the human rights based approach*, Finlande, 2015, 20 p.

VALTICOS Nicolas, « Normes Internationales du Travail et droits de l'homme. Où en est-on à l'approche de l'an 2000 ? », *Revue internationale du travail,* vol.137.n°2, 1998, pp. 151-164.

VIRALLY Michel, « Sur un pont aux ânes : Les rapports entre droit international et d roits internes », in *Mélanges offert à Henri Rollin : problèmes de droit des ge ns*, *SFDI*, 1964, pp. 488-505.

WANDJI. (D.), *Droit du travail en Afrique francophone,* Collection UREF, CERIM A, Douala, 2003, 165 p.

Titre 3 :

LIBERTÉ DE CIRCULATION ET GESTION TRANSFRONTALIÈRE DES CONFLITS

LA LIBERTÉ DE CIRCULATION DES PERSONNES ET LA NON-DISCRIMINATION EN DROIT COMMUNAUTAIRE CEMAC

Par

Martine BIKOE

Docteure en Droit public
Maitre-Assistant (CAMES)
Chef de département de droit public
Université de Garoua

« Il n'y a point de mot qui ait reçu plus de différentes significations, et qui ait frappé les esprits de tant de manières, que celui de liberté ».
Montesquieu, *L'Esprit des Lois.*

INTRODUCTION

« Le citoyen d'un État peut-il aller voir ailleurs » ? Cette question du professeur Antoine Pecoud[1] a encore sa raison d'être aujourd'hui en Afrique centrale au regard du climat délétère lié aux crises, de tous ordres, observées dans cet espace. La plupart des crises, qu'elles soient sécuritaires ou humanitaires, ont jeté sur les routes, de milliers d'hommes et de femmes qui se heurtent à des barrières à l'encontre des flux migratoires. Pourtant, selon la Déclaration universelle des droits de l'homme, « toute personne a le droit de circuler librement et de choisir sa résidence à l'intérieur d'un État »[2]. Cette affirmation de l'article 13 de ce texte vise à mettre un terme aux multiples obstacles tant politiques, juridiques, économiques, voire militaires qui restreignent la liberté de circuler.

---

[1] PECOUD (A.), « Libre circulation, de l'idéal au politique », *C.E.R.A.S / « Revue Projet »*, 2013/4, N°335, pp.50-59.
[2] Article 13 de la Déclaration universelle des droits de l'homme.

Entendue comme un droit fondamental de l'homme, la liberté de circuler représente une citoyenneté mondiale où l'homme est partout chez lui par-delà toutes les frontières[3]. Il s'agit d'un idéal cosmopolite selon lequel tout être humain devrait jouir du droit de se déplacer sur terre et donc de franchir librement les frontières entre États[4]. Une telle liberté de mouvement, codifiée par le droit international, a été consacrée par la quasi-totalité des ordres juridiques nationaux en Afrique centrale. Tous, réaffirmant leur attachement aux libertés posées par la Déclaration universelle des droits de l'homme, reconnaissent à l'homme le droit de se fixer en tout lieu et de se déplacer librement dans les conditions fixées par la loi. Si les constitutions de la République centrafricaine et de la Guinée équatoriale garantissent à tout citoyen l'exercice de cette liberté au niveau national[5], les constitutions de la République du Congo, du Gabon et du Tchad sont plus expressives. Elles permettent à leurs citoyens de sortir hors du territoire national et d'y revenir[6] lorsque les circonstances le permettent. La Constitution du Cameroun semble implicitement aller dans le même sens. Non seulement elle fait sienne les principes posés par la Déclaration universelle, mais sa particularité est qu'elle utilise le mot homme et non celui de citoyen. Elle accorde à tout homme, indépendamment de sa nationalité, le droit de se fixer en tout lieu et de se déplacer librement, à condition de respecter toutes les prescriptions légales relatives à l'ordre public, à la sécurité et à la tranquillité publiques[7]. La liberté de circulation énoncée par toutes ces constitutions s'analyse comme un droit individuel inaliénable, indivisible et insécable. C'est pour cette raison qu'elle a été admise dans les ordres communautaires en qualité de principe favorable au processus d'intégration des espaces économiques souverains.

L'idée d'intégration de type communautaire qui prend son envol dans le cadre de la communauté des États du charbon et de l'acier (CECA) à partir de 1951 va trouver un réel engouement en Afrique centrale à la suite du succès de la construction de l'Union européenne. Favorisant dès 1959 la création d'une union douanière équatoriale[8], cette idée va suivre son lit jusqu'à la

---

[3] HESSEL (S.), « Article 13 le droit de circuler », *SUPPLÉMENT D'HOMMES & LIBERTÉS*, n°139, juillet - août - septembre 2007.

[4] PECOUD (A.), « Libre circulation, de l'idéal au politique », *op.cit.*, p. 50.

[5] Selon l'article 4 de la Constitution de la République centrafricaine, *« Les libertés d'aller et venir, de résidence et d'établissement sur toute l'étendue du territoire, sont garanties à tous dans les conditions fixées par la loi »* ; pour ce qui est de la Guinée équatoriale, l'article 13 reconnaît à tout citoyen guinéen la liberté de circulation et de résidence.

[6] Voir l'article 22 alinéa 2 de la Constitution de la République du Congo de la Constitution de 2015, L'article 1er alinéa 3 de la Loi N°3/91 du 26 mars 1991 portant Constitution de la République du Gabon et l'article 48 de la Constitution du Tchad du 4 mai 2018.

[7] Préambule de la Constitution du Cameroun du 18 janvier 1996.

[8] L'union douanière équatoriale regroupait en son sein le Congo, le Gabon, la République centrafricaine et le Tchad. L'intégration du Cameroun deux ans plus tard va permettre à cette union à partir de 1964 de prendre l'appellation d'Union douanière économique de l'Afrique centrale.

mutation de l'union en une Communauté économique et monétaire d'Afrique centrale (CEMAC). En effet, l'existence de cet espace né de l'euphorie de l'ambition des collectivités humaines d'être unies face à l'adversité apparait comme une solution indispensable au décollage économique de l'Afrique[9]. La nouvelle Communauté, compte tenu de l'ambition des États membres[10], devient ainsi un nouveau cadre de fraternisation et de paix en Afrique centrale.

La création de la CEMAC dont la priorité consiste en la promotion du développement socio-économique va cependant se heurter au sacro-saint principe de la souveraineté des États. Ces derniers, bien identifiés, sont séparés par des frontières claires, lesquelles ne séparent pas seulement les territoires, mais aussi les populations. À chaque État correspondent, dans un rapport exclusif, « son » territoire et « sa » population. Parlant du territoire, celui-ci est la base matérielle sur laquelle l'État exerce son autorité[11]. S'il est vrai qu'aucune parcelle d'un territoire ne saurait appartenir simultanément à deux États, il faut préciser que ce principe connaît des atténuations en matière d'intégration. Ces dernières sont justifiées par les objectifs poursuivis par les États membres de la communauté qui, à travers des accords, ont décidé de créer un espace homogène destiné à réduire les obstacles quant à leurs échanges et les disparités relativement à leurs économies. D'ailleurs, l'un des objectifs essentiels poursuivis par la CEMAC a consisté en la fusion des six aires géographiques nationales en une aire géographique unique, *« soumise à des règles destinées à réaliser une économie de marché »*[12].

Le choix de cet espace économique intégré devait par la suite se traduire par l'abolition des frontières interétatiques. Bien qu'un tel marché unique ait contribué à l'élimination des droits de douane interne à la communauté, d'autant plus que les États membres ont d'une certaine manière accepté de se délester d'une partie de leurs prérogatives, il n'a néanmoins pas encore réussi véritablement à réaliser une politique commerciale commune pour affronter les États tiers. Cette faiblesse peut être justifiée par la difficile mise en œuvre

---

[9] L'une des raisons avancées, et qui garde encore toute son actualité, est que les économies africaines, généralement de petite taille, souffrent d'un manque de compétitivité. Bien plus, elles sont très souvent exposées à de très fortes variations des prix sur les différents marchés internationaux des matières premières. Ainsi, en l'absence d'économies d'échelle limitées par les débouchés, tous les projets visant à développer les productions destinées au seul marché intérieur sont voués à l'échec.

[10] La CEMAC a été créée à N'Djamena le 16 mars 1994 par le Traité constitutif de ladite communauté. Ce traité auquel viennent s'adjoindre les conventions sur l'Union économique d'Afrique centrale, l'Union monétaire d'Afrique centrale, le Parlement communautaire et la Cour de justice communautaire ont été révisés le 25 juin 2008 et en janvier 2009, on a assisté à l'éclatement de la cour de justice de la CEMAC en deux institutions distinctes : Cour de justice et Cour des comptes. Cette communauté a pour États membres, le Cameroun, le Congo, le Gabon, la Guinée équatoriale et le Tchad.

[11] DUPUY (P.-M.), *Droit international public*, Dalloz, Paris, 8e édition, 2006, p. 24.

[12] BOULOUIS (J.), *Droit institutionnel de l'Union européenne*, Montchrestien, Paris, 6e éd., 1992, p. 59.

de la libre circulation des biens et des personnes. Il est difficile aujourd'hui de parler d'État sans les personnes. En effet, ce sont ces dernières qui constituent la population d'un État et de ce fait, elles ne sauraient, comme le territoire, être partagées entre deux entités étatiques. Pourtant, force est de remarquer que les États se heurtent de plus en plus aux flux migratoires des citoyens dans les limites de leurs frontières à cause de la mobilité de la population. Pareille mobilité qui amène à s'interroger sur l'exercice du pouvoir normatif de l'État en matière de liberté de circulation trouve un point d'ancrage dans l'idée d'intégration régionale.

Perçue comme le « *processus par lequel les acteurs politiques des différents champs nationaux sont persuadés de tourner leur fidélité, leurs espérances et leurs activités vers un nouveau grand centre, dont les institutions disposent ou exigent de disposer d'une juridiction sur les États nationaux préexistants* »[13], l'intégration constitue un moyen respectueux de l'autonomie de chaque entité étatique. Loin de faire perdre aux États la plénitude de leurs prérogatives internationales, elle vise à coordonner leurs économies en vue d'atteindre un développement adéquat. Ce dernier ne saurait être atteint tant que l'idée de préservation des intérêts nationaux l'emporterait sur l'idée de réalisation des objectifs communs et des politiques communes que les États membres ont assignés au cercle concentrique. Or, malgré l'adoption de l'Acte additionnel n°08/CEMAC du 29 juin 2005 relatif à la libre circulation des personnes en zone CEMAC et de l'Acte additionnel n°01/13-CEMAC-070U-CCE-SE du 25 juin 2013 portant suppression du visa pour tous les ressortissants de la CEMAC, circulant dans cet espace communautaire, la liberté de circuler continue de faire l'objet de discriminations. La plupart des politiques adoptées unilatéralement affectent non seulement les relations entre les États membres de la CEMAC, mais entravent considérablement la liberté de circuler et par conséquent le vouloir-vivre ensemble qui transparait dans les idéaux de la CEMAC. Cette situation met à mal le marché commun unique, lequel éprouve des difficultés à se fonder sur la liberté de circuler, cet instrument essentiel sans lequel ne peuvent se matérialiser les politiques d'intégration régionale[14].

Bien que le principe de la liberté de circulation soit reconnu par les textes constitutifs de la CEMAC comme un facteur déterminant du processus d'intégration au sein de cet espace économique souverain[15], sa mise en œuvre fait face à des restrictions. Celles-ci résultant des pratiques discriminatoires

---

[13] HASS (E.), *The Uniting in Europe*, Stanford University Press, 1958, p. 16. Cité par C. ALGER, *L'organisation internationale vue sous l'angle du fonctionnalisme et de l'intégration*, in ABI-SAAB (Dir.), *Le concept d'organisation internationale*, UNESCO, Paris, 1980.

[14] Article 2 de la Convention régissant l'Union économique de l'Afrique centrale.

[15] ZOGO NKADA (S-P.), « La libre circulation des personnes : réflexions sur l'expérience de la C.E.M.A.C. et de la C.E.D.E.A.O. », *Revue internationale de droit économique*, 2011/1 t.XXV, pp. 113-136.

des États membres continuent à conditionner particulièrement l'exercice de la libre circulation des personnes. Contrairement à la libre circulation des biens, des services et des capitaux qui n'ont pas tardé à produire leurs effets, la liberté de mouvement des personnes continue à éprouver des difficultés dans son envol. En effet, ce socle de la réalisation de l'intégration à dose élevée, appelé à mesurer la solidarité entre les États membres de la CEMAC, entre de plus en plus aujourd'hui en contradiction avec la souveraineté étatique. Une telle contradiction qui date des indépendances peut être justifiée par le caractère suprême de la souveraineté. Aucun de ces États n'a admis facilement qu'un pouvoir lui soit supérieur ou concurrent. Bénéficiant de la plénitude des prérogatives internationales, ces États, plus soucieux de la réalisation de leurs attributs régaliens, ont semblé mettre entre guillemets la légitimité de toute migration et le droit à la mobilité de chaque individu posé par la Déclaration universelle des droits de l'homme. Dès lors, le droit de circuler, entendu comme le droit de trouver un accueil, n'a véritablement pas été considéré comme *« un bien public »*[16].

Pour ces États, sa consécration au-delà de leurs frontières semblait leur ôter leur droit de contrôler l'accès à leur territoire. Voilà pourquoi les frontières de certains États comme la Guinée équatoriale et le Gabon sont restées, pendant longtemps, fermées au citoyen communautaire malgré la suppression des visas. Or, au regard de la nécessité d'accélérer le processus d'intégration régionale, notamment par la libre circulation des personnes, le Conseil des ministres par son règlement n°01/08-UEAC-042-CM-17 du 20 juin 2008 avait précisé les conditions et les modalités d'établissement, de gestion et de délivrance du passeport CEMAC. Ce règlement qui venait ainsi modifier celui n°1/00-Cemac-042-CM-04 portant institution et conditions de gestion et de délivrance du passeport CEMAC visait l'exercice de la liberté de circuler de manière non discriminatoire. À travers ce texte, se trouve posée la seule condition à laquelle sont désormais soumis les nationaux de l'aire géographique unique CEMAC. Pour y circuler librement, ils doivent tout simplement disposer d'un passeport CEMAC biométrique. La délivrance de ce dernier se fait de manière non discriminatoire, indépendamment de tout attribut individuel. Les citoyens sont traités de manière égale et juste dans la jouissance de ce droit. D'ailleurs, ce passeport qui confère à son titulaire le droit de circuler librement au sein de l'espace CEMAC a mis fin à l'application par les États membres du principe de délivrance des visas aux ressortissants de la Communauté, véritable frein à la liberté de circulation des personnes.

Il est certes vrai qu'un État ne peut survivre s'il ne contrôle sa population à laquelle il est lié par un ensemble de droits et de devoirs ; mais, la fermeture de ses frontières constitue tout aussi un obstacle au processus d'intégration

[16] COURS-SALIES (P.), « Une fabrique pour deux questions nationales », *Les Possibles*, N°19, Hivers 2019, pp. 1-8.

ainsi envisagé. La fermeture des frontières au nom de la souveraineté a conduit au sein de la CEMAC, certains États à développer des discriminations non favorables au traitement de tous les hommes au nom des droits universels. La libre circulation qui se trouve au fronton de ces droits, au droit de s'exercer sans restriction ou contraintes particulières[17], se heurte de nouveau à des politiques de visas alors que depuis 2008, tous les États membres avaient facilité l'exercice de cette liberté à travers la présentation du passeport CEMAC, tenant lieu également de pièce d'identité. De tels revirements constituant des obstacles à la mise en œuvre de la liberté de circuler instaurée par le marché unique ne facilitent guère la construction et la consolidation des solidarités et des comportements collectifs. Ne pas voir en la liberté de circulation un droit fondamental, c'est non seulement oublier sa place dans la réalisation de l'intégration dans la sous-région, mais aussi, c'est faire perdre à l'homme sa dignité de citoyen communautaire. Et pourtant, ce dernier est considéré par les textes de la CEMAC comme le national de l'un des États des six aires géographiques appelé à se mouvoir dans l'aire géographique unique. Cette reconnaissance de la liberté de circuler comme un droit fondamental soumettrait les États membres à sa mise en œuvre sans discrimination. C'est parce que la discrimination constitue un traitement injuste et préjudiciable que le droit international interdit de traiter moins favorablement une personne en raison de critères, réels ou supposés, tels que l'apparence, la croyance, la race, la langue, l'âge ou le sexe. En effet, le fait que tous les États membres de la CEMAC se soient engagés à respecter l'égalité de tous les citoyens, se traduisant par la liberté d'aller et venir des personnes d'une part, et que l'on observe de plus en plus des politiques discriminatoires affectant les relations entre les États membres[18] d'autre part, amène à réaliser que l'un des objectifs majeurs assignés à la CEMAC, à savoir la création d'un espace intégré, demeure hors de portée.

De plus en plus aujourd'hui, la capacité des États membres à réaliser l'exercice de la liberté de circuler des personnes est devenue une préoccupation majeure dans la sous-région. Le refus par certains États de consolider le principe du droit au sol, c'est-à-dire de permettre au citoyen communautaire de partager avec les nationaux des autres États une communauté réelle à travers un véritable vivre ensemble, soulève l'interrogation de la réalité même de l'exercice de la liberté de circuler. L'intégration est rendue pratiquement impossible par des préjugés tels que la fable de l'invasion ainsi que la menace d'altération de l'identité nationale[19],

---

[17] BIPELE KEMFOUEDIO (J.), « La libre circulation des personnes comme droit fondamental en zone CEMAC », *Revue du Centre Michel de l'Hospital*, N°21, 2020, p.2.

[18] LOUNGOU (S.), « La libre circulation des personnes au sein de l'espace de la C.E.M.A.C : entre mythes et réalités », *Belgeo*, 2010, p. 19.

[19] ROUSSEAU (J.), « La liberté de circulation et d'installation des personnes : des droits à respecter, une perspective crédible pour un monde marqué par la mobilité », *Éthique publique*, vol. 17, n°1, 2015, consulté le 25 janvier 2023.

lesquelles servent de fondement aux politiques de fermeture des frontières. Or, ces dernières, loin de dissuader toutes les personnes en quête d'une vie meilleure hors de leur territoire national, sont à l'origine des violations systématiques des droits humains reconnus à tout migrant au niveau international. Les récentes expulsions des Camerounais en Guinée équatoriale démontent les discriminations auxquelles sont soumis les ressortissants de la communauté malgré l'idée d'interdépendance entre les États membres véhiculée par ce processus d'intégration. Dans ce cas d'espèce, la citoyenneté communautaire ne saurait plus se réclamer du droit au sol à cause de la superposition du droit du sang. La primauté de ce dernier droit crée des discriminations mettant à mal la reconnaissance de la liberté de circuler entre les ressortissants de la CEMAC. En effet, les restrictions observées au sein des États se fondant soit sur le lien du sang ainsi, soit sur l'absence d'harmonisation des textes nationaux relatifs à la sécurité ou au coût de transport entre les États membres conduisent à s'interroger sur le caractère non discriminatoire de l'exercice de la liberté de circuler dans la sous-région. C'est précisément l'objet de la présente étude qui tente de répondre à la question suivante : peut-on véritablement parler d'une libre circulation des personnes en zone CEMAC exempte de discrimination ?

Au regard de cette interrogation, il est établi que la libre circulation des personnes actée depuis 1972 par l'union douanière des États de l'Afrique centrale (UDEAC), reprise par la Convention de l'Union économique d'Afrique centrale a été reconnue à tout citoyen communautaire. Bien qu'elle ait été effective depuis 2017, cette reconnaissance fait face à sa grande diversité autant dans sa conception que dans sa mise en œuvre. Dès lors, reconnaître au national de la communauté l'exercice non discriminatoire de cette liberté posée par les conventions et réaffirmée par les textes adoptés par les États membres de la CEMAC en vue du passage d'une CEMAC des États à une CEMAC des peuples, demeure mitigé. La liberté de circulation qui s'inscrit dans le prolongement du libre-échange se heurte davantage à la pratique des États en raison du fait qu'elle n'a pas été complètement verrouillée par le législateur communautaire au niveau sécuritaire. C'est pour cela que l'on peut affirmer qu'il existe d'une part, une discrimination passive de la libre circulation des personnes (**I**) résultant du silence ou du mutisme du législateur communautaire quant à l'exercice conforme de ladite liberté, et d'autre part une discrimination active de la liberté de mouvement des personnes en zone CEMAC alimentée par la marge de manœuvre autorisant des différences dans son exercice (**II**).

I. NE DISCRIMINATION PASSIVE DANS L'EXERCICE DE LA LIBERTÉ DE CIRCULER

La liberté de circuler est un droit fondamental reconnu à tout individu aussi bien au plan international que celui national. Cette reconnaissance qui soulève le principe de l'égalité de tous devant la loi a été entérinée au sein de la Communauté CEMAC. Le législateur de ladite communauté, en consacrant cette liberté, a posé les balises visant son exercice non discriminatoire (A). Mais, le silence du législateur quant à l'harmonisation des conditions d'entrée et de séjour favorise implicitement des discriminations liées à la nationalité (B).

A. Les éléments d'une consécration plus ou moins égalitaire de la liberté de circulation des personnes

Les traités constitutifs de la CEMAC dont l'objet initial est l'instauration d'un marché unique n'ont pas hésité à consacrer la liberté de circulation des personnes dont l'exercice semble être reconnu à tous les ressortissants des États membres sans discrimination. Malgré les réticences observées ça et là au sujet de cette liberté[20], celle-ci a été affirmée à travers une reconnaissance d'un droit de circuler et de séjourner (1). Cependant, ce droit qui vise la suppression des entraves à la libre circulation des personnes fait face à des résistances persistantes (2).

1. La reconnaissance formelle du droit de circuler et de séjour

La liberté de circuler est considérée aujourd'hui comme un acquis fondamental de toute construction communautaire. Consacrée depuis 1957 par le Traité sur le fonctionnement de l'Union européenne[21], cette liberté va trouver un terrain favorable en Afrique centrale. Le législateur, dès le Traité instituant l'Union douanière d'Afrique centrale (UDEAC), n'a pas hésité à consacrer ce principe afin que les peuples des États membres puissent bénéficier de la faculté de circuler et de séjourner librement sur tout le territoire communautaire. Bien que s'étant inspiré de l'Union européenne dont les politiques adoptées ont favorisé la suppression totale des barrières pour tous les ressortissants des États membres de ladite union, le législateur en Afrique centrale a limité le principe de la libre circulation des personnes à la seule catégorie des acteurs économiques constituée des travailleurs et des salariés. Cette limitation constitue déjà une discrimination passive dans l'exercice de la liberté de mouvement des personnes. Circonscrire ce droit à

---

[20] TONNANG (E.), « La libre circulation des personnes et des services en Afrique centrale : entre consécrations textuelles, vides jurisprudentiels et hésitations politiques », *Recueil Penant,* octobre-décembre 2006, n° 857, pp. 3-31 ; LOUNGO (S.), « La libre circulation des personnes au sein de l'espace de la CEMAC : entre mythe et réalités », *Revue belge de Géographie*, 3/2010, pp. 315-330.

[21] Articles 45 et 49 du Traité sur le fonctionnement de l'Union européenne de 1957.

une catégorie de personnes bien déterminées entraîne des exclusions et des distinctions entre les citoyens au sein de la sous-région. Une telle préférence de la part du législateur a eu pour effet de détruire ou de compromettre le droit à l'égalité de tous de circuler et de séjourner dans la CEMAC. Ce choix du législateur a exempté les États membres de l'obligation de ne pas adopter des mesures discriminatoires lorsqu'on sait que ces dernières participent à la négation de la dignité reconnue à tout citoyen communautaire.

Bien que l'égalité soit l'une des exigences visant le respect de la liberté de mouvement des personnes, il faudra attendre 1972 pour voir le législateur l'intégrer dans la construction sous-régionale africaine. La réforme de la législation commune entreprise dès 1972 va aboutir à l'adoption de la Convention commune sur la libre circulation des personnes et le libre établissement, signée à Yaoundé le 28 septembre 1972. Cette Convention qui vise davantage le rapprochement des peuples de la sous-région a pour effet d'ouvrir les frontières aux ressortissants des États membres. Mais, elle ne va pas produire les effets escomptés au regard de la marge de manœuvre laissée aux autorités nationales. S'il est vrai qu'elle reconnaissait au législateur communautaire le rôle d'encadrement des mesures relatives à la libre circulation dans l'Union, le fait qu'elle autorise les autorités nationales d'harmoniser dans l'urgence, du moins en ce qui concerne les acteurs économiques, les dispositions nationales pertinentes relatives entre autres au droit d'entrée, de séjour et de sortie, ainsi que le droit d'établissement dans le territoire national pour tous les ressortissants des États membres, justifie l'adoption par les États membres des législations anti-migratoires non favorables à l'ouverture des frontières.

De même, des limites similaires seront observées dans le cadre de la CEMAC après l'échec de l'UDEAC dans ses politiques d'intégration. Le droit primaire de la CEMAC a certes fait de la liberté de circulation des personnes une des conditions indiscutables de la construction de la nouvelle communauté ; mais, ce droit demeure moins explicite quant à l'exigence de la mobilité. Tout en reconnaissant la libre circulation comme le fondement du marché commun, ce droit ne semble s'intéresser davantage qu'à la libre circulation des travailleurs et de la main-d'œuvre. C'est ainsi que la Convention de l'Union économique d'Afrique centrale stipule que cette libre circulation implique d'une part, l'abolition de toute discrimination fondée sur la nationalité entre les travailleurs des États membres, et d'autre part, elle comporte le droit de se déplacer sur le territoire des États membres et de séjourner dans l'un de ces États[22].

La consécration de la liberté de circulation des travailleurs et sa mise en œuvre effective constituent certes une avancée notoire dans la construction du marché commun sous-régional. Elle permet à ce dernier de devenir un cadre

---

[22] Article 27 de la Convention de l'Union économique d'Afrique Centrale du 30 janvier 2009.

non plus statique, mais dynamique[23]. Son instauration, à côté de la liberté de circulation relative aux biens et aux capitaux apparait indispensable audit marché dont l'objet est, comme le soulignent certains auteurs, de créer une vaste zone de politique économique commune, permettant une expansion continue, une stabilité accrue, un relèvement accéléré du niveau de vie et un développement des relations harmonieuses entre les États qu'il réunit[24]. Cependant, elle ne semble pas suffisante au regard de la disqualification des autres individus d'en user. Il n'est donc pas étonnant que dans la préservation de l'exercice de cette liberté sans discrimination, le législateur CEMAC dès 2005 ait choisi de la reconnaître à tout ressortissant de la communauté.

D'ailleurs, à travers l'Acte additionnel n°08/CEMAC-CEE-SE du 29 juin 2005, la conférence des chefs d'État intègre cette libre circulation au sein du marché commun. Son effectivité va intervenir huit ans plus tard, à travers la suppression du principe d'établissement des visas. Cet acte pris de nouveau par la Conférence des chefs d'État a rendu libre sur l'ensemble de l'espace communautaire, la circulation des ressortissants des États membres de la CEMAC dès le 1er janvier 2014.

Désormais, au regard du dispositif normatif existant, tout citoyen de cet espace communautaire dispose de la faculté de se mouvoir en son sein. Il suffit que ce dernier dispose d'un passeport biométrique valide pour bénéficier du droit de se déplacer sans visa et de séjourner dans la sous-région pour une durée de quatre-vingt-dix jours au plus[25]. Mais, malgré l'évolution notoire dans l'exercice de la liberté de mouvement, laquelle a permis l'observation d'une nécessaire identité de traitement à travers la suppression de nombreuses entraves à son exercice, la liberté de circuler des personnes continue à être passivement encadrée par des discriminations observées dans les États membres se fondant sur des choix plus politiques que sur leurs réalités économiques internes[26].

---

[23] TOUNA MAMA, BEKOLO-EBE, FOUDA OWOUNDI, *Les économies africaines face à l'Europe de 1993*, préface de Georges NGANGO, PUC, Yaoundé, 1992, pp. 18 et ss.

[24] BIPELE KEMFOUEDIO (J.), « La libre circulation des personnes comme droit fondamental en zone CEMAC », *La Revue du Centre Michel de l'Hospital*, n°21, 2020, p.2 ; DENIAU (J-F.), *Le marché commun*, PUF, Paris, Que sais-je ?, 1969, pp. 11 et ss. ; lire aussi TEPKA (G.S-C.), « La mise en œuvre du marché commun de la CEMAC », *in* : *Communauté économique et monétaire des États de l'Afrique Centrale, Sensibilisation au droit communautaire et à l'intégration sous-régionale dans la zone CEMAC*, actes du séminaire sous-régional, Libreville-Gabon, 2-6 novembre 2004, Paris, GIRAF, mars 2005, pp. 29-35.

[25] Article 2 de l'Acte additionnel n°01/13-Cemac-070-U-CCE-SE portant suppression du visa pour tous les ressortissants de la CEMAC circulant dans l'espace communautaire du 25 juin 2013.

[26] GNIMPIEBA TONNANG (E.), *Droit matériel et intégration sous-régionale en Afrique centrale : contribution a l'étude du droit communautaire de la communauté économique et monétaire de l'Afrique centrale* (CEMAC), Thèse de doctorat, Université de Nice-Sophia Antipolis, décembre 2009, 558 p., notamment p. 137.

2. La persistance des entraves à la libre circulation des personnes

La construction du marché commun en Afrique centrale a connu son achèvement à travers la réaffirmation de la liberté de circulation des personnes par le législateur CEMAC[27]. En effet, ce dernier va mettre en œuvre le principe de mouvement de personnes préalablement énoncé dans le cadre de l'UDEAC[28]. Pour rendre ce principe effectif, plusieurs actes ont été pris dans le cadre de la CEMAC visant la suppression des obstacles à sa mise en œuvre. Le premier acte adopté est l'acte additionnel N°08/CEMAC-CEE-SE du 29 juin 2005, relatif à la libre circulation des personnes en zone CEMAC. Cet acte, pris par l'organe exécutif du système institutionnel de la sous-région, est l'acte fondateur de la libre circulation des personnes. Ce dernier qui se situe dans le prolongement de la Convention sur la libre circulation des personnes et le droit d'établissement en zone UDEAC, est le premier acte établissant clairement comment va s'opérer la liberté de mouvement dans cet espace communautaire. D'ailleurs, il soumet les ressortissants des États membres à la présentation soit d'une carte nationale d'identité, soit d'un passeport en cours de validité. Bien que l'un ou l'autre de ces documents soit exigé à tout national d'un État membre à l'intérieur ou à l'extérieur des frontières de son pays, il faut cependant noter que cet acte laisse aussi aux États membres le soin de déterminer les modalités d'exercice de cette liberté.

C'est dans cette optique que dès 2004, les États tels que le Cameroun, le Congo et par la suite le Tchad ont purement et simplement supprimé les visas pour leurs ressortissants respectifs. Pour ce qui est de la République centrafricaine, cet État s'est contenté de supprimer uniquement les visas pour les titulaires d'un passeport de service ou diplomatique. Quant au Gabon et à la Guinée équatoriale, ces deux États n'ont pas emboité le pas des autres États membres. Ces États non ouverts à la libre circulation se sont accrochés à la marge de manœuvre que leur reconnaissait l'acte additionnel quant à la détermination de la durée de transition laissée à leur entière discrétion. La non-limitation de cette période transitoire a conduit ces deux États à conserver la formalité des visas, ce qui leur permettait de réduire à leur guise le nombre d'entrées sur leurs territoires respectifs. Certes, une décision du Conseil des ministres, la Décision n°2/08-UEAC-CM-17 adoptée le 20 juin 2008 portant liste des personnes admises à titre transitoire à circuler sans visa en zone

---

[27] Cette liberté a été consacrée comme il apparait plus haut par le législateur communautaire dans le cadre de l'UDEAC. Selon l'article 27 du Traité constitutif de cette Union, *« l'Union constitue un seul et unique territoire au sein duquel la libre circulation des personnes, des services et des capitaux est libre ».*

[28] L'article 1er de la Convention commune sur la libre circulation des personnes et le droit d'établissement dans l'union douanière et économique de l'Afrique centrale de 1972 dispose que, *« les ressortissants des États membres de l'union douanière et économique de l'Afrique centrale peuvent librement dans le territoire de l'un quelconque des États membres, y voyager, y établir leur résidence et en sortir à tout moment conformément aux dispositions de la présente convention ».*

CEMAC constituait une étape de la progressivité de la libre circulation instaurée dans l'acte additionnel précité. Mais, cette décision qui circonscrivait la libre circulation dans la mesure où elle mettait l'accent sur les capacités réelles de ces États en matière de sécurité, leur a permis de continuer de se cacher sous le paravent de la sécurité au détriment du marché commun.

L'analyse de tout ce dispositif communautaire permet de montrer que c'est le législateur communautaire lui-même qui, par ses silences et ses indécisions, a laissé une porte ouverte aux États membres favorisant le développement des inégalités et des exclusions. Les textes pris n'ont ni soumis les États membres à l'obligation de s'abstenir des mesures et des actions discriminatoires ni à l'obligation de garantir la jouissance de ce droit à travers la mise sur pied des mesures législatives ou administratives empêchant aux autorités étatiques l'exercice des discriminations. Si l'on s'attarde sur la nature de la décision précitée, celle-ci ne s'impose qu'aux personnes auxquelles elle s'adresse. Sans constituer une remise en cause de l'acquis communautaire pour tout citoyen de se déplacer librement dans l'aire géographique unique, elle a fini par contribuer à l'émasculation du processus d'intégration. Voilà pourquoi les entraves à la libre circulation demeurent.

Toutes ces disparités résultant des décisions unilatérales prises par les États en matière des conditions relatives à la libre circulation n'ont pas permis la réalisation de l'intégration économique en Afrique centrale, ce volet incontournable de l'émergence de la sous-région. Même avec le Règlement n°01/08-UEAC-042-CM-17 du 16 mars 2010, portant institution et conditions de gestion et de délivrance du passeport CEMAC, la CEMAC ne va pas toujours réussir à renforcer la solidarité et réduire la vulnérabilité des économies des États membres. Ce nouvel acte au caractère obligatoire va certes instituer un passeport biométrique. Son instauration qui est favorable à l'harmonisation de la législation sur la libre circulation contribuerait au renforcement de l'identité communautaire. En effet, il est à côté de la carte nationale d'identité, un instrument qui *« confère à son titulaire le droit de circuler librement, sans visa, au sein de la CEMAC. À cet effet, il tient lieu également de pièce d'identité (...) »*[29].

Toutefois, tous ces actes pris qui ouvrent la voie à la construction du marché commun sous-régional connaissent des applications divergentes. Ils font face à des entraves au niveau national. Certains États continuent jusqu'à ce jour à méconnaître la citoyenneté communautaire en excipant l'argument de sécurité malgré les actes pris visant la surveillance multilatérale dans cette zone[30]. La crainte de l'insécurité et des flux élevés de l'immigration évoqués

---

[29] Article 2 du Règlement n°01/08-UEAC-042-CM-17 portant institution et conditions de gestion et de délivrance du passeport CEMAC.

[30] Voir dans ce sens, l'accord d'extradition entre les États membres de la CEMAC du 28 janvier 2004, l'accord de coopération judiciaire entre les États membres de la CEMAC du 28 janvier

dans ces États semble demeurer inconsistante, puisque dans les autres zones d'intégration telles que l'Union européenne et l'Union des économies monétaires ouest-africain, la libre circulation des personnes a contribué favorablement au développement adéquat desdites zones[31].

L'on ne saurait plus nier aujourd'hui le lien entre le développement économique et la liberté de circulation. En tant que critère décisif de l'intégration, la libre circulation permet aux populations concernées de s'identifier au processus intégratif. C'est pour cette raison que la Conférence des Chefs d'État a pris l'acte additionnel n°01/13-CEMAC-070U-CCE-SE du 25 juin 2013 portant suppression du visa pour tous les ressortissants de la CEMAC, acte complétant le dispositif relatif à la libre circulation au sein de la CEMAC. Cet acte qui vise l'abolition des frontières internes pour une frontière externe unique constitue l'un des enjeux majeurs de la crédibilité du processus d'intégration[32] dans la CEMAC ainsi que de la légitimité des institutions communautaires[33]. C'est dans le cadre de cette légitimité que la Conférence des Chefs d'État, exerçant sa fonction normative prescrite par l'article 41 du Traité constitutif de la CEMAC, a pris cet acte visant à compléter les vides et les lacunes du traité de base sans le modifier. De tels actes dont le respect s'impose aux organes de la Communauté ainsi qu'aux activités des États membres constituent, pour ces derniers, une limitation de leur souveraineté au regard de leur soumission à l'obligation de respecter les engagements internationaux auxquels ils ont souscrit.

L'importance attachée à cette catégorie d'actes est qu'elle permet à toute communauté de franchir une étape importante dans la voie de l'intégration. L'acte additionnel de 2013, pris dans le cadre du libre mouvement des personnes, au regard de sa clarté, a permis sur le plan formel, aux ressortissants des États membres d'avoir un sentiment de type psychologique d'appartenir au territoire dans lesquels ils se trouvent. Ce sentiment est devenu effectif dès octobre 2017 lorsque l'ensemble des États membres de la CEMAC, en l'occurrence les plus réticents, le Gabon et la Guinée équatoriale,

---

2004, la Décision N°2/11-UEAC-070-U-CM-22 du 19 décembre 2011, portant extension de l'accès aux services d'Interpol I-24/7.

[31] Dans le cadre de l'UEMOA, l'insécurité observée dans certains pays de cette zone, comme au Mali, ce pays vivant sous la menace constante des groupes armés aux revendications diverses ne s'est jamais accompagné de la fermeture des frontières par les Autres États membres. Cela démontre tout simplement que les crises sécuritaires ne sauraient justifier la fermeture des frontières puisqu'il existe des conventions de coopération policières et judiciaires visant la régulation de la sécurité.

[32] MFOULA-NHANGUY, « La libre circulation des personnes en zone CEMAC/CEEAC : diagnostic », Gabon News, 2012, [en ligne], http://www.onewovision.com/actu-rdc/La-libre-circulation-des-personnes-en-zone-CEMAC-CEEAC-diagnostic 004b2363245487362353241. (Consultée le 19 février 2023).

[33] MOUANGUE KOBILA (J.), « Bilan de la libre circulation des personnes en Afrique », *Revue Interventions économiques* [En ligne], Hors-série. Transformations, 2017, mis en ligne le 01 mars 2017, consulté le 19 février 2023.

ont décidé de passer, selon l'expression empruntée au Professeur Mouangue Kobila, *« de la libre circulation à la carte à la libre circulation totale »*[34]. L'ensemble des circulaires pris par ces États en application de l'acte additionnel susvisé aurait pu constituer une avancée dans le respect de la liberté de circuler et de séjourner librement sur tout le territoire communautaire[35] si la citoyenneté communautaire, élément important de l'identification des peuples de la CEMAC ne se heurtait pas à des limitations résultant de l'adoption des mesures discriminatoires par les États.

B. La liberté de circulation des personnes, une condition d'existence de la citoyenneté communautaire

Peut-on parler de la citoyenneté communautaire en zone CEMAC ? La réponse à cette question plonge ses racines dans les textes constitutifs de cette communauté et qui l'énoncent indirectement. Tel est le cas de certaines dispositions de la Convention régissant l'Union économique de l'Afrique centrale qui s'intéresse à la libre circulation des personnes. Alors que l'article 2 fonde la création d'un marché commun sur la libre circulation, l'article 4 quant à lui vise l'établissement de la libre circulation des personnes entre les États membres. Au regard de ces dispositions, la citoyenneté communautaire est arrimée à la citoyenneté des États membres. Celle-ci vise l'exercice de la liberté de circuler par tous les citoyens de l'aire géographique unique. En effet, la citoyenneté communautaire est porteuse des devoirs et des droits parmi lesquels figure la liberté de circuler.

Parler de l'exercice de la liberté de circuler conduit à revoir les contours même du mot liberté. D'après Montesquieu, la liberté est un droit reconnu à un individu de faire ce que les lois permettent. Principe fondateur en matière des droits de l'homme, la liberté est un droit naturel et imprescriptible de la personne humaine. Elle permet à celle-ci de jouir des droits inaliénables et sacrés. Lorsque la Déclaration des droits de l'homme et du citoyen de 1789 en ses articles 1er et 2e dispose que les hommes naissent et demeurent libres et égaux en droit, et que nul ne doit nuire à autrui par l'exercice de sa liberté, c'est parce que cette dernière instaure des relations entre les individus. Au regard de ces dispositions, tout individu peut jouir librement de tous les droits garantis par la loi, entre autres le droit de circuler librement.

La liberté de circuler s'entendrait comme la faculté reconnue à tout individu de se mouvoir, de stationner et de séjourner à l'intérieur ou à l'extérieur d'un État. En tant que composante de la liberté individuelle, elle s'exerce de manière autonome. Il s'agit d'un pouvoir d'autodétermination

---

[34] *Idem.*

[35] ICARD (P.), *Droit matériel et politiques communautaires* ; Editions ESKA, col. Droit public et sciences politiques, Paris, 1999, p.213.

permettant à l'homme d'aller où il veut. Inscrite dans la Déclaration universelle des droits de l'homme, la liberté de circuler apparait comme un principe nécessaire à l'existence du droit en tant que tel et qui recèle un fort potentiel intégrateur[36]. Son exercice est valable pour tous et c'est pour cette raison que nul ne peut en être privé, si ce n'est *« pour des motifs et conformément à la procédure prévue par la loi »*[37].

Selon le droit international, toute personne est libre de quitter n'importe quel pays, y compris le sien. Une fois qu'elle se trouve légalement sur le territoire d'un autre État, elle a le droit de circuler et d'y choisir librement sa résidence. Cette affirmation qui ressort du Pacte international relatif aux droits civils et politiques se retrouve confirmée dans le droit de la CEMAC. Celui-ci fait de la libre circulation des personnes, un principe fondateur de la citoyenneté.

S'inscrivant dans le processus d'intégration d'entités communautaires observé de part et d'autre dans le monde, la liberté de circuler est reconnue à tout citoyen de la zone dans la mesure où elle participe des domaines clés de l'intégration économique. La suppression des visas dans la sous-région vient permettre à la liberté de circuler de générer un important impact *« sur d'autres domaines de l'intégration comme le tourisme, l'apport de compétences sur le marché du travail, la promotion de l'entrepreneuriat, la diversification de l'économie, la valeur ajoutée aux services ou l'attrait des investissements et le renforcement de la compétitivité »*[38]. La mise en œuvre par les États de l'acte additionnel de 2013, supprimant les visas, permet la réalisation des objectifs du marché commun dont l'élargissement dépend de la vitalité de la liberté de circuler reconnue à tout citoyen communautaire sans discrimination. En effet, selon les textes de la CEMAC, tout national d'un État membre peut quitter librement son pays et entrer dans un autre pays du marché unique sans que sa liberté d'aller et venir soit conditionnée par une quelconque nécessité. L'exercice d'une telle liberté s'accompagne de l'institution de la citoyenneté communautaire.

La citoyenneté communautaire plonge ses racines dans le principe de la disparition des frontières internes à la communauté. En effet, elle peut être décelée dans la mission de la CEMAC qui tourne autour de l'économie et la monnaie. Le développement de cette dimension économico-monétaire inscrit dans l'article premier du traité constitutif nécessite une intégration politique, impliquant à son tour une véritable citoyenneté communautaire. Existe-t-il une véritable citoyenneté communautaire au sein de la CEMAC. La réponse à

---

[36] BOUTAYEB (C.), « Les mutations du champ d'application des libertés de circulation : la triple inconstance », *La constitution, l'Europe et le droit*, Ed. Sorbonne, Paris, 2013, pp. 543-570.
[37] Article 9 du Pacte international relatif aux droits civils et politiques.
[38] MOUANGUE KOBILA (J.), « Bilan de la libre circulation des personnes en Afrique », *Revue Interventions économiques, op.cit.*, p. 2.

cette question nécessite dans l'appréhension de l'expression citoyenneté communautaire de partir d'abord du mot citoyenneté.

La citoyenneté est un mot ayant un caractère polysémique parce que située sur plusieurs registres différents, entre autres sociologique, anthropologique, juridique et politologique. Le choix du dernier registre va permettre dans cette analyse de mieux cerner sa codification sur le plan juridique. Utilisée dans le champ de la science politique, la citoyenneté est perçue comme un statut juridique, un rôle et une qualité morale. En tant que statut juridique, la citoyenneté est un ensemble de droits et des obligations reconnus à tout citoyen vis-à-vis de la collectivité politique. Elle renvoie tout aussi soit à un ensemble de rôles sociaux spécifiques distincts des rôles privés, professionnels, économiques, soit à l'ensemble de qualités morales considérées comme nécessaires à l'existence du bon citoyen (c'est-à-dire celui-là qui se conforme à la loi). Voilà pourquoi l'auteur Déloye l'appréhende comme un statut social (membership), conférant aux individus à qui ce statut est reconnu un ensemble de droits et d'obligations formelles ou informelles, et exigeant d'eux qu'ils participent aux affaires de la cité ; ils doivent d'ailleurs participer aux affaires publiques de l'entité politique dont ils sont membres[39].

L'idée de citoyenneté a été longtemps indissociable de l'État-nation. Liant participation et assujettissement, la citoyenneté a toujours supposé l'allégeance à une communauté politique[40]. Dans une démocratie, le citoyen est donc celui qui bénéficie des droits civiques imprescriptibles. Mais, cette appréhension du citoyen va de plus en plus au-delà de l'État- nation. La crise de ce dernier a conduit à une résurgence d'une autre forme de citoyenneté, celle communautaire. Celle-ci qui émerge avec le principe de la disparition des frontières internes à la communauté va favoriser au sein de la CEMAC la prise en compte des étrangers. En effet, au sein de la CEMAC comme dans toute autre communauté supranationale, la citoyenneté est octroyée aux ressortissants des États membres. Elle permet aux nationaux de la communauté de disposer de l'ensemble des droits civils et politiques. Elle est perçue comme *« un statut légué aux membres d'une communauté. Tous ceux qui possèdent ce statut sont égaux devant les droits et devoirs qui sous-tendent le statut* [41]*».* Est donc considérée comme citoyen communautaire, toute personne ayant la nationalité d'un État membre. Le citoyen dans ce cadre apparaît donc comme l'équivalent de national. Il bénéficie d'une identité

[39] DELOYE (Y.), « De la citoyenneté stato-nationale à la citoyenneté européenne : quelques éléments de conceptualisation », *Revue suisse de Sciences politiques* 4(4), 1998, pp. 169-194.
[40] NAY (O.) (dir.), *Lexique de Science politique*, Dalloz, Paris, 4e éd., 2017, pp. 141-142.
[41] MARSHALL (T.H.), *Citizenship and social class and other essays*, Cambridge, 1950, p. 18.

juridique formelle[42], laquelle lui permet de devenir officiellement membre et citoyen d'un pays ou d'une communauté.

L'on ne peut plus parler aujourd'hui de processus d'intégration régionale sans évoquer le citoyen communautaire dont le rôle est indéniable dans la construction dudit processus. Aucune communauté ne peut plus se passer du citoyen communautaire puisque sa véritable finalité c'est l'union et le bien-être des peuples. Précisément, en retenant le principe de la disparition des frontières internes à la Communauté, les textes de la CEMAC reconnaissent une forme de citoyenneté communautaire. Celle-ci se manifeste par des concepts de libre circulation, de protection des droits fondamentaux et d'accès aux emplois publics. L'émergence d'une citoyenneté qui est l'une des finalités de la communauté se manifeste par la mise en œuvre du droit d'entrée, de résidence et d'établissement des ressortissants de la CEMAC dans tout pays la composant. Si le droit d'entrée est la manifestation de la liberté de circulation au sein de la Communauté, le droit de séjour ou de résidence quant à lui entraîne la délivrance d'une carte de résidence lorsque le séjour est de longue durée. Le droit d'établissement enfin facilite l'exercice d'une activité qui peut être économique, salariale ou libérale dans l'État de résidence.

Malheureusement, le citoyen communautaire éprouve des difficultés à jouir véritablement des droits prévus par le droit de la CEMAC. Bien que la libre circulation des personnes soit posée dans ce contexte, le statut déterminant les droits et les devoirs du citoyen est dilué par de nombreux obstacles conduisant à s'interroger sur la pertinence de la mise sur pied d'une citoyenneté au sein de la CEMAC. La citoyenneté dans ce cadre demeure une vue de l'esprit au regard de la somme d'effets d'exclusion disproportionnés qui résultent de l'effet conjugué d'attitudes des États membres empreintes de préjugés et de stéréotypes. La plupart des politiques et pratiques adoptées dans certains États ne semblent pas tenir compte de l'interdiction de toute discrimination fondée sur la nationalité. L'on observe une barrière étanche entre la citoyenneté nationale et celle communautaire et pourtant la seconde ne vient que compléter la première sans se substituer à elle. Les différences de traitement résultant de son application au sein des États membres viennent ainsi ternir la volonté de la Communauté de poursuivre ce processus comme tel est le cas entre les peuples de l'Europe où les citoyens bénéficient davantage de droits civiques. Ne pas permettre au national d'un État membre d'user de la libre circulation, c'est oublier que celle-ci est indissociablement attachée à la citoyenneté communautaire. Soumettre la libre circulation à des exclusions ou à des interdictions constitue la forme la plus fragrante de discrimination. Une telle atteinte au principe d'égalité des citoyens, émanant de traitements différents reposant sur des motifs de discriminations prohibés,

---

[42] COUDERT (C.), Réflexions *sur le concept de fondamentalité en droit français,* Thèse en vue de l'obtention du grade de Docteur en Droit, Université d'Auvergne, 2011, pp. 8 et ss.

et ce, de manière ouverte ou avouée, rentre dans ce que l'on peut qualifier de discrimination active.

II. UNE DISCRIMINATION ACTIVE DANS L'APPLICATION DE LA LIBERTÉ DE CIRCULER

« Quiconque se trouve légalement sur le territoire d'un État a le droit d'y circuler librement et d'y choisir librement sa résidence ». Cette affirmation de la Déclaration universelle des droits de l'homme s'impose aux États membres de la CEMAC. Non seulement tous ont réaffirmé dans leurs constitutions leur attachement aux principes du texte de 1948, mais aussi, ils ont fait de la libre circulation un élément d'affermissement de l'intégration sous-régionale[43]. Cependant, l'exercice de la citoyenneté communautaire fait face à de nombreux obstacles à l'origine d'une application à géométrie variable de la liberté de circulation des personnes. Cette dernière semble limitée tacitement, d'une part, par des exceptions conventionnelles (A) et d'autre part, par le pouvoir quasi discrétionnaire des États de légiférer sur leurs politiques sécuritaires (B).

A. Les exceptions incontournables au principe de la libre circulation des personnes

Le marché commun en zone CEMAC ne revêt de sens qu'à travers la reconnaissance de la citoyenneté communautaire. L'exercice d'une telle citoyenneté, se fondant sur la qualification de la liberté de mouvement de libre, est justifié par la faculté dont disposent les ressortissants des États membres à circuler et à séjourner librement sur le territoire CEMAC. D'ailleurs, à la différence de la libre circulation des marchandises, la liberté de se déplacer et de séjourner n'a pas été explicitement soumise à des restrictions ou à des interdictions comme la première[44]. Mais, comme toute liberté, elle connaît des limites lorsque son exercice entraverait l'exercice d'autres droits dits fondamentaux, indispensables aux nationaux d'un État membre.

---

[43] BIPELE KEMFOUEDIO (J.), « La libre circulation des personnes comme droit fondamental en zone CEMAC », *op. cit.*, p. 11.

[44] L'article 16 de la Convention régissant l'Union économique d'Afrique centrale dispose que, *« sous réserve des mesures de rapprochement des législations mises en œuvre par l'Union économique, les États membres peuvent interdire ou restreindre l'importation, l'exportation, ou le transit des biens, lorsque ces interdictions ou restrictions sont justifiées par des raisons de moralité publique, d'ordre public, de sécurité publique, de protection de la santé ou de la vie des personnes et des animaux, de la préservation des végétaux, de protection des patrimoines culturel, historique ou archéologique, de protection de la propriété intellectuelle. Les interdictions ou restrictions appliquées sur le fondement de l'alinéa précédent ne doivent constituer ni un moyen de discrimination arbitraire ni une restriction déguisée au commerce entre les États membres ».*

La liberté de circuler est une catégorie particulière de droits subjectifs[45]. Il s'agit d'un droit fondamental qui soumet la puissance publique aux limites d'un état de droit. Sa promotion par les instances internationales justifie son affirmation, au sein des États membres de la CEMAC[46], comme un droit particulièrement inhérent et nécessaire au respect de la dignité de la personne. En tant que tel, il s'agit d'un droit au fondement de l'universalité du genre humain. Son invocation au sein de la CEMAC doit toujours conduire, comme tel est le cas des autres droits fondamentaux, à sa prévalence effective sur toute autre considération. Malheureusement, l'exercice de la liberté de circuler est soumis à des traitements différenciés. Dans la plupart des cas, il cède devant l'impératif d'ordre public. En d'autres termes, la liberté de circuler est certes un instrument décisif de la construction communautaire[47], en raison du fait qu'elle intègre toutes les formes d'intégration (économique, politique, sociale, humaine) ; mais, sa limitation est de plus en plus justifiée par des raisons d'ordre public ou de santé publique évoquées par les États.

En ce qui concerne l'ordre public, son maintien a un prix à payer au sein de l'espace communautaire, à savoir la restriction du droit d'entrée, de se déplacer et de séjourner sur le territoire des États membres. Certes, le législateur a formulé expressément cette limitation pour ce qui est de la libre circulation des travailleurs et de la main-d'œuvre[48] ; mais, comme l'ordre *« ne saurait être préservé s'il fallait que le législateur intervienne à tout moment »*[49], il n'est pas étonnant que ladite limitation s'étende sur la liberté de mouvement des personnes autres que les travailleurs. La simple référence à une menace à l'ordre public constitue une motivation suffisante conduisant les États à rendre impossible l'exercice de la liberté de circuler des personnes[50].

---

45 Selon Bernard PELLIGRINI, les droits subjectifs sont des *« attributs et prérogatives reconnus aux personnes juridiques dans leur intérêt propre matériel et moral et leur dignité de sujet de droit (capacité de jouissance), leur permettant de les créer et de les faire valoir auprès des autres acteurs avec lesquels ils sont juridiquement liés (capacité d'exercice), au besoin d'en obtenir la réalisation contrainte par décision de justice exécutée avec le concours de la force publique »* ; In « La portée structurante des droits fondamentaux », *Érès/* « VST-Vie sociale et traitements, 2005/2, n°86, pp. 137-156 (notamment p. 138).

46 Les six États membres de la CEMAC affirment, dans leurs constitutions, leur attachement aux principes posés par la Déclaration universelle des droits de l'homme, à la Charte africaine et à toutes les conventions internationales qu'ils ont dûment ratifiées.

47 CANIVET (G.), « Le droit communautaire et l'office du juge national », *Droit et société*, volume 20, 1992, nos 20-21, pp. 133-141.

48 Article 27 de la Convention régissant l'Union économique d'Afrique centrale.

49 ROUAULT (M-C.), *L'interdiction par un maire de l'attraction dite de « lancer de nain »*, L.P.A., n°11, du 24 janvier 1996, p. 32.

50 Sur le rapport entre l'ordre public et l'exercice des libertés, lire BIKOE (M.), « L'ordre public et l'exercice des libertés publiques en droit camerounais », in *L'ordre public, Cahiers juridiques et politiques, Université de Ngaoundéré*, 2015, pp. 109-138.

Les facilités de limitation d'exercice de la liberté de circuler viennent de la difficile appréhension de la notion d'ordre public. Qu'il s'agisse du législateur communautaire ou de ceux nationaux, aucun n'a défini l'ordre public ni déterminé son contenu. Ils se sont contentés de le considérer comme une nécessité. Le professeur Etienne Picard souligne à juste titre que l'ordre public ne se saisit qu'à partir *« de son rôle dans une structure stable et globale, celle de l'institution primaire libérale. Or, au sein de cette institution, il nous semble à tous égards devoir être défini comme une norme de nécessité »*[51]. En tant que telle, l'évocation de l'ordre public en sa qualité de norme est donc ce qui est admis, justifié au sein de l'aire géographique communautaire. Aussi, son caractère obligatoire qui vient déroger à la préservation de la liberté de circuler relève de l'impératif ancien de la sécurité de l'État et de ses ressortissants. Voilà pourquoi chaque fois qu'il y a un conflit entre l'ordre public et l'exercice de la liberté de mouvement des personnes, les États font prévaloir leur mission sécuritaire.

Déjà en 2015, le gouvernement tchadien avait fait recours à la nécessité de maintenir la sécurité du territoire et des populations à la suite des attentats perpétrés à Ndjamena en juin de cette année. L'expulsion des autres ressortissants de la CEMAC, en l'occurrence les Camerounais et les Gabonais, constituait une limite au droit de séjourner et de s'établir au Tchad, cette parcelle de l'aire géographique communautaire. La réponse de la bergère au berger ne s'est pas fait attendre, car quelques heures plus tard, le Cameroun expulsa aussi de nombreux Tchadiens de son territoire. Très récemment, malgré l'atteinte de la construction d'une citoyenneté sous-régionale, la Guinée équatoriale, suite au coup d'État manqué de décembre 2017, n'a pas hésité à apporter des limitations à l'exercice de la liberté de circuler en invoquant la nécessité d'assurer la sécurité intérieure du territoire. En fermant ses frontières au lendemain de leur ouverture à la libre circulation des personnes dans la sous-région, l'État guinéen a fait primer les nécessités d'ordre public sur celles des libertés individuelles.

Une telle limitation constitue un critère fondamental permettant à un État de déterminer à partir de quel moment l'exercice d'une liberté peut être considéré comme constituant une atteinte à l'ordre public[52]. En Guinée équatoriale, le coup d'État dans lequel Tchadiens et Centrafricains ont été désignés par la justice guinéenne comme exécutants a été considéré comme un indice évident d'interdiction de l'exercice de la liberté de mouvement de personnes, car n'ayant aucun rapport avec les méthodes démocratiques de participation à la vie civile. Le coup d'État est un mouvement insurrectionnel incriminé par la loi pénale. Il rentre dans la catégorie d'actes qui menacent

[51] PICARD (E.), *La notion de police administrative*, T.II, LGDJ, Paris, 1984, p. 533.

[52] BIKOE (M.), « L'ordre public et l'exercice des libertés publiques en droit camerounais », *op.cit.*, pp. 121-122.

non seulement l'intégrité du territoire et la sécurité de l'État, mais visent aussi à déstabiliser le gouvernement légitimement constitué. Il s'agit donc d'un attentat contre la liberté publique susceptible de heurter le peuple souverain dont émane la légalité forgée par les représentants qu'il a désignés. De plus en plus aujourd'hui, il est davantage considéré comme acte de terrorisme. Ce dernier sert davantage de justification des mesures de l'ordre public. Or, tout comme la notion d'ordre public dont le contenu est fonction des valeurs et des circonstances relatives, le concept de terrorisme se caractérise tout aussi par son instabilité. C'est chaque État qui détermine le contenu qu'il entend donner au mot terrorisme.

Condamné fermement sous toutes ses formes et dans toutes ses manifestations, quels que soient les auteurs, les lieux ou les buts, le terrorisme constitue une des menaces les plus graves pour la paix et la sécurité internationales[53]. Ce phénomène dont la condamnation est posée au niveau international et réaffirmé au niveau national peut justifier de la part de la Guinée équatoriale le recours à l'impératif de sécurité. Un tel recours a conduit à l'interdiction pure et simple de l'exercice d'une citoyenneté sous-régionale. Pour préserver sa sécurité intérieure, la Guinée équatoriale a mis entre guillemets la circulaire adoptée en octobre 2017 qui facilitait, comme dans la plupart des États membres de la CEMAC, la liberté de chaque ressortissant de la sous-région de quitter son pays d'origine et de séjourner sur le territoire de tout autre État membre. Bien que justifié, le recours à l'ordre public a rendu illusoire, l'effectivité de la liberté de mouvement des personnes, ce moteur de l'animation communautaire[54].

Malgré l'harmonisation des conditions d'entrée et de séjour sur le territoire CEMAC, le recours par les États à l'ordre public ne permet véritablement pas audit territoire de passer du stade d'une union formelle à celle d'une union effective et affective. D'ailleurs, la liberté de circuler cède tout aussi devant l'invocation de la santé publique. Cela résulte du fait que dans le cadre de la CEMAC, le juge de l'application de la loi hésite à dire le droit, concrètement dans telle situation ou tel contexte en tenant compte des exigences relatives de la situation pour faire œuvre de justice. En effet, comme dans le domaine de l'interdiction des marchandises pour questions de sécurité, la pandémie du Covid-19 qui a touché le monde entier a conduit les États de la CEMAC à revisiter leurs politiques de libre circulation des personnes. Les mesures adoptées visaient pour chaque État à protéger ses nationaux contre les risques de contamination à cette épidémie. Dès le premier trimestre 2020, la fermeture des frontières et des aéroports a entamé l'effectivité de la libre circulation des

[53] Voir Document final du sommet de 2005, adopté par l'Assemblée générale dans sa résolution 60/1.

[54] TCHEUWA (J-C.), « Brèves réflexions sur la libre circulation des personnes et la citoyenneté dans la CEMAC », *Ethnicité, identités et citoyenneté en Afrique centrale*, Presses de l'Université catholique d'Afrique centrale, Yaoundé, 2002, p. 161.

personnes appliquée différemment par les États membres. Alors que certains États mettaient en quarantaine des voyageurs provenant des pays à risque, d'autres ont purement et simplement fermé leurs frontières. Ces mesures de fermeture drastique des frontières au nom de la santé publique ont prospéré en raison de l'absence des textes d'application internes en conformité avec la lettre et l'esprit des textes de la CEMAC et aussi à cause du maintien des nationalismes et égoïsmes qui perdurent dans la zone CEMAC. De telles attitudes de la part des États appelés à promouvoir la citoyenneté constituent une atteinte à la fondamentalité substantielle de la liberté de circulation des personnes. Et pour paraphraser un auteur, si la liberté de circuler des personnes, en sa qualité de droit fondamental, peut *« avoir une portée structurante »*, outre sa fonction de sources substantielles du droit dont elle fournit le sens et la légitimité, elle est humainement et socialement structurante *« pour l'intégration par chacun de l'égale dignité de la personne humaine en ce qu'elle actualise pour chaque sujet de droit les dimensions les plus émancipatrices d'un état de droit »*[55].

Malheureusement, les limitations à son exercice résultent de l'absence de mesures communes adoptées dans l'espace CEMAC visant à garantir la sécurité en son sein. Celles prises unilatéralement touchent inévitablement la liberté d'établissement, cette cheville ouvrière de la liberté de circuler, indispensable à la mise en œuvre d'autres droits liés à la qualité de citoyen communautaire. D'ailleurs, les discriminations qui en résultent sont accentuées par le pouvoir souverain dont disposent les États en matière de politiques sécuritaires.

B. Le pouvoir discrétionnaire des États en matière de politiques sécuritaires, un frein à la citoyenneté communautaire

La sécurité des personnes et des biens constitue aujourd'hui un défi majeur autant pour les États que pour les unions ou communautés. Aucune organisation régionale ou sous-régionale n'est plus à l'abri des crises sécuritaires rythmant le quotidien des États membres. Tel est le cas de la CEMAC où aucun État ne jouit véritablement d'une stabilité sociopolitique certaine. Malgré les conséquences de ces crises sur la citoyenneté régionale, moteur de l'économie au regard de la relation évidente entre la libre circulation et la productivité des économies nationales[56], les textes de la CEMAC n'ont pas étendu sa mission au volet sécuritaire. Dans l'engouement des États membres de sortir leurs productions du seul marché intérieur où elles étaient vouées à l'échec, ces derniers ont omis de renforcer l'intégration

[55] PELLIGRINI (B.), « La portée structurante des droits fondamentaux », *op.cit.*, pp.153-154.

[56] PANA, « Réunion des experts sur la libre circulation des personnes", 6 août 2004, cité par James MOUANGUE KOBILA, « Bilan de la Libre circulation des personnes en Afrique », *op.cit.*, p. 65.

économique par celle sécuritaire pour un meilleur vivre ensemble. La seule mission posée par les textes est demeurée l'harmonisation des politiques économiques et monétaires[57].

L'absence de dispositions communes en matière de sécurité favorise l'admission des marges de manœuvre des États dans l'exercice de la liberté de mouvement des personnes. En effet, le silence des textes dans ce domaine ne saurait imposer une conformité totale de l'application de la liberté de circuler, de séjourner et de s'établir dans le territoire CEMAC. La marge d'appréciation laissée aux États leur permet donc d'apprécier l'opportunité des mesures lors de l'interprétation de leurs obligations communautaires. Perçue comme une technique de régulation juridique qui facilite les ajustements et les réajustements des normes entre le niveau interne et celui communautaire, la marge nationale d'appréciation intègre « *l'idée d'une possibilité de faire un pas à côté, de s'écarter de quelque chose, de bénéficier d'une certaine latitude* »[58]. S'accompagnant d'une idée de délai, de contrôle et de mesure, elle confère aux États membres de la CEMAC, un pouvoir discrétionnaire dans la mise en œuvre des politiques sécuritaires restreignant l'exercice de la liberté de circuler. Ce pouvoir laissé à chaque État dans l'exercice de sa souveraineté lui permet d'adopter ses propres stratégies de sécurisation du territoire et de protection des populations. La reconnaissance d'une telle marge s'explique par le fait que ce sont les autorités nationales qui disposent d'une connaissance approfondie et concrète des circonstances locales. Dès lors, elles sont les mieux placées pour déterminer ce qui est d'utilité publique.

Voilà pourquoi face aux nouvelles crises ou au terrorisme d'État observé çà et là, à la criminalité transfrontalière et la sécurisation des réserves pétrolières, les États membres de la CEMAC peuvent utiliser ce pouvoir au regard du caractère imprécis de l'exercice de la liberté de mouvement en zone CEMAC en période de crise. Bien que de telles politiques à l'origine de la rigidité des frontières communes aux États de la sous-région semblent constituer des obstacles à l'institution de la citoyenneté, elles ne sont pas interdites par le législateur CEMAC. Leur détermination unilatérale dans l'optique de protéger les populations contre les attaques ou actes de violence criminelle ne s'inscrit pas toujours dans un cadre garantissant la liberté de circuler du citoyen communautaire. En effet, les moyens par lesquels l'État entend protéger ses citoyens aussi bien en temps de paix qu'en temps de guerre rentrent dans une protection qualifiée de sécurité civile. Cette dernière, selon Gérard Cornu, s'entend comme la *« prévention des risques de toute nature, et [la] protection des personnes, des biens et de l'environnement contre les accidents, les sinistres et les catastrophes »* ; une telle protection *« désigne à*

[57] Article 2 du traité révisé le 30 janvier 2009.

[58] DELMAS-MARTY (M.) et IZORCHE (M-L.), « Marge d'appréciation et internationalisation du droit : réflexions sur la validité formelle d'un droit commun pluraliste », *RIDC*, t. 4, 2000, p. 753.

la fois l'objectif de sauvegarde de la société et l'organisation de celle-ci par la préparation et la mise en œuvre des moyens d'intervention et de secours dans le cadre des plans d'organisation »[59].

L'objectif de l'État consiste à assurer la défense civile à travers *« des mesures préparées, mises en œuvre ou coordonnées par l'autorité civile, ayant pour objet d'assurer l'ordre public, de protéger les installations et les ressources d'intérêt général, de permettre la sauvegarde des populations et d'affermir la volonté de défense de la nation »*[60]. La notion d'ordre public qui ressort de cette définition de l'ordonnance française de 1959 peut justifier l'extension du pouvoir de l'État en matière de légifération des politiques sécuritaires. Le pouvoir dont dispose l'État en matière de confection des lois régissant les politiques sécuritaires rentre dans la catégorie de pouvoir dit discrétionnaire. Il permet aux décisions étatiques de n'être soumises à aucun élément de fait. De telles décisions indépendantes de toute bonne intégration des citoyens communautaires dans le territoire des États membres conduisent cependant à interroger le principe de la souveraineté des États.

Traditionnellement perçue comme un pouvoir suprême et incontestable, la souveraineté permet à l'État d'imposer sa loi et d'exercer la puissance publique sur son territoire[61]. Ce principe auquel demeurent attachés tous les États membres de la CEMAC les rend indépendants les uns les autres[62]. Mais, puisqu'ils ont généralement admis leur choix d'appartenir à une communauté, ce choix exempte cette dernière des obstacles relevant de l'exercice du pouvoir suprême dans l'ordre juridique des États. C'est à ce titre que la souveraineté ne saurait conduire à sacrifier la liberté de circuler des migrants, car elle doit se concilier avec l'universalité des droits de l'homme[63], entre autres, le droit de toute personne *« de quitter tout pays, y compris le sien, et de revenir dans son pays »*[64]. D'ailleurs, c'est en allant dans ce sens que la Conférence des Chefs de l'État dans son acte additionnel de 2013 souligne le caractère libre de la circulation des ressortissants des États membres de la CEMAC sur l'ensemble de l'espace communautaire. Selon l'article 3 de cet acte, tous les citoyens d'un État membre *« qui voyagent ou séjournent dans un autre État de la Communauté jouissent à l'exception des droits politiques, de tous les droits et libertés reconnus aux nationaux du pays hôte, sous réserve*

---

[59] CORNU (G.), *Vocabulaire juridique*, PUF, Paris, 11e éd., 2017, p. 953.

[60] Cette définition de l'Ordonnance française n°59-147 du 7 janvier 1959 portant organisation générale de la défense semble plus complète.

[61] HAQUET (A.), *Droit constitutionnel*, Dalloz, Paris, 2017, p. 126.

[62] Les États membres de la CEMAC posent tous dans leurs constitutions leur caractère souverain et indépendant (Voir Titre 1er des Constitutions du Cameroun, du Gabon, de la Guinée Équatoriale, de la République du Congo, et le Titre 2 de la Constitution de la République centrafricaine.

[63] LOCHAK (D.), « La souveraineté étatique contre la liberté de circulation », *Les Possibles*, n°19, Hivers 2019, pp. 1-6.

[64] Article 13 alinéa é de la Déclaration universelle des droits de l'homme du 10 décembre 1948.

du respect des lois et règlements en vigueur dans ledit État »[65]. Il est vrai que des clauses de sauvegarde prévues par les textes permettent aux États de rétablir les contrôles à leurs frontières en cas de menace grave pour l'ordre public ou la sécurité intérieure. Mais, ces mesures dites compensatoires ne peuvent être actionnées qu'en cas de défaillance grave et persistante à l'une des frontières extérieures de la CEMAC.

Chaque État dispose certes de la liberté d'adopter ses propres stratégies de sécurisation de son intégrité territoriale et de la protection de ses nationaux. Ce que l'on peut regretter est l'absence de contrôle de compatibilité que doit exercer le juge afin que cette marge qui peut s'analyser comme un simple droit à la différence ne crée pas des exclusions arbitraires et des expulsions entre les ressortissants de la communauté. Aussi, l'on ne doit pas perdre de vue qu'une meilleure gestion des conflits et des crises en ce moment où l'Afrique centrale et en particulier les pays membres de la CEMAC se trouvent au croisement de dimensions multiples, entre autres politique, sociale, économique, sanitaire ou environnementale, supposerait l'abandon des politiques sécuritaires égoïstes nationaux, pour une gestion intégrée des conflits. D'ailleurs, l'absence d'évaluation de telles mesures a permis de réaliser que l'État en crise assume la responsabilité du contrôle de ses frontières extérieures pour lui-même et non pour l'ensemble de la communauté. C'est au nom de la souveraineté que l'État exerce son droit indéniable de contrôler l'entrée et le séjour sur son territoire ainsi que de fermer son territoire aux étrangers.

Cependant, il faut relever que l'étranger dont il est question dans ce cadre ne saurait être le national d'un État membre de la Communauté. En effet, le citoyen communautaire n'est pas seulement le ressortissant d'un État, mais il appartient aussi à la communauté. Dès lors, les États doivent lui reconnaître un statut politique lui permettant dans le cas d'espèce de jouir de la liberté de circuler, de séjourner et de s'établir telle que posée par les textes. Malheureusement, même cette liberté, considérée comme la clé de l'aboutissement du marché commun, est de plus en plus limitée pour des raisons de sécurité. Non seulement la citoyenneté dans la CEMAC n'est ni électorale ni municipale comme tel est le cas dans l'Union européenne[66], mais celle existante est davantage écornée. Le recours aux mesures de sécurité annihilant la liberté individuelle fait subir au citoyen de la CEMAC des discriminations fondées sur la nationalité. Or, la nationalité est le lien juridique qui établit l'appartenance d'un individu à une société politique.

De plus en plus aujourd'hui avec le développement des cercles concentriques, les individus bénéficient à la fois de la citoyenneté nationale et

---

[65] Article 1er et 3 de l'Acte additionnel du 25 juin 2013 portant suppression du visa pour tous les ressortissants de la CEMAC circulant dans l'espace communautaire.

[66] Voir les articles 18 à 35 du Traité sur le fonctionnement de l'Union européenne.

de la citoyenneté régionale ou sous-régionale. Cette dernière qui est le centre de toute communauté, sans remplacer celle nationale, vient plutôt la compléter. C'est en son sein que les citoyens se voient accorder de nouveaux droits. Aucun individu n'y accède qu'au travers de l'État dont il est ressortissant. Les droits que lui confère ce statut favorisent sa liberté de circulation au sein des frontières de l'ensemble des États membres. Dès lors, aucune politique nationale, fusse-t-elle sécuritaire ne doit ni restreindre ce droit du citoyen communautaire, encore moins conduire à la variété des emplois du rattachement par la nationalité dans les droits d'une communauté.

Si l'immigration constitue une menace pour la survie des États en tant que communauté nationale, les expulsions massives ne sauraient concerner les ressortissants de la communauté sans soulever la question de leur souscription au principe de libre circulation des personnes. Les États ont certes un droit légitime de contrôler leurs frontières, mais l'exercice de cette souveraineté ne doit pas accentuer les inégalités conduisant au sein de la communauté à s'accommoder de son partage *« en deux humanités, dont l'une peut circuler librement, tandis que l'autre se voit assignée à résidence et ne peut se déplacer qu'en risquant son intégrité physique et sa vie »*[67].

Plus loin encore, même ceux des citoyens déjà installés depuis des années et ayant même des descendants nés dans les États membres continuent au sein de la CEMAC à courir des risques d'être refoulés dans leur pays d'origine sur le fondement de la citoyenneté nationale. De telles mesures prises fussent-elles pour cause d'invasion démographique ou pour des raisons socio-économiques ne doivent pas être contraires aux principes qui sous-tendent le statut du citoyen au sein de la CEMAC. Dans la plupart des cas, elles ont créé des discriminations ostensibles fondées sur la nationalité. Les distinctions qui en résultent, au regard du critère de domicile ou de résidence, ont joué principalement au détriment des ressortissants d'autres États membres, dans la mesure où les personnes non domiciliées sur le territorial national, de même que les non-résidents, sont le plus souvent des non-nationaux. Tous ces obstacles ne sauraient dès lors garantir un même traitement juridique dans l'exercice de la liberté de circuler, démontrant le degré de volonté affichée par les États à ne pas consentir à des transferts de souveraineté dans le domaine de la sécurité. Les mesures adoptées par les États membres conduisent à la dissociation de la libre circulation avec l'approche globale du bénéfice mutuel qu'elle est censée procurer aux États membres. Autant, elles ne lui permettent pas d'aller de pair avec la réalisation progressive d'une convergence économique et sociale, autant elles conduisent davantage à la dévalorisation de la citoyenneté communautaire, en tant que résultat d'une conception

[67] LOCHAK (D.), « La souveraineté étatique contre la liberté de circulation », *op cit*, p.2. Cette situation est très prégnante au sein de la CEMAC où malgré l'existence d'un passeport biométrique, les Camerounais, les Tchadiens, les Centrafricains continuent à faire l'objet d'expulsions massives en Guinée équatoriale.

absolutisée de *« l'identité nationale »*[68]. Voilà pourquoi le juge européen, dans l'affaire Rottman, n'a pas hésité à imposer des limites au pouvoir de l'État de priver les citoyens de l'Union des droits conférés par leur statut de citoyen de l'Union[69]. Ce juge, dans la réduction des atteintes à cette liberté individuelle, est allé plus loin dans l'arrêt Zambrano. Dans le cas d'espèce, il a affirmé qu'un migrant en situation irrégulière dans un État membre doit être autorisé à y séjourner et à travailler lorsqu'il a des enfants en bas âge[70]. Par l'interprétation de l'article 20 du Traité fondamental de l'Union européenne, la Cour de justice *« s'oppose à ce qu'un État membre, d'une part, refuse à un ressortissant d'un État tiers, qui assume la charge de ses enfants en bas âge, citoyens de l'Union, le séjour dans l'État membre de résidence de ces derniers et dont ils ont la nationalité et, d'autre part, refuse audit ressortissant d'un État tiers un permis de travail, dans la mesure où de telles décisions priveraient lesdits enfants de la jouissance effective de l'essentiel des droits attachés au statut de citoyen de l'Union »*[71]. L'on regrette tout simplement le mutisme du juge communautaire CEMAC, devant la négation du droit de circuler librement en raison de la nationalité d'un État membre. Devant les mesures sécuritaires à l'origine des expulsions massives des ressortissants de la CEMAC observées çà et là ,et qui continuent à s'intensifier en Guinée équatoriale (décembre 2022), le juge CEMAC aurait pu faire usage des compétences que lui confèrent les articles 23 et 24 de la Convention révisée

---

[68] EUROPAM (L.A.), « La citoyenneté européenne comme centre de l'union », *Humanisme*, 20017/1, n°314, pp.47-53 (notamment p.53).

[69] Arrêt de la Cour (grande chambre) du 2 mars 2010, Janko Rottman contre Freistaat Bayern.

[70] Arrêt de la Cour (grande chambre) du 8 mars 2011, Gerardo Ruiz Zambrano contre Office national de l'emploi (ONEm). Dans cette affaire, la demande de décision préjudicielle portait sur l'interprétation des articles 12 CE, 17CE et 18 CE, ainsi que des articles 21, 24 et 34de la Charte des droits fondamentaux de l'Union européenne. Cette demande a été présentée dans le cadre d'un litige opposant M. Ruiz Zambrano, ressortissant colombien, à l'Office national de l'emploi (ONEM) à propos du refus de ce dernier de l'admettre au bénéfice des allocations de chômage au titre de la législation belge.

[71] L'article 20 dispose : *« 1. Il est institué une citoyenneté de l'Union. Est citoyen de l'Union toute personne ayant la nationalité d'un État membre. La citoyenneté de l'Union s'ajoute à la citoyenneté nationale et ne la remplace pas.*

2. Les citoyens de l'Union jouissent des droits et sont soumis aux devoirs prévus par les traités. Ils ont, entre autres :

a) le droit de circuler et de séjourner librement sur le territoire des États membres ;

b) le droit de vote et d'éligibilité aux élections au Parlement européen ainsi qu'aux élections municipales dans l'État membre où ils résident, dans les mêmes conditions que les ressortissants de cet État;

c) le droit de bénéficier, sur le territoire d'un pays tiers où l'État membre dont ils sont ressortissants n'est pas représenté, de la protection des autorités diplomatiques et consulaires de tout État membre dans les mêmes conditions que les ressortissants de cet État;

d) le droit d'adresser des pétitions au Parlement européen, de recourir au médiateur européen, ainsi que le droit de s'adresser aux institutions et aux organes consultatifs de l'Union dans l'une des langues des traités et de recevoir une réponse dans la même langue.

Ces droits s'exercent dans les conditions et limites définies par les traités et par les mesures adoptées en application de ceux-ci ».

régissant la Cour de justice de la CEMAC pour connaître de ces cas de violations du droit communautaire par les autorités nationales[72]. La difficile application de cette liberté consacrée par le droit communautaire actionne la compétence du juge pour connaître des recours en manquement des États membres. Malheureusement, le juge demeure laxiste devant ces dispositions qui lui permettent de statuer sur les actes nationaux pris en violation des droits que les textes communautaires confèrent aux citoyens.

La citoyenneté est indissociable de l'appartenance à une communauté. Si dans le cadre de l'État, elle incarne une conception exigeante de la République, indissociable de la nation[73], dans l'espace communautaire, elle est la réalité la plus solide et vivante de l'identité des ressortissants de la communauté. D'ailleurs, aucune communauté ne peut atteindre les objectifs de développement économique si les questions sécuritaires soulevées par les États membres portent atteinte à l'égale dignité des citoyens communautaires sur laquelle doivent être fondées les relations entre les hommes[74].

Il est vrai que la première prérogative des États consiste en la maitrise de leur territoire. D'ailleurs, au regard du droit international, aucun n'est tenu d'accepter l'entrée et la présence sur son territoire d'un individu qui n'est pas son national. Mais, ce principe souverain se trouve atténué au sein de la CEMAC relativement à l'exercice de la libre circulation des personnes. Cette dernière doit donc permettre à la souveraineté de céder devant les revendications de la liberté de circulation. La fermeture des frontières ainsi que les expulsions hors des frontières ne doivent pas faire subir aux citoyens communautaires ces extrêmes discriminations portant atteinte à leur qualité d'humain. Demander que les frontières soient ouvertes ne signifie pas leur abolition étant entendu que la frontière demeure la ligne légale qui marque la limite du territoire et le sépare d'un autre territoire. Aussi, c'est la frontière qui détermine les sphères de compétences des États[75]. Par conséquent, ouvrir les frontières vise tout simplement à faciliter l'exercice de la liberté de circulation transfrontière qui demeure néanmoins soumise à des restrictions sur une base non discriminatoire et dans le respect des droits individuels reconnus aux ressortissants des États membres par le droit communautaire.

---

[72] D'après l'article 23, la cour est compétente pour connaître des recours en manquements des États membres, des obligations leur incombant en vertu du traité de la CEMAC et des textes subséquents ; des recours en carence des institutions, des organes et institutions spécialisées des obligations qui leur incombent en vertu des actes de la communauté; des recours en réparation des dommages causés par les institutions et organes communautaires ainsi que par les fonctionnaires et agents de la Communauté dans l'exercice de leurs fonctions, des litiges entre la CEMAC et ses fonctionnaires ou et agents contractuels, des recours contre les sanctions prononcées par les organismes à fonction juridictionnelle de la Communauté.

[73] VIGOUROUX (C.), « La citoyenneté dans la tradition républicaine », *Citoyenneté*, Cycle de conférence sur l'étude annuelle du Conseil de l'Europe, 2017-2018, p.10.

[74] SCHNAPPER (D.), *Qu'est-ce que la citoyenneté* ?, Gallimard, Paris, 2002, 322p (p.11).

[75] ROCHE (C.), *L'essentiel du droit international public*, Gualino, 8e éd., 2017, p.54.

CONCLUSION

En conclusion, on constate que la libre circulation des personnes en zone CEMAC oscille entre son affirmation et son érosion résultant des discriminations dont sont victimes les ressortissants de la sous-région. Il suffit de fermer les yeux pour se rendre compte qu'il ne s'agit pas d'une réelle liberté. Les exclusions et les expulsions massives répétées auxquelles sont soumis les citoyens communautaires portent atteinte à ce droit fondamental sans lequel la citoyenneté sous-régionale ne pourra connaître l'éclosion observée ailleurs. Dans la CEMAC, la réalité de la citoyenneté est toute autre : le citoyen de cette aire géographique continue par endroit à être l'objet des traitements inhumains, cruels et dégradants pour raison de sécurité. Pourtant, il demeure le ciment ou la clé de voûte de l'enracinement d'un espace intégré où la citoyenneté communautaire est additionnelle à la citoyenneté nationale sans que soit remis en cause le lien primordial entre l'accès à la citoyenneté et l'appartenance à la Nation[76]. S'il est vrai que sur le plan formel, on note des avancées notoires et significatives dans la mise en œuvre de cette liberté individuelle depuis l'application par les États membres de la CEMAC en 2017 de l'Acte additionnel de 2013 supprimant définitivement la procédure de visa, beaucoup reste encore à faire quant au partage de mêmes valeurs et la jouissance par les citoyens des mêmes droits. L'on peut relever d'ailleurs une contradiction entre cette rhétorique de l'intégration et les politiques discriminatoires observées çà et là ,et qui affectent considérablement les relations entre les États membres[77]. Ces pratiques qui entravent la liberté de circuler, de séjourner et de s'établir dans la CEMAC sont en déphasage avec la logique du marché commun au sein de l'espace de l'Union européenne et même celui de l'Afrique de l'ouest[78]. D'ailleurs, tant que la question sécuritaire va continuer à demeurer dans le domaine réservé des États, la citoyenneté communautaire continuera à éprouver des difficultés d'érection au statut de droit fondamental. Vivement que le juge communautaire puisse concilier intégration communautaire et souveraineté nationale, au regard de la réticence des États à céder du terrain sur la question des politiques sécuritaires ou des discriminations fondées sur la nationalité. Cette dernière qui donne la possibilité aux citoyens de la CEMAC d'exercer leurs droits fondamentaux ne saurait faire l'objet de discriminations sans du même coup remettre en cause l'égalité des droits des citoyens de la sous-région et détricoter le pacte qui fonde l'intégration dans la CEMAC.

---

[76] BONICHOT (J-C.), « La citoyenneté européenne : réalité ou utopie ? », *La citoyenneté*, Cycle de conférences sur l'étude annuelle du Conseil d'État, 2018, p.32.

[77] LOUNGOU (S.), « La libre circulation des personnes au sein de l'espace de la CEM.AC : entre mythes et réalités », *Belgio*, n°3, 2010, p.3.

[78] Dans ces espaces où l'intégration est avancée, suffit-il pour circuler librement entre les États, le passeport ou la carte d'identité.

RÉFÉRENCES BIBLIOGRAPHIQUES

BIPELE KEMFOUEDIO Jacques, « La libre circulation des personnes comme droit fondamental en zone CEMAC », La *Revue du Centre Michel de l'Hospital*, n°21, 2020, Consulté en ligne le 18 mars 2023.

BONICHOT Jean-Claude, « La citoyenneté européenne : réalité ou utopie ? », *La citoyenneté*, Cycle de conférences sur l'étude annuelle du Conseil d'État, 2018, Consulté en ligne le 15 février 2023.

BOULOUIS Jean, *Droit institutionnel de l'Union européenne*, Montchrestien, Paris, 6e éd., 1992, 392 p.

BOUTAYEB Chahira, « Les mutations du champ d'application des libertés de circulation : la triple inconstance », *La constitution, l'Europe et le droit*, Ed. Sorbonne, Paris, 2013, pp. 543-570.

CANIVET Guy, « Le droit communautaire et l'office du juge national », *Droit et société*, volume 20, 1992, nos 20-21, pp. 133-141.

CORNU Gérard, *Vocabulaire juridique*, PUF, Paris, 11e éd., 2017, 1100 p.

COUDERT Céline, Réflexions *sur le concept de fondamentalité en droit français,* Thèse en vue de l'obtention du grade de Docteur en Droit, Université d'Auvergne, 2011, 481 p.

COURS-SALIES Pierre, « Une fabrique pour deux questions nationales », *Les Possibles*, N°19, Hivers 2019, pp. 1-8.

DELMAS-MARTY Mirelle et IZORCHE Marie-Laure, « Marge d'appréciation et internationalisation du droit : réflexions sur la validité formelle d'un droit commun pluraliste », *4 RIDC* (2000), pp. 753 - 780.

DELOYE Yves, « De la citoyenneté stato-nationale à la citoyenneté européenne : quelques éléments de conceptualisation » *Revue suisse de Sciences politiques* 4(4), 1998, pp. 169-194.

DENIAU Jean-François, *Le marché commun*, PUF, Paris, Que sais-je ?, 1969, 128 p.

DUPUY Pierre-Marie, *Droit international public*, Dalloz, Paris, 8e édition, 2006, 850 p.

EUROPAM Loge Ad, « La citoyenneté européenne comme centre de l'union », *Humanisme*, 20017/1, n°314, pp. 47-53.

GNIMPIEBA TONNANG Edouard, *Droit matériel et intégration sous-régionale en Afrique centrale : contribution à l'étude du droit communautaire de la communauté économique et monétaire de l'Afrique centrale* (CEMAC), Thèse de doctorat, Université de Nice-Sophia Antipolis, décembre 2009, 558 p.

HAQUET Arnaud, *Droit constitutionnel en 11 thèmes*, Dalloz, Paris, 2017, 300 p.

HASS Ernest, *The Uniting in Europe*, Stanford University Press, 1958, p. 16 ; cité par C. ALGER, *L'organisation internationale vue sous l'angle du fonctionnalisme et de l'intégration*, in ABI-SAAB (Dir.), *Le concept d'organisation internationale*, UNESCO, Paris, 1980, 292 p.

HESSEL Stéphane, « Article 13 le droit de circuler », *SUPPLÉMENT D'HOMMES & LIBERTÉS*, N°139 juillet - août - septembre 2007, pp. 32-33.

ICARD Philippe, *Droit matériel et politiques communautaires* ; Editions ESKA, col. Droit public et sciences politiques, Paris, 1999, 776 p.

LOCHAK Danièle, « La souveraineté étatique contre la liberté de circulation », *Les Possibles*, n°19, Hivers 2019, pp. 1-6.

LOUNGO Serge, « La libre circulation des personnes au sein de l'espace de la CEMAC : entre mythe et réalités », *Revue belge de Géographie*, 3/2010, pp. 315-330.

MARSHALL Thomas Humphrey, *Citizenship and social class and other essays*, Cambridge, 1950, 148 p.

BIKOE Martine, « L'ordre public et l'exercice des libertés publiques en droit camerounais », in *Cahiers juridiques et politiques, Université de Ngaoundéré*, 2015, pp. 109-138.

MFOULA-NHANGUY, « La libre circulation des personnes en zone CEMAC/CEEAC : diagnostic », Gabon News, 2012, [en ligne], http://www.onewovision.com/actu-rdc/La-libre-circulation-des-personnes-en-zone-CEMAC-CEEAC-diagnostic_004b2363245487362353241. (Consultée le 19 février 2023).

MOUANGUE KOBILA James, « Bilan de la libre circulation des personnes en Afrique », *Revue Interventions économiques* [En ligne], Hors-série. Transformations | 2017, mis en ligne le 01 mars 2017, consulté le 19 février 2023.

NAY Olivier (dir.), *Lexique de Science politique*, Dalloz, Paris, 4e éd., 2017, 662 p.

PECOUD Antoine, « Libre circulation, de l'idéal au politique », *C.E.R.A.S « Revue Projet »*, 2013/4, N°335, pp. 50-59.

PICARD Etienne, *La notion de police administrative*, T.II, LGDJ, Paris, 1984, 926 p.

ROCHE Catherine, *L'essentiel du droit international public*, 8e éd., Gualino, 2017, 136 p.

ROUAULT Marie-Christine, *L'interdiction par un maire de l'attraction dite de « lancer de nain »*, *L.P.A.*, n°11, du 24 janvier 1996, pp. 28-32.

ROUSSEAU Jean, « La liberté de circulation et d'installation des personnes : des droits à respecter, une perspective crédible pour un monde marqué par la mobilité », *Éthique publique*, vol. 17, n°1, 2015, consulté le 25 janvier 2023, pp. 1-21.

SCHNAPPER Dominique, *Qu'est-ce que la citoyenneté* ?, Gallimard, Paris, 2002, 322 p.

TCHEUWA Jean-Claude, « Brèves réflexions sur la libre circulation des personnes et la citoyenneté dans la CEMAC », *Ethnicité, identités et citoyenneté en Afrique centrale*, Presses de l'Université catholique d'Afrique centrale, Yaoundé, 2002, 310 p.

TEPKA Guy Saint-Clair, « La mise en œuvre du marché commun de la CEMAC », *in* : *Communauté économique et monétaire des États de l'Afrique Centrale, Sensibilisation au droit communautaire et à l'intégration sous-régionale dans la zone CEMAC*, actes du séminaire sous-régional, Libreville-Gabon, 2-6 novembre 2004, Paris, GIRAF, mars 2005, pp. 29-35.

TONNANG Edouard, « La libre circulation des personnes et des services en Afrique centrale : entre consécrations textuelles, vides jurisprudentiels et hésitations politiques », *Recueil Penant,* octobre-décembre 2006, n° 857, pp. 3-31.

TOUNA MAMA, BEKOLO-EBE, FOUDA OWOUNDI, *Les économies africaines face à l'Europe de 1993*, préface de Georges NGANGO, PUC, Yaoundé, 1992, 224 p.

VIGOUROUX Christian, « La citoyenneté dans la tradition républicaine », *Citoyenneté,* Cycle de conférence sur l'étude annuelle du Conseil de l'Europe, 2017-2018, Consulté en ligne le 20 février 2023.

ZOGO NKADA Simon-Pierre, « La libre circulation des personnes : réflexions sur l'expérience de la C.E.M.A.C. et de la C.E.D.E.A.O. », *Revue internationale de droit économique*, 2011/1, t. XXV | pp. 113-136.

LA MISE EN ŒUVRE DES ACTES JURIDIQUES RÉGISSANT LA LIBRE CIRCULATION DES PERSONNES EN ZONE CEMAC

Par :

Idriss AMINE AMOA

Docteur en droit public de l'Université de Yaoundé II
Chargé de cours à l'Université de Ngaoundéré

Résumé

La régulation des déplacements des citoyens au-delà de leur sphère de compétence nationale est encadrée par des actes juridiques régissant la libre circulation des personnes. Le dispositif normatif adopté dans le cadre de la CEMAC accorde aux citoyens communautaires la liberté de circuler sans restriction au sein de la communauté. L'effet direct et immédiat de l'incorporation du droit communautaire dans les ordres juridiques internes des États nous laisse interrogateur sur la question de savoir : comment les États procèdent-ils à l'application des actes juridiques relatifs à la libre circulation des personnes en zone CEMAC ? L'hypothèse retenue laisse découvrir une mise en œuvre encadrée de la mobilité intra-communautaire. L'usage de la méthode juridique à travers ses deux composantes que sont la dogmatique et la casuistique servira de fil conducteur pour mener à bien cette étude. L'on entend faire une incursion en droit communautaire européen dans le but de relever les similitudes et les différences entre les systèmes comparés de la CEMAC et de l'Union Européenne. L'intégration communautaire est une réalité en Afrique centrale en ce sens que la mise en œuvre des actes juridiques y afférents est soumise au contrôle des juridictions communautaires.

Mots-clés : Actes juridiques, libre circulation, recours préjudiciel.

Abstract

The regulation of the movements of citizens beyond their sphere of national competence is framed by legal acts governing the free movements. The normative system adopted ithin the framework of CEMAC grants community citizens the freedom to move without restriction within the community. The direct and immediate effect of the incorporation of community la into the internal legal orders of States leaves us wondering about: how do States proceed to the application of legal acts relating to the free movement of person in CEMAC zone? The hypothesis retained reveals a supervised implementation of intra-community mobility. The use of the legal method through its two components, dogmatics and casuitry, will serve as a common thread to carry out the study. We intend to make an incusion in European Community law with the aim of highlighting the similarities and differences between the compared systems of CEMAC and European Union. Community integration is a reality in Central Africa in the sense that the implementation of related acts is subject to the control of community courts.

Keywords: *Legal acts, free circulation, preliminary appeal.*

INTRODUCTION

> *« L'intégration est essentielle si on veut libérer le potentiel de l'Afrique. L'Afrique doit saisir cette opportunité pour maîtriser son marché, attirer les investisseurs et créer des emplois ».*
>
> Victor MURINDE[1]

La transformation du monde en un village planétaire a donné une valeur ajoutée à la liberté d'aller et de venir qui autrefois n'avait pas une grande portée transnationale. L'ouverture des frontières et la libéralisation des échanges influent désormais sur le commerce international[2] avec la recrudescence des flux migratoires. L'incapacité des États à pouvoir réguler les déplacements des citoyens au-delà de leur sphère de compétence

---

[1] Directeur de l'Institut Africain de Développement à la Banque Mondiale. Déclaration faite lors de la Conférence économique africaine tenue du 22-31 octobre 2013 à Johannesburg.

[2] OWOUNDI (J.P.), « Compétitivité et intégration commerciale des pays de la CEMAC : Avantages comparatifs et contribution au solde commerciale », ministère de l'Économie, Cameroun-Yaoundé. http://www.uneca.org/sites/default/files/uploade-documents/AEC/2013/projet_comptitivit_jpowoundi_1.pdf. Consulté le 14 novembre 2020 à 09 heures 26 minutes.

territoriale[3] a suscité l'idée d'instaurer la libre circulation des personnes au sein des regroupements communautaires. Les dynamiques d'intégration régionale[4] impulsées en Afrique centrale sont dominées par des logiques de mondialisation et de globalisation de l'économie. Il en découle que les entités étatiques subissent les effets de la mondialisation à travers l'interdépendance par l'effet d'échange[5], l'effacement des frontières nationales[6], et les contraintes systémiques[7] sur leur autonomie[8]. La sous-région Afrique centrale dispose d'un potentiel économique et humain immense. C'est pourquoi les leaders politiques de cet espace sont convaincus que la solution appropriée à leurs nombreux problèmes de développement se trouve dans le parachèvement de l'intégration économique[9]. La concrétisation de ce défi intégrationniste étant tributaire d'une promotion des flux migratoires et des échanges économiques[10], les États membres de la communauté ont jugé nécessaire d'adopter les actes juridiques relatifs à la libre circulation des personnes. Malgré le retard observé par les États de la zone CEMAC au sujet de l'institution d'un espace sans frontières internes, il y a lieu de dire : *« mieux vaut tard que jamais ».* Puisque la question de la libre circulation des personnes en Afrique centrale avait déjà fait l'objet d'une consécration en 1972 sans être appliquée[11].

---

[3] ZOGO NKADA (S.P.), « La libre circulation des personnes : réflexion sur l'expérience de la CEMAC et de la CEDEAO », *Revue Internationale de Droit Economique*, 2011, (t. XXV), pp. 113-136.

[4] Cf. ABAWA (D.), ESSOMABA, NJEUMA (M.Z.), Ch. De la ROCHIERE, (s.d.), *Dynamiques d'intégration régionale,* T.I, Presses universitaires de Yaoundé, Yaoundé, 2001.

[5] Par L'effet de change et la diffusion de l'information, les activités socio-politiques et économiques transcendent les frontières nationales en sorte que les évènements, décisions et activités situés à tout endroit dans le monde sont susceptibles d'affecter les individus en tout point du globe.

[6] À partir des migrations intracommunautaires facilitées par la libéralisation des frontières nationales, il apparait difficile de distinguer ce qui est « interne » de ce qui est « international ».

[7] Cette complexité systémique provient de l'augmentation du nombre d'acteurs et des liens qu'ils entretiennent entre eux.

[8] BOLDUC (D.), AYOUB (A.), *La mondialisation et ses effets*, *Revue de littérature*, Green-Université Laval, Québec, Canada, novembre 2000, pp. 102.

[9] NORODOM KIARI (J-B.), *L'intégration régionale en Afrique Centrale (1916-1960). Une analyse des jalons posés par la France*, L'Harmattan, Paris, 2012, pp. 16-20.

[10] NGO LOGA ABANDA (B.C.), « La libre circulation des biens et des services en Zone CEMAC », mémoire, DEA-droit public international, Université de Yaoundé II Soa, 2010, p. 5.

[11] L'article 27 du traité instituant l'ancêtre de la CEMAC indiquait clairement que « l'UDEAC constitue un seul territoire douanier à l'intérieur duquel la libre circulation des personnes, des biens, des services, des marchandises, des capitaux est libre ». Il ressort de cette disposition l'idée de construction d'une union douanière et d'une zone de libre-échange à l'intérieur desquelles les personnes et les marchandises pourront circuler librement. En raison de son incapacité d'atteindre ces objectifs escomptés, l'UDEAC s'est vue remplacée par la CEMAC. Lire NGO LOGA ABANDA B.C., « La libre circulation des biens et des services en Zone CEMAC », *op.cit.*, p. 5.

Il ne fait plus de doute que la libre circulation des personnes occupe une place assez importante au sein de toute union douanière. Elle renvoie à la faculté reconnue aux ressortissants des États membres, personnes physiques ou morales, d'aller et de venir ou de s'installer dans un État membre de la zone sans contraintes ni restrictions quelconques, au même titre que les nationaux de cet État afin de pratiquer le libre-échange[12]. Consacrée par les instruments internationaux de protection des droits de l'Homme[13], la libre circulation représente un droit fondamental garanti à toute personne du fait de son caractère universel. Il s'agit d'un véritable confort sécuritaire dès lors qu'elle fait prévaloir l'intégrité physique et morale de la personne[14]. La libre circulation des personnes est devenue une garantie aussi bien par le droit des États modernes que par le droit communautaire. Elle a connu une évolution significative dans le cadre juridique de l'Union Européenne. Les premières dispositions adoptées en la matière s'appliquaient exclusivement aux travailleurs et professionnels relativement au traité instituant la Communauté Economique européenne[15]. On observe de nos jours un changement du statut économique du ressortissant communautaire européen devenu désormais citoyen communautaire[16]. Les actes juridiques traduisent l'expression des manifestations de volonté destinées à produire des effets de droit[17]. Ils renvoient concrètement à la réalisation matérielle du pouvoir de la volonté sur le droit[18]. En clair, c'est l'ensemble des normes édictées par les institutions communautaires en vue de produire des effets juridiques à l'égard des États ayant librement adhéré au traité constitutif de la communauté.

---

[12] *Idem.*

[13] Article 13 de la Déclaration Universelle des Droits de l'Homme : « Toute personne a le droit de circuler librement et de choisir sa résidence à l'intérieur d'un État. Toute personne a le droit de quitter tout pays (...) » ; article 12 du Pacte International relatif aux Droits Civils et politiques : « Toute personne est libre de quitter n'importe quel pays y compris le sien ».

[14] ROUSSEAU (J.J.), *Du Contrat Social, Les classiques de la philosophie*, 1996, 224 p.

[15] La libre circulation des personnes a d'abord été instaurée dans une perspective économique par le traité de Rome en 1957. Elle est aujourd'hui garantie par l'article 3 du traité sur l'Union Européenne et par l'article 21 du traité sur le fonctionnement de l'Union Européenne.

[16] Consacrée par le traité de Maastricht dans les années 1992, la citoyenneté européenne ne remplace en aucun cas la citoyenneté communautaire, mais elle la complète accordant de nouveaux droits à toute personne ayant la nationalité d'un État membre de l'Union. Cf. Loge AD EUROPAM, « La citoyenneté européenne comme centre de l'union » in *Humanisme*, n° 314, 2017, pp. 47-53. D'après l'article 20 du Traité sur le fonctionnement de l'Union Européenne (TFUE) publié au *Journal officiel de l'Union Européenne* (JOUE), le 26 octobre 2012, « *il est institué une citoyenneté de l'union. Est citoyen de l'union toute personne ayant la nationalité d'un État membre. La citoyenneté de l'union complète la citoyenneté nationale et ne la remplace pas. Les citoyens de l'union jouissent des droits et sont soumis aux devoirs prévus par le présent traité.* »

[17] GUINCHARD (S.), DEBARD (T.) (dir.), *Lexique des termes juridiques*, 22e éd., 2014-2015, p. 25.

[18] MOORE (B.), « De l'acte et du fait juridique ou d'un critère de distinction incertain », *Revue Juridique Thémis (R.J.T)*, p. 281.

La libre circulation des personnes constitue la cheville ouvrière de l'intégration communautaire. Les entités étatiques destinataires des normes communautaires sont tenues de les appliquer conformément aux exigences du droit communautaire. Fort de cela, comment les États procèdent-ils à l'application des actes juridiques relatifs à la libre circulation des personnes en zone CEMAC ? L'hypothèse retenue laisse découvrir une mise en œuvre encadrée de la mobilité intra- communautaire. La présente réflexion se révèle d'une importance capitale dans la mesure où il en ressort un double intérêt à savoir théorique et pratique. Sur le plan théorique, il apparait assez logique de relever la force probante des normes communautaires dans la protection des libertés essentielles des citoyens ressortissants des États membres de la communauté. L'examen de l'ordre juridique communautaire offre l'opportunité de saisir la problématique du respect des actes normatifs dérivés, revêtus d'une obligatoriété, et qui s'imposent[19] directement aux États membres de la communauté[20]. Sur le plan pratique, l'analyse vaut d'autant mieux qu'elle interpelle les *« intellectuels africains à s'impliquer davantage dans la réflexion au processus d'intégration en Afrique centrale notamment, afin d'aider les décideurs à prendre des options positives en vue de réaliser l'intégration africaine, prélude à l'unité africaine[21] »*. L'usage de la méthode juridique à travers ses deux composantes que sont la dogmatique et la casuistique servira de fil conducteur pour mener à bien cette étude. Le recours à la dogmatique permettra d'interpréter le contenu des actes juridiques communautaires afin de déterminer leur impact sur la libre circulation des personnes en zone CEMAC. À travers la casuistique, il conviendra d'interpréter la jurisprudence des juridictions communautaires en vue d'analyser l'office du juge de l'intégration dans la construction du droit communautaire. L'on entend faire une incursion en droit communautaire européen dans le but de relever les similitudes et les différences entre les systèmes comparés de la CEMAC et de l'Union Européenne. L'intégration communautaire est une réalité en Afrique centrale en ce sens que la mise en œuvre des actes juridiques y afférents (I) est soumise au contrôle des juridictions communautaires (II).

---

[19] On peut relever dans cette catégorie d'actes normatifs directement imposables à l'ordre juridique interne, les règlements communautaires et les directives.

[20] AMINE AMOA (I.), *L'internationalisation du droit constitutionnel en Afrique noire francophone : Réflexion à partir des États de la CEMAC et de la CEDEAO,* thèse, Université de Yaoundé II-Soa, 2020, p. 277.

[21] NORODOM KIARI (J-B.), *L'intégration régionale en Afrique Centrale (1916-1960). Une analyse des jalons posés par la France*, L'Harmattan, Paris, 2012, p. 15.

I. LA DÉTERMINATION DE LA PROCÉDURE DE MISE EN ŒUVRE DES ACTES JURIDIQUES RÉGISSANT LA LIBRE CIRCULATION EN ZONE CEMAC

Le droit communautaire est constitué du traité régulièrement ratifié par les États membres de la communauté et des normes dérivées issues de la production normative des institutions communautaires. Les modalités procédurales d'adhésion au traité communautaire obéissent aux différentes étapes classiques de conclusion des traités prévues par le droit international. Il en est ainsi du fait de l'assimilation par les constitutions des États de la CEMAC du droit communautaire au droit international classique[22]. En revanche, les normes dérivées s'intègrent de plein droit dans les ordres juridiques nationaux en raison des caractères généraux du droit communautaire définis par le traité constitutif (A). L'application des actes dérivés concernant la libre circulation par les États membres de la communauté témoigne à suffisance d'une mise en œuvre à géométrie variable (B).

A. L'intégration de plein droit des actes juridiques dans l'ordre interne des États

L'articulation des rapports entre droit communautaire et droit interne des États implique une intégration de plein droit du droit communautaire dans les ordres juridiques nationaux. Il en résulte une simplification de la procédure d'intégration du droit communautaire dans les ordres juridiques nationaux. Le choix de la méthode moniste avec primauté du droit international (1) commandé par la tradition juridique romano-germanique aura pour conséquence l'harmonisation des législations nationales (2).

1. Le choix de la méthode constitutionnelle moniste

Le monisme avec primauté du droit international trouve son fondement dans la doctrine formelle de Hans Kelsen qui place au sommet de la hiérarchie des normes les règles internationales[23]. Les tenants de la thèse moniste soutiennent que les normes de droit interne et de droit international s'appliquent dans un ordre juridique unique. Puisqu'elles ont par essence les

---

[22] Les constitutions des États membres de la CEMAC comme celles relevant des États d'Afrique noire francophone assimilent le droit communautaire au droit international classique, en précisant que les traités régulièrement ratifiés ou approuvés bénéficient dès leur publication d'une autorité supérieure à celle des lois, sous réserve de leur application par l'autre partie. Contrairement au droit comparé français qui a évolué en la matière avec l'introduction de l'article 88-1 dans la Constitution révisée en 1992. Cet article dispose que *« La République participe aux communautés, et à l'Union Européenne constituées d'États qui ont choisi librement en vertu des traités qui les ont instituées, d'exercer en commun certaines de leur compétence ».*

[23] KELSEN (H.), « Les rapports de systèmes entre le droit interne et le droit international », *R.C.A.D.I*, 1926, p. 231.

mêmes destinataires et qu'elles s'appliquent à des situations juridiques identiques[24]. Les États de la CEMAC ont simplifié leur procédure d'intégration du droit communautaire dans leur ordre juridique respectif en optant pour la méthode constitutionnelle dite *« moniste »*. Ils ont jeté leur dévolu sur le monisme juridique avec primauté du droit international, en conférant aux traités et accords internationaux régulièrement ratifiés et approuvés une autorité supérieure à celle des lois[25]. En effet,

La méthode constitutionnelle *« moniste »* d'intégration du droit communautaire dans l'ordre juridique interne choisie par les États de la CEMAC revêt une importance capitale. Elle traduit la volonté des États africains de s'investir dans la coopération internationale à travers leur implication avérée dans le commerce juridique communautaire. Puisque ces États ont volontairement transféré certaines de leurs compétences nationales aux organes de la communauté à laquelle ils appartiennent. Dès lors, l'État cesse d'être l'unique détenteur de sa souveraineté, car, il la partage désormais avec des entités supranationales qui influencent plus ou moins l'ordonnancement juridique national. L'ouverture des dispositifs constitutionnels au droit communautaire entraine des situations fréquentes d'entrelacements normatifs de sorte que l'ordre juridique communautaire et les ordres juridiques nationaux s'interpénètrent et se nourrissent mutuellement au cours de leur mise en œuvre[26]. C'est le lieu de préciser que l'ordre juridique international et l'ordre juridique interne sont distincts à bien des égards, mais se complètent. En effet, le droit national des États contribue à l'élaboration des règles du droit international et vice-versa[27]. Au demeurant, l'ordre juridique communautaire représente la synthèse des ordres juridiques dans la mesure où il se situe au confluent du droit interne et du droit international[28].

2. L'harmonisation des législations nationales

L'harmonisation des législations nationales est au cœur du droit communautaire en ce sens qu'elle facilite la mise en œuvre des normes communautaires au niveau interne. La technique de l'harmonisation est entendue comme un droit commun ou un droit en commun permettant

---

[24] D'après Pierre-Marie Dupuy, « la théorie moniste abolit (…) les frontières entre les deux ordres juridiques et tient dans l'affirmation de l'unité de l'ordre juridique international et de l'ordre juridique interne » (P-M Dupuy, *Droit international public*, 4e éd., paris, Dalloz, 1998, p. 372.

[25] IBOU (D.), « Les constitutions africaines et le droit international », *Annales* Africaines, Pedone, Paris, 1973, p. 48.

[26] Arrêt *Van Gen and Loos*, 26/62, EU, C: 1963: 1, p. 23; *Costa and Enel*, 6/64, EU: 1964: 66, 1158.

[27] CLAUDE (E.), « L'application des traités et des règles dérivées dans les pays de droit civil et de Common Law », *Revue Générale de droit*, 32 (2), 2007, pp. 269-299.

[28] SOMA (A.), « Les caractères généraux du droit communautaire », *Revue CAMES/SJP*, n° 001, p. 1-10.

d'atténuer certaines divergences juridiques. Elle désigne *« l'opération consistant à rapprocher les systèmes juridiques d'origine et d'inspiration différentes pour les mettre en cohérence entre eux, en réduisant ou en supprimant leurs différences ou leurs contradictions, de façon à atteindre les résultats compatibles entre eux et avec les objectifs communautaires recherchés[29] »*. L'objectif poursuivi vise l'homogénéisation et la cohérence des systèmes juridiques nationaux. Ce procédé s'applique généralement aux normes juridiques qui ne facilitent pas l'achèvement de l'intégration communautaire[30]. L'œuvre d'harmonisation des législations nationales offre plusieurs schémas directeurs dont la plus importante réside dans le transfert des compétences aux institutions communautaires. L'opérationnalisation de ce mécanisme juridique confère aux institutions communautaires le pouvoir d'imposer aux États membres de la Communauté la modification de leurs législations nationales à travers les règlements[31] et les directives[32].

Le droit issu des organisations communautaires exerce quelquefois un impact sur la production normative interne à travers l'harmonisation des législations nationales. C'est ainsi que tout État ayant consenti au traité communautaire doit se soumettre aux exigences fondamentales de la construction communautaire telle que l'obligation de convergence constitutionnelle qui se manifeste par l'adaptation des constitutions nationales aux règles communautaires. Le procédé consiste à incorporer les règles communautaires dans l'ordonnancement juridique interne par le biais de l'internationalisation du droit constitutionnel. Au regard de l'interpénétration des ordres juridiques nationaux et communautaires, il est judicieux de reconnaître que la souveraineté des États est en proie à des facteurs externes qui agissent directement au niveau national. L'intégration de plein droit du droit communautaire dans les ordres juridiques internes des États africains contribue à rendre vulnérable le droit constitutionnel dans la mesure où, l'État se trouve en train de perdre une part importante de ses compétences au profit de la communauté. Les normes relatives à la libre circulation des personnes connaissent une mise en œuvre mitigée dans le cadre de la CEMAC.

---

29 ISSA SAYEGH (J.), « L'intégration juridique des pays africains de la zone franc » in *Recueil Penant*, 107e éd., n° 823, Janvier-Avril, 1997, p. 12.

30 LEULEUX (P.), « Le rapprochement des législations dans la communauté économique européenne », *Cahier de Droit Européen* (CDE), n° 1962-2, pp. 129-161.

31 Art. 21 (b) de l'additif du traité CEMAC relatif au système institutionnel et juridique de la Communauté. V. art. 60 du traité constitutif et avis n° 001/97 du 20 mai 1997.

32 Art. 21 (c) de l'additif au traité CEMAC relatif au système institutionnel et juridique de la Communauté. Cf. Art. 63 et suiv. de la Convention régissant l'Union Economique et Monétaire de l'Afrique Centrale (UMAC).

B. Une mise en œuvre mitigée des actes juridiques régissant la libre circulation des personnes

Au nom de la règle *Pacta sunt servanda* consacrée en droit international, les États membres de la communauté sont tenus de respecter les obligations communautaires librement consenties. La libre circulation des personnes prévue par les instruments juridiques communautaires concourt à la réalisation concrète de l'intégration communautaire dans la sous-région Afrique centrale. Il s'avère que la mise en œuvre des actes juridiques relatifs à la libre circulation des personnes (1) est confrontée à de nombreuses obstructions (2).

1. Une mise en œuvre avérée des actes juridiques relatifs à la libre circulation

Le droit communautaire est constitué des actes juridiques originaires à savoir les traités[33], et des actes juridiques dérivés à l'instar des règlements et des directives. Les instances communautaires de la CEMAC ont adopté plusieurs textes à l'effet de favoriser la libre circulation des personnes dans leurs pays respectifs[34]. L'avènement de la CEMAC en 1994 a doté cette organisation sous-régionale de nouveaux textes favorables aux déplacements intracommunautaires. Le dispositif normatif relatif à la libre circulation des personnes repose sur quatre textes fondamentaux. Il s'agit de l'Acte additionnel relatif à la libre circulation des personnes en zone CEMAC[35], la décision portant liste des personnes admises à titre transitoire à circuler sans visa en zone CEMAC[36], le règlement portant institution et conditions de gestion et de délivrance du passeport CEMAC[37], et l'Acte additionnel portant suppression du visa pour tous les ressortissants de la CEMAC circulant dans l'espace communautaire[38].

---

[33] C'est à ce titre que le juge européen considère la libre circulation comme l'un des principes fondamentaux du traité. Cf. CJCE, Aff. n°167/73, Commission c/ France, 4 avril 1974, Rec.

[34] Il convient de mentionner à titre de rappel historique, la kyrielle des textes fondateurs de la libre circulation des personnes en Afrique centrale. L'effort concerté d'intégration dans cette partie du continent africain tire ses origines de la Charte de l'Organisation de l'Unité africaine (OUA) de 1963, le Traité d'Abuja instituant la Communauté Economique Africaine (CEA) adopté en 1991, l'Acte final de la Déclaration de Lagos, ainsi que l'Union Douanière Economique et Monétaire de l'Afrique Centrale (UDEAC).

[35] Précisément l'Acte additionnel n°8/CEMAC-CEE-SE du 29 juin 2005 relatif à la libre circulation des personnes en zone CEMAC.

[36] Il s'agit de la Décision n°02/08-UEAC-CM-17 portant liste des personnes admises à titre transitoire à circuler sans visa en zone CEMAC.

[37] Notamment le Règlement n°01/08-UEAC-042-CM-17 du 16 mars 2012 portant institution et conditions de gestion et de délivrance du passeport CEMAC.

[38] À savoir l'Acte additionnel n°01/13-CEMAC-070-CCE-SE portant suppression du visa pour tous les ressortissants de la CEMAC circulant dans l'espace communautaire adopté le 13 juin 2013.

L'Acte additionnel relatif à la libre circulation des personnes en zone CEMAC apparait comme étant le texte fondateur de la libre circulation des personnes. D'après ce texte, la liberté de circulation des personnes est libre sous réserve de la présentation soit d'une Carte d'Identité d'un État membre, soit d'un passeport en cours de validité. Les autorités de la CEMAC ont entrepris une démarche binaire pour une applicabilité effective dudit acte. Elles ont consacré l'immédiateté de la mise en œuvre de cette prérogative dans quatre États d'une part, et rendu progressive la mise en œuvre de la présente disposition pour les deux autres États pendant une période transitoire[39] d'autre part[40].

La Décision portant liste des personnes admises à titre transitoire à circuler sans visa en zone CEMAC, traduit la concrétisation formelle de la première étape de progressivité reconnue au Gabon et à la Guinée Équatoriale. Ces deux pays avaient exprimé le besoin de pouvoir bénéficier d'une période transitoire et d'une application progressive des textes sur la libre circulation des personnes[41]. Le règlement portant institution et conditions de gestion et de délivrance du passeport CEMAC, ne visait qu'une catégorie restreinte de personnes bien déterminées[42]. Ce texte connaitra une extension du fait de l'évolution du phénomène intégratif. Depuis les années 2000, il a été décidé de son extension à tous les citoyens de la sous-région sans exclusion à travers le règlement n° 1/100-CEMAC-042-CM-04 portant institution et conditions d'attribution du passeport CEMAC. Le Conseil des ministres a marqué sa volonté d'accélérer le processus de libre circulation des personnes en consacrant le passeport CEMAC[43] comme véritable pièce d'identité communautaire. Dès lors, il a été institué un passeport biométrique CEMAC dans ses trois composantes, en l'occurrence ordinaire, de service et diplomatique. Le Règlement portant institution et conditions de gestion du passeport CEMAC précise à juste titre que *« le passeport CEMAC confère à son titulaire le droit de circuler librement sans visa, au sein de l'espace CEMAC. Il tient également lieu de pièce d'identité. Le passeport CEMAC est*

---

[39] Dont la détermination du temps a été laissée à l'entière discrétion du temps.

[40] CEMAC : La libre circulation des personnes de A à Z. http://legabonemergent.org/2013/11/CEMAC-la-libre-circulation-des-personnes-de-a-z-0.htlm. Consulté le é 21 novembre 2020 à 6h 17 minutes.

[41] Cette décision a pour effet pendant une certaine durée : de circonscrire la liberté de circulation à certaines catégories de personnes ; de supprimer la possibilité de présenter en guise d'instrument de voyage, la carte nationale d'identité même pour les catégories bénéficiaires de ces dispositions.

[42] À savoir les diplomates, les fonctionnaires de la Communauté, les hommes d'affaires, les responsables des cultes religieux et les étudiants.

[43] Il s'agit du Règlement n°1/08-UEAC-042-CM-17 portant institution et condition de gestion du passeport CEMAC adopté le 16 mars 2010 par le Conseil des ministres de la CEMAC.

un document de voyage international pour les ressortissants des États membres[44] *»*.

2. Une mise en œuvre obstruée des actes juridiques relatifs à la libre circulation

La mise en œuvre de la libre circulation des personnes dans la sous-région Afrique centrale est loin d'être un long fleuve tranquille, encore moins une pratique communautaire qui se porte plutôt bien comme dans le meilleur des mondes. Tant s'en faut, car, il existe de nombreuses mesures remettant en cause la libre circulation des personnes en zone CEMAC. Il en est ainsi des mesures d'ordre public, de sécurité et de santé publiques[45] constituant des mesures qui tendent à restreindre la mise en œuvre du droit à la libre circulation des personnes[46]. Bien qu'aucune convention communautaire ne prévoit des dérogations précises à la libre circulation des personnes, les États membres de la communauté l'invoquent quelquefois pour des raisons d'ordre interne afin d'assurer l'ordre public à l'intérieur de leurs frontières respectives. Il ne faut pas se dissimuler que, l'application des mesures qui visent à restreindre la libre circulation des personnes ne saurait être déterminée de manière unilatérale par chacun des États membres en dehors du contrôle des institutions de la communauté[47].

Néanmoins, les États membres de la communauté comportent dans leurs législations internes, des dispositions interdisant aux ressortissants communautaires l'entrée ou le séjour sur leur territoire pour des raisons d'ordre public, de sécurité publique ou de santé publique. Au Cameroun par exemple, la loi n° 97/012 du janvier 1997 relative aux conditions d'entrée, de séjour et de sortie des étrangers, prévoit que « *sous réserve des dispositions et des mesures nécessaires au maintien de la sécurité et de l'ordre publics, la circulation des étrangers sur le territoire national ne comporte aucune restriction, à la condition que les intéressés aient satisfait aux conditions d'entrée et de séjour* ». En clair, cette disposition confirme l'attachement du Cameroun au respect de la libre circulation des personnes, réaffirme l'expression de sa souveraineté lorsque ses intérêts nationaux sont touchés en matière de maintien de la paix, et d'ordre public. Pourtant, d'après la convention régissant l'UEAC, tout travailleur communautaire bénéficie du « *droit d'entrée, de se déplacer et de séjourner sur le territoire des États*

---

[44] Article 2, du Règlement suscité.

[45] Il convient de relever la difficulté de pouvoir apporter des définitions aux différentes notions d'ordre public et de santé publique sur le plan communautaire. Cf. *Les travailleurs étrangers et le droit international*, Colloque de Clermont-Ferrand, éd. Pedone, 1979, p. 402.

[46] SELENGOUMA ANNDET (B.O.), « La libre circulation des travailleurs au regard des normes juridiques de la CEMAC », mémoire, Diplôme d'Études Approfondies (DEA), option : Droit international, Université de Yaoundé II Soa, 2006-2007, p. 38.

[47] CARTOU (L.), *Communauté européenne*, 9e éd., Dalloz, 1989, p. 412.

membres[48] ». La présente disposition participe à la réalisation du libre accès des travailleurs à des emplois offerts au sein des autres États membres de la communauté en interdisant toute restriction à leur déplacement à l'intérieur de celle-ci, s'agissant précisément des restrictions à l'accès au territoire national, ou à la circulation à l'intérieur de celui-ci[49]. Pour des raisons de santé publique, les États de la zone CEMAC ont choisi d'adopter des politiques protectionnistes afin d'empêcher la propagation de la pandémie du Covid-19. La plupart des pays situés dans la sous-région Afrique centrale ont mis en place des politiques de fermeture des frontières. Bon nombre de ces pays ont suspendu l'arrivée des vols en provenance des pays particulièrement touchés par le virus. Pour faire face à la montée croissante de la pandémie du Covid-19 au Cameroun, des mesures gouvernementales affectant la libre circulation des personnes ont été prises. À l'instar de la fermeture des frontières terrestres, aériennes, et maritimes, la suspension de tous les vols en provenance de l'étranger, ainsi que la suspension de la délivrance des visas d'entrée au Cameroun. En Guinée Équatoriale, l'état d'alerte sanitaire a été déclaré le 31 mars 2020 pour une période de trente (30) jours, reconductible en fonction de l'évolution de la maladie. Et aussi les frontières terrestres, maritimes et aériennes ont été temporairement fermées[50], ce qui a considérablement contribué à restreindre la libre circulation des personnes en zone CEMAC, avec pour conséquences immédiates la paralysie des économies nationales, et l'arrêt des flux migratoires. L'on peut relever par ailleurs des obstructions relatives à la mise en œuvre de la circulation des personnes en Afrique centrale telles que la lenteur, et les réserves émises par certains États. C'est par exemple le cas de l'adoption du passeport biométrique CEMAC né à la faveur du règlement n° 1/00-CEMAC-042-CM-04 du 21 juillet 2000. Cet instrument facilitateur de la libre circulation des personnes, qui était censé entrer en vigueur le 1er juillet 2007, a été différé au premier janvier 2010[51]. Chemin faisant, ce règlement a été amendé au cours du 9e sommet des chefs d'État de la CEMAC tenu les 24 et 25 juin 2008 à Yaoundé. Malheureusement, les dispositions révisées conférant aux citoyens communautaires le droit de circuler sans visa au sein de l'espace communautaire connaîtront également une prorogation[52]. Il faut dire que cette initiative louable visant la suppression

---

48 Art. 27 alinéa (a) para. 3 de la Convention régissant l'UEAC.

49 GATSI TAZO (E.A.), *La condition juridique des étrangers en zone CEMAC. Contribution au diagnostic de l'intégration personnelle en zone CEMAC*, Diplôme d'Études Approfondies, Université de Dschang, 2009, p. 51.

50 *Mesures gouvernementales immédiates prises dans la zone CEMAC*, KPMG Afrique Centrale, 2020, 36 p.

51 Cf. Communiqué final, 9e session ordinaire de la Conférence des chefs d'États de la CEMAC, Yaoundé, 24-25 juin 2008.

52 Au lieu du 1er janvier 2010 marquant la date initialement prévue pour son entrée en vigueur, cette date butoir sera prorogée jusqu'à la fin du 1er trimestre 2010. Cf. Communiqué final, 10e session ordinaire de la Conférence des chefs d'État de la CEMAC, Bangui, 16-17 janvier 2010, p. 5.

des visas[53] pour les ressortissants de la sous-région Afrique centrale se verra remise en cause par la Guinée équatoriale qui ne manquera pas d'émettre des réserves à son endroit. Ladite réserve n'a pu être levée que lors de la 12e session ordinaire de la Conférence des Chefs d'État tenue à Libreville le 6 mai 2015. Il convient de rappeler que cette attitude réfractaire de certains États de la communauté peut se justifier du fait de la souveraineté des États. En ceci que l'adhésion des États à une communauté n'est pas synonyme de perte de leur souveraineté. Mais plutôt l'occasion offerte à eux de l'exprimer. Le contrôle de conformité des actes juridiques régissant la libre circulation des personnes est assuré par l'office des juridictions communautaires compétentes en la matière.

II. LE CONTRÔLE JURIDICTIONNEL DE LA MISE EN ŒUVRE DES ACTES RÉGISSANT LA LIBRE CIRCULATION DES PERSONNES EN ZONE CEMAC

Les actes juridiques relatifs à la libre circulation des personnes en zone CEMAC sont soumis au respect des règles prescrites par le droit communautaire. Les États membres de la Communauté, destinataires de ces normes, sont tenus de les appliquer en vertu non seulement du droit national auquel ils sont rattachés, mais aussi du droit communautaire. Pour assurer une mise en œuvre efficiente des actes juridiques régissant la libre circulation des personnes en zone CEMAC, la répartition des compétences entre les juges nationaux et le juge communautaire est mise à contribution (A), malgré la persistance des limites observées dans leurs pratiques judiciaires respectives (B).

B. La répartition des compétences entre juge national et juge communautaire

Il existe une sorte de coopération judiciaire entre le juge de l'ordre national et le juge de l'ordre communautaire. Tous deux sont compétents en matière de vérification de la conformité des actes juridiques régissant la libre circulation des personnes. Mais le droit communautaire reconnaît à chacun d'entre eux un pouvoir judiciaire qui lui est propre. C'est pourquoi il conviendra d'analyser tour à tour les compétences exclusives (1), et les compétences partagées entre la juridiction communautaire et les juridictions nationales (2).

1. Les compétences exclusives des juridictions communautaires et nationales

Les juridictions nationales relevant des États membres de la CEMAC représentent des instances de droit commun en matière d'application du droit

[53] Prévue par l'Acte additionnel n° 01/13-CEMAC-070 U-CCE-SE du 25 juin 2013.

communautaire dont l'appréciation leur est reconnue en premier ressort (a). Tandis que la Cour de Justice Communautaire demeure confinée dans une compétence d'attribution (b).

a. La compétence des juridictions nationales en matière de mise en œuvre du droit communautaire

Le juge national assume des responsabilités lourdes et immenses dans le processus de mise en œuvre du droit communautaire[54]. Présenté comme étant l'artisan en chef de l'intégration des actes juridiques communautaires dans l'ordre interne, ce dernier est appelé à veiller à la garantie de la suprématie du droit communautaire[55]. L'affirmation de son rôle d'artisan en matière d'application du droit communautaire a été consacrée par la Cour de Justice des Communautés Européenne (CJCE) dans l'arrêt de Gens[56]. Il en ressort que le juge national est maître du litige au principal puisqu'il est le seul habilité à pouvoir appliquer et interpréter le droit national sans recours aux règles d'organisation et de procédure communautaires[57]. Dans sa fonction de juge communautaire de droit commun, l'autorité judiciaire de l'ordre interne doit veiller à la conformité du droit national au droit communautaire. Il doit ainsi privilégier l'application de la norme communautaire au détriment des dispositions contraires au droit national. Le juge national a donc l'obligation d'appliquer le droit communautaire dans son intégralité en faisant de sa propre autorité tout ce qui est nécessaire pour mettre de côté une disposition nationale contraire en dépit de tout obstacle législatif, administratif ou judiciaire[58]. L'inobservation des prescriptions légales communautaires entraîne nécessairement la condamnation en manquement de l'État du juge national concerné, pour faute ou même sans faute, prononcée par le juge communautaire[59].

---

[54] PIPA NGUEPJO (J.), *Le rôle des juridictions supranationales de la CEMAC et de l'OHADA dans l'intégration des droits communautaires par les États membres*, thèse de doctorat, Université Panthéon-Assas, 4 juillet 2011, p. 112.

[55] La primauté du droit communautaire est explicitement consacrée par le traité révisé de la CEMAC qui dispose que : « *(...) les actes adoptés par les institutions, organes et institutions spécialisées de la communauté pour la réalisation des objectifs du présent traité sont appliqués dans chaque État membre nonobstant toute législation nationale contraire, antérieure ou postérieure* ». Cf. Art. 44 du traité CEMAC révisé.

[56] Cour de Justice des Communautés Européennes, 6 avril 1962.

[57] PIPA NGUEPJO (J.), *Le rôle des juridictions supranationales de la CEMAC et de l'OHADA dans l'intégration des droits communautaires par les États membres*, *op.cit.*, p. 113

[58] AMINE AMOA (I.), *L'internationalisation du droit constitutionnel dans les États d'Afrique noire francophone : réflexion à partir des États de la CEMAC et de la CEDEAO*, *op.cit.*, p. 277.

[59] PIPA NGUEPJO (J.), *op.cit.*, p. 113.

b. Le contrôle de la légalité des actes juridiques par la juridiction communautaire

Le contrôle de la légalité est un principe qui trouve son fondement aussi bien dans le traité, la Convention régissant la Cour de Justice Communautaire, que dans l'Acte additionnel portant création de ladite Chambre. C'est ainsi que *« dans son rôle juridictionnel, la Cour de Justice rend, en dernier ressort, des arrêts sur les cas de violation des traités de la CEMAC et des Conventions subséquentes dont elle est saisie*[60] *»*. La Cour de Justice Communautaire est revêtue des attributions de juge administratif et judiciaire[61]. Statuant sans recours gracieux préalable en *« contentieux de pleine juridiction »*, elle est chargée du contrôle de la légalité des actes juridiques dérivés des institutions, organes et institutions spécialisées de la CEMAC. Il s'agit précisément des recours en annulation des règlements, des directives et des décisions[62]. Afin d'assurer le respect du droit communautaire originaire à l'occasion de ce recours en annulation, la Cour peut prononcer la nullité totale ou partielle des actes entachés de vice de forme, d'incompétence, de détournement de pouvoir, de violation du traité et des textes subséquents de la CEMAC ou des textes pris en application de ceux-ci. Il importe de se référer à l'affaire MOKAMANEDE John Wilfried c/ Commission CEMAC[63] pour réaliser à quel moment le juge peut déclarer un acte attaqué non conforme aux prescriptions communautaires. Il s'agit en l'espèce de l'annulation d'une décision du Conseil des ministres de l'UEAC excluant un fonctionnaire de l'EIED, illégalité tirée de l'incompétence du Conseil des ministres à prononcer l'exclusion de ce fonctionnaire. L'article 35 alinéa 2 de la Convention du 25 juin 2008 prescrit à l'État, l'institution, l'organe ou l'institution spécialisée dont émane l'acte annulé, de prendre des mesures que comporte l'exécution de l'arrêt s'agissant du contrôle de légalité ou de l'exception d'illégalité. La compétence d'attribution conférée à la Cour de Justice Communautaire CEMAC en matière de contrôle de la légalité des actes juridiques dérivés pourrait se justifier par le souci du législateur communautaire de voir le droit communautaire appliqué dans les conditions propres à garantir la mise en place d'une jurisprudence harmonisée[64].

[60] Article 4 du traité révisé de la CEMAC.

[61] V. BOULOIS (J.), DARBON (M.), HUGLO (J.G.), « Contentieux communautaire », 2e éd., Précis Dalloz, Paris, 2000.

[62] Les recours en annulation sont prévus par les articles 23 (3), 24 (2) et 25 du traité CEMAC du 25 juin 2008.

[63] Arrêt n°003/CJ/CEMAC/CJ/08 du 20/11/2008, Aff. : MOKAMANEDE John Wilfried c/ Commission CEMAC.

[64] Lire le préambule de la Convention régissant la Cour de Justice CEMAC.

2. Les compétences partagées entre les juridictions communautaires et nationales

Le système de répartition des compétences entre la Cour de justice communautaire et les juridictions nationales découle des grands principes de l'ordre communautaire. Il peut être comparé à un système de vases communicants[65] donnant lieu à un dialogue des juges à travers la question préjudicielle. L'initiative du renvoi préjudiciel incombe au juge national (a) à qui appartient le pouvoir de saisir le juge de la Cour de Justice Communautaire pour interprétation ou appréciation de la validité du droit communautaire (b).

a. L'exercice de l'initiative du renvoi préjudiciel par les juges nationaux

Les juges nationaux sont investis des pleins pouvoirs leur permettant de déclencher la relation dite de *« juge à juge »* en vue de diagnostiquer et de caractériser le besoin d'interprétation et d'appréciation de la validité des actes juridiques communautaires à appliquer[66]. Ceci est l'œuvre du mécanisme du renvoi préjudiciel institué par l'article 17 de la Convention régissant la Cour de Justice Communautaire CEMAC[67]. Le recours préjudiciel désigne *« la coopération judiciaire par laquelle juridictions nationales et Cour de Justice dans l'ordre de leurs compétences, sont appelées à contribuer directement et réciproquement à l'élaboration d'une décision en vue d'assurer l'application uniforme du droit communautaire dans l'ensemble des États membres[68] ».* L'opportunité de la demande de renvoi préjudiciel appartient aux juridictions nationales ou à l'organisme à fonction juridictionnelle. Le juge national est la seule autorité juridictionnelle habilitée à évaluer la nécessité de l'interprétation ou de l'appréciation de la validité du droit communautaire et éventuellement à poser la question préjudicielle. Lorsque le juge national se trouve confronté à des arguments relevant des textes communautaires et dont l'application donne lieu à des discussions, ce dernier doit surseoir à statuer afin de poser au juge communautaire soit une question d'interprétation, soit d'appréciation de validité concernant une disposition communautaire dont l'application est invoquée. La saisine préjudicielle du juge communautaire par le juge national peut se faire par le biais d'une ordonnance, d'un jugement ou d'un arrêt. Toujours est-il que la législation communautaire ne prévoit pas

---

[65] LEPOUTRE (N.), « Le renvoi préjudiciel et l'instauration d'un dialogue des juges. Le cas de la Cour de Justice de l'Union Européenne et du juge administratif français », *Jurisdoctoria*, n° 6, 2011, p. 46.

[66] PERTEK (J.), « Renvoi préjudiciel en interprétation et appréciation de la validité », *Jurisclasseur* Europe-Traité, mise à jour du 19 février 2005, n° 3 Fascicule, 360, p. 4.

[67] L'article 17 en question dispose que : « La chambre judiciaire statue sur l'interprétation du traité de la CEMAC et des textes subséquents sur la légalité et l'interprétation des statuts et actes des organes de la CEMAC, quand une juridiction nationale ou un organisme à fonction juridictionnelle est appelé à en connaître à l'occasion d'un litige ».

[68] CJCE, 1er décembre 1965, SCHAWRZE, aff. n° 16/65. Rec., p. 1081.

d'autres modalités en la matière. Toutefois, elle devra obéir aux règles pertinentes contenues aux articles 13 et 14 de l'Acte additionnel portant des règles de procédure judiciaire de la CEMAC[69]. L'œuvre de saisine de la juridiction communautaire est facultative lorsque la juridiction nationale saisie du litige principal fait office de juridiction inférieure statuant en premier ressort ou obligatoire lorsqu'il s'agit d'une juridiction supérieure statuant en dernier ressort[70]. La coopération judiciaire s'établissant entre le juge national et le juge de la Cour de Justice Communautaire n'est pas dénuée d'intérêt. Le dialogue des juges opéré sur la base du renvoi préjudiciel participe à la construction du droit communautaire. Il permet au juge national d'exercer une influence dans l'élaboration de l'œuvre jurisprudentielle qui plus tard pourra constituer une source d'inspiration pour le juge communautaire[71].

b. L'exercice de la fonction d'interprétation ou d'appréciation de la validité par le juge communautaire

La Convention régissant la Cour de Justice CEMAC confère explicitement au juge communautaire le pouvoir de statuer à titre préjudiciel sur l'interprétation du traité de la CEMAC et des actes subséquents, sur la légalité et l'interprétation des statuts et actes des organes de la CEMAC, quand une juridiction nationale ou un organisme à fonction juridictionnelle est appelé à en connaître à l'occasion d'un litige[72]. En substance, le juge communautaire est investi d'une compétence élargie en matière d'interprétation ou d'appréciation de la légalité des normes communautaires. Son champ de compétence sur la question préjudicielle exerce une emprise aussi bien sur le droit communautaire primaire que sur le droit communautaire dérivé. La chambre judiciaire peut être saisie par le juge national au moyen de deux types de renvoi préjudiciel. Il en est ainsi du renvoi en interprétation et du renvoi en appréciation de la validité face auxquels il a l'obligation de répondre au risque de déni de justice. Le recours en interprétation de la norme est le mécanisme par lequel le juge national demande au juge communautaire de préciser un point d'interprétation du droit communautaire afin de l'appliquer directement. *A contrario*, le renvoi en validité de la norme CEMAC désigne le moyen par lequel le juge interne demande au juge judiciaire communautaire de contrôler la validité d'un acte juridique relevant du droit communautaire. En tout état de cause, les interprétations données par la Cour de Justice Communautaire sont réputées exactes et s'imposent dans tous les cas à toutes les autorités

---

[69] KAMWE MOUAFFO (M.C.), « Le renvoi préjudiciel devant la CJ-CEMAC : une étude à la lumière du droit communautaire européen », *Penant*, 2012, pp. 206-233.

[70] Cf. article 26 de la Convention régissant la Cour de Justice de la CEMAC du 30 janvier 2009, article 12 du Protocole additionnel n° 1 relatif aux organes de contrôle de l'UEMOA. Lire également NGUENA DJOUFACK, « Intégration sous-régionale et complexité du droit dans les États africains de la zone franc », *Droit en Afrique*, n° 21, 2018, pp. 125-149.

[71] LEPOUTRE (N.), « Le renvoi préjudiciel et l'instauration d'un dialogue des juges. Le cas de la Cour de Justice de l'Union Européenne et du juge administratif français », *op.cit.*, p. 44.

[72] Art. 17 de la Convention régissant la Cour de Justice CEMAC.

administratives et juridictionnelles dans l'ensemble des États membres ; encore que ces interprétations font corps avec les actes interprétés, et leur caractère objectif et abstrait permet qu'elles s'incorporent aux textes concernés qui doivent désormais être appliqués dans le sens de la portée incluse qui en résulte[73]. Les arrêts rendus par la chambre judiciaire communautaire sont revêtus de l'autorité de la chose jugée et empreints de force exécutoire dans l'ordre juridique des États membres[74]. Le contrôle juridictionnel des actes juridiques régissant la libre circulation des personnes s'avère limité à plusieurs égards.

B. La limitation du contrôle juridictionnel des actes juridiques régissant la libre circulation des personnes

Le contrôle juridictionnel de la mise en œuvre du droit communautaire est effectué prioritairement par le juge national et subsidiairement par son homologue de la Cour de Justice Communautaire CEMAC. L'analyse de l'exercice de leur fonction juridictionnelle révèle en toile de fond la limitation de la compétence du juge communautaire (1), accentuée par le manque d'appropriation du droit communautaire par les juges nationaux (2).

1. La limitation de la compétence du juge de la Cour de justice CEMAC

Il est à déplorer que nonobstant le satisfecit observé dans la dynamique d'intégration impulsée en Afrique centrale, l'intégration juridictionnelle pour sa part demeure plutôt non réalisée[75]. L'office du juge de l'intégration laisse apparaître une production jurisprudentielle peu élogieuse en ceci que, le droit de l'intégration est largement dominé par une faiblesse des recours contentieux[76]. Après plusieurs années d'existence, la Chambre judiciaire de la Cour de Justice Communautaire de la CEMAC n'a rendu son premier arrêt préjudiciel que 11 ans après sa création[77]. La conséquence immédiate se faisant ressentir par l'impossibilité pour la Cour de réaliser par ses décisions l'harmonisation des jurisprudences dans les matières relevant du domaine du

---

73 KAMTHO (P.), « Président de la chambre judiciaire de la Cour de Justice CEMAC : compétence procédurale de la chambre judiciaire », *Document de vulgarisation sur la Cour de Justice Communautaire*, documentation de la Cour, 2008, p. 9.

74 Art. 5 de la Convention régissant la Cour de Justice Communautaire CEMAC, reprise par l'article 82 du règlement de procédure.

75 ZO'O (F.I.), « Contingente concrétisation des actes communautaires africains sous le prisme des principes d'adoption », *RAMReS*, sciences juridiques et politiques, 2009, pp. 194-230.

76 *Idem.*

77 Pourtant le renvoi préjudiciel apparait de nos jours comme étant le recours le plus usité en droit communautaire européen. V. MOLINIER (J.) et LOTARSKI (J.), *Droit du contentieux européen*, 2e éd., coll. SYSTÈME DROIT., LGDJ, Lextenso, 2009, p. 100.

traité d'une part, et de contribuer par ses avis à celle des législations nationales des États membres dans ses domaines[78] d'autre part.

Par ailleurs, il convient de relever la faiblesse de la législation communautaire en matière de sanctions. La Convention du 5 juillet 1996 régissant la Cour de Justice Communautaire de la CEMAC ne prévoit pas de sanctions en cas d'inobservation par les États membres des arrêts préjudiciels. Or, les arrêts rendus par la chambre judiciaire communautaire sont revêtus de l'autorité de la chose jugée et d'une force obligatoire[79] dans l'ordre juridique des États membres. Il ressort de cette incongruité juridique la limitation de l'activité de contrôle de l'applicabilité des normes communautaires, insusceptible de concourir au processus *« d'engendrement des règles par démultiplication progressive[80] »*. De plus, *« l'inexistence des mécanismes de sanctions des incompatibilités entre l'ordre juridique communautaire et les ordres juridiques internes sont constitutives des différentes violations du droit communautaire nécessitant une protection accrue de ce qu'il convient d'appeler la légalité communautaire[81] »*. En droit comparé, l'article 7 du traité de l'Union Européenne prévoit deux mécanismes à l'encontre d'un État membre irrespectueux des valeurs communautaires. Le volet sanction peut être déclenché en cas de violation grave et persistant du droit communautaire, notamment celui concernant le respect de l'État de droit[82]. Mais son application requiert une décision unanime du Conseil Européen, à l'exception de l'État visé par la procédure. Dans le cadre du droit communautaire CEMAC, l'article 18 de la Convention régissant la Cour de Justice privilégie le recours en appréciation de la validité en cas d'inobservation des interprétations données par la chambre judiciaire en matière de recours préjudiciel. C'est dommage de constater que ce mécanisme juridique prévu par la législation communautaire ne constitue pas une sanction, mais plutôt une dernière tentative désespérée de faire triompher le droit communautaire[83]. Dans ces conditions, il apparaît judicieux d'envisager un contrôle juridictionnel effectif et efficace en vue d'uniformiser les législations

---

[78] Art. 2 de la Convention régissant la Cour de Justice Communautaire de la CEMAC.

[79] « Les décisions rendues par la Cour de Justice en application de l'article 4 ci-dessus ont autorité de la chose jugée et force exécutoire ». Art. 5 de la Convention régissant la Cour de Justice Communautaire CEMAC.

[80] De BECHILLON (D.), « Qu'est-ce qu'une règle de droit », *Revue Interdisciplinaire d'Études juridiques*, vol. 39, pp. 207-213.

[81] ZO'O (F.I.), « Contingente concrétisation des actes communautaires africains sous le prisme des principes d'adoption », *op.cit.,* pp. 194-230.

[82] L'article 2 du Traité de l'Union est fondé sur les valeurs de respect de la dignité humaine, de la liberté, de démocratie, d'égalité, de l'État de droit, ainsi que de respect des droits de l'homme y compris des droits des personnes appartenant à des minorités. Ces valeurs sont communes aux États membres dans une société caractérisée par le pluralisme, la non-discrimination, la tolérance, la justice, la solidarité et l'égalité entre les femmes et les hommes ».

[83] KAMWE MOUAFFO (M.C.), « Le renvoi préjudiciel devant la Cour de J-CEMAC : une étude à la lumière du droit communautaire européen *», op.cit.*, pp. 206-233.

nationales et de veiller sur la conformité et la compatibilité des règles communautaires[84].

2. La faible appropriation du droit communautaire par les juges nationaux

La faiblesse des recours contentieux observée au sein des juridictions communautaires ne saurait contribuer à renforcer les aptitudes professionnelles des juges communautaires de droit commun. Ces derniers sont rarement confrontés à des questions d'interprétation ou d'appréciation du droit de l'intégration au point d'initier des recours préjudiciels. Ce fonctionnement irrégulier de l'appareil judiciaire national provoqué par l'absence de combativité des particuliers serait à l'origine de la faible appropriation du droit communautaire par les juges nationaux. Quand on sait que *« ces juridictions communautaires s'approprient le droit communautaire à travers l'interprétation qu'elles font des normes communautaires, des avis qu'elles donnent ainsi que des décisions qu'elles rendent à travers ces trois éléments, les juridictions communautaires non seulement s'approprient ce droit, mais orientent les autorités judiciaires nationales et les amène à s'approprier ces normes, car, les juridictions nationales se doivent de les suivre pour faire appliquer les normes communautaires au plan national[85] ».* La faible sollicitation des juridictions nationales en matière de contentieux communautaire ne contribue pas à l'appropriation du droit communautaire par les juges nationaux. Cette situation découle de l'attitude douteuse des autorités publiques à respecter le droit communautaire et par ricochet, de l'ignorance de ce droit par les particuliers. L'application du droit communautaire est tributaire de sa diffusion auprès des juridictions nationales. Par conséquent, cette inappropriation des mécanismes juridictionnels communautaires est susceptible de conduire les juges nationaux à rendre de mauvaises décisions. L'exemple peut être fourni par l'affaire Inter-États des Douanes c/ DJEUKAM Michel à travers laquelle le juge centrafricain a péché par une mauvaise application du droit communautaire aboutissant au premier arrêt préjudiciel rendu par la CJ-CEMAC. Dans le cas d'espèce, sieur DJEUKAM alors enseignant vacataire à l'École inter-États de Douanes (EID[86]) a été promu[87] chef de département Culture générale, pour se voir révoqué par la suite par une autre décision datée du 30 avril 2006. Cette rétrogradation dont les circonstances demeurent inconnues donna lieu à une saisine du tribunal de Bangui. Après avoir réclamé des indemnités de fonction et des dommages et intérêts, ce dernier finira par obtenir gain de cause contre le jugement rendu

[84] ZO'O (F.I.), *op.cit.*, p. 194-230.

[85] GEORGES (T.), « Pluralité des juridictions régionales dans l'espace francophone et unité de l'ordre juridique communautaire : problématique et contentieux », communication aux rencontres inter-juridictionnelles de Cotonou du 19 au 23 mai 2008.

[86] Avec pour siège la ville de Bangui en République Centrafricaine.

[87] Ceci par une décision n° 23 du 30 avril 2004.

par la Cour d'Appel de Bangui. Cette dernière juridiction focalisera son appréciation des faits de la cause sur la légalité de la décision[88] portant nomination du concerné aux fonctions de chef de département Culture générale. Par une décision avant-dire-droit du 11 juin 2009, elle se tourna vers la CJ-CEMAC en jugeant : « (…) qu'il y a lieu de surseoir à statuer en attendant « l'avis » de la CJ-CEMAC conformément à l'article 17 de la Convention régissant ladite Cour. En ce qui concerne la procédure, il s'agissait bien évidemment d'une demande préjudicielle. Quant au fond, cette demande ne saurait prospérer d'où la fin de non-recevoir qui mettra un terme à l'arrêt au motif de ce que, le juge centrafricain n'avait pas motivé sa question en indiquant en quoi la décision en question lui semblait illégale. Au regard de la méconnaissance des règles relatives à la répartition des compétences dont firent preuve les juridictions centrafricaines, il y a lieu de préciser que les deux juges centrafricains n'étaient pas compétents pour connaître de cette affaire touchant aux règles de la fonction publique communautaire, en application des articles 4 *in fine* et 20 de la Convention régissant la CJ-CEMAC[89].

Plusieurs solutions sont envisageables afin d'amener les juges nationaux à s'approprier les mécanismes juridictionnels du droit communautaire. Les procédés de vulgarisation et de diffusion du droit communautaire auprès des magistrats pourront jouer un rôle déterminant dans ce sens. Pour y parvenir, il conviendra pour chaque État membre de la communauté d'améliorer la formation des juges nationaux en inscrivant les enseignements de droit communautaire dans leur programme. L'enjeu étant de développer des aptitudes professionnelles en matière de droit communautaire tout en permettant à ces derniers de maîtriser des règles propres à l'ordre juridique communautaire[90]. En outre, la Cour gagnerait à initier des séminaires regroupant les juridictions nationales et internationales des autres communautés, les avocats et les universitaires dans le but de partager leurs expériences respectives pour la construction du droit communautaire.

CONCLUSION

L'ordre juridique communautaire de la CEMAC est encadré par des actes juridiques régissant la libre circulation des personnes. Il prescrit l'intégration de plein droit du droit communautaire dans les ordres juridiques internes des États. Malgré cette facilité offerte aux entités étatiques, il se passe que l'implémentation des actes juridiques y afférents s'avère contrariée. S'il est vrai que la quasi-totalité des États de la CEMAC s'est arrimée immédiatement

[88] *Idem.*
[89] Arrêt n°001/CJ/CEMAC/CJ/10-11 du 25 novembre 2010. Affaire École Inter-États des Douanes c/DJEUKAM Michel.
[90] CHAMEGEU (M.G.), « Le contrôle juridictionnel des activités de la CEMAC », Mémoire, Université de Douala, DEA, 2008, 108 p.

à la réglementation communautaire, il n'en reste pas moins vrai que le Gabon et la Guinée Équatoriale s'illustrent par une mise en œuvre progressive du droit communautaire. Le contrôle juridictionnel opéré à cet effet laisse entrevoir une sorte de dialogue judiciaire entre juges nationaux et juge de la Cour de Justice CEMAC. Il en ressort de ce dialogue des juges une faible production jurisprudentielle donnant lieu à une très faible appropriation du droit communautaire par le juge national. Pour parvenir à une communauté de droit[91], il est urgent d'assurer la diffusion et la vulgarisation du droit communautaire à travers la formation des magistrats au niveau national, l'organisation des séminaires regroupant les juges des différents espaces communautaires, les avocats et les universitaires.

RÉFÉRENCES BIBLIOGRAPHIQUES

AMINE AMOA Idriss, *L'internationalisation du droit constitutionnel dans les États d'Afrique noire francophone : Réflexion à partir des États de la CEMAC et de la CEDEAO*, Thèse pour le doctorat en droit public, Université de Yaoundé II (Soa), 2020, 462 pages.

ATANGANA Martin Elysée, « Le bassin du Lac Tchad face aux nouvelles formes de menace : La difficile dynamique de réponse régionale face à la montée en puissance du groupe terroriste islamiste Boko Haram », mémoire, Études Internationales, Facultés des Arts et des Sciences, Université de Montréal, 2017, 132 pages.

BELLIVIER Florence, NOIVILLE Christine, « Pour une réhabilitation des seuils en droit de la santé et de l'environnement », *Cahiers Droit, Sciences et Technologie*, 2014/4, pp. 107-119.

BOLDUC David, AYOUB Antoine, *La mondialisation et ses effets*, Green-Université Laval, Québec-Canada, *Revue Littérature*, novembre 2000, 102 pages.

CARTOU Louis, *Communauté européenne,* 9e édition, Dalloz, 1989, 412 pages.

DHAFER Saïdane, EZO'O Véronique, « Mondialisation en Afrique : Véritable intégration ou simple vue de l'esprit ? », *Techniques Financières et Développement*, 2015/1, n° 118, pp. 93-100.

ISAKA Souaré, « Regard critique sur l'intégration africaine, comment relever les défis », Institut d'Études de Sécurité (ISS), paper 140, 12 pages.

KOULAKOUMOUNA Etienne, « Transport routier et effectivité de l'intégration régionale : Enjeux et contraintes pour le développement durable au sein de la CEMAC », *Revue Humanisme et* Entreprise, 2012/4, n° 309, pp. 61-80.

LOUNGOU Serge, La libre circulation des personnes au sein de l'espace de la CEMAC entre mythes et réalités », Belgeo (en ligne), 3/2010, mis en ligne du

[91] Formule utilisée en 1959 par WALTER HALLSTEIN, alors président de la Commission des Communautés Européennes cité, dans l'arrêt « les verts » du 23 avril 1986.

04 décembre2012. Voir http://journal.openedition.org/belge/7096:DOI:10.400/belgeo.7096.

MBIA YEBEGA Germain-Hervé, « Terrorisme et contre-terrorisme en Afrique centrale : Quelle vision stratégique pour le Tchad et le Cameroun », Groupe de Recherche et d'Information sur la Paix et la Sécurité (GRIP), 06 février 2015

MELINGUI Yves, « La charte des investissements de la CEMAC », mémoire, Université de Yaoundé II (Soa), 2014, 134 pages.

MEYER Angela, *L'intégration régionale et son influence sur la structure, la sécurité et la stabilité des États faibles. L'exemple de quatre États centrafricains*, Thèse, Institut d'Études politiques de Paris, Programme doctoral Relations Internationales, Centre d'Études et de Recherches Internationales (CERI), 13 décembre 2006, 543 pages.

MORAND-DEVILLER Jacqueline, « Le seuil en droit administratif », in *Mouvement en droit public*, Mélanges en l'honneur de Frank Moderne, Dalloz, 2004, 302 pages.

MOUSSONE Emmanuel, « Potentiel de marché et investissement des pays de la Communauté Economique et Monétaire de l'Afrique Centrale (CEMAC) », *Marchés et organisations*, n° 14, 2011, pp. 33-56.

NGO LOGA ABANDA Babette Célestine, *La libre circulation des biens et des services en zone CEMAC*, Mémoire, DEA, Droit Public International, Université de Yaoundé II (Soa), 2010, 104 pages.

NORODOUM KIARI Jean-Bedel, *L'intégration régionale en Afrique centrale (1916-1960). Une analyse des jalons posés par la France*, L'Harmattan, Paris, 2012, 210 pages.

NTUDA EBODE Joseph, BOLAK FUNTEH Mark, MARKOUTOU MAHAMAT Henri, NKALWO'N NGALA Joseph Léa, *Le conflit Boko Haram au Cameroun : Pourquoi la paix traine-t-elle ?* Friedrich Erbert Stiftung, Yaoundé, 2017, 34 pages.

ROUSSEAU Jean Jacques., *Du Contrat Social, Les classiques de la philosophie*, 1996, 224 pages.

SELENGOUMA ANNDET Bienvenu Oswald, *La libre circulation des travailleurs au regard des normes juridiques de la CEMAC*, Mémoire de DEA, Droit International Public, Université de Yaoundé II (Soa), 2007, 63 pages.

L'EXPULSION DES ÉTRANGERS EN AFRIQUE CENTRALE. ANALYSE CRITIQUE DES MOTIVATIONS ÉTATIQUES

Par

Ibrahima HALILOU

Docteur en Droit public de l'Université de Ngaoundéré
Chargé de cours à l'Université de Bamenda

Résumé

L'expulsion des étrangers est une réalité en Afrique centrale. Cette pratique, encadrée par les législations nationales de chaque État, suscite une curiosité à l'analyse de ses motivations qui s'avèrent diverses. Celles-ci, au-delà de servir des causes légitimes, notamment la prévention et la préservation de l'ordre public, la sécurité publique, la santé publique, la moralité publique, l'immigration clandestine et l'exercice d'une activité dangereuse au sein de ces États sont également pour d'autres États une occasion d'éloigner les étrangers de leurs frontières et du partage de leurs richesses. L'expulsion des étrangers au sein de ces États serait donc un moyen déguisé de limiter l'invasion démographique, la spoliation économique et la sauvegarde de leur souveraineté. Dans tous les cas, l'on retient que l'expulsion est une prérogative exclusive de chaque État, dont l'appréciation de la nécessité est dévolue à ses autorités de police administrative du fait de sa souveraineté.

Mots-clés : Expulsion, Étranger, Motivation, Afrique centrale, souveraineté.

Abstract

The expulsion of foreigners is a reality in Central Africa. This practice, which is governed by the national legislation of each State, arouses curiosity when analysing its motivations, which are diverse. In addition to serving legitimate causes, including the prevention and preservation of public order, public security, public health, public morality, illegal immigration and the exercise of a dangerous activity within those States, they are also an opportunity for other States to keep foreigners away from their borders and from the sharing of their wealth. The expulsion of foreigners within these States would therefore be a disguised means of limiting demographic invasion, economic spoliation and safeguarding their sovereignty. In all cases, it should be remembered that expulsion is an exclusive prerogative of each State, whose assessment of necessity is devolved to its administrative police authorities by virtue of its sovereignty.

Keywords: Expulsion, Foreigner, Motivation, Central Africa, sovereignty.

INTRODUCTION

Sylvie Mazzella nous renseigne que « les migrations internationales sont le reflet du monde. Elles résultent des dynamiques engendrées par les structures politiques, économiques et culturelles. Elles sont le reflet ainsi que le pouls et le moteur d'un monde interdépendant, impulsant de nouveaux échanges culturels et économiques, contribuant à la restructuration sociale des sociétés d'accueil et de départ, et à la reconfiguration des appartenances nationales, sociales et familiales au sein et au-delà des États »[1]. La mobilité humaine, devenue nécessité mondiale, pose véritablement de grands défis aux États quant à son encadrement. C'est pourquoi aujourd'hui, le droit d'expulsion est largement consacré et tire toujours sa légitimité du principe de souveraineté des États[2]. Ainsi, chaque État dans le cadre de ses relations internationales agit toujours de telle manière que ses intérêts essentiels soient sauvegardés[3]. Les instruments internationaux[4] consacrent, à cet effet, le

---

[1] MAZZELLA (S.), *Sociologie des migrations*, « *Que sais-je* », PUF, Paris, 2016, p. 5.

[2] Selon le Professeur CORNU, la souveraineté est le caractère suprême d'une puissance qui n'est soumise à aucune autre. Voir CORNU G., *Vocabulaire Juridique*, PUF, Paris, 8e édition, 2009, p. 882.

[3] IBRAHIMA (H.), « The Expulsion of Foreigners from the Cemac Area, Between the Preservation of National Interests and the Pursuit of Community Integration », in *International Journal of Science and Research (IJSR)*, Volume 9 Issue 5, May 2020, p. 692.

[4] Notamment les traités de la CEMAC et de la CEEAC au niveau de l'Afrique centrale.

principe de la liberté de mouvement[5]. Mais, ce principe n'est pas absolu puisqu'il est limité par les règles nationales relatives à l'entrée et au séjour des étrangers et qu'aucun de ces instruments n'accorde à ces derniers un droit réel à ne pas être expulsé[6]. Les États ont récemment multiplié le nombre d'accords multilatéraux de protection des droits des étrangers, mais ils n'édictent pas d'égalité absolue de traitement avec les nationaux. Certes, le droit international actuel tend, dans le domaine des droits de l'homme, à accorder de plus en plus aux étrangers une protection égale à celle des nationaux. Mais, ce changement d'orientation n'est pas radical dans la mesure où subsiste toujours un certain nombre d'exceptions[7].

La présence d'étrangers sur le territoire d'un État peut être source de controverses en raison des incidences économiques, sociales, ethniques, religieuses ou politiques[8]. Remplissant des conditions précises dans tous les pays du monde, la circulation des étrangers relève à la fois du droit interne et du droit international. C'est pourquoi, lorsque les circonstances l'exigent, les étrangers peuvent se voir éloigner de leur pays d'accueil à travers certaines mesures consacrées, notamment l'expulsion. À cet effet, l'expulsion met en jeu les règles nationales que l'État édicte au titre de sa souveraineté territoriale et les règles de droit international, soit général soit conventionnel et spécifique en matière de protection des droits de l'homme. La plupart des États d'Afrique centrale ont aménagé des dispositions législatives spécifiques à l'encadrement des pratiques d'expulsion[9]. Soulignons que l'expulsion concerne à la fois les étrangers et les nationaux dans une certaine mesure. Dans la présente réflexion, il s'agira de nous intéresser uniquement à l'expulsion des étrangers dans les pays d'Afrique centrale, dont l'aménagement révèle beaucoup des similarités, tout en tenant compte de la fluctuation des causes.

La question de l'expulsion des étrangers dans les pays de l'Afrique centrale n'est pas nouvelle. En effet, pour s'en convaincre, il suffit de jeter un coup d'œil sur les différentes dates d'adoption des textes nationaux fixant le régime

---

[5] Notamment les mouvements des personnes, des biens et des capitaux.

[6] Car, en réalité, dans le cadre national, les expulsions constituent des mesures de police administratives, prises par un État souverain. Lire à cet effet, IBRAHIMA (H.), *L'ordre public de la Communauté Économique et Monétaire de l'Afrique Centrale*, Thèse de Doctorat en droit, Université de Ngaoundéré, 2020, p. 262.

[7] DUCROQUETZ (A-L.), *L'expulsion des étrangers en droit international et européen*, thèse de Doctorat en Droit, Université du Droit et de la Santé - Lille II, 2007, p. 40.

[8] Commission du droit international, Cinquante-huitième session Genève, 1er mai-9 juin 2006 et 3 juillet-11 août 2006, *Expulsion des étrangers*, Étude du Secrétariat, A/CN.4/565, p. 87.

[9] Notamment le Chapitre IX de la Loi n° 97/012 du 10 janvier 1997 relative aux conditions d'entrée, de séjour et de sortie des étrangers au Cameroun ; du Chapitre II du titre III de la loi de 1994 portant sur les conditions d'entrée et de séjour des étrangers en République de Guinée-Équatoriale ; du Chapitre III, titre V de la loi n° 29 -2017 du 7 août 2017 modifiant et complétant certaines dispositions de la loi n° 23 -96 du 6 juin 1996 fixant les conditions d'entrée, de séjour et de sortie des étrangers en République du Congo et de la Loi n°5/86 du 18 juin.
1986 fixant le régime d'admission et de séjour en République Gabonaise.

d'admission, de séjour et de sortie des étrangers dans leurs espaces territoriaux[10]. Malgré la consécration légale lointaine de l'expulsion au sein par exemple des États membres de la CEMAC[11], les études sur la question sont rares ou quasi inexistantes[12]. Ce désintéressement, sinon la prudence de la doctrine sur le sujet en Afrique centrale, pourrait se justifier par deux arguments complémentaires. D'un côté, l'on relève la sensibilité politique de la question dans les rapports bilatéraux des États et de l'autre son encadrement lacunaire[13] par les droits communautaires de cet espace.

La rareté des études doctrinales en matière d'expulsion des étrangers en Afrique centrale laisse une ouverture dans l'appréhension exacte des fondements et des corolaires de cette pratique dans cet espace. D'où la pertinence d'une réflexion relative à l'expulsion des étrangers dans cette zone, sous l'angle de ses motivations nuancées.

Une telle analyse exige préalablement que l'on s'accorde sur l'entendement précis de notre objet d'étude. À cet effet, dans son acception usuelle, la notion d'expulsion est définie comme « *l'action de faire sortir une personne, en vertu d'un titre exécutoire et au besoin par la force, d'un lieu où elle se trouve sans droit* »[14]. Autrement, elle est une mesure interne de police administrative ayant pour objet d'enjoindre à un étranger de quitter le territoire où il se trouve[15]. En droit international, l'expulsion est l'acte par lequel l'autorité compétente d'un État somme et, éventuellement, « *contraint un ou plusieurs individus se trouvant sur son territoire d'en sortir* [sans délai ou à] *bref délai* »[16]. On entend généralement par étranger une personne physique qui n'est pas un national de l'État où elle se trouve.

Notre étude est importante pour une triple raison. Premièrement, le peu d'attention accordée par la doctrine africaine à la question d'expulsion des

[10] Par exemple le Gabon dispose de ce texte depuis 1986, le Cameroun depuis 1997 et le Congo depuis 1996, modifié en 2017.

[11] Tout comme dans l'espace de la Communauté européenne et de la CEDEAO.

[12] Pour l'instant, les études abordant la question de l'expulsion des étrangers qu'on a pu relever en Afrique centrale sont : MVONDO (A.I.), *Développement de la subjectivité de l'individu et réalisation d'une situation d'Union en droit communautaire de la CEMAC*, thèse de Doctorat, Université de Yaoundé II-Soa, 2018-2019 et IBRAHIMA (H.), *L'ordre public de la Communauté Économique et Monétaire de l'Afrique Centrale*, Thèse de Doctorat en droit, Université de Ngaoundéré, 2020.

[13] Certains auteurs, notamment Armel Idriss Mvondo, reconnaissent que « l'exécution matérielle de l'expulsion, bien que déjà peu réglementée en droit international, ne l'est pas encore en droit CEMAC ». Voir Mvondo (Armel Idriss), *Développement de la subjectivité de l'individu et réalisation d'une situation d'Union en droit communautaire de la CEMAC*, *op. cit.*, p. 362.

[14] CORNU (G.), *Vocabulaire Juridique*, *op. cit.*, p. 393.

[15] SALMON (J.) (Dir), *Dictionnaire du droit international*, Bruxelles, Bruylant, 2001, p. 488. Voir aussi, CORNU (G.), *Vocabulaire Juridique*, op. cit. p. 393.

[16] ROUSSEAU (C.), *Droit international public*, Sirey, Paris, 1977, p. 19. COMBACAU (J.), SUR (S.), *Droit international public*, Montchrestien, Paris, 2001, pp. 368-369.

étrangers en Afrique centrale, qui devient malheureusement fréquente dans certains pays. Deuxièmement, il s'agit de l'encadrement de cette question qui est placée à la charnière des ordres juridiques interne, communautaire et international. La troisième raison consiste à vérifier ou mieux à éprouver la pertinence de l'affirmation de Monsieur Alioune SALL selon laquelle « *le droit est secondaire par rapport à la volonté des États* »[17], dans l'intégration africaine. Car, les États proclament leur foi en l'intégration, mettent sur pied des institutions très ingénieuses et, malheureusement n'affichent pas, dans leur comportement quotidien, une réelle volonté de s'assujettir à la règle conjointement posée.

La présente réflexion se propose ainsi, de mener une analyse critique des motivations liées à la pratique d'expulsion des étrangers en Afrique centrale, en rapport avec les libertés de circulation pourtant consacrées dans cet espace à travers la CEEAC[18] et la CEMAC[19]. Concrètement, l'on se demande quelles sont les motivations exactes d'expulsion des étrangers dans les espaces nationaux des pays de l'Afrique centrale ? Au regard des frustrations et des violences qui accompagnent parfois les pratiques d'expulsion en Afrique centrale, n'est-il pas légitime de soupçonner des expulsions déguisées de la part des États ? Ces interrogations soulèvent en toile de fond la question du respect des droits fondamentaux inhérents à la personne humaine par les pays de l'Afrique centrale.

Dès lors, l'analyse positiviste des dispositions légales des États d'Afrique centrale fixant le régime de l'expulsion des étrangers et l'étude sociologique de leur mise en mouvement, laissent présager des motivations complexes de la part des acteurs. Ainsi, l'exécution matérielle des expulsions des étrangers obéit normalement à des causes de nécessité impérative. On parle alors des motivations objectives **(I)**. Cependant, en Afrique centrale, certaines décisions d'expulsion d'étrangers au regard de leur finalité cacheraient d'autres causes. Il s'agit dans ce cas des motivations subjectives **(II)**.

I. LES MOTIVATIONS OBJECTIVES DE L'EXPULSION DES ÉTRANGERS

Le trouble à l'ordre public et l'atteinte à l'intérêt et à la sécurité nationaux **(A)**, ainsi que la transgression des normes étatiques relatives à l'immigration **(B)**, font partie des motifs légitimes et légaux pouvant éventuellement occasionner des expulsions d'étrangers au sein des pays de l'Afrique centrale. En effet, lorsque la présence d'un étranger ou la nature de l'activité que celui-ci mène s'avèrent dangereuses pour la stabilité et la

[17] SALL (A.), *Les mutations de l'intégration des États de l'Afrique de l'Ouest. Une approche institutionnelle*, Paris, L'Harmattan, 2006, p. 187.
[18] Communauté Économique des États de l'Afrique Centrale.
[19] Communauté Économique et Monétaire des États de l'Afrique Centrale.

tranquillité des citoyens au sein du pays d'accueil, cet État peut légitimement prendre des mesures de police administrative afin de l'éloigner de ses frontières.

A. La préservation de l'ordre public étatique

Elle est une prérogative exclusive reconnue à toutes les entités souveraines de l'Afrique centrale. En effet, dans le cadre communautaire de la CEMAC, la préservation de l'ordre public[20] étatique constitue une réserve consacrée par les textes essentiels de la Communauté. C'est ainsi que la Convention UEAC autorise les États membres dans certaines conditions, à refuser aux ressortissants des autres entités le bénéfice des règles communautaires relatives à la libre circulation des personnes pour des raisons justifiées par « *l'ordre public, la sécurité publique et la santé publique* »[21]. Cette restriction des libertés fondamentales serait donc légitimée par l'existence d'une situation susceptible de troubler l'ordre social établi, voire, dans les cas extrêmes, de constituer un danger pour les institutions publiques[22]. Pour une garantie de la cohésion du tissu social, chaque État de l'Afrique centrale devrait dans ses multiples fonctions régaliennes assurer la sécurité de son territoire (1), ainsi que la santé de sa population (2).

1. La Sécurité nationale

Selon le Professeur CORNU, dans le cadre étatique, la sécurité est une garantie du système juridique de protection tendant à assurer, sans surprise, la bonne exécution des obligations, à exclure ou au moins à réduire l'incertitude dans la réalisation du droit[23]. La sécurité nationale consiste en une prévention des risques de toute nature. Il s'agit concrètement de protéger des personnes, des biens, ainsi que l'environnement contre les accidents, les sinistres et les catastrophes. En outre, la sécurité nationale désigne un objectif de sauvegarde de la société et l'organisation de celle-ci par la préparation et la mise en œuvre des moyens d'intervention et de secours selon une planification appropriée ou conjoncturelle. Elle est une absence de trouble et d'inquiétude, caractérisée par la paix, le calme et la tranquillité qui règnent au sein d'un État, pour ses

---

[20] Dans cette partie, il est de loin question de faire une théorie de la notion d'ordre public, encore moins de soulever les différentes controverses doctrinales autour de cette notion. Il s'agira, pour nous, de relever certains des éléments constitutifs de la notion susceptibles d'être objectivement des motifs d'expulsion des étrangers lorsque leur responsabilité est mise en cause.

[21] Article 27 alinéa a), paragraphe 3 de la Convention régissant l'UEAC. Lire utilement GNIMPIEBA TONNANG (E.), « La libre circulation des personnes et des services en Afrique centrale : entre consécration théorique et hésitations politiques », *Juridis Périodique N°71 juillet –Aout-Septembre 2007*, p. 98.

[22] FRANCESCO (N.), « Sécurité et ordre public : deux notions à relation variable. Comparaison franco-italienne », *La Revue des droits de l'homme* [En ligne], 11 | 2017, mis en ligne le 13 janvier 2017, consulté le 10 décembre 2020.

[23] CORNU (G.), *Vocabulaire juridique*, *op.cit.*, p. 853.

ressortissants et ses habitants. De ce fait, la sécurité rentre dans l'objectif premier de la politique de chaque État de l'espace considéré et se transforme en une dette à sa charge qui passe primordialement par la lutte contre toute forme de criminalité[24].

Premier pilier classique des éléments constitutifs de l'ordre public, la sécurité relève d'un objectif de police administrative au sein des États de l'Afrique centrale. En effet, le préambule de la constitution camerounaise du 18 janvier 1996 nous renseigne que « *tout homme a le droit de se fixer en tout lieu et de se déplacer librement, sous réserve des prescriptions légales relatives à l'ordre, à la sécurité et à la tranquillité publique* »[25]. L'extrait de ce préambule érige la sécurité au rang de droit fondamental dont la menace sous toute forme par l'action d'un étranger pourrait constituer un motif d'expulsion par les autorités administratives compétentes de l'État d'accueil. En vertu de son appartenance à l'ordre public, la sécurité nationale constitue au sein des États de l'Afrique centrale un objectif de valeur constitutionnelle à part entière susceptible de limiter les droits fondamentaux des étrangers.

De ce qui précède, l'on décèle aisément le bien-fondé de l'article 54 de la loi[26] fixant le régime d'admission et de séjour des étrangers en République gabonaise qui dispose que : « *sera expulsé l'étranger dont la présence sur le territoire constitue une menace pour le maintien de l'ordre public, pour la protection de la santé, de la moralité, de la sécurité publique, pour tout autre motif laissé à l'appréciation de l'autorité compétente ou à la suite de l'exécution d'une peine privative de liberté supérieure à un mois* ». Il en ressort donc, au-delà de la sécurité nationale, qu'il existe divers motifs d'expulsion des étrangers, à l'instar de la question sanitaire.

2. La Santé publique

En l'espèce, la santé publique désigne la santé globale d'une population sous ses aspects préventifs, curatifs et éducatifs. La prise en compte de la santé publique comme motif d'expulsion des étrangers résulte d'une prise de conscience de la part des leaders étatiques d'Afrique centrale, de la vulnérabilité de leurs sociétés respectives aux risques sanitaires et de la nécessité impérative d'une politique effective et active de prévention et de gestion de ces risques[27]. Dans le même sillage, MATTEI reconnaît que « *le droit à la protection de la santé correspond au devoir des pouvoirs publics de protéger collectivement les populations contre les risques qui pourraient*

---

24 Dans ses aspects préventif et répressif.

25 Paragraphe 5 tiret 4 du Préambule de la loi N°96/06 du 18 janvier 1996 portant révision de la Constitution camerounaise du 02 juin 1972.

26 Loi n°5/86 fixant le régime d'admission et de séjour des étrangers en République gabonaise.

27 RENARD (S.), *L'ordre public sanitaire (étude de droit public interne)*, thèse, Droit, Université de Rennes I, 2008, p. 26.

menacer leur santé »[28]. La santé publique étant multidimensionnelle, il s'agira d'orienter la réflexion vers les secteurs essentiels à l'instar de la santé humaine, de la santé animale et environnementale.

Matériellement, la protection de la santé humaine consiste pour les États à limiter drastiquement sur leur territoire respectif la production, la commercialisation, l'importation et la consommation des produits[29] nocifs qui présentent des dangers graves pour la vie des populations. La survenance de certaines pandémies[30] menaçant la santé des populations et entraînant des troubles sociaux et sanitaires peuvent également être à l'origine des restrictions de la liberté de circulation et constituer un motif d'expulsion des étrangers qui seraient à l'origine ou violeraient les mesures sanitaires prescrites de protection.

La Convention de Bamako consacre explicitement le droit pour les États africains de prendre toutes les mesures nécessaires qui s'imposent afin de protéger et de sauvegarder la santé de leurs environnements. À cet effet, les parties à cette Convention « *reconnaissent le droit souverain des États d'interdire l'importation et le transit des déchets et substances dangereux sur leur territoire pour des raisons liées à la protection de la santé humaine et de l'environnement* »[31]. Celle de Bâle ne semble pas dire autre chose en stipulant que « *tout État possède le droit souverain d'interdire l'entrée ou l'élimination des déchets dangereux et d'autres déchets d'origine étrangère* »[32]. Il importe à chaque État de prendre des mesures juridiques, administratives et autres appropriées sur son territoire en vue d'interdire ou limiter toute pollution de son environnement pour quelque raison que ce soit[33]. C'est ainsi que la République du Tchad interdit sur son territoire « *le transit, l'importation, le stockage, l'enfouissement, le déversement des déchets toxiques ou polluants étrangers* »[34]. Ces mesures restrictives peuvent également concerner la liberté d'établissement des entreprises nationales ou multinationales dont les activités occasionneront la dégradation insupportable de l'environnement et porteront par la même occasion atteinte à la santé humaine[35].

---

[28] MATTEI (J-F.), ministre français de la Santé, de la Famille et des personnes handicapées, compte-rendu des travaux de l'Assemblée nationale, première séance du 02 octobre 2003.

[29] Il s'agit des précisément des produits pharmaceutiques, des produits manufacturés et des produits chimiques toxiques à la santé.

[30] Notamment, puisque l'actualité oblige le CORONA VIRUS, précisément la COVID- 19.

[31] Préambule (alinéa 6) de la Convention de Bamako de 1991, précité.

[32] Préambule de la Convention de Bale, op. cit., p. 1.

[33] KAMTO (M.), *Droit de l'environnement en Afrique*, Paris, EDICEF, 1996, p.303. TCHEUWA (J-C.), « Les préoccupations environnementales en droit positif camerounais », in : *Revue Juridique de l'Environnement*, n°1, 2006, p. 26.

[34] Article 52 de la Constitution du Tchad du 04 mai 2018.

[35] Il s'agit des pollutions multiformes de l'environnement par diverses entreprises à travers les traitements des déchets. L'exemple illustratif nous vient de l'affaire du « PROBO KOALA » ou la catastrophe du déversement des déchets toxiques en Côte d'Ivoire. Nous pouvons

Prolongement de la santé humaine, la santé animale constitue également un impératif majeur du fait de la proximité des animaux avec les êtres humains, de la consommation de certaines viandes animales par les humains et surtout de l'équilibre des écosystèmes. La santé animale prise comme motif d'expulsion consiste pour un État à prendre des mesures visant à assurer la santé et le bien-être de ses animaux[36], ainsi que la santé publique vétérinaire et la sécurité des aliments. Seules les maladies animales transfrontalières[37] peuvent entraîner une limitation des échanges entre les entités de l'Afrique centrale. Car, elles sont hautement contagieuses ou transmissibles et susceptibles de se propager très rapidement au-delà des frontières nationales des États victimes.

La préservation de la santé publique commande l'installation des postes de contrôle dans les points d'entrée et de sortie des États, notamment les frontières, ports et aéroports afin d'assurer l'ordre public sanitaire. Ainsi, la faculté des États de limiter la libre circulation des personnes pour des motifs de santé publique n'a pas pour objet de mettre le secteur de la santé publique, en tant que secteur économique et du point de vue de l'accès à l'emploi, à l'abri de l'application des principes de libre circulation, mais de pouvoir refuser l'accès ou le séjour sur leur territoire, si cet accès ou ce séjour constitue, en tant que tel, un danger pour la santé publique. D'où la formule du Professeur CARLIER, « *la santé publique est plus un motif de refus d'accès au territoire que d'expulsion, dans la mesure où l'objectif poursuivi est de lutter contre un risque de pandémie* »[38].

Globalement, il apparaît que la préservation de l'ordre public étatique constitue l'un des motifs majeurs d'expulsion des étrangers au sein des États de l'Afrique centrale. Les décisions et actions d'expulsion des étrangers par

---

également relever le désastre toxique de *Seveso* (Italie) et de *Love canal* (États-Unis) dans les pays industrialisés. Spécifiquement de Love canal, il s'agit d'une triste découverte par les autorités américaines de 20.000 tonnes des déchets chimiques qui y étaient déposés ; lesquels déchets furent à l'origine des nombreux Cancers et malformations chez les enfants. Au sujet de l'interdiction de déverser les déchets dans le tiers monde, voir PAMBOU TCHIVOUNDA (G.), « L'interdiction de déverser des déchets toxiques dans le Tiers monde : le cas de l'Afrique », in *Annuaire français de Droit international*, Volume 34, 1988, p. 710. Voir également SADOU (G.), « la lutte contre la désertification : élément d'un ordre public écologique africain », in *Cahiers juridiques et politiques*, Revue de FSJP, Université de Ngaoundéré, 2015, p. 83-107.

[36] Il s'agit des animaux terrestres (domestiques, d'élevage et sauvages) et des animaux aquatiques.

[37] On peut citer parmi les maladies animales transfrontalières : l'influenza aviaire hautement pathogène, la Peste bovine, la Peste porcine classique, la fièvre aphteuse, la grippe aviaire, la grippe A/H1N1 et la péripneumonie contagieuse bovine. Pour plus de précisions sur les maladies transfrontalières voir la thèse de NJAYOU NGAPAGNA (A.), *Activités et fonctions des Vétérinaires officiels en Afrique : cas du Cameroun et du Sénégal*, thèse de Doctorat, Université Cheikh Anta Diop de Dakar, 2009, p. 8.

[38] CARLIER (J.-Y.), « Le devenir de la libre circulation des personnes dans l'Union européenne : regard sur la Directive 2004/38 », *Cah. dr. eur., 2006*, n° 1-2, p. 31.

les autorités étatiques se légitiment par les atteintes avérées à la sécurité nationale et la santé publique de l'État d'accueil. En outre, toute violation des règles encadrant l'immigration au sein des États de l'Afrique centrale pourrait constituer un motif d'expulsion laissé à l'appréciation souveraine des autorités compétentes.

B. La violation des règles inhérentes à l'entrée et au séjour

La violation des règles inhérentes à l'entrée et au séjour consiste en des actes posés par les étrangers, qui transgressent substantiellement les normes en vigueur du pays d'accueil. En effet, l'accueil et le séjour des étrangers dans les pays de l'Afrique centrale restent soumis à la satisfaction de certaines conditions fondamentales. Ainsi, pour franchir le territoire de l'un de ces pays, l'étranger doit, en règle générale, être muni d'un passeport en cours de validité, d'un visa[39], de documents relatifs aux motifs de son séjour, aux conditions de son hébergement, à ses moyens de subsistance, aux garanties de son éventuel rapatriement, à la souscription d'une assurance maladie et, pour celui qui souhaite exercer une activité professionnelle, d'une autorisation de travail délivrée par les autorités compétentes[40] du pays d'accueil. Ainsi, tout étranger se trouvant dans un pays tiers sans passeport et visa d'entrée ou carte de séjour valide pourrait légitimement faire objet d'un acte d'expulsion pour violation des règles essentielles à l'immigration. On parle alors, dans cette situation d'une immigration clandestine (1). Au-delà, un étranger admis dans un pays tiers ne saurait exercer des activités dangereuses (2), susceptibles de porter atteinte à l'ordre social et aux bonnes mœurs.

1. L'immigration clandestine

Encore appelée immigration illégale, l'immigration clandestine est le fait pour une personne physique de venir séjourner de manière irrégulière dans un

---

[39] Les cas de dispense de ce document sont multiples en Afrique centrale. Cette dispense est tributaire des conventions internationales ou du droit interne des États. Par exemple, dans le cadre de la CEMAC, les ressortissants de cette Communauté bénéficient en principe de la liberté de circulation dans cet espace à condition de disposer d'un passeport biométrique-CEMAC valide. L'article 1er de l'Acte additionnel n°01/13-CEMAC-070 U-CCE-SE, portant suppression du visa pour tous les ressortissants de la CEMAC circulant dans l'espace communautaire dispose que « *la circulation des ressortissants des États membres de la CEMAC est libre sur l'ensemble de l'espace communautaire à partir du 1er janvier 2014, sous réserve de la présentation d'une Carte Nationale d'Identité ou d'un Passeport délivré par un État membre et en cours de validité* ». En revanche, cette liberté de circulation, bien que comportant le droit de se déplacer sans visa et de séjourner dans tout État membre de cette Communauté, ne doit pas excéder quatre-vingt-dix (90) jours. Lire également à cet effet, l'article 2 du Règlement n°01/08-UEAC-042-CM-17, modifiant le Règlement n°1/00-CEMAC-042-CM-04, portant institution et conditions de gestion et délivrance du Passeport CEMAC.

[40] Il s'agit notamment des services de l'immigration du pays d'accueil, du ministère chargé des relations extérieures et du ministère du Travail du pays d'accueil.

autre pays que celui dont elle est ressortissante, afin de trouver ou d'occuper le plus souvent un emploi. Matériellement, l'immigration clandestine est le fait pour un étranger soit de ne disposer aucun document l'autorisant à entrer dans le pays et d'y séjourner, soit le fait pour lui de ne pas renouveler ses titres de séjour. Dans les deux cas, l'étranger pourrait se retrouver frappé d'une mesure d'expulsion suivant des nécessités et surtout de l'appréciation souveraine des autorités du pays d'accueil. Car, par exemple au Cameroun, pourrait être expulsé tout étranger qui n'a pas quitté le territoire national à l'expiration du délai de séjour qui lui a été accordé ou à qui la carte de séjour ou de résident a été refusée ou n'a pas été renouvelée ou encore qui ne s'est pas acquitté de la garantie de rapatriement dans le délai qui lui a été imparti[41].

Par ailleurs, toute falsification, fraude à l'identité, contrefaçon ou cession d'un titre de séjour à une tierce personne pourrait constituer un motif d'expulsion des étrangers des pays de l'Afrique centrale[42]. Car, les titres de séjour sont individuels. Toute chose qui souligne à suffisance que les motifs d'expulsion des étrangers sont divers et varient en fonction des circonstances dans chacun des pays d'accueil. L'exercice d'une activité dangereuse constitutive d'une infraction sanctionnée par les réglementations en vigueur respectives des pays d'Afrique centrale pourrait être considéré comme l'un des motifs légitimes d'expulsion des étrangers.

2. L'exercice d'une activité dangereuse

L'exercice d'une activité dangereuse consiste en un ensemble de tâches, travaux, loisirs ou occupations d'une personne dont la finalité est susceptible de porter atteinte à l'ordre social, et donc qualifié d'infraction et faisant l'objet de sanction par la réglementation du pays d'accueil de l'étranger. En effet, ils constituent une activité dangereuse par exemple, le trafic illicite des stupéfiants, des précurseurs ou substances psychotropes, le jeu d'un rôle précurseur pour une activité illicite[43]. C'est pourquoi tout étranger, dont la présence sur le territoire national d'un État comme le Cameroun, constitue soit une menace pour la sécurité nationale, l'ordre public, la sécurité publique, la santé, la moralité ou les bonnes mœurs, soit est devenue indésirable à la suite d'une condamnation définitive à une peine au moins égale à un an d'emprisonnement sans sursis, peut être simplement expulsé par les autorités compétentes.

De plus, en matière commerciale, plusieurs pratiques sont constitutives d'activités dangereuses en ce sens qu'elles contournent ou transgressent la

---

41 Article 34 alinéa 1 b, c, d de la loi n° 97/012 du 10 janvier 1997 relative aux conditions d'entrée, de séjour et de sortie des étrangers au Cameroun.

42 Article 47 de la loi 29-2017 du 07 août 2017 modifiant et complétant certaines dispositions de la loi n° 23-96 du 6 juin 1996 fixant les conditions d'entrée, de séjour et de sortie des étrangers en République du Congo.

43 Article 47 second tiret de la loi précitée.

réglementation étatique en vigueur. C'est notamment le cas des pratiques qui handicapent sérieusement le recouvrement des ressources financières au sein de l'État.

On relève par exemple la dissimulation des matières imposables[44], du travestissement[45], de fausses déclarations fiscales, l'évasion fiscale[46], la fraude fiscale[47], l'usage de la technique de répercussion de l'impôt sur les prix[48] et la fuite devant l'impôt, qui sont des éléments qui hypothèquent lourdement le développement économique de l'État. Le secteur bancaire n'est pas en reste avec le blanchiment des capitaux dont la finalité est parfois le financement des activités terroristes afin de déstabiliser l'ordre gouvernant de certains États. D'où la nécessité de sanctionner tout étranger auteur des actes illicites relevés soit d'un redressement en matière fiscale, des amendes ou d'un emprisonnement dans les matières commerciales et bancaires, soit d'une expulsion pure et simple ou encore d'une extradition dans le cadre d'une coopération bilatérale entre les États concernés.

En clair, les motivations objectives d'expulsion d'étrangers en Afrique centrale sont multiples et varient souverainement d'un État à l'autre. En revanche, l'on constate qu'au final les motifs d'expulsion d'étrangers soulignés par les législations étatiques de cet espace sont presque similaires. Ces motifs tournent globalement autour des menaces pour la sécurité nationale, l'ordre public, la sécurité publique, la santé, la moralité, les bonnes mœurs, ou encore la présence d'un étranger devenu indésirable à la suite d'une condamnation définitive. Il en ressort donc que tout État souverain a le droit d'expulser les étrangers si ces derniers ont commis des crimes ou des délits, si leurs actions ont violé ses lois sur l'immigration ou s'ils constituent une menace pour leur sécurité nationale ou pour l'ordre public ; ou si l'expulsion

---

[44] Le train de vie et les biens des contribuables sont nettement au-dessus des revenus souvent déclarés au fisc. C'est ainsi que les marchandises traversant la frontière nationale ne sont aucunement identifiées dans les magasins de stockage des importateurs. Parfois, certains ne disposent pas de lieu de stockage et préfèrent livrer directement les marchandises à leurs clients. D'autres par ailleurs, les éparpillent soit en de petites boutiques disséminées à travers les villes, soit par des petits commerçants ambulants qui échappent à toute forme d'imposition.

[45] Certes il s'apparente à la dissimilation, mais se différencie nettement par la dose de fourberie qui est ajoutée à la réalité de l'opération. Il consiste à la dénaturation d'une opération aux fins de la rendre moins ou pas du tout imposable.

[46] L'évasion fiscale désigne une exploitation judicieuse des failles et insuffisances de la législation et la réglementation fiscale. Elle se pratique généralement sans être apparemment réprimée. Elle est mise en œuvre par les contribuables qui maîtrisent les textes et s'appuient surtout dans les dispositions relatives aux avantages légaux concédés par le système d'imposition.

[47] La fraude fiscale peut être définie comme une infraction à la loi fiscale dans le but d'échapper à l'impôt ou d'en minimiser le montant.

[48] C'est un procédé par lequel le contribuable majore le prix des marchandises et biens vendus en y incorporant le montant de la taxe. Il se traduit en un jeu *« d'inflation de fiscalité »*. Lire à cet effet, EUZEBY (A.), *Les Prélèvements obligatoires*, Paris, PUF, 1ère édition, 1992, p. 94.

est nécessaire pour la protection de la vie, la santé, les droits ou les intérêts légitimes de ses nationaux. L'expulsion doit également servir une cause légitime et satisfaire le critère de proportionnalité entre les intérêts de l'État expulsant et ceux des individus expulsés[49]. Dès lors, au regard de la pratique d'expulsion des étrangers en Afrique centrale, l'on pourrait nourrir des inquiétudes quant à la prise en compte d'une cause légitime et surtout du critère de proportionnalité entre les intérêts de l'État expulsant et ceux des individus victimes. C'est pourquoi certains auteurs, notamment le Professeur KAMTO parle plutôt d' *« expulsion déguisée »*[50].

II. LES MOTIVATIONS SUBJECTIVES DES EXPULSIONS

En Afrique centrale, les expulsions sont le plus souvent l'expression d'une hégémonie entre des entités frontalières. Par exemple, depuis la rupture du consensus de Fort-Lamy[51], on assiste au sein de la CEMAC à une montée en puissance de certains pays membres, qui avaient du mal à s'affirmer au plan politique, économique et stratégique. En effet, cette rupture traduit en son temps une nouvelle dynamique dans la répartition du pouvoir au sein de l'organisation de la Communauté économique et monétaire des États de l'Afrique centrale[52]. Suite à l'acquisition désormais d'une importance avérée au plan économique dans la sous-région, certains États membres n'hésitent pas à multiplier les techniques conservatoires de leurs richesses, parmi lesquelles l'expulsion d'étrangers présents sur leur territoire. Par le biais des expulsions des étrangers, ces États entendent ainsi exprimer fondamentalement des velléités hégémoniques par l'affirmation de leur nouveau statut, mais aussi, de façon réaliste, sécuriser leur fortune[53]. Pour ces États, la présence des étrangers sur leurs territoires respectifs réduirait les gains qui découleraient de l'exploitation de certaines de leurs ressources, notamment l'or noir. Par ailleurs, ces leaders politiques estiment que l'expulsion des étrangers reste un moyen permettant de réguler le chômage de leurs citoyens. Toute chose qui à l'analyse, cacherait plutôt une phobie à

---

[49] KAMTO (M.), Rapporteur spécial, *Sixième rapport sur l'expulsion des étrangers*, Document A/CN.4/625 et Add.1 et 2, p. 153.

[50] *Ibid.*, p. 153.

[51] Adopté en 1975, le consensus de Fort-Lamy (de l'ancienne appellation de la capitale du Tchad, N'Djamena) est un accord conventionnel non écrit de l'ordre de la coutume, rompu lors du sommet de Bangui en 2010.

[52] Au commencement de la distribution du pouvoir entre les États membres était le consensus de Fort-Lamy. Selon le Professeur Paul Elvic J. BATCHOM, comme la plupart des ententes de ce genre, le consensus de Fort-Lamy est le reflet des rapports de force à un moment précis de l'histoire d'une institution, l'état d'esprit d'un moment.

[53] BATCHOM (P.E.J.), « La rupture du consensus de Fort-Lamy et le changement du rapport de force dans l'espace CEMAC », *Études internationales*, Volume 43, numéro 2, juin 2012, p. 168.

l'invasion, ainsi qu'une dépossession économique (A) d'une part et d'autre part l'expression d'un chauvinisme regrettable[54] (B).

A. La Phobie de l'invasion démographique et de la spoliation économique

Certains leaders politiques des pays de l'Afrique centrale font preuve de prudence dans la gestion de leurs frontières, ainsi qu'à l'établissement de la main-d'œuvre étrangère au sein de leurs États respectifs. Ces derniers développent à l'endroit des étrangers présents sur leur territoire ces attitudes de méfiance et prennent des précautions particulières pour leur surveillance. D'où, au-delà de la phobie de l'invasion démographique (1), les actes d'expulsion qui parfois s'opèrent par des violences en Afrique centrale traduisent également une crainte inavouée de la spoliation des richesses (2).

1. La Phobie de l'invasion démographique

L'invasion démographique de certains États africains résulte objectivement de certains phénomènes majeurs à savoir la pauvreté ambiante, le terrorisme et les crises sécuritaires au sein de quelques entités[55]. En effet, la stabilité politique clignotante au sein de certains États de cette partie du globe entraine constamment des déplacements massifs de la population civile[56] dans des conditions parfois dramatiques, occasionnant ainsi des répercussions considérables pour les entités limitrophes. C'est notamment le cas des pays comme le Cameroun et le Tchad qui subissent constamment l'afflux des réfugiés parfois accompagné des attaques rebelles dû à la crise centrafricaine.

Par ailleurs, le complexe d'infériorité, par le nombre que nourrissent certains États démographiquement faibles, nous semble être un des fondements de leurs politiques migratoires exclusives. La question du nombre apparaît ici d'autant plus fondamentale qu'elle est liée à un mythe tenace et largement répandu parmi les classes dirigeantes et les masses populaires de ces pays. Cette crainte de l'invasion démographique fut clairement exprimée dans les propos d'un ancien responsable des services de l'immigration gabonais, qui justifiait ainsi, en 1995[57], l'expulsion de plusieurs milliers de migrants « illégaux » africains par le fait *« qu'il y a mille fois plus d'étrangers qui [entrent] au Gabon que de Gabonais qui émigrent vers l'étranger »*[58]. On

---

[54] Selon le Dictionnaire français, *Grand Robert*, c'est une attitude intolérante à l'égard des étrangers, dans quelque domaine que ce soit.

[55] IBRAHIMA (H.), *L'ordre public de la Communauté Économique et Monétaire de l'Afrique Centrale*, *op.cit.*, p. 247.

[56] ONANA (J.D.), *La protection des déplacés internes au Cameroun*, Mémoire de Master, Université de Yaoundé 2, 2016, p. 10.

[57] Ceci nous démontre à suffisance l'ancienneté de la pratique d'expulsion des étrangers en Afrique centrale.

[58] *L'union*, 2 février 1995, p. 4.

retrouve la même hantise du côté de la Guinée équatoriale qui, pour justifier la pratique d'une politique d'immigration de plus en plus coercitive, argue que le pays est situé seulement *« à quelques encablures d'une ville comme Douala, qui compte 2 millions d'habitants, et d'un pays comme le Nigeria, qui en compte 150 millions »*[59]. L'on ne saurait donc comprendre la réticence des dirigeants de ces pays à souscrire pleinement au principe de la libre circulation des personnes, si l'on ne prend pas en compte le fait que ceux-ci perçoivent, à tort ou à raison, l'immigration comme une menace pour la survie de leurs États respectifs en tant que communauté nationale[60]. Cependant, cette crainte traverse le terrain démographique pour se retrouver sur celui socio-économique également.

2. La Phobie d'une Spoliation économique

La perception du phénomène de l'immigration dépend beaucoup du contexte socio-économique en Afrique centrale. En effet, celui-ci dicte aux États d'accueil une attitude qui apparaît généralement oscillante : on *« ouvre »* les frontières aux étrangers en période de prospérité, on les leur « ferme » en temps de crise. Toutefois, une telle logique ne semble pas toujours se vérifier, car on observe qu'en Afrique centrale, les États économiquement les mieux nantis sont paradoxalement les plus réfractaires à l'idée de défonctionnaliser leurs frontières, n'hésitant pas à pratiquer l'expulsion des communautés immigrées, y compris celles originaires des pays de la sous-région[61]. Si le Gabon fut, un temps, presque seul à s'illustrer dans ce domaine, il a incontestablement été rejoint par la Guinée équatoriale, devenue depuis peu le « nouvel eldorado » sous-régional. Une telle attitude de méfiance vis-à-vis des "frères" de la sous-région trouve assurément une partie de son explication dans ce qu'il est convenu de nommer 'le mythe de la spoliation économique'[62]. Il apparaît que la réticence qu'ont ces États à appliquer le principe de la libre circulation des personnes tient également à leur volonté à ne point partager avec les nations voisines, considérées, à tort ou à raison, comme des *« profiteurs »*, les bénéfices de l'exploitation de leurs importantes ressources naturelles. Ce mythe de la dépossession a d'abord été développé au Gabon ; il y trouve son origine dans l'idée fortement ancrée dans la mémoire collective selon laquelle le pays a servi de *« vache à lait »* aux autres territoires de l'A.E.F, en particulier le Congo[63].

---

[59] *Jeune Afrique*, n° 2501, 2008, p. 74.

[60] LOUNGOU (S.), « La libre circulation des personnes au sein de l'espace de la C.E.M.A.C : entre Mythes et réalités », *Revue belge de géographie*, N°3, 2010, p. 2.

[61] IBRAHIMA (H.), *L'ordre public de la Communauté Économique et Monétaire de l'Afrique Centrale*, *op.cit.*, p. 265.

[62] LOUNGOU (S.), « La libre circulation des personnes au sein de l'espace de la C.E.M.A.C : entre Mythes et réalités », op.cit., p. 4.

[63] *Jeune Afrique*, n° 2501, *op.cit.*, p. 77.

Selon certains leaders politiques de l'Afrique centrale, le poids économique constitué par les immigrés est assez important au sein de leurs États respectifs. En dépit du faible niveau d'instruction de la majorité, ces immigrés ont la mainmise sur le secteur informel[64], monopolisant ainsi les emplois au détriment des nationaux des États d'accueil dans le secteur du commerce, des transports, des entreprises agro-industrielles, de la cordonnerie et de la boucherie[65]. En réalité, le secteur informel de la majorité des pays de l'Afrique centrale sert aux politiques de contenir, sinon de remédier aux difficultés d'emploi de leurs citoyens respectifs. D'où sa protection contre les immigrés jusqu'à un certain seuil.

Au demeurant, l'on retient que les causes subjectives d'expulsion des étrangers sont aussi multiples que celles objectives. La préservation démographique et économique semble faire partie des raisons inavouées occasionnant le plus souvent l'expulsion des étrangers dans les espaces nationaux des États de l'Afrique centrale. À l'analyse, ces attitudes des leaders politiques cacheraient mal une montée en puissance de l'esprit nationaliste qui normalement constitue de nos jours un obstacle majeur à la communautarisation de cet espace.

B. La Sauvegarde de la Souveraineté étatique

Rappelons que l'Afrique centrale est subdivisée en deux Communautés économiques régionales[66] d'intégration. En principe, l'intégration[67] constituerait une limite par excellence consentie[68] au principe de la souveraineté des États membres desdites organisations[69]. Face aux multiples avantages que présente l'intégration, les États s'obligent dans une certaine

---

64 Qui fiscalement est une perte pour le budget de l'État. C'est un secteur improductif, qui dans la majorité des États africains sert aux politiques à contenir le chômage de ses citoyens.

65 TOURE (M.), « immigration en Côte d'Ivoire : la notion de *« seuil tolérable »* relève de la xénophobie », in, *Ivoirité, immigration et nationalité*, le Dossier, politique africaine, p. 76.

66 En abrégé CER.

67 Au plan conceptuel, l'intégration régionale « *est le processus par lequel deux ou plusieurs pays réduisent progressivement et suppriment les obstacles aux échanges entre eux et les disparités entre leurs économies de manière à constituer à terme un espace homogène* ». Bref, le droit de l'intégration peut s'entendre comme « *l'ensemble des règles ayant pour objectif l'organisation des rapports économiques et commerciaux bien précis entre un ou plusieurs États et dans un ou plusieurs domaines économiques et commerciaux* ». Voir PESCATORE (P.), *Droit international et droit communautaire : essai de réflexion comparative*, coll. Les conférences universitaires, n° 5, Nancy, mars 1971, p.7 ; BIAO (B.), « Intégration régionale en Afrique centrale, Bilan et perspectives », in HAMMOUDA (H.B.) et al. (Dir.), *L'intégration régionale en Afrique centrale, Bilan et perspectives*, Karthala, Paris, 2003, p.30.

68 Car une Organisation internationale est l'aboutissement d'une association des volontés des sujets principaux du Droit international. Ce qui veut donc dire que le Consentement occupe également une place de choix dans les processus d'intégrations communautaires. Voir à cet effet, KAMTO (M.), *La volonté de l'État en droit international, op.cit.*, p. 182.

69 Notamment la C.E.E.A.C et la C.E.M.A.C.

mesure à aliéner ou à céder une partie de leur souveraineté afin de permettre aux organisations respectives[70] de mieux réaliser leurs objectifs. Or, dans ces organisations, la cession d'une partie de leur souveraineté aux fins d'intégration semble difficile[71]. D'où cette remarque du Professeur KAMTO relative à l'intégration de cet espace, « *les expériences* (d'intégration)[72] *se succèdent et se ressemblent. Reproduisant les mêmes mécanismes, elles semblent passer par les mêmes erreurs, et connaissent par conséquent les mêmes infortunes* »[73]. Pour le Professeur MOUELLE KOMBI, « *l'histoire des initiatives prises à divers niveaux et à différentes époques en vue de la concrétisation de cette idée est jalonnée par plusieurs expériences, dont le moins que l'on puisse dire est qu'elles ne sont pas toujours illustrées par un grand coefficient de réussite* »[74]. Il ajoute que « *les organismes d'intégration régionale en Afrique centrale ont été conçus et mis en place en tant qu'associations d'États constituées par traité, dotées d'une constitution et d'organes communs et possédant une personnalité juridique distincte de celle des États membres. Ceux-ci entendent demeurer des sujets souverains librement associés dans des organismes interétatiques dont la qualification communautaire n'est ni synonyme d'Union, ni prémices d'une fusion* »[75]. En l'espèce, la souveraineté est la résultante des inquiétudes nourries par les dirigeants quant à la perversion des mœurs étatiques (1), ainsi que de la conservation des intérêts vitaux et stratégiques (2) des États de l'Afrique

---

[70] Rappelons que dans le cadre d'une intégration, les organisations internationales n'exercent que des compétences qui leur sont attribuées par les traités constitutionnels. On parle alors de la compétence d'attribution.

[71] Dans cette zone, le principe de souveraineté ne semble pas trouver des entraves dans celui de l'intégration sous-régionale prescrite par les traités CEMAC. Contrairement aux dirigeants de certaines organisations internationales à l'instar de l'ONU ou de l'UE qui ont une certaine influence sur les chefs d'États membres et par conséquent en partie sur leurs souverainetés, les dirigeants des instances de la CEMAC, eux n'ont en réalité aucune influence sur les Chefs d'États membres de cette organisation. Les Chefs d'États membres demeurent « tout puissant » dans leurs pays respectifs et maitres de leur souveraineté entière. Ceci dans la mesure où lorsqu'une proposition rationnelle et importante pour la Communauté est formulée par les instances dirigeantes de la CEMAC (Commission, Parlement, etc.), elle ne peut trouver satisfaction, si elle porte préjudice aux intérêts soi-disant d'un État. Mais, au fond, l'intérêt considéré est celui d'un Chef d'État. Lire OUAMBA-DIASSIVY (A.), *La souveraineté de l'État et l'intégration sous-régionale en Afrique centrale : le cas de la CEMAC*, Rapport de Stage Diplomatique, Université de Yaoundé II, IRIC, 2009, consulté sur www.mémoireonline.com le 15 décembre 2019.

[72] Expression ajoutée par nous.

[73] KAMTO (M.), « La Communauté Économique des États de l'Afrique Centrale (C.E.E.A.C) : une Communauté de plus ? », *AFDI* XXXIII-1987, p. 839.

[74] MOUELLE KOMBI (N.), « L'intégration régionale en Afrique centrale, Entre inter étatisme et supranationalisme », in HAMMOUDA (H.B.) et al. (Dir.), *L'intégration régionale en Afrique centrale, Bilan et perspectives*, *op.cit.*, p. 205.

[75] *Ibid.*, p. 209 ; GBAGUIDI (O.), « Cinquante ans d'intégration régionale en Afrique : un bilan global », *Techniques Financières et Développement*, 2013/2 N° 111, p. 57.

centrale. En outre, elle serait une expression, sinon la conservation de l'identité de chaque entité.

1. La sauvegarde des mœurs

L'Afrique centrale reste un espace complexe dont les mœurs sont assez diversifiées. En effet, au sein d'un même pays, l'on y relève parfois une multitude de valeurs et de cultures. C'est notamment le cas d'un pays comme le Cameroun qu'on qualifie d' *« Afrique en miniature »*[76]. En effet, selon LOUNGOU Serge, l'étiquetage socio-comportemental apparaît comme une donnée constante de la matrice de lecture à travers laquelle toute communauté nationale perçoit les communautés étrangères établies sur son sol. Or, cette lecture se pare inévitablement de préjugés : telle communauté est décriée du fait de ses mœurs appréhendées comme « atypiques », telle autre se trouve vilipendée pour son tempérament jugé « asocial ». Très souvent alimentés par les médias et le discours de certaines élites, ces poncifs structurent l'inconscient collectif des populations et, dans certains cas, peuvent servir de fondement à des politiques migratoires. La thèse de la délinquance et de la perversion sociale d'origine étrangère prend racine, expliquant, à la fois, l'attitude de défiance affichée par une grande partie des populations gabonaise et guinéenne à l'égard de certaines communautés étrangères originaires de la sous-région et le caractère réactif de la gestion de l'immigration par les politiques. La preuve en est que les grandes vagues d'expulsion d'immigrants vécues au Gabon[77] et en Guinée équatoriale[78] ont été, à chaque fois, officiellement motivées par le besoin de réduire la criminalité[79]. Du reste, le Président équato-guinéen n'a-t-il pas exprimé cet impératif en justifiant ouvertement les mesures vexatoires à l'encontre des ressortissants camerounais par le fait que *« certains d'entre eux se [seraient] rendus coupables d'escroqueries, de détourne-ments (...) et [mettraient] en danger la sécurité [de son] pays »*[80] ? Dans tous les cas, les mesures d'expulsion dans ses objectifs même inavoués viseraient essentiellement à préserver les intérêts nationaux de l'État expulsant.

2. La préservation des intérêts nationaux

Le plus souvent, les raisons avancées pour la prise des mesures d'expulsion par certains États de l'Afrique centrale, cacheraient plutôt le développement

[76] Car, on y relève au sein de ce pays, plusieurs cultures, ethnies, religions, habitudes alimentaires, etc.

[77] En 1992 et 1995.

[78] En 2004.

[79] *Jeune Afrique*, n° 1784, 1995.

[80] *Jeune Afrique*, n° 2186, 2002, p. 23.

d'un affairisme notoire lié à la rente migratoire[81]. En effet, derrière les justifications officielles de bon aloi, se dissimule une raison inavouée que l'on peut rattacher à des impératifs de trésorerie et au développement d'un affairisme notoire autour de ce que nous considérons comme une rente migratoire. Celle-ci désigne l'ensemble des profits, officiels et officieux, tirés de la gestion des flux migratoires étrangers. Ces profits se déclinent autant en ressources financières, générées par les frais et taxes auxquels sont soumis les migrants, qu'en avantages de toutes sortes dont jouissent les personnels affectés aux frontières. Le Gabon est assurément l'un des pays de la sous-région où le concept de rente migratoire prend tout son sens. Cette rente y apparaît précisément sous la forme d'une importante manne alimentée par les frais conditionnant l'entrée, le séjour et la sortie des étrangers. C'est ainsi que des analystes ont estimé entre 13 et 15 milliards de francs CFA les gains engrangés par les services de l'immigration gabonais lors de la grande campagne de contrôle d'identités dite « *opération tonnerre* », menée sur l'ensemble du territoire national par les forces de l'ordre entre février et mars 1995, et à l'issue de laquelle près de 55 000 immigrés d'origine africaine furent rapatriés. À partir de cet exemple, on est tenté de croire que la quête des ressources financières constituerait l'un des principaux mobiles de la récurrence des opérations de régularisation forcée des « sans-papiers » orchestrées dans ce pays, sinon l'un des fondements de la généralisation des tracasseries aux frontières observées à l'échelle de la sous-région[82].

En clair, les actes d'expulsion orchestrés à l'égard des étrangers par les autorités compétentes des pays d'Afrique centrale traduisent une obsession à la souveraineté et un mythe quant à la moralité des immigrés face à leurs richesses respectives. Tout étranger serait donc perçu dans certains de ces pays comme un parasite, surtout ceux en provenance des pays frontaliers. Ces leaders considèrent les étrangers comme facteurs de risque d'insécurité et de menace à la paix sociale pour leur pays respectif. Car, des pans entiers de leur économie sont parfois accaparés par ces étrangers, ce qui constitue une source de mécontentement d'une bonne frange de la population nationale.

CONCLUSION

Au final, les motifs d'expulsion des étrangers en Afrique centrale sont à la fois complexes et nuancés. Il est admis que si les conditions d'admission des étrangers au sein des États de l'Afrique centrale relèvent de leur souveraineté respective et par suite de leur compétence exclusive, ces entités ne peuvent, à leur gré, retirer la faculté de séjour aux immigrés. En effet, « *l'expulsion ne doit être ordonnée que s'il y a de justes motifs, des motifs sérieux, d'intérêt*

[81] LOUNGOU (S.), « La libre circulation des personnes au sein de l'espace de la C.E.M.A.C : entre mythes et réalités », *op.cit.*, p. 7.
[82] *Ibid.*, p. 6.

public et de nécessité publique, qui la rendent nécessaire »[83]. Il apparaît ainsi, dans l'appréciation ou le contrôle de la valeur du motif d'ordre public et de sécurité publique, que les circonstances de fait, l'actualité de la menace et le contexte spécifique dans lequel s'inscrit le comportement personnel de l'individu[84], doivent être clairement déterminés. Divers autres motifs d'expulsion sont invoqués par certains leaders des États de l'Afrique centrale sans qu'ils soient à l'analyse avérés. D'où la subjectivité de certains motifs d'expulsion des étrangers dans cet espace. Certaines entités déguisent derrière des motifs d'expulsion des étrangers plutôt des craintes pour l'invasion démographique de leur espace national ou pour la spoliation économique par des « profiteurs » venus d'ailleurs. Ces leaders chérissent fortement la souveraineté de leurs États, au point d'évoquer à outrance dans chaque acte posé la notion *« d'intérêt supérieur de l'État ».* Il en ressort donc pour ces dirigeants que l'acte d'expulsion d'un étranger serait une mesure qui vise non pas tant à punir l'intéressé qu'à protéger les intérêts de l'État en toute circonstance. Cependant, la récurrence des actes d'expulsion des étrangers par les pays de l'Afrique centrale pourrait soulever des inquiétudes quant au respect du principe de la liberté de circulation consacré au sein des Communautés économiques régionales, et partant de la garantie, sinon de la consolidation, de l'intégration communautaire de cet espace.

RÉFÉRENCES BIBLIOGRAPHIQUES

BATCHOM (Paul Elvic Jérôme), « La rupture du consensus de Fort-Lamy et le changement du rapport de force dans l'espace CEMAC », *Études internationales*, Volume 43, numéro 2, juin 2012, pp. 63-83.

BIAO (Barthélemy), « Intégration régionale en Afrique centrale, Bilan et perspectives », in (Dir), HAMMOUDA (Hakim Ben) et al, *L'intégration régionale en Afrique centrale, Bilan et perspectives*, Paris, Karthala, 2003, pp. 29-41.

CARLIER (J-Y), « Le devenir de la libre circulation des personnes dans l'Union européenne : regard sur la Directive 2004/38 », *Cah. dr. eur., 2006*, n° 1-2, pp. 13-34.

COMBACU (Jean), SUR (Serge), *Droit international public*, Montchrestien, Paris, 2001, 815 pages.

[83] MARTINI (A.), *L'expulsion des étrangers : étude de droit comparé*, Sirey, Paris, 1909, p. 54.

[84] La raison en est que les exceptions d'ordre public et de sécurité publique sont, en particulier dans le cadre du droit de l'expulsion, des motifs et non des buts. La différence entre le but et le motif est la suivante : « Alors que le but d'un acte est subséquent à cet acte, son motif en est un antécédent ». L'acte pris en vue d'un but poursuit la réalisation d'un objectif, qui peut être général, alors que l'acte accompli sur la base d'un motif ne peut l'être qu'à la faveur de la survenance de ce motif. Ainsi, le motif d'un acte administratif est la situation de droit ou de fait qui a amené l'administration à prendre cet acte. Lire utilement à cet effet, KAMTO (M.), Rapporteur spécial, *Sixième rapport sur l'expulsion des étrangers*, *op.cit.*, p. 173.

CORNU (Gérard), *Vocabulaire Juridique*, Paris, 8e édition, PUF, 2009, 986 pages.

DUCROQUETZ (Anne-Lise), *L'expulsion des étrangers en droit international et européen*, thèse de Doctorat en Droit, Université du Droit et de la Santé - Lille II, 2007, 565 pages.

FRANCESCO (Natoli), « Sécurité et ordre public : deux notions à relation variable. Comparaison franco-italienne », *La Revue des droits de l'homme* [En ligne], 11 | 2017, mis en ligne le 13 janvier 2017, consulté le 10 décembre 2020.

GNIMPIEBA TONNANG (Edouard), « La libre circulation des personnes et des services en Afrique centrale : entre consécration théorique et hésitations politiques », *Juridis Périodique N°71 juillet –Aout-Septembre 2007*, p. 81-100.

IBRAHIMA (Halilou), « The Expulsion of Foreigners from the Cemac Area, Between the Preservation of National Interests and the Pursuit of Community Integration », in *International Journal of Science and Research (IJSR)*, Volume 9 Issue 5, May 2020, pp. 692-699.

IBRAHIMA (Halilou), *L'ordre public de la Communauté Économique et Monétaire de l'Afrique Centrale*, Thèse de Doctorat en droit, Université de Ngaoundéré, 2020, 424 pages.

KAMTO (Maurice), *Sixième rapport sur l'expulsion des étrangers*, Document A/CN.4/625 et Add.1 et 2, 2010, 130 pages.

KAMTO (Maurice), « La Communauté Économique des États de l'Afrique Centrale (C.E.E.A.C) : une Communauté de plus ? », *AFDI* XXXIII-1987, pp. 839-862.

LOUNGOU (Serge), « La libre circulation des personnes au sein de l'espace de la C.E.M.A.C : entre mythes et réalités », *Belgeo*, Vol. 3. 2010, pp. 1-18.

MARTINI, (Alexis), *L'expulsion des étrangers : étude de droit comparé*, Sirey, Paris, 1909, 408 pages.

MAZZELLA (Sylvie), *Sociologie des migrations*, « *Que sais-je* », PUF, Paris, 2016, 128 pages.

MOUELLE KOMBI (Narcisse), « L'intégration régionale en Afrique centrale. Entre interétatisme et supranationalisme », in Ben Hamouda (Hakim), Bekolo-Ebe (Bruno) and Touna (Mama), (Dir), *L'intégration régionale en Afrique centrale, Bilan et perspectives*, pp. 205-229.

MVONDO (Armel Idriss), *Développement de la subjectivité de l'individu et réalisation d'une situation d'Union en droit communautaire de la CEMAC*, thèse de Doctorat, Université de Yaoundé II-Soa, 2018-2019, 451 pages.

ONANA (Julienne Dominique), *La protection des déplacés internes au Cameroun*, Mémoire de Master, Université de Yaoundé 2-Soa, 2016, 125 pages.

OUAMBA-DIASSIVY (Anderson), *La souveraineté de l'État et l'intégration sous-régionale en Afrique centrale : le cas de la CEMAC*, Rapport de Stage Diplomatique, Université de Yaoundé II-Soa, IRIC, 2009, consulté sur www.mémoireonline.com le 15 décembre 2020.

RENARD (Stéphanie), *L'ordre public sanitaire (étude de droit public interne)*, thèse, Droit, Université de Rennes I, 2008, 719 pages.

ROUSSEAU (Charles), *Droit international public*, Sirey, Paris, 1977, 635 pages.

SALL (Alioune), *Les mutations de l'intégration des États de l'Afrique de l'Ouest. Une approche institutionnelle*, L'Harmattan, Paris, 2006, 196 pages.

SALMON (Jean), (Dir), *Dictionnaire du droit international*, Bruylant, Bruxelles, 2001, 1199 pages.

TOURE (Moriba), « Immigration en Côte d'Ivoire : la notion de « seuil tolérable » relève de la xénophobie », in, *Ivoirité, immigration et nationalité*, le Dossier, politique africaine, pp. 75-93.

GESTION TRANSFRONTALIÈRE DES CONFLITS ÉCONOMIQUES EN ZONE CEMAC (1994-2022)

Par

Séraphin Fabrice ANABA

Docteur en Histoire des relations internationales
Enseignant-Chercheur à l'École Normale Supérieure de Bertoua

Résumé

Le fonctionnement de la CEMAC aujourd'hui fait face à de nombreux défis majeurs qui nécessitent des solutions concertées. Depuis sa création jusqu'à nos jours, cette institution a fait des progrès remarquables qui permettent désormais aux États membres de répondre efficacement à certains défis. L'une des avancées notoires est le principe de la libre circulation des personnes et des biens. Dans une certaine mesure, on observe qu'il y a des poches de résistance à la mise en œuvre totale de ce principe fondamental fortement entaché par des conflits économiques. D'où l'importance de poser la question de savoir quelles démarches entreprennent les États membres de la CEMAC face aux conflits économiques transfrontaliers ? D'une part, la libre circulation des personnes et des biens est un principe recherché en marge des institutions de la CEMAC ; et d'autre part, la maîtrise de la gestion des conflits économiques transfrontaliers échappe aux politiques communautaires. L'analyse de ces hypothèses s'appuie sur une approche méthodologique diachronique et synchronique qui a abouti à ces résultats : les institutions de la CEMAC dialoguent dans une galerie de bouleversements qui se caractérisent par des symboles de stabilité et d'instabilité. Toutefois, la permanence des conflits économiques frontaliers entre les États membres permet d'affirmer que les représentations socio-économiques individuelles et collectives complexifient cet instrument de développement communautaire.

Mots-clés : intégration économique, criminalité transfrontalière, Union monétaire.

Abstract

CEMAC today faces many major challenges that require concerted solutions. From its creation to the present day, this institution has made remarkable progress which now enables States Member to respond effectively to some concerns. One of the relevant advances is the principle of the free movement of persons and goods. To some extent, there are pockets of resistance to the full implementation of this fundamental principle, which is heavily tainted by economic conflicts. Hence the importance of asking what steps CEMAC states members are taking to face cross-border economic conflicts ? On the one hand, the mobility of people and goods is a principle sought outside the institutions of CEMAC ; on the other hand, control over the management of cross-border economic conflicts is outside the scope of Community policies. The analysis of these two hypotheses is based on a diachronic and synchronous methodological approach which has led to the following outcome: the institutions of CEMAC are communicating in a series of upheavals that are characterized by symbols of stability and instability. However, the persistence of economic conflicts border between the States Member makes it possible to assert that individual and collective socio-economic representations complicate this instrument of Community development.

Keywords : *economic integration, cross-border boundary, monetary union.*

INTRODUCTION

L'histoire de l'Afrique centrale depuis la Conférence de Berlin (1884-1885) jusqu'à nos jours se construit dans les dynamiques des clauses, des traités, des constitutions, et des défis auxquels font face les institutions étatiques. Pour anticiper sur une éventuelle crise occidentale africaine, la problématique de la porosité des frontières géographiques avait été très tôt réglée à l'issue de la Conférence de Berlin. Cette conférence est à l'origine de la limitation de la libre circulation des personnes et des biens. Après la 1re et la 2de guerre mondiale, les frontières africaines ont évolué avec les mouvements des indépendantistes. En Occident, le principe de la libre circulation apparaît comme une nécessité à la reconstruction de l'Europe. Dans son élan de construction, l'Afrique émet l'idée d'une unification fortement reprise par certains panafricanistes (William Edward Burghardt Du Bois, George Padmore, Kwame Nkrumah, Amílcar Cabral, Steve Biko, Thomas Sankara, Toussaint Louverture, Mouammar Kadhafi)[1]. Cette idée

[1] BOUBAKARI-YABARA (A.), *Walter Rodney, un historien engagé (1942-1980). Les fragments d'une histoire de la révolution panafricaine*, Paris, Présence africaine, 2018, p.21.

stipule le régionalisme ou communautarisme que les chefs d'États de la sous-région de l'Afrique centrale s'attellent à développer depuis l'institutionnalisation de la Communauté Économique Monétaire de l'Afrique Centrale (CEMAC). Cet instrument de développement économique a déjà fait l'objet de plusieurs sujets de réflexion. La particularité de celle-ci est qu'elle aborde la problématique des conflits économiques qui apparaissent dans les frontières des États membres. Lorsqu'ils surviennent, d'une manière unilatérale, les États prennent des décisions qui affectent le système économique et impactent la croissance globale de la sous-région. D'où cet article sur la gestion transnationale des conflits économiques en zone CEMAC. Loin de se contenter de décrire les différents conflits économiques de la CEMAC, cette analyse accorde un intérêt particulier à la dialectique entre l'harmonisation des politiques économiques et le bien-être communautaire. Parmi les facteurs qui ralentissent le développement des économies de la CEMAC, on peut citer le tracé des frontières. De 1994 à 2020, il n'existe aucune institution africaine qui veille au suivi et à l'évaluation des problématiques transfrontalières. C'est dans cette optique que l'attention est portée dans cette étude sur le fonctionnement des institutions de la CEMAC (I) dans le cadre de la maîtrise des conflits transfrontaliers (II), en vue d'aboutir à l'apaisement entre les États d'Afrique centrale (III).

I. LE FONCTIONNEMENT DES INSTITUTIONS DE LA CEMAC

Le fonctionnement des institutions de la CEMAC repose fondamentalement sur des alliances complémentaires et parfois complexes entre ''*institutions*'' et ''*organes*'' de la Communauté[2]. Toutefois, pour complexe qu'il soit, le dispositif institutionnel de la CEMAC ne présente pas moins d'originalité dans la mesure où le processus d'intégration met en œuvre deux unions distinctes, institutions présentées comme complémentaires et dotées chacune d'organes spécifiques. Ce faisant, la CEMAC semble s'écarter quelque peu des sentiers battus par le mimétisme structurel des regroupements économiques régionaux africains[3]. Aussi, pour rendre compte du fonctionnement de cette institution, il importera de transcender la seule approche organique classique et tenir compte de la distinction opérée par le traité de N'djamena du 16 mars 1994 entre les institutions de la communauté et les organes de la communauté.

---

[2] OKAH-ATENGA (X-E.), *Les institutions financières de la zone CEMAC*, Presses Universitaires de Yaoundé, Yaoundé, 2005.

[3] MOUANGUE KOBILA (J.), DONFACK SOKENG (L.), *La CEMAC : à la recherche d'une nouvelle dynamique de l'intégration en Afrique centrale*, Great Britain, African Yearbook of International Law, 1999, pp-65-105.

A. Le fonctionnement des institutions rattachées à la CEMAC

Aux termes de l'article 2 du traité du 16 mars 1994, sont considérées comme institutions de la CEMAC, l'Union Économique de l'Afrique Centrale, l'Union Monétaire de l'Afrique Centrale, le Parlement Communautaire et la Cour de Justice Communautaire. L'analyse épistémologico-systémique de ces institutions permet d'affirmer que l'UEAC et l'UMAC s'attellent à promouvoir l'intégration économique et monétaire de la communauté dans un contexte qui fait émerger des enjeux et des mécanismes liés aux bouleversements technologiques. C'est au travers de ces deux outils que s'opère le processus d'intégration de la Communauté. Si le principe de leur création est posé par les articles 1 et 2 du traité-cadre de 1994, leur organisation et leur fonctionnement sont réglés par des conventions particulières annexées au traité et faisant partie intégrante de celui-ci, en application de l'article 3 du traité. Certes, ces deux institutions sont nécessaires à la réalisation de l'intégration économique de la sous-région ; mais elles ne revêtent pas pour autant le même rapport compte tenu des objectifs visés et des disparités relevées au niveau des processus d'intégration économique d'une part et monétaire d'autre part de la sous-région. Et pour cause, contrairement à l'expérience en cours dans l'Union Européenne, l'intégration monétaire des États membres de la CEMAC a précédé l'intégration économique. En effet, l'Union Monétaire des États de l'Afrique Centrale est un projet qui s'est réalisé sur les acquis (importants) de la BEAC regroupant les six membres de la CEMAC. Il s'agit désormais de la maintenir et de la consolider. Il en va différemment de l'Union Économique qui est au départ un projet à réaliser, eu égard à la faiblesse des acquis de l'UDEAC en cette matière. Il est de ce point de vue symptomatique que 82 articles soient consacrés à l'Union économique contre 39 seulement pour l'Union monétaire[4].

Prévue et instituée par le traité-cadre instituant la CEMAC complété par son additif relatif au système institutionnel et juridique de la Communauté en date du 5 juillet 1996, l'UEAC est organisée par une convention signée à Libreville le même jour. La création de cette Union Économique résulte de la prise de conscience par les États membres de l'enclavement et de l'insularité de certains d'entre eux, et "de la nécessité d'appuyer, dans un esprit de solidarité, les efforts de ces États visant à réduire leurs handicaps en vue d'un développement harmonieux de la communauté. Cet élan de solidarité n'exclut pas pour autant la volonté commune de se conformer aux principes d'une économie de marché ouverte, "concurrentielle et favorisant l'allocation

[4] LIBONG BADJAN (P.), *Réformes institutionnelles de la CEMAC. Jeu des acteurs, intérêt des États,* L'Harmattan, Paris, 2013, 168 p.

optimale des ressources. Pour ce faire, l'UEAC s'est fixée dans le cadre de la CEMAC 4 objectifs précis à savoir :

- le renforcement de la compétitivité des activités économiques et financières des États membres ;
- la convergence des politiques économiques et budgétaires des États membres vers des performances soutenables ;
- la création d'un marché commun fondé sur la libre circulation des biens, des services, des capitaux et des personnes ;
- la coordination des politiques sectorielles des États membres et la mise en œuvre des politiques et actions communes dans les domaines suivants : agriculture, élevage, pêche, industrie, commerce, tourisme, transport, télécommunications, énergie, environnement, recherche, enseignement et formation professionnelle.

La réalisation de cet ambitieux projet d'intégration économique se fera au moyen d'une démarche pragmatique et progressive s'appuyant sur des organes et reposant sur des principes assurant sa cohésion et son efficacité. Cette intégration économique est conduite de front avec l'intégration monétaire des États membres de la CEMAC.

Régie par une convention particulière également signée à Libreville le 05 juillet 1996, l'UMAC regroupe tous les États membres de la CEMAC et organise entre ceux-ci une Union monétaire caractérisée par la reconnaissance d'une Unité monétaire articulée autour d'un institut d'Émission commun : La Banque des États de l'Afrique Centrale (BEAC) en est le pilier. L'intégration monétaire est présentée ici comme un facteur déterminant de l'Union économique recherchée. D'où la nécessité de conforter la Communauté de monnaie et les interdépendances qu'elle entraîne par une mise en cohérence de leurs politiques économiques et de développement.

B. Le fonctionnement des institutions de contrôle de la CEMAC

La CEMAC compte deux institutions de contrôle à savoir : le Parlement communautaire et la Cour de Justice Communautaire. Au regard du traité constitutif de la CEMAC, le Parlement communautaire apparaît comme la caution démocratique du système communautaire[5]. En effet, conformément aux dispositions de l'article 47 du Traité instituant la CEMAC, le Parlement contrôle l'action de l'Exécutif par voie de questions écrites ou orales, d'interpellations, de constitution de Commissions d'enquête sur des objets

[5] HASSAN ADOUM-BAKHIT (H), *La Communauté Economique et Monétaire des États de l'Afrique Centrale (CEMAC). Les obstacles à l'intégration en zone CEMAC*, L'Harmattan, Paris, 2022, p. 174.

déterminés, et par le vote d'une motion de censure (RI du 05 novembre 2012). Son rôle essentiel est donc de légiférer par voie de directives[6]. Ainsi, le Traité révisé de la CEMAC confère à celui-ci des compétences de contrôle du fonctionnement et des activités de la communauté au parlement.

Une lecture en parallèle des dispositions relatives à cet organe légiférant permet de souligner qu'à l'instar des parlements étatiques, le Parlement communautaire exerce une double prérogative de législation et de contrôle au sein de la CEMAC. L'article 44 institue à titre transitoire une commission interparlementaire composée de 5 membres par État désignés par l'organe législatif de chaque État membre. Il y est stipulé que la Commission contribue, par le dialogue et le débat, aux efforts d'intégration de la Communauté dans les domaines couverts par le traité et les textes subséquents. Elle peut exprimer ses vues sous forme de résolutions ou de rapports. Elle examine en particulier le rapport annuel que le Secrétaire exécutif lui soumet. Il est précisé par la suite que cette commission, qui a la maîtrise de son règlement intérieur et se réunit une fois par an, peut entendre notamment le Président du Conseil des ministres, le Président du Comité Ministériel, le Secrétaire exécutif ou le Gouverneur de la BEAC. La marginalisation de la commission parlementaire, réduite à exprimer ses vues sous forme de résolutions ou de rapports dépourvus de toute force juridique, ne préfigure-t-elle pas le sort du Parlement communautaire ? Force est de constater, à l'analyse des dispositions pertinentes du traité instituant la CEMAC, que le Parlement communautaire est à l'image de nombre de parlements étatiques de la sous-région, une assemblée sans pouvoir réel et destinée à servir de caution démocratique à un système communautaire d'essence technocratique. Et la perspective d'une prochaine transposition des pratiques parlementaires internes des États membres de la CEMAC au niveau sous-régional n'augure nullement de l'efficacité du Parlement communautaire. Le contrôle le plus opérationnel, on peut le supposer, sera celui qu'exercera la Cour de Justice de la CEMAC.

Encadrée par une convention de Libreville datant du 05 juillet 1996, la Cour de Justice de la CEMAC est chargée du contrôle juridictionnel des activités et de l'exécution du budget par les institutions de la Communauté. À cet effet, elle est composée de 2 chambres distinctes : la chambre judiciaire compétente en matière juridictionnelle et la chambre des comptes qui assure le contrôle budgétaire.

Les organes communautaires à compétence générale de la CEMAC : La Conférence des chefs d'État. Les organes de direction de la Communauté, le Conseil des ministres et le Comité ministériel. L'organe d'animation de la communauté : le Secrétariat exécutif. L'organe de préparation des délibérations du Conseil des ministres : le Comité inter-États. Les organes

---

[6] En mars 2004, le Parlement Panafricain voit le jour. Signe du progrès démocratique de cette institution.

financiers de la communauté tels que l'institution d'émission commune : la BEAC ; et l'organe d'harmonisation des réglementations et de contrôle de l'activité bancaire : la COBAC.

Malgré l'existence d'une architecture institutionnelle remarquable, la gestion des conflits est une donnée immatérielle qui échappe au destin de la CEMAC.

II. LA COMPLEXITÉ DE LA MAÎTRISE DES CONFLITS TRANSFRONTALIERS EN AFRIQUE CENTRALE

Le libéralisme économique en zone CEMAC laisse entrevoir des réalités fondamentales d'une *main invisible* des conflits qui régulent les ressources humaines, le statut et le cadre des échanges intracommunautaires[7]. On pourrait se demander si la CEMAC est dans une phase d'apprentissage de l'excellence, de la compétitivité de la réussite sociale, au regard du niveau des progrès que témoigne son histoire depuis 1994. La CEMAC n'échappe pas ainsi aux illusions d'une paix durable malgré la mobilité hyperactive des économies des pays qui constituent cet espace économique.

A. Les conflits transfrontaliers Cameroun-Guinée Équatoriale

L'enlisement frontalier Cameroun-Guinée Équatoriale commence quand cette dernière réalise sur le tracé de la frontière une route bitumée le long de laquelle elle a entamé un terrassement et entreposé des pierres pour la construction d'un mur de séparation et des miradors. Non seulement ces chantiers étaient de nature à compromettre le principe de la libre circulation des personnes et des biens dans la zone CEMAC, mais ne respectaient pas le tracé de la frontière. C'est le déploiement du 11e bataillon d'infanterie motorisée dans la zone querellée qui a mis un coup d'arrêt à ces velléités.

Par ailleurs, l'on a enregistré au cours de l'année 2019 des incursions de certains éléments de l'armée équato-guinéenne en terre camerounaise où ils ont unilatéralement déplacé la borne coloniale qui matérialise la frontière. En octobre 2019, les autorités équato-guinéennes ont également décidé de la fermeture de la frontière alors que la balance commerciale reste fortement déséquilibrée du côté de Malabo. Les autorités camerounaises avaient également déploré l'arrestation des commerçants camerounais qui opèrent entre les deux pays. Entre autres différends évoqués, les tracasseries policières camerounaises, à cela s'ajoutent le commerce illicite et la contrebande dans la ville de Kye-Ossi qui constitue la zone névralgique d'une frontière longue de 189 kilomètres. En l'absence de postes de contrôle mixtes le long de ces corridors, il est probable que les risques de tension sécuritaires ensemencent

[7] La zone de libre-échange continental africain pourrait se buter à ces conflits transnationaux.

des incertitudes sur les institutions de la CEMAC, d'où la nécessité d'instaurer une police des frontières, supranationale, et susceptible de procéder à des patrouilles quotidiennes.

Après le Golfe d'Agaden, le Golfe de Guinée est l'espace le plus convoité par les pirates où opèrent des bandes armées qui mettent en péril le projet de l'intégration régionale. Pour assurer à cette zone stratégique une stabilité durable, les deux gouvernements ont entrepris de conclure un accord de coopération signé le 21 juillet 2020 à Malabo. Il invite les deux cosignataires à procéder régulièrement à un échange d'informations et de renseignements ; à mettre en place des mécanismes communs de coordination des patrouilles et exercices militaires conjoints avec des forces stationnées des deux côtés de la frontière[8]. Les deux États de la CEMAC ont ainsi privilégié l'efficacité d'une diplomatie éclairée, fruit de simples négociations qui ont débouché sur un apaisement politique favorable à leurs économies interdépendantes.

Paradoxalement, cet accord de coopération bilatéral dissipe la négation du principe de libre circulation des biens et des services qui pourtant est un facteur indispensable pour réguler les échanges et la répartition des ressources pour le bien des populations[9]. Cependant, il est établi que les conflits transfrontaliers qui opposent les pays de l'Afrique centrale s'alimentent d'une incapacité de la croissance à entraîner une réduction de la pauvreté[10]. Cette solidarité transfrontalière se trouve abolie par les sanctions arbitraires des pouvoirs supra-territoriaux, car les outils qui définissent les budgets de fonctionnement de la CEMAC ne tiennent pas compte du budget d'investissement. Il est inquiétant d'observer que dans la plupart des six États de la CEMAC, le budget d'investissement est le millième du budget de fonctionnement. La CEMAC à cet effet s'est incontestablement constituée en zone économique qui capitalise des financements colossaux destinés au fonctionnement des institutions, alors que celle-ci devrait adapter son mode d'existence en fonction des exigences fonctionnelles, confisquant elles-mêmes ses capacités d'agir. Ainsi, exemple parmi tant d'autres, la faiblesse du financement des infrastructures routières transfrontalières, l'absence d'une compagnie aérienne CEMAC[11].

---

[8] Accord de coopération relatif aux modalités de coordination et d'actions communes en matière de défense et de sécurité transfrontalières entre la République de Guinée équatoriale et la République du Cameroun. Faut le souligner, plusieurs accords de cette nature ont été signés antérieurement, visant à réduire les contentieux frontaliers.

[9] NGOLO DIRAMBA (N. T.), « La Communauté Economique et Monétaire d'Afrique Centrale : une structure régionale effective ? 1994-2014 », *Revue Gabonaise d'histoire et archéologie* N°2, janvier 2017, pp. 126-143.

[10] Stratégie de Coopération CEEAC-CEMAC-UE, p. 9.

[11] Au début du mois d'août 2001, six ministres des Transports d'Afrique centrale liquidaient officiellement Air CEMAC, mettant en évidence la faiblesse des politiques économiques et la capacité des États de l'Afrique centrale à se positionner dans l'espace aérien continental.

B. Les accords de coopération de lutte contre la criminalité transfrontalière dans la Zone CEMAC

Il est impossible de comprendre la marche des économies de la CEMAC sans tenir compte de l'irrationalité de la criminalité transfrontalière, qui conjugue à la fois les dimensions des interactions intérieures et extérieures. Depuis la chute du mur de Berlin, les systèmes politiques de l'Afrique Centrale présentent avec une relative subtilité une réduction de conflits transfrontaliers. Malgré tout, certains conflits persistent et diffèrent avec une certaine indolence d'un pays à un autre : le Tchad a connu des crises internes et externes ; la RCA et la RDC, peinent à éradiquer les crises intracommunautaires, avec le Boko Haram ; le Cameroun et ses voisins (Tchad, Nigeria), mutualisent leurs diplomaties sécuritaires. Ce contexte implique une solidarité intracommunautaire renforcée pour stabiliser l'Afrique Centrale. Des alliances militaires ont été constituées en missions d'apaisement, telles que : la mission FOMUC, sous l'autorité de la CEMAC en RCA (devenue MICOPAX et transférée à la CEEAC en juillet 2008) ; la mission Européenne au Tchad et en RCA (EUFOR), achevée en mars 2009 et dont le relais a été passé aux Nations Unies (MINUCAT2), la mission des Nations en RDC (MONUC).

La liste des missions d'apaisement de conflits en zone CEMAC est longue, elle témoigne de l'épineuse problématique de la criminalité transfrontalière, conséquence d'un déficit de politique de bonne gouvernance et de démocratie. La situation politique et économique offre des limites que la CEMAC et la CEEAC doivent recueillir comme point de déséquilibre à l'épanouissement des populations et des économies. En tout point, il faut des innovations nécessaires pour harmoniser les politiques économiques de l'espace CEMAC, et d'éviter que chaque État se donne les réponses qui lui conviennent. Par exemple, en 2010, les tarifs douaniers appliqués en RDC et à São Tomé et Príncipe n'étaient pas uniques, ce qui a entrainé non seulement une forte baisse des recettes douanières, mais également la corruption, la délinquance, et la circulation de la drogue[12].

En dépit de ces insuffisances, les États de la CEMAC, ont mutualisé leurs forces, en signant un accord communautaire à Yaoundé le 18 septembre 2015 pour manifester leur volonté de lutter contre la criminalité transfrontalière[13]. En effet, cet accord de coopération est un document important qui soutient le développement économique des États de la Sous-Région. Il vise surtout la recherche des criminels qui partent d'un pays à un autre. Avec les messages,

[12] FOKAM KAMMOGNE (P.), *L'entreprise africaine et la mondialisation*, Afrédit, Yaoundé, 2010, p. 243.

[13] *Cameroon Tribune*, 23 novembre 2020, n°12228/8427, p. 5.

les procureurs des différents pays pourront exécuter des mandats d'arrêt plus facilement. Il s'agit d'un pas décisif vers l'intégration sous-régionale.

Quoique cet accord soit une avancée majeure, il faut relever que d'autres secteurs d'activités nécessitent des accords de coopération. En effet, en dehors de la monnaie unique, l'intégration en Afrique Centrale reste encore un rêve à réaliser. La libre circulation des biens et des services demeure un rêve. Dans le cadre des services financiers, malgré l'institution de l'agrément unique pour l'implantation des banques, il n'est pas possible pour une banque de se prévaloir de son agrément dans un État membre pour s'installer dans un autre État. Cette situation est la même pour les compagnies d'assurance. Le droit commun des affaires est appliqué dans certains États et non dans d'autres. Le passeport communautaire n'a pas encore cours dans la grande majorité des États de l'Union. À cela s'ajoutent des tracasseries sur la fluidité des biens et services entre pays frontaliers, à l'instar du corridor Douala-Bangui. On dénonce du côté de la Centrafrique le paiement de 120.000 FCFA sur une distance de 10 kilomètres après Cantonnier. S'agissant du Cameroun, on dénonce de multiples postes de contrôle, ce qui crée un manque à gagner énorme. Pourtant, une convention bilatérale avait été signée depuis le 22 décembre 1999 entre les deux pays.

II. LES AXES DE COOPÉRATION TRANSFRONTALIÈRE EN ZONE CEMAC DE 1994-2020, PROPICES À L'APAISEMENT DES CONFLITS TRANSFRONTALIERS ?

Comparativement aux pays développés, les axes de coopération transfrontalière en Afrique Centrale présentent un cheminement inversé vers l'intégration économique, par rapport aux phases habituelles, dans la mesure où l'intégration monétaire constitue le socle du groupement ; les attributions de ce dernier se sont élargies avec une intégration par les règles[14].

A. Les axes de coopération intracommunautaire : CEMAC-CEEAC

La concurrence économique internationale et la loi du marché inspirent aux regroupements régionaux et sous-régionaux CEMAC-CEEAC des coopérations, qui exigent aux structures politiques et économiques de considérer les institutions capables d'apporter le salut et le respect de la dignité humaine aux populations. La gouvernance sous-régionale dans l'espace CEMAC au regard des autres régions africaines a remis en question le modèle de pratique institutionnelle en tirant avantage des écueils politiques qui limitent le développement des pays de la sous-région Afrique centrale.

---

[14] GÉRARDIN (H.), « Les spécificités des groupements d'intégration entre pays développés et pays en développement », in *Mondes en développement*, N° 115-116, 2001/3, pp. 27-39.

En effet, la CEMAC et la CEEAC n'ont pas un cadre de concertation politique ou économique. Il s'agit de deux regroupements sous-régionaux qui gardent silencieusement la même histoire humaine, qui révèle des spécificités d'ordre sécuritaire, mais aussi monétaire. En 1998, si le génie français avait contribué à enrichir les acquis de la colonisation, l'uniformisation et la relance de la CEEAC, n'ont cessé de faire l'objet de réflexions approfondies[15]. Derrière les apparences séduisantes de la CEEAC, se développent des innovations institutionnelles qui matérialisent la vision et les présupposées limites des expériences acquises par voie de coopérations éphémères. Parmi ces innovations institutionnelles inspirées du modèle actuel de gouvernance, la Commission de la CEEAC est créée le 28 août 2019, à l'issue de la signature du traité révisé de la CEEAC, à Libreville au Gabon. Cet accord de coopération, signé et ratifié par huit pays membres de la CEEAC, semble restreindre les velléités tangibles qui ne cessent de gagner du terrain en se fondant sur des faits sociologiques transfrontaliers.

B. Les axes de coopération extracommunautaire : CEEAC-UE

En Afrique Centrale, la plupart des frontières ne sont pas encore clairement définies, démarquées et sécurisées. Ce qui inéluctablement impacte le fonctionnement des institutions étatiques et engendre des conflits transfrontaliers qui, dans la plupart des cas, sont des obstacles à un progrès vers l'intégration régionale et continentale. Après les indépendances africaines, les conflits transfrontaliers se sont ajoutés à la cohorte des problèmes de l'Afrique jusqu'à nos jours. Comme solution à cette menace permanente, il a été créé un Projet d'appui au Programme frontières de la Communauté Économique des États de l'Afrique Centrale (APF-CEEAC).

Celui-ci s'inspire du Programme frontières de l'Union africaine, une initiative plus globale entreprise au plan continental. Avec le soutien de la Coopération allemande, l'APF-CEEAC est un sous-programme du Programme d'appui aux réformes et au renforcement des capacités institutionnelles de la CEEAC, Secteur paix et sécurité (PARCIC), porté par l'Union Européenne. À travers le 11e fonds européen de développement, cette dernière finance le projet à hauteur de 5.6 milliards de FCFA, tandis que le gouvernement allemand, par l'entremise de la Coopération allemande, mobilise 1,9 milliard de FCFA.

Il est surtout question de promouvoir et de faciliter la démarcation des frontières dans la sous-région, à travers la pose des bornes. Il s'agit également de favoriser l'intégration transfrontalière portée par les acteurs locaux et la société civile. Le dernier objectif s'intéresse au renforcement des capacités dans le domaine de la gestion des frontières. Une phase pilote a été lancée en

---

[15] *Revue de l'ODCE sur le développement*, n°4, 2003, pp. 63-78.

janvier 2020 sur sept frontières, dont quatre pour le Cameroun (frontières avec le Gabon, la République Centrafricaine, le Tchad et le Gabon) avec une échéance fixée jusqu'en décembre 2022 aussi bien au niveau continental que sous-régional. À terme, la coopération allemande, qui pilote le projet, espère que les objectifs fixés seront tenus : la délimitation et la démarcation de plus de 6000 kilomètres de frontières, la création de commissions transfrontalières, la signature entre 11 États membres de la CEEAC de 10 traités internationaux sur la délimitation des frontières[16].

CONCLUSION

La gestion transfrontalière des conflits économiques en zone CEMAC constitue en quelque sorte un vide politique assorti de vaines solutions lorsque se présentent des crises frontalières. Malgré la création d'institutions visant à réduire leurs retards, cet espace économique devra mettre en œuvre une organisation supra-territoriale de gestion des conflits qui opposent les États membres. Si dans certains cas, l'histoire a joué un rôle déterminant, l'intégration s'inscrivant dans une logique fondée sur le prolongement de relations économiques et financières étroites issues de la période coloniale et des rapports de coopération, dans d'autres cas par contre, des mobiles de nature politique, géostratégique ou économique prévalent toujours et constituent de véritables cloisons au projet de développement communautaire.

RÉFÉRENCES BIBLIOGRAPHIQUES

BOUBAKARI-YABARA Amzat., *Walter Rodney, un historien engagé (1942-1980). Les fragments d'une histoire de la révolution panafricaine*, Présence africaine, Paris, 2018, 334 p.

FOKAM KAMMOGNE Paul, *L'entreprise africaine et la mondialisation*, Afrédit, Yaoundé, 2010, 257 p.

GÉRARDIN Hubert., ''Les spécificités des groupements d'intégration entre pays développés et pays en développement'', *« Mondes en développement »*, N° 115-116, 2001/3, pp. 27-39.

HASSAN ADOUM-BAKHIT, *La Communauté Economique et Monétaire de l'Afrique Centrale (CEMAC). Les obstacles à l'intégration en zone CEMAC*, L'Harmattan, Paris, 2022, 184 p.

LIBONG BADJAN Patrice., *Réformes institutionnelles de la CEMAC. Jeu des acteurs, intérêt des États*, L'Harmattan, Paris, 2013, 168 p.

MOUANGUE KOBILA James et DONFACK SOKENG Léopold., « La CEMAC : à la recherche d'une nouvelle dynamique de l'intégration en Afrique centrale », *African Yearbook of International Law*, 1999, pp. 65-105.

---

[16] *Cameroon Tribune*, 19 novembre 2020, n°12226/8425, p. 5.

NGOLO DIRAMBA Nadège Tatiana, « La Communauté Economique et Monétaire d'Afrique Centrale : une structure régionale effective ? 1994-2014 ». *Revue Gabonaise d'histoire et archéologie*, N°2, janvier 2017, pp. 126-143.

OKAH-ATENGA Xaxérie-Euphémie., *Les institutions financières de la zone CEMAC*, Presses Universitaires de Yaoundé, Yaoundé, 2005, 210 p.

Revue de l'ODCE sur le développement, n°4, 2003, pp. 63-78.

Seconde Partie :

INSTITUTIONS ET POLITIQUES COMUNAUTAIRES

Titre 4 :

POLITIQUES ET INSTITUTIONS EXÉCUTIVES DE L'INTÉGRATION COMMUNAUTAIRE

(*Enseignement supérieur-Économie-Monnaie-Banques-Finances*)

L'INTÉGRATION SOUS LE PRISME DE LA RECHERCHE, DE L'ENSEIGNEMENT SUPÉRIEUR ET DE LA FORMATION PROFESSIONNELLE EN ZONE CEMAC

Par

ABOUBAKAR EL BOUKAR

Docteur en Droit public de l'Université de Yaoundé II
Chargé de Recherche Comité
National de Développement des Technologies (CNDT)/
Ministère de la Recherche Scientifique et de l'Innovation (MINRESI)

Résumé

La mobilité des enseignants-chercheurs et des étudiants dans un espace communautaire donné contribue au processus d'intégration. Il s'agit d'une variante de la circulation des personnes et du droit d'établissement. Pour ce qui est de la CEMAC, les Chefs d'État se sont servi de l'enseignement supérieur et de la formation professionnelle dans le processus d'édification de l'espace communautaire en Afrique Centrale. Le 11 février 2005, la Déclaration de Libreville sur la construction de l'espace CEMAC de l'enseignement supérieur, de la recherche et de la formation professionnelle a été le point d'amorce de cette évolution. La vision des dirigeants déclinée par cette déclaration a été suivie d'effet par l'élaboration d'une panoplie des textes communautaires régissant l'enseignement supérieur et la formation professionnelle en zone CEMAC. Le présent article met ainsi en relief la contribution de l'enseignement supérieur et de la formation professionnelle dans le processus d'intégration en zone CEMAC. Pour ce faire, certaines méthodes d'analyses en sciences sociales, notamment la méthode juridique et l'approche qualitative ont été convoquées. Il en ressort donc qu'en dépit des insuffisances décelées, l'intégration par la formation est une réalité en zone CEMAC.

Mots-clés : Intégration Sous-Régional, Enseignement Supérieur, CEMAC, Recherche, Formation Professionnelle,

Abstract

The analyses of the phenomenon of free movement of people (and incidentally their rights of establishment in a given area), especially the free movement of university lecturers, PHD researchers and students in a given community area enhances the process of regional integration. In the case of the CEMAC zone, Heads of States through the Libreville declaration of the 11th february 2005 have decided to outline the higher education and vocational sectors as a catalyst for regional integration. This approach was made manifest by a series of community acts and legislations regulating the domain of higher education and vocational training. Using the legal methodology and the qualitative approach technic in social sciences the present research aimed at highlighting the role of higher education and vocational training in the promotion of regional integration in the CEMAC zone. The findings revealed that despite short comings and challenges regional integration can be achieve through the promotion of regional cooperation in the educational field.

Keys words*: Sub-Regional Integration, Higher Education, CEMAC, Research, Vocational Training*

INTRODUCTION

L'atteinte des objectifs de développement pour assurer le bien-être social nécessite d'avoir une population éduquée et une main-d'œuvre qualifiée. Les mutations profondes de la société contemporaine engendrent plusieurs aspects novateurs. Notamment la transformation des modes de production grâce à des technologies nourries par de vastes champs de connaissances scientifiques et technologiques[1]. Désormais, l'humanité évolue dans un monde caractérisé par une économie du savoir mondialisée mettant les systèmes d'enseignement supérieur, de la recherche et de la formation professionnelle face à d'énormes défis[2]. Il s'agit du défi de la qualité de la formation au niveau du supérieur dans un contexte marqué par la limitation des ressources[3]. Il y a également le défi lié à la pertinence et à la qualité des services rendus à la société par le biais des organismes tant publics que privés[4]. L'autre défi est relatif à la création et à la diffusion du savoir ainsi qu'à la capacité d'innovation en vue

[1] Vision CEMAC, « Faire de la CEMAC en 2025 un espace économique intégré émergent, où règnent la sécurité, la solidarité et la bonne gouvernance, au service du développement humain », Publication de la Communauté Économique et Monétaire de l'Afrique Centrale, n°003, 2e Trimestre, avril 2011, p. 4.

[2] *Ibid.*, p. 4.

[3] *Idem.*

[4] *Idem.*

d'impulser la croissance économique, la lutte contre la pauvreté et l'amélioration des conditions de vie des populations[5].

Six États de l'Afrique Centrale[6], ayant pris conscience de la nécessité de développer en commun toutes les ressources humaines et naturelles dont ils disposent et de mettre celles-ci au service du bien-être général de leurs peuples dans tous les domaines[7], ont convenu d'instituer la Communauté Économique et Monétaire des États de l'Afrique Centrale (CEMAC). « *La mission essentielle de la Communauté est de promouvoir la paix et le développement harmonieux des États membres (...)*[8]. *La Communauté participe aux efforts d'intégration dans le cadre de l'Union africaine et, en particulier, à ceux relatifs à la création d'organisations communes dotées de compétences propres en vue d'actions coordonnées dans des domaines spécifiques* »[9]. C'est dire que les programmes et projets de la CEMAC dans tous les domaines, spécifiquement dans les domaines de l'enseignement supérieur et de la formation professionnelle, épousent les directives de l'Union africaine (UA). Ces programmes et projets sont conformes également aux orientations des institutions spécialisées de l'UA comme le Nouveau Partenariat pour le Développement de l'Afrique (NEPAD) et la Banque africaine de Développement (BAD).

C'est ainsi que la vision 2025 de la CEMAC prévoit le renforcement de la qualification des ressources humaines pour l'atteinte de l'émergence économique à travers deux programmes. Le premier est le programme d'appui à l'émergence de pôles d'excellence régionaux dans l'enseignement supérieur[10]. Il « *vise à favoriser le développement dans la CEMAC de structures de formation supérieure répondant aux normes de qualité internationale et financièrement solides, en particulier dans le domaine du management et dans les grands piliers de croissance* »[11]. Le second est le programme Développement de la Formation Professionnelle et des filières d'apprentissage[12]. À partir de ce programme, les États membres de la CEMAC entendent se doter des cadres moyens et ouvriers qualifiés dans les secteurs tels que les télécommunications, le pétrole, le gaz, l'agriculture, l'électricité, le BTP, les industries agroalimentaires ou la sous-traitance industrielle[13]. Ces programmes de renforcement de la qualification des ressources humaines

---

[5] *Idem.*

[6] Le Cameroun, la République Centrafricaine, le Congo, le Gabon, la Guinée équatoriale et le Tchad.

[7] Préambule du Traité révisé de la CEMAC du 30 janvier 2009.

[8] Article 2 du Traité révisé de la CEMAC du 30 janvier 2009.

[9] *Ibid.*, article 9.

[10] CEMAC, *CEMAC 2025 : Vers une économie régionale intégrée et émergente, Programme Économique Régional 2010-2015*, Volume 2 : Volume de référence, octobre 2009, p. 175.

[11] *Idem.*

[12] *Ibid.*, p. 175.

[13] *Idem.*

contenus dans la Vision 2025 de la CEMAC sont donc élaborés en conformité avec la stratégie continentale de l'éducation 2016-2025 de l'UA. Conçue en 2015, la stratégie continentale de l'éducation « *est impulsée par la volonté de créer un système d'éducation et de formation de qualité dont l'objectif est d'offrir au continent africain des ressources humaines performantes adaptées aux valeurs communes africaines et donc aptes à la réalisation de la vision et des ambitions de l'Union africaine* »[14].

Les États membres de la CEMAC entendent réaliser plusieurs objectifs dans le cadre de l'Union Économique de l'Afrique Centrale (UEAC) dont la recherche, l'enseignement et la formation professionnelle[15]. Au-delà de leur caractère social, l'énumération faite par la Convention de l'UEAC place la recherche, l'enseignement et la formation professionnelle dans la catégorie des politiques économiques communautaires. Conformément à la Convention révisée sur la reconnaissance des études et des certificats, diplômes, grades et autres titres de l'enseignement supérieur dans les États d'Afrique, on entend par l'« *Enseignement supérieur : tous les programmes d'études ou ensembles de cycles d'études, de formation ou de formation à la recherche, de niveau postsecondaire, reconnus par les autorités compétentes d'un État partie comme relevant de son système d'enseignement supérieur* »[16]. Pour Jean-Claude DORSAINVIL, l'enseignement universitaire « *vise à former des humains cultivés et éclairés, des personnes capables de contribuer au développement social, culturel, politique et économique de la société. Il vise à former des personnes qui pourront effectuer des choix informés et s'adapter aux transitions professionnelles et autres tout au long de leur vie, des personnes possédant des bases solides leur permettant de poursuivre leur apprentissage, qu'il s'agisse d'études de 2e ou de 3e cycle ou tout autre type de perfectionnement* »[17]. La formation professionnelle, quant à elle, peut s'entendre comme étant « *un processus d'acquisition de connaissances et de compétences requises dans des métiers spécifiques ou plus largement sur le marché de l'emploi. Ce processus peut intervenir en cours de formation initiale (par exemple apprentissage, lycée professionnel...) ou de formation continue* »[18].

---

[14] UA, *Stratégie continentale de l'éducation, 2016-2025*, 2015, p. 7.

[15] Article 2 (d) de la Convention régissant l'Union Économique et Monétaire de l'Afrique Centrale (UEAC) du 16 juillet 1996.

[16] Article 1er de la Convention révisée sur la reconnaissance des études et des certificats, diplômes, grades et autres titres de l'enseignement supérieur dans les États d'Afrique du 12 octobre 2014.

[17] Executive Director Campus Queensland University (UQ) Haïti Nord-Est, Fort-Libert2, Ferrier Delmas 33, Montpellier Village, 3 Rue St-Paul, Port-au-Prince, Haïti, cité par TRAORE (D.), « Processus d'Intégration au niveau de l'Enseignement Supérieur dans l'espace CEDEAO : État des Lieux et Défis », Institut de l'Afrique de l'Ouest (IAO), Conference Paper, May 2019, en ligne : www.wai-iao.ecowas.int.

[18] https://www.insee.fr/fr/metadonnees/definition/c2144, consulté le 07/12/2020.

En se fondant sur la Vision 2025 de la CEMAC qui ambitionne une réelle transformation dans l'ensemble des États membres, la présente analyse questionne le rôle et la pertinence de l'enseignement supérieur et de la formation professionnelle dans le processus d'intégration dans cette sous-région. Autrement dit, l'enseignement supérieur et la formation professionnelle sont-ils des facteurs intégrateurs en zone CEMAC ? La réponse à cette interrogation permettra de confirmer ou d'infirmer l'hypothèse selon laquelle l'intégration par la formation en zone CEMAC est une réalité. Dans cette perspective, la présente réflexion convoque deux méthodes d'analyse, notamment la méthode juridique et l'approche qualitative. La première à travers l'exégèse, permet d'adosser le raisonnement sur la réglementation dans l'espace communautaire CEMAC régissant l'enseignement supérieur et la formation professionnelle. Aussi, grâce à la casuistique, nécessaire à l'étude de cas, l'on s'intéressera à la pratique en matière de l'enseignement supérieur et de la formation professionnelle en zone CEMAC. L'approche qualitative quant à elle consiste à décrire, à interpréter et à apprécier l'effectivité de l'intégration en zone CEMAC à partir de l'enseignement supérieur et de la formation professionnelle. Cette démarche est en outre complétée par la technique de la collecte de documents portant sur le processus d'intégration en zone CEMAC, axé sur l'enseignement supérieur et la formation professionnelle. La présente réflexion mettra ainsi en exergue d'une part, l'importance de l'enseignement supérieur et de la formation professionnelle dans le processus d'intégration en zone CEMAC (I) et d'autre part, ses implications (II).

I. L'AFFIRMATION DE LA FORMATION COMME VECTEUR D'INTÉGRATION EN ZONE CEMAC

D'emblée, il faut relever que le Traité révisé de la CEMAC et la Convention instituant l'UEAC constituent le droit originaire, qui fonde l'intégration en zone CEMAC. Ces instruments de nature conventionnelle fixent le cadre général de l'intégration entre les six pays composant la CEMAC. S'agissant particulièrement de l'intégration par le biais de l'enseignement supérieur et de la formation professionnelle, elle se matérialise à travers un important dispositif normatif, qui est issu principalement du droit secrété par les organes internes de la CEMAC (A). De même, elle se réalise à travers les institutions de formation tant académique que professionnelle (B).

A. Les instruments normatifs d'intégration par la formation en zone CEMAC

L'ambition de contribuer à fixer une même architecture de l'enseignement supérieur à l'échelle planétaire participe indubitablement d'un grand dessein et est consubstantielle au processus de Bologne[19]. Lancé en 1998, le processus de Bologne instituant le système Licence-Master-Doctorat (LMD) a débordé les frontières de l'Europe[20]. C'est dans ce sillage que les Chefs d'État de la CEMAC ont imprimé une dynamique nouvelle au processus d'intégration par l'enseignement supérieur et la formation professionnelle. Cette dynamique est concrétisée par les Chefs d'État de la CEMAC réunis le 11 février 2005 au Gabon, à travers la *« Déclaration de Libreville sur la construction de l'espace CEMAC, de l'enseignement supérieur, de la recherche et de la formation professionnelle »*. Cette déclaration a conduit à l'édification des normes communautaires en la matière par les instances compétentes de la CEMAC en conformité avec ses textes fondateurs à l'instar des règlements et les directives (1) qui s'appliquent directement dans l'ordre juridique interne des États membres (2).

1. Les règlements et directives communautaires CEMAC

L'ordre juridique communautaire de la CEMAC comprend les Règlements qui régissent l'enseignement supérieur et la formation professionnelle. C'est le cas notamment du Règlement n°09/03-UEAC-019-UEAC-CM-10 portant programme communautaire d'échanges interuniversitaires dans la zone CEMAC. Ce Règlement a été adopté le 27 août 2003 par le Conseil des ministres de l'UEAC et signé le 28 août 2003 par le Président de la Commission de la CEMAC. Il « *a pour objet de promouvoir la mobilité des enseignants et des chercheurs des pays membres de la CEMAC, en vue de leur participation effective au processus d'intégration sous-régionale* »[21]. Dans la même veine, le Règlement n°08/03-UEAC-019-CM-10 portant création de la Conférence des Recteurs des Universités et Responsables des Organismes de Recherches d'Afrique Centrale a été adopté et signé dans les mêmes conditions que le Règlement suscité. « *La Conférence des Recteurs est un organe consultatif auprès du Conseil des ministres de l'UEAC. Elle est chargée d'étudier toutes questions relatives à l'enseignement supérieur et à la recherche* »[22]. À ce titre, elle est chargée, entre autres, de la promotion des centres d'excellence dans les domaines prioritaires ; de la mobilité des enseignants, chercheurs et étudiants dans la communauté ; de la création ou le

---

[19] CHARLIER (J-E.), NDOYE (A.K.) ; CROCHÉ (S.), « Les enjeux du passage des universités d'Afrique subsaharienne au LMD », *in* CHARLIER (J-É.), NDOYE (A.K.), CROCHÉ (S.), *Les universités africaines francophones face au LMD. Les effets du processus de Bologne sur l'enseignement supérieur au-delà des frontières de l'Europe,* Bruylant-Academia, Louvain-la-Neuve, 2009, p. 7.

[20] *Idem.*

[21] Article 1er du Règlement n°09/03-UEAC-019-UEAC-CM-10 portant Programme communautaire d'échanges interuniversitaires » dans la zone CEMAC du 28 août 2003.

[22] Article 3 du Règlement n°08/03-UEAC-019-CM-10 portant création de la Conférence des Recteurs des Universités et Responsables des Organismes de Recherche d'Afrique Centrale du 28 août 2003.

développement d'Institutions communes ; de l'intégration des Technologies d'Information et de la Communication (TIC) dans les systèmes d'enseignement et de recherche ; de l'organisation des manifestations scientifiques et culturelles ; du suivi de la coopération dans le secteur de l'enseignement supérieur et de la recherche entre la CEMAC et ses partenaires[23].

La Directive n°01/06-UEAC-019-CM-14 portant application du système LMD dans les Universités et établissements d'enseignement dans l'espace CEMAC et la Directive n°02/06-UEAC-019-CM-14 portant organisation des études universitaires dans l'espace CEMAC dans le cadre du Système LMD poursuivent le même objectif. En effet, la Directive portant organisation des études universitaires dans l'espace CEMAC dans le cadre du Système LMD

> *a pour objet d'organiser les études universitaires conduisant au diplôme de licence et conférant le grade de licence ; les études universitaires conduisant au diplôme de master et conférant le grade de master ; les études doctorales dans les universités conduisant au diplôme de doctorat et conférant le grade de docteur* [24].

S'agissant des études du niveau Licence, la Directive vise la professionnalisation en instituant la Licence professionnelle.

> *Le diplôme de licence professionnelle sanctionne des parcours types de formation ayant pour finalité de permettre l'insertion professionnelle des étudiants. Il conduit en l'acquisition de connaissances et de compétences en relation avec une activité professionnelle donnée* [25].

Aussi,

> *La formation dispensée dans le cadre de la licence professionnelle doit être conçue et organisée dans un cadre de partenariat étroit avec le monde professionnel. Elle requiert une mise en contact réelle de l'étudiant avec le monde du travail, de manière à lui permettre d'approfondir sa formation et son projet professionnel et à faciliter son insertion dans la vie professionnelle. À cette fin, elle comporte nécessairement un stage. Les enseignements doivent par ailleurs être assurés, au moins pour 25 % de leur volume global, par des professionnels exerçant leur activité professionnelle principale dans un secteur correspondant à la licence professionnelle* [26].

Pour ce qui est de Master, le diplôme

---

[23] *Ibid.*, article 3.

[24] Article 1er de la Directive n°02/06-UEAC-019-CM-14 portant organisation des Études universitaires dans l'espace CEMAC dans le cadre du Système LMD.

[25] *Ibid.*, article 9.

[26] *Ibid.*, article 10

Sanctionne des parcours types de formation initiale ou continue conduisant à un approfondissement des connaissances et à une valorisation du savoir. Les parcours types de formation conduisant au diplôme de master peuvent être soit à finalité de recherche, soit à finalité professionnelle. La voie à finalité professionnelle débouche sur l'obtention d'un master professionnel. La voie à finalité de recherche débouche sur l'obtention d'un master recherche et permet de préparer le diplôme de doctorat »[27].

Les universités et établissements d'enseignement supérieur sont donc tenus d'organiser leurs offres de formation en parcours types de formation de façon à déboucher, après la validation des deux (2) premiers semestres et l'obtention des soixante (60) crédits correspondants, sur un master professionnel ou un master recherche[28].

Concernant les études doctorales, il s'agit de la formation « *à et par la recherche qui condui[t], après l'obtention préalable d'un master recherche ou d'un diplôme d'études approfondies (DEA), au diplôme de doctorat délivré à la suite de la soutenance d'une thèse* »[29]. Il se trouve qu'au niveau doctoral, la réglementation communautaire ne se prononce pas explicitement sur le doctorat professionnel comme c'est le cas au niveau de Licence et Master. Ainsi, « *Sont autorisés à s'inscrire à la préparation du doctorat les candidats titulaires d'un master recherche ou d'un diplôme d'études approfondies ou de tout autre titre reconnu équivalent et correspondant à la filière et à l'option envisagées*[30] ». La mise en œuvre de cette Directive incombe aux ministres de l'Enseignement supérieur des États membres[31]. D'où l'applicabilité directe des normes communautaires dans l'ordre juridique interne des États membres.

2. L'effet direct des normes communautaires CEMAC dans l'ordre juridique interne des États membres

L'effet direct de la norme communautaire sous-entend la primauté du droit primaire ou dérivé d'une organisation communautaire directement applicable ou non[32]. Elle prime également sur toutes les normes nationales d'origine administrative, législative, judiciaire et même de niveau constitutionnel[33]. Accepter d'être partie à un traité par un État tout en sachant que sa

---

[27] *Ibid.*, article 14.
[28] *Ibid.*, article 18.
[29] *Ibid.*, article 20.
[30] Article 21 de la Directive N° 02/06-UEAC-019-CM-14 portant organisation des Études universitaires dans l'espace CEMAC dans le cadre du Système LMD.
[31] *Ibid.*, article 30.
[32] ISAAC (G.), *Droit communautaire général,* Armand Collin, Paris, 5e édition, 1996, p. 179.
[33] *Idem.*

souveraineté pourrait être altérée, ne signifie pas l'épuisement de sa volonté. Mais plutôt la propagation de celle-ci

> *à travers les effets juridiques des normes qu'elle produit »*[34]. *Il s'agit en fait, d'« une volonté agissante ou en acte, maîtrisée et gérée en fonction des intérêts propres de l'État dans le commerce juridique qu'il a engagé avec les autres parties au traité*[35].

Pour ce qui est de la CEMAC, le Traité révisé est explicite en la matière.

> *Les règlements et les règlements-cadres ont une portée générale. Les règlements sont obligatoires dans tous leurs éléments et directement applicables dans tout État membre (...). Les directives lient tout État membre destinataire quant au résultat à atteindre tout en laissant aux instances nationales leur compétence en ce qui concerne la forme et les moyens »*[36]. *« Sous réserve des dispositions de l'article 43 du présent Traité, les actes adoptés par les Institutions, Organes et Institutions spécialisées de la Communauté pour la réalisation des objectifs du présent Traité sont appliqués dans chaque État membre nonobstant toute législation nationale contraire, antérieure ou postérieure* [37].

À titre de droit comparé, la primauté des normes communautaires sur les normes nationales est admise de manière explicite pour la première fois par le juge européen dans l'affaire *Costa* c/ *ENEL*[38]. Par cet arrêt, le juge européen a posé le principe de la primauté du droit communautaire sur le droit national en soulignant la volonté de créer un ordre juridique propre à la Communauté par un transfert de compétence consenti par les États membres. Cette primauté produit ainsi l'effet direct en matière d'application des normes communautaires au sein des États membres.

Au-delà des normes juridiques, la concrétisation de l'intégration par l'enseignement supérieur et la formation professionnelle en zone CEMAC se fait grâce aux institutions de formation académique et professionnelle.

B. Les instruments institutionnels d'intégration par la formation en zone CEMAC

Les institutions d'enseignement supérieur et de formation professionnelle comme le Centre régional africain d'administration du travail (CRADAT) et l'Institut de formation et de recherche démographiques (IFORD) participent à la matérialisation du processus d'intégration africaine. Les États parties aux

---

[34] KAMTO (M.), *La volonté de l'État en droit international*, *op cit.*, p. 181.

[35] *Idem.*

[36] Article 41 du Traité révisé de la CEMAC du 30 janvier 2009.

[37] *Ibid.*, article 44.

[38] CJCE, arrêt *Costa c/ ENEL,* 15 juillet 1964, aff. 6/64, p.1141.

Accords instituant le CRADAT et l'IFORD ne se limitent pas uniquement à ceux de la CEMAC. Cependant, concernant le processus d'intégration en zone CEMAC, plusieurs institutions qui sont à la fois communautaires (1) et nationales (2) y contribuent essentiellement dans le cadre de l'intégration entre les six États parties au Traité instituant ladite Communauté.

1. La contribution des institutions communautaires

Dans l'espace CEMAC, il existe des institutions de formation académique et professionnelle créées par les États membres. Les types de formation dispensée couvrent divers domaines tels que la science et la technique, la statistique, les finances publiques et l'hôtellerie. La nouvelle institution d'envergure sous-régionale qui a tout récemment commencé ses activités précisément en 2019 est l'Université Inter-États Cameroun-Congo, créée le 21 décembre 2012 par une convention signée par le ministre des Relations extérieures de la République du Cameroun et le ministre des Affaires étrangères et de la Coopération de la République du Congo, représentants des deux États. Ses campus sont situés à Sangmélima (Cameroun) et Ouesso (Congo) et elle a pour mandat de fournir des formations de haut niveau dans les domaines suivants : Agriculture et TIC au Cameroun et Agroforesterie et Environnement, Sciences et Techniques au Congo[39]. L'objectif visé étant le renforcement du capital humain de la sous-région dans les domaines de l'Agro-industrie, de l'Agroforesterie, de l'Environnement et des Technologies de l'Information et de la Communication[40].

En matière de statistique, l'Institut Sous-régional de Statistique et d'Économie Appliquée (ISSEA) assure la formation des cadres statisticiens ressortissants des pays de la CEMAC. Fondé en 1961 à Yaoundé sous l'appellation de Centre de Formation Statistique (CFS), l'Institut avait pour vocation la formation des Agents Techniques de la Statistique[41]. Il change de dénomination en 1969 et devient Institut de Formation Statistique (IFS)[42]. En 1975, l'IFS est placé sous l'égide du Programme des Nations Unies pour le Développement (PNUD) comme étant une institution nationale camerounaise avec pour appellation Institut de Statistique, de Planification et d'Économie Appliquée (ISPEA). En 1976, elle ouvrait le cycle des Ingénieurs d'Application de la Statistique (IAS)[43]. C'est en 1984 que l'ISPEA fut transformé en une institution sous-régionale avec pour dénomination Institut

---

[39] https://projetsintegrateurscemac.com/universite-inter-États-cameroun-congo-uiecc/, consulté le 31/12/2020.

[40] https://projetsintegrateurscemac.com/universite-inter-États-cameroun-congo-uiecc/, consulté le 31/12/2020.

[41] https://www.issea-cemac.org/issea/fr/presentation/historique, consulté le 31/12/2020.

[42] https://www.issea-cemac.org/issea/fr/presentation/historique, consulté le 31/12/2020.

[43] https://www.issea-cemac.org/issea/fr/presentation/historique, consulté le 31/12/2020.

Sous-régional de Statistique et d'Économie Appliquée (ISSEA), placée sous l'égide de l'Union Douanière des États d'Afrique Centrale (UDEAC)[44].

L'ISSEA remplit trois missions fondamentales à savoir : la formation initiale des cadres statisticiens et économistes, le recyclage et le perfectionnement (formation continue) et la recherche appliquée[45]. Les statisticiens formés à l'ISSEA ont pour rôle de créer, gérer, et utiliser l'information statistique pour la préparation des décisions de nature économique ou sociale, concernant la nation, une région ou une entreprise[46].

Dans le domaine de l'économie et des finances, l'Institut de l'Économie et des Finances-Pôle Régional de formation des Régies Financières de l'Afrique centrale (IEF), s'est vu assigner la mission de formation des cadres compétents et polyvalents de l'administration économique et financière, notamment, des régies financières des États-membres de la CEMAC, de participation à l'émergence d'une ingénierie économique et financière, ainsi que de la promotion de l'esprit communautaire et de l'intégration régionale[47]. Pour y parvenir, l'IEF organise des séminaires de formations continues destinés aux cadres de l'Afrique Centrale. De même, il développe un cadre de collaboration avec des instituts et centres de recherche et de formation sous-régionaux et internationaux[48]. Son siège étant à Libreville (Gabon), l'IEF a accueilli en 2005, en formation initiale, sa 1ère promotion composée de 98 stagiaires originaires du Congo, de la République centrafricaine, du Tchad et du Gabon[49]. Ces stagiaires étaient soit des fonctionnaires de catégories A1 ou A2, soit des universitaires, soit des diplômés de grandes écoles recrutés avec au minimum un niveau équivalent à BAC+4[50].

Jouant un rôle primordial dans le processus d'intégration, les secteurs de l'hôtellerie et du tourisme ont retenu l'attention des dirigeants des organes et institutions communautaires de la CEMAC. L'intérêt pour ces secteurs se matérialise à travers l'Acte Additionnel n°02/02/CEMAC-06-PE-CE du 30 août 2002 relatif à l'École de l'Hôtellerie et du Tourisme de la CEMAC (EHT-CEMAC). Cet Acte a conféré à cette école le caractère Communautaire et porté son inscription sur la liste des Institutions Spécialisées de l'UEAC[51]. Par cet Acte, les dirigeants de la CEMAC ont procédé à la transformation de

---

44 https://www.issea-cemac.org/issea/fr/presentation/historique, consulté le 31/12/2020.

45 https://issea-cemac.org/issea/fr/presentation/missions, consulté le 31/12/2020.

46 https://www.issea-cemac.org/issea/fr/presentation/historique, consulté le 31/12/2020.

47 https://www.ief-cemac.org/Pr%C3%A9sentation%20de%20l%27IEF, consulté le 31/12/2020.

48 https://www.ief-cemac.org/Pr%C3%A9sentation%20de%20l%27IEF, consulté le 31/12/2020.

49 https://www.ief-cemac.org/Pr%C3%A9sentation%20de%20l%27IEF, consulté le 31/12/2020.

50 https://www.ief-cemac.org/Pr%C3%A9sentation%20de%20l%27IEF/ Historique, consulté le 31/12/2020.

51 https://ehtcemac.com/dg/presentation/resultat-attendus.html, consulté le 31/12/2020.

l'École Nationale d'Hôtellerie et du Tourisme (ENAHT), créée en 1987 par le Gouvernement camerounais, en une institution sous-régionale.

La mission de l'EHT s'inscrit dans l'axe 4 du PER mettant un accent particulier sur le renforcement du capital humain, qui constitue l'un des grands défis à relever par les Chefs d'État de la CEMAC à l'effet de faire de l'Afrique Centrale une destination touristique émergente et d'atteindre à l'horizon 2035 une émergence économique[52].

EHT-CEMAC a pour principal objectif de favoriser l'émergence d'une nouvelle génération de cadres pour promouvoir les industries hôtelières et garantir la mise en valeur rationnelle, responsable et durable du riche potentiel naturel et culturel des États membres, qui sont soucieux de faire du tourisme non seulement un véritable moteur de développement économique et socioculturel, mais aussi un catalyseur de l'intégration communautaire[53]. Elle assure, entre autres, la formation, le perfectionnement, le recyclage et la spécialisation en hôtellerie, en restauration et en tourisme. En outre, elle assure le développement des métiers de l'hôtellerie, de la restauration et du tourisme sous forme de service de consultant. Par ailleurs, elle vise la promotion de la recherche dans les métiers de l'hôtellerie, de la restauration et du tourisme.

À court et à moyen terme, l'EHT-CEMAC s'est engagée à fournir aux États membres les compétences scientifiques, techniques, managériales et entrepreneuriales dans les métiers de l'hôtellerie, de la restauration et du tourisme :

- des cadres qualifiés pour la mise en valeur optimale et efficiente de la riche potentialité touristique de la sous-région ;
- d'un personnel qualifié assurant des prestations de services dans les structures hôtelières et touristiques ;
- des offres de service de qualité qui répondent bien aux exigences évolutives des clientèles tant nationales qu'internationales[54].

Le processus d'intégration par l'enseignement supérieur et la formation professionnelle en zone CEMAC bénéficie aussi de l'apport des institutions nationales.

2. La contribution des institutions nationales

L'on dénombre plusieurs ressortissants des pays de la CEMAC dans les établissements d'enseignement supérieur et les structures de formation professionnelle tant publics que privés présents au sein des six États. Il convient de noter que le Cameroun reste la destination privilégiée des

---

[52] https://ehtcemac.com/dg/presentation/resultat-attendus.html, consulté le 31/12/2020.
[53] https://ehtcemac.com/dg/presentation/resultat-attendus.html, consulté le 31/12/2020.
[54] https://ehtcemac.com/dg/presentation/resultat-attendus.html, consulté le 31/12/2020.

ressortissants des autres pays membres de la CEMAC dans le cadre de l'enseignement supérieur et de la formation professionnelle. C'est ainsi que les effectifs des Universités d'État et les instituts privés d'enseignement supérieur (IPES) sont majorés par la présence des étudiants ressortissants des pays étrangers et particulièrement ceux de la CEMAC. Parmi les ressortissants des pays de la CEMAC dans les établissements d'enseignement supérieur camerounais, la majorité vient de la République du Tchad.

En ce qui concerne les structures de formation professionnelle, les écoles camerounaises de formation des fonctionnaires appelés à servir dans l'administration publique, les représentations diplomatiques, la police et l'armée accueillent des ressortissants des pays de la CEMAC. Tel est le cas de l'École Nationale Supérieure de Police de Yaoundé (ENSPY), de l'École Militaires Interarmées (EMIA), de l'École Supérieure Internationale de Guerre de Yaoundé (ESIG), de l'Institut des Relations Internationales du Cameroun (IRIC), de l'École Nationale Supérieure des travaux Publics (ENSTP), de l'École Nationale d'Administration et de Magistrature (ENAM) et des Écoles Normales Supérieures (ENS).

Pour mieux appréhender l'intégration par l'enseignement supérieur et la formation professionnelle en zone CEMAC, il est important de comprendre ce qu'elle implique afin d'en dégager les limites.

II. LES IMPLICATIONS DE L'INTÉGRATION PAR LA FORMATION EN ZONE CEMAC

Après avoir analysé le cadre normatif et institutionnel de l'intégration par l'enseignement supérieur et la formation professionnelle en zone CEMAC, il sied de s'appesantir sur ses implications (A) et ses insuffisances (B).

A. État des lieux de l'intégration par la formation en zone CEMAC

> *La science est par nature internationale et les relations scientifiques internationales ont un long passé : depuis de nombreux siècles, les savants et les chercheurs de différents pays correspondent, se rencontrent, échangent les résultats de leurs travaux. Pendant longtemps, cependant, les États sont restés indifférents à cette coopération* [55].

Les échanges scientifiques et techniques entre les États, tant au plan bilatéral que multilatéral, ont commencé il y a seulement soixante-dix ans, lorsque les gouvernements ont pris conscience de l'importance économique de

---

[55] TOUSCOZ (J.), « Les accords bilatéraux de coopération scientifique et technique », *AFDI*, vol. 14, 1968. p. 683.

la recherche scientifique comme clé du développement et comme outil stratégique[56]. Épousant cette logique, les États de la CEMAC par le biais des organes de cette organisation ont pris des dispositions nécessaires en vue de faciliter l'intégration par l'enseignement supérieur et la formation professionnelle au sein de cet espace.

C'est ainsi que mener des études pour un ressortissant de l'un des pays membres de la CEMAC, hors de son pays d'origine, au sein d'une institution de formation académique ou professionnelle qu'elle soit communautaire ou nationale, renforce le sentiment d'appartenance à la Communauté. Cela enclenche une prise de conscience chez les étudiants sur le fait qu'ils vivent dans une région sans frontières[57]. Bien plus, l'accès à l'éducation dans des domaines d'importance stratégique pour la région se trouve amélioré[58]. Il permet également d'accroître la base de connaissances dans l'espace communautaire par la promotion de l'éducation et de la recherche. Mieux encore, il améliore la qualité de l'enseignement dans les États membres[59] et de la formation professionnelle. En vue de capitaliser les retombées qui découlent des différents types de formation dans le cadre professionnel, la Convention instituant l'UEAC pose le principe de l'harmonisation et de la reconnaissance mutuelle des diplômes par les États membres. La Convention instituant l'UEAC dispose que :

> *Le marché commun de l'Union Économique, prévu à l'article 2 (c) de la présente convention comporte, selon le rythme prévu par le programme mentionné à l'article 7, et sous réserve des exceptions énoncées à l'article 16 (...) l'harmonisation et la reconnaissance mutuelle des normes techniques ainsi que des procédures d'homologation et de certification »*[60].

L'objectif visé par la reconnaissance mutuelle des diplômes et certificats professionnels est la fluidification de l'intégration en facilitant l'accès de la main-d'œuvre qualifiée aux emplois disponibles au sein de la Communauté.

Il convient de souligner que les cadres d'administration des finances, de la douane, de la police ou de l'armée formés dans les écoles communautaires ou nationales, dans la plupart des cas, rentrent au bercail. Par exemple, les policiers congolais ayant été formés à l'École Nationale Supérieure de Police de Yaoundé retournent dans leur pays après la formation pour être mis au

---

[56] *Idem.*

[57] TRAORE (D.), « Processus d'Intégration au niveau de l'Enseignement Supérieur dans l'espace CEDEAO : État des Lieux et Défis », Institut de l'Afrique de l'Ouest (IAO), Conference Paper, May 2019, en ligne : www.wai-iao.ecowas.int.

[58] *Idem.*

[59] *Idem.*

[60] Article 13 de la Convention régissant l'Union Économique et Monétaire de l'Afrique Centrale (UEAC) du 16 juillet 1996.

service de la police nationale congolaise. Il en est de même des diplomates formés à l'IRIC, ainsi que des professeurs des lycées et collèges formés dans les ENS. Les ingénieurs statisticiens formés à l'ISSEA sont quant à eux appelés à servir soit dans leurs pays respectifs, soit auprès des institutions communautaires compétentes.

L'intégration par l'enseignement supérieur et la formation professionnelle est aussi un facteur accélérateur de la libre circulation des personnes. Un accent particulier est mis sur la mobilité des enseignants-chercheurs et des étudiants[61]. Cette particularité tient au fait qu'il s'agit des 'cerveaux', des 'têtes' ou plus encore, des savants, suivant une forme conventionnelle de partage des connaissances et des compétences intellectuelles entre différentes institutions d'enseignement supérieur[62]. Ainsi, « *Une intégration réussie telle comprise en droit communautaire implique une libre circulation totale de l'ensemble des facteurs de production : personnes, capitaux et biens. Comme citoyen d'un État membre de la CEMAC, chaque enseignant-chercheur bénéficie du droit de circuler librement dans chacun des États membres de la CEMAC selon le principe posé par l'article 24 de la Convention révisée de l'Union Économique de l'Afrique Centrale* »[63].

La CEMAC, en s'appuyant sur l'état des lieux de l'existant en matière de formation supérieure dans les six États membres, entend définir une politique d'accompagnement appelée *« Programmes Centres d'Excellence Régionaux (CER) »*[64]. Pour cela, il est envisagé la conclusion des partenariats avec des structures de formation de renommée internationale en vue de faire émerger des centres d'excellence sous-régionale répondant aux aspirations de développement de la Communauté[65]. Au passage, il est prévu la fusion des institutions spécialisées de formation existantes au sein de la CEMAC qui doit constituer une expérience pilote et favoriser l'institutionnalisation des centres de formation de rang international dans les domaines bien ciblés[66].

Pour faire face à la demande croissante d'une main-d'œuvre qualifiée nécessaire pour conduire les projets intégrateurs, le besoin d'enseignement

---

61 JAILLET (A.), « La présence des enseignants-chercheurs étrangers dans l'enseignement supérieur ». *Éducation et sociétés*, Vol 1, n° 23, 2009, p. 169.

62 KAMWE MOUAFFO (M.-C.), « La mobilité des enseignants-chercheurs dans la CEMAC : une réglementation en quête d'effectivité », communication au colloque de Libreville sur le thème *La Déclaration de Libreville sur la construction de l'espace CEMAC de l'enseignement supérieur, de la recherche et de la formation professionnelle du 11 février 2005 : bilan et perspectives,* Université de Libreville, 16-18 mars 2018. Publié sur le blog de l'auteur le 15/05/2020. En ligne : https://www.legavox.fr/blog/dr-kamwe-mouaffo/cemac-programme-mobilite-enseignants-chercheurs-28884.htm, consulté le 05/08/2020.

63 *Idem.*

64 CEMAC, CEMAC 2025 : Vers une économie régionale intégrée et émergente, Programme Économique Régional 2010-2015, *op cit.*, p. 175.

65 *Idem*

66 *Idem.*

technique et de formation professionnelle doit être comblé[67]. Le rehaussement du niveau de qualification des ouvriers, techniciens et ingénieurs, permettra aux entreprises de disposer des profils requis et de réduire ainsi de façon significative le chômage dans tous les États membres, en particulier le chômage des jeunes[68]. Sur la base d'une évaluation des besoins des économies des pays membres à l'horizon 2025 et des meilleures pratiques internationales en matière de formation professionnelle et d'apprentissage dans ces filières, la CEMAC entend élaborer et puis mettre en œuvre une politique régionale ciblée de formation professionnelle et de développement de l'apprentissage, en appui aux politiques nationales[69].

- En dépit des efforts réalisés par les États et les institutions communautaires dans le cadre de l'intégration par l'enseignement supérieur et la formation professionnelle, des insuffisances demeurent.

B. La limitation de l'intégration par la formation en zone CEMAC

L'enseignement supérieur des États membres de la CEMAC est confronté à de nombreuses difficultés et l'offre de formation dans les filières des piliers de croissance est très faible. De plus, ce type de formation dans des filières spécialisées ne peut être efficace si chaque État membre développe son propre système de formation de façon isolée »[70]. De façon générale, « Une des principales difficultés qui entrave le développement de l'enseignement supérieur en Afrique dans le domaine de la science et de la technologie est liée au nombre limité d'opportunités de formation en cycle doctoral et au faible niveau des résultats de la recherche »[71].

Une autre difficulté est relative à la diversité des systèmes d'enseignement supérieur ayant conduit au manque de reconnaissance universelle des diplômes délivrés, avec pour effet de compromettre l'intégration et la mobilité des étudiants tant au niveau sous-régional qu'au niveau régional[72].

Dans le cadre de la CEMAC, bien que le principe de l'harmonisation et de la reconnaissance mutuelle des diplômes ait été posé par la Convention instituant l'UEAC, l'on constate pour le déplorer que cette reconnaissance ne

---

67 *Idem.*
68 *Idem.*
69 *Idem.*
70 CEMAC, CEMAC 2025 : Vers une économie régionale intégrée et émergente, Programme Économique Régional 2010-2015, *op.cit.*, p. 175.
71 UA, PRC/2 (iii) (7-2018), Premier rapport intérimaire du Président de la Commission sur le Programme de Mobilité Académique en Afrique, Réunion du Comité des Représentants Permanents, Addis-Abeba, 29 mars 2018, p. 1.
72 *Ibid.*, p. 2.

concerne pas des diplômes académiques délivrés par les Universités. À titre d'illustration, un étudiant camerounais ayant effectué ses études dans un pays étranger fut-il membre de la CEMAC, doit solliciter une équivalence auprès du Ministère de l'Enseignement Supérieur (MINESUP). S'il advient que le détenteur du diplôme étranger soit recruté dans la fonction publique, alors son dossier d'intégration doit impérativement contenir l'équivalence de son diplôme délivré par les services compétents du MINESUP, suivant une procédure bien déterminée. Faute de quoi, sa carrière ne prospérera point. Au fil de temps, certaines entreprises privées implantées sur le territoire camerounais se sont mises à formuler la même exigence aux détenteurs des diplômes étrangers qui sollicitent un emploi auprès d'elles.

La non-reconnaissance des diplômes académiques délivrés dans un même espace communautaire constitue un handicap à la libre circulation des personnes, surtout de la main-d'œuvre qualifiée ainsi qu'au droit d'établissement. Les lauréats des institutions communautaires de formation professionnelle comme l'ISSEA, l'IEF et l'EHT-CEMAC ne connaissent pas ces difficultés. Bien que cet état des choses ne soit pas général, il comporte le risque tel que le défaut d'employabilité des diplômés de l'enseignement supérieur dans leur propre pays et dans l'espace communautaire. En outre, certains États membres de la CEMAC tardent à appliquer effectivement les textes communautaires régissant la libre circulation des personnes, des biens et des services, ce qui confirme leur attitude clignotante. Or, l'un des piliers fondamentaux de l'intégration communautaire est la libre circulation des personnes, des biens, des services et du droit d'établissement.

Une autre difficulté majeure qui plombe le processus d'intégration en zone CEMAC est le manque des données statistiques. Pour preuve, la présente recherche s'est faite avec beaucoup de difficultés faute des données statistiques permettant de quantifier réellement l'état d'avancement du processus d'intégration par l'enseignement supérieur et la formation professionnelle en zone CEMAC. Le peu d'informations obtenues est celui fourni par les sites internet de certaines institutions de formation professionnelle de la CEMAC. Ces informations se rapportent pour l'essentiel à l'historique, aux missions et à la présentation de l'institution concernée. Les informations sur les chiffres relatifs au nombre d'étudiants formés au cours d'une année donnée par nationalité sont encore peu connues. L'on en veut pour preuve les informations trouvées sur les sites internet des écoles concernées et sur ceux de la Commission de la CEMAC et des Institutions et Organes spécialisés. Pourtant, le Conseil des ministres de l'UEAC a adopté en 2003 le Règlement n°10/03-UEAC-019-CM-10 portant adoption et utilisation de déclaration statistique abrégée des effectifs des étudiants de la Communauté.

En fait, il est indispensable de disposer des données statistiques pour une bonne prise de décision politique dans tous les domaines, notamment dans le domaine de science et technique. En collaboration avec l'UNESCO, la Communauté Économique des États de l'Afrique Centrale (CEEAC) dont les six États de la CEMAC sont membres, a organisé un atelier sous-régional les 12 au 15 avril 2011 à Libreville (Gabon). Le thème de cet atelier portait sur l'évaluation des politiques et les statistiques en science, technologie et innovation (STI) en Afrique Centrale. Prenant la parole au cours de cet atelier, Philippe MAWOKO, Coordinateur de l'Initiative africaine sur la Science, Technologie et Innovation (IASTI), représentant le bureau des sciences et technologie du NEPAD a fait savoir que

> *Les statistiques et indicateurs de STI sont liés, (...). La liaison vient de ce que pour asseoir une politique de STI digne de ce nom, il faut une information statistique fiable. Cette information statistique brute est collectée puis traitée, débouchant sur la construction des indicateurs pertinents de STI. À leur tour, ces indicateurs permettent à l'utilisateur de faire un diagnostic précis, lequel va éclairer la décision politique à prendre. De même qu'il n'y a pas de thérapie sans diagnostic, de même que les statistiques et indicateurs de STI constituent une matière première informationnelle pour la décision politique. La nécessité pour des pays de se doter de statistiques fiables n'en est que confortée »*[73].

CONCLUSION

Au bout du compte, il en ressort que l'intégration par l'enseignement supérieur et la formation professionnelle en zone CEMAC est encadrée tant sur le plan normatif que sur le plan institutionnel. Sous l'angle de la pratique, l'intégration par l'enseignement supérieur et la formation professionnelle en zone CEMAC est une réalité. Il existe des écoles de formation professionnelle telles que l'ISSEA et EHT-CEMAC qui sont érigées en institutions spécialisées de la CEMAC. Au sein des États membres, les Universités et les Écoles de formation professionnelle, en plus des nationaux des pays hôtes, forment des étudiants venus d'ailleurs, dont les ressortissants des pays de la CEMAC. Tel est le cas à l'Université de Maroua (Cameroun) et à l'École Nationale Supérieure de Police de Yaoundé (Cameroun). Cet important facteur intégrateur qui est l'enseignement supérieur a par exemple favorisé la création de l'Observatoire Sous-Régional d'Intégration Communautaire en Afrique Centrale (OBSIC-AC). À ce jour, l'OBSIC-AC compte dans ses rangs essentiellement des enseignants-chercheurs, des chercheurs et des étudiants

[73] UNESCO/CEEAC, Atelier régional de l'Afrique Centrale sur l'évaluation des politiques et les statistiques en science, technologie et innovation, Libreville (Gabon), 12-15 avril 2011, Rapport, p. 9.

ressortissants des six pays de la CEMAC. C'est une illustration parfaite de l'intégration par l'enseignement supérieur.

Mais, il se trouve que le processus d'intégration en zone CEMAC par l'enseignement supérieur et la formation professionnelle connaît certaines limites. En plus de la non-reconnaissance des diplômes de l'enseignement supérieur au sein des États membres et de l'absence des données statistiques, l'application des textes communautaires régissant le domaine de l'enseignement supérieur et de la formation professionnelle est partielle. De même, ces textes ne sont pas connus de la grande majorité des ressortissants des pays membres. Cet état de choses est de nature à obstruer l'application des dispositions pertinentes du Traité de la CEMAC, de la Convention instituant l'UEAC et l'ensemble du droit dérivé, secrété par les instances compétentes de la Communauté, notamment ceux portant sur la libre circulation des personnes, des biens et des services.

Pour y remédier, il conviendrait d'intensifier les opérations d'information et de sensibilisation en visant directement les populations. Grâce aux médias sociaux, une majorité peut être atteinte en insistant sur le bien-fondé de l'intégration communautaire, notamment ses avantages. Les étudiants en fin de formation qui rentrent dans leurs pays respectifs devraient également se faire ambassadeurs de l'intégration communautaire en Afrique centrale. Les organisations de la société civile (OSC) comme l'OBSIC-AC, sont mises en place en vue d'appuyer les efforts des États et des institutions communautaires en matière d'intégration. Ainsi, les États et les instances communautaires gagneraient davantage à travailler avec les OSC.

RÉFÉRENCES BIBLIOGRAPHIQUES

CEMAC, *CEMAC 2025 : Vers une économie régionale intégrée et émergente, Programme Économique Régional 2010-2015*, Volume 2 : Volume de référence, octobre 2009.

CHARLIER Jean-Émile., NDOYE Abdou Karim et CROCHÉ Sarah, « Les enjeux du passage des universités d'Afrique subsaharienne au LMD », in CHARLIER Jean-Émile, NDOYE Abdou Karim et CROCHÉ Sarah, *Les universités africaines francophones face au LMD. Les effets du processus de Bologne sur l'enseignement supérieur au-delà des frontières de l'Europe*, Bruylant-Academia, Louvain-la-Neuve, 2009, pp. 7-12.

FOHOPA R, GARRO O et MORTELETTE J-P, *L'emploi et la formation au Cameroun : L'enquête Génération 2000*, ministère de l'Enseignement Supérieur de la République du Cameroun, Proximité, 2006, 359 p.

ISAAC Guy, *Droit communautaire général*, Armand Collin, Paris, 5e édition, 1996, 328 p.

JAILLET A., « La présence des enseignants-chercheurs étrangers dans l'enseignement supérieur ». *Éducation et sociétés,* Vol 1, n° 23, 2009, pp. 169-187.

KAMTO Maurice, *La volonté de l'État en droit international, RCADI*, recueil de cours, tome 310, (2004), MARTINUS NIJHOFF PUBLISHERS, 2007, 428 p.

KAMWE MOUAFFO Marie-Colette, « La mobilité des enseignants-chercheurs dans la CEMAC : une réglementation en quête d'effectivité », communication au colloque de Libreville sur le thème *La Déclaration de Libreville sur la construction de l'espace CEMAC de l'enseignement supérieur, de la recherche et de la formation professionnelle du 11 février 2005 : bilan et perspectives,* Université de Libreville, 16-18 mars 2018. Publié sur le blog de l'auteur le 15/05/2020. En ligne : https://www.legavox.fr/blog/dr-kamwe-mouaffo/cemac-programme-mobilite-enseignants-chercheurs-28884.htm, consulté le 05/08/2020.

NGWÉ Luc et POKAM De Prince Hilaire (dir), *L'enseignement supérieur au Cameroun depuis la réforme de 1993 : Dynamiques et perspectives,* CODESRIA, Dakar, 2016, 296 p.

POKAM De Prince Hilaire, « Enseignement supérieur et coopération internationale au Cameroun », *in* NGWÉ Luc et POKAM De Prince Hilaire, (dir), *L'enseignement supérieur au Cameroun depuis la réforme de 1993 : Dynamiques et perspectives*, Sénégal, CODESRIA, Dakar, 2016, pp. 255-287.

SELENGOUMA ANNDET (B.O.), *La libre circulation des travailleurs au regard des normes juridiques de la CEMAC,* Mémoire de DEA en droit public, Université de Yaoundé II, 2006, 117 p.

TOUSCOZ Jean, « Les accords bilatéraux de coopération scientifique et technique », *AFDI.,* vol. 14, 1968, pp. 682-700.

TRAORE Djénéba, « Processus d'Intégration au niveau de l'Enseignement Supérieur dans l'espace CEDEAO : État des Lieux et Défis », Institut de l'Afrique de l'Ouest (IAO), Conference Paper, May 2019, en ligne : www.wai-iao.ecowas.int.

UA, PRC/2 (iii) (7-2018), Premier rapport intérimaire du Président de la Commission sur le Programme de Mobilité académique en Afrique, Réunion du Comité des Représentants Permanents, Addis-Abeba, 29 mars 2018.

UNESCO/CEEAC, Atelier régional de l'Afrique Centrale sur l'évaluation des politiques et les statistiques en science, technologie et innovation, Libreville (Gabon), 12-15 avril 2011, Rapport, 78 p.

Vision CEMAC, *Faire de la CEMAC en 2025 un espace économique intégré émergent, où règnent la sécurité, la solidarité et la bonne gouvernance, au service du développement humain* », Publication de la Communauté Économique et Monétaire de l'Afrique Centrale, n°003, 2e Trimestre, avril 2011, 08 p.

INSTITUTIONS COMMUNAUTAIRES ET FINANCEMENT DU DÉVELOPPEMENT DANS LA ZONE CEMAC : UNE ANALYSE À PARTIR DE L'ACTION DE LA BDEAC

Par

Ben-Emery MAGUE-DIHOUNDS

Doctorant en droit public
Université de Douala

Résumé

La problématique du développement en Afrique centrale s'est toujours posée avec acuité. Au milieu des années 1970, d'un commun accord, les États de la sous-région décident de mettre sur pied une institution dont la vocation première sera d'accompagner ces deniers dans leurs ambitions de développement compte tenu des disparités avec les pays du Nord. C'est ainsi que la Banque de Développement des États de l'Afrique Centrale (BDEAC) voit le jour. La concurrence avec les bailleurs de fonds bilatéraux ou multilatéraux ne rend pas suffisamment perceptible son action qui en dépit de ses multiples interventions au fil des ans a toujours été en proie à des difficultés de divers ordres. Des difficultés qui trouvent leur fondement dans l'environnement économique, politique et juridique des États qui la compose, sans toutefois aussi omettre les difficultés d'ordre structurel qui remettent en cause l'action de l'institution bancaire. Aussi, malgré l'adoption du second Plan Stratégique (PS) ambitieux, en vue de combler les carences constatées tant sur ses interventions que sur son organisation, le PS n'a pas suffi à combler toutes les attentes des États de la CEMAC à une année de son terme.

Mots-clés : Institutions communautaires – CEMAC – Développement – BDEAC

Abstract

The issue of development in Central Africa has always been acute. In the mid-1970s, by Common accord the States of the sub-region decided to set up an institution whose be to support them in their development ambitions, given the disparities with the countries of the North. This is how the Central African States Development Bank (BDEAC) was born. Competition with bilateral or multilateral donors does not make its action sufficiently perceptible, which despite its many interventions over the years has alays been plagued by difficulties which their basis in the economic, political and legal environment of the States which compose it, whithout however also omitting the structural difficulties which call into question the action of the banking institution. Also, despite the adoption of the ambitious second Strategic Plan (PS), in order to fill the gaps observed both in the interventions and its organization, PS was not enough to meet all the expectations of the CEMAC States in one year of its term.

Keywords: *community institutions, CEMAC, development, BDEAC.*

INTRODUCTION

Au lendemain des indépendances, les besoins en développement des États de la sous-région d'Afrique Centrale sont énormes à savoir, la construction des infrastructures routières, éducatives, sanitaires et la mise en œuvre des politiques agricoles et sociales fortes, afin de se hisser dans le concert des nations. Sous les auspices de l'Union Économique de l'Afrique Centrale (UEAC), on assistera à la création d'une institution commune au milieu des années 1970, dont la mission principale consistera à financer les projets des secteurs public et privé. Cette tâche ardue sera confiée à la Banque de Développement des États de l'Afrique Centrale (BDEAC) dont la volonté des pères fondateurs[1] était la réduction des disparités de développement entre les différents membres de l'union[2]. Il faut aussi noter que selon les statuts de la banque, son action s'inscrit dans une trilogie axée sur le financement des investissements, la mobilisation des ressources et le financement des programmes/projets dédiés aux États, aux organisations de la sous-région et

---

[1] Les pères fondateurs de la BDEAC sont : Ahmadou AHIDJO (Cameroun), Jean Bedel BOKASSA (Centrafrique), Marien N'GOUABI (Congo) et Omar BONGO (Gabon). Cf. Accord portant création de la Banque en 1975. Ces derniers ont aussi posé les jalons du communautarisme actuel en Afrique Centrale.

[2] Art.2 Traité révisé de la CEMAC de 2008.

aux opérateurs économiques[3]. Loin de tout débat doctrinal, le *développement* (…) s'entend comme :

> *« Un processus endogène et cumulatif de long terme de progrès de la productivité et de réduction des inégalités, se réalisant à des coûts humains et environnementaux acceptables et permettant à un nombre croissant de passer d'une situation de précarité, de vulnérabilité et d'insécurité à une situation de plus grande maîtrise de l'incertitude, des instabilités et de satisfaction des besoins fondamentaux grâce à l'acquisition de droits, à la mise en œuvre d'organisations, d'institutions et d'un encadrement normatif et de modes de régulations assurant la soutenabilité des processus »* [4].

Par ailleurs, au cours de ces deux dernières décennies (2000-2020), on a assisté à l'adoption des programmes ambitieux de développement en Afrique centrale[5]. Ces programmes nationaux de développement démontrent l'immensité en besoin de financement de ces États pour parfaire à ces ambitions pharaoniques. La BDEAC étant l'une des plus vieilles institutions communautaires dans la sous-région, elle a su au fil des décennies et des crises économiques s'adapter aux difficultés de ses pays fondateurs. On peut l'entrevoir à travers les différentes transformations opérées au sein de cette institution financière tant sur le fond que sur la forme des règles régissant son fonctionnement.

D'une part, cela peut se vérifier au plan interne à travers les réformes des institutions d'animation de la Banque marquées par le passage d'une Direction Générale à une Présidence, la séparation des fonctions de Président de la banque et de Président du Conseil d'Administration (CA)[6], et la mise en place d'un nouveau cadre réglementaire[7]. D'autre part, au plan externe, les

---

[3] Art.3 Statuts de la BDEAC.

[4] HUGON (P.), « Droit, droit et économie du développement : illustration à propos de l'alimentation », *Monde en développement*, 2005/1 n°129, p. 14.

[5] Le Cameroun, a par exemple dans l'atteinte de son émergence prévue en 2035 a d'abord élaboré le Document de Stratégie pour la Croissance et l'Emploi (DSCE)[5] qui a brusquement été supplanté par la Stratégie Nationale de Développement 2020-2030 (SND30). Au Congo il s'agit du Document de Stratégie pour la Croissance, l'emploi et la Réduction de la Pauvreté (DSCERP) dont le point de chute est le Programme National de Développement. Pour le Gabon, nous avons le Plan Stratégique Gabon Emergent (PSGE) initié en 2009 qui vise à faire de ce dernier un pays émergent à l'horizon 2025. Au Tchad, on a le Plan National de Développement (PND) allant de 2017 à 2021 dont le point d'achoppement est l'émergence en 2030. La Centrafrique, quant à elle, est en proie à une instabilité récurrente et ne s'est pas encore inscrite dans une telle dynamique, car son objectif actuel est le rétablissement de la paix sur l'ensemble de son territoire. Enfin, pour la Guinée-Équatoriale, son programme vision « *vision 2020* » arrivé à expiration, reposait sur le Plan de Développement Economique et Social (PNDES).

[6] Résolution n°05 de la Conférence des Chefs d'État de la CEMAC du 25 octobre 2018 à N'Djamena.

[7] Il s'agit : le statut du personnel ; les Statuts de la Banque ; la Politique générale de financement ; le Règlement intérieur de l'Assemblée Générale ; le Règlement intérieur du Conseil

transformations de l'institution sont marquées *primo*, par une entrée dans le capital de la Banque au cours de ces trois dernières années de nouveaux actionnaires[8] dans une optique de renforcement financier. Il s'agit du royaume du Maroc[9] et de la Commission de la CEMAC[10]. *Secundo,* la Banque s'est dotée d'un Plan Stratégique (PS) couvrant la période de 2017-2022, dont la finalité est d'améliorer la qualité de ses interventions tout en prenant en compte tous les manquements observés dans les États membres[11]. Toutes ces réformes semblent démontrer la nécessité pour cette institution financière de se doter des instruments de gestion modernes et efficaces pour s'arrimer aux exigences de développement des États de la sous-région qui peinent à prendre corps.

Il faut cependant admettre que mener une étude scientifique sur la BDEAC est d'une importance majeure dans la mesure où on constate une carence de

---

d'Administration ; la création d'un Comité de Crédit ; le Règlement intérieur du Comité d'Audit ; la création d'un Comité de Rémunérations ; le Règlement intérieur du Comité d'Éthique et de Déontologie ; le Code d'Éthique et de Déontologie applicable au Président et au Vice-Président. *Cf.* BDEAC, Rapport annuel, 42e exercice social, 2018, p.9.

[8] L'actionnariat de la Banque est subdivisé en deux grandes catégories : d'un côté les actionnaires dit de catégorie A composée essentiellement des États membres de la CEMAC (Cameroun, Centrafrique, Congo, Gabon, Guinée-Équatoriale, Tchad), de l'autre côté les actionnaires de catégorie B composée des institutions communautaires, régionales et les États étrangers (BEAC, Commission de la CEMAC, BAD, France, Koweït, Libye, Royaume du Maroc). La souscription à l'actionnariat est ouverte à toute entité désireuse d'y prendre part.

[9] Le royaume chérifien est dans une dynamique de conquête de leadership sur le continent avec son retour en 2016 au sein de l'Union africaine (UA), son souhait d'intégrer la CEDEAO en 2017 en raison du caractère non opérationnel de l'Union du Maghreb (UMA) et compte tenu des rivalités persistantes entre les États de cette région du continent ne peut surprendre plus d'un analyste, quant à son accession au capital de la Banque en 2017 pour parachever sa conquête de l'Afrique Centrale.

[10] La Commission de la CEMAC et la BDEAC ont en partage la gestion du Fonds de Développement de la Communauté (FODEC) qui a une double finalité : le financement des Projets Intégrateurs qui est l'un des piliers de l'intégration dans la sous-région et l'application du Tarif Préférentiel Généralisé (TPG) sur les échanges de produits originaires de la communauté. La première institution agit en tant qu'ordonnateur ,et la seconde en tant qu'agent financier et comptable. Il faut tout de même souligner que les ressources du FODEC proviennent de la Taxe Communautaire d'Intégration (TCI).

[11] Le Plan Stratégique s'articule autour de 3 grandes stratégies (stratégie opérationnelle, stratégie financière et la stratégie organisationnelle) reposant chacune sur 5 objectifs. S'agissant par exemple de la stratégie opérationnelle, au niveau de l'objectif 5, on retient qu'elle est basée sur la réduction du chômage au sein des États membres à travers le financement d'une main-d'œuvre soucieuse des normes environnementales. L'objectif 1 quant à lui, met un accent particulier dans le domaine agricole, de la pêche/pisciculture, l'élevage et l'agro-industrie en vue de réduire la dépendance aux importations des denrées alimentaires des pays de la CEMAC. La Stratégie financière quant à elle jette son dévolu sur une mobilisation des ressources à travers une coopération financière efficiente et efficace. Enfin, la stratégie organisationnelle met en avant les principes de bonne gouvernance, le recrutement et le suivi des ressources humaines compétentes. Voir aussi www.infosplusgabon.com. Congo : La BDEAC adopte un plan stratégique pour la période 2017-2022.

recherche dédiée à cette institution[12] qui se veut un catalyseur pour le développement de ses États membres classés parmi les pays les moins développés du monde. En effet, depuis sa création, cette Banque a presque toujours fonctionné dans un anonymat et reste quasi méconnue du public qui pourrait de temps à autre se questionner sur l'utilité d'une telle entité dans la sous-région. On remarque cependant qu'au cours de ces dernières années, il y a eu un changement de paradigme avec la nouvelle équipe dirigeante de la Banque qui tente quelque peu d'améliorer sa communication pour accroître sa visibilité.

Ainsi, l'ensemble des considérations précédentes suscite un bon nombre de questions parmi lesquelles la suivante : qu'est-ce qui caractérise l'action de la BDEAC dans la zone CEMAC ? La réponse à cette interrogation nécessite d'explorer minutieusement les différentes interventions de la Banque au niveau de la sous-région, de juger de la pertinence de ses financements dans l'atteinte de ses résultats conformément aux nouveaux instruments établis dans le cadre de l'amélioration de ses offres financières. À partir de là, il est possible d'affirmer que l'action de la BDEAC dans la zone CEMAC se caractérise par la modestie et la constance. Si c'est une constance (I) au cours de ces dernières années, il est tout aussi impératif d'apporter de profonds ajustements afin de dynamiser les activités de la BDEAC (II).

I. UNE ACTION MODESTE ET CONSTANTE

Depuis sa création au milieu des années 1970, la BDEAC a su résister aux différents chocs économiques et à l'instabilité politique à la fin des années 1990 au Congo[13]. En effet, malgré les difficultés auxquelles elle a souvent été confrontée, relatives à son capital et aux problèmes de gouvernance, la Banque a toujours été au rendez-vous dans le financement de certains projets dans les États membres, en fonction des sollicitations des États dans les domaines jugés prioritaires conformément à son cadre général d'intervention et à ses Plans Stratégiques[14]. Cependant, il faut noter que l'institution bancaire sous-

---

[12] L'article de Caroline de SAGESSER intitulé « *Les institutions financières internationales* » et paru dans la revue du « Courrier hebdomadaire du CRISP » 1998/16 n°1601, pp. 1 à 46, est l'un des rares documents scientifiques disponibles en ligne à la page 38 qui de manière lapidaire fait un aperçu de la Banque sur sa date de création en 1975, les États composant cette institution avec la mention Togo au lieu du Congo dû certainement une erreur de saisie de l'auteure, les membres non régionaux de la Banque (le Koweït, la France et l'Allemagne), la monnaie utilisée pour son unité de compte (FCFA), le nombre d'administrateurs et son capital (environ 57 millions de FCFA).

[13] Brazzaville abrite le siège de la BDEAC. En 1998, des violences éclatent dans la capitale du Congo, créant ainsi une insécurité pour les diplomates accrédités dans cet État. Pour comprendre de manière détaillée le cycle des violences à cette période trouble, une lecture de l'article de BAZENGUISSA (R.), YENGO (P.) « La popularisation de la violence politique au Congo », *Politique africaine*, 1999/1 n° 73, pp. 186-192.

[14] Le Plan Stratégique (2017-2022) vient en succéder au Plan Stratégique (2013-2017).

régionale ne dispose pas des capacités financières au même titre que les bailleurs de fonds traditionnels pour financer des projets de développement. La mise en lumière du seuil de financement que l'on pourrait qualifier de *« ni trop ni peu »* nous conduit dans un premier temps à faire une analyse de l'envergure ou de la dimension des financements de cette Banque de développement (A). Dans un second temps, il sera judicieux de voir le caractère quasi ininterrompu des financements de l'institution à l'endroit des États et des opérateurs privés à travers sa constance (B).

A. L'envergure des financements

L'envergure des financements correspond à la taille des fonds alloués aux entités ayant recours à la Banque qui exclut une certaine catégorie d'investisseurs dans la sous-région. Car, l'accès au crédit dans cette partie du continent n'est pas toujours évident pour l'entrepreneuriat. Cette réalité est aussi présente au sein de la Banque, d'où la nécessité de mettre en avant les problèmes liés au financement des projets de petite envergure (1). Il faut cependant noter que la multiplication des bailleurs bilatéraux et multilatéraux au regard des moyens colossaux injectés dans les projets de développement tend à relativiser l'action de la BDEAC (2).

1. La problématique du financement des microprojets

L'Afrique centrale est certainement la partie du continent la plus riche en matières premières (ressources du sol et du sous-sol). Mais, elle abrite paradoxalement des populations pauvres du fait de l'inégale répartition des richesses qui est bien connue de tous. Une situation qui ne favorise pas l'investissement de ces États. En effet, bien qu'étant souvent porteuses de projets susceptibles de créer des emplois à une échelle réduite, les populations pauvres dans l'accès au crédit bancaire se heurtent souvent à l'absence de garantie. Dans le cas d'espèce, la garantie est un élément clé pour accéder à certains financements. On attend par garantie bancaire « *une forme de contrat dont le but est de garantir le remboursement d'une somme d'argent dans le cas où l'une des deux parties ne pourrait honorer ses versements*[15] ». Les difficultés d'accès au crédit bancaire au niveau local par une partie de la population semblent se répercuter au niveau communautaire pour des raisons que nous venons préalablement d'évoquer. Ainsi, l'accès au financement de la BDEAC n'est pas toujours une chose évidente pour les demandeurs de fonds les moins nantis au regard du plafond de financement de la Banque qui, à une époque, était de 200.000.000 FCFA aujourd'hui passé à 500.000.000 FCFA[16]. Le constat qui se dégage est le caractère discriminatoire de

[15] Garantie bancaire, votre caution pour emprunter, consulté le 20/12/2020 sur : https://www.lesfurets.com/banque/guide/garantie-bancaire-définition
[16] https://www.bdeac.org.

l'institution qui n'octroie que des prêts aux PME/PMI d'une certaine catégorie au détriment des structures d'envergure modeste. L'un des corolaires de cette option est l'exclusion des prêts de petite taille pouvant varier entre *« 5.000.000 millions de FCFA et 50.000.000 millions FCFA »*, telle que pratiquée dans certaines microfinances avec l'effet multiplicateur que cela pourrait entraîner. Car la multiplication des micro-projets (projet de petite taille) financés par la BDEAC peut servir de levier aux économies de la sous-région qui peinent à endiguer le phénomène du chômage malgré les diverses politiques de relance économique avec le FMI dont les effets se font toujours attendre. En effet, le crédo de Mohamed YUNUS[17], considérant que les pauvres pouvaient emprunter et rembourser leur prêt d'une manière performante[18], est un exemple qui doit inspirer cette Banque sous-régionale de développement dont la pratique en matière de crédit semble discriminer une partie de la population pourtant entreprenante. Car, il n'a pas été prévu des mécanismes de soutien pour les investisseurs les moins nantis. Combien de projets porteurs et pourvoyeurs d'emplois ont-ils été abandonnés faute de moyens ? Qu'est-ce qui peut expliquer l'inexistence des mécanismes susceptibles d'accompagner les jeunes de la sous-région dans leurs entreprises ? De la création de la BDEAC à nos jours, quelles sont les actions qui ont été menées dans le sens d'appuyer les projets des jeunes entrepreneurs en Afrique Centrale ? S'il est bien vrai que l'institution bancaire a engagé des réformes en son sein en vue d'améliorer ses mécanismes d'intervention, il n'en demeure pas moins que celle-ci n'a pas prévu de prendre en compte les porteurs de projets de petite envergure. Une situation qui éloigne davantage la Banque des populations dans une région où la culture du crédit bancaire dédié à l'entreprise privée individuelle ne semble pas encore vulgarisée.

2. La diversité de bailleurs de fonds dans la sous-région

Depuis des siècles, le continent africain a toujours fait l'objet de plusieurs conquêtes et convoitises par les grandes puissances. Ceci est vérifiable avec l'expansion actuelle de la Chine dans le monde et sur le continent africain, ainsi que l'action des multinationales et des bailleurs de fonds en Afrique centrale. Cet état des choses participe à atténuer l'action de la BDEAC dans la sous-région au regard de l'envergure des financements des projets éligibles. Par an, il est difficile de voir l'institution financer plus de deux projets dans un État. Selon une étude menée par la Banque des États de l'Afrique Centrale (BEAC) relative à la dette publique des États membres de la CEMAC, on constate par exemple qu'en 2017, l'encours de la dette bilatérale camerounaise

[17] Fondateur de la *« Grameen Bank »* qui pouvait prêter aux clients n'ayant aucune garantie.

[18] MAYOUKOU (C.), KERTOUS (M.), « L'accès au crédit individuel par les clients des institutions de microfinance au Congo : une analyse des déterminants de l'auto-exclusion et de l'obtention du prêt », *Monde en développement*, 2015/1 n°169, p. 121.

envers la Chine représentait 65,8%[19]. Ceci démontre à suffisance la puissance financière de la Chine dans cet État, car il faut le préciser, la Chine coopère avec le Cameroun dans des domaines variés à l'instar de la construction des autoroutes, du bâtiment, de l'électricité, des ports, etc. Ce sont là des secteurs dans lesquels « *l'empire du Milieu* » accompagne le développement au Cameroun[20]. Cette hégémonie de la Chine dans le financement des projets de développement dans la sous-région est quasi généralisée sur l'ensemble du continent. Sur le plan bilatéral, en Afrique centrale, à côté de la Chine, la France demeure un partenaire stratégique, même si au cours de cette dernière décennie, elle perd du terrain sur le continent[21]. La France intervient dans ces pays sous diverses formes dans des domaines divers (infrastructures, éducation, agriculture) soit de manière directe, soit de manière indirecte à travers l'Agence Française de Développement (AFD)[22]. Il faut cependant reconnaître qu'au fil des années, l'Afrique centrale a été un terrain propice à la coopération diversifiée, car, en dehors de la Chine et de la France, la présence de tous les grands acteurs économiques de la scène internationale est forte. On note par exemple la présence des agences gouvernementales de développement comme l'USAID, la GIZ, le JICA, etc.[23]. Toutes ces institutions accompagnent ces États de la sous-région à travers le financement des projets d'envergure dans les domaines des infrastructures, car l'Afrique centrale accuse un retard considérable malgré son potentiel comparé aux pays de l'Afrique de l'Ouest moins nantis en matières premières, mais dont la gestion et le pilotage des projets de développement ne sont plus à démontrer.

---

[19] BEAC, Gestion et suivi de la dette publique dans les États de la CEMAC : Statistiques, expériences, stratégies, Rapport, Yaoundé, sept 2018, p. 22.

[20] Il s'agit de l'ensemble des investissements prioritaires du secteur public de la coopération Chine-Cameroun. Disponible sur www.cm.china-embassy.org.

[21] Dans un rapport de 239 pages dirigé par Hervé GAYMARD dédié au ministère de l'Europe et des Affaires Etrangères et au ministère de l'Économie et des Finances de la France intitulé : « Relancer la présence économique française en Afrique : l'urgence d'une ambition collective à long terme » publié en avril 2019, il est clair que le recul de la France sur le continent représente une menace pour son économie et son influence mondiale. Pour remédier à cette situation inconfortable, le Président E. MACRON était monté au créneau lors de la conférence des ambassadeurs le 27/08/2019 en proposant un nouveau paradigme dans les nouvelles relations qui devront la lier à l'Afrique « *sortir du paternalisme, mettre en place un nouveau partenariat stratégique, s'appuyer sur le rôle de la diaspora.* » Voici en une ligne le souhait des autorités françaises, car la montée en puissance de la Chine sur le continent inquiète les grandes puissances occidentales.

[22]Le Groupe AFD est un établissement financier public qui met en œuvre la politique de la France en matière de développement et de solidarité internationale. Elle opère dans les domaines : climat, biodiversité, paix, éducation, urbanisme, paix, éducation, santé et gouvernance. Engagé dans plus de 4000 projets en Outre-mer et dans 115 pays. Voir. www.afd.fr.

[23] Calquées sur le modèle de l'AFD, la plupart des grandes puissances agissent dorénavant dans le monde et surtout dans les pays en développement par le canal de leurs agences financières qui interviennent, soit par l'aide publique au développement, soit à travers des prêts à moyen ou long terme.

Si la coopération bilatérale occupe une place de choix dans le processus de développement en Afrique centrale, la coopération multilatérale quant à elle joue un rôle clé dans ce phénomène. La Banque Mondiale (BM), la Banque africaine de Développement (BAD) et l'Union Européenne (UE) ont depuis plus de quatre décennies octroyé un volume important de financement de projets dans cette partie du continent. Les exemples dans ce sens sont légion avec le financement des infrastructures routières[24], la construction des barrages hydroélectriques[25], des infrastructures de télécommunication telles que la fibre optique[26], sans toutefois omettre les financements dans le secteur agricole.

Les analyses qui précèdent viennent démontrer comment l'action de la BDEAC est noyée face aux bailleurs de fonds qui disposent souvent de moyens de financement colossaux. D'ailleurs, la Banque sous-régionale a souvent eu recours à ces institutions dans le cadre de ses activités de mobilisation des fonds, dont nous ferons une analyse spécifique dans la suite de notre travail. Ces propos sont vérifiables à travers les enveloppes allouées chaque année aux États dont les montants ne peuvent dépasser un certain seuil comme prévu par les textes en vigueur de la Banque.

B. Un financement constant

Depuis l'entrée en vigueur des premiers financements de la Banque, l'on peut constater que les États de la sous-région ont toujours bénéficié de son appui dans divers secteurs (Énergie, Industrie, Agro-industrie, Infrastructures de base, Infrastructures rentables, télécommunications, transport, PME/PMI, Finances, Microfinances, Immobiliers, Développement rural de base et Études, etc.), en dehors de la période allant de 1995 à 2002 et 2017 où il y a

[24] Nous avons par exemple le financement par le Fonds Africain du Développement (FAD) de la route Ketta-Djoum et de facilitation du transport sur le corridor Brazzaville-Yaoundé. Il s'agit d'un projet conjoint impliquant le Congo et le Cameroun d'un montant global de 208.640.000 milliards de FCFA. Ce projet est un facilitateur de l'intégration dans cette partie de l'Afrique centrale en reliant ces deux pays par une route pérenne et praticable en toutes saisons.

[25] Le 27/mars 2012 à travers un communiqué de presse de la Banque Mondiale, on apprenait que son conseil d'administration approuvait le financement du projet de barrage hydroélectrique de Lom-Pangar à l'est du Cameroun d'un montant de 132 millions de dollars en partenariat avec la BAD, la BDEAC, la BEI, l'AFD et le Gouvernement du Cameroun. Nous avons aussi dans le même sillage, mais sous un autre format de financement (PPP) le projet de barrage hydroélectrique de Nachtigal piloté par la Banque mondiale avec une enveloppe de 108 milliards de FCFA.

[26] Le développement des États de l'Afrique Centrale passe inexorablement par le numérique qui est un puissant levier économique. Dans ce sens les chefs d'État de l'Afrique Centrale lors d'un sommet de la CEMAC en 2007 s'était imaginé un programme qui devait œuvrer pour le ralliement des réseaux de télécommunication de ses États ainsi que ceux de la CEEAC. Ce programme soutenu par la BM, la BAD, la BID, ainsi que l'UA démontre de l'importance de la fibre optique comme une question prioritaire en matière communautaire. Un projet réitéré dans la liste des 11 projets intégrateurs.

eu une interruption des financements pour des raisons diverses[27]. Une dynamique qui s'est intensifiée avec le Plan Stratégique (2017-2022) qui a opéré un bouleversement dans le mode de financement des projets. Ceci nous conduit à faire une analyse sur les divers types de projets financés (**1**), tout en mettant en avant les différentes techniques de mobilisation de ressources financières (**2**).

1. Une diversité de projets financés

Au-delà de toutes les difficultés traversées par la Banque depuis sa création, on peut néanmoins constater que l'institution s'est toujours attelée à financer annuellement au moins « un projet » dans les États membres. Cette assertion prend appui dans tous les rapports annuels d'exercice social produits par la banque. On peut toujours voir en annexes la mention « ***liste des projets financés depuis la création de la Banque***[28]». On retrouve dans cette liste : le titre du projet, la date d'octroi du financement, l'État bénéficiaire, et le secteur ou le domaine dans lequel s'inscrit le projet. En effet, les premiers financements de cette institution datent du 25 novembre 1978 au profit du Gabon et du Congo. Ainsi, pour le Gabon, il s'agissait de deux investissements, l'un dans le secteur de l'énergie à travers le financement de la construction d'un poste de transformation électrique au lieu-dit Bisségué à Libreville d'un montant de 600 millions de FCFA. Le second investissement concernait le secteur industriel relativement à la construction d'une usine de ciment à Ntoum (périphérie de Libreville) d'un montant de 450 millions de FCFA[29]. Le Congo quant à lui avait bénéficié d'un prêt d'un montant de 300 millions de FCFA pour la construction d'un Hôtel dénommé Maya-Maya à Brazzaville. Cette dynamique d'accompagnement des États dans la réalisation des projets de développement va s'accroître vers la fin des années 1970 au milieu des années 1980, en intensifiant le financement des projets relatifs aux télécommunications, à l'industrie, à l'agro-industrie et aux infrastructures de base au Gabon, Congo et en RCA. De 1979 en 1989, la stratégie du Cameroun vis-à-vis de la Banque communautaire reposait sur le financement des projets industriels et des Petites et Moyennes Entreprises (PME). La ville de Douala va concentrer à elle seule plus des 3/4 des projets validés par l'institution financière.

---

[27] Aucun engagement n'a été pris par la BDEAC en 2017, on peut lire dans le rapport : « *Soucieuse de maintenir un équilibre entre le volume des engagements et celui des ressources mobilisables, la Banque n'a pas pris de nouveaux engagements au titre de l'exercice 2017. Une situation qui résulte, entre autres, de la volonté d'ajuster le portefeuille des projets déjà approuvés à la disponibilité réelle des ressources financières y afférentes.* ». *Cf.* BDEAC, Rapport annuel 41e exercice social 2017, p. 24.

[28] BDEAC, Rapport annuel 42e exercice social 2018, pp. 63-67.

[29] BDEAC, Rapport annuel 42e exercice social 2018, *op.cit.*, p. 63.

Au regard de ce qui précède, il est possible de comprendre aisément la qualification de Douala comme premier centre industriel du Cameroun et de la CEMAC[30]. De plus, on constate que le premier financement du Tchad intervient en 1984 dans le cadre de la modernisation de la société nationale de production animale à travers une enveloppe de 500 millions de FCFA. En effet, bien avant l'avènement de l'exploitation pétrolière dans cet État, l'élevage a toujours été le maillon fort du secteur de l'économie. De nos jours, le Tchad possède environ 114 millions de têtes de bétail représentant 40% du PIB[31]. La Banque interviendra aussi dans ce pays en 1989 et 1990 à travers la construction de la route Guelendeng-Bongor-Moundou d'un montant de 3.150 millions et 540 millions en guise de prêts complémentaires. En 1990 et en 1994, on assistera aussi au financement des projets dans les domaines industriels qui boucleront le cycle des financements de la décennie 1990. Il faut peut-être aussi préciser qu'entre 1978 et 1994, l'institution bancaire n'interviendra qu'une seule fois en Guinée équatoriale, à travers la réhabilitation du réseau électrique dans la ville de Bata en 1986. Durant cette première étape d'intervention de la Banque (1978-1994), le Tchad et la Guinée-Équatoriale constituaient les maillons faibles de l'économie de la sous-région, qualifiés à l'époque par les bailleurs de fonds internationaux comme des Pays Pauvres Très Endettés (PPTE). Une situation qui n'encourageait certainement pas la BDEAC à financer les projets dans ces États au regard de leurs perspectives économiques. Une autre précision mérite d'être soulignée, c'est qu'à cette époque, ces deux États n'ont pas pris part à la création de cette Banque et ne faisaient pas non plus partie de l'UEAC. Ce n'est qu'en 1994 avec la création de la CEMAC que ceux-ci deviendront actionnaires à part entière de la Banque comme prévu par ses statuts. En revanche, on remarque une grande césure dans le financement des projets entre 1995 et 2002, période pendant laquelle aucun projet n'a été financé si l'on se réfère à la liste des projets financés par la Banque depuis sa création. Quelles sont les raisons qui ont conduit cette institution à interrompre les

---

30 ESSOMBE EDIMO (J.-R.), « Localisation périphérique des entreprises industrielles et création de nouvelles centralités à Douala », *Monde en développement,* 2007/1 n°137 p.101. Dans cet article, l'auteur décrit le poids industriel de la Douala sur le reste du territoire et même dans la sous-région CEMAC. Douala à travers son port est la principale porte d'entrée des importations et exportations du Tchad et de la RCA deux pays d'Afrique Centrale sans façade maritime.

31 MOUSSA (W.), « l'élevage tchadien, ses maux et ses perspectives », publié le 14 janvier 2019. Source : www.tchadinfos.com. Dans son analyse, l'auteur met en avant le potentiel du Tchad en matière d'élevage, cependant il note de nombreuses faiblesses parmi lesquelles le manque de ressources humaines qualifiées sur le terrain à l'exemple des vétérinaires, le manque d'infrastructures de base tel que les points d'eau. Cette situation ne favorise pas l'effectivité de cette branche de l'économie du pays. L'auteur propose des pistes de solutions en passant d'un élevage extensif à un élevage intensif à travers toutes les politiques publiques qui en découle. On peut aujourd'hui comprendre pourquoi le Tchad abrite le siège de la CEBEVIRHA l'une des institutions spécialisées de la CEMAC qui traite des questions relatives à l'élevage sur le plan communautaire.

financements des projets pendant 8 années ? Était-ce dû à la dévaluation du FCFA ? Ou à une restructuration interne de la Banque relative au traité instituant la CEMAC ? Tant de questions qui restent en suspens. En dehors du financement des projets, la Banque de développement a aussi pour mission le financement des études. De sa création jusqu'à 2014, elle a financé pas moins de 44 études au niveau des États et sur le plan régional. La Centrafrique enregistre à elle seule 15 études, soit plus du 1/4 des études financées par l'institution, démontrant ainsi une forte sollicitation de la RCA vis-à-vis de cette Banque[32].

L'avènement du second Plan Stratégique qui tire bientôt à sa fin a permis à la BDEAC de revisiter sa politique de financement des projets, qui modifie légèrement son cadre général d'intervention en prenant en compte un certain nombre de réalités sociales qui ralentissent le développement des pays de l'Afrique Centrale. Ses nouvelles priorités visent à contribuer à la lutte contre le chômage à travers le financement des projets favorisant une main-d'œuvre abondante, soucieuse des prescriptions environnementales et à participer à la réduction du niveau des importations dans les pays de la CEMAC[33]. Car, les différents domaines ciblés handicapent considérablement les États de la communauté. Ceci peut se vérifier avec la dépendance agricole d'autres États de sous-région vis-à-vis du Cameroun souvent qualifié de « ***grenier*** » de l'Afrique Centrale[34]. Certains programmes en matière agricole comme ceux initiés par le Gabon peinent à porter des fruits pour satisfaire la demande intérieure en aliments de base[35], une situation quasi généralisée dans cette partie du continent. Ainsi, conformément au **PS**, on a pu assister au financement en 2018 des projets tels que : la construction d'un complexe agropastoral en Guinée-Équatoriale, la création et le développement d'un complexe agro-industriel de palmier à huile. Dans le cadre des projets intégrateurs, le rôle de la BDEAC n'est pas des moindres dans la mesure où

---

[32] BDEAC, Rapport annuel 42e exercice social 2018, *op.cit.*, annexe n°4, p. 68.

[33] https://www.bdeac.org.

[34] Le Cameroun réalise à lui seul 70% des échanges intracommunautaires de la CEMAC. Le secteur agricole est le premier employeur de ce pays avec plus de 40% de la population active. L'économie agricole de ce pays est diversifiée en lien avec la diversité agro-écologique (tubercules, plantain au Sud, mil, sorgho et riz au Nord.). Voir https://afrique-centrale.cirad.fr.

[35] En 2015 un programme agricole (GRAINE) avait été initié par les autorités gabonaises dans plusieurs localités en vue de rompre avec la dépendance alimentaire des produits agricoles étrangers. Quelques années après sa mise en œuvre, on peut constater des résultats jugés insuffisants au regard des attentes que suscitait ce plan « Marshall » de la politique agricole du Gabon. Les faiblesses de ce programme couvrent plusieurs réalités telles que le manque d'infrastructures routières qui rendent difficile l'accès aux zones d'implantation des sites de culture du programme, faible participation du public, le conflit homme-faune, etc. Cf. Article intitulé « Les résultats mitigés du projet GRAINE », Antoine LAWSON, 25 juillet 2018. www.afrique-agriculture.org.

elle assure la gestion comptable et met à la disposition des pays concernés son expertise pour l'instruction et l'évaluation des projets[36].

Dans le cadre de la lutte contre la pandémie de la Covid-19, la Banque a débloqué une enveloppe de 3 milliards de FCFA pour soutenir les gouvernements des six États de la CEMAC, afin de les aider à lutter efficacement contre cette pandémie ayant des conséquences sociales dévastatrices et ayant fortement ralenti l'économie mondiale. Le financement des projets et études nécessite une quête permanente des ressources financières.

2. Une mobilisation permanente des ressources financières

Dans la mobilisation des ressources financières, la Banque a généralement recours à deux méthodes dominantes d'acquisition des fonds. Nous avons d'une part les emprunts à long terme et les emprunts sur les marchés financiers conformément au statut de l'institution.

Le recours aux emprunts à long terme est exercé auprès des pays extérieurs à la CEMAC tels que la France, partenaire historique des États de l'Afrique Centrale, en raison de certains liens historiques. D'autres pays comme la Chine participent au financement des économies de la CEMAC. Il en va de même de certaines institutions internationales à l'instar de l'Union européenne, lorsque les conditions économiques sont adéquates, des multinationales qui ont ou non des activités dans la sous-région selon les modalités juridiques prévues à cet effet.

Ces emprunts prennent pour la plupart la forme de ligne de crédit qui est une technique présentant de nombreux avantages à l'emprunteur. C'est sous ce prisme que la BDEAC et la Banque Arabe pour le Développement Économique en Afrique (BADEA) ont signé deux conventions de prêt d'un montant global de 35 millions USD destiné d'une part au financement des

---

[36] La BDEAC, en tant qu'agent financier de la communauté en matière de développement, s'est toujours vu confier la gestion de certains fonds dont il n'a pas l'entière disposition dont l'expertise et son assise dans le financement des projets de développement sont un élément essentiel dans l'analyse, l'exécution et le suivi des projets issu de ces fonds. Il s'agit entre autres du Fonds de Développement de la Communauté (**FODEC**). L'institutionnalisation du FODEC dans la CEMAC a une double finalité qui consiste, d'une part à soutenir le financement des projets intégrateurs dans la dynamique de promouvoir le développement harmonieux de tous les États membres, ce qui en fait l'un des piliers de l'intégration sous-régionale dans la CEMAC et d'autre part à compenser les pertes des recettes douanières enregistrées par les États du fait de l'application du Tarif Préférentiel Généralisé (TPG) sur les échanges de produits originaires de la communauté[36]. Une partie de la gestion de ce fonds est à la charge de la BDEAC, notamment le volet relatif au financement des projets intégrateurs à travers le « **Guichet 1** ». Les ressources de ce guichet sont domiciliées sur un compte ouvert par la BDEAC auprès de la Direction Nationale de la BEAC à Brazzaville sous la dénomination de « ***Fonds Spécial d'intégration*** » alimenté sur instruction de la CEMAC.

projets du secteur privé des pays de la CEMAC et, d'autre part, à financer les importations des biens et services des pays Arabes dans la sous-région.

Relativement aux emprunts sur le marché financier, les statuts de l'institution autorisent le recours aux instances africaines en la matière, mais aussi aux marchés financiers extérieurs au continent. Ce recours est effectué à travers les emprunts obligataires qui auront pour finalité le financement de ses programmes internes adossés sur son Plan Stratégique. Il faut néanmoins relever que le marché financier en Afrique Centrale souffrait d'un manque de dynamisme lié à des problèmes structurels et à la concurrence entre la Bourse des Valeurs Mobilières d'Afrique centrale (BVMAC) représentant l'instance communautaire et la Douala Stock Exchange (DSX), bourse nationale du Cameroun. Toutefois, la fusion des deux institutions boursières actée par une résolution de la Conférence des Chefs d'État a défait le nœud de la discorde[37]. À travers un dénouement de la crise institutionnelle des marchés financiers dans la sous-région, la BDEAC, sans toutefois s'exporter, a directement eu recours aux emprunts obligataires auprès du marché financier de la CEMAC et dont les retombés bénéficieront aux investissements de la communauté. Cela peut s'illustrer avec le lancement en fin d'année 2020 d'un emprunt obligataire par Appel Public à l'Épargne (APE)[38] pour un montant de 100 milliards de FCFA à raison de 10000 FCFA la valeur nominale d'un titre pour un taux d'intérêt de 5,45% sur une durée de sept ans. Cette mobilisation des ressources a pour finalité le financement des projets intégrateurs prioritaires du Programme Economique Régional de la CEMAC dans les secteurs suivants : l'éducation, les services et le tourisme, l'agro-industrie, l'agropastoral, les finances, la santé, le transport, l'énergie, les télécommunications, l'eau et l'assainissement[39]. Dans cette dynamique, les

[37] Résolution de la Conférence des Chefs d'État de la CEMAC du 31 octobre 2017 à N'Djamena. Dans une étude menée par le Cabinet Roland BERGER, intitulée : Étude prospective sur le potentiel du marché financier régional d'Afrique Centrale et mesures d'accompagnement, mars 2016. On retient globalement de cette étude que les difficultés rencontrées par le marché financier de la sous-région pouvaient connaître un essor à travers « 40 actions à mettre en œuvre pour engager la transformation du Marché Financier » dont la première recommandation réside autour de la fusion de la BVMAC et la DSX. Lire p. 65.

[38] L'APE est une notion faisant référence au fait de proposer des titres (action ou obligation) au public dans le but de lever des capitaux. Cette opération peut se faire par différentes voies telles que le démarchage, la publicité, ou encore en ayant recours à des établissements de crédit, ou aux prestataires de services d'investissement. Le fait pour une entreprise de faire appel public à l'épargne lui impose des obligations spécifiques, notamment en matière d'information des investisseurs. *Cf.* www.zonebourse.com.

[39] Dans son allocution, relative à l'ouverture de l'emprunt obligataire par APE, le Président de la Banque a affirmé sa volonté de voir « *les personnes morales et physiques, principalement les ménages, les petits épargnants à venir souscrire à cet emprunt obligataire pour engranger des plus-values qu'ils ne trouveront nulle part ailleurs surtout avec la même sécurité de remboursement* ».Toutefois, on peut juger les délais de souscription (9 jours) relativement dans une sous-région ou les populations manquent d'éducation aux marchés financiers. Allocution disponible sur le site https://www.bdeac.org.

projets du secteur privé pourront aussi bénéficier du financement issu de cet emprunt obligataire par la Banque de développement. Avant le lancement de cet emprunt obligataire, la BDEAC est aussi un catalyseur dans la recherche des financements aux côtés de la CEMAC. Cela peut être perçu à l'occasion de la table ronde de bailleurs de fonds des 11 projets intégrateurs prioritaires (PER de la CEMAC) tenue à Paris, à travers la participation de la Banque africaine d'Import-Export (AFREXIMBANK) dont l'expertise et l'expérience sont avérées sur le continent africain. En effet, la recherche des partenariats étant au cœur de l'action de la BDEAC, on comprend aisément ses pourparlers intensifiés avec la Chambre de Commerce Africaine en Scandinavie pour son accompagnement dans les Onze[40]. Cependant, l'ensemble des écueils qui précèdent couvrent des réalités qui nécessitent d'être mises en lumière pour rendre l'institution communautaire plus performante.

II. UNE ACTION À DYNAMISER

La création de la BDEAC en Afrique centrale trouve son sens dans le retard de développement constaté par ses pères fondateurs, afin d'accompagner les États membres dans la mise en œuvre des politiques de développement concertées, à travers la réalisation des infrastructures de base promptes à modifier positivement le quotidien des populations de la sous-région. Cependant, au fil des ans, bien qu'ayant modestement financé des projets dans tous les États de la sous-région, dont 203 projets et 44 études de 1978 à 2018[41], certains experts jugent peu satisfaisantes les prouesses de la Banque au regard du rôle joué par d'autres banques du même type sur le continent[42]. Des résolutions de la Conférence des Chefs d'État, en passant par le PREF-CEMAC et le Plan Stratégique (2017-2022), il est clair que l'institution bancaire était en proie à des carences sur le plan organisationnel et stratégique, voire de son manque de dynamisme ouvrant ainsi la voie à des réformes

[40] Il s'agit : de la Construction d'un pont sur le fleuve Ntem et facilitation du transport, et de la sécurité routière sur la route transnationale Kribi-Campo-Bata reliant le Cameroun et la Guinée-Équatoriale (P1), Construction de la voie expresse Lolabe-Campo (40km) entre le Cameroun et la Guinée-Équatoriale (P2), Construction de la route Ndende-Doussala (144km) entre le Gabon et le Congo (P3), Construction de la route Kogo-Akurenam (Sud-Est Guinée-Équatoriale-Gabon (P4), Corridor Brazzaville-Ouesso-Bangui-Ndjamena (Congo/RCA/Tchad) (P5), Aménagement hydroélectrique de Chollet et de lignes électriques (Cameroun/Congo/Gabon/RCA) (P6), Interconnexion des réseaux électriques (Cameroun/Tchad) (P7), Interconnexion du Cameroun avec les pays de la CEMAC par la fibre optique (P8), Construction du port sec de Beloko (corridor Douala-Bangui) (P9), Construction du port sec de Dolisie (corridor Gabon-Congo) (P10), Université inter-États (Cameroun-Congo) (P11). Disponible sur http://www.projetsintégrateurscemac.com.

[41] BDEAC, Rapport annuel 42e exercice social 2018, Annexe 3 et 4, p.63-68.

[42] L'institution la plus similaire à la BDEAC est la Banque Ouest Africaine de Développement (BOAD). D'ailleurs le PREF-CEMAC consacre une analyse comparative des deux Banques sur le capital financier et humain, le niveau d'attractivité et sur les différentes performances. Lire p.59.

profondes. Ainsi, il est judicieux dans cette partie de notre étude de mener une analyse exhaustive des faiblesses de l'institution bancaire (**A**) et les attentes de la communauté vis-à-vis de cet instrument de développement (**B**).

A. Les faiblesses de la banque

Les faiblesses de la Banque sont de divers ordres, comme précédemment indiqué. Des repères institutionnels tels que le PREF-CEMAC, le Plan Stratégique ou à partir de l'observation, permettent de déceler des faiblesses qui freinent l'action de la BDEAC dans la sous-région. Malgré la prise en compte progressive des réformes, l'institution est soumise à des carences qui n'émanent pas toujours d'elle, mais de son environnement direct, tels les États qu'elle représente. Ce sont des faiblesses externes (**1**) qui s'accompagnent des faiblesses internes à la Banque (**2**).

1. Les faiblesses externes

L'action de la Banque de Développement des États de l'Afrique Centrale est intimement liée au contexte économique des États membres de la communauté. En effet, les économies de l'Afrique Centrale dépendent pour la plupart des cours des matières premières dont la valeur est fixée par le marché international et au regard desquelles, les fluctuations ont un impact direct sur les finances publiques des États. Les difficultés liées à la diversification de l'économie dans la sous-région influent sur le portefeuille de la Banque qui éprouve souvent des difficultés à rentrer en possession de son dû. La dernière crise économique relative à la chute du prix du baril du pétrole au sein des pays de la CEMAC illustre bien cet état de fait à travers une diminution des prêts tant dans le secteur public que dans le secteur privé[43]. Un autre élément non négligeable à mettre au titre des facteurs qui peuvent pénaliser la Banque est la corruption généralisée dans les États membres souvent classés parmi les plus corrompus au monde. C'est ce que semble nous démontrer le classement 2020, selon l'indice de perception de la corruption de *Transparency International* où la position des États de l'Afrique subsaharienne, dont les pays de la CEMAC, demeure inquiétante. On note par exemple que sur un classement de 180 États, le Cameroun et la Centrafrique occupent la 153e place, le Congo la 165e, la Guinée-Équatoriale 162e et le Tchad la 173e[44]. La corruption est un indicateur de la mauvaise gouvernance et a un impact négatif sur le développement. Car, bon nombre de projets en Afrique Centrale ont été entrepris sans qu'ils arrivent à leur terme, y compris ceux financés par les plus

---

[43] BDEAC, Rapport annuel 41e exercice social 2017. Selon ce rapport, la Banque en 2017 n'a pas souscrit à de nouveaux engagements au cours de l'année 2017 lié au « tarissement de la trésorerie » qui a conduit l'institution à une restructuration de son portefeuille. p.13.

[44] Classement disponible sur : www.ecodafrik.com.

grands bailleurs de fonds[45]. Au cours de ces dernières années, il a été instauré des opérations anti-corruption qui ont vu l'arrestation de certains cadres de la haute administration.

Lorsque nous ne sommes pas face à une situation de corruption, les institutions financières internationales sont généralement confrontées à la lenteur administrative qui impacte toujours les délais d'exécution des projets. Par exemple au Cameroun, le circuit de l'endettement extérieur transite par plusieurs administrations avant la validation du projet d'endettement et la signature du décret d'habilitation. Les intervenants sont les Ministères sectoriels, le ministère de l'Économie, le Comité National de la Dette publique (CNDP) qui étudient et donnent leur avis sur le projet d'endettement. Le ministère de l'Économie prépare le projet de décret d'habilitation sur la base de l'avis favorable du CNDP dans le but de solliciter l'autorisation de signature de la convention de prêt. Celui-ci transite ensuite par le premier ministère afin d'apposer son visa au projet de décret d'habilitation à soumettre à la signature du Président de la République qui valide le projet d'endettement, et signe le décret d'habilitation. Décret qui transite à nouveau au ministère de l'Économie.

Le ministère des Finances, la Caisse Autonome d'Amortissement (CAA) et le ministère des Marchés Publics interviennent à de divers niveaux dans ce circuit[46]. Cette lourdeur procédurale a directement ou indirectement un impact sur les démarrages des projets quand on sait que l'administration camerounaise de même que celle de ses voisins sont marquées par une inertie sans pareille. Le contrat pour la construction de l'usine de Lom Pangar, visant à fournir de l'électricité à toute la région de l'Est du Cameroun et éventuellement en République centrafricaine, a été signé en décembre 2016, mais n'est devenu effectif qu'en janvier 2018[47]. Un retard qui a un impact sur la date de la livraison du chantier laissant ainsi les populations de cette localité dans une longue attente, tout en continuant à subir les délestages qui sont monnaie courante dans ce pays. À côté des lenteurs administratives se trouve l'épineuse problématique du respect des engagements de l'État dans le financement des projets qui constituent souvent un frein à leur bonne réalisation (non-paiement des prestataires qui réduisent ainsi les chantiers à l'abandon). Les États de la CEMAC ont toujours été moins bien classés dans le rapport *Doing Business* de la Banque Mondiale, ceci malgré la mise en place des structures dédiées à l'amélioration du climat des affaires (simplification des procédures, mise en place des guichets uniques), et l'adoption des chartes

[45] Lire dans ce sens l'ouvrage TOUSSAINT (E.), Banque Mondial, le coup d'État permanent : l'agenda caché du consensus de Washington, CADTM, 2006.
[46] BEAC, Gestion et suivi de la dette publique dans les États de la CEMAC : Statistiques, expériences, stratégies, Rapport, *op.cit.*, p. 19.
[47] www.energie-media.com

des investissements dans certains pays de la sous-région[48]. Ces goulots d'étranglement viennent remettre au grand jour la problématique de la mauvaise gouvernance qui constitue un frein au développement.

En résumé, les faiblesses constatées au niveau des États ont une incidence directe ou indirecte sur l'institution bancaire. Longtemps critiquée pour son immobilisme, la Banque semble fonctionner à l'image des États qui la composent, la réputation des États étant l'un des facteurs qui freinent la diversification de son actionnariat à de nouveaux actionnaires étatiques ou non étatiques. Dans le cadre de sa contribution à la mise en œuvre du PREF-CEMAC, aucune politique communautaire de mobilité des enseignants, des étudiants et autres apprenants, n'a encore vu le jour[49] ; bien qu'il faille noter que cette politique devrait être menée en collaboration avec les États membres et la Commission de la CEMAC.

2. Les faiblesses internes

Bien qu'ayant engagé des réformes en son sein à travers l'adoption d'une nouvelle réglementation ayant pour but une amélioration de la gouvernance et des ressources humaines, il est important de faire un retour en arrière sur les maux qui ont toujours freiné le déploiement effectif de cette Banque de développement, afin de satisfaire les nombreuses attentes de ses États membres. Avant l'adoption du Plan Stratégique, plusieurs défaillances ont été constatées dans la gouvernance de l'institution parmi lesquelles une forte culture administrative que l'on pourrait qualifier de « *bureaucratie bancaire* » dont le management ne répond pas toujours aux canons de compétitivité d'une instance financière. La Banque a longtemps fonctionné sous l'empire de la culture d'une institution multilatérale étatique avec les conséquences que cela a pu engendrer comme manque de dynamisme (« *centralisation des décisions et une insuffisance de délégation*[50] »). En effet, ce type de fonctionnement a toujours empêché l'institution de s'administrer selon les standards internationaux dont l'une des clés réside sur la performance qui est une source de crédibilité, et d'attractivité en matière financière. Une autre entrave managériale de la BDEAC repose sur la « *dépendance* » au recours récurrent à ses actionnaires pour assurer le développement de ses activités, car ne disposant pas de sources de financement pérennes indépendantes des budgets des États membres[51]. Cette carence vient conforter toutes les analyses précédentes sur le fonctionnement quasi étatique de cette institution qui n'est pas suffisamment imprégnée de la culture d'une institution financière bancaire. Dans un monde en compétition permanente, la Banque par le passé n'a jamais fait preuve d'inventivité, d'innovation en vue d'engranger des

---

[48] Plan Stratégique, p. 16.

[49] BDEAC, Rapport annuel 41e exercice social 2017, *op.cit.*, p. 30.

[50] Plan Stratégique, p. 41.

[51] *Idem.*

profits au sens de l'entreprise privée, car l'un des constats récurrents de la survie de cette institution demeure « *des évènements politiques de la sous-région, ce qui n'est pas compatible avec la nécessaire continuité des opérations et de la gestion de l'entreprise*[52] ». Une situation certainement due à la qualité des ressources humaines. Aussi, à côté de tout ce qui précède, il se pose au sein de la Banque une faiblesse de stratégie dans la recherche des sources de financement. Depuis la montée en puissance des fonds d'investissement religieux ou confessionnels « *faith-based investing* », la BDEAC a rarement eu recours à cette source de financement dont la particularité est l'absence d'intérêts dans le remboursement des fonds[53]. Une piste que doit suivre l'institution dans la recherche de financements au regard du contexte économique souvent morose dans les États membres et de la méfiance des bailleurs de fonds classiques.

Sur un tout autre plan, plus précisément en matière communicationnelle, il faut noter que bon nombre de composantes de l'institution manquent de visibilité. Il s'agit de la visibilité des fonds dédiés au développement de la CEMAC comme celui du Pool Energétique de l'Afrique Centrale (PEAC), le Fonds Spécial de Développement Rural de Base (FSDRB)[54], passé en sourdine dans la gestion de l'institution. Peu de communication allant dans ce sens pour éclairer la communauté sur l'utilisation de ces dernières. L'existence du PEAC n'a jamais amélioré les conditions énergétiques dans la sous-région, toujours sujette à des délestages. Le FSDRB n'est pas suffisamment explicite à travers moult confusions relatives aux finalités du Cadre Général d'Intervention (CGI), le Plan Stratégique, au point où l'on se demande si le FSDRB a été abrogé. Selon l'esprit du CGI, le FSDRB avait pour vocation de faciliter l'accès aux financements de la Banque aux collectivités rurales pour réduire les inégalités de développement entre les grandes villes et les périphéries laissées à l'abandon pour manque d'activité à l'origine de l'exode rural avec sa cohorte de maux.

Les ressources humaines constituent un maillon essentiel dans la mise en œuvre des politiques institutionnelles. Participer à l'intégration régionale, au développement économique et humain de six États n'est pas toujours une entreprise aisée, car impliquant des ressources humaines suffisamment qualifiées. Or, le constat qui se dégage rame à contre-courant avec la recherche

---

[52] Plan Stratégique, p. 42.

[53] Voir Plan Stratégique, p.41. Les fonds confessionnels font leur apparition aux États-Unis au XVIIIe siècle par la voie de John Wesley fondateur de l'église méthodiste qui estimait que l'utilisation de l'argent à des fins éthiques était un des points les plus importants du Nouveau Testament. Il avait été animé par la volonté de concilier investissement financier et morale religieuse. Une pratique qui s'est progressivement répandue avec une montée en puissance des fonds islamiques après la crise économique de 2008. Pour plus de détails, consulter l'article de Romain Thomas « *les fonds confessionnels-spirituellement corrects* » sur : https://www.lenouveleconomiste.fr.

[54] Voir acte portant création du FSDRB.

de la performance. Ainsi, si l'on s'en tient à la lettre du PS, l'institution a toujours été composée d'effectifs dont le niveau et le profil restent à améliorer[55]. Autrement dit, cette situation vient mettre en lumière la problématique de la qualification et le mode de recrutement des personnels de cette institution. L'une des difficultés que rencontrent le continent en général et l'Afrique centrale, en particulier en matière de recrutement, repose généralement sur le clanisme, le clientélisme, les ordres religieux, etc. Ceci, parfois au détriment des critères objectifs de compétence en toute transparence[56]. Une réalité qui n'échappe pas aux institutions communautaires dont les modalités de recrutement dépendent de manière discrétionnaire de la Conférence des Chefs d'État ou des dirigeants de ces institutions. Ce mal profond fait partie des facteurs qui freinent le développement du continent et par ricochet le développement de la sous-région. D'ailleurs, pour pallier cette faiblesse, le PS recommande une optimisation du capital humain à travers une politique de gestion des ressources humaines, basée sur des critères objectifs pour le recrutement des meilleurs talents[57].

B. Les attentes : « la renaissance d'une BDEAC nouvelle[58] »

Les attentes en matière de développement économique en Afrique Centrale sont abyssales, les faiblesses décelées au plan interne et externe de la Banque nécessitant une action. L'adoption du Plan Stratégique et sa mise en œuvre procèdent des orientations spécifiques adaptées au développement des États de la CEMAC afin qu'elles puissent porter ses fruits d'ici l'an 2022, date de son terme. Il importe cependant que le contenu de ce document qui sert de bréviaire à la Banque puisse prendre corps à travers un redéploiement de ces financements dans les domaines prioritaires (« *agriculture, agro-industrie* »), dont le principal objectif est de minimiser les importations de certains produits de base. Il convient d'encourager la transformation locale de ces produits et ainsi d'accentuer les exportations de ces denrées pour accroître les devises étrangères et, par conséquent, soutenir la diversification de l'économie tant

---

[55] Plan Stratégique, p. 41.

[56] S'agissant du clientélisme dans les institutions communautaires, un exemple récent semble nous le démontrer avec le discours de présentation des vœux au Président de la Commission de la CEEAC par le fonctionnaire le plus ancien de l'institution BRUCE-DIBANGUE KOKOUVI Gaston qui s'exprimait en ces termes : « *Excellence monsieur le Président, le personnel de notre Commission a longtemps souffert d'un mal global : le clientélisme. C'est ainsi donc que pour cette année 2021 et votre mandat à la tête de notre institution, le personnel de la Commission souhaite être évalué non pas en fonction de sa nationalité ou de son appartenance à un groupe ou lobby, comme ce fut longtemps le cas, mais simplement en fonction de nos aptitudes et de nos compétences* respectives ». Discours disponible sur https://www.ceeac-eccas.org.

[57] Plan Stratégique, p. 42.

[58] Expression utilisée par le Président de la Banque pour vanter l'adoption de la nouvelle réglementation de l'institution financière dont parmi les objectifs figurent la bonne gouvernance et l'efficacité de la Banque. Cf. BDEAC, Rapport annuel 42e exercice social 2018, §2, p. 9.

recherchée par les États membres. Ces financements doivent aussi intégrer le transfert de technologie qui constitue aussi un frein au développement de la sous-région. Les pays de la CEMAC sont tous frontaliers du bassin du Congo[59]. Cette position géographique des pays d'Afrique centrale nécessite une prise en compte des préoccupations environnementales. Une démarche abordée par les grands bailleurs de fonds internationaux et régionaux, tels que la Banque Mondiale et la Banque africaine de Développement qui ont fait de l'environnement le socle de leur politique d'aide au développement[60]. Une conception qui doit d'ailleurs être partagée par la BDEAC dans le cadre des projets financés par cette dernière. En effet, on peut bel et bien noter dans son CGI la disposition suivante : « *la Banque veillera particulièrement dans ses interventions à la protection de l'environnement et à la préservation des écosystèmes*[61] ». Les réformes des services opérées par la Banque en 2017 notamment au sein de la Direction des Opérations, qui a sous sa tutelle la Division des Projets du Secteur non Marchand et du Développement Durable[62], semblent accroître l'engagement de l'institution bancaire sur les questions environnementales au regard de ses prérogatives, comme le fait déjà la Banque Ouest Africaine de Développement (BOAD) jugée plus dynamique[63]. Cependant, la BOAD en matière environnementale fait preuve d'un dynamisme en adoptant une Politique Opérationnelle inspirée de celle de la Banque Mondiale – sans omettre sa Stratégie Environnement-climat 2015-2019 qui a vu en 2018 deux grands engagements dont le financement d'un projet de gestion des déchets dans l'UEMOA, pourvoyeur de milliers d'emplois-jeunes, avec le décaissement de 100 milliards de Franc CFA en faveur des projets sur le climat sous forme de prêts ou de dons[64]. Une posture qui donne une longueur d'avance à la BOAD sur la BDEAC par rapport aux engagements dans le domaine de l'environnement. Compte tenu des défaillances observées dans la pratique des Études d'Impact Environnemental

---

[59] Le bassin du Congo constitue l'un des plus importants massifs forestiers tropicaux continus qui demeure sur la planète. Cette région est plus grande que l'Alaska et se hisse au rang de deuxième plus grande forêt pluviale de la planète derrière l'Amazonie. Le bassin du Congo regorge de ressources naturelles comme le bois, les diamants, le pétrole. Mais le volume et les méthodes actuelles d'extraction de ces ressources ne sont pas viables et menacent l'avenir de la région. *Cf.* www.wwf.fr.

[60] KAMTO (M.), *Droit de l'environnement en Afrique*, EDICEF/AUPELF, Yaoundé, 1996, pp. 396 et S.

[61] Art. 34 Règlement n°059/17 portant organisation et attribution des services de la BDEAC.

[62] La Division du Secteur non Marchand et du Développement Durable à globalement pour mission en matière de Développement Durable coordonner et faciliter dans tous les États de la CEMAC la gestion des Gaz à effet de serre (GES), la promotion d'un cadre juridique régional en faveur du développement et le renforcement des capacités du marché carbone, y compris la mise en place d'un système régional d'information. La gestion en concertation avec les États des Mécanismes pour un Développement Propre (MDP), la gestion des Changements Climatiques. *Cf.* article 34 du règlement portant organisation et attributions des services.

[63] PREF-CEMAC, p. 59.

[64] Voir. www.boad.org.

et Social (EIES) dans les pays de la CEMAC[65], il est nécessaire qu'avant tout décaissement, la Banque puisse procéder à une contre-expertise de l'EIES pour vérifier sa fiabilité, en ne se contentant plus d'un « *certificat de conformité environnementale* » parfois délivré dans des conditions pas toujours régulières. Cela peut se vérifier dans son Guide de l'opérateur privé qui énonce clairement que tous les projets de développement soumis à son financement doivent contenir dans le dossier de demande une EIES, suivie d'un certificat de conformité environnemental[66] délivré par l'autorité nationale compétente. Il est aussi nécessaire que de nouvelles stratégies dans la prospection et le redéploiement du FSDRB puissent être envisagées par la Banque afin que les principales destinataires de ces fonds soient suffisamment imprégnées des avantages liés à celui-ci. Pour ce faire, la Banque dans son action à travers ses relais nationaux doit s'associer avec les Organisations de la Société Civile (OSC) et les Collectivités Territoriales Décentralisés (CTD), car, ces entités ont une meilleure connaissance des réalités sociales en milieu rural et une meilleure connaissance des secteurs d'activité susceptibles de créer de la valeur ajoutée.

Par ailleurs, dans le cadre de la mise en œuvre du Programme des Réformes Économiques et Financières (PREF-CEMAC), il est hautement souhaitable que la Banque puisse pleinement jouer son rôle quant aux différentes missions qui lui ont été confiées. En outre, il revient à cette dernière de mettre en exergue les recommandations du pilier 3 du PREF-CEMAC qui mettent un accent sur la diversification de l'économie axée sur le renforcement du secteur privé, la finalisation de l'étude sur les politiques du développement industriel qui est un élément clé dans l'atteinte de l'« *émergence* » prônée par les États de la sous-région. De plus, l'instance financière est conviée à promouvoir et à développer les nouvelles formes de financement, telles que les Partenariats Public-Privé (PPP) qui sont des contrats conférant des avantages tant à l'acteur public qu'à son partenaire privé[67]. Cette technique contractuelle est un moteur

---

[65] Voir CHAMPENOIS (A.-C.), *Rapport, Inventaire des normes et standards environnementaux : Force juridique dans les pays membres du SEEAC (il s'agit du sigle du Secrétariat pour l'Évaluation Environnementale en Afrique Centrale composé du Cameroun, Centrafrique, Congo, Burundi, Gabon, RDC, Rwanda)*, Utrecht Pays Bas, 2011. On peut retenir dans ce rapport : « *Actuellement, dans les pays d'Afrique Centrale, les scientifiques travaillant dans les agences d'environnement, dépendant du ministère de l'Environnement, n'ont pas l'expertise scientifique nécessaire pour juger, d'une part, la qualité des rapports d'EIE et, d'autre part, la rigueur avec laquelle les conditions des permis environnementaux sont appliquées. Les associations n'ont pas toujours non plus les moyens techniques et financiers nécessaires pour mener à bien une expertise permettant de juger la qualité d'une EIE à juste titre.* ». p. 8.

[66] BDEAC, *Guide de l'opérateur privé*, p.6.

[67] Le contrat de partenariat public privé selon l'ordonnance française n°2004-559 du 17 juin 2004 *« est un contrat administratif par lequel l'État confie à un tiers, pour une période déterminée en fonction de la durée d'amortissement des investissements ou des modalités de financement des investissements ou des financements retenues, une mission globale ayant pour*

non négligeable au développement des infrastructures. *In fine*, la réalisation de ces recommandations ambitieuses nécessite une augmentation des ressources financières de la Banque qui est souvent en proie à des difficultés de trésorerie liées aux crises économiques récurrentes.

CONCLUSION

Somme toute, le financement du développement en Afrique centrale par la BDEAC est une activité laborieuse dans une sous-région en proie à des difficultés de divers ordres, notamment économiques, politiques, déontologiques et de gouvernance. La Banque de développement des États de l'Afrique centrale se distingue par deux grandes étapes. La première va de sa création à la fin du premier Plan Stratégique (2013-2017). Elle se caractérise par une action linéaire avec toutes les conséquences qui en découlent : absence de dynamisme, manque d'innovation dans son action, faible soutien à l'initiative privée. La seconde étape cruciale de l'institution financière prend corps avec l'entrée en vigueur du deuxième Plan Stratégique à l'origine d'un nouveau souffle de l'instance financière à travers de nouvelles initiatives et la diversification de ses sources de financement qui n'obstruent pas toujours les attentes insatiables en matière de développement des États de la CEMAC.

RÉFÉRENCES BIBLIOGRAPHIQUES

CHAMPENOIS Anne-Claire, *Rapport, Inventaire des normes et standards environnementaux : Force juridique dans les pays membres du SEEAC*, Utrecht Pays-Bas, 2011, 36 p.

ESSOMBE EDIMO Jean-Roger, « Localisation périphérique des entreprises industrielles et création de nouvelles centralités à Douala », *Monde en développement*, 2007/1 n°137, pp. 101-116.

HUGON Paul, « Droit, droit et économie du développement : illustration à propos de l'alimentation », *Monde en développement*, 2005/1 n°129, pp. 13-40.

KAMTO Maurice, *Droit de l'environnement en Afrique*, EDICEF/AUPELF, Yaoundé, 1996, 415 p.

MAYOUKOU Célestin, KERTOUS Mourad, « L'accès au crédit individuel par les clients des institutions de microfinance au Congo : une analyse des déterminants de l'auto-exclusion et de l'obtention du prêt », *Monde en développement*, 2015/1, n°169, pp. 121-138.

SÄGESSER Caroline, « Les institutions financières internationales », *Courrier hebdomadaire du CRISP*, 1998/16 n°1601, pp. 1-46.

---

objet la construction ou la transformation, l'entretien, la maintenance, l'exploitation ou la gestion d'ouvrages, d'équipements ou des biens immatériels nécessaires au service public, ainsi que tout ou partie de leur financement à l'exception de toute participation au capital ». Consulté sur www.marche-public.fr

TOUSSAINT Éric, Banque Mondial, *Le coup d'État permanent : l'agenda caché du consensus de Washington*, CADTM, 2006, 256 p.

BDEAC, *Rapport annuel 41e exercice social 2017*, 129 p.

BDEAC, *Rapport annuel 42e exercice social 2018*, 76 p.

BEAC, *Rapport, Gestion et suivi de la dette publique dans les États de la CEMAC : Statistiques, expériences, stratégies*, 2018, 178 p.

CADRE INSTITUTIONNEL ET ÉVOLUTION DE LA POLITIQUE MONÉTAIRE DE LA BEAC

Par

Charly TSALA ONDOBO

Doctorant à l'Université de Ngaoundéré

Résumé

Le but de cet article est de ressortir le cadre institutionnel et les différentes phases de l'évolution de la politique monétaire de la BEAC. Notre démarche a consisté à retracer les différentes déclinaisons institutionnelles de la politique monétaire de la BEAC tout en mettant en exergue les difficultés de sa mise en œuvre. Avant les réformes initiées au début des années 1990 consécutives à la crise, la BEAC était considérée comme un instrument stratégique entre les mains du politique qui décidait des orientations monétaires dans le cadre de l'élaboration de la politique économique des États. L'évolution successive du cadre institutionnel a permis à la BEAC d'abandonner définitivement la politique monétaire discrétionnaire pour instaurer un dispositif à fondement du courant économique néoclassique. Nonobstant ces réformes, la mise en œuvre de sa politique monétaire se heurte à de nombreuses contraintes, notamment l'hétérogénéité des économies de la CEMAC, une absence de synchronisation entre les mouvements de taux directeur et les variations du marché des fonds prêtables ainsi que l'économie réelle. Il est indispensable que la BEAC procède à des réaménagements pour renforcer l'efficacité de sa politique monétaire en tant qu'institution communautaire et pôle d'impulsion du développement. Par ailleurs, une intégration plus poussée entraînerait un rapprochement des chocs idiosyncrasiques et une synchronisation des cycles et par voie de conséquence un renforcement de l'efficacité de la politique monétaire.

Mots-clés : cadre institutionnel ; politique monétaire ; Banque Centrale ; BEAC

Abstract

The aims of this article is to highlight the institutional framework and the different phases of the evolution of the monetary policy of the BEAC. Our approach consisted to retracing the different institutional variations of the BEAC's monetary policy, even we highlighted the difficulties of implementation. Before the reforms initiated at the beginning of the 1990s, the BEAC was considered as a strategic instrument in the hands of the politician who decided on the monetary orientation whithin the framework of the development of the economic policies of the states. The successive evolution of the institutional framework has enabled the BEAC to definitively abandon discretionary monetary policy in order to establish an appliance based on neoclassical system. despite standing these reforms, the implementation of the policy comes up against many constraints, in particular, the heterogeneity of the CEMAC economies, an absence of synchronization between the movement of the director interest rate and the variations of the loan funds markets and the real economy. It is essential that the BEAC carry out restructuring the effectiveness of its monetary policy as a community institution and a development pole. Furthermore, great integration would bring idiosyncratic shocks closer to the effectiveness of monetary policy by smoothing out asymmetries.

***Keys words** : institutional framework, monetary policy, Central bank, BEAC.*

INTRODUCTION

La zone franc est une survivance coloniale dont on peut approximativement dater la naissance en 1939, dans un contexte marqué par un protectionnisme exacerbé en Europe, qui a conduit la France et plusieurs autres pays européens à chercher des débouchés et les marchés dans les colonies. Aujourd'hui, la zone franc compte quinze pays indépendants regroupés au sein de trois Banques Centrales : la banque des États de l'Afrique Centrale (BEAC), la Banque Centrale des États de l'Afrique de l'Ouest (BCEAO) et la Banque Centrale de l'Union des Comores. Au cours de l'évolution récente, les mécanismes de la zone franc n'ont pas connu des mutations susceptibles de les remettre fondamentalement en cause. Ils reposent toujours et pour l'essentiel sur les quatre principes suivants : 1) la fixité des parités entre le franc CFA et le franc français jusqu'en 1998 et l'euro à partir de 1999 ; 2) la convertibilité illimitée du franc CFA garantie par le Trésor public français ; 3) la mise en commun des avoirs extérieurs dans le compte d'opérations ouvert dans les livres du Trésor français, où les pays membres étaient tenus de déposer initialement 65% et aujourd'hui 50% au moins de leurs réserves de change ; 4) la libre transférabilité des capitaux dans la zone franc.

Depuis la fin de la colonisation allemande, l'émission de la monnaie a, sous la loi coloniale française, abouti à une structure à vocation régionale que les pays indépendants de la communauté économique et monétaire d'Afrique centrale ont adoptée. À cet effet, la signature des accords de coopération monétaire, entre la France et les pays de l'Afrique centrale entre 1960 et 1963, a abouti à une union monétaire renforcée par la création de la Banque des États de l'Afrique Centrale (BEAC) en 1972. Cela a été suivi d'un vaste mouvement d'africanisation marqué par le transfert des sièges de la BEAC de Paris à Yaoundé, l'intégration et l'implication des cadres africains au plus haut niveau des instances de décision et, par conséquent, une présence française plus discrète. Depuis lors, la BEAC est devenue un acteur majeur des économies de la CEMAC avec des missions spécifiques. En général, la banque centrale est une institution financière qui, au sein d'un système bancaire hiérarchisé, détient le monopole de l'émission monétaire. On dit de la Banque centrale qu'elle est la *« banque des banques »*, c'est-à-dire le prêteur en dernier ressort. De ce fait, elle exerce une action déterminante sur la liquidité du système bancaire par divers dispositifs.

Les missions confiées aux différentes banques centrales se situent toujours dans une liste d'attributions assez nettement délimitées dont les plus importantes sont : - le monopole de l'émission de la monnaie fiduciaire à court forcée. Elle détient seule le pouvoir d'émettre des billets sur l'ensemble du territoire dont elle a compétence ; - la gestion centralisée de l'usage. Des moyens de paiements scripturaux de banques de second rang.

La banque centrale se trouve donc au cœur du système interbancaire de compensation entre position débitrice et créditrice des banques commerciales. Dans ce cas, la Banque centrale est le seul organisme susceptible d'intervenir en cas de crise de liquidité bancaire. Acteur important du système interbancaire, la banque centrale exerce une responsabilité particulière en tant que prêteur ultime. C'est pourquoi les banques centrales sont très impliquées dans la surveillance du système financier et d'en préserver la stabilité.

En outre, la Banque Centrale met en œuvre la politique monétaire. Elle émet et régule la monnaie centrale par le refinancement qu'elle accorde plus ou moins facilement aux banques de second rang. La mise en œuvre de la politique monétaire par la banque centrale nécessite la fixation d'un ou de plusieurs objectifs finaux (la stabilité des prix, le plein-emploi ou la modération des taux d'intérêt à long terme), la détermination des objectifs intermédiaires contrôle des agrégats monétaires, ciblage de l'inflation, choix d'un taux de change, etc.). C'est en référence à ces attributions consubstantielles de la banque centrale que la BEAC élabore et procède à la mise en œuvre de la politique monétaire dans la Communauté Économique et Monétaire d'Afrique centrale.

L'objectif de ce travail est de ressortir les différentes phases d'évolution de la politique monétaire de la BEAC et de souligner les contraintes liées à sa mise en œuvre. La suite du travail est organisée comme suit : section 1 : la BEAC et sa politique monétaire, section 2 : mise en œuvre de la politique monétaire de la BEAC, section 3 difficultés de mise en œuvre de la politique monétaire de la BEAC et enfin section 4, conclusion et recommandations.

I. LA POLITIQUE MONÉTAIRE DE LA BEAC

A. Bref historique de la politique monétaire de la BEAC

Durant les années qui précèdent les indépendances, notamment avant les années 60, les pays membres de la CEMAC ne possédaient aucune institution monétaire spécifique[1]. La première institution d'émission fut la Banque de l'Afrique occidentale créée le 20 juin 1901 regroupant plusieurs pays de l'Afrique Subsaharienne. La transformation de l'institut d'émission de l'Afrique équatoriale et du Cameroun (AEC) crée en 1955, va donner naissance en 1960 à la Banque Centrale des États de l'Afrique Equatoriale et du Cameroun (BCEAEC). Suite à la signature de la convention de coopération monétaire entre les États de membre de la Banque des États de l'Afrique Centrale et la République française le 13 novembre 1972, la BCEAEC va devenir le 22-23 novembre 1972 la Banque des États de l'Afrique Centrale (Godeau, 1995).

Depuis sa création, la politique monétaire de la BEAC a connu de manière globale une évolution en deux phases. La première phase va de 1973 à 1990, année au cours de laquelle sont initiées les réformes et qui marque le début de la deuxième phase.

1. Politique monétaire de la BEAC de 1973 à 1990

Les objectifs de la politique monétaire

L'objectif final de la politique monétaire n'était pas explicitement énoncé dans les statuts de la BEAC. En effet, les statuts de la BEAC de 1973 ne définissaient pas clairement l'objectif final de la politique monétaire. Mais la lecture des statuts montre clairement que l'objectif final de la politique monétaire était le développement économique.

---

[1] La première institution d'émission fut la Banque de l'Afrique occidentale regroupant plusieurs pays de la l'Afrique Subsaharienne.

Les instruments de la politique monétaire.

Entre 1973 et 1990, la BEAC utilisait des instruments pouvant être classés en trois catégories : ceux agissant sur le taux d'intérêt, ceux impactant le volume global de crédit, et ceux orientant les opérations économiques vers les secteurs prioritaires. L'action sur le volume de crédit passait par les instruments suivants :

- La limitation des avances aux trésors des États membres : les avances aux trésors étaient limitées à 20% des recettes budgétaires ordinaires d'origine nationale de l'exercice écoulé et la durée maximale était de dix ans.
- La fixation des plafonds de réescompte aux banques : la méthode de plafonds globaux de réescompte permettait de déterminer le montant maximum que l'institut d'émission pouvait consentir aux banques.
- L'encadrement du crédit
- Application du système de réserves obligatoires

Différentes mesures étaient mises en œuvre pour le contrôle qualitatif du crédit à savoir :

- La sélectivité des taux d'intérêt : pour soutenir les opérations économiques et les secteurs jugés prioritaires par les pouvoirs publics, la BEAC pratiquait une politique des taux différenciés. Elle disposait à cet égard de quatre taux : le taux réescompte normal, le taux d'escompte préférentiel, le taux des avances aux trésors et le taux de pénalité.
- La sélectivité des plafonds de réescompte
- La sélectivité par les choix des accords de mobilisation
- Coefficient d'emploi des dépôts en crédits non réescomptables.

2. Politique monétaire de la BEAC depuis la réforme de 1990

Dès 1990, les autorités monétaires de la BEAC ont entrepris des réformes significatives qui consistent en l'abandon des mécanismes rigides au profit des méthodes de régulation plus souples, proches du marché. Ces réformes concernent la redéfinition du cadre institutionnel, la politique des taux d'intérêt, la mise en place du nouveau dispositif prudentiel avec le fonctionnement effectif de la COBAC et l'instauration du marché monétaire et de la programmation monétaire.

La politique du taux d'intérêt

La politique du taux d'intérêt passe par la surpression des taux privilégiés et bonifiés et le relèvement progressif du taux des avances aux trésors. Cette politique introduit également une plus grande flexibilité dans le maniement des taux d'intérêt qui sont fixés en fonction de la conjoncture internationale et de la situation économique et financière des États. Elle permet enfin la libération des conditions de banques avec élargissement des marges bancaires qui favorise une régularisation par le marché et non plus par la détermination administrative des taux. Le principe de base est celui de la négociation entre banques et clients, seuls deux taux sont fixés à savoir le taux débiteur maximum et le taux créditeur minimum.

La mise en place du marché monétaire

La mise en place du marché monétaire a été effective à partir du 1er juillet 1994. Un des objectifs visés par la création d'un marché monétaire est de modifier les conditions de refinancement. Le marché est organisé à deux niveaux à savoir le marché interbancaire, compartiment sur lequel les établissements de crédit s'échangent leurs excédents de liquidité et compartiment des interventions de la banque centrale où celle-ci est amenée à intervenir pour refinancer le système bancaire.

La programmation monétaire

Le but de la programmation monétaire est de faire des prévisions sur un an des agrégats monétaires et déterminer le montant maximum des concours de la BEAC. Sa démarche est macroéconomique et prend explicitement en compte l'évolution de l'activité économique, l'objectif des avoirs extérieurs et la situation des finances publiques. Il s'agit concrètement d'arrêter les objectifs de croissance des agrégats monétaires et de refinancement compatible avec la réalisation de l'objectif final de la politique monétaire. D'après Avom et Eyeffa (2007), pour réduire les tensions inflationnistes, la programmation monétaire vise à établir une relation entre le secteur réel, la politique monétaire, la politique budgétaire et les contraintes extérieures. Par cette approche, la BEAC fixe désormais en début d'année ses objectifs qu'elle tente d'atteindre en termes absolus (objectifs de refinancement) et en termes de fourchettes de croissance pour les deux objectifs intermédiaires retenus (crédit à l'économie et masse monétaire). Cela permet de déterminer le montant de crédits que la Banque Centrale est susceptible d'accorder aux trésors nationaux, aux établissements bancaires et financiers, compte tenu de l'évolution attendue des agrégats réels (PIB, finances publiques, balance de paiement).

La mise place de la COBAC

Tirant les conséquences de la crise de la fin des années 1980 ainsi que des limites de l'organisation de la réglementation bancaire en vigueur jusqu'à cette date, il revient désormais à la Commission bancaire d'Afrique Centrale (COBAC) via la convention du 16 octobre 1990 de définir les principes de la nouvelle réglementation ainsi que le dispositif prudentiel qui doit guider ses activités.

B. cadre institutionnel de la politique monétaire

Le traité instituant la Communauté économique et monétaire de l'Afrique centrale (CEMAC), signé le 16 mars 1994 par les chefs d'État du Cameroun, de la Centrafrique, du Congo, du Gabon, de la Guinée équatoriale et du Tchad, a renforcé l'intégration économique régionale en la structurant autour de deux ensembles qui restent distincts, une union économique (UEAC), d'une part, et une union monétaire (UMAC), d'autre part. La politique monétaire est définie par cinq textes fondamentaux : la Convention de coopération monétaire avec la France de novembre 1972, la Convention de compte d'opérations de la BEAC auprès du Trésor français, le Traité de la CEMAC, la Convention UMAC et les statuts révisés de la BEAC.

Aux termes de la Convention de coopération monétaire du 23 novembre 1972 entre les États de la zone d'émission de la BEAC et la France, l'État français garantit la convertibilité de la monnaie émise par la BEAC en lui consentant un droit de tirage illimité sur un compte d'opérations ouvert auprès du Trésor français. Cette Convention établit en outre le principe d'un taux de change fixe du franc de la coopération financière en Afrique centrale (XAF) vis-à-vis de l'euro. En contrepartie du droit de tirage, la Banque Centrale doit déposer sur le compte d'opérations une fraction des avoirs extérieurs de ses États membres, qui est rémunérée au taux de la facilité de prêt marginal de la BCE. Les États membres de la BEAC sont tenus de centraliser leurs avoirs extérieurs à la BEAC. Ces avoirs bénéficient d'une garantie asymétrique vis-à-vis du DTS (unité de compte émise par le FMI) : les gains et pertes de change résultant des variations journalières de l'euro vis-à-vis du DTS sont comptabilisés dans un compte annexe et les pertes cumulées éventuellement constatées au 31 décembre de chaque année sont versées à la BEAC via un compte d'opérations monétaires du Trésor, après compensation des gains observés lors des exercices précédents.

En janvier 2007, le cadre institutionnel de la gestion des réserves de change a connu des aménagements engendrés par la modification de la convention de comptes d'opérations avec la France. La quotité minimum des avoirs extérieurs à déposer sur le compte d'opérations a été progressivement abaissée de 65 % du total des avoirs à 50 % au 1er juillet 2009, l'assiette excluant désormais la contrepartie des dépôts des États à plus d'un an. La convention du 3 octobre 2014 modifie les conditions de rémunérations du compte d'opérations en instituant un plancher de rémunération de 0,75 %, lorsque la facilité de prêt marginal de la BCE devient inférieure à ce seuil. Par ailleurs, la garantie de change vis-à-vis du DTS a été plafonnée à 100 millions d'euros par an, la perte additionnelle éventuelle étant reportée sur l'exercice suivant.

En septembre 2007, dans le cadre de la révision du Traité de la CEMAC et de la Convention régissant l'UMAC et des statuts de la BEAC, un Comité de politique monétaire (CPM), chargé de définir la stratégie, les objectifs et les instruments en matière de politique monétaire et de gestion des réserves de change, a été institué. Présidé par le gouverneur de la BEAC, le CPM comprend quatorze membres délibérants, à raison de deux par État membre et de deux pour la France. Dans le cadre des exercices de programmation monétaire, le CPM fixe en outre, pour chaque État de la zone d'émission et sur proposition des comités monétaires et financiers nationaux, des objectifs indicatifs d'avoirs extérieurs nets, de croissance des crédits à l'économie et de la masse monétaire (M2). De plus, le CPM détermine, sur proposition des comités monétaires et financiers nationaux, un plafond de refinancement des banques en cohérence avec ces objectifs indicatifs et les prévisions macroéconomiques. Ses délibérations sont suivies d'une conférence et d'un communiqué de presse, mais ne font pas l'objet d'un compte-rendu.

La convention régissant l'UMAC et les statuts de la BEAC confient à la Banque centrale de l'Union, outre le privilège exclusif d'émettre la monnaie unique, les pouvoirs nécessaires à la mise en œuvre de la politique monétaire, avec le concours, à l'échelon national, des comités monétaires et financiers.

Afin de renforcer la gouvernance de la BEAC, le Comité ministériel de l'UMAC et le Conseil d'administration de la Banque centrale ont adopté en septembre 2007, une nouvelle organisation de la BEAC, une nouvelle réforme des statuts ayant été mis en vigueur le 2 octobre 2010. Les statuts affirment l'indépendance de la BEAC, en interdisant que lui soit imposé toute obligation ou tout contrôle autre que ceux définis dans ses statuts ou dans la convention de l'UMAC. Ils attribuent au président en exercice du Comité ministériel de l'UMAC la présidence du Conseil d'administration de la BEAC dont les attributions ont été également renforcées. En outre, le gouverneur est dorénavant choisi au sein d'une liste de trois candidats présentés par l'État attributaire du poste. Celui-ci est désigné suivant le principe de rotation par ordre alphabétique des États membres. Il en est de même pour les cinq autres membres du gouvernement de la Banque (vice-gouverneur, secrétaire général et trois directeurs généraux), au sein duquel le processus décisionnel est collégial. Les dispositions relatives aux organes de contrôle de la banque centrale instituent, outre le comité d'audit et le collège des censeurs, un audit interne, dévolu à la Direction Générale en charge du contrôle général. Les statuts précisent enfin que la vérification des comptes est effectuée par deux commissaires aux comptes parmi les cabinets de réputation internationale.

Par ailleurs, l'article 18 des statuts de la BEAC précise que le montant total des créances détenues sur les États membres par la Banque centrale, hors refinancement des établissements de crédit (avances directes) ne peut dépasser un montant égal à 20 % des recettes budgétaires ordinaires fongibles, d'origine nationale, constatées au cours de l'exercice précédent. En juin 2009, le CPM a décidé de geler ces plafonds d'avance de la Banque centrale aux

Trésors nationaux à la date du 30 juin 2009, sur la base des recettes budgétaires de l'exercice 2008. À la suite des premières émissions de titres publics par le Cameroun fin 2011, le CPM a adopté une résolution prévoyant l'apurement progressif sur dix ans des avances consenties aux États à compter du 31 décembre 2012, afin de tenir compte des capacités de remboursement restreintes de certains États membres.

L'article 18 des statuts précise également que les créances de la Banque centrale adossées à des effets et valeurs émis et garantis par le Trésor public, les collectivités locales ou tous les autres organismes publics de chacun des États membres de la CEMAC ne peuvent dépasser une limite fixée par le Comité de politique monétaire. Lors de sa séance du 22 mars 2013, le CPM a décidé de fixer la limite globale des avances directes aux États et des concours aux établissements de crédit, sur la base des effets publics déposés en garantie, à 35 % des recettes budgétaires nationales constatées au cours de l'exercice écoulé.

II. MISE EN ŒUVRE DE LA POLITIQUE MONÉTAIRE AU SEIN DE LA BEAC

Mise en place en novembre 1972, la BEAC représente l'institut d'émission de la monnaie de l'Union Monétaire en Afrique Centrale. Une nouvelle réforme des statuts de la BEAC, adoptés le 2 octobre 2010 par le comité ministériel de l'UMAC et le conseil d'administration, est venue renforcer l'indépendance de la Banque centrale, en interdisant que lui soit imposé tout contrôle ou obligation autres que ceux définis dans ses statuts ou dans la convention de l'UMAC. La mise en application des décisions de politique monétaire de la Banque centrale se déroule en fonction de certains objectifs qui lui sont assignés.

A. De l'objectif unique à la multiplicité d'objectifs

L'article premier des statuts de la BEAC et l'article 21 de la Convention régissant l'UMAC prévoient que « *l'objectif de la BEAC est de garantir la stabilité de la monnaie. Sans préjudice de cet objectif, la BEAC apporte son soutien aux politiques économiques générales élaborées dans les États membres de l'Union monétaire* ». Comme précisé dans le premier article de ses statuts, la BEAC a pour principales missions de conduire la politique monétaire de l'union, d'émettre les billets de banque et les pièces de monnaie ayant cours légal, de mener la politique de change de l'union, de gérer les réserves de change officielles des États membres, de promouvoir le système de paiement et de règlement, ainsi que de garantir la stabilité financière au sein de l'union.

Définition de l'objectif principal de la politique monétaire

Pris de manière globale, les objectifs de la politique monétaire sont en rapport avec le bien-être, c'est-à-dire qu'ils sont en mesure de converger vers le carré magique de Nicholas Kaldor constitué du plein-emploi, de la croissance économique, de la stabilité des prix et de l'équilibre extérieur. Pour la plupart des banques centrales au monde, l'objectif principal de la politique monétaire est de maintenir une certaine stabilité des prix. Dans le cas de la Banque Centrale européenne (BCE) par exemple, son objectif de stabilité de prix est formulé comme une augmentation de l'IPCH qui devrait être inférieur à 2% en rythme annuel au sein de la zone euro. Si aucun objectif explicite d'inflation n'est retenu dans les statuts de la BEAC, le dispositif de surveillance multilatérale inclut un critère de convergence de premier rang relatif à l'inflation. Selon ce dispositif, la progression des prix dans les pays membres de la CEMAC doit être inférieure à 3 % en moyenne annuelle.

Tableau 1 : Objectifs comparés de quelques banques centrales

Zone monétaire	**Afrique centrale**	**Afrique de l'Ouest**	**Zone euro**	**USA**	**Royaume Unis**	**Japon**
Banque Centrale	BEAC	BCEAO	BCE	FED	BOE	BOJ
Objectif de la politique monétaire	Stabilité monétaire (Stabilité des prix et stabilité externe de la monnaie). Sans préjudice de cet objectif, la Banque Centrale apporte son soutien aux politiques économiques de la CEMAC, en vue d'une croissance saine et durable	Stabilité monétaire (Stabilité des prix et stabilité externe de la monnaie). Sans préjudice de cet objectif, la Banque Centrale apporte son soutien aux politiques économiques de l'UEMOA, en vue d'une croissance saine et durable	Stabilité des prix	Stabilité des prix, parallèle à d'autres objectifs macroéconomiques (maximisation de l'emploi, niveau modéré des taux d'intérêt à long terme	Stabilité des prix, stabilité financière	Croissance compatible avec la stabilité des prix à court terme, minimisation des risques pour l'inflation et la croissance à moyen terme
Objectif inflation	3% Taux de couverture 20≥%	2% Taux de couverture 20≥%	En dessous, mais à proximité de 2%	Pas d'objectif chiffré	2% +/- 1%	Fourchette de 0 à 2% sur un horizon de 2 ans

L'objectif de stabilité des prix est la contrainte que s'assignent la plupart des banques centrales du monde pour assurer l'ancrage nominal. Il est en outre retenu pour deux raisons fondamentales et complémentaires : (1) le principe de cohérence de Tinbergen et (2) l'existence d'une relation forte entre la quantité de monnaie en circulation et le niveau général des prix. Empiriquement, les études de McCandles et Weber (1995), King (2002) et De Grauwe et Polan (2005) montrent globalement qu'il existe une corrélation entre le taux de croissance de la quantité de monnaie en circulation et le niveau général des prix. La stabilité des prix comme objectif ultime de la politique monétaire s'impose davantage en raison du fait que l'inflation a des coûts sur la croissance (Mankiw et al., 1992).

Autres objectifs de la politique monétaire au sein de la BEAC

Bien que la BEAC se définit un objectif principal de stabilité monétaire, elle réalise également d'autres missions. Puisque le franc CFA est rattaché à l'euro par la parité fixe en cohérence avec la Convention de coopération monétaire avec la France, l'objectif de stabilité monétaire induit donc outre la stabilité des prix, mais également la stabilité externe de la monnaie. L'article 11 indique qu'au cas où la position d'un État est débitrice au compte d'opérations, le gouverneur saisit le Comité ministériel de l'Union monétaire, ainsi que l'État concerné aux fins d'arrêter des mesures de redressement rapide.

Lorsque le rapport entre l'encours moyen des avoirs extérieurs de la BEAC et l'encours moyen de ses engagements à vue devient inférieur à 20 % au cours de trois mois consécutifs, les plafonds de refinancement des banques sont réduits :

- de 20 % dans les pays dont la situation fait apparaître une position débitrice en compte d'opérations ;
- de 10 % dans les pays dont la situation fait apparaître une position créditrice en compte d'opérations, mais d'un montant inférieur à 15 % de la circulation fiduciaire.

Les autorités monétaires suivent étroitement l'évolution des agrégats monétaires tels que le taux de croissance de la masse monétaire et les crédits à l'économie (rapport de la BEAC 2009). La Banque Centrale espère donc atteindre son objectif final en agissant sur deux agrégats monétaires : la Masse monétaire M2 et les crédits à l'économie désignés comme objectif intermédiaire. Ces cibles intermédiaires doivent être mesurables et avoir un impact sur les objectifs finaux de la politique monétaire. Elles doivent être sous le contrôle[2] de la Banque centrale.

[2] Rappelons tout de même que la banque centrale contrôle directement la Base monétaire et non la masse monétaire bien qu'il existe un lien entre ces deux variables. De même que la banque

La réalisation des interventions de la BEAC sur le marché monétaire dans le but d'atteindre ses objectifs intermédiaires, est conditionnée par l'existence de plusieurs canaux de transmission. À cet effet, le taux de couverture extérieure de la monnaie constitue la variable centrale pour la BEAC. Mais elle se base généralement sur d'autres indicateurs économiques tels que le PIB, le taux de croissance de la masse monétaire et les crédits à l'économie pour asseoir ses décisions de politique monétaire.

B. Les instruments de politique monétaire

La distinction des instruments de politique de la BEAC se fait suivant deux principales périodes qui ont marqué la conduite de la politique monétaire au sein de cette institution. Au début des années 1990, la BEAC n'avait pas défini d'objectifs ou cibles intermédiaires. À cette époque ; il n'existait pas d'objectifs intermédiaires et l'objectif final était précisément le développement économique des États membres.

Cette stratégie s'est montrée insuffisante étant donné le solde débiteur du compte d'opération dû à l'effondrement des cours mondiaux des produits de base dans les années 80 dégradant ainsi la situation monétaire. Les réformes engagées dès le 16 octobre 1990 ont introduit un nouveau mécanisme permettant d'insérer la politique monétaire dans un cadre macroéconomique prévisionnel grâce à la programmation monétaire. Cette programmation monétaire permet aux autorités monétaires de déterminer les objectifs de manière à réduire les incertitudes grâce à ce cadre macroéconomique prévisionnel. Ces réformes ont dès lors permis d'améliorer la politique de sorte qu'elle soit facilement comparable à celle des autres banques centrales. Ainsi, depuis l'instauration du marché monétaire le 1er juillet 1994, la BEAC utilise des instruments indirects pour ses interventions. Ce mode d'action qui repose sur un contrôle de la liquidité bancaire s'exerce au sein de la banque centrale via des instruments tels que la politique de refinancement (action sur l'offre de monnaie centrale constituant le principal mode d'intervention de la BEAC) complété par l'imposition des réserves obligatoires (action sur la demande de monnaie centrale). La BEAC dispose principalement de trois types d'instruments : les plafonds de refinancement des banques, les réserves obligatoires et les taux d'intérêt.

1. Les plafonds de refinancement des banques

La politique de refinancement ou possibilité que possèdent les banques secondaires pour s'alimenter en liquidité auprès de plusieurs sources, est le

centrale ne contrôle que les taux à court terme pourtant ce sont les taux longs qui sont importants en ce qui concerne les décisions d'investissement. Il existe cependant à travers la courbe des taux un lien entre les taux courts et les taux longs.

principal mode d'intervention de la BEAC qui s'effectue à travers le marché monétaire.

Un objectif de refinancement fixé par le CPM chaque année pour chaque pays permet d'établir le refinancement des banques à travers deux guichets :

- le guichet A, par appels d'offres à l'initiative de la BEAC généralement pour une durée de sept jours (ce mécanisme est aussi utilisé pour les retraits de liquidité sous forme d'appels d'offres « négatifs »), et par prises en pension à l'initiative des banques pour une durée de deux à sept jours ;
- le guichet B, auprès duquel sont refinancés les crédits à moyen terme pour le financement d'investissements productifs d'une durée maximum de sept ans, ayant bénéficié d'un accord de classement de la BEAC.

Lorsque le taux de couverture extérieure de la monnaie pour l'ensemble de la zone d'émission est supérieur au plancher statutaire de 20 %, les plafonds de refinancement sont indicatifs. En revanche, lorsque le taux de couverture extérieure est inférieur à 20 %, les objectifs de refinancement deviennent des plafonds impératifs.

2. Les réserves obligatoires

Par ce mécanisme, les établissements de crédit sont obligés d'établir des réserves qui sont détenues sous forme de comptes auprès de la banque centrale, ce qui donne une capacité à la banque centrale d'influencer de manière directe le besoin en liquidité des établissements de crédit. L'objectif étant de contribuer à une stabilisation des taux d'intérêt du marché monétaire et par conséquent une maîtrise de la croissance monétaire. Depuis 2001, sur décision du gouverneur de la BEAC agissant par délégation du Conseil d'administration, les banques de la zone d'émission sont soumises à la constitution de réserves obligatoires. Cette décision a été motivée par la nécessité de contribuer à résorber la forte liquidité bancaire et à renforcer l'efficacité de la politique monétaire. Dans ce cadre, les banques sont contraintes de conserver sur des comptes rémunérés tenus par la BEAC des réserves assises sur une partie de leur passif (dépôts clientèle). Seules sont concernées les banques qui collectent des dépôts et disposent d'un compte courant auprès de la BEAC, les établissements financiers et les institutions financières publiques en étant dispensés. Depuis 2002, les coefficients de réserves obligatoires sont appliqués de façon différenciée selon les pays, du fait des disparités constatées en matière de liquidité bancaire entre les États membres, conséquences de la très faible intégration du marché interbancaire. Conformément aux nouveaux statuts de la BEAC, les coefficients de réserves obligatoires sont fixés et modifiés par le CPM, dans les mêmes conditions que les taux d'intervention de la Banque centrale, en fonction de l'évolution de la conjoncture économique interne et externe.

Les réserves obligatoires sont des dépôts non rémunérés ; elles visent à obliger les banques à détenir plus de liquidité que le fonctionnement normal du système bancaire ne les y obligerait. Les banques se sont par contre organisées pour diminuer les besoins de trésorerie en généralisant l'usage de monnaie scripturale et en multipliant les phénomènes de virement interne par concentration bancaire. La constitution des réserves obligatoires par les banques peut se faire par refinancement : la vente d'une partie des effets mobilisables qu'elles possèdent en portefeuille entraînant ainsi un gonflement des soldes créditeurs des comptes courants de chacune d'elles à la BEAC. Ainsi deux catégories de réserves existent. La première porte sur les dépôts à terme alors que la seconde porte sur les dépôts à vue. Les dépassements d'octroi des crédits par rapport aux normes autorisées dans la progression de crédits sont sanctionnés.

3. Les taux d'intérêt

La BEAC utilise, vis-à-vis du système bancaire, quatre taux directeurs, fixés par le CPM :

- le taux d'intérêt sur les appels d'offres (TIAO), taux de refinancement des banques qui y soumissionnent pour une durée de sept jours ;
- le taux d'intérêt des prises en pension (TIPP)[3], égale au TIAO majoré de 150 à 350 points de base ;
- le taux de pénalité des banques (TPB), taux appliqué au découvert des établissements de crédit sur leur compte auprès de la BEAC ;
- le taux d'intérêt sur les placements (TISP) des banques effectuées dans le cadre des appels d'offres « négatifs » (retrait de liquidités), procédure instaurée en janvier 1996 ; ce taux varie selon les échéances (à 7, 28 et 84 jours).

Le CPM détermine également la rémunération des dépôts des organismes publics auprès de la BEAC. Dans ce domaine, une nouvelle politique a été adoptée en mars 2006 et révisée en juillet 2008 dont l'objectif est de concilier l'obligation de centralisation des avoirs extérieurs avec une meilleure rémunération de l'épargne à long terme des États. Elle s'est traduite par l'instauration de trois taux différents pour les placements publics :

[3] La prise en pension ou « repurchase agreement » est la vente d'un actif non monétaire qui prévoit l'opération inverse a un prix fixé à une date ultérieure. Il s'agit d'une opération où la banque centrale achète les titres, mais à condition que le vendeur (banque secondaire) s'engage à les racheter plus tard à un prix donné.

- le taux d'intérêt au titre des fonds de réserve pour les générations futures (TISPP0) pour des dépôts d'une maturité de cinq ans ;
- le taux d'intérêt au titre du mécanisme de stabilisation des recettes budgétaires (TISPP1) pour des dépôts d'une maturité de six mois ;
- le taux d'intérêt au titre des dépôts spéciaux classiques (TISPP2) pour des dépôts d'une maturité d'un mois.

Par ailleurs, le CPM fixe aussi, en vertu de l'article 17 des statuts, le taux des avances directes aux Trésors nationaux, lequel correspond au principal taux de refinancement des établissements de crédit (TIAO).

Enfin, le taux créditeur minimum (TCM), qui s'applique aux dépôts d'épargne ou sur livret inférieur à 5 millions, reste un taux réglementé par la BEAC. Le CPM, lors de sa réunion du 2 juillet 2008, l'a ramené de 4,25 % à 3,25 % (niveau auquel il est resté depuis) et a décidé de la suppression du taux débiteur maximum (TDM) qui s'appliquait aux crédits consentis par les banques.

III. LES DIFFICULTÉS DE MISE EN ŒUVRE DE LA POLITIQUE MONÉTAIRE DE LA BEAC

A. Une politique monétaire ayant encore un impact limité sur le financement de l'économie

Le système actuel montre encore un décalage entre les instruments mis en place au début des années 1990 (open-market et réserves obligatoires) et l'état du système financier. Contrairement au schéma dominant dans les pays industrialisés, les réserves obligatoires sont utilisées pour agir sur la liquidité du système bancaire dans la mesure où les interventions sur l'Open-market pèsent encore peu sur le comportement des banques.

1. Une relation faible entre le taux directeur et le taux de base bancaire

Dans le système où l'instrument central de la politique monétaire est l'open-market, l'efficacité de cette politique monétaire dépend de la transmission des variations des taux directeurs aux taux débiteurs pratiqués par les banques. Une évaluation précise de cette relation requiert des données infra-annuelles sur les conditions pratiquées par les banques, en particulier le taux de base bancaire. Ces données ne sont pas disponibles dans la CEMAC.

Graphique 1 : *politique monétaire et taux de base bancaire (TBB)*

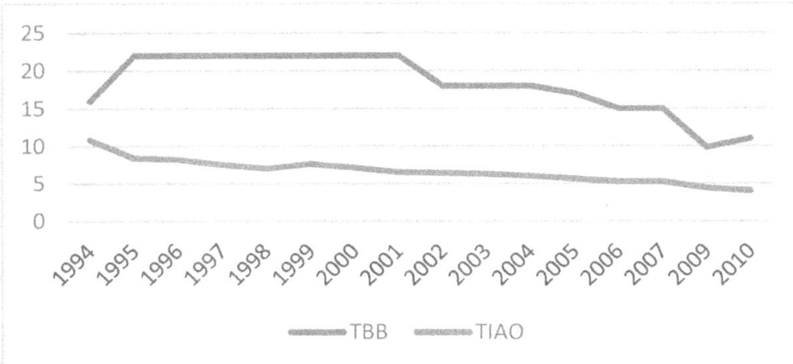

Sources : *construction de l'auteur à partir des données de la BEAC*

Sur la base des données annuelles sur la période 2005-2010, il apparaît une certaine synchronisation durant la phase des hausses des taux entre 2005 et 2009 et la baisse observée en 2010. Néanmoins, l'année 2007 fait exception (hausse du taux directeur et baisse du taux bancaire). Et l'utilisation de données annuelles ne permet pas de distinguer de manière convaincante entre les chocs macroéconomiques et les impulsions de politique monétaire. Sur une période encore plus courte (2008-2010) dans la CEMAC, aucune conclusion robuste ne peut être tirée (convergence des baisses entre 2008 et 2009, divergence en 2010). D'après une enquête de la BEAC effectuée en 2005, la transmission des variations des taux directeurs (TIAO) est faible sur les taux de base bancaire (88% des banques ne déclarant pas répercuter les variations du TIAO). Il semble cependant que cet effet soit plus significatif à moyen terme (enquête sur le coût du crédit 2005, BEAC) malheureusement, l'enquête de 2011 de la COBAC sur le coût du crédit (très détaillée sur l'évolution des différents frais bancaires) ne propose plus cette analyse de la répercussion des variations des taux directeurs sur le taux de base.

Par ailleurs, il existe des travaux de recherche sur l'efficacité de la transmission de la politique monétaire, qui appliquent la méthode de vecteurs autorégressifs (VAR). Cette méthode permet de tester le « canal du taux d'intérêt » en estimant l'effet des taux d'intérêt directeurs sur les variables macroéconomiques (niveau des prix, masse monétaire, crédits, production), mais elle ne teste pas la relation entre taux directeurs et taux de base bancaire. Compte tenu des limitations sur les données infra-annuelles nécessaires à cet exercice, les résultats doivent être interprétés avec précaution. L'effet des taux d'intérêt est très faible (Mezui-Mbeng, 2010 ; Beguy 2012) et parfois marqué par des paradoxes : effet positif du taux directeur sur l'inflation (« price puzzle ») ou sur la production.

À la lumière des mesures prises par le Comité de Politique Monétaire depuis le milieu des années 2000, nous pouvons remarquer que la politique monétaire de la BEAC a été accommodante jusqu'en 2016. Parmi les mesures prises par la BEAC, relevant tant de la politique monétaire *stricto sensu* que de mesures visant globalement à faciliter le financement des économies, nous pouvons citer notamment :

L'assouplissement des taux directeurs : de 2007 à 2016, le principal taux directeur de la BEAC a été revu huit (08) fois à la baisse. Le taux d'intérêt des appels d'offres (TIAO) est passé de 5,25 % en 2007 à 2,45 % en juillet 2015 ;

Graphique 2 : évolution du taux directeur (TIAO) de la BEAC

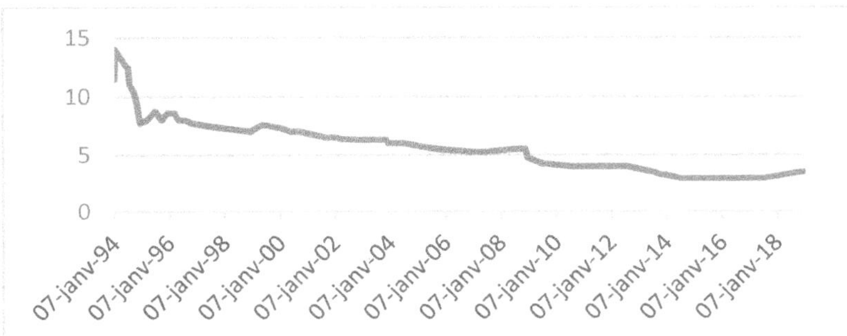

Sources : *construction de l'auteur à partir des données de la BEAC*

Globalement, le constat qui s'impose est celui d'une transmission limitée des variations des taux directeurs au taux bancaire ; cette situation s'explique principalement par le faible développement des marchés interbancaires et la faiblesse des besoins de refinancement des banques.

2. Un marché interbancaire peu actif

Le marché interbancaire de la CEMAC est quasi inexistant, il est passé de 227 milliards de CFA en 2006 à seulement 56 milliards de CFA en 2011 (rapport sur la convergence réelle, 2012), soit respectivement 3.9% et 0,7% de l'actif bancaire. Depuis 2010, 16 sur 16 opérations de prêt sont effectuées par des banques camerounaises (28 sur 30 en 2010, 16 sur 16 en 2011(opérations réalisées sur le marché interbancaire, BEAC). Les transactions mensuelles sont fréquemment nulles sur l'ensemble de la région (2 mois en 2010, 5 mois en 2011). Les taux d'intérêt sur le marché interbancaire sont modérés (3.42% en 2010 ; 2.62% en 2011), BEAC, Évolution du taux d'intérêt interbancaire) fin novembre 2010), mais peuvent être significativement différents d'une transaction à l'autre (2% et 5% pour deux transactions effectuées au cours du même mois). La part des transactions régionales a décru depuis 2006, mais est difficile à interpréter compte tenu de la faiblesse des transactions totales.

Cette faiblesse du marché interbancaire peut s'expliquer par plusieurs facteurs complémentaires :

1) Premièrement, tous les pays de la CEMAC ont connu une situation de surliquidité structurelle des banques qui a limité le recours à des financements externes.

2) Deuxièmement, la structure des interventions sur l'open-market de la banque centrale limitait l'intérêt d'utiliser le compartiment interbancaire. D'une part, la BEAC opère simultanément des injections et des prises de liquidité, donc même lorsque le système bancaire est globalement liquide, une banque déficitaire peut utiliser le guichet de refinancement de l'open-market plutôt que d'emprunter à une banque excédentaire. D'autre part, elle utilise un système d'adjudication à taux unique, où toutes les demandes de liquidité sont servies au taux marginal. Les banques les moins liquides se refinancent donc au même taux moyen que les banques les plus liquides ayant répondu à l'appel d'offres.

3) Troisièmement, la sécurité des transactions interbancaires[4] est jugée insuffisante par de nombreuses banques. D'une part, la plupart des opérations sont effectuées en blanc, compte tenu de l'insuffisance des titres en support de garantie. D'autre part, le système d'échange de titres pour les opérations assorties de garanties est jugé trop complexe et coûteux. L'exigence de sécurité des transactions est d'autant plus forte que le souvenir des crises et des restructurations bancaires du début des années 1990 est encore présent parmi les institutions financières. Enfin, le marché interbancaire n'est pas régi par une convention de place.

Dans la CEMAC, la réforme des instruments de refinancement devrait accroître l'incitation des banques à utiliser le marché interbancaire, mais les instruments sécurisant les transactions interbancaires restent à mettre en place, et la persistance probable de la surliquidité bancaire (malgré la montée en puissance de l'émission des titres publics) constitue un contexte moins favorable au développement du marché à court terme.

---

[4] Depuis 2014 la BEAC a procédé à l'institution du mécanisme de pension livré

3. La gestion de l'hétérogénéité de la liquidité bancaire

Tableau 2 : *Coefficient de réserves obligatoires*

a)		de mars 2006 à mars 2007		de mars 2007 à mars 2008		de mars 2008 à mars 2009		depuis mars 2009		depuis avril 2016	
		sur dépôt à vue	*sur dépôt à terme*	*sur dépôt à vue*	*sur dépôt à terme*	*sur dépôt à vue*	*sur dépôt à terme*	*sur dépôt à vue*	*sur dépôt à terme*	*sur dépôt à vue*	*sur dépôt à terme*
pays à situation de liquidité abondante	Congo	7,75	5,75	10,25	8,25	14	10,5	14	10,5	7	5,25
	Guinée équatoriale	10	7	12,5	9,5	14	10,5	14	10,5	7	5,25
pays à situation de liquidité satisfaisant e	Cameroun	7,75	5,75	10,25	8,25	11,75	9,25	11,75	9,25	5,88	4,63
	Gabon	7,75	5,75	10,25	8,25	11,75	9,25	11,75	9,25	5,88	4,63
pays à situation de liquidité fragile	Tchad	5	3	7,5	5,5	9	6,5	7,75	5,25	3,88	2,63
	Centrafrique	–	–	–	–	–	–	–	–	–	–

***Sources :** BEAC*

La plupart des instruments de politique monétaire sont par nature non différentiables puisqu'ils sont mis en œuvre par une procédure régionale unique (open-market et taux de réescompte). Les instruments différentiables par pays sont les coefficients de réserves obligatoires et les objectifs/plafonds de refinancement total. Néanmoins, dans le cadre d'un marché financier parfaitement intégré, la différenciation est en principe inefficace puisque les banques et les utilisateurs des services financiers peuvent déplacer leurs opérations dans le pays où la politique est la moins contraignante (le coefficient de réserves obligatoires le plus bas). Cette intégration financière parfaite *de facto* n'étant pas acquise, la différenciation des taux de réserves est techniquement possible. Elle est utilisée depuis 2006 dans la CEMAC pour gérer les fluctuations conjoncturelles de la liquidité et pallier le faible impact des modifications de taux directeurs sur les conditions bancaires. Compte tenu de l'impact radical d'un changement dans le coefficient de réserves, celui-ci s'applique à la totalité de l'assiette et non à la marge. Il est difficile d'ajuster précisément la liquidité avec les réserves obligatoires, mais étant donné la structure actuelle des systèmes financiers dans la zone franc, l'utilisation d'instruments différenciés par pays (coefficient de réserves obligatoires non uniformes, instrument quantitatif) semble encore pertinente, même si cela représente un compromis de second ordre. L'expérience actuelle de la zone euro illustre la supériorité d'une politique monétaire basée sur le taux d'intérêt monétaire – et donc uniforme pour chaque union – n'est plus valable lorsque le marché interbancaire fonctionne mal (que ce soit en raison d'une crise comme dans le cas de la zone euro, ou dans le cas d'un sous-développement plus structurel du marché interbancaire).

Elle peut cependant avoir un coût symbolique en remettant en cause le principe d'une politique monétaire unique et en officialisant la faiblesse de l'intégration financière *de facto*. Les institutions financières internationales ne sont pas favorables à cette différenciation des coefficients.

Naturellement, la différenciation des instruments a vocation à être abandonnée au fur et à mesure du renforcement de l'intégration financière. Il n'est pas exclu que cette différenciation retrouve un rôle dans le cadre de la supervision macro-prudentielle. Si la politique monétaire n'est pas en mesure de contribuer à gérer l'hétérogénéité des situations macroéconomiques, les autres instruments de la politique économique doivent être mobilisés, en particulier la politique budgétaire.

4. Une relation trop faible entre le taux directeur, l'épargne et l'investissement

Le taux directeur influence le prix du crédit et de l'épargne octroyée par les banques secondaires qui répercutent les taux de la banque centrale. En effet, si une banque centrale réduit (respectivement, augmente) les taux directeurs, les banques réduisent (respectivement augmentent) leurs taux d'emprunt. En clair, il est plus facile d'obtenir un prêt à la banque lorsque les taux directeurs sont bas. Toutefois, les taux directeurs faibles peuvent aussi signifier que les intérêts servis sur les produits d'épargne sont moins élevés. Cette sensibilité de l'épargne aux mouvements du taux directeur n'est pas assez observable dans la CEMAC. Le graphique (3) ci-après illustre une absence de corrélation entre l'épargne et le principal taux directeur de la BEAC dans quelques pays de la CEMAC. Ce résultat n'est guère surprenant dans la mesure où il y a une faible synchronisation entre le taux directeur et le taux de base bancaire. La déconnexion entre les variations de l'épargne et les variations des taux directeurs de la BEAC est susceptible d'annihiler toute impulsion de politique monétaire et rendre le canal du taux d'intérêt inopérant.

Graphique 3 : Évolution de l'épargne brute (% du PIB) et le TIAO dans la CEMAC

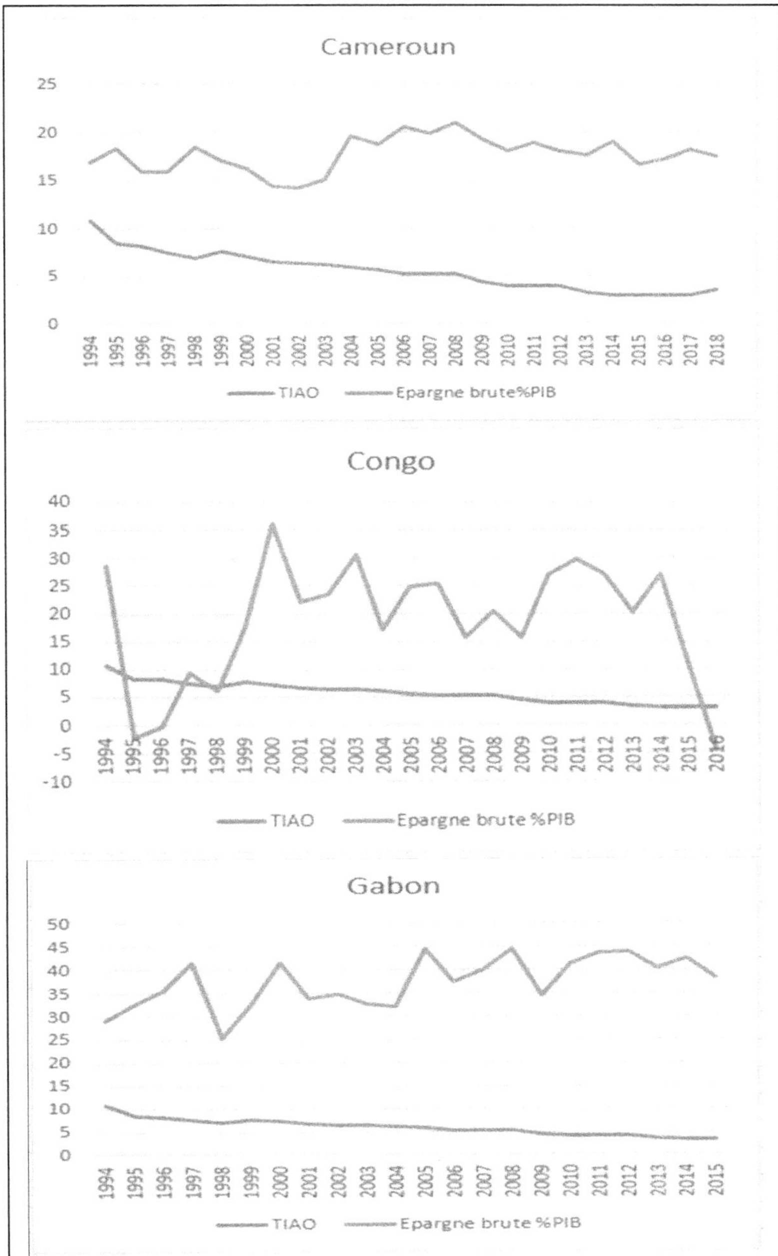

Graphique : évolution du TIAO et la FBCF %PIB dans la CEMAC

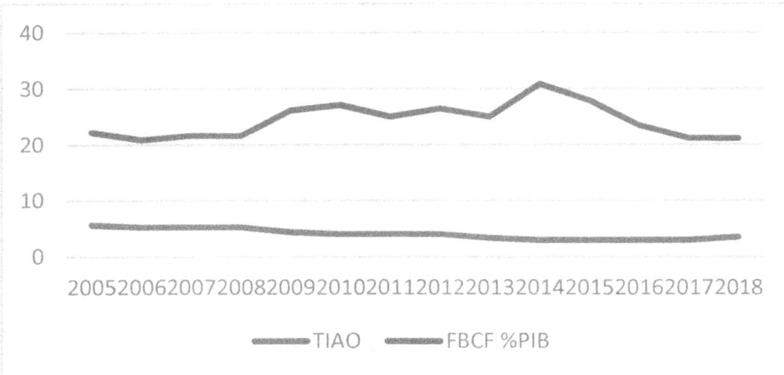

***Source :** construction de l'auteur à partir des données de la BEAC et WDI*

B. Politique monétaire encore trop peu prospective

La politique monétaire est autant plus efficace sur son objectif de régulation de la conjoncture qu'elle est prospective, c'est-à-dire qu'elle se base sur les évolutions anticipées de la conjoncture, plutôt que l'observation rétrospective de la situation macroéconomique. Pour ce faire, il est nécessaire que la politique monétaire s'appuie fortement sur un diagnostic macroéconomique. L'institution d'un comité de politique monétaire (CPM) au sein de la BEAC avait notamment cet objectif. Il est en effet prévu que la discussion du CPM s'appuie sur des notes élaborées par la BEAC qui cherche à anticiper les évolutions probables de l'inflation et de l'activité économique.

Cette modification du processus d'élaboration des décisions de politique monétaire ne peut avoir sa pleine efficacité que si les données qui viennent nourrir ce diagnostic prospectif sont disponibles et relativement fiables. Les obstacles existants dans la zone Franc en général et dans la CEMAC en particulier sont de deux ordres. D'une part, il arrive que les données relatives à l'indice des prix à la consommation, à l'activité économique et à l'équilibre extérieur soient disponibles avec un décalage important (données de l'inflation dans la CEMAC). D'autre part, la qualité du pilotage de la politique monétaire dépend d'une manière cruciale de la fiabilité des prévisions sur les variables macroéconomiques de base (inflation, activité, solde commercial). Pour mener le pilotage à court terme, les prévisions qui s'appuient sur des modèles quasi comptables élaborés pour des prévisions à moyen terme sont moins performantes que les modèles économétriques de prévisions conditionnelles. En outre, un suivi et des projections des facteurs autonomes de la liquidité bancaire seraient utiles. Il s'agit notamment de s'appuyer sur les besoins en financement prévisionnel des États et sur les calendriers d'émissions de titres pour projeter l'évolution de la position de trésorerie des États.

1. Les difficultés de gestion des hétérogénéités des situations macroéconomiques

La gestion de l'hétérogénéité des situations macroéconomiques est un problème habituel des unions monétaires. La question est de celle de la convergence des objectifs finaux, c'est-à-dire l'inflation et la croissance.

Dans la CEMAC, c'est au comité de politique monétaire qu'il revient de définir la cible d'inflation. Cette cible devrait être logiquement définie en moyen pour l'ensemble de l'union et sur plusieurs années. L'homogénéité des taux d'inflation est un objectif explicite de la CEMAC, qui intègre un plafond d'inflation applicable à tous les pays parmi les critères de premier rang de la surveillance multilatérale. Cependant, certaines divergences sur les taux d'inflation sont acceptables. D'une part, les facteurs exogènes influencent fortement l'évolution des prix à court terme et justifient des écarts temporaires. D'autre part, dans une union monétaire, la hausse des prix ne saurait être uniforme dans tous les pays si la croissance de la productivité du travail y est différente (effet Balassa-Samuelson) ; c'est bien la situation de la CEMAC où les niveaux de développement des pays sont inégaux. L'application uniforme d'une cible basse risque d'être un frein à la croissance pour les pays les plus dynamiques.

Graphique 4 : Politique monétaire et inflation dans la CEMAC

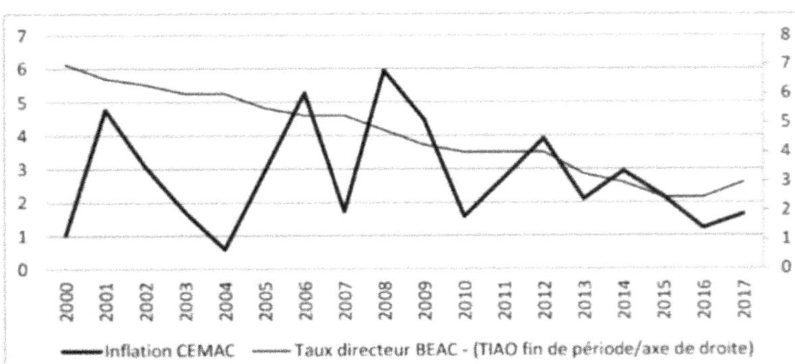

Source *: données de la BEAC*

Graphique 5 : Évolution de l'indice de prix à la consommation par pays dans la CEMAC

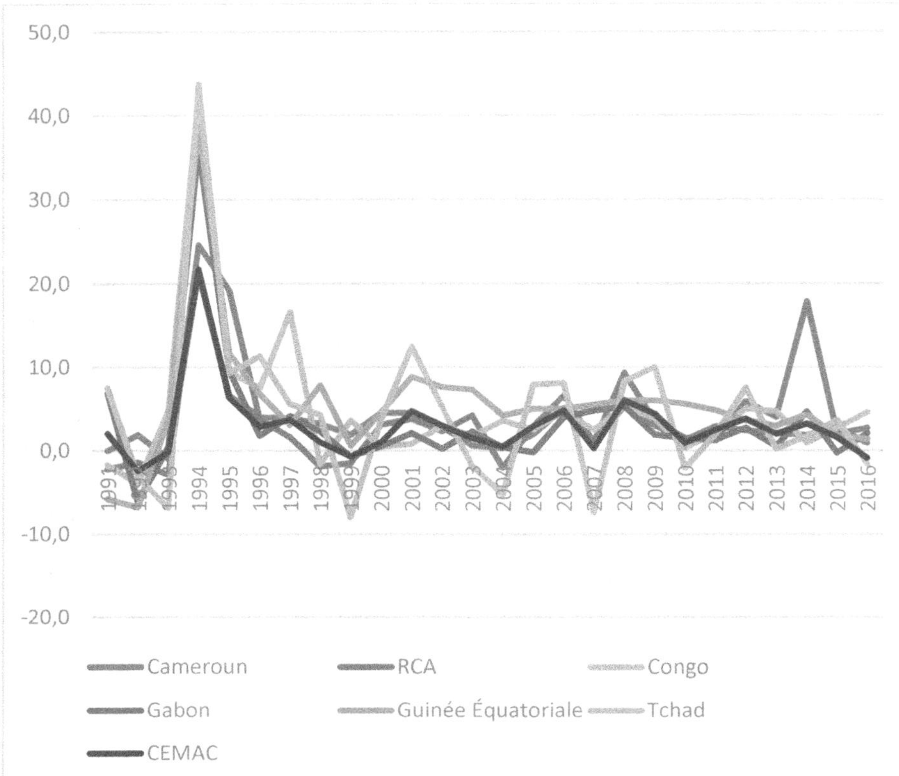

Source : *WDI database, construction de l'auteur*

Sur le graphique (5) on peut observer que les écarts d'inflation entre les différents pays de la CEMAC se sont réduits depuis 1999. De plus, le taux d'inflation de l'ensemble de CEMAC s'éloigne quelque peu de son objectif de 3% fixé au niveau du dispositif multilatéral. On constate que les pays comme la Guinée équatoriale et le Tchad sont les pays dont la volatilité des prix est plus forte avec des niveaux d'inflation très élevés. Par contre, les pays comme le Cameroun, le Gabon et le Congo sont faiblement volatiles et présentent des taux d'inflation plutôt faibles. Une dispersion prononcée des taux d'inflation peut traduire une transmission hétérogène de la politique monétaire de la BEAC. Ainsi les pays avec un taux d'inflation faible seront plus favorables à une politique monétaire expansionniste tandis que les pays à inflation élevée seront plus enclins à une politique monétaire restrictive. Cette forte variabilité des taux d'inflation pourrait être source de divergence au niveau des effets de la politique monétaire (Diagne et Doucouré 2001). Lorsque le taux d'intérêt nominal à court terme est unique, et qu'on observe des taux d'inflation différents, le canal du taux d'intérêt peut entraîner des divergences qui peuvent être corrigées selon Badarau-Semenescu et Blancheton (2012) par des ajustements de compétitivité.

En dehors de la persistance des écarts d'inflation dans la CEMAC, d'autres facteurs de l'économie réelle, notamment l'évolution du PIB et la structure de l'économie peuvent différer d'un pays à un autre. Ce qui peut avoir une grande incidence sur la politique monétaire optimale.

Graphique 6 : Évolution du PIB par pays de CEMAC (en milliard de franc CFA)

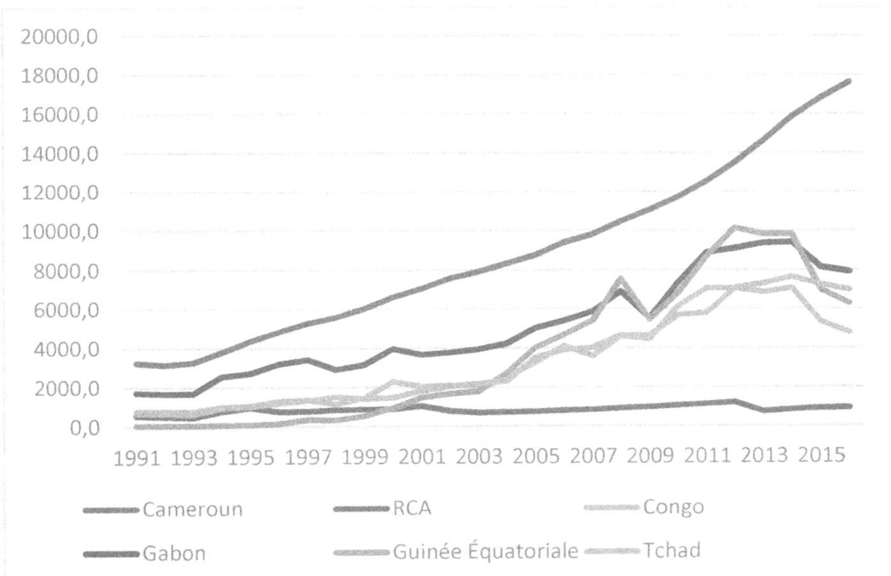

Source : *BEAC database, construction de l'auteur*

Si la maîtrise de la hausse des prix est l'objectif prioritaire de la BEAC, elle se préoccupe à juste titre de la croissance économique. Or, la variété des taux de croissance entre pays a été forte sur la dernière décennie dans la CEMAC, en raison d'une part de la fréquence des situations d'instabilité politique (en particulier au Tchad et en Centrafrique) et d'autre part de l'instabilité économique associée aux fluctuations des produits primaires, affectant différemment les pays. Une politique monétaire commune fondée sur les taux d'intérêt est en principe démunie face au choc asymétrique. Cependant, l'usage d'instruments quantitatifs de contrôle de la liquidité bancaire en l'absence d'intégration monétaire parfaite permet d'avoir une action sur la demande globale spécifique à chaque pays. Certes, l'efficacité de cette action risque d'être limitée, ce qui justifie l'utilisation dans ce but de la politique budgétaire. Là encore, la coordination des politiques monétaire et budgétaire n'est pas perceptible dans la CEMAC. Le problème de coordination entre une politique monétaire commune et des politiques budgétaires spécifiques est lié à toute union monétaire. Mais la plupart des unions monétaires, notamment la zone euro, pour limiter des effets pervers de la disparité des politiques budgétaires, ont élaboré les mécanismes de solidarité afin d'harmoniser les fonctions de réponses aux différents chocs asymétriques. Le constat est que, de pareils mécanismes n'existent pas dans la CEMAC et cela rend encore plus aléatoire l'efficacité de la politique monétaire.

IV. CONCLUSION ET RECOMMANDATIONS

L'objectif de ce travail était de ressortir le cadre institutionnel et les différentes phases de l'évolution de la politique monétaire de la BEAC. Notre approche a consisté à ressortir l'historique de la politique monétaire de la BEAC tout en mettant en exergue les difficultés de mise en œuvre de la politique monétaire. Avant les réformes initiées au début des années 1990 consécutives à la crise, la BEAC était considérée comme un instrument stratégique entre les mains du politique qui décidait des orientations monétaires dans le cadre de l'élaboration de la politique économique des États, alors que son caractère communautaire la prédisposait à plus d'autonomie. L'évolution successive du cadre institutionnel a permis à la BEAC d'abandonner définitivement la politique monétaire discrétionnaire pour instaurer un dispositif à fondement néoclassique que Fouda Owoundi (2009) qualifie de *« politique monétaire de règle déguisée »*. Nonobstant ces réformes, la mise en œuvre de la politique monétaire se heurte à de nombreuses contraintes, notamment l'hétérogénéité des économies de la sous-région, une absence de synchronisation entre les mouvements de taux directeur et les variations du marché des fonds prêtables et l'économie réelle. Il est indispensable que la BEAC procède à des réaménagements pour renforcer l'efficacité de sa politique monétaire en tant qu'institution communautaire et pôle d'impulsion du développement. 1) la question de la gestion interne de la BEAC, comme l'ont préconisé Avom et Bobbo (2014) en amenant les cadres dirigeants à comparaître périodiquement devant le parlement de la CEMAC pour rendre compte de la conduite de la politique monétaire ainsi que des résultats obtenus ; la question de la transparence dans la gestion de la politique monétaire dans la mesure où la question de l'information est importante en science économique. Certains économistes pensent que, plus il y a de l'information, mieux les agents économiques font de bonnes anticipations. La transparence exige donc à la BEAC de fournir au public et aux marchés toutes les informations utiles concernant sa stratégie, ses analyses et ses décisions de politique monétaire ainsi que ses procédures.

L'objectif ultime de stabilité monétaire assigné à la BEAC est de contribuer à maintenir le niveau général des prix autour de la cible de 3% dans la CEMAC. Ce plafonnement du taux d'inflation à 3% paraît sous-optimal et préjudiciable pour la croissance. En effet, les taux de croissance de la CEMAC restent en dessous de ceux requis pour réduire la pauvreté et atteindre les objectifs de développement durable (ODD). Or, d'après Khan et Senhadji (2001), le seuil plafond de l'inflation adéquat pour les pays en développement se situerait entre 7% et 11%. Ainsi sans minimiser l'occurrence d'une inflation galopante, la BEAC pourrait poursuivre d'autres objectifs comme la promotion de la croissance, la lutte contre la pauvreté et le chômage qui sont des défis majeurs dans la CEMAC. Par ailleurs, une intégration plus poussée entraînerait un rapprochement des chocs idiosyncratiques et renforcerait l'efficacité de la politique monétaire en lissant les asymétries.

RÉFÉRENCES BIBLIOGRAPHIQUES

AVOM D. et BOBBO A. (2014), « BEAC en quête de son autonomie », *Revue d'économie financière*, n°110, pp. 125-143.

BARADEAU-SEMENESCU C. et BLANCHETON, B. (2012), « Enjeux budgétaires de la crise financière », *Revue du financier*, n°197, vol. 34, pp. 7-19.

BEGUY, O. (2012), *Trois essais sur la surliquidité bancaire dans la communauté économique et monétaire d'Afrique Centrale (CEMAC)*, thèse de doctorat, Université d'Auvergne - Clermont-Ferrand I, 2012, 176 p.

DE GRAUWE, P. et POLAN M. (2005), « Is inflation always and everywhere a monetary phenomenom ? », *Scandinavian journal of Economics*, vol.107, n°2, pp. 239-259.

DIAGNE, A. et DOUCOURE F. B. (2001) « Les canaux de transmission de la politique monétaire dans les pays de l'UEMOA », Document de recherche C.R.E.A 01/10/EM, pp. 25-33.

FOUDA OWOUNDI J.-P, « Convergence des politiques économiques dans la zone franc : où en est-on 15 ans après ? », *L'actualité économique*, vol. n°3, pp. 319-354.

GODEAU, R. (1996), « Le franc CFA : pourquoi la dévaluation de 1994 a tout changé ? », *édition* SEPIA, 222 p.

KHAN M. et SENHADJI A. (2001) « Threshold effect in the relationship between inflation and growth », International Monetary Fund, *Staff papers*, vol 48, pp.1-21.

KING M. (2002), « No inflation : the role of money in the economy » Bank of England, *Quarterly bulletin* vol. 42, n°2, pp. 162-177.

MANKIW G., ROMER D. et WEIL D. (1992), « A contribution to the empirics of economic growth », *the quarterly journal of economics*, vol. 107, n°2, pp. 407-437.

Mc CANDLES G. et WEBER W. (1995), « Some monetary facts » federal reserve Bank of Minneapolis, *Quarterly Review*, vol. 19, n°3, pp. 2-11.

MEZUI-MBENG P. (2010), « Monetary transmission: the case of CEMAC », *MPRA paper*, n°26032.

Rapport de la banque de France sur la zone franc, (2000) ; (2010) et (2016).

INTENSIFIER LE COMMERCE INTRA-CEMAC : LE RÔLE DE LA QUALITÉ DES INSTITUTIONS ET DES MESURES DE FACILITATION DU COMMERCE

Par

Ronie Bertrand NGUENKWE

Docteur en Économie de l'Université de Yaoundé II
Laboratoire d'Analyse et de Recherche en Économie Mathématique (LAREM) - Université de Yaoundé II

Résumé

Ce travail analyse le rôle des indicateurs de facilitation du commerce et de la qualité des institutions sur le niveau du commerce intra-CEMAC. Nous faisons d'une part, une analyse descriptive du commerce, des indicateurs des institutions économiques et politiques et des indicateurs de facilitation du commerce dans la CEMAC, et d'autre part une analyse économétrique des facteurs explicatifs du niveau du commerce dans cette communauté à partir d'un modèle de gravité augmenté. Les résultats montrent que les indicateurs de facilitation du commerce exercent un effet contraire sur le commerce intra-CEMAC. L'utilisation de l'internet et les indices d'institutions globales et d'institutions politiques impactent positivement le commerce intra-CEMAC. Les politiques visant le développement des services d'infrastructures, notamment les TIC, l'amélioration de la réglementation ainsi qu'une meilleure qualité des institutions, permettront de stimuler le commerce dans la CEMAC.

Mots-clés : Facilitation du commerce, institutions, modèle de gravité augmenté, CEMAC.

Classification JEL : C23, H54, O24, R58

Abstract

The objective of this paper is to analyze the role of the trade facilitation and institutional quality indicators on the level of intra-CEMAC trade. We do a descriptive analysis of trade, economic and political institutions and trade facilitation indicators in the CEMAC zone on the one hand, and on the other hand an econometric analysis of the determinants of the level of trade in this Community using an augmented gravity model. The results show that trade facilitation indicators have an opposite effect on intra-CEMAC trade. The internet and the indices of global institutions and political institutions have a positive impact on the intra-CEMAC trade. Policies aimed at the development of services infrastructure, in particular ICT, the improvement of regulations, as well as a better quality of institutions will help to stimulate intra-CEMAC trade.
Key words: *Trade Facilitation, institutions, augmented gravity model, CEMAC.*

JEL Classification : *C23, H54, O24, R58*

INTRODUCTION

L'intégration régionale est présentée depuis plusieurs années comme la voie pour le développement de l'Afrique (PNUD, 2011 ; CEA, 2012). Dans sa marche vers la prospérité, l'Afrique est caractérisée par un passé d'ensemble d'organisations régionales dissoutes, tombées en désuétude ou remplacées. Ce retard a conduit l'Union africaine à repousser de 2050 à 2063 le processus d'intégration des Communautés Economiques et Régionales (CER), lequel processus est orienté par le traité d'Abuja de 1991 (Nguenkwe, 2021).

Cet agenda 2063, c'est-à-dire 50 années d'évolution de l'Afrique entre 2013 et 2063, repose sur une transformation structurelle des économies. Assurément, la transformation structurelle demeure difficile à atteindre en Afrique, avec une désindustrialisation observée dans plusieurs pays entre 1995 et 2012 (IAM, 2015[1], Rodrick 2014). L'objectif de cet agenda est brièvement de planifier et organiser la trajectoire de développement de l'Afrique sur une base endogène et appropriée, tirant profit des précédents plans continentaux de développement (plan d'action de Lagos, Traité d'Abuja, NEPAD, etc.).

Le commerce est le canal primordial de l'intégration régionale. Force est de constater que seulement 10 à 12% des échanges africains se sont effectués

[1] IAM, signifie Institut Afrique Monde.

entre les pays du continent, ce qui est d'ailleurs l'un des plus faibles au monde[2]. La structure des exportations de nombreux pays demeure dominée par les produits de base non transformés et un environnement des affaires peu favorable. La part de l'Afrique dans les exportations mondiales a baissé de moitié entre 1960 et 2012, il n'y a pas d'amélioration dans les produits exportés et on constate une concentration dans certains pays (Ng and Yeats, 2000). Toutefois, il y a une augmentation de l'exportation des produits primaires transformés qui a conduit certains pays à devenir compétitifs. En effet, l'Afrique demeure la région où les importateurs et les exportateurs se heurtent à des obstacles bien plus importants que partout ailleurs et cela augmente les coûts et les délais pour exporter et importer (Selon Seck, 2017). Pour Clarke (2005), les raisons pour lesquelles les Africains n'exportent pas ont beaucoup à voir avec la réglementation commerciale et douanière ainsi que la mauvaise administration, mettant ainsi en avant le rôle des institutions. Cela montre que les entreprises africaines pourraient grandement bénéficier de la facilitation des échanges et d'une meilleure qualité des institutions politiques et économiques et que les avantages globaux pourraient se traduire par une amélioration de la position commerciale internationale du continent. Partant du fait que les réformes de facilitation des échanges réduisent les coûts du commerce, elles peuvent générer des gains significatifs grâce à une plus grande participation commerciale des entreprises, ainsi qu'à une augmentation du revenu national. En effet, la réduction des coûts des transactions commerciales de seulement 1% grâce à la facilitation des échanges générerait des gains de bien-être de 40 milliards de dollars, dont les deux tiers reviennent aux pays en développement (OCDE, 2009).

L'Afrique Centrale demeure structurellement la région qui contribue le moins au commerce intra africain (moins de 3% en moyenne sur la période 1995 – 2019). Les six pays de la CEMAC qui ont une histoire plus ancienne sont dans la même mouvance (moins de 5% de commerce intra zone sur la même période), pourtant la monnaie commune devrait être un facteur stimulant le commerce dans la région[3].

---

[2] En effet, les pays européens réalisent 70% de leurs exportations en Europe, l'Asie en arrive en seconde position avec 62% et l'Amérique en troisième position avec 55% en 2014. Le commerce intra-africain (15%) pourtant en évolution depuis 2008 et intra-Océanie (7%) demeurent faibles en 2015.

[3]Le commerce intra-CEMAC 2,08% en 2019, est légèrement supérieur à celui de la CEEAC (1,82%), mais demeure largement inférieur à celui de l'Union Economique et Monétaire Ouest Africain (12,4%) qui a pourtant beaucoup de similitudes avec la CEMAC. En effet, les deux regroupements CEMAC et UEMOA sont des unions douanières et membres de la Zone Franc africaine et ont en commun l'utilisation de la même monnaie le franc CFA. Les CER qui enregistrent les niveaux de commerce intra-zone plus importants en Afrique sont la SADC (20,2%) et la CEA (17,06%) en 2019 (CNUCED, 2020).

Cet article se concentre donc sur le cas de la CEMAC qui est le bras faible du commerce intra-africain, avec pour objectif principal d'analyser l'impact de la facilitation du commerce et de la qualité des institutions sur le niveau de commerce. L'article est structuré comme suit : une revue de la littérature, les faits stylisés sur le commerce externe et interne à la CEMAC, la qualité des institutions, la méthodologie, la discussion des données et les résultats, et enfin la conclusion, résumés dans les sections 2 à 5.

I. REVUE DE LA LITTÉRATURE

Nous parcourons ici quelques travaux qui montrent l'impact des indicateurs de facilitation du commerce et des institutions sur le commerce. Le commerce intra-africain est confronté à de nombreux obstacles liés à l'importance des coûts de transaction, notamment la faiblesse des infrastructures de communication et de transport, mais aussi de l'insécurité, et des conflits qui provoquent des détournements de trajet (Guillaumont, Geourjon et Guérineau, 2012). Il faut ajouter à cela les postes de contrôle tout au long des corridors de transit qui freinent aussi le développement des échanges commerciaux, pourtant plusieurs décisions prises par les États depuis des années ont visé la réduction considérable de ces postes. Les statistiques récentes montrent que les conflits internes à certains pays influencent leurs exportations dans la région. En 2012, les exportations de la RCA vers la CEMAC étaient de 5737,53 milliers de dollars, elles ont considérablement baissé et se sont situées à 2734, 324 milliers de dollars en 2013, année du dernier coup d'État, soit une chute de 52%. En 2014, ces exportations sont passées à 895,6 milliers de dollars, soit une baisse de 84% par rapport à 2012. L'instabilité en RCA se propage dans les autres pays de la CEMAC, notamment à l'Est du Cameroun, et au Nord du Tchad, réduisant ainsi le commerce dans la région. Partant du fait que la majeure partie du commerce intra-africain se fait par voie routière, ce qui justifie le développement des corridors routiers devant relier les pays dans chacune des CER, l'inadéquation des infrastructures réduit le bien-être des agents économiques dans l'ensemble, de même que les mesures non tarifaires (CNUCED, 2017). Par exemple, il faut 116 jours pour qu'un conteneur quitte une usine en RCA (y compris toutes les exigences douanières, administratives et portuaires), alors que cela ne prend que 5 jours depuis le Danemark. Mais, le fait que la RCA soit enclavée ne peut à lui seul expliquer la différence de temps nécessaire (Eliason, 2015).

Les travaux relatifs au rôle de la réglementation indiquent que l'intensification espérée du commerce en raison de l'amélioration de la

---

Dans le classement Doing Business sur la facilité à faire des affaires de 2017, le premier pays africain est le Rwanda 56ᵉ, les mieux classés dans la CEMAC sont le Gabon 164ᵉ et le Cameroun 166ᵉ, la RCA 185ᵉ et dernier pays de notre échantillon.

facilitation des échanges est très importante. Otsuki et al. (2001) trouvent que 10% du renforcement des normes européennes entraineraient une réduction des exportations africaines de 4,3% pour les céréales et de 11% pour les noix et les fruits secs. Fink et al. (2002) ont constaté que 10% de diminution des coûts de communication est associée à une augmentation de 8% dans le commerce bilatéral.

Wilson et al (2005), mesurent et estiment la relation entre la facilitation des échanges et les flux de produits manufacturés dans le commerce mondial entre 2000-2001, en considérant quatre catégories importantes d'indicateurs : l'efficacité des ports, de l'environnement douanier, l'environnement réglementaire et des services d'infrastructure. Ils concluent que les gains des réformes sont beaucoup plus grands en Asie du Sud. Djankov et al. (2006), montrent que chaque jour supplémentaire qu'un produit est retardé avant d'être expédié réduit le commerce d'au moins 1% et les retards ont un impact encore plus important sur le développement des importations et des exportations de produits sensibles tels que les produits agricoles périssables. Martínez-Zarzoso et Márquez-Ramos (2008), mesurent les coûts et le temps liés à l'exportation et l'importation et concluent que l'exportation de marchandises homogènes et le prix sont moins sensibles au facteur temps que les volumes d'exportation de biens différenciés.

En ce qui concerne le rôle des infrastructures de service (individuel ou agrégé), Limao et Venables (2001), concluent que l'un des premiers obstacles au commerce entre les pays d'Afrique subsaharienne est relatif aux barrières géographiques. Fujita (2005), analyse le rôle des infrastructures pour faciliter les échanges et note que l'Asie de l'Est a fortement intégré son système de manufacture, ce qui a permis à la région de devenir une plate-forme d'exportation. Bhattacharyay (2009), examine le rôle et la nécessité de l'infrastructure en qualité et en quantité (transports, l'énergie, et les TIC) sur l'intégration de l'ASEAN. L'auteur montre que l'intégration commerciale dans l'ASEAN a été provoquée en grande partie par le marché. L'auteur précise que plus de 50% des exportations de l'Asie sont intrarégionales, et conclut que l'infrastructure est cruciale dans le soutien et le renforcement du commerce intra-ASEAN d'une part, et d'autre part dans le commerce avec d'autres partenaires. Pavel et al (2009), vérifient dans l'Union Européenne (UE) l'argument théorique selon lequel les TIC permettent de stimuler les échanges entre les pays quand ils ont des niveaux très avancés et similaires de technologie. Les auteurs construisent un indicateur de TIC et montrent que le développement des TIC a un impact positif et significatif sur le commerce de l'UE. En fait, deux pays avec un bon réseau de TIC commercent 33% de plus que deux pays ne disposant pas du même niveau de développement des TIC.

Portugal-Perez et Wilson (2010), à partir d'un indice global d'infrastructure, analysent l'impact de l'infrastructure sur la performance à l'exportation de 101 pays en développement sur la période 2004-2007. Ils constatent que les réformes commerciales augmentent les performances à l'exportation et attirent les investissements, en particulier les infrastructures et les réformes visant à améliorer l'environnement des affaires. Par exemple, l'amélioration de la qualité de l'infrastructure en Égypte à un niveau proche de celui de la Tunisie a permis d'augmenter les exportations égyptiennes de 10,8%. Sandberg et Seale (2012), identifient et analysent l'impact de l'intégration régionale sur le volume du commerce bilatéral dans les pays de l'hémisphère occidental (composé de 32 pays d'Amérique et 31 partenaires commerciaux). Le commerce y est fortement influencé par divers types de relations liées au régionalisme (les accords régionaux) et de l'histoire (par les effets des relations impériales modernes). Les accords commerciaux régionaux influencent considérablement le commerce.

Avom (2005), dans une étude portant sur la CEMAC, a utilisé l'estimateur de Hausman-Taylor (1981) dans le cadre d'un modèle de gravité améliorée et montre que la participation de l'union monétaire a très peu d'effet sur le commerce régional. Coulibaly et Fontagné (2005), dans leurs simulations, ont estimé que le commerce intra-UEMOA pourrait être triplé si les routes reliant les pays membres étaient bitumées. Agbodji (2007), évalue l'impact de la fraude dans le commerce transfrontalier au sein de l'UEMOA. L'auteur construit un indice d'infrastructure avec deux indicateurs (transport et communication) et trois variables (le nombre de kilomètres de routes, chemin de fer et le nombre de lignes téléphoniques) et montre que les infrastructures boostent le commerce dans la région. Njinkeu et al, (2008), ont analysé l'impact des services d'infrastructure sur les exportations en Afrique, et montrent qu'ils sont les principaux facteurs qui stimulent le commerce intra-africain. Ils concluent que lorsque les pays africains commercent entre eux, le commerce mondial augmente. Foster et Briceño- Garmendia (2009), affirment que les conditions de routes en Afrique subsaharienne sont relativement bonnes. Concernant le cas des pays de la CEMAC, les auteurs affirment que le transport d'un conteneur du port de Douala au Cameroun pour Bangui en RCA et à N'Djamena au Tchad prend en moyenne deux à cinq semaines. Plus récemment, concernant le cas spécifique de la CEMAC sous groupement de la CEEAC, Avom et Mignamissi (2013), identifient la structure productive hyperspécialisée dominée par l'exploitation de quelques matières premières, notamment le pétrole ; la forte extraversion du commerce extérieur et enfin le faible développement du capital infrastructurel, avec pour conséquence une faible intégration par le marché, comme facteur qui explique le faible commerce intra-CEMAC. Avom et Fankem (2014), trouvent que la faible qualité du cadre juridique et la corruption constituent des obstacles majeurs au développement des échanges commerciaux de la CEMAC.

II. LES FAITS STYLISÉS SUR LE COMMERCE ET LA FACILITATION DU COMMERCE ET LA QUALITÉ DES INSTITUTIONS DANS LA CEMAC

La présentation des faits stylisés se fait d'une part, en ce qui concerne le commerce intra-zone dans la CEMAC et la CEEAC, à travers la contribution de chaque pays au commerce interne dans la CEMAC. D'autre part, nous présentons l'état des lieux des indicateurs de facilitation du commerce et de la qualité des institutions dans la CEMAC.

On peut voir à travers le graphique 1 que les exportations intra-CEEAC suivent la tendance de celles de la CEMAC, traduisant le fait que les pays de la CEMAC sont ceux qui commercent le plus en Afrique Centrale. Mis à part le pic atteint en 2016, les échanges dans la CEEAC sont restés inférieurs à 5% sur la période 1995-2019. Les deux communautés enregistrent une baisse depuis 2017.

Graphique 1 : Évolution des exportations intra-CEMAC et intra-CEEAC

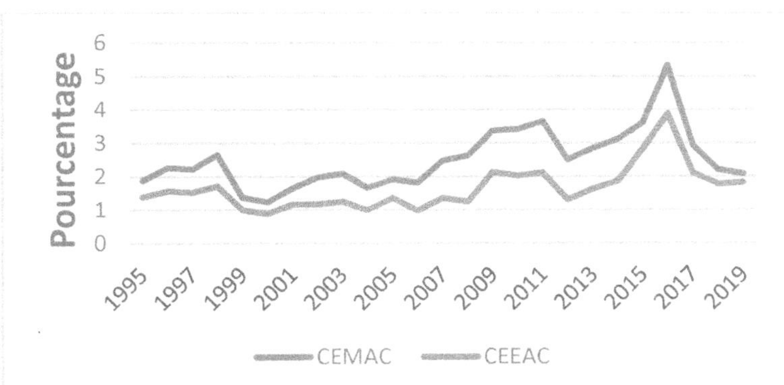

Source : *L'auteur à partir des données de la CNUCED*

Le tableau 1 montre que dans la CEMAC, il y a plusieurs pays (les cases avec des valeurs nulles) qui n'exportent aucun produit dans d'autres en 2019, ce qui contribue à réduire davantage le commerce intra-CEMAC déjà très faible. Le Cameroun et la RCA sont les seuls pays de la CEMAC qui exportent au moins un produit dans les autres pays. Le Cameroun à lui seul représente 70% des exportations intra-CEMAC en 2015, suivi du Congo (14,7%), la RCA (0,7%) arrivant en dernière position. Le Tchad (37,4%) est le plus grand importateur de la communauté, alors qu'il ne représente que 6,5% des exportations. La RCA est également le pays qui importe le moins dans la communauté. Globalement, cela s'explique par la structure des économies, qui dépendent de l'industrie extractive et de l'exportation des produits agricoles non transformés. Lorsqu'on fait un aperçu sur les principaux produits d'exportation internes à la CEMAC, on constate que les produits alimentaires et animaux vivants représentent environ 50 millions de dollars US, les produits manufacturés divers 550 millions de dollars US. Lorsqu'on désagrège les produits manufacturés en faible, moyenne et haute technologie et compétence, on constate que les exportations de produits manufacturés à faible technologie et compétence sont plus importantes dans la CEMAC, il en est de même pour les produits manufacturés à forte intensité de main-d'œuvre provenant de ressources naturelles. L'exportation des combustibles, en général et du pétrole et dérivés en particulier, domine les exportations de la CEMAC.

Tableau 1 : La contribution aux Exportations/importations intra-CEMAC (2019)

VERS DE	CAMEROUN	CONGO	GABON	GUINÉE EQ	RCA	TCHAD	Contribution dans les exportations intra-CEMAC
CAMEROUN		58666,7	46143,7	77668,5	13321,5	218624,9	**70,2**
CONGO	32277,1		52404,6	1372,5	595,9	0,0	14,7
GABON	3109,7	2095,6		4551,4	196,2	0,0	1,7
GUINÉE EQ	9769,8	27198,0	0,0		4,5	0,0	6,3
RCA	582,4	564,1	236,3	7,2		2512,8	0,7
TCHAD	22956,5	243,4	56,4	0,0	15425,4		6,5
Contribution dans les importations intra-CEMAC	11,6	15,0	16,7	14,2	5,0	**37,4**	

Source : *L'auteur à partir des données de la CNUCED.*

Nous nous intéressons maintenant à l'environnement en termes de facilitation des échanges et à la qualité des institutions dans la CEMAC. Il s'agit de l'environnement et de la réglementation (le nombre de jours nécessaires pour exporter/importer, le nombre de documents nécessaires pour exporter/importer, le coût nécessaire pour exporter/importer un conteneur) et les infrastructures de services (transport, énergie et TIC) et des indicateurs des institutions politiques et économiques.

Le graphique 2 montre que le nombre d'utilisateurs de l'internet pour 100 habitants demeure faible dans la CEMAC. Le pays le plus avancé est le Gabon (23 utilisateurs), suivi du Cameroun et de la Guinée équatoriale (20 utilisateurs) et on enregistre moins de 5 utilisateurs pour 100 habitants au Tchad et en RCA.

Graphique 2 : Nombre d'utilisateurs d'internet pour 100 habitants dans la CEMAC (en 2019)

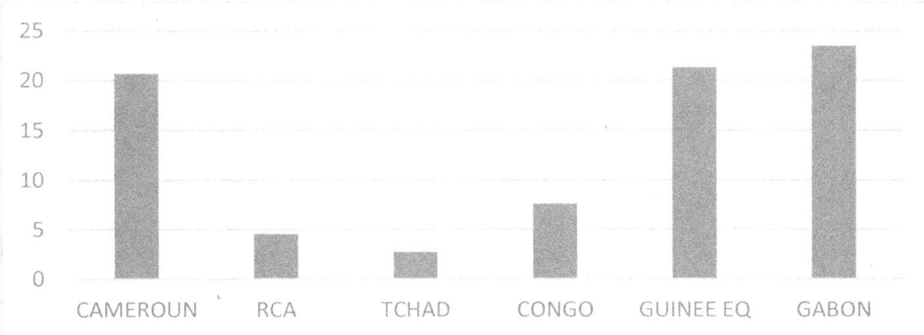

Source *: L'auteur à partir des données de la Banque Mondiale*

Le graphique 3 montre que la qualité des infrastructures portuaires est un indicateur qui varie entre 1 et 7. La première extrême 1 signifie que les infrastructures portuaires sont extrêmement sous-développées et l'autre extrême 7 signifie que les infrastructures portuaires sont très développées selon les standards internationaux. Quelques pays se situent soit à un niveau moyen, c'est le cas du Cameroun (3,1), du Gabon (3,1), le reste des pays se situent au niveau d'infrastructures peu développées.

Graphique 3 : Qualité des infrastructures portuaires dans la CEMAC (en 2019)

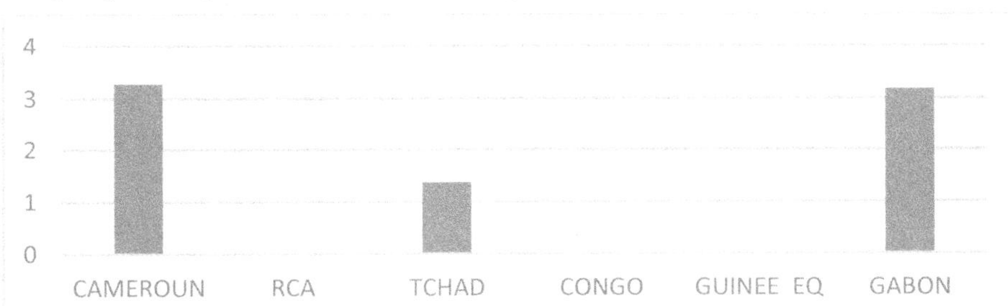

Source *: L'auteur des données de la Banque Mondiale (WDI).*

L'indice de performance logistique qui varie entre 1 (faible) et 5 (élevé) est un indice composite qui intègre six indicateurs dont l'habileté de suivre et tracer les expéditions, la compétence et la qualité du service logistique, la pratique des prix compétitifs, l'embarquement, l'efficacité du processus de manutention, la fréquence avec laquelle l'expédition arrive au destinataire selon le calendrier ou le temps estimé et la qualité des infrastructures liées au commerce. On peut voir ici que le pays le plus avancé de la CEMAC est le Congo (2,4), suivi du Cameroun et du Gabon (2,1), avec des indices inférieurs à la moyenne. La CEMAC est encore très en retard dans ce domaine (graphique 4).

Graphique 4 : Indice de performance logistique dans la CEMAC (en 2019)

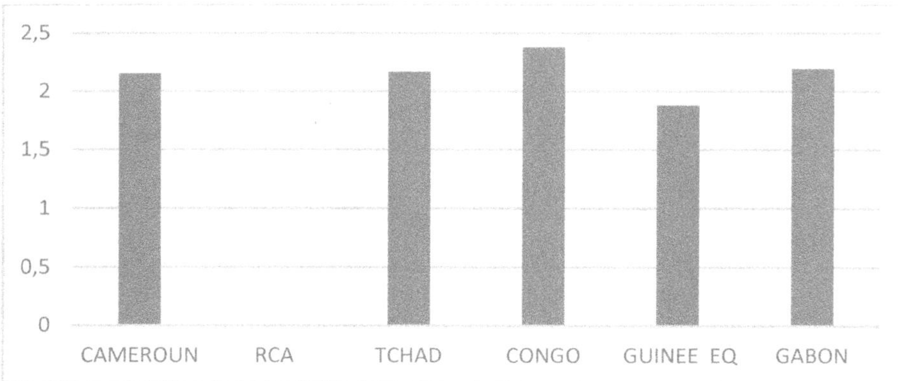

***Source** : L'auteur des données de la Banque Mondiale (WDI).*

Le tableau 2 montre que le coût pour exporter un container en dollars est en baisse dans la CEMAC. Mais le Cameroun et la RCA enregistrent une hausse du coût pour exporter. La CEMAC a connu une amélioration au fil des années en ce qui concerne le temps nécessaire, notamment 40 jours en moyenne. Le maximum est de 70 jours au Tchad, autre pays enclavé de la région. On enregistre plutôt une augmentation du nombre de documents pour exporter, notamment 8 documents en 2006 et 9 documents en 2017. Mis à part le Congo et la Guinée équatoriale qui connaissent une stagnation, tous les autres pays connaissent une augmentation du nombre de documents.

Tableau 2 : Indicateurs de la réglementation pour exporter dans la CEMAC

	Coût en dollars US			**Nombre de jours**			**Nombre de documents**		
	2006	2017	Variation en %	2006	2017	Variation en %	2006	2017	Variation en %
Cameroun	1316	1379	5	27	23	-15	9	11	22
Congo	4047	3795	-6	50	50	0	11	11	0
Gabon	2760	2145	-22	19	20	5	5	6	20
Guinée EQ	3509	1390	-60	29	29	0	7	7	0
RCA	5321	5490	3	57	46	-19	6	9	50
Tchad	8236	6615	-20	78	70	-10	7	8	14
Moyenne	4198	3469	-17	43	40	-7	8	9	13
Moyenne	4198	3469	-17	43	40	-7	8	9	13

Source : *L'auteur à partir des données doing business de la Banque Mondiale.*

La qualité des institutions demeure un réel problème dans la CEMAC, ce qui empêche le bon déroulement des activités économiques existantes et même l'éclosion d'activités nouvelles. Le graphique 5 montre l'évolution des institutions politiques entre 1996 et 2018. Il s'agit de la moyenne de six indicateurs[4], chacun d'eux variant entre -2,5 minimum qui traduit une mauvaise qualité des institutions et 2,5 maximum qui traduit une meilleure qualité des institutions. On peut ainsi voir que tous les pays de la CEMAC se situent en dessous de la valeur centrale 0, cela montre une mauvaise qualité de ces indicateurs dans la région. Le Gabon est le seul pays qui se rapproche de la partie positive qui traduit une bonne qualité des institutions.

[4] Ces six indicateurs sont : le contrôle de la corruption, l'effectivité de la gouvernance, la qualité de la réglementation, le droit et les lois, la liberté d'expression et d'opinion et la stabilité politique.

Graphique 5 : Institutions politiques dans la CEMAC

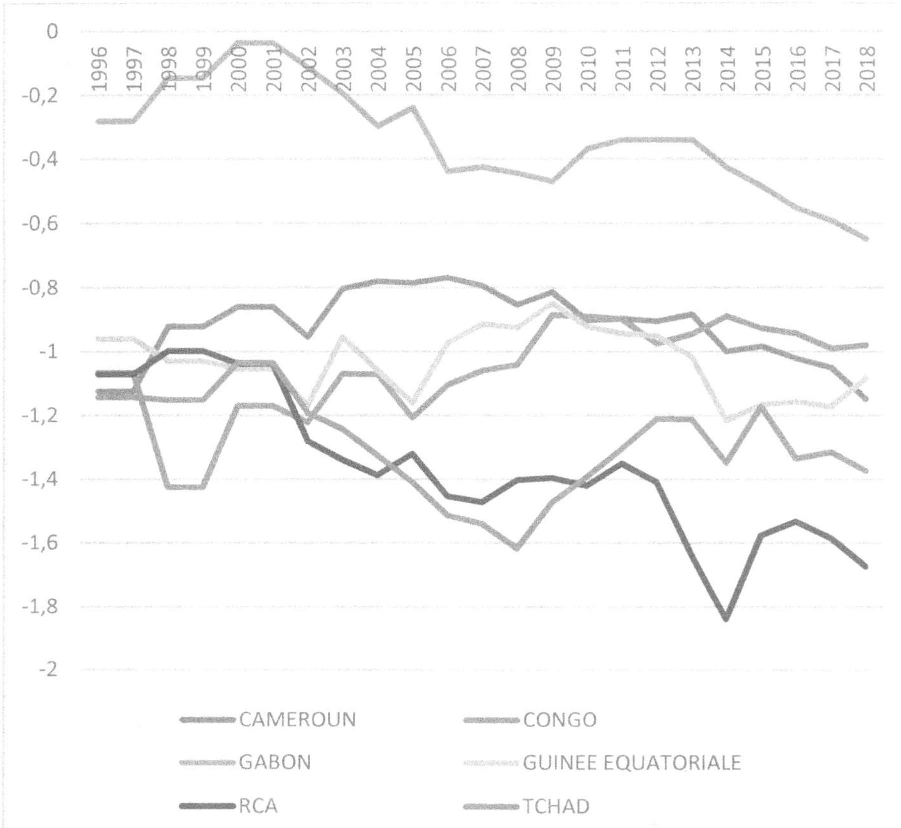

Source : *L'auteur à partir de la base de données WGI de la Banque Mondiale.*

Le graphique 6 montre l'évolution des institutions économiques entre 1996 et 2018. Il s'agit de la moyenne de dix indicateurs[5], chacun d'eux variant entre 0 qui traduit une mauvaise qualité des institutions et 100 qui traduit une meilleure qualité des institutions économiques. Globalement, les pays de la CEMAC se situent entre 40 et 60, c'est-à-dire une qualité moyenne des institutions économiques. Le Gabon (58) est le mieux classé de la région alors que le Congo (43) arrive en dernière position.

[5] Ces dix indicateurs sont : le droit de propriété, l'intégrité du gouvernement, les taxes limitées, les dépenses gouvernementales, la liberté d'affaires, la liberté de travail, la liberté monétaire, la liberté commerciale, la liberté d'investir, la liberté financière.

Graphique 6 : Institutions économiques dans la CEMAC

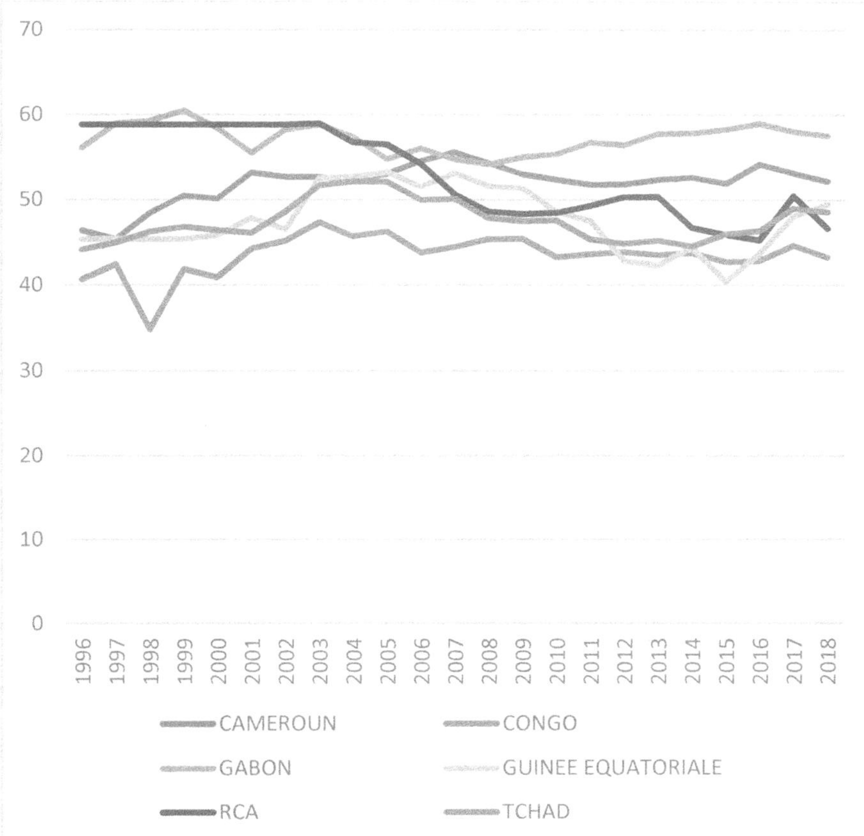

Source : *L'auteur à partir des données de la Banque Mondiale.*

III. MÉTHODOLOGIE ET DONNÉES

La théorie économique est unanime sur le fait que le commerce international notamment le commerce intra-zone est un facteur important, non seulement d'intégration, mais aussi du développement d'un pays (Grossman et Helpman, 1994 ; Dollar et Kraay, 2002 ; Baldwin, 2003 ; Krugman et Obstfeld, 2006). Plus tôt dans la littérature, les classiques ont montré les effets bénéfiques du commerce. Smith (1776) avec la théorie des avantages absolus, Ricardo (1817) avec les avantages comparatifs, la nouvelle théorie du commerce international de Hecksher, Ohlin et Samuelson (1948) qui mettent en avant les dotations factorielles et plus récemment Krugman (1993) avec la mise en avant des rendements d'échelle. Viner (1950) postule que le libre-échange a des bienfaits dans un contexte régional, avec les possibilités des effets de créations ou de détournements du commerce au sein de la zone Meade (1955), et surtout en cas d'unions douanières (Gbetnkom, 2004).

Pour déterminer l'impact des indicateurs de facilitation du commerce et de la qualité des institutions sur le commerce intra-CEMAC, nous nous appuyons sur un modèle de gravité augmenté. C'est le modèle le plus utilisé en ce qui concerne l'explication de l'intensité commerciale entre les pays. Dans sa forme première, ce modèle montre que le commerce entre deux pays dépend de leur masse économique (PIB) et est négativement corrélé aux coûts commerciaux entre eux, notamment la distance. On ajoute généralement d'autres facteurs qui peuvent influencer le commerce (Tenreyro and Silva, 2005). Les travaux pionniers de Tinbergen (1962) ont donné naissance à une vaste littérature théorique et empirique relativement au modèle de gravité. Anderson (1979) propose un modèle de gravité basé sur une fonction de demande à élasticité de substitution constante avec pour fondement le modèle d'Armington. Comme autres travaux ayant pour base la structure des préférences de consommateurs d'Armington, on peut citer le modèle monopolistique de Krugman (1980), Deardorff (1998) à la Heckscher-Ohlin ou encore celui d'Eaton and Kortum (2002), qui s'inspirent du modèle Ricardien davantage comparatif. Anderson and Van Wincoop (2004) prennent en compte les différences de taille entre les pays, alors que Bernard et al. (2007) and Metliz (2003) introduisent l'hétérogénéité des firmes.

Le modèle retenu dans le cadre de ce travail s'inspire de ceux de Portugal-Perez and Wilson (2010) et de Martínez-Zarzoso et Márquez-Ramos (2008), et est augmenté de certaines variables pouvant créer ou détourner le commerce intra-zone. Seck (2017) utilise ce modèle de gravité pour analyser l'impact des indicateurs de facilitation du commerce sur le niveau de commerce des pays de l'ASS.

A. Le modèle économétrique

La spécification du modèle linéaire est la suivante :

$$LEXP_{ijt} = \alpha_t + \lambda_t + \eta_{ij} + \alpha_1 LPIB_{it} + \alpha_2 LPIB_{jt} + \alpha_3 LDIST_{ij} + \alpha_4 LPOP_{it} +$$

$$\alpha_5 LPOP_{jt} + \alpha_6 DTRA +$$

$$+\alpha_7 TRAFA + \alpha_8 INST + \varepsilon_{ijt} \quad (1)$$

EXPij : sont les exportations bilatérales entre les partenaires de la zone. En effet, dans la littérature empirique, deux variables sont souvent considérées comme dépendantes, les importations ou les exportations, Bergstrand (1985 et 1989), Feenstra et al (2001), Anderson et van Wincoop (2003), (Agbodji, 2007), Sadikov (2007), etc. C'est cette dernière variable que nous utilisons comme dépendante, puisque le but de cette étude est de rechercher les moyens pour augmenter le niveau des exportations intra-CEMAC. PIBi, j, est le PIB des deux partenaires proxy de la taille du marché ; POPi, j, population des deux partenaires ; DISTij, est la distance entre les capitales des deux partenaires. Les capitales sont considérées comme les centres commerciaux. Toutes choses étant égales par ailleurs, les pays isolés commercent moins que ceux situés à proximité des grands marchés. DTRA est un vecteur de cinq variables traditionnelles. Les quatre premières variables prennent la valeur 1 lorsque les deux partenaires ont le même colonisateur (COLij), parlent la même langue officielle (LANGij), partagent une frontière (FRONTij) ou encore utilisent une monnaie commune (CURij), et 0 sinon. De même, la cinquième variable (ENCLi) prend la valeur 1 lorsque le pays exportateur est enclavé, et 0 sinon. TRAFA est un vecteur de trois variables de facilitation du commerce. NDOEXP : est le nombre de documents pour exporter des deux partenaires ; NDOIMP est le nombre de documents pour importer des deux partenaires ; NDAEXP, est le nombre de jours pour exporter des deux partenaires ; ICTi, j, sont les infrastructures des deux partenaires (nous mettons l'accent sur les TIC notamment l'utilisation de l'internet, puisque les données concernant le transport terrestre ne sont pas disponibles sur la période d'étude. Les TIC peuvent aider de diverses manières à lever les obstacles au commerce le long des couloirs de transport. Par exemple, les notifications préalables aux expéditions (associées au suivi) éliminent la multiplication des inspections (Yonazi et al, 2012). INST est le vecteur des indicateurs de la qualité des institutions (politiques et économiques). Nous avons construit un indice d'institutions politiques et un autre pour les institutions économiques à partir de l'analyse en composantes principales (ACP)[6]. $\alpha_{i,}$ est l'effet spécifique individuel ; $\lambda_{t,}$ est l'effet temporel, semblable pour tous les pays de la zone ; η_{ij} est l'effet fixe bilatéral du temps invariant qui permet de capter tous les facteurs invariants qui pourraient influencer le commerce (Bergstrand et al, 2015) ; $\varepsilon_{ijt,}$ est le terme d'erreur. L : indique que la variable est sous forme de logarithme qui permet l'interprétation en termes de coefficient d'élasticité.

B. La méthode d'estimation

L'estimation de notre modèle par le MCO est une source de biais. La nature multidimensionnelle de nos données nous conduit à estimer notre modèle par une méthode qui tient compte des effets spécifiques pour un ensemble de caractéristiques non observables, afin d'éliminer une source de biais présente dans les MCO, particulièrement les variables muettes des accords

---

[6] Les variables utilisées pour la construction de chaque indice sont présentées en annexe.

commerciaux régionaux (Sevestre, 2002). Précisons qu'un autre problème qui se pose lorsqu'on analyse les flux commerciaux entre les pays en développement, c'est la présence des valeurs nulles dans la variable dépendante. Pour résoudre ce problème, l'estimateur du pseudo maximum de vraisemblance de poisson (PPML) permet d'estimer de manière automatique le modèle avec les valeurs nulles (Santos Silva and Tenreyro, 2011b). Cet estimateur est robuste aux problèmes de spécification (Gourieroux et al, 1984).

C. Les données

Les six pays de la CEMAC font partie de notre échantillon. Les données concernant le PIB, la population et les infrastructures économiques (TIC), proviennent de la base de données de la Banque mondiale WDI, celles concernant les distances, la colonisation, la frontière, la langue et l'enclavement proviennent de données Geodist du Centre d'Études Prospectives et d'Informations Internationales (CEPII), celles concernant la facilitation du commerce, notamment le nombre de jours nécessaires pour exporter/importer, le nombre de documents nécessaires pour exporter/importer, proviennent de la base de données sur le climat des affaires (le commerce transfrontalier) Doing Business de la Banque mondiale et celles relatives aux exportations et importations bilatérales et multilatérales de la base de données de la CNUCED. Les données relatives aux institutions proviennent de la base de données World Governance Indicators de la Banque Mondiale. L'étude est menée sur la période 2005-2017.

D. Résultats et discussion

Nous présentons dans cette section les résultats de l'estimation du modèle à partir des estimateurs à effets fixes, aléatoires et du pseudo maximum de vraisemblance de poisson (PPML).

Tableau 3 : Les déterminants du commerce intra-CEMAC (variable dépendante : exportations agrégées)

	(1)	(2)	(3)	(4)	(5)	(6)
	FEINST	FEIE	FEIP	PPMLINST	PPMLIE	PPMLIP
VARIABLES	lexpij	lexpij	lexpij	lexpij	lexpij	Lexpij
Ldocumenti	-0.749	-0.685	-0.749	-0.107	-0.0393	-0.107
	(1.443)	(1.471)	(1.443)	(0.210)	(0.212)	(0.210)
Ldocumentj	2.551***	2.669***	2.551***	0.325***	0.346***	0.325***
	(0.612)	(0.620)	(0.612)	(0.0912)	(0.0894)	(0.0912)
Ljouri	1.652**	1.104	1.652**	0.404***	0.303**	0.404***
	(0.732)	(0.738)	(0.732)	(0.130)	(0.131)	(0.130)
Ljourj	1.720***	1.795***	1.720***	0.395***	0.406***	0.395***
	(0.456)	(0.462)	(0.456)	(0.0784)	(0.0790)	(0.0784)
Linterneti	0.404*	0.409*	0.404*	0.0503	0.0588	0.0503
	(0.240)	(0.244)	(0.240)	(0.0404)	(0.0411)	(0.0404)
Linternetj	0.310	0.311	0.310	0.0522	0.0454	0.0522
	(0.283)	(0.291)	(0.283)	(0.0454)	(0.0464)	(0.0454)
lPIBi	-0.690	0.123	-0.690	-0.0811	0.0567	-0.0811
	(0.519)	(0.470)	(0.519)	(0.100)	(0.0798)	(0.100)
lPIBj	1.089***	1.146***	1.089***	0.169***	0.178***	0.169***
	(0.193)	(0.196)	(0.193)	(0.0361)	(0.0356)	(0.0361)
Lpopulationi	0.729*	0.210	0.729*	0.0751	-0.0143	0.0751
	(0.381)	(0.354)	(0.381)	(0.0711)	(0.0574)	(0.0711)
Lpopulationj	-0.725***	-0.808***	-0.725***	-0.0919***	-0.107***	-0.0919***
	(0.200)	(0.203)	(0.200)	(0.0296)	(0.0289)	(0.0296)
Ldistanceij	-2.501***	-2.552***	-2.501***	-0.507***	-0.521***	-0.507***
	(0.548)	(0.556)	(0.548)	(0.122)	(0.119)	(0.122)
Langue ethniqueij	3.734***	4.056***	3.734***	0.636***	0.698***	0.636***
	(0.495)	(0.494)	(0.495)	(0.112)	(0.106)	(0.112)
Frontièreij	2.584***	2.532***	2.584***	0.403***	0.392***	0.403***
	(0.388)	(0.393)	(0.388)	(0.0868)	(0.0866)	(0.0868)
Enclavementi	-3.987***	-4.262***	-3.987***	-0.654***	-0.634***	-0.654***
	(1.348)	(1.383)	(1.348)	(0.208)	(0.224)	(0.208)
Institutions G	0.842***			0.123**		
	(0.269)			(0.0509)		
Institutions E		-0.0559			-0.0171	
		(0.118)			(0.0195)	
Institutions P			0.842***			0.123**
			(0.269)			(0.0509)
Constante	-4.883	-14.23	-4.883	-0.450	-2.057	-0.450
	(9.400)	(9.144)	(9.400)	(1.879)	(1.694)	(1.879)
Observations	330	330	330	330	330	330
R-carré	0.563	0.550	0.563	0.639	0.637	0.639
Nombre de pays	6	6	6	6	6	6

Standard errors in parentheses

*** $p<0.01$, ** $p<0.05$, * $p<0.1$

Les colonnes 1, 2 et 3 présentent les résultats obtenus par l'estimateur à effets fixes, alors que les colonnes 4, 5 et 6 présentent les résultats à partir de l'estimateur du pseudo maximum de vraisemblance de poisson.

❖ **Les indicateurs de facilitation du commerce**

On peut voir que le nombre de documents du pays importateur de même que le nombre de jours pour exporter ont un impact positif sur le commerce intra-CEMAC, quel que soit l'estimateur utilisé. Cet impact positif contraire à la théorie peut s'expliquer par le fait que les pays de la CEMAC font partie des plus corrompus au monde, et que le nombre de jours et de documents élevés entraîne des pots-de-vin pour faciliter les transactions commerciales. Ce résultat va dans le sens de celui de Nkendah (2010, 2013[7]), qui affirme qu'il existe des flux commerciaux informels importants entre les pays de la CEMAC et que cela est dû à une défaillance institutionnelle dans la CEMAC. En effet, malgré les mesures mises en place dans les pays de la CEMAC ces dernières années pour améliorer l'environnement des affaires, ces indicateurs de facilitation ne baissent pas significativement. L'utilisation de l'internet par le pays exportateur a un impact positif sur le commerce dans la zone, cette variable est significative à 10%. En effet, la pénétration de l'internet tarde à se faire et le débit demeure faible, ce qui ne permet pas d'impacter considérablement le commerce dans la région.

❖ **Les institutions**

Concernant les institutions (colonne 1 et 4), on peut voir que prises de manière globale (institutions G), elles influencent positivement le commerce dans la CEMAC, quel que soit l'estimateur utilisé. Prises de manière désagrégées, les institutions politiques (institutions P) influencent également positivement le commerce intra-CEMAC (colonne 3 et 6). Cela signifie qu'une meilleure qualité des institutions contribuera à intensifier le commerce dans la CEMAC. Cependant, les indicateurs actuels de la qualité des institutions des pays de la CEMAC sont très en dessous de la moyenne.

❖ **Les variables traditionnelles**

Le PIB des partenaires et la population du pays exportateur, la frontière et la langue ethnique commune, ont un impact positif sur le commerce intra-CEMAC, tandis que la distance et l'enclavement ont un impact négatif sur le commerce dans la zone. En effet, une grande partie de la population aux frontières (Cameroun-Gabon-Guinée Equatoriale) parle la langue « Fang », de même qu'à la frontière Cameroun-RCA, les deux populations parlent le « Gbaya », et enfin à la frontière Cameroun-Tchad, la population parle

[7] La première version de cette étude a été présentée au CREA en 2010, puis il a été publié en 2013.

le « Fufuldé », cela facilite le commerce dans un contexte où les commerçants ne parlent pas bien les langues officielles.

CONCLUSION

L'objectif de ce travail était d'analyser l'impact des indicateurs de facilitation du commerce et de la qualité des institutions sur le commerce intra-CEMAC. Nous estimons un modèle de gravité augmenté des indicateurs de facilitation du commerce (liés à la réglementation et aux services d'infrastructures, notamment les TIC) et des indices d'institutions globales, institutions économiques et institutions politiques. Les résultats montrent que les indicateurs de facilitation du commerce exercent un effet opposé sur le commerce intra-CEMAC. En effet, le nombre de documents et le nombre de jours pour exporter ont un impact positif sur le commerce intra-CEMAC. Les services d'infrastructures, notamment l'utilisation de l'internet a un impact positif sur le commerce intra-CEMAC. Les indices d'institutions globales et d'institutions politiques impactent également positivement le commerce intra-CEMAC.

Forts de ces résultats, les politiques visant le développement des services d'infrastructures en général et les TIC en particulier, notamment le réseau internet et les stratégies visant à améliorer la réglementation à travers la réduction des délais et des documents exigés pour exporter, permettront de faciliter le commerce qui demeure confronté à des coûts très élevés dans la CEMAC. Aussi, une meilleure qualité des institutions est nécessaire pour conforter les investisseurs et en attirer de nouveaux dans l'industrie manufacturière, afin de diversifier leurs économies et les rendre complémentaires pour renforcer l'intégration.

RÉFÉRENCES BIBLIOGRAPHIQUES

AGBODJI AKOETE Ega., (2007), « Intégration et Échanges commerciaux Intra Sous-régionaux : le Cas de l'UEMOA », *Revue africaine de l'Intégration,* V.1, 29 p.

AMOAH OWUSU – Ansah Georges, (2014), "Intra-African Trade: Issues Involved in Improving Ghana's Trade with the Rest of Africa", *Developing Country Studies*, Vol.4, No.2, 96 p.

ANDERSON James. E. et WINCOOP Eric Van., (2004), « Trade Costs », *Journal of Economic Literature*, 42(3), pp. 691-751.

ARVIS Jean-François., Duval Yann, SHEPHERD Ben and UTOKTHAM Chorthip (2013), « Trade costs in the developing world: 1995-2010 », World Bank Policy Research Working Paper 6309, The World Bank.

AVOM Désiré., (2005), "Les Déterminants des Échanges dans la CEMAC : une Évaluation empirique " *Revue d'Économie Appliquée*, T. LVIII, n° 2, pp. 127-153.

AVOM Désiré et MIGNAMISSI Dieudonné. (2013), « Évaluation et analyse du potentiel commercial dans la Communauté économique et monétaire de l'Afrique centrale (CEMAC) », *L'Actualité économique*, vol. 89, n° 2, 2013, pp. 115-145.

AVOM Désiré et FANKEM GANDJON Stéphane (2014), « Qualité du cadre juridique, corruption et commerce international : le cas de la CEMAC », *Revue d'économie politique*, 2014/1, (Vol. 124), pp. 101-128.

AVOM Désiré et GBETNKOM Daniel (2005)," Intégration par le marché : le cas de L'UEMOA". *Revue Région et Développement*, n° 22, pp. 85-104.

BALDWIN Richard and TAGLIONI Daria (2006), « Gravity for Dummies and Dummies for Gravity Equations », NBER Working Papers, 12516, National Bureau of Economic Research, Inc, Cambridge, MA, http://www.nber.org/papers/w12516 consulté le 13 janvier 2020.

BERGSTRAND Jeffrey H. (1985), "The gravity equation in international trade: some microeconomic foundations and empirical evidence", *The Review of Economics and Statistics* 67(3): 474–81.

BERGSTRAND Jeffrey H. (1989), "The generalized gravity equation, monopolistic competition and the factor-proportions theory in international trade", *The Review of Economics and Statistics* 71(1): 143–53.

BHATTACHARYAY Biswa Nath (2009) "Infrastructure Development for ASEAN Economic Integration", ADBI Working Paper 138. Tokyo : Asian Development Bank Institute.

BRUN Jean, CARRERE Céline., GUILLAUMONT, Patrick., and DE MELO Jaime. (2002), « Has distance died? », Evidence from a panel gravity model. CEPR Discussion Paper 3500.

CEA (2012) *État de l'intégration régionale en Afrique V, Vers une zone de libre-échange continentale africaine*, Commission économique pour l'Afrique, Addis-Abeba, Éthiopie.

CEA., (2010), "Développer le Commerce Intra-Africain" *Rapport sur l'évaluation de l'intégration en Afrique (ARIA IV) :* Addis-Abeba.

Chaney, T. (2008), "Distorted gravity: the intensive and extensive margins of international trade",*American Economic Review* 98: 1707–21.

CNUCED (2013), « Contribuer au développement des infrastructures pour promouvoir l'intégration économique : le rôle des secteurs public et privé », Conseil du commerce et du développement Commission du commerce et du développement Réunion d'experts pluriannuelle sur la promotion de l'intégration et de la coopération économiques, mars 2013.

COULIBALY S. et FONTAGNÉ L. (2005), « South-South trade: geography matters », *Journal of African Economies*, 15(2), pp. 313-341.

DEARDORFF A, (1998), « Determinants of bilateral trade: Does gravity work in a neoclassical world? », In: Frankel, J.A. (Ed.), The Regionalization of the World Economy. University of Chicago Press, Chicago (Chapter 1), pp. 7-32.

DJANKOV S, FREUND C. and PHAM C. S. (2006), 'Trading on Time', World Bank Policy Research Working Paper No. 3909 (Washington, D.C. : World Bank), 38 p.

DOLLAR, D. and KRAAY, A. (2002), "Growth is good for the Poor", *Journal of Economic Growth*, Vol. 7, N0. 3 (Sep., 2002), pp. 195-225.

DSIR (2011), « Afrique Centrale », Document de Stratégie d'intégration Régionale. Banque africaine de Développement, février 2011, 47 p.

EATON J and KORTUM S (2002), "Technology, geography, and trade", *Econometrica* 70: 1741-1779

EGGER P.H (2002), « An econometric view on the estimation of gravity models and the calculation of trade potentials », *The World Economy*, 25, 297–312.

EGGER PH., and LASSMANN, A. (2011), ''The language effect in international trade": A meta-analysis, CESifo working paper: Trade Policy, No. 3682, 2001, 25 p.

ELIASON, A (2015), « The Trade Facilitation Agreement: A New Hope for the World Trade Organization », *World Trade Review*, Volume 14, Issue 04, pp. 643 – 670.

FEENSTRA R MARKUSEN, J. and ROSE, A. (2001), "Using the gravity equation to differentiate across

alternative theories of trade", *Canadian Journal of Economics* 34: 430–47.

FLINK C. MTTOO, A. and ILLEANA, C.N. (2002). Assessing the Impact of Communication Costs on International Trade. Journal of International Economics. 67(2), pp. 428-445.

FMI (2011), Perspectives économiques régionales : Afrique subsaharienne, Washington.

FOSTER V and BRICEÑO-GARMENDIA C. (2009), « Africa's Infrastructure A Time for Transformation », The International Bank for Reconstruction and Development / The World Bank, 42 p.

GAHAMA J., (2015), « La Communauté d'Afrique de l'Est : une jeune organisation régionale promise à un bel avenir ? », *Les perspectives de l'Afrique au XXIe siècle*, 33 p.

GAHAMA J., (2006), Bref aperçu historique du bassin de la Kagera, Workshop for Kagera Basin Non Governmental Stakeholders, Bujumbura, 26p.

GARDNER, R. (1998), "Unobservable individual effects in unbalanced panel data", in: *Economic Letters*, Vol. 58, 39-42.

GBETNKOM D., (2004), "Reformes Économiques, Échanges Intra-Régionaux et Convergence en Afrique Sub-saharienne ". *Thèse d'État en Sciences Économiques.*

GOURIEROUX C., Monfort, A., and Trognon, A. (1984), "Pseudo maximum likelihood methods: Applications to Poisson models," *Econometrica*, 52, pp. 701-720.

HAUSMAN J. A., Taylor W. E., (1981), "Panel Data and Unobservable Individual Effects," Econometrica, vol.49, 1377-1398.

IAM (2015), « L'Agenda2063 : Cadre global de la transformation positive de l'Afrique ? », La note de l'Institut Afrique Monde.

KPODAR K. (2007), « Manuel d'initiation à stata (version 8) », Centre d'Études et de Recherches sur le Développement International (CERDI), CNRS.

KRUGMAN P.R. (1980), "Scale Economies, Product Differentiation, and the Pattern of Trade", *American Economic Review*, 70, pp. 950-959

LIMAO N. and VENABLES, A.J. (2001), "*Infrastructure, Geographical Disadvantage, and Transport Cost* ", *World Bank Economic Review* 15(3), pp. 451-479.

LONGO, R. and SEKKAT, K. (2004), "Economic Obstacles to Expanding Intra-African Trade", *World Development Vol.* 32, No.8, pp. 1309-1321.

MARTINEZ-ZARZOSO I. and Márquez-Ramos, L. (2008), 'The Effect of Trade Facilitation on Sectoral Trade', *B.E. Journal of Economic Analysis & Policy*, 8, 1, Article 42.

MEADE J.E., (1955), "*The Theories of Customs Unions*." North-Holland,Amsterdam, 157 p.

MELITZ M. (2003), « The impact of trade on intra-industry reallocations and aggregate industry productivity », *Econometrica* 71, pp. 1695–1725.

MELO (de) J. and Panagariya A. and Rodrik D. (1992), "The New Regionalism: A Country Perspective", in de Melo J. and Panagariya A. (eds.)., New Dimensions in Regional Integration, CEPR, pp. 159-201.

MUSILA J.W. (2005), "The Intensity of Trade Creation and Trade Diversion in COMESA, ECCAS and ECOWAS: A Comparative Analysis", *Journal of African Economies*, Vol.14 (1), pp. 117-141.

MWANA S., (2006), Kiswahili Grammar, Dar-es-Salaam, 123 p.

NDAYISHIMIYE R.F., (2009), *L'impact de l'adhésion du Burundi à l'East African Community*, Observatoire de l'action gouvernementale, Bujumbura, 120 p.

NEPAD/OCDE, (2009), Communauté d'Afrique de l'Est : panorama des projets régionaux d'infrastructure routière, Rapport préliminaire, Genève.

NG F., and YEATS, A (2000), « On the Recent Trade Performance of Sub-Saharan African Countries: Cause for Hope or More of the Same? », Africa Region

Working Paper Series No. 7, The World Bank Group. (Trade Research Team), D.C. 2043, 90 p.

NJINKEU D., WILSON J. et POWO FOSSO B., (2008), « Expanding Trade within Africa : the Impact of Trade Facilitation », World Bank *Policy Research Working Paper* n°4790.

NKENDAH R (2010), « The Informal Cross-Border Trade of agricultural commodities between Cameroon and its CEMAC's Neighbours », Paper for the NSF/AERC/IGC Conference, December.

NKENDAH R (2013), « Estimating the Informal cross-border trade of agricultural and horticultural commodities between Cameroon and its CEMAC Neighbours », Food Policy, Vol. 41, pp. 133-144 Elsevier.

NYOMBAYIRE C., (2011), CEA : les clés d'une intégration qui marche, (http://africadiligence.com). 14 mars 2011. Republic of Rwanda, Ministry of East African Community Affairs, 2010, East African Community Projects and Programs, Kigali.

OMC (2006), « Examen des politiques commerciales, Communauté de L'Afrique de L'Est », WT/TPR/S/171.

PORTUGAL-PEREZ A., et WILSON J.S. (2010), « Export Performance and Trade Facilitation Reform: Hard and Soft Infrastructure », The World Bank Development Research Group Trade and Integration Team.

SECK A (2017), « How Facilitating Trade would Benefit Trade in Sub-Saharan Africa », *Journal of African Development*, 19(1):1–26.

SECK A (2016), « Trade facilitation and trade participation: Are sub-Saharan African firms different? », *Journal of African Trade,* 3, 23–39.

SERLENGA L., and SHIN Y. (2007), "Gravity Models of Intra-EU Trade: Application of the CCEP-HT Estimation in Heterogeneous Panels with Unobserved Common Time Specific Factors", *Journal of Applied Econometrics*, 22, pp. 361-81

SEVESTRE P. (2002), Econométrie des données de panel, Dunod, Paris.

SILVA J,S., and TENREYRO S (2011b). Further Simulation Evidence on the Performance of the Poisson Pseudo-Maximum Likelihood Estimator. Economics Letters, 112(2), pp. 220–222.

SILVA J,S., and TENREYRO S (2005), « The Log of Gravity », Centre for Economic Performance (CEP) Discussion Paper No 701

SMITH A. (1776), "Recherches sur la nature et les causes de la richesse des nations" Traduction française, 1949 réalisée par Jean-Marie Tremblay, professeur de sociologie au Cégep de Chicoutimi à partir de la version 1776.

STONE S., and STRUTT A. (2009), "Transport infrastructure and trade facilitation in the Greater Mekong Subregion", ADBI working paper series, No. 130.

SIMPEMUKA A., (2010), *Le Burundi dans l'East African Community : vers un destin incertain*, Bujumbura

TINBERGEN J., (1962)," *Shaping the world economy: suggestions for an International economic Policy*" Twentieth Century Fund, New York, 113 p.

VINER J., (1950), *The Customs Union Issue,* Carnegie Endowment For International Peace, Oxford University Press, New York, 65 p.

WEERAHEWA J (2009), "Impact of Trade Facilitation Measures and Regional Trade Agreements on Food and Agricultural Trade in South Asia", Asia-Pacific Research and Training Network on Trade Working Paper Series, No 69.

WILSON J. S., MANN C. L. and OTSUKI T. (2005), 'Assessing the Benefits of Trade Facilitation: A Global Perspective, *World Economy*, 28, 6, pp. 841-71.

WILSON J.S., MANN, C.L., and TSUNEHIRO OTSUKI T. (2002), « Trade Facilitation and Economic Development Measuring the Impact », Policy Research Working Paper, The World Bank Development Research Group.

Titre 5 :

LES INSTITUTIONS NON EXÉCUTIVES DE L'INTÉGRATION COMMUNAUTAIRE

(Parlement, Justice communautaire)

LA PARTICIPATION DU PARLEMENT COMMUNAUTAIRE AU PROCESSUS DÉCISIONNEL DE LA CEMAC

Par

Long Christ Papy NKOUAYEP

Docteur en droit public de l'Université de Yaoundé II
Maître-Assistant CAMES
Chargé de cours à l'Université de Yaoundé II

Résumé

La mise en place d'un ensemble sous-régional cohérent a été très difficile en Afrique centrale. Partie de simples ambitions douanières, l'Afrique centrale a migré vers une intégration sous-régionale. De plus, la nouvelle dynamique ayant cours dans tout le continent africain et plus particulièrement dans les pays de la zone franc a été un coup d'accélérateur dans le processus de relance de l'idéal communautaire en Afrique centrale. Cet idéal atteindra certainement sa vitesse de croisière avec le processus de fusion des communautés concurrentes de l'Afrique centrale. Dans cet élan, une institution comme le Parlement communautaire est appelée à participer au premier plan, à une intégration plus avancée, nonobstant les obstacles de divers ordres auxquels elle est confrontée. C'est pourquoi le Parlement communautaire dispose d'outils de participation au processus décisionnel, bien que ceux-ci soient perfectibles. Il s'agit notamment de la participation par voie d'information et de consultation.

Mots clés : Participation ; parlement ; intégration ; CEMAC

Abstract

The establishment of a coherent sub-regional whole was very difficult in Central Africa. Part of simple customs ambitions, Central Africa has migrated to sub-regional integration. Furthermore, the new dynamic taking place throughout the African continent and particularly in the countries of the franc zone was a boost in the process of relaunching the community ideal in Central Africa. This ideal will certainly reach cruising speed with the process of merging competing communities in Central Africa. In this spirit, an institution like the community parliament is called upon to participate in the foreground in a more advanced integration notwithstanding the obstacles of various orders with which it is confronted. This is why it has tools to participate in the decision-making process, although these are perfectible. These include participation through information and consultation.

Keywords : *Participation ; parliament ; integration ; CEMAC*

INTRODUCTION

L'intégration est sans doute la raison d'être et le fil conducteur de toute organisation sous-régionale, régionale ou interrégionale. Cet idéal d'intégration dans un contexte comme celui du continent noir, nous amène à partager cette réflexion du Professeur KAMTO Maurice qui estime que « *le rythme de succession ou de remodelage des communautés sous-régionales africaines montre que les précédents échecs n'ont pas annihilé les espoirs d'y trouver les ressources nécessaires à l'unification sous-régionale et plus tard continentale. Véhiculant une vision euphorique des rapports entre ses membres, la communauté apparaît en outre comme un cadre de fraternisation et de paix, comme le plus sûr instrument de développement* »[1]. Le champ scientifique de cette étude, mais surtout temporel est suffisamment éloquent pour envisager un bilan des institutions de la CEMAC et déboucher sur des perspectives. D'une part, en observant et en scrutant le fonctionnement actuel de ces institutions communautaires, il se dégage comme un sentiment d'inachevé dans un contexte où l'on s'attend beaucoup plus à des institutions fortes et non à des Hommes forts comme c'est le cas en ce moment en Afrique centrale. Cette réalité sous-régionale implacable a certainement un impact regrettable sur la marche vers l'intégration[2] en Afrique centrale. D'autre part,

[1] KAMTO (M.), « La Communauté Economique des États de l'Afrique Centrale (CEEAC) : une communauté de plus », *AFDI,* 1997, p. 858.

[2] À cet effet, l'on peut convoquer le préambule du traité révisé CEMAC qui dispose que les Etas de la sous-région sont « *résolus à donner une impulsion nouvelle et décisive au processus*

si l'on jette un regard curieux dans la sous-région Afrique de l'Ouest par exemple, l'on comprendra aisément que l'intégration sous-régionale en Afrique centrale a encore du chemin à faire. Dans un tel contexte, l'OBSIC-AC[3], de par sa vocation, ne saurait rester insensible face à la décrépitude de l'idée intégrationniste qui prévalait à la fondation des institutions de la CEMAC. Cela est d'autant plus important pour la simple raison que « *rien n'est possible sans les hommes, rien n'est durable sans les institutions* »[4]. Il est question d'apporter notre modeste contribution en scrutant l'institution parlementaire communautaire.

Mener une réflexion sur la participation du Parlement communautaire au processus décisionnel de la CEMAC peut sembler fou pour une raison évidente. En effet, le Parlement communautaire ne dispose pas encore de l'expérience nécessaire qui lui permet de faire l'objet d'une étude scientifique partant de l'analyse de ses rapports. D'ailleurs, on pourrait bien se poser la question de savoir si la difficulté du Parlement CEMAC à s'affirmer malgré sa formalisation suffirait à mener une étude sur cette institution communautaire. Quoi qu'il en soit, si l'on se situe dans une perspective normativiste, on pourrait véritablement courir le risque de mener une telle étude malgré la jeunesse de l'institution. Dès lors que le Maître de Vienne a pu privilégier dans le système juridique les normes renvoyant en un ensemble composé de normes juridiques et d'une norme suprême qui en assure la validité[5]. Cependant, il y a lieu de considérer qu'il contient nécessairement d'autres éléments : les organes créateurs des normes. La limitation par Hans KELSEN du système juridique aux normes repose strictement sur sa conception pyramidale dudit système. Or, si la norme constitue l'élément le plus important du système juridique, elle reste bien loin de l'épuiser[6]. C'est pour cette raison qu'on a pu relever que « *les défectuosités de la Stufenbautheorie, ou plutôt les excès qui la rendent critiquable, proviennent de ce qu'elle raisonne purement sur les règles sans prendre en considération préalable les organes ou les autorités de qui les règles émanent* »[7].

Dans la même foulée, mais dans une conception singulière, car bâtie autour de la notion d'institution, ROMANO estimait également que l'ordre juridique

---

d'intégration en Afrique centrale par une harmonisation accrue des politiques et des législations de leurs États ».

[3] Il s'agit de l'observatoire sous-régional d'intégration communautaire en Afrique centrale. C'est une organisation de la société civile dont le but est de promouvoir et d'appuyer le développement de l'intégration communautaire au sein de la sous-région Afrique centrale.

[4] MONNET (J.), *Mémoires*, Paris, Fayard, 1976, p. 412.

[5] V. KELSEN (H.), *Théorie pure du droit* ,2e éd., Traduction Charles EISENMANN, Dalloz, Paris, 1962, p. 379.

[6] ORIANNE (P.), *Introduction au système juridique*, Louvain-la-Neuve, Bruxelles, 1982, p.32

[7] CARRE DE MALBERG (R.), *Confrontation de la théorie de la formation du droit par degrés avec les idées et les institutions consacrées par le droit positif français relativement à sa formation,* Librairie du Recueil Sirey, Paris, 1933, p. 165.

n'est pas réductible à un ensemble de règles, mais recouvre aussi les rapports d'autorité et de force qui créent, modifient, appliquent les normes juridiques, sans s'identifier à elles[8]. Après avoir rappelé que tout ordre juridique est une institution et, inversement, toute institution est un ordre juridique, qu'il y a entre ces deux concepts, une équation nécessaire et absolue, l'auteur définissait l'institution comme étant « *une entité qui, dans une certaine mesure, se conduit selon les normes, mais conduit surtout, un peu comme des pions sur un échiquier des normes elles-mêmes* »[9].

De ce point de vue, les organes occupent une place non négligeable dans l'appréhension du système juridique à l'instar de celui de la CEMAC[10]. Le chapitre I du titre II du Traité CEMAC est relatif au système institutionnel. On note la consécration de cinq Institutions notamment, l'UEAC[11], l'UMAC[12], la Cour de Justice, la Cour des Comptes et le Parlement communautaire. S'agissant de cette dernière, l'on peut globalement affirmer que les parlements sont « *destinés (...) à donner leur accord à des mesures de politiques publiques exécutoires, accord donné au nom d'une communauté politique qui va au-delà de l'élite gouvernementale responsable de la formulation de telles mesures* »[13]. Ainsi, Considérés dans une perspective institutionnelle, « *les parlementaires sont tout sauf faibles* »[14], car ils détiennent la légitimité du consentement du peuple. Peut-on en dire autant pour le Parlement CEMAC ? Assurément oui si l'on se réfère à l'article 2 de la convention régissant le Parlement communautaire qui dispose que « *le parlement de la CEMAC est l'assemblée élue conformément aux dispositions de la présente convention* »[15]. Dès lors, il jouit d'un droit de participation au processus décisionnel de la CEMAC[16].

D'où l'intérêt de la présente réflexion sur le double plan théorique et pratique. Sur le plan théorique, elle donne une occasion de faire le point sur la

---

[8] Cf., ROMANO (S.), *L'ordre juridique*, Dalloz, Paris, 1975, pp. 19 et p. 38.

[9] *Ibidem*.

[10] SIMO (E.), *Droit institutionnel CEMAC et Parlements des États membres. Réflexion sur les rapports de systèmes-organes*, Thèse de doctorat/Ph. D en droit public, Université de Yaoundé II, 2018, p. 26.

[11] Union Économique de l'Afrique Centrale.

[12] Union Monétaire de l'Afrique Centrale.

[13] NORTON (P.), « La nature du contrôle parlementaire », *Pouvoirs*, n° 134, 2010/3, p. 7.

[14] Ibid., p. 11. En matière financière, ce consentement est celui de l'impôt, car il serait très difficile de concevoir une levée des prélèvements publics sans une caution préalable du peuple à travers ses représentants.

[15] L'article 5 de la convention régissant le parlement communautaire dispose que « *les députés sont élus au suffrage universel direct, pour une durée de cinq (5) ans selon une procédure électorale qui est déterminée par un Acte additionnel de la conférence des chefs d'État, après consultation du parlement. Cet acte additionnel fixe également le nombre des députés par État membre, leurs indemnités, le régime d'éligibilité ainsi que celui des incompatibilités. Tout mandat impératif est nul* ».

[16] Titre II du Chapitre II de la convention régissant le parlement communautaire CEMAC.

clarification conventionnelle de la marge d'action de la participation du Parlement CEMAC au processus décisionnel de la communauté, qui, il faut déjà le souligner, nécessite d'être amélioré. Sur le plan pratique, la présente étude est opportune et salutaire dans un contexte d'hibernation parlementaire. Il convient au-delà de la lecture conventionnelle que l'on peut se faire de la participation parlementaire au processus décisionnel de la communauté de faire le point sur les rares cas de sollicitation de cette institution par d'autres organes de la CEMAC. On peut donc instinctivement se poser la question de savoir ce qui caractérise la participation du Parlement communautaire au processus décisionnel de la CEMAC. En guise d'approche méthodologique, il convient de souligner que la science juridique s'accommode de l'interprétation et de l'analyse des textes juridiques qui meublent l'ordre juridique. Ainsi, l'interprétation des textes juridiques servira de boussole dans le cadre de cette étude. Nous pouvons d'ores et déjà affirmer que la participation du Parlement communautaire au processus décisionnel de la CEMAC est résiduelle. Cette affirmation s'appuie sur le fait qu'à l'observation des conventions régissant les institutions communautaires et les contributions doctrinales et la pratique institutionnelle, il apparaît une participation relative par voie d'information (I) et une participation restrictive par voie de consultation (II) dans le processus décisionnel de la CEMAC.

I. UNE PARTICIPATION RELATIVE PAR VOIE D'INFORMATION

La mise en place d'un ensemble sous-régional cohérent a été très difficile en Afrique centrale. Les raisons de ce difficile enracinement ont souvent été cherchées dans les particularismes propres à la sous-région, et qui ont plus ou moins influencé la construction communautaire dans l'espace économique engagée à partir de 1964 par l'UDEAC et poursuivie aujourd'hui par la nouvelle communauté économique et monétaire de l'Afrique centrale[17]. Partie de simples ambitions douanières, l'Afrique centrale a migré vers une intégration sous-régionale. De plus, la nouvelle dynamique ayant cours dans tout le continent africain et plus particulièrement dans les pays de la zone franc a été un coup d'accélérateur dans le processus de relance de l'idéal communautaire en Afrique centrale. Dans cet élan, une institution comme le Parlement communautaire est appelée à participer au premier plan, à une intégration plus avancée, nonobstant les obstacles de divers ordres auquel il est confronté. C'est pourquoi il dispose des outils tels que la possibilité d'être consulté au niveau communautaire comme une modalité affirmée de sa participation au processus décisionnel de la communauté (A). Toutefois, cette forme de participation communautaire connaît une atténuation de ses effets (B).

[17] GNIMPIEBA TONNANG (E.), *L'ordre juridique communautaire de la CEMAC*, L'Harmattan, 2016, pp. 26-27.

A. L'affirmation des modalités de participation

Dans une enceinte dont la dénomination même consacre la parole, l'encadrement du droit d'expression ne peut qu'être délicat. Appliqué au Parlement communautaire, le dilemme illustre la difficile conciliation des intérêts des acteurs parlementaires : la liberté de parole et l'expression de toutes les opinions peuvent paralyser le processus décisionnel[18]. Selon l'acteur concerné, l'attente légitime varie. *Gloire au pays où l'on parle, honte au pays où l'on se tait.* Cette réponse célèbre de CLEMENCEAU au général BOULANGER est celle du « *simple député, qui ne pouvait défendre avec plus d'éloquence la démocratie parlementaire* »[19]. Pourtant, comme le relève judicieusement Raymond FORNI, « *vingt ans après, le même Clémenceau, cette fois Président du Conseil, ne manquait pas de se plaindre des débats sans fin qui se tenaient à la chambre* »[20]. En tout état de cause, les parlementaires, notamment au sein du Parlement communautaire, jouissent d'une diversité d'instruments qui leur permet de participer au processus décisionnel de la communauté et par voie de conséquence de contrôler l'action des organes communautaires. Il s'agit des questions (1) et de la motion de censure (2).

1. Les questions

Les Assemblées parlementaires offrent à leurs membres à la fois un cadre institutionnel de débat et un cadre d'investigation de l'activité de l'exécutif. Elles ont peu de goût pour une investigation approfondie[21], d'où leur intérêt porté en pratique aux questions orales ou écrites. « *La technique des questions a, en effet, vocation à compenser les restrictions au contrôle politique* »[22] aménagées suivant la logique de rationalisation du parlementarisme. La convention régissant le Parlement communautaire fait des questions orales et écrites, des moyens de contrôle de l'action du conseil des ministres, du comité ministériel et de la commission[23]. Par définition, les questions sont des demandes d'information et par voie de conséquence des moyens de contrôle.

---

[18] BEAUFUME (B.), *Le droit d'amendement et la Constitution sous la cinquième République*, Paris, L.G.D.J., 1993, p. 324. « *Deux impératifs contradictoires régissent la discussion d'un amendement : la liberté de parole qui est le principe par excellence de l'institution parlementaire ; la nécessité de conduire le processus législatif à terme satisfaisant, c'est-à-dire le vote* ».

[19] Rapport de l'Assemblée nationale en France, fait au nom de la commission des lois sur la proposition de Résolution de Laurent FABIUS tendant à modifier le règlement intérieur, n° 1744, 11e Législature, 29 juin 1999, par Raymond FORNI, p. 5.

[20] *Idem.*

[21] CAMBY (J.-P.), SERVENT (P.), *Le travail parlementaire sous la cinquième République*, Montchrestien, Paris, 2e éd., 1994, p. 117.

[22] GICQUEL (J.), GICQUEL (J.-E.), *Droit constitutionnel et institutions politiques*, L.G.D.J., Paris, 33e éd., 2019, p. 687.

[23] Article 17 de la Convention régissant le parlement communautaire CEMAC.

En d'autres termes, il s'agit de l'acte par lequel un membre d'une assemblée demande à un responsable des explications sur un point déterminé de sa politique[24], et constitue un procédé d'information en usage dans les assemblées où des organes sont politiquement responsables[25].

Grâce aux questions, les parlementaires communautaires peuvent demander aux organes de la communauté d'éclaircir leur position sur un problème particulier ou sur leur ligne politique de manière générale, ou encore les inviter à apporter des amendements aux actes qu'ils prennent. Ce fut par exemple le cas devant les députés de la CEMAC réunis en plénière le mercredi 13 février 2019, lors de la session ordinaire consacrée à l'adoption du Rapport sur le fonctionnement et l'évolution de la communauté. À la suite d'un exposé aussi limpide qu'exhaustif, le Président de la Commission s'est prêté aux questions des honorables. Des explications ont été apportées pour éclairer les parlementaires et rassurer sur la volonté des dirigeants actuels de la CEMAC d'impulser une intégration palpable aux yeux des populations et qui impacte leurs conditions de vie. D'une part, les questions ne peuvent être posées que par un seul parlementaire et d'autre part, tout parlementaire peut les poser. La formulation des questions est ainsi perçue comme une « *prérogative individuelle* »[26] reconnue à chacun des parlementaires. Ils bénéficient ainsi tous d'une « *chance égale* »[27] d'exercer ce moyen de contrôle qui leur donne l'occasion supplémentaire de se poser en censeurs du bon emploi des fonds publics communautaires.

Ainsi, « *si le questionnement, qui peut sembler le moyen le plus naturel, paraît parfois se résoudre soit à la mise en exergue d'intérêts principalement locaux ou sectoriels (questions orales), soit à une forme d'échange à la théâtralité avérée et parfois appréciée (questions aux organes de la communauté), il constitue en fait un remède contre l'engourdissement de l'action de l'exécutif au quotidien* »[28]. Il pèse sur l'agenda des ministres et surtout sur le plan de charge de leurs collaborateurs. C'est à partir du processus de questionnement que se sont développées les multiples formes de débat qui émaillent désormais l'ordre du jour des Assemblées et remplissent prioritairement la période consacrée au contrôle. Matériellement, les questions se déclinent de façon écrite et orale. S'agissant des questions orales, la procédure élémentaire et spontanée de contrôle consiste à interroger les

24 AMELLER (M.), *Les questions, instruments du contrôle parlementaire*, LGDJ, Paris, 1964, p. 9.

25 EKELLE NGONDI (M.B.), *La nature du contrôle parlementaire de l'action gouvernementale en droit constitutionnel camerounais*, Mémoire de Master en droit public, Université de Yaoundé II, 2015, p. 70.

26 AMELLER (M.), « L'heure des questions au Palais-Bourbon », *in* Mélanges Georges BURDEAU, LGDJ, Paris, 1977, p. 374.

27 *Idem.*

28 DELCAMP (A.), « La perception du contrôle parlementaire. Comment le rendre plus attractif », *Pouvoirs*, n°134, 2010, pp. 111-112.

organes communautaires[29]. L'on remarque que les parlementaires se servent plus des questions orales. Monsieur TEME Aristide Aymar explique cette préférence par le fait que les membres du Parlement sont la bouche du peuple. À cet effet, l'usage de la parole est leur arme de prédilection pour répercuter les préoccupations des populations[30]. Bien plus, la procédure propre aux questions orales est moins contraignante. Quant aux questions écrites, « *il s'agit d'une prérogative individuelle des députés (mais qui peut être encadrée par les groupes politiques) et d'une procédure très souple* »[31], même si les contraintes rédactionnelles sont des plus restreintes. « *D'une manière générale, les questions écrites contribuent davantage à l'information du public qu'au contrôle de l'action. Elles sont fréquemment utilisées pour obtenir une interprétation d'une loi ou d'un texte réglementaire, ce qui conduit à s'interroger sur l'autorité juridique des réponses apportées* »[32]. Les questions doivent être très sommairement rédigées et ne contenir aucune imputation d'ordre personnel à l'égard des tiers nommément désignés. Les questions orales sont inscrites sur un rôle spécial au fur et à mesure de leur dépôt. Ce qui n'est pas forcément le cas pour la motion de censure.

2. La motion de censure

On dit généralement du Parlement qu'il est la branche législative du pouvoir. Dans le modèle de séparation des pouvoirs de John LOCKE, les pouvoirs législatif et exécutif doivent être indépendants. Le pouvoir législatif doit prescrire les règles et donner mandat à l'exécutif de les mettre en œuvre, et l'exécutif lui est subordonné et lui rend des comptes. En tant qu'instance représentant le peuple, le Parlement est appelé à veiller à ce que l'application des politiques publiques reflète les besoins du peuple et y réponde[33]. Le Parlement est aussi appelé à faire en sorte que les politiques arrêtées soient correctement mises en œuvre pour les citoyens auxquels elles sont destinées. C'est le rôle du contrôle parlementaire qui est également prévu par la convention régissant le parlement CEMAC. Ainsi, lorsque le Parlement communautaire relève des dysfonctionnements dans l'accomplissement des missions dévolues à la commission par le traité de la CEMAC, il peut voter une motion de censure contre ladite commission[34]. La motion de censure n'est recevable que si elle est déposée par au moins un tiers (1/3) des députés composant le parlement. Le Parlement ne peut délibérer valablement sur une motion de censure que si les deux tiers (2/3) des députés composant le

---

[29] DOSIERE (R.), « Le contrôle ordinaire », *Pouvoirs*, n° 134, 2010, p. 37.
[30] TEME (A.A.), *La mise en place du Sénat au Cameroun*, L'Harmattan, Paris, 2015, p. 131.
[31] *Ibid.*, p. 40.
[32] *Ibid.*, p. 41.
[33] YAMAMOTO (H.), *Les outils du contrôle parlementaire. Étude comparative portant sur 88 parlements nationaux*, Presses Centrales, Renens, 2007, p. 9.
[34] Article 18 de la convention régissant le parlement communautaire CEMAC.

Parlement sont présents. La motion de censure est transmise à la conférence des chefs d'État qui peut inviter la commission à lui présenter sa démission[35].

B. L'atténuation des effets de la participation

La consultation en tant que l'un des modes de participation du Parlement communautaire au processus décisionnel de la CEMAC s'inscrit dans une perspective d'association des citoyens de la sous-région aux décisions qui impacteront leur quotidien. Toutefois, cette participation par voie de consultation se trouve atténuée dans certaines hypothèses. Ceci est le fait de la discrétion de la conférence des chefs d'État dans la mise en œuvre de la motion (1), ainsi que la dissolution du Parlement communautaire par la conférence des chefs d'État (2).

1. La discrétion de la conférence des chefs d'État dans la mise en œuvre de la motion de censure

Une fois que la motion de censure est adoptée, on se serait attendu à ce que les organes exécutifs de la communauté, notamment la commission tire les conséquences en procédant à la démission. Mais que non, car, « *la motion de censure est transmise à la conférence des chefs d'État qui peut inviter la commission à lui présenter sa démission* »[36]. L'on peut donc comprendre que la suite de la motion de censure dépend du bon vouloir ou du pouvoir discrétionnaire de la conférence des chefs d'État. « *L'existence du pouvoir discrétionnaire est généralement justifiée, tout au moins lorsqu'il s'agit de l'application de la loi, par l'impossibilité en face de laquelle se trouve le législateur, obligé qu'il est de procéder par règles générales, de prévoir la complexité des situations particulières et d'indiquer à l'Administration, en chaque hypothèse, de quelle façon et à quel moment elle doit agir* »[37].

Toutefois, cette explication du pouvoir discrétionnaire, si elle a le mérite de préciser la situation de la Conférence des chefs d'État par rapport à la convention et aux règles de droit, n'indique pas pourquoi, en fait, la marge de liberté qui est laissée à cet organe correspond, sensiblement à la zone de l'opportunité. On constate donc que la participation du Parlement communautaire au processus décisionnel de la CEMAC peut faire l'objet de restriction par la conférence des chefs d'État, surtout lorsqu'il y a adoption d'une motion de censure. Les effets de cette dernière seront fonction du bon vouloir de la conférence des chefs d'État, qui seule peut amener la commission à démissionner. Mais, il n'y a pas que le pouvoir discrétionnaire de la conférence des chefs d'État qui puisse limiter la participation du Parlement

---

[35] Article 19 de la convention régissant le parlement communautaire CEMAC.

[36] Article 19 de la convention régissant le parlement communautaire CEMAC.

[37] HAURIOU (A.), « Le pouvoir discrétionnaire et sa justification », In Mélanges Raymond CARRE DE MALBERG, Librairie Edouard Du chemin, Paris, p. 234.

communautaire au processus décisionnel, car ladite conférence peut aussi user de son droit de dissolution des parlementaires.

2. La dissolution du Parlement communautaire par la conférence des chefs d'État

La conférence des chefs d'État peut, après consultation du bureau du parlement et du conseil des ministres, dissoudre le parlement. Un nouveau Parlement est élu dans les quatre-vingt-dix (90) jours suivant la dissolution. Il ne peut être procédé à une nouvelle dissolution du Parlement dans l'année qui suit les élections[38].

D'un point de vue théorique, la dissolution fait référence à « *la procédure ayant pour objet de mettre fin, par l'organisation d'élections législatives anticipées, aux pouvoirs d'une assemblée avant le terme normal de son mandat* »[39]. Elle est l'acte par lequel il est mis fin par anticipation au mandat de l'ensemble des membres d'une Assemblée parlementaire. Adhémar ESMEIN estime qu'il s'agit d'« *une arme offensive donnée à l'exécutif contre la législature qu'il domine et qu'il veut réduire à la soumission* »[40]. C'est un mécanisme symétrique à la responsabilité politique du Gouvernement, qui rend nécessaire l'organisation de nouvelles élections parlementaires. Pour Georges BURDEAU, il s'agit d'un acte qui « *n'a de sens que par rapport aux données politiques. Il ne comporte pas de valeur en soi, mais seulement en fonction de ce qu'il vise à obtenir et de la manière dont il est utilisé* »[41]. Cette procédure est mise en œuvre exclusivement par la conférence des chefs d'État. C'est cette dernière qui est le juge de l'opportunité et qui apprécie seule les circonstances pouvant entraîner la dissolution. Ainsi, la conférence des chefs d'État peut influencer la continuité de l'existence de l'Assemblée communautaire.

II. UNE PARTICIPATION RESTRICTIVE PAR VOIE DE CONSULTATION

Lancé le jeudi 15 avril 2010 à Malabo en présence des chefs d'État de la CEMAC, le Parlement communautaire est finalement sorti de ses limbes. La cérémonie inaugurale de cette assemblée législative instituée par la convention adoptée par les chefs d'État le 25 juin 2008, lance le démarrage de ses activités au sein de l'espace communautaire. Elle s'appuie sur les instruments de travail mis en place par la commission interparlementaire et les autres institutions de la communauté, conformément aux exigences du

[38] Article 20 de la convention régissant le parlement communautaire CEMAC.
[39] De VILLIERS (M.), le DIVELLEC (A.), *Dictionnaire du droit constitutionnel*, Sirey, Paris, 11e éd., 2017, p. 125.
[40] ESMEIN (A.), *Éléments de droit constitutionnel français et comparé*, LGDJ, Paris, 2001, p. 157.
[41] BURDEAU (G.), *Traité de science politique*, LGDJ, Paris, tome 9, 1976, p. 445.

programme institutionnel initié par les dirigeants de la sous-région deux ans avant. Le lancement de ce Parlement est l'aboutissement du travail effectué par la commission interparlementaire qui contribuait à l'élaboration des textes organiques devant le régir. Cette commission interparlementaire faisait jusque-là office du Parlement communautaire transitoire[42]. Dès lors que le Parlement est mis en place, il peut effectivement commencer par participer au processus décisionnel de la CEMAC. C'est ainsi que la Convention régissant le parlement communautaire a prévu que cette institution peut faire l'objet d'une invitation à participer par certains organes communautaires en sollicitant son avis (A). Malheureusement, ce droit des parlementaires à la participation se trouve fragilisé dans le domaine budgétaire (B).

A. L'invitation du Parlement à participer aux activités de la communauté

La mission essentielle de la communauté est de promouvoir un développement harmonieux des États membres dans le cadre de l'institution de deux Unions : une Union économique et une Union monétaire. Dans chacun de ces deux domaines, les États membres entendent passer d'une situation de coopération, qui existe déjà entre eux, à une situation d'union, susceptible de parachever le processus d'intégration économique et monétaire[43]. La place du Parlement dans cette mission se veut importante à travers le principe participatif qui est à la fois formalisé (1) et atténué (2).

1. La formalisation du principe participatif

La convention régissant le Parlement communautaire accorde une place de choix à la participation de cette institution au processus décisionnel de la CEMAC[44]. Ainsi, le Parlement communautaire est obligatoirement consulté dans certains domaines qui concernent la vie de la communauté. Il s'agit entre autres de l'adhésion de nouveaux États membres ; des accords d'association avec les États tiers ; du budget de la communauté ; les politiques sectorielles communes ; le droit d'établissement et la libre circulation des personnes, des biens et des services ; la procédure d'élection des membres du Parlement de la CEMAC ; les impôts, taxes et tous prélèvements communautaires. L'avis conforme du Parlement est requis pour l'adhésion de nouveaux membres, les accords d'association avec les États tiers, le droit d'établissement et la libre

[42] La commission interparlementaire a œuvré en étroite collaboration avec les autres institutions de la CEMAC en vue de contribuer aux efforts d'intégration de la communauté dans les différents domaines couverts par le traité. Le nouveau cadre législatif sous-régional devrait, de l'avis de quelques pionniers, permettre aussi à l'espace CEMAC de vivre pleinement en son sein l'expérience de nouvelles relations institutionnelles.

[43] Article 1er du traité instituant la CEMAC.

[44] Le chapitre II du titre II de cette convention est consacré à la participation au processus décisionnel.

circulation des personnes, des biens et des services[45]. Ainsi, l'avis conforme du Parlement CEMAC est une modalité d'intervention dudit Parlement dans l'adoption d'un acte de droit communautaire dérivé. Contrairement à la consultation, à la coopération ou à la codécision, cette procédure permet au Parlement communautaire de faire prévaloir sa volonté sur une question précise. L'avis conforme du Parlement communautaire est prévu ponctuellement par le traité régissant le Parlement CEMAC dans les cas où les rédacteurs de cette convention n'ont pas voulu la codécision.

2. L'altération du principe participatif

Bien qu'aménagée par la convention régissant le Parlement communautaire, la participation au processus décisionnel de la CEMAC connaît une limitation au vu de la lettre de l'article 25. Il est écrit en substance que « l*e Parlement peut être consulté sur les projets d'Actes Additionnels, de règlement et de directives* ». De cette disposition, deux observations peuvent être faites. D'abord, l'on note que l'utilisation du vocable « *Peut* » traduit la faculté, ce qui veut dire qu'en règle, le Parlement peut être consulté comme il ne peut pas l'être. Ensuite, la mention des organes habilités à le consulter pour une question précise n'a pas été faite. L'on peut donc conclure que cette disposition donne l'impression de consacrer véritablement un principe participatif du Parlement, alors qu'en réalité, les choses sont plus complexes qu'elles ne le paraissent.

En plus, « *dans le cadre de la participation au processus décisionnel, le Parlement exprime ses vues sous forme de recommandations, d'avis simples ou conformes ou de propositions d'amendements* »[46]. Cette disposition suscite un certain nombre d'observations. D'abord, sur les quatre formes d'expression du Parlement lors de sa participation au processus décisionnel, seul l'avis conforme constitue la modalité d'expression contraignante du Parlement. Par contre, les modalités d'expression telles que les recommandations, les avis simples et les propositions d'amendements ne sont pas revêtues de la force obligatoire et par voie de conséquence atténuent un tout petit peu le principe participatif du parlement communautaire. Enfin, « *le Parlement peut inviter la commission à développer ou à infléchir les politiques existantes ou à initier de nouvelles* »[47]. Après avoir parcouru cette disposition, l'on peut bien se demander ce qui adviendrait au cas où la commission viendrait à ne pas développer ou infléchir les politiques existantes, encore que l'on n'a pas obligation d'honorer une invitation ? Ce questionnement vise à relever le fait que certaines participations du Parlement peuvent ne pas être prises en compte du fait de leur caractère facultatif, car rien n'oblige par exemple la commission à suivre à la lettre le fait que le Parlement communautaire l'ait invité à revoir

[45] Article 25 de la convention régissant le Parlement communautaire CEMAC.
[46] Article 26 de la convention régissant le Parlement communautaire CEMAC.
[47] Article 27 de la convention régissant le Parlement communautaire CEMAC.

une politique existante. C'est encore là une illustration de la traduction de la fragilisation de la participation du Parlement au processus décisionnel, y compris en matière budgétaire.

B. La fragilisation de la participation budgétaire du Parlement communautaire

La traduction financière de l'action de la communauté se fait essentiellement à travers un outil, le budget. Il est voté par le Parlement communautaire, car il s'agit d'un gage de participation et de démocratisation en matière financière dans l'espace CEMAC. Seulement, cette participation budgétaire n'est pas totale au regard de certaines barrières posées par les textes communautaires. Il s'agit de la neutralisation de la participation parlementaire au processus budgétaire par le conseil des ministres (1), entrainant une médiation par un comité permanent (2).

1. La neutralisation de la participation au processus budgétaire par le Conseil des ministres

L'adoption du budget de la communauté, loin d'être une affaire du Parlement communautaire, relève de la compétence du Conseil des ministres suivant le traité révisé CEMAC et la convention régissant le Parlement CEMAC. Ainsi, le Traité révisé CEMAC dispose que « *le Conseil des ministres adopte à la majorité qualifiée, le budget de la communauté sur proposition du Président de la Commission avant l'ouverture de l'exercice budgétaire* »[48]. Il est prévu par la convention régissant le Parlement communautaire que « *chaque année, la commission transmet le projet de budget de la communauté arrêté par le Conseil des ministres au Parlement, au plus tard, trente (30) jours avant le début de la deuxième session ordinaire* »[49]. Le Parlement peut proposer des amendements au projet de budget. Il renvoie alors le projet de budget à la commission, dans un délai de dix (10) jours à compter de la fin de la deuxième session. Le projet de budget accompagné des éventuels amendements du Parlement est transmis au Conseil des ministres par la commission pour adoption.

Au regard de ce qui précède, la convention régissant le Parlement communautaire et le traité révisé CEMAC font dans un premier temps croire que le Parlement participe au processus budgétaire à travers son intervention, qui pour le moins se fait par proposition d'amendements. En réalité, et il faut le noter, la participation parlementaire au processus budgétaire aurait été plus efficiente si le Parlement pouvait en lieu et place des propositions d'amendements, formuler plutôt des amendements à un projet de budget

---

[48] Article 49 du Traité révisé CEMAC.

[49] Article 27 de la convention régissant le Parlement communautaire CEMAC.

élaboré cette fois-ci par la commission. Il n'en va cependant pas ainsi ; le Parlement intervient plutôt dans le processus décisionnel en matière budgétaire par simple formalisme sans aucun incident sur la forme initiale du budget. On peut donc conclure à un rôle figuratif et évasif du Parlement communautaire dans le processus budgétaire de la CEMAC. Ainsi, contrairement à ce que l'on pourrait croire, le pouvoir budgétaire est transféré au Conseil des ministres. Si cela peut paraître curieux, ça ne devrait vraiment pas surprendre si l'on s'en tient aux dispositions de l'article 25 de la convention régissant le Parlement CEMAC qui exige une consultation obligatoire du Parlement en matière budgétaire. En effet, exiger une consultation ou un avis obligatoire du Parlement sur les questions budgétaires ne signifie pas exactement que cette institution influence fondamentalement sur le budget de la communauté, car il ne s'agit pas d'un avis conforme qui est sollicité du Parlement, mais plutôt d'un avis obligatoire sur des questions budgétaires. Ce qui est encore grave est que le Conseil des ministres peut rejeter les amendements formulés par le Parlement sur le projet de budget. Dès lors, la convention CEMAC a prévu la saisine du Comité Permanent de Concertation[50].

2. La médiation budgétaire par un Comité permanent

Lorsque le Conseil des ministres rejette un amendement du Parlement en matière budgétaire, le Comité permanent de concertation est saisi. Ainsi, la convention régissant le Parlement communautaire CEMAC a créé un comité permanent de concertation chargé de faciliter le dialogue entre le Parlement, le Conseil des ministres, le comité ministériel et la Commission[51]. La convention régissant le Parlement CEMAC ne précise pas les pouvoirs du comité permanent de médiation ainsi que les différentes issues en cas de médiation budgétaire.

La médiation dans son concept, tel que retenue par l'Acte uniforme OHADA relatif à la médiation, peut être définie comme un processus consensuel de traitement des conflits dans lequel un tiers impartial, indépendant et sans pouvoir décisionnel, le médiateur, tente par l'organisation d'échanges entre les parties, de les aider, soit à établir ou améliorer une relation, soit à régler un conflit[52]. Cette définition met en exergue plusieurs éléments fondateurs de la médiation :

- un processus dont l'encadrement légal permet d'asseoir la légitimité sur des bases solides et dont le respect sera générateur de l'accord final ;

---

[50] Article 27 de la convention régissant le Parlement communautaire CEMAC.

[51] L'article 30 de la convention régissant le Parlement communautaire CEMAC dispose que « *la composition, l'organisation et le fonctionnement dudit comité font l'objet d'un règlement conjoint du Parlement, du Conseil des ministres et du Comité ministériel* ».

[52] Article 1er (a) de l'Acte uniforme relatif à la médiation du 23 novembre 2017.

- un tiers, il s'agit du médiateur, praticien de la médiation, qui est indépendant, impartial, mais sans pouvoir décisionnel. Il interviendra auprès des parties avec neutralité et devra amener celles-ci à trouver elles-mêmes une solution à leur différend ;
- l'organisation des échanges avec l'aide du médiateur ; celui-ci organisant un dialogue entre les parties, communiquant pour rétablir ou améliorer les relations et conduisant les parties vers un processus final d'entente.

La théorie de la médiation doit beaucoup à l'Ouvrage de Jean-François SIX, *Le temps des médiateurs*. Selon cet auteur, il existe quatre sortes de médiation : les deux premières étant destinées à faire naître ou renaître un lien, les deux autres étant destinées à parer à un conflit[53]. La médiation peut être *« créatrice »,* c'est-à-dire avoir pour but de susciter entre des personnes ou des groupes, des liens nouveaux ; être *« rénovatrice »* pour réactiver les liens distendus ; être *« préventive »* pour éviter l'éclatement d'un conflit ou encore *« curative »* pour aider les parties en conflit à en trouver la solution[54]. Globalement, la médiation se définit, selon cette théorie, comme un processus de communication éthique reposant sur la responsabilité et l'autonomie des participants, dans lequel, un tiers impartial, indépendant et neutre, favorise par des entretiens confidentiels, l'établissement, le rétablissement du lien social, la prévention ou le règlement de la situation en cause.

Sans élément tiers, la médiation n'existe pas. L'intervention du tiers permet d'éviter aux parties à la médiation un face-à-face réducteur. Dans la définition de la médiation, le tiers ou l'organe doit cumuler des qualités précises (impartialité, neutralité, indépendance), qui en feront vraiment un intervenant mettant en œuvre un processus à l'intérieur duquel il n'a pourtant aucun pouvoir de décision. L'indépendance de l'organe ne peut s'apprécier *in abstracto*. Elle s'évalue à l'égard des partenaires de la médiation. Il existe en effet des médiations-conciliation dans lesquelles le médiateur n'est que l'émanation d'un des demandeurs à la médiation ou d'une des autorités traditionnelles chargées de trancher les litiges. L'absence de pouvoir institutionnel de l'organe médiateur peut susciter une certaine incompréhension. Nos sociétés ont du mal à concevoir l'absence de pouvoir. Le médiateur n'a en effet d'autres ressources que l'autorité que lui reconnaissent les demandes de médiation en s'adressant à lui, sans la contrainte d'une quelconque institution[55]. Dans la pratique des institutions de la CEMAC, il n'a pas encore jusqu'ici été enregistré un cas de désaccord

[53] SIX (J.-F.), *Le temps des médiateurs*, éd. du Seuil, Paris, 1990, p. 164.
[54] AKA (N.), FENEON (A.), TCHAKOUA (J.-M.), *Le nouveau droit de l'arbitrage et de la médiation en Afrique (OHADA)*, EJA, LGDJ Lextenso éditions, Paris, 2018, p. 286.
[55] *Ibid.*, p. 287.

pouvant nécessiter le recours à la médiation du comité permanent de concertation.

CONCLUSION

La construction d'un espace juridique intégré en Afrique centrale ne ressemble finalement pas à une histoire d'un long fleuve tranquille. Elle a ainsi alterné entre convictions de départ vite déçues, crises politico-institutionnelles et espoir d'un renouveau certain[56]. Cette construction d'une sous-région comme la CEMAC a nécessité la mise sur pied d'un certain nombre d'institutions démocratiques et représentatives de l'ensemble des populations. C'est notamment le cas avec le Parlement communautaire CEMAC. Si au départ, l'ambition était d'avoir une institution consacrant la participation citoyenne et la démocratisation de la sous-région, la lecture des textes nous amène à faire le constat d'un goût d'inachevé, car, les mécanismes de participation du Parlement CEMAC sont limités. Ainsi, l'on note une participation relative par voie d'information et une participation restrictive par voie de consultation. C'est donc écrire, s'il en était encore besoin que la participation du Parlement CEMAC au processus décisionnel de la CEMAC ne saurait être efficiente au regard de la rationalisation qui la caractérise.

RÉFÉRENCES BIBLIOGRAPHIQUES

AKA Narcisse, FENEON Alain et TCHAKOUA Jean-Marie, *Le nouveau droit de l'arbitrage et de la médiation en Afrique (OHADA)*, EJA, LGDJ Lextenso éditions, Paris, 2018, 372 p.

AMELLER Michel, *Les questions, instruments du contrôle parlementaire*, LGDJ, Paris, 1964, 227 p.

AMELLER Michel, « L'heure des questions au Palais-Bourbon », *in* Mélanges Georges BURDEAU, LGDJ, Paris, 1977, 635 p.

BURDEAU Georges, *Traité de science politique*, LGDJ, tome 9, Paris, 1976, 635 p.

BEAUFUME Bruno, *Le droit d'amendement et la Constitution sous la cinquième République*, L.G.D.J., Paris, 1993, 628 p.

CAMBY Jean-Pierre et SERVENT Pierre, *Le travail parlementaire sous la cinquième République*, Montchrestien, Paris, 2e éd., 1994, 158 p.

CARRE DE MALBERG Raymond, *Confrontation de la théorie de la formation du droit par degrés avec les idées et les institutions consacrées par le droit positif français relativement à sa formation,* Librairie du Recueil Sirey, Paris, 1933, 174 p.

[56] GNIMPIEBA TONNANG (E.), *L'ordre juridique communautaire de la CEMAC*, Yaoundé, L'Harmattan, 2016, p. 153.

DELCAMP Alain, « La perception du contrôle parlementaire. Comment le rendre plus attractif », *Pouvoirs*, n°134, 2010, pp. 109-122.

DOSIERE René, « Le contrôle ordinaire », *Pouvoirs*, n° 134, 2010, pp. 37-46.

EKELLE NGONDI Michard Bériot, *La nature du contrôle parlementaire de l'action gouvernementale en droit constitutionnel camerounais*, Mémoire de Master en droit public, Université de Yaoundé II, 2015, 425 p.

ESMEIN Adhémar, *Éléments de droit constitutionnel français et comparé*, LGDJ, Paris, 2001, 1296 p.

GNIMPIEBA TONNANG Edouard, *L'ordre juridique communautaire de la CEMAC*, L'Harmattan, Yaoundé, 2016, 246 p.

GICQUEL Jean et GICQUEL Jean-Éric, *Droit constitutionnel et institutions politiques*, L.G.D.J., Paris, 33e éd., 2019, 1024 p.

HAURIOU André, « Le pouvoir discrétionnaire et sa justification », In Mélanges Raymond CARRE DE MALBERG, Edouard DUCHEMIN, Paris, 1977, pp. 231-240.

DE VILLIERS Michel et LE DIVELLEC Armel, *Dictionnaire du droit constitutionnel*, Sirey, Paris, 11e éd., 2017, 407 p.

KAMTO Maurice, « La Communauté Economique des États de l'Afrique Centrale (CEEAC) : une communauté de plus ? », *AFDI,* 1997, pp. 839-862.

KELSEN Hans, *Théorie pure du droit* ,2e éd., Traduction de Charles EISENMANN, Dalloz, Paris, 1962, 496 p.

MONNET Jean, *Mémoires*, Fayard, Paris, 1976, 642 p.

NORTON Philip, « La nature du contrôle parlementaire », *Pouvoirs*, n° 134, 2010/3, pp. 5-22.

ORIANNE (Paul), *Introduction au système juridique*, Louvain-la-Neuve, Bruxelles, 1982, 353 p.

ROMANO Santi, *L'ordre juridique*, Dalloz, Paris, 1975, 174 p.

SIMO Éric, *Droit institutionnel CEMAC et Parlements des États membres. Réflexion sur les rapports de systèmes-organes*, Thèse de doctorat/Ph. D en droit public, Université de Yaoundé II, 2018, 535 p.

SIX Jean-François, *Le temps des médiateurs*, éd. du Seuil, Paris, 2009, 288 p.

TEME Aristide Aymar, *La mise en place du Sénat au Cameroun*, L'Harmattan, Paris, 2015, 262 p.

YAMAMOTO Hironori, *Les outils du contrôle parlementaire. Étude comparative portant sur 88 parlements nationaux*, Presses Centrales, Renens, 2007, 88 p.

LE CONTRÔLE JURIDICTIONNEL DES ACTIVITÉS COMMUNAUTAIRES PAR LA COUR DE JUSTICE/CEMAC

Par

Collins PACHA NKOUCHIPO

Docteur en Droit privé de l'Université de Yaoundé II
Magistrat
Enseignant associé à l'Université Catholique d'Afrique Centrale

Résumé

L'intégration économique et monétaire recherchée par les États de la sous-région d'Afrique centrale regroupés au sein de la CEMAC est tributaire de la mise en œuvre effective du droit généré par les organes communautaires. L'institution d'une Cour de justice communautaire à l'image de la CJCE au sein de la CEMAC tient lieu de gage, c'est-à-dire de signe de la garantie du rôle du droit dans l'ordre juridique communautaire. La Cour de Justice est alors au cœur du dispositif institutionnel communautaire et en constitue un rouage essentiel, car, par le biais de son contrôle juridictionnel, elle rend effectif le droit sécrété par les organes décisionnels de la CEMAC. En revanche, cela ne sera possible qu'à la condition que les textes lui permettent d'exercer efficacement sa mission. C'est véritablement en abordant la question du contrôle juridictionnel des activités de la CEMAC par la Cour de Justice de la CEMAC que la réussite de l'intégration sous-régionale prend une portée assez considérable. L'ambition de la présente étude s'est cristallisée autour de la convenance dans l'aménagement du contrôle juridictionnel des activités de la CEMAC par la CJ-CEMAC. La réponse que suggère l'étude est que le contrôle juridictionnel des activités de la CEMAC par la CJ-CEMAC est relativement convenable. Le but est de mesurer le poids des lueurs et des leurres de l'activité juridictionnelle de l'auguste institution et de suggérer le cas échéant des alternatives. L'analyse propose *in fine* une fonction juridictionnelle de la Cour de justice/CEMAC plus soucieuse de la garantie des droits fondamentaux et de l'unité du droit communautaire.

Mots-clés : Cour de Justice-CEMAC, contrôle juridictionnel, recours à titre principal, recours à titre préjudiciel, juge communautaire.

Abstract

The economic and monetary integration sought by the States of the Central African sub-region grouped within the effective implementation of she law generated by the community bodies. The establishment of a community court of justice in the image of ECJ within the CEMAC serves as a guarantee, that is to say the sign of the guarantee of the role law in the community legal order. The court of justice is then at the heart of the community and community institutional system and builds an essential cog because, through its jurisdictional control, it makes effective the law secreted by the decision-making bodies of CEMAC. On the other hand, this will only be possible on the condition that the texts allow it to carry out its mission effectively. It is truly by addressing the issue of judicial control of CEMAC activities by the CEMAC Court of Justice that the success of sub-regional integration takes a fairly. The ambition of this study has crystallized around the suitability of the development of the judicial control of CEMAC activities by the CJ-CEMAC. The answer suggested by the study is that the judicial control of CEMAC is relatively adequate. The aim is to measure the weight of the glimmers and lures of the jurisdictional activity of the august institution and to suggest alternatives if necessary. The analysis ultimately proposes a jurisdictional function of the justice/CEMAC more concerned with the guarantee of fundamental rights and the unity of community law.

Keywords: *Court of justice-CEMAC, judicial review, principal appeal, recourse for a preliminary ruling, community judge.*

INTRODUCTION

L'intensification des échanges entre les pays d'une sous-région, d'une région ou de la planète entière est gage d'un développement harmonieux des peuples. L'intégration a gardé son attrait en tant que pilier de la mondialisation. C'est dans cet ordre d'idées que le professeur Maurice KAMTO a pu dire que

> « *Le rythme de succession ou de remodelage des communautés sous-régionales africaines montre que les précédents échecs n'ont pas annihilé les espoirs d'y trouver les ressources nécessaires à l'unification sous-régionale et plus tard continentale. Véhiculant une vision euphorique des rapports entre ses membres, la communauté apparaît en outre comme un cadre de fraternisation et de paix, comme le plus sûr instrument de développement* »[1].

[1] KAMTO (M.), « La Communauté Economique des États de l'Afrique Centrale (CEEAC) : une communauté de plus », *AFDI,* 1997, p. 858.

En effet, la mise en place progressive d'un marché commun en Afrique Centrale repose sur une construction communautaire dont l'ossature est plurielle. Outre le Traité fondateur signé à Ndjamena le 14 mars 1994 et révisé une première fois à Yaoundé le 25 juin 2008 et ensuite à Libreville un an plus tard notamment le 30 janvier 2009, la Communauté Economique et Monétaire de l'Afrique Centrale (CEMAC) est portée tout à la fois par les acquis conventionnels de l'ex-UDEAC[2], et se nourrit en même temps des acquis communautaires connexes dont les États membres font partie, notamment les Traités de la CEEAC et de l'OHADA[3]. Le Traité révisé de la CEMAC, texte de soixante-sept articles, fusionne le Traité originel et l'Additif au traité relatif au système juridique et institutionnel[4] en adaptant les objectifs communautaires au temps de la mondialisation économique et de la globalisation financière internationale. Ce Traité signé entre les six États membres[5] de la CEMAC traduit leur enthousiasme à développer ensemble toutes leurs ressources humaines et naturelles et à mettre celles-ci au service du bien-être général de leurs peuples dans tous les domaines, à donner une impulsion décisive au processus d'intégration en Afrique Centrale[6].

Pour atteindre ces objectifs, la CEMAC utilise le droit. Nonobstant son enjeu *« prioritairement économique »,* la CEMAC est une communauté de droit, sa création et son fonctionnement reposent sur l'égal respect par les États membres de l'ordre juridique communautaire.[7] À la différence des Traités ordinaires qui se bornent à créer des obligations mutuelles entre États contractants, la particularité du traité communautaire CEMAC est celle de la mise en place d'un véritable ordre juridique dépassant la simple constitution d'une organisation internationale. Les rapports entre les États sont régis par un ensemble de normes juridiques hiérarchisées dont le respect s'impose aussi bien aux institutions et organes communautaires qu'aux États membres et à leurs ressortissants. La définition des objectifs de l'intégration contribue à la structuration d'un ordre juridique autonome et distinct de l'ordre juridique national des États membres ainsi que de l'ordre juridique international, et dont la cause est la poursuite d'un avenir commun[8]. Sous ce prisme, le droit communautaire n'est pas étranger ni même un droit extérieur, il est d'ailleurs

---

[2] L'ex-Union Douanière et Economique de l'Afrique Centrale (UDEAC).

[3] GNIMPIEBA TONNANG (E.), *L'ordre juridique communautaire de la CEMAC*, L'Harmattan, Paris, 2016, p. 56.

[4] Les dispositions du traité révisé abrogent et remplacent celles du traité du 14 mars 1994 instituant la CEMAC et l'Additif au traité du 05 juillet 1996 dès leur entrée en vigueur.

[5] Le gouvernement de la République du Cameroun, Le gouvernement de la République Centrafricaine, Le gouvernement de la République du Congo, Le gouvernement de la République Gabonaise, Le gouvernement de la République de Guinée Équatoriale, Le gouvernement de la République du Tchad.

[6] GNIMPIEBA TONNANG (E.), *L'ordre juridique communautaire de la CEMAC, op.cit.*, p .57.

[7] KAMTOH (P.), « La Cour de justice de la CEMAC », in *AHJUCAF*, www.ahjucaf.com, consulté le 10 août 2020.

[8] *Idem.*

propre à chacun des États membres avec cette particularité qu'il couronne la hiérarchie des textes normatifs ordinaires de chacun d'eux.

En fait, les dispositions de l'article 41 du Traité révisé de la CEMAC annoncent les couleurs de la prééminence de l'ordre juridique communautaire sur les ordres juridiques des États membres de la communauté. Elles prescrivent que : *« les actes additionnels sont annexés au traité de la CEMAC et complètent celui-ci sans le modifier, et le respect de leurs dispositions s'impose aux institutions, organes et institutions spécialisées de la communauté ainsi qu'aux autorités des États membres. Les règlements et les règlements-cadres ont une portée générale. Les règlements sont obligatoires dans tous leurs éléments et directement applicables dans les États membres. Les règlements-cadres ne sont directement applicables que dans certains de leurs éléments. Les directives lient tous les États membres quant aux résultats à atteindre tout en laissant aux instances nationales la compétence en ce qui concerne la forme et les moyens de leur mise en œuvre, les décisions sont obligatoires dans tous leurs éléments pour les destinataires qu'elles désignent (...) »*.

L'économie de l'article 44 du même texte nous révèle que le droit distillé par l'ordre communautaire doit l'emporter sur les lois nationales contraires, antérieures ou postérieures[9]. Cette règle a été soutenue par la doctrine classique, en ce sens qu'elle considère la primauté inconditionnelle du droit communautaire sur le droit national[10]. Même les hauts magistrats de Ndjamena ne sont pas restés en marge de cela. Dans une espèce, ils ont décidé que cette règle les obligeait désormais à *« laisser inappliquée toute disposition éventuellement contraire de la loi nationale antérieure ou postérieure à la règle communautaire »*[11]. Antérieurement, la Cour de Justice des Communautés Européennes s'était montrée plus catégorique dans sa jurisprudence. Dans une célèbre espèce, elle avait affirmé que : *« l'invocation des atteintes portées soit aux droits fondamentaux tels qu'ils sont formulés par la constitution d'un État membre, soit aux principes d'une structure constitutionnelle nationale ne saurait affecter la validité d'un acte de la communauté ou son effet sur le territoire de cet État »*[12]. Le droit communautaire est alors appelé à s'appliquer effectivement. Les principes de l'applicabilité directe, de l'immédiateté, d'obligatoriété caractérisent considérablement le droit communautaire. La norme communautaire doit déployer la plénitude de ses effets d'une manière uniforme dans tous les États membres à partir de son entrée en vigueur, et pendant la durée de sa validité.

---

[9] Article 44 du traité révisé de la CEMAC 2009.

[10] RIDEAU (J.), *Le droit de l'Union Européenne*, « Que sais-je ? », PUF, Paris, 1998, p. 49.

[11] CJCEMAC, arrêt n°012/2011- CJ/CEMAC-CJ du 31 mars 2011, Banque Atlantique du Cameroun et autres c/ arrêt n°010/CJ/CEMAC du 13 novembre 2009, SIELIENOU Christophe et Amity Bank PLC.

[12] CJCE, 17 décembre 1970, affaire 11/70 *Internationale Handelsgesellschaft*, Rec., p. 533.

L'intégration ne pouvant être réalisée que si le droit communautaire est respecté par ses principaux destinataires. Les entorses à l'application du droit communautaire constituent des dérives dangereuses qui peuvent entraîner l'effondrement de tout l'édifice en construction. Ainsi, la soumission des États au droit communautaire a pour corolaire la création des *« juridictions communautaires »* chargées de veiller à la mise en œuvre des principes supérieurs définis par les textes de base. C'est pour éviter la marginalisation du droit communautaire qu'il a été institué une Cour de Justice au sein de l'espace CEMAC (CJ-CEMAC) chargée entre autres de veiller à l'interprétation et à l'application uniforme du droit communautaire[13]. En instituant un contrôle juridictionnel sur les activités de la CEMAC, le Traité révisé a jeté les bases d'une société nouvelle dans laquelle ce qui se passe à l'intérieur des États peut être contrôlé par des organes juridictionnels supranationaux. Il y a lieu de rappeler que le rôle de contrôle des activités de la Communauté n'est pas exclusif. La Cour de Justice-CEMAC partage les compétences de contrôle de l'application du droit communautaire avec la quasi-totalité des institutions[14], organes[15] et institutions spécialisées[16] de la Communauté. Mais ces organes et institutions n'exercent qu'un contrôle politique et administratif à l'exception de la Commission Bancaire de l'Afrique Centrale (COBAC).

L'institution de la CJ-CEMAC est le signe et la garantie du rôle du droit dans l'ordre juridique communautaire. Elle s'avère être un vecteur fondamental du renforcement de la communauté de droit[17]. Elle est surtout la matérialisation de l'attachement des États membres de la CEMAC « aux principes de démocratie, des droits de l'Homme, de l'État de droit, de la bonne gouvernance, du dialogue social et des questions de genre », tel que proclamé au préambule du Traité révisé. Elle exprime l'aspiration à un développement croissant du rôle du droit au sein de l'ordre juridique communautaire[18]. La Cour de Justice est alors au cœur du dispositif institutionnel communautaire et en constitue un rouage essentiel, car, par le biais de son contrôle juridictionnel, elle rend effectif le droit sécrété par les organes décisionnels de la CEMAC. En revanche, cela ne sera possible qu'à la condition que les textes

---

[13] De la combinaison des articles 10 et 48 du Traité révisé.

[14] Aux termes de l'article 10 du traité révisé le 30 janvier 2009, la CEMAC est constituée de cinq institutions : l'Union Économique de l'Afrique Centrale, l'Union Monétaire de l'Afrique Centrale, le Parlement communautaire, la Cour de Justice et la Cour des comptes.

[15] Aux termes de l'article 10 du traité révisé le 30 janvier 2009, la CEMAC comprend sept organes : la conférence des chefs d'État, le conseil des ministres, le Comité ministériel, la Commission de la CEMAC, la Banque des États de l'Afrique Centrale (BEAC), la Banque de développement des États de l'Afrique Centrale (BDEAC) et la Commission bancaire de l'Afrique Centrale.

[16] Voir article 88 de la Convention régissant l'Union économique en date du 30 janvier 2009.

[17] KOAGNE ZOAPPET (A.), *La recevabilité des requêtes devant la Cour de Justice de la CEMAC*, Mémoire de master en Relations Internationales, IRIC, 2010, p. 4.

[18] RIDEAU (J.), *Le droit de l'Union Européenne*, *op.cit.*, p. 37.

lui permettent d'exercer efficacement sa mission. C'est dans cette logique que s'inscrit la présente étude sur « Le contrôle juridictionnel des activités de la CEMAC par la Cour de Justice de la CEMAC ».

Aux termes de l'article 22 de la Convention régissant la CJ-CEMAC, celle-ci a « une triple fonction : juridictionnelle, consultative et d'administration de l'arbitrage dans les matières relevant du droit communautaire ». Sa fonction juridictionnelle met en œuvre son pouvoir de trancher les litiges par des décisions ayant autorité de chose jugée et force exécutoire. C'est l'expression de son pouvoir de dire le droit ou le juridictio, et le pouvoir d'ordonner ou l'imperium. La CJ-CEMAC est à la fois une institution indépendante de la CEMAC et une institution internationale fondée sur la Convention régissant la CJ-CEMAC[19]. Son siège est fixé à Ndjamena au Tchad[20]. La CJ-CEMAC actuelle est issue de la réforme introduite le 25 juin 2008 par le Traité révisé instituant ladite communauté qui à la place de l'ancienne Cour de Justice CEMAC bicamérale[21], a mis en place deux nouvelles institutions : la Cour de Justice et la Cour des comptes. La Cour de Justice tient une position particulière dans le système institutionnel en ce qu'elle est la seule institution qui doit réaliser le but des communautés en interprétant les traités et en les faisant appliquer. Elle dispose d'une autorité accrue, car elle n'est pas contrôlée dans sa fonction juridictionnelle[22].

L'institution d'une CJ-CEMAC marque ainsi une avancée dans l'intégration en Afrique Centrale. La certitude d'une telle avancée ne sera patente que si le système de contrôle juridictionnel est efficacement aménagé. C'est au vu de cette option qu'il a paru nécessaire de s'interroger sur la question de savoir si le contrôle juridictionnel des activités de la CEMAC par la CJ-CEMAC est-il convenablement aménagé afin de contribuer à la réussite de l'intégration sous-régionale ? La question est d'autant plus nécessaire que l'institution d'une juridiction communautaire comme celle de la CJ-CEMAC vise plus à assurer une protection objective des droits fondamentaux des particuliers plutôt qu'à conférer aux États signataires des droits subjectifs utiles à la poursuite de leurs intérêts nationaux. Elle vise surtout à veiller à l'effectivité des engagements pris par les États. En conséquence, les dérogations et entorses au respect des règles communautaires peuvent entraîner l'affaissement de l'édifice en construction. Évidemment, un contrôle

---

[19] MOUANGUE KOBILA (J.), « Les rapports entre la Cour de Justice de la CEMAC et la Cour commune de Justice et d'Arbitrage de l'OHADA », sur www.Afrilex.u.bordeau.fr, consulté le 28 juillet 2020.

[20] Article 3 de la Convention régissant la CJ-CEMAC.

[21] L'ancienne CJ-CEMAC comportait deux chambres : la chambre judiciaire et la chambre des comptes (article 9 de l'ancienne Convention régissant la CJ-CEMAC).

[22] GNIMPIEBA TONNANG (E.), *L'ordre juridique communautaire de la CEMAC*, *op.cit.*, p. 88.

juridictionnel bien établi est un gage de réussite de l'intégration sous-régionale puisqu'il contribue à réaliser une véritable communauté entre plusieurs États.

Le droit communautaire fait désormais partie intégrante du droit national par l'effet de son intégration immédiate et directe dans les ordres juridiques nationaux. De par sa nature, le droit communautaire possède une force spécifique de pénétration dans l'ordre juridique interne des États membres[23], en raison de sa primauté sur le droit national ainsi que de son applicabilité directe et immédiate par les juridictions nationales de chacun des États parties. C'est pourquoi le premier niveau de contrôle juridictionnel des activités de la CEMAC est effectué par le juge national. Mais compte tenu des risques d'inappropriation du droit communautaire par le juge national, et afin d'éviter une éviction totale du droit communautaire, la CJ-CEMAC a été instituée pour garantir davantage l'effectivité du droit communautaire au sein des États membres. En scrutant la convention régissant la CJ-CEMAC, l'on retient deux formes de contrôle juridictionnel effectué par la juridiction communautaire : un contrôle effectué à titre principal et un contrôle effectué à titre préjudiciel. Le contrôle juridictionnel effectué à titre principal met en exergue l'examen initial ou originel du recours du requérant par la juridiction communautaire[24]. Le contrôle juridictionnel à titre préjudiciel met en exergue l'examen incident ou accidentel du recours du juge national par ladite juridiction[25]. Le mécanisme du recours préjudiciel est fondé sur la coopération entre l'ordre juridictionnel national et celui supranational.

Si l'objectif d'une telle étude est de plaider pour un contrôle juridictionnel convenable des activités de la CEMAC par la CJ-CEMAC dans la création souhaitée d'une communauté de droit en Afrique Centrale, la méthode pour démontrer une telle posture exige d'examiner la législation communautaire en vigueur, des contributions doctrinales et la pratique jurisprudentielle[26]. Au demeurant, le but est de mesurer le degré d'aménagement de la fonction juridictionnelle de la CJ-CEMAC. Il se peut alors que le contrôle juridictionnel des activités de la CEMAC par la CJ-CEMAC soit relativement convenable. En guise d'illustration de l'hypothèse retenue, l'on relève tantôt une convenance dans le contrôle juridictionnel à titre principal (I), tantôt une inconsistance dans le contrôle juridictionnel à titre préjudiciel (II).

---

23 MOUANGUE KOBILE (J.), *Cours polycopié de droit institutionnel de la CEMAC*, Université de Douala, 2005, inédit.

24 Voir les articles 23, 24, 25, 28 de la Convention régissant la CJ-CEMAC.

25 Voir article 26 et 27 de la Convention régissant la CJ-CEMAC.

26 En dépit de toutes les difficultés d'accès à la jurisprudence de la Cour de Justice CEMAC dues à la non publication de ses arrêts, nous avons pu collecter quelques décisions y relatives.

I. LA CONVENANCE DANS LE CONTRÔLE JURIDICTIONNEL À TITRE PRINCIPAL

Aux termes de l'article 48 paragraphe 1 du Traité révisé, *« la Cour de justice assure le respect du droit dans l'interprétation et dans l'application du présent traité et des conventions subséquentes »*. La dévolution de ce rôle crucial à la CJ-CEMAC fait de cette juridiction, une garante de la réalisation des objectifs assignés à la Communauté. Pour garantir à même ces objectifs, le législateur communautaire CEMAC a doté la CJ-CEMAC des éléments essentiels à sa fonction juridictionnelle lorsqu'elle est saisie par un recours principal. Par souci d'efficacité, il a, d'une part, diversifié l'objet du contrôle devant la Cour de Justice (A). D'autre part, il a défini une procédure soucieuse des droits des parties (B).

A. Le caractère syncrétique de l'objet du contrôle

Il y a lieu de noter que l'objet du contrôle renvoie ainsi aux matières qui ressortissent de la compétence de la Cour. La réforme du Traité et des institutions de la CEMAC en juin 2008 et janvier 2009 a réservé une part importante de matières à la Cour de justice préexistante lorsqu'elle n'est pas saisie par voie de recours préjudiciel. La densité du contentieux permet ainsi à la CJ-CEMAC de contribuer efficacement à la réalisation des objectifs assignés à la Communauté. Au rang des matières relevant de la compétence de la juridiction se trouvent classés le contentieux administratif communautaire, le contentieux de la réparation, le contentieux de la fonction publique, le contentieux des pratiques anticoncurrentielles.

Dans son rôle juridictionnel, la Cour de justice peut revêtir à la fois des attributs de juge administratif et de juge judiciaire[27]. C'est ce métissage de casquettes qui explique l'utilisation de l'expression *« syncrétique »* du contentieux communautaire ». En tant que juge administratif, elle connaît notamment : des recours en manquement des États membres vis-à-vis des obligations qui leur incombent en vertu du Traité de la CEMAC et des textes subséquents, des recours en carence des institutions communautaires de leurs obligations conventionnelles, des recours en annulation des règlements, directives et décisions des institutions, organes et institutions spécialisées de la CEMAC, des recours contre les sanctions prononcées par des organismes à fonction juridictionnelle de la communauté[28], des litiges entre la CEMAC et ses fonctionnaires et/ou ses agents contractuels. Le recours en manquement des États membres fait obligation aux États d'exécuter les obligations qu'ils ont librement consentie en adhérant à la Communauté et dont le non-respect

---

[27] BOULOUIS (J.), DARMO (M.), HUGLO (J.G.), *Contentieux communautaire*, Précis Dalloz, Paris, 2e éd., 2000, p.73.

[28] Article 23 de la Convention régissant la CJ-CEMAC.

peut entraîner des sanctions prononcées par la CJ-CEMAC. Le recours en carence des institutions communautaires de leurs obligations conventionnelles permet de faire constater par la Cour qu'un organe, une institution ou une institution spécialisée s'est abstenu, en violation du Traité, d'adopter un acte pouvant participer au fonctionnement harmonieux de la Communauté[29]. La Cour connaît également de tous les cas de violation des dispositions du Traité de la CEMAC et des textes subséquents[30]. La Cour a eu à annuler à maintes reprises les cas de violation des dispositions du Traité de la CEMAC. Dans l'affaire MOKAMANEDE John Wilfried c/ Commission CEMAC, la CJ-CEMAC avait annulé une décision du Conseil des ministres pour illégalité tirée de l'incompétence du Conseil des ministres à prononcer l'exclusion d'un fonctionnaire du corps des fonctionnaires de l'EIED[31]. Tout en rappelant le principe désormais incontesté de sa compétence exclusive dans le contentieux de la fonction publique, la Chambre judiciaire devenue Cour de justice a, dans l'affaire ASNGAR MIAYO[32], admis qu'une décision de rétrogradation d'un agent de la CEMAC est valable sans qu'il y ait lieu à faire profiter à celui-ci des droits acquis, dès lors que l'acte de nomination de ce dernier au poste qu'il occupait précédemment l'avait illégalement surclassé.

Afin d'assurer le respect du droit communautaire originaire dans le cadre des recours en annulation, les articles 23 (3), 24 (2) et 25 de la Convention régissant la CJ-CEMAC chargent également la Cour de justice du contrôle de la légalité des règlements, directives et décisions des institutions, organes et institutions spécialisées de la CEMAC[33]. À l'occasion de ce recours en annulation, la Cour peut prononcer la nullité totale ou partielle des actes entachés de vice de forme, d'incompétence, de détournement de pouvoir, de violation du traité et des textes subséquents de la CEMAC ou des textes pris en application de ceux-ci. La CJ-CEMAC accomplit la mission essentielle de l'interprétation authentique du droit communautaire. Par son pouvoir d'interprétation des normes communautaires, la CJ-CEMAC apporte une contribution majeure au développement de la sécurité juridique dans l'espace

---

29 GNIMPIEBA TONNANG (E.), *op. cit*, p.147.

30 Article 24 de la Convention régissant la CJ-CEMAC.

31 Arrêt n°003 /CJ/CEMAC/CJ/08 du 20/11/2008 inédit. Voir aussi SIELIENOU Christophe et autres c/ Décision COBAC n°2008/52- Amity Bank Cameroon PLC- Autorité Monétaire du Cameroun, annulation de la décision COBAC portant nomination d'un mandataire, voir aussi arrêt n°003/CJ/CEMAC/CJ/03 du 03/07/2003, affaire TASHA LOWEH Lawrence c/ Décision COBAC D-2000/22 et Amity Bank Cameroon PLC, Arrêt n°003/CJ/2012_13 du 06 décembre 2012 affaire État du Cameroun (Mes MALOKA DIKONGUE et A.K. DJAIBE c/ Décision COBAC -2010/164 du 10/11/2010, etc.

32 Arrêt n° 003/CJ/CEMAC/CJ/05 du 16 décembre 2005, affaire ASNGAR MIAYO c/ École Inter-États des Douanes de la CEMAC, *Juridis périodique* n° 75, juillet 2008, pp. 39 et s.

33 Tous les actes communautaires ne sont pas concernés par le contentieux de l'appréciation de la légalité. Les textes relevant du droit communautaire primaire (Traité, Convention et Actes additionnels) ne sauraient faire l'objet d'un contentieux en appréciation de la légalité. Seuls les actes issus du droit dérivé peuvent être soumis à l'appréciation de la légalité.

communautaire[34]. Plus étendue que l'appréciation de la légalité, le contentieux de l'interprétation des actes communautaires apparaît comme l'instrument véritable de l'harmonisation de la jurisprudence communautaire en vue d'une application uniforme du droit communautaire dans toute la Communauté[35]. Elle favorise la lutte contre la disparité des jurisprudences devant les juridictions nationales appelées à appliquer le droit communautaire.

En tant que juge judiciaire, la CJ-CEMAC connaît le contentieux de la responsabilité extracontractuelle, le contentieux des pratiques anticoncurrentielles, le contentieux bancaire. Le recours en responsabilité extracontractuelle est la connaissance des litiges relatifs à la réparation des dommages causés par les institutions, les organes ou institutions spécialisés de la CEMAC ou par les fonctionnaires ou agents contractuels de celle-ci, dans l'exercice de leurs fonctions, sans préjudice des dispositions prévues dans le traité de la CEMAC[36]. Contrairement à la responsabilité contractuelle qui peut être engagée devant le juge national, celle extracontractuelle ne peut être engagée que devant le juge communautaire qui a compétence exclusive pour réparer les dommages causés par la Communauté ou ses agents dans l'exercice de leurs fonctions. En confiant l'exclusivité de cette compétence à la juridiction communautaire, le législateur a voulu assurer en ce domaine le principe de l'unité du droit communautaire et éviter aux juridictions nationales des jurisprudences contradictoires en ce que la Communauté peut être déclarée responsable du préjudice dans un État et non dans un autre[37].

Le législateur communautaire a adopté le règlement n°1/99/UEAC-CM-639 du 25 juin 1999 portant réglementation des pratiques commerciales anticoncurrentielles, modifié par le règlement n° 12/05-UEAC-639UCM du 25 juin 2005 ainsi que le règlement n°4/99/UEAC-CM-639 du 18 août 1999 portant réglementation des pratiques étatiques affectant le commerce entre États membres, lesquels visent les pratiques habituellement prohibées[38] à savoir, les ententes, les abus de position dominante, les opérations de concentration et les aides d'État. Pour sanctionner les violations à ces interdictions, le législateur communautaire a attribué compétence exclusive à la Chambre judiciaire (devenue Cour de justice communautaire) pour statuer en dernier ressort sur les recours exercés contre les décisions rendues par le

---

[34] GNIMPIEBA TONNANG (E.), *op.cit*, p. 89.

[35] KAMWE MOUAFFO KENGNE, « Les compétences contentieuses de la Cour de Justice », www.legavox.fr, publié le 30/06/2014, consulté le 13 août 2020.

[36] Articles 23 paragraphe 4 et 28 de la Convention régissant la CJ-CEMAC.

[37] Voir KAMTOH (P.), Le *recours en responsabilité extra contractuelle devant la Cour de Justice de la CEMAC*, Ed. GIRAF, 2008, p. 51.

[38] Voir pour le cas de l'UEMOA, le règlement n°3/2002/CM/UEMOA du 23 mai 2002 relatif aux procédures applicables aux ententes et abus de position dominante à l'intérieur de l'UEMOA et le règlement n°4/2002/ CM/UEMOA relatif aux aides d'État à l'intérieur de l'UEMOA du 23 mai 2002.

Secrétaire Exécutif (devenu Président de la Commission), après avis du Conseil Régional de la Concurrence (CRC).

Enfin, en ce qui concerne le contentieux bancaire, il y a lieu de dire que, créée le 16 octobre 1990, la Commission Bancaire de l'Afrique Centrale (COBAC) est l'institution de contrôle bancaire des établissements de crédit dans la zone UDEAC devenue CEMAC. Elle est chargée de veiller au respect de la réglementation et à l'harmonisation bancaire. Ainsi, elle s'assure du respect par les établissements de crédit des règles d'exercice de la profession bancaire et des activités s'y rattachant ainsi que du contrôle de l'application desdites règles et de la répression de la falsification des signes monétaires[39]. Les sanctions qu'elle prononce contre les établissements de crédit peuvent être déférées devant la Cour de Justice Communautaire[40]. Par ailleurs, la Cour de Justice connaît également des recours d'urgence, notamment le référé et le sursis à exécution. Les parties peuvent solliciter devant la Cour des mesures conservatoires ou des mesures provisoires[41]. Les parties peuvent également solliciter du juge communautaire le sursis à exécution d'un acte communautaire[42].

Lorsqu'on scrute l'importance des matières soumises au contrôle juridictionnel par voie principale devant la CJ-CEMAC, l'on comprend que la juridiction communautaire constitue un rouage essentiel de l'intégration économique et monétaire recherchée par les États de la sous-région. À travers ce vaste contentieux, elle veille à l'effectivité des engagements pris par les États membres. L'importance du contentieux fait d'elle, un véritable *« gendarme »* à l'égard des différentes dérives communautaires. Par ce biais, elle devient l'institution *« satellite »* de contrôle de l'espace communautaire. En définitive, elle est le dépositaire suprême de l'intérêt communautaire de par le caractère syncrétique du contentieux communautaire. L'on est d'autant plus conforté lorsqu'on observe les règles de procédure applicables devant elle.

B. Le caractère dynamique de la procédure de contrôle

La révision de la Convention régissant la CJ-CEMAC ne s'est pas accompagnée explicitement de la révision des règles de procédure applicables devant la Cour. Sur cette question, la Convention du 30 janvier 2009 régissant la CJ-CEMAC, sans avoir abrogé expressément l'acte additionnel n°

---

39 Voir KALIEU ELONGO (Y.), « Le contrôle bancaire dans la zone de l'Union monétaire de l'Afrique Centrale, *Penant*, Paris, 2001.

40 Article 23 paragraphe 6 de la Convention régissant la CJ-CEMAC combiné de l'article 48 b (3) de l'acte additionnel du 14 décembre 2000 fixant le statut de l'ancienne chambre judiciaire, encore applicable.

41 Article 33 de la Convention régissant la CJ-CEMAC.

42 Article 32 de la Convention régissant la CJ-CEMAC.

004/CEMAC-041-CCE-CJ02 du 14 décembre 2000 portant règles de procédure de la Chambre judiciaire de la CEMAC et le statut de l'ancienne chambre judiciaire, est restée muette. La procédure applicable devant ladite Cour reste celle prévue par l'ancienne chambre judiciaire. Il n'est pas étonnant qu'en matière de contrôle juridictionnel fait par voie de recours principal, les règles de procédure applicables restent inchangées puisque soucieuses des droits des parties et de l'intérêt de la justice communautaire. C'est en cela qu'on l'a qualifié de *« dynamique »*. La procédure devant la Cour de Justice de la CEMAC a été largement inspirée de celle applicable devant la CJCE[43]. Mais, contrairement à la CJCE où les procédures varient en fonction du type de recours, la CEMAC a défini un cadre général des règles de procédure devant la Cour de Justice de la CEMAC. Le droit communautaire CEMAC protège à la fois le droit des États et ceux des particuliers. C'est ce qui justifie que ce droit puisse être invoqué tant par les personnes morales que par les personnes physiques[44]. En effet, l'accès à la Cour de Justice est réservé aux requérants de types divers dont les modalités d'accès varient suivant leurs catégories. Lorsque la Cour statue à titre principal, elle est saisie par requête d'un État membre, d'une institution, d'un organe ou institution spécialisée de la CEMAC ou de toute personne physique ou morale qui justifie d'un intérêt certain et légitime[45]. Par une extension du pouvoir de saisine de la Cour aux particuliers, le législateur élargit le champ objectif d'invocation du droit communautaire. Par ailleurs, les parties doivent être représentées devant la Cour. L'État, les organes, les institutions et institutions spécialisées de la CEMAC sont représentés par un agent et un avocat le cas échéant, les autres parties sont obligatoirement représentées par un avocat inscrit à un barreau de l'un des États membres[46].

Dans le souci de fiabilité de ses décisions, le procès devant la Cour se déroule en deux phases : l'une écrite et l'autre orale. La phase écrite se caractérise par l'échange des mémoires, des contre-mémoires, des répliques et des dupliques ainsi que tous les pièces ou documents à l'appui. Ces échanges se font par l'intermédiaire du greffe dans l'ordre et les délais déterminés par le juge rapporteur. Toute pièce produite par une partie est communiquée à l'autre en copie certifiée conforme afin d'assurer le caractère contradictoire de la procédure et de garantir les droits de la défense[47]. Il appartient au juge rapporteur de veiller à la loyauté de la procédure, à la

---

[43] Cour de Justice de la Communauté européenne.

[44] FIPA NGUEPJO (J.), *Le rôle des juridictions supranationales de la CEMAC et de l'OHADA dans l'intégration des droits communautaires par les États membres,* thèse de Doctorat en Droit privé, Université Panthéon Assas, 2011, p. 68.

[45] Sur la requête, voir KOAGNE ZOAPPET (A.), *op.cit.*, pp. 4 et ss.

[46] Article 37 de la Convention régissant la CJ-CEMAC.

[47] Sur l'étude des droits de la défense, voir PACHA NKOUCHIPO (C.), *Les droits de la défense devant le tribunal criminel spécial au Cameroun,* thèse de Doctorat/Ph.D en Droit privé, Université de Yaoundé II, 2019.

ponctualité des échanges des mémoires, à la communication des pièces et au contrôle de l'exécution des mesures d'instruction ordonnées pour mieux éclairer les juges lors du jugement. La phase de l'oral marque le début des audiences. L'audience est en principe publique et les arrêts de la Chambre sont prononcés publiquement. Les agents, mandataires, conseils et les avocats s'expriment librement. Le président dirige les débats et assure la police de l'audience. Le juge rapporteur donne lecture de son rapport. Les parties, agents, mandataires et avocats présentent leurs observations orales et développent éventuellement leurs conclusions. L'avocat général présente ses réquisitions le cas échéant. Le greffier consigne dans le plumitif les déclarations et observations faites à l'audience ainsi que les dispositifs des arrêts rendus. La Cour statue par voie d'arrêts motivés, rendus au nom de la Communauté. Ils sont signés du président de la formation, des juges et du greffier audiencier.

Les arrêts ont autorité de la chose jugée et force exécutoire dès leur prononcé[48]. La formule exécutoire est apposée sans autre forme de contrôle que celui de la vérification de l'authenticité du titre. Les voies de recours ordinaires sont proscrites. La Cour statue en premier et dernier ressort sur les cas de violation du Traité de la CEMAC et les textes subséquents[49], elle est juge en appel et en dernier ressort des recours formés contre les décisions rendues par les organismes à compétence juridictionnelle[50]. Néanmoins, certains recours dits *« extraordinaires »* peuvent être ouverts contre ses arrêts : la révision, la tierce opposition, l'opposition, l'interprétation et la rectification. En tout état de cause, la procédure applicable devant ladite CJ-CEMAC est respectueuse des principes fondamentaux de la justice. Le caractère contradictoire, l'égalité des armes entre les parties, l'invocabilité du droit communautaire par les parties, les droits de la défense et les pouvoirs d'instruction des juges permettent à cette auguste institution de garantir le respect et l'effectivité du droit communautaire. Toutefois, cette considération est tout autre, lorsque la Cour est appelée à statuer à titre préjudiciel, c'est-à-dire dans ses rapports avec les juridictions nationales.

II. L'INCONSISTANCE DANS LE CONTRÔLE JURIDICTIONNEL À TITRE PRÉJUDICIEL

Si le juge compétent pour appliquer le droit l'est naturellement pour l'interpréter, il n'en reste pas moins que l'interprétation du droit communautaire ne peut pas être abandonnée à la multitude des juges nationaux appelés à en connaître[51]. C'est dans le but de garantir l'uniformité

---

[48] Article 30 de la Convention régissant la CJ-CEMAC.

[49] Article 24 paragraphe 3 de la Convention régissant la CJ-CEMAC.

[50] Article 31 de la Convention régissant la CJ-CEMAC.

[51] Les juridictions nationales sont les premiers juges de la bonne application du droit de l'Union et sont considérées comme les juges communautaires de droit commun. Elles ont compétence

du droit communautaire que la Convention régissant la Cour de Justice de la CEMAC a mis à la disposition des juges nationaux une procédure destinée à éviter que ne s'établissent dans les différents États membres de la CEMAC, des jurisprudences divergentes et/ou contraires au droit communautaire. Les juges internes, tenus d'appliquer le droit communautaire, ont naturellement compétence pour l'interpréter. Pour les aider dans cette tâche, un système de coopération a été mis en place entre la Cour de justice et le juge interne. Ce dernier, saisi d'un litige qui soulève une question relative à l'interprétation ou à la validité d'une norme communautaire applicable audit litige, peut demander à la Cour de justice, de définir le sens qu'elle entend donner à la norme ou de contrôler sa validité. Ce *« dialogue de juge à juge »* correspond au mécanisme de contrôle juridictionnel à titre préjudiciel[52]. Le contrôle juridictionnel par voie de recours préjudiciel est un mécanisme de coopération entre les juridictions nationales et une juridiction communautaire par lequel le juge national, au cours d'un contentieux, sursoit à statuer, pour poser au juge communautaire une question d'interprétation ou d'appréciation de validité relativement à une disposition communautaire dont l'applicabilité est invoquée[53].

Ce mécanisme de contrôle est institué par l'article 26 de la convention du 30 janvier 2009 régissant la Cour de justice. Ce texte dispose que

> *La Cour de justice statue à titre préjudiciel sur l'interprétation du traité de la CEMAC et des textes subséquents, sur la légalité et l'interprétation des actes des institutions des organes et institutions spécialisées de la CEMAC quand une juridiction nationale ou un organisme à fonction juridictionnelle est appelé à en connaître à l'occasion d'un litige.*

Comme *« spécialiste »* du droit communautaire, la Cour ne statue dans le cadre du renvoi préjudiciel, qu'en droit. Ce type de contrôle permet de renforcer la protection des droits garantis aux ressortissants de la Communauté[54]. L'instauration d'un tel dialogue entre les juges internes et le juge communautaire contribue à la réalisation des objectifs de la Communauté et au premier plan desquels, l'instauration d'un marché commun dépourvu de frontières et de barrières à la liberté de circulation des marchandises, des

---

à côté des institutions et organes juridictionnels de la Communauté pour connaître des litiges relatifs à la bonne application droite communautaire CEMAC.

[52] PERTEK (J.), *La pratique du renvoi préjudiciel en droit communautaire, Coopération entre CJCE et juges nationaux*, Litec, Paris, 2001, n°17, p. 8. TAMARA DUPUY « Le renvoi préjudiciel, un dialogue facultatif entre les juges nationaux et le juge communautaire, pour un enjeu essentiel : l'interprétation uniforme » in www.legavox.fr consulté le 20 août 2020.

[53] KAMWE MOUAFFO KENGNE, « Le renvoi préjudiciel de la Cour de Justice de la CEMAC », legavox.fr, consulté le 20 août 2020.

[54] CLERGERIE (J-L.), *Le renvoi préjudiciel*, Coll. le droit en question, Ellipses, 2000, p. 5.

personnes, des services et des capitaux[55]. Il permet d'éviter les divergences d'interprétation et ainsi d'assurer la cohérence du droit communautaire. La réalisation de cet objectif ambitieux ne peut avoir lieu que si le mécanisme de renvoi préjudiciel est mieux aménagé. Pourtant, tel n'est pas forcément le cas. Le régime de contrôle juridictionnel par voie de recours préjudiciel n'est pas si reluisant. La consécration de certaines règles est susceptible d'obstruer la garantie des droits fondamentaux et l'unité du droit communautaire. L'on observe, en pratique, une extrême rareté des procédures de renvoi en droit communautaire. Ce n'est qu'après dix ans de fonctionnement effectif, que la CJ-CEMAC a rendu son premier arrêt préjudiciel[56]. Alors qu'en droit communautaire européen, le renvoi préjudiciel est aujourd'hui présenté comme le recours le plus usité[57]. Sur la base de ce constat, on peut bien imaginer les difficultés qui obscurcissent la fluidité d'une telle procédure. En réalité, ces difficultés résultent principalement de l'attitude facultative dévolue au juge national ou à l'organisme à fonction juridictionnelle de saisir la Cour lorsque le besoin se fait ressentir (A), et de la privation du justiciable de son droit de saisir ladite Cour en cas de survenance de question préjudicielle à caractère communautaire (B).

A. L'attitude facultative du juge national ou de l'organisme à fonction juridictionnelle

Aux termes de l'article 26 de la Convention régissant la CJ-CEMAC

> *(...) chaque fois qu'une juridiction nationale ou un organisme à fonction juridictionnelle saisit des questions de droit ci-dessus (l'interprétation du traité de la CEMAC et des textes subséquents, la légalité et l'interprétation des actes des institutions, organes et institutions spécialisées de la CEMAC) doit statuer en dernier ressort, il est tenu de saisir préalablement la Cour de Justice. Cette saisine devient facultative lorsque la juridiction nationale ou l'organisme à fonction juridictionnelle doit statuer à charge d'appel (...).*

Cette disposition est quelque peu problématique si tant est vrai que l'objectif assigné à la Cour est de garantir l'unité et l'effectivité du droit communautaire. En effet, selon le législateur communautaire, le juge national qui ne statue pas en dernier ressort, apprécie la pertinence d'une invocation du droit communautaire et la nécessité de résoudre le litige quand il est saisi

55 TAMARA DUPUY, *op.cit.*, p.5.

56 Arrêt n°001/CJ/CEMAC/CJ10-11 du 25 novembre 2010. Affaire École Inter-États des Douanes c/ DJEUKAM Michel.

57 PERTREK (J.), *Renvoi préjudiciel,* document internet fdv-univ-lyon3mini_site/renvoi_prejud.pdf la doctrine rapporte ainsi qu'« *en 2008, sur 592 affaires introduites devant la Cour de justice, 288 soit près de la moitié, l'ont été sur renvoi préjudiciel. Sur 494 arrêts rendus la même année, 238 l'ont été sur renvoi* ».

d'une question relative à l'interprétation du traité de la CEMAC et des textes subséquents[58], à la légalité et l'interprétation des actes des institutions, organes et institutions spécialisées de la CEMAC[59]. Il peut alors choisir de renvoyer ou non selon qu'il estime que l'intervention de la Cour est pertinente ou non ou selon son gré. Le caractère facultatif du renvoi fait des juges internes des interprètes et des censeurs du droit communautaire. L'octroi à plusieurs juges de la possibilité d'interpréter une même règle génère naturellement des divergences de jurisprudences. Dans le cas où ces juges relèveraient d'un seul ordre juridique, ils rechercheraient tous la cohérence du même ordre juridique et seraient confrontés à des règles innervées par la même logique.

Lorsqu'en revanche, comme cela est le cas dans cette étude, les juges relèvent de deux ordres juridiques, leur ordre juridique interne et l'ordre juridique communautaire, ils sont les gardiens de la cohérence de l'ordre juridique interne et de la cohérence de l'ordre juridique communautaire[60]. L'apparition des divergences d'interprétation entre le juge national et le juge communautaire est non seulement probable, mais en plus, la confiscation de cette compétence d'interprétation et de validité par le juge national qui est seul habilité à saisir la Cour, est très tentante. C'est ce qui peut justifier la quasi-inexistence des procédures de renvoi préjudiciel devant la CJ-CEMAC. Dès lors, octroyer le pouvoir d'interpréter ou de valider les actes communautaires aux juges de six (6) États membres différents, soit 06 ordres juridiques différents ayant chacun leur propre logique, c'est décupler le risque d'avoir des interprétations différentes, c'est permettre d'attribuer à une règle au moins autant de sens qu'il y a d'États dans la Communauté. Les multiples interprétations d'une même règle communautaire sont de nature à reconstituer les barrières que la CEMAC tente de supprimer. Compter sur les juges de 06 États différents pour doter une règle d'une seule et même signification est un pari plus que risqué[61].

Certains doctrinaires pourront soutenir que ce caractère facultatif permet d'éviter la surcharge de la Cour avec la prolifération des questions préjudicielles maladroites ou superflues qui alourdiraient l'emploi de temps des juges de la Cour[62]. Cet argumentaire ne tient pas compte de l'intérêt des justiciables. Le caractère facultatif du renvoi préjudiciel pour le juge interne présente un danger important pour l'uniformité du droit de la communauté et pour la garantie des droits des justiciables dans la mesure où, si sa décision est

---

58 Il s'agit des textes de droit commun dit primaire (fondateurs) à savoir le traité révisé, l'Additif au traité relatif au système institutionnel et juridique de la Communauté, les différentes Conventions régissant les institutions communautaires, les Actes Additionnels annexés au Traité de la CEMAC.

59 Il s'agit du droit dérivé soumis à l'appréciation préjudicielle du juge communautaire à savoir : des statuts et des actes des organes, institutions et institutions spécialisées de la CEMAC.

60 TAMARA DUPUY, *op.cit.*, p. 7.

61 *Idem.*

62 CLERGERIE (J-L.), *op.cit.*, p.43.

définitive, l'interprétation erronée, donnée ou la mauvaise appréciation de la légalité par ce dernier, ne pourra plus être redressée. Puisqu'il peut arriver que la décision du juge national de premier ressort ou d'appel soit définitive[63]. Ainsi, le juge de premier ressort ou d'appel peut en même temps être ce juge de dernier ressort. Le juge du définitif semble ne pas seulement être celui de la Cour suprême ou de la Cour de Cassation. Une interprétation erronée du droit communautaire ou une mauvaise appréciation de la légalité des actes d'un organe CEMAC par une juridiction dont la décision est devenue définitive entamera forcément l'uniformité du droit communautaire et l'intérêt des justiciables. De même, en raison du caractère facultatif du renvoi préjudiciel, l'entêtement du juge interne de premier ressort ou d'appel face à une question sérieuse d'interprétation ou d'appréciation de la légalité d'un acte communautaire, est de nature à entraîner une marginalisation constante de la juridiction communautaire dans la résolution des litiges ayant trait à l'application des règles communes. C'est un danger pour la garantie de l'interpénétration du droit de la communauté dans les différents États membres[64].

En marge de ces arguments, plusieurs questions peuvent être soulevées : du moment où l'interprétation des textes communautaires et la légalité des actes des institutions communautaires relèvent aussi du ressort du juge interne, quel sens aura encore la notion de question préjudicielle avec ses implications, notamment l'obligation de surseoir à statuer au fond et de renvoyer l'affaire devant un autre juge compétent désigné à cet effet ? Si le renvoi est facultatif, n'est-on pas seulement en présence d'une question préalable ? Au niveau de la pratique judiciaire, le juge de dernier ressort accepterait-il de déférer le problème d'interprétation ou de légalité au juge communautaire ? En plus du caractère facultatif du renvoi préjudiciel s'ajoute la méconnaissance des règles communautaires par les juges internes. Dans le premier arrêt préjudiciel rendu par la CJ-CEMAC, Affaire École Inter-États des Douanes c/ DJEUKAM Michel[65], la juridiction communautaire reprochait au juge centrafricain d'avoir méconnu les règles de répartition des compétences entre le juge communautaire et le juge interne. La Chambre sociale de la Cour d'Appel de Bangui avait saisi la Cour afin qu'elle se prononce sur la légalité de la décision n°23 du 30 avril 2004 portant nomination du sieur DJEUKAM aux fonctions de chef de Département de culture générale dans une institution communautaire (EIED), mais, la demande du juge fut sanctionnée par une fin de non-recevoir au motif qu'il intervient dans un domaine touchant au contentieux de la fonction publique communautaire, lequel domaine qui ressort de la compétence exclusive de la

[63] En cas d'épuisement des délais de recours.

[64] GAUDIN (H.), « Le renvoi préjudiciel devant la Cour de justice de l'Union européenne, clé d'un ordre juridique en réseau », *Revue générale du droit*, 2019, n°49151.

[65] Arrêt n°001/CJ/CEMAC/CJ10-11 du 25 novembre 2010. Affaire École Inter-États des Douanes c/ DJEUKAM Michel.

CJ-CEMAC[66]. Cet élément fut ignoré autant par les conseils que par les juges centrafricains. C'est dès lors toute la question de la formation qui se trouve ici posée. L'on relève malheureusement sur ce point que les magistrats qui composent la plupart des juridictions des États membres n'ont reçu aucun enseignement de droit communautaire durant leurs études universitaires ou pendant leur formation initiale à l'École Nationale de la magistrature. Cette situation est amplifiée par l'indigence de la documentation mise à leur disposition, qui se traduit par l'absence d'un bulletin d'information édité par la Cour de Justice, d'une base de données juridiques comprenant les arrêts rendus par ladite Cour, l'inexistence d'abonnements dans les revues juridiques spécialisées en droit communautaire[67].

En définitive, le plaidoyer ne consisterait pas forcément à rendre obligatoire le renvoi préjudiciel, le caractère facultatif du renvoi préjudiciel ne poserait pas de problème si les textes donnaient pouvoir au justiciable de porter la question devant le juge communautaire. Or seul le juge interne dispose de cette faculté.

B. La non-habilitation préjudiciable du justiciable à saisir la Cour de Justice

En compulsant les termes de l'article 26 de la Convention régissant la CJ-CEMAC, il appert que seul le juge interne ou l'organisme à fonction juridictionnelle de la CEMAC est habilité à saisir la Cour de Justice en présence d'une question d'interprétation du traité de la CEMAC et des textes subséquents ou en présence d'une question de légalité et d'interprétation des actes des institutions, organes et institutions spécialisées de la CEMAC. Lorsque ladite juridiction ou ledit organe à fonction juridictionnelle ne statue pas en dernier ressort, il a faculté de saisir la Cour par voie de renvoi préjudiciel. Il en découle que le justiciable qui invoque l'application d'une règle communautaire ne peut pas saisir la CJ-CEMAC lorsque survient une question préjudicielle de droit communautaire. Comment le justiciable pourra-t-il bénéficier de cette procédure pour faire valoir ses droits que lui procure le droit communautaire ?

Lorsqu'une question préjudicielle est soulevée devant une juridiction nationale qui statue en premier ressort, et que cette dernière, à la demande du

---

[66] Le renvoi préjudiciel porté devant le juge communautaire aboutit à la prise de décision dont le juge national ne peut occulter le caractère de la chose jugée. Le paragraphe 3 de l'article 26 de la Convention régissant la CJ-CEMAC dispose *« les interprétations données par la Cour en cas de recours préjudiciel s'imposent à toutes les autorités administratives et juridictionnelles dans l'ensemble des États membres. L'inobservation de ces interprétations donne lieu à un recours en manquement ».*

[67] TATY (G.), « La procédure de renvoi préjudicielle en Droit communautaire », *Revue de droit Uniforme africain*, n°004, 2001, p. 38.

justiciable, ne renvoie pas la procédure devant la CJ-CEMAC, la seule possibilité, pour ce justiciable qui estime que le droit communautaire a été mal interprété ou que l'acte d'une institution CEMAC a été mal apprécié, est celle de saisir la juridiction supérieure qui sera tenue de solliciter l'intervention de la Cour de Justice si elle statue en dernier ressort. Ce n'est que par ce chemin que le justiciable pourra profiter de cette procédure pour faire valoir les droits que lui procure l'ordre juridique communautaire. Le constat est que le justiciable ne peut passer que par ces péripéties pour se voir appliquer les règles communautaires au cas où le juge interne s'obstine. Il est évident que la procédure devient lourde pour le justiciable qui va devoir attendre pour saisir le juge statuant en dernier ressort, surtout s'il ne se lasse pas. On imagine bien ce que ça peut engager comme coût financier et temporel. Le fait de priver le justiciable de la faculté de saisir la Cour par voie de recours préjudiciel tout en conservant le caractère facultatif du renvoi préjudiciel du juge interne de premier ressort est une sorte d'atteinte au droit d'accès au juge communautaire. La cause du justiciable doit être équitablement entendue en temps opportun. La solution consisterait soit à rendre obligatoire le renvoi préjudiciel nonobstant la privation de la faculté du justiciable de saisir la Cour, soit d'accorder cette faculté au justiciable tout en conservant le caractère facultatif du renvoi préjudiciel dévolu au juge interne de premier ressort. Cette solution permettra à la Cour de Justice de contrôler efficacement, avec une certaine fréquence, les activités de la CEMAC. En même temps, elle permettra de garantir avec effectivité, les droits fondamentaux des justiciables. Madame GAUDIN Hélène n'a pas hésité à qualifier le renvoi préjudiciel de *« clé de voûte du système juridictionnel »*, en ce sens qu'il fait tenir l'édifice juridique propre à la Communauté[68]. Priver directement le justiciable de cette procédure serait assimilable à l'effondrement progressif de cet édifice communautaire en construction, en éloignant le justiciable de la justice communautaire.

Certes, d'aucuns[69] pourront nous rétorquer en affirmant que le renvoi obligatoire pour l'ensemble des juridictions pourrait entraîner l'allongement exagéré de la durée des instances ou l'encombrement inutile de la Cour. Mais opiner ainsi reviendrait à considérer le droit communautaire comme un droit exceptionnel, extraordinaire, alors qu'il n'en est rien. Par la force du principe de l'effet direct et celui de la primauté du droit communautaire, l'ensemble législatif communautaire devient partie intégrante de l'ordre juridique national. Ce serait aussi croire que les arrêts préjudiciels sont susceptibles de recours devant une autre juridiction, pourtant, ils s'imposent à toutes les autorités administratives ou juridictionnelles dans l'ensemble des États membres. Même si la Cour rend un arrêt préjudiciel à la suite d'un renvoi de la juridiction nationale de premier ressort, l'effet obligatoire dudit arrêt est incontestable devant les juridictions suprêmes nationales. En plus, les

---

[68] GAUDIN (H.), *op.cit.*, n°49153.

[69] TATY (G.), « La procédure de renvoi préjudicielle en Droit communautaire », *op.cit.*, p. 28.

juridictions nationales peuvent se délier de leur obligation de renvoi quand la question soulevée est matériellement identique à une question ayant fait l'objet d'une décision à titre préjudiciel dans une espèce analogue (voir arrêt COSTA)[70]. L'objectif est de permettre à la Cour d'œuvrer à l'assise de l'unité du droit communautaire en offrant au juge national une matière juridique conforme au droit en question[71]. La justice communautaire doit davantage être proche des justiciables de l'ensemble des États membres. L'impulsion décisive au processus d'intégration en Afrique Centrale passe nécessairement par une propension pour les justiciables à développer une culture de la justice communautaire.

CONCLUSION

« À défaut d'être commune, elle (la norme communautaire) cesse d'exister et il n'y a plus de Communauté »[72], l'instauration d'une Communauté fondée sur le droit est intrinsèque à l'idée même d'intégration : la norme doit prévaloir sous peine de cesser d'être commune. L'intégration économique et monétaire recherchée par les États de la sous-région d'Afrique Centrale regroupés au sein de la CEMAC est tributaire de la mise en œuvre effective du droit généré par les organes communautaires. L'institution d'une Cour de justice communautaire à l'image de la CJCE au sein de la CEMAC tient lieu de gage. Mais, la seule existence de la Cour de Justice CEMAC en charge du contrôle des activités communautaires ne suffit pas. Il faut encore et surtout que cette institution juridictionnelle dispose des moyens suffisants, nécessaires à l'accomplissement de sa lourde tâche. La Cour de Justice dispose-t-elle de ces moyens ? Autrement dit, le contrôle juridictionnel des activités de la CEMAC par la CJ-CEMAC est-il convenablement aménagé afin de contribuer à la réussite de l'intégration sous-régionale ? Telle est la question qui a gouverné cette étude. En effet, lorsque la Cour de Justice exerce son contrôle juridictionnel par voie de recours principal, le syncrétisme du contentieux communautaire ainsi que la consécration d'une procédure juste et équitable lui permettent de consolider la présence du droit communautaire, gage de réussite de l'intégration sous-régionale. En revanche, lorsqu'elle est appelée à exercer son contrôle juridictionnel par le mécanisme de renvoi préjudiciel, certains obstacles sont susceptibles d'obstruer la garantie des droits fondamentaux et l'unité du droit communautaire. Le fait par exemple de priver le justiciable de la faculté de saisir la Cour par voie de recours préjudiciel tout en conservant le caractère facultatif du renvoi préjudiciel du juge interne de premier ressort ne permet pas au juge communautaire de jouer efficacement son rôle. La justice communautaire doit être proche du justiciable assoiffé de justice. Au total, il ne fait aucun doute que le juge

---

[70] *Idem.*

[71] PERTREK (J.), *Renvoi préjudiciel,* précité.

[72] *Idem.*

communautaire soit un meilleur garant de l'effectivité du droit communautaire, mais le succès de l'intégration sous-régionale en chantier en Afrique Centrale sera davantage tributaire de la volonté des États membres, premiers acteurs du processus d'intégration, que de la hardiesse de l'auguste institution juridictionnelle qui fait avec *« les moyens de bord ».*

RÉFÉRENCES BIBLIOGRAPHIQUES

BOULOUIS Jean, DARMON Marco, HUGLO Jean-Guy, *Contentieux communautaire*, 2e éd., Précis Dalloz, 2000, 435 p.

CLERGERIE Jean-Louis, *Le renvoi préjudiciel*, Coll. Le droit en question, Ellipses, Paris, 2000, 176 p.

FIPA NGUEPJO Jacques, *Le rôle des juridictions supranationales de la CEMAC et de l'OHADA dans l'intégration des droits communautaires par les États membres,* thèse de Doctorat en Droit privé, Université Panthéon Assas, 2011, 488 p.

GAUDIN Hélène., « Le renvoi préjudiciel devant la Cour de justice de l'Union européenne, clé d'un ordre juridique en réseau *», Revue générale du droit*, 2019, n° 49151 : on line www.revuegeneraledudroit.eu/?p=49151. Consulté le 11 décembre 2023.

GNIMPIEBA TONNANG Edouard., *L'ordre juridique communautaire de la CEMAC*, L'Harmattan, Paris, 2016, 246 p.

KALIEU ELONGO Yvette., « Le contrôle bancaire dans la zone de l'Union monétaire de l'Afrique Centrale », *Penant*, Paris, 2001, pp. 445-472.

KAMTO Maurice, « La Communauté Economique des États de l'Afrique Centrale (CEEAC) : une communauté de plus », *AFDI,* 1997, pp. 839-862.

KAMTOH Pierre, « Le recours en responsabilité extra contractuelle devant la Cour de Justice de la CEMAC », *in Actes du Séminaire sur la sensibilisation sur le droit communautaire et de l'intégration dans la zone CEMAC,* Libreville, 6 novembre 2004, Ed. GIRAF, 2008, pp. 56-70.

KAMTOH Pierre, « La Cour de justice de la CEMAC », in *AHJUCAF*, www.ahjucaf.com, consulté le 10 août 2020.

KAMWE MOUAFFO KENGNE, « Les compétences contentieuses de la Cour de Justice », www.legavox.fr, publié le 30/06/2014, consulté le 13 août 2020.

KAMWE MOUAFFO KENGNE, « Le renvoi préjudiciel de la Cour de Justice de la CEMAC », www.legavox.fr, consulté le 20 août 2020.

KOAGNE ZOAPPET Apollin, *La recevabilité des requêtes devant la Cour de Justice de la CEMAC*, Mémoire de master en Relations Internationales, IRIC, 2010, 131 p.

MOUANGUE KOBILA James, « Les rapports entre la Cour de Justice de la CEMAC et la Cour commune de Justice et d'Arbitrage de l'OHADA », sur www.afrilex.u.bordeau.fr, consulté le 28 juillet 2020.

PACHA NKOUCHIPO Collins, *Les droits de la défense devant le tribunal criminel spécial au Cameroun*, thèse de Doctorat/PhD en Droit privé, Université de Yaoundé II, 2019, 502 p.

PERTEK Jacques, *La pratique du renvoi préjudiciel en droit communautaire, Coopération entre CJCE et juges nationaux*, Litec, 2001, 238 p.

RIDEAU Joël, *Le droit de l'Union Européenne*, « Que sais-je ? », PUF, Paris, 1998, 128 p.

DUPUY Tamara, « Le renvoi préjudiciel, un dialogue facultatif entre les juges nationaux et le juge communautaire, pour un enjeu essentiel : l'interprétation uniforme » in www.legavox.fr consulté le 20 août 2020.

TATY Georges, « La procédure de renvoi préjudicielle en Droit communautaire », *Revue de droit Uniforme africain*, n°004, 2001, pp. 28-38.

L'ADMINISTRATION DE LA JUSTICE À L'AUNE DE L'ACCÈS À LA FONCTION DE JUGE COMMUNAUTAIRE DE LA CEMAC

Par

Julie BASAANE GNEBA

Docteure en droit public de l'Université de Dschang
Chargée de cours, Université de Ngaoundéré

Résumé

L'accès au statut de juge communautaire de la CEMAC n'est pas une donnée, mais un construit. Il n'est sans doute pas prétentieux de reconnaître que de plus en plus le juge communautaire ressent le besoin de s'affirmer, car de lui dépend la qualité de la justice. Si l'administration de la justice, la bonne, est le souhait le plus absolu de toute juridiction, il faut dire qu'elle est fonction de la légitimité du juge. La présente étude se donne pour ambition de mettre en exergue l'office du juge communautaire en rapport avec ses modalités de désignation. Sous ce rapport, l'on est amené à se poser la question fondamentale suivante : comment peut-on apprécier le processus d'accès au statut de juge communautaire en rapport avec l'administration de la justice ? Prenant appui sur la méthode juridique et la méthode sociologique, il convient de relever que l'accès au statut de juge communautaire se caractérise par des modalités relativement bien aménagées par le législateur. Cependant, lesdites modalités présentent quelques velléités susceptibles d'affecter le comportement du juge lors de l'exercice de ses fonctions. Notamment, il pourra être amené à faire allégeance à l'organe désignataire, ce qui pourra influer sur la qualité de la justice. Par ailleurs, l'étude a permis de réaliser que le système de renouvellement des mandats pratiqué en Afrique et partout ailleurs est susceptible d'affecter négativement l'administration de la justice. Il est donc convenable pour le législateur CEMAC de revoir quelques aspects relatifs au statut du juge communautaire pour une administration de la justice au service du justiciable.

Mots-clés : Administration – Juge communautaire – Accès – Statut - Juridiction

Abstract

Access to the status of CEMAC community judge is not given, but constructed. It is probably not pretentious to recognise that more and more community judges feel the need to assert themselves, because the quality of justice depends on them. If administration of justice, the good one, is the most absolute wish of any jurisdiction, it must be said that it depends on the legitimacy of the judge. This study aims to highlight the office of the community judge in relation to its methods of appointment. In this respect, one is led to ask the fundamental question, that of knowing: how can one appreciate the process of access to the status of community judge in relation to the administration of justice? Based on the legal method and the sociological method, it should be noted that access to the status of community judge is characterised by methods that are relatively well developed by the legislator. However, these terms and conditions have some inclinations likely to affect the behaviour of the judge during the exercise of his functions. In particular, he may be required to pledge allegiance to the designating body, which may influence the quality of justice. In addition, the study made it possible to realise that the system of renewal of mandates so practiced in Africa and everywhere else, is likely to affect negatively the administration of justice. It is therefore appropriate for the CEMAC legislator to review some aspects relating to the status of the community judge for an administration of justice at the service of the litigant.

Key words *: Administration – Community judge – Access – Status - Jurisdiction*

INTRODUCTION

Dans le processus d'intégration africaine comme partout ailleurs, la fonction de juge occupe une place de choix. Elle n'est pas un donné, mais un construit ; ce d'autant plus qu'elle n'a pas existé aux origines de la plupart des projets intégrationnistes en Afrique noire francophone. Dans le cas de l'Afrique Centrale, l'UDEAC qui a précédé la CEMAC ne disposait pas d'une juridiction chargée de sanctionner les abus de droit. Ayant pris conscience de cette limite, les pères fondateurs ont estimé qu'il était temps de penser une intégration par le droit, ce qui leur a permis d'inclure le volet juridictionnel[1], d'où l'institutionnalisation de la Cour de Justice. Celle-ci se présente comme une innovation de la CEMAC et n'a de sens qu'à travers ses membres qui la

[1] Article 10 alinéa 1 du Traité révisé de la CEMAC. En tant qu'organisation d'intégration africaine, la CEMAC regorge en son sein cinq (5) Institutions que sont : l'Union Économique de l'Afrique Centrale, l'Union monétaire de l'Afrique Centrale, le Parlement communautaire, la Cour de justice communautaire et la Cour des comptes.

constituent, à savoir les juges. L'accès à cette fonction obéit à une procédure particulière susceptible de garantir ou non l'administration de la justice. Sous ce rapport, la pratique institutionnelle fait preuve de ce que la Cour, telle que présentée aujourd'hui, ait subi des mutations qu'il convient de rappeler.

Initialement créée par le Traité du 16 mars 1994, la Cour de Justice de la CEMAC est rendue effective à partir du 14 décembre 2000[2]. Son siège est situé à Ndjamena, capitale de la République du Tchad. Suite aux réformes institutionnelles initiées en 2006[3] à Bata en République de Guinée équatoriale, les leaders des États membres de la CEMAC ont décidé de la fragmentation de la Cour de Justice initialement composée de deux chambres[4] en deux Institutions indépendantes[5] à savoir : la Cour de Justice de la CEMAC et la Cour des comptes[6]. Par ces réformes, le législateur CEMAC s'est arrimé aux pas de ses homologues de l'Union Européenne (UE)[7] et de l'Union Monétaire des États Ouest Africains (UEMOA)[8]. La Cour de Justice de la CEMAC en l'occurrence, devra hériter des attributions[9] jadis confiées à la Chambre Judiciaire de l'ex Cour de Justice communautaire. Sauf que, depuis le début de son fonctionnement en 2000 jusqu'au 9 décembre 2018, l'éclatement de ladite Cour n'avait pas toujours été effectif. Autrement dit, la Chambre Judiciaire a poursuivi ses activités jusqu'à la date ci-dessus mentionnée. Il a donc fallu attendre le 10 décembre 2018, date historique pour vivre l'effectivité de cet éclatement. Cette cérémonie fut marquée par la prestation de serment des nouveaux juges nommés depuis 2015. Désormais, on ne parlera plus de Chambre Judiciaire mais de Cour de Justice Communautaire CEMAC qui est dotée d'une organisation particulière.

---

[2] FOKO (A), « Le Cameroun, la Cour de Justice de la CEMAC et la Cour Commune de Justice et d'Arbitrage de l'OHADA », *In* ATANGANA AMOUGOU (J-L), (Dir), *Le Cameroun et le droit international*, Éditions Pedone, Paris, 2013, pp. 199-220, Spéc. p. 201.

[3] ENGONGA EDJO'O (B), *Les réformes institutionnelles de la CEMAC, Cadre juridique et réglementaire,* Volume 2, 2015, p. 21.

[4] Chambre judiciaire et chambre des comptes.

[5] Article 10 du Traité révisé CEMAC. Ainsi, l'on est passé de quatre institutions à cinq (l'Union Économique des États d'Afrique Centrale (UEAC), l'Union Monétaire des États d'Afrique Centrale (UMAC), le Parlement Communautaire, la Cour de Justice et la Cour des Comptes) au niveau de la Communauté Économique et Monétaire de l'Afrique Centrale.

[6] Selon l'article 46 du Traité révisé de la CEMAC, ces deux institutions sont en plus du Parlement communautaire les institutions de contrôle. Voir aussi le portail d'information sur l'actualité tchadienne www.tchadinfo.com du 05 décembre 2013, CEMAC, « La Cour de justice communautaire vers une scission en 2014 ».

[7] Article 3 du traité de l'UE du 7 février 1992 (plusieurs fois modifié) ; Voir aussi RIDEAU (J), *Droit institutionnel de l'union et des communautés européennes*, DE BOECK Université, Paris, Bruxelles, 2e édition, 1998, p. 118 et s., BOULOUIS (J), *Droit institutionnel de l'Union Européenne,* 7e édition, Montchrestien, Paris, 2004, p. 48 et s. ; KEMFOUEDIO BIPELE (J), « La CEMAC à la recherche de son affermissement », *Juridis-périodique n° 87,* Juillet-Septembre 2011, pp. 110-121 Spéc. p. 113.

[8] Article. 38 et 39 du Traité révisé de l'UEMOA du 29 janvier 2003.

[9] Article 22 de la Convention de la Cour de Justice de la CEMAC.

En effet, il ressort de l'Article 4 alinéa 1 et 2 de la Convention régissant la Cour de Justice de la CEMAC qu'elle est composée de six (6) membres[10] nommés pour un mandat de six (6) ans renouvelable une fois. Alors que le mandat des juges des deux (2) chambres est arrivé à expiration avant la fin de la période transitoire[11], la Conférence des Chefs d'État a pris un Acte Additionnel[12] autorisant les membres desdites Cours à rester en fonction jusqu'à l'installation des nouveaux membres. Cette mesure avait pour ambition d'assurer la continuité du service public de la justice. Ces nouveaux membres ont donc été nommés à la fonction de juge communautaire le 17 février 2017 suite à la 13eme session ordinaire de la Conférence des Chefs d'État de la CEMAC. Ils ont prêté serment le 10 décembre 2018 à Ndjamena, date de leur prise de fonction.

Ce bref rappel historique permet de comprendre que le régionalisme actuel[13] accorde un rôle majeur aux institutions largement négligées auparavant à l'instar de la Cour de Justice. Le choix porté sur la fonction de juge communautaire se justifie en raison de sa prégnance dans la construction du processus d'intégration[14].

La fonction de juge communautaire apparaît comme la situation d'un juge qui tranche les litiges dans une relation de soumission formelle et fonctionnelle à la loi communautaire. Bien évidemment, il *« assure le respect du droit dans l'interprétation et dans l'application du présent Traité et des conventions subséquentes. Concrètement, la CJC a pour mission : d'assurer le respect des dispositions de la CEMAC et des conventions subséquentes par les États membres, les institutions et les organes de la CEMAC ; de réaliser*

---

[10] En raison d'un membre par État dont cinq Juges et un Avocat Général.

[11] Il convient de signaler que la période transitoire dont le terme est conditionné par les instruments de ratification d'États membres a débuté en 11 mai 2012 et était censé prendre fin dès la rentrée judiciaire 2013-2014. Cette échéance n'étant pas respectée, Jean MONGO ANTCHOUIN alors premier président de la Cour de justice communautaire, a rassuré lors de la rentrée judiciaire a rassuré en déclarant que, la Cour de Justice communautaire *« pourrait passer le relais aux nouvelles Cours de Justice et de Compte probablement en 2014 »*, Disponible sur www.tchadinfo.com. Consulté le 10 janvier 2023. Sauf que la frilosité des États face au dépôt des instruments de ratification rendra difficile l'effectivité des deux cours. C'est seulement le 17 février, lors de la 13e session ordinaire de la Conférence des Chefs d'État que les juges pionniers, nommés en 2000, ont été remplacés. Toute chose qui marque un terme à la période transitoire et par conséquent une nouvelle ère dans le sens d'intensification des activités intégratives.

[12] Acte Additionnel n° 1 du 11 mai 2012 autorisant les membres de la Cour de Justice de la CEMAC, en fin de mandat, à rester en fonction jusqu'à l'installation de leurs remplaçants, Disponible sur www.kalieu-elongo.com, Consulté le 28 décembre 2022.

[13] L'ancien régionalisme est celle qui couvre la décennie 1960-1970, le nouveau régionalisme pour sa part est timidement parti des années 1980 pour s'emballer en 1990, Lire AVOM (D), « Intégration régionale dans la CEMAC : des problèmes institutionnels récurrents », *Afrique contemporaine*, n° 222, 2017, pp. 1999-221.

[14] SOBZE (S-F), « La contribution des juridictions communautaires au processus d'intégration sous-régionale en Afrique francophone », *Revue du droit public* - n° 5-2021, pp. 1351-1385.

par ses décisions l'harmonisation des jurisprudences dans les matières relevant du domaine des Traités et de contribuer par ses avis à l'harmonisation des législations nationales des États membres ; de régler les contestations relatives à sa compétence »[15]. Au regard de cette disposition, la fonction du juge est une activité délicate qui exige au préalable des aptitudes adéquates pour y accéder. Ce sont ces aptitudes qui permettront à la personne du juge de bien exercer ses missions dans le sens de la bonne administration de la justice.

En se fondant sur la CEMAC, l'on est conduit à s'intéresser aux modalités de recrutement à la fonction de juge et leur implication sur l'administration de la justice. Il convient dès lors de remarquer, dans la plupart des cas, que le procédé de désignation du juge est susceptible d'affecter l'exercice de ses fonctions, car il sera de tout temps animé par deux sentiments : celui de la reconnaissance et celui de l'espérance du renouvellement de mandat. Ainsi, comment peut-on apprécier le processus d'accès à la fonction de juge communautaire sur l'administration de la justice ? La fonction de juge communautaire est relativement appréciée selon qu'on se situe au niveau de l'accès à la fonction de juge qu'au niveau de son office. L'accès à la fonction de juge communautaire se caractérise par des modalités bien aménagées par le législateur. Cependant, lesdites modalités présentent quelques velléités susceptibles d'affecter le comportement du juge lors de l'exercice de ses fonctions. Dès lors, le recours à l'exégèse, la casuistique et l'analyse des faits sont des axes méthodologiques qui sous-tendent la présente réflexion. Celle-ci se déploiera suivant deux axes exposant tour à tour l'accès conditionné à la fonction de juge communautaire (I) d'une part, et l'office retenu du juge communautaire dans l'administration de la justice (II) d'autre part.

I. L'ACCÈS CONDITIONNÉ À LA FONCTION DE JUGE COMMUNAUTAIRE

L'importance de la fonction de juge communautaire n'est plus à prouver dans la mesure où, elle engage le sort des acteurs communautaires à travers les décisions qui sont en définitive prises. Pour cela, l'accès à cette fonction obéit à une modalité bien particulière aménagée par le législateur qui, pour le rappeler, est une preuve d'évolution dans le processus de désignation (B) et qui est resté constant quant à ce qui concerne les conditions liées à la candidature du juge (A).

A. La constance des conditions liées à la candidature des juges

L'accès à la fonction de juge communautaire est subordonné à quelques exigences. Ainsi, ces exigences classées en termes de compétence technique

[15] Article 48 de la Convention révisée de la Cour de Justice de la CEMAC.

(1) et de compétence éthique (2), constituent des préalables d'accès à la fonction de juge auxquels sont assujettis les potentiels candidats.

1. La constance des conditions subjectives

La compétence technique ici renvoie à l'ensemble des critères intellectuels et techniques qui permettent de vérifier si le futur candidat à l'aptitude nécessaire à exercer les fonctions de juge communautaire. Elle est liée à la personne du candidat à la fonction de juge communautaire. De manière précise, la Convention de la Cour de justice de la CEMAC a défini quelques conditions subjectives auxquelles doivent satisfaire les futurs magistrats communautaires. Ainsi, a-t-elle fait observer que les membres de la Cour devront « (...) *réussir en ce qui concerne les magistrats, les conditions requises pour l'exercice dans leur pays respectif des plus hautes fonctions judiciaires, ou avoir exercé, avec compétence et pendant au moins quinze (15) ans, les fonctions d'avocats, de Professeur d'Université de droit et d'économie, de notaire ou de conseil juridique »*[16]. Il résulte de cette disposition que le législateur CEMAC a expressément fait preuve d'une diversité louable dans la désignation des membres de la Cour. La détermination de ces critères vise ainsi à encadrer le pouvoir[17] de l'organe de proposition des candidats qu'est l'État et l'organe de nomination qu'est la Conférence des Chefs d'État.

Elle se rapporte d'une part aux magistrats des différents États membres ayant l'aptitude requise pour occuper les plus hautes fonctions judiciaires. Il convient de relever que les conditions d'accès à la fonction de magistrat sont presque communes pour tous les États membres de la CEMAC, c'est-à-dire l'admission sur concours. Elle exige un niveau requis à savoir la Maitrise en droit pour les juges administratifs et judiciaires ou en économie pour les juges de compte. Cependant, cet accès ne donne pas directement droit à l'aptitude d'accès à la fonction de juge communautaire, encore faut-il remplir d'autres conditions. Ce qui revient à dire que le candidat à la fonction de juge communautaire est soumis à une double conditionnalité : satisfaire préalablement aux conditions d'accès aux plus hautes fonctions judiciaires dans son État, puis à celles de juge au sein de la Cour. Évidemment, il faut qu'après sa formation, que le candidat occupe « les *plus hautes fonctions judiciaires* » dans le domaine de la justice au sein de son État. À ce niveau, on a l'impression d'être en face d'un flou juridique ou encore du « silence »[18] du législateur quant à la détermination de ce qu'il convient d'appeler « les *plus*

---

[16] Article 4 alinéa 2 de la Convention révisée.

[17] CAMBY (J-P), « La nomination des membres du Conseil constitutionnel, ou la liberté de choisir », *RDP*, n° 6, 1999, p. 1575.

[18] ADANDEDJN (A), « La notion de juriste de haut niveau », in, AKEREKORO (H), (dir), *Les silences de la Constitution béninoise du 11 décembre 1990,* Les éditions Ce DEP, Université d'Abomey-Calavi, 2018, P. 9.

hautes fonctions judiciaires ». Pourtant, cette terminologie méritait d'être clarifiée à l'occasion de l'important exercice de désignation de juge communautaire. Cette exigence subodore que l'on s'assure que le futur juge communautaire dispose de l'expérience requise pour officier en cette qualité. L'on en déduit à la suite d'une partie de la doctrine que la détermination de l'occupation des plus hautes fonctions judiciaires se fait sur la base du *curriculum vitae*, produit par le candidat à la fonction de juge[19].

D'autre part, le législateur vise les enseignants d'Université ainsi que les professionnels du droit. Ces deux catégories renvoient à deux réalités bien précises : les théoriciens du droit d'une part et les praticiens du droit d'autre part. Ils ont en commun la formation de juriste et dans une certaine mesure, en ce qui concerne les enseignants d'Université, la formation d'économiste. Pour ce qui est de la première catégorie, l'esprit de l'article 4 alinéa 2 de la Convention de la Cour traduit aisément l'intention du législateur à insister sur le niveau intellectuel de l'enseignant. Cela dit, en plus d'être enseignant-chercheur, il devra être titulaire d'un Doctorat en droit[20] ou en économie. La présence des professeurs de droit au sein des juridictions communautaires s'avère indispensable. Elle est le symbole de la *« présomption de compétence »*[21]. Pour Monsieur le Professeur CASTELA, *« le professeur de droit veille à une bonne argumentation juridique, dépouillée de raisonnement tenant à l'opportunité politique, dans l'élaboration des décisions de la haute juridiction »*[22]. Concernant la deuxième catégorie qui porte sur les praticiens du droit, la doctrine les définit comme *« toute personne dont l'expérience professionnelle a été acquise dans un ou plusieurs secteurs où le droit est appliqué de manière plus ou moins intense dans le traitement des dossiers »*[23]. Le législateur CEMAC a expressément visé les avocats, les notaires et les conseillers juridiques. Ces derniers sont censés avoir obtenu une formation théorique en droit sanctionnée au moins par une Licence. En plus de cela, la confrontation aux aspects pratiques du droit fait partie de leur quotidien. Leur présence dans le collège des juges de la Cour apparaît comme une plus-value dans le traitement des affaires d'ordre technique. À cet égard, ils pourraient mettre à contribution leurs expériences acquises dans un cabinet d'avocat, une

---

19 FOUMENA (G-Th), « La désignation des juges constitutionnels en Afrique noire francophone », *Revue africaine de droit public*, volume 8, n° 17, 2019, pp. 63-98.

20 *Ibid*, p. 78.

21 SCHNAPPER (D.), *Une sociologue au Conseil Constitutionnel*, Gallimard, Paris, 2001, p. 279.

22 CASTERA (P.), *Les professeurs de droit, membres du Conseil Constitutionnel*, Thèse de doctorat en droit public, Université de Bordeaux, 2015, p. 276.

23 ADET (S.-G.), *Contrôle intra normatif et contrôle ultra normatif de constitutionnalité : contribution à l'identification des sous catégories du modèle kelsenien de justice constitutionnelle à partir des systèmes belge et béninois*, Thèse de Doctorat en droit, Université Catholique de Louvain, 2011-2012, p. 433.

société commerciale, un service public, une association humanitaire, une union syndicale ou une organisation internationale[24].

Au demeurant, il convient de remarquer qu'en dehors des enseignants d'économie, le législateur a plus insisté sur les personnes ayant la formation de juriste. Il va de soi, car, la fonction de juger suppose l'art de dire le droit. Or, l'on ne saurait dire le droit sans toutefois le connaître. Ainsi, pour une bonne administration de la justice, le législateur a bien fait d'insister sur les bases théoriques de la formation initiale du juge communautaire.

Quoi qu'il en soit, la fonction de juge communautaire ne va pas sans expérience. Comme l'affirmait le Pr FOUMENA : *« la sagesse qui est une vertu morale, est fille de l'expérience »*[25]. Si le législateur est resté muet sur le nombre d'années d'expérience en ce qui concerne les juges nationaux désireux d'accéder à la fonction de juge communautaire, il en va différemment pour ce qui est des autres corps de métier. Ces derniers doivent justifier d'une ancienneté de 15 ans au moins. L'on note dès lors que si le diplôme est un aspect important dans le processus de désignation des juges, l'expérience en est plus. Dans tous les cas, ces deux éléments se complètent. Il y a juste un problème de préséance. De ce fait, le diplôme précède l'expérience[26].

2. Les dispositions éthiques des candidats

Il faut entendre par compétence éthique l'ensemble de matériaux d'ordre moral dont dispose une personne en vue d'exercer une fonction donnée. Il est impérieux de relever selon la lettre de la Convention régissant la Cour que le futur juge communautaire devra *« être de bonne moralité ; présenter les garanties d'indépendance et d'intégrité »*.

La *« bonne moralité »* est une condition *sine qua non* d'accès à la fonction de magistrat communautaire. Cependant, le législateur n'a nullement pris la peine de la définir, ce qui subodore que l'appréciation de la bonne moralité est une lourde responsabilité qui incombe aux autorités désignataires que sont l'État, puis la Conférence des Chefs d'État. Pourtant, l'absence formelle de définition et de critère d'appréciation peut paraître problématique dès lors qu'il s'agit de recruter des personnes qui vont être amenées à accomplir l'acte éminent de juger autrui[27]. Abandonner cette lourde tâche à l'administration ne serait-il pas source d'arbitraire ? En attendant, l'on note que la bonne moralité

---

[24] VERDUSSEN (M.), *Les douze juges : la légitimité de la Cour Constitutionnelle*, Éditions LABOR, Bruxelles, 2004, p. 55.
[25] FOUMENA (G.-Th.), « La désignation des juges constitutionnels en Afrique noire francophone », *Op.cit*, Spéc. p. 76.
[26] SAINT-BONNET (François), « L'ironie du sort », *Revue de droit d'Assas*, n°5, *op.cit.*, p. 101.
[27] BELFANTI (L), « Qu'est-ce que « la bonne moralité » du magistrat ? Le clair-obscur de la notion de « bonne moralité » comme condition d'accès à la fonction de magistrat », *Les Cahiers de la Justice*, n° 2, 2013, pp. 163-170.

est une vertu essentielle. C'est une considération éthique qui sous-tend la désignation des juges[28]. Elle est une valeur sûre pour la bonne administration de la justice communautaire. Elle a pour ambition de *« s'assurer que les candidats présentant les garanties nécessaires pour exercer les fonctions de magistrat et, en particulier, respecter les devoirs qui s'attachent à leur état »*[29]. Malgré son imprécision, il convient d'observer que l'expression « bonne moralité » n'est jusqu'ici pas sujette de débat en droit communautaire. En droit constitutionnel par contre, il est louable de constater que le constituant nigérien a lui-même identifié les pièces à fournir[30] pour l'examen de moralité des futurs juges constitutionnels. Le législateur CEMAC gagnerait à s'inscrire dans cette logique.

Par ailleurs, la Convention précise que les futurs juges communautaires doivent « *présenter les garanties d'indépendance et d'intégrité* ». À cet effet, la Convention recommande aux organes chargés de la désignation des juges de choisir les personnes dont l'apparence présente des garanties non pas seulement d'indépendance, mais aussi d'intégrité.

S'agissant de l'indépendance, il convient de relever que malgré la kyrielle de définitions rattachées à cette notion, le droit communautaire n'en a pas donné une en particulier. Mais ce n'est pas pour autant une raison pouvant permettre d'écarter son étude. En effet, elle pourrait être perçue comme le *« fait pour une personne ou une entité de ne dépendre d'aucune autre autorité que la sienne propre »*[31]. La doctrine l'appréhende comme la situation d'un organe public auquel son statut assure la possibilité de prendre ses décisions en toute liberté et à l'abri de toutes instructions et pressions[32]. De ce fait, l'indépendance apparaît comme une vertu essentielle d'une juridiction[33]. C'est

---

[28] CABANIS (A.), « Les Cours et les Conseils Constitutionnels, régulateurs de la nouvelle gouvernance en Afrique », in, *Mélanges dédiés au Doyen Francis V. Wodié*, *Op.cit.*, p. 100.
[29] Cf. « Recueil des obligations déontologiques des magistrats », In *Rapport d'activité CSM 2009*, Doc. Fr, 2010, p. 63.
[30] « Les candidats à la Cour Constitutionnelle doivent jouir d'une bonne moralité attestée par les services compétents et produire avant leur élection et nomination : - Un curriculum vitae qui permet de juger de leurs qualifications et expériences professionnelles accompagné de tous les documents probants - Un extrait du casier judiciaire - Un certificat médical - Un certificat de nationalité nigérienne », article 2 Loi n° 2012-35 du 19 juin 2012 déterminant l'organisation, le fonctionnement de la Cour Constitutionnelle et la procédure suivie devant elle au Niger.
[31] SALMON (J), *Dictionnaire de droit international public,* Bruxelles, Bruylant, 2001, p. 570, Lire aussi CARCASSONNE (G), « Rapport introductif », *In Actes du deuxième congrès de l'Association des Hautes juridictions de cassation des pays ayant en partage l'usage du français (AHJUCAF),* Dakar – 7 et 8 novembre 2007, p. 31.
[32] DE LEVAL (G), *Institutions judiciaires*, 2° éd., Collection Scientifique de la Faculté de Droit de Liège, 1993, p. 37 ; TULKENS (F) et BOSLY (H-D), « La notion européenne de tribunal indépendant et impartial. La situation en Belgique », *R.S.C*, n° 4, octobre-décembre 1990, p. 680.
[33] GNIMPIEBA TONNANG (E) et FANDJIP (O), « La cour de justice de la CEMAC et les règles du procès équitable », *Penant, Revue Trimestrielle de droit africain*, Édition Jurisafrica, juillet-septembre 2009, n° 872. pp. 329-356.

un préalable à l'appréciation de l'efficacité de cette dernière. Elle apparaît comme l'une des garanties les plus sûres[34] d'une bonne administration de la justice. Il est donc à cet égard impossible de parler de bonne justice sans indépendance, car, c'est la pierre angulaire sur laquelle repose les juridictions et par ricochet, les magistrats[35].

Pour ce qui est de l'intégrité, c'est une vertu éthique[36]. D'origine latine, la notion d'intégrité vient de « *integritas* » qui désigne le fait d'être intact, en totalité. Il traduit le caractère de ce qui ne bouge pas. C'est la qualité d'une personne qui témoigne d'une rigoureuse honnêteté. Cependant, l'intégrité semble être plus large. Le Dictionnaire Universel l'appréhende comme une probité irréprochable[37], absolue, extrême. Elle renvoie au caractère d'un homme intègre qui signifierait une absolue probité[38]. Pour *Le Nouveau Petit Robert,* c'est *« une vertu qui consiste à observer scrupuleusement les règles de la morale sociale, les devoirs imposés par l'honnêteté et la justice ».* Elle a tendance à se confondre avec les notions voisines telles que la probité et l'honnêteté, mais elle garde ses spécificités. À cet égard, pour opérer une distinction, la doctrine a apporté quelques clarifications en ces termes : « *La probité est d'un cœur droit, son principe est l'amour de l'ordre, c'est une vertu de caractère. L'intégrité est d'un cœur pur, son principe est l'amour de ses devoirs, c'est la vertu d'une conscience timorée. L'honnêteté est d'un cœur bon, son principe est l'amour du bien, c'est la vertu des belles âmes. La probité exclut toute injustice, l'intégrité exclut toute corruption, l'honnêteté exclut le mal, et même les mauvaises manières de faire le bien »*[39]. Il en ressort que l'intégrité, en tant que l'état de ce qui forme un tout, contiendrait la notion d'un égard à autrui, de respecter ou rendre ce qui lui est naturellement dû. Elle correspondrait mieux au volet « *équité* » de la justice et comprendrait la notion de profit et davantage personnel[40]. Elle renvoie au caractère de celui qui ne manque de rien.

Face au mutisme du législateur CEMAC quant aux critères de reconnaissance de l'intégrité, le législateur international s'est montré plus explicite lorsqu'il formule que : *« les juges n'acceptent, directement ou*

---

[34] GILLET (J-L), « Leurs indépendances », *Les Cahiers de la justice*, Vol. 2, n° 2, 2012, p. 93.

[35] MALINOVSKY (J), « Les opinions séparées et leurs répercussions sur l'indépendance du juge international », 2010, p. 30, Disponible sur, Consulté le 27 décembre 2022 à 23h-56mn.

[36] Cabanis (André), « Les Cours et les Conseils Constitutionnels, régulateurs de la nouvelle gouvernance en Afrique », in, Mélanges dédiés au Doyen Francis V. Wodié, *op.cit.*, p. 100.

[37] Dictionnaire Universel, 2è éd., Hachette, 1995, p.617.

[38] Commission d'éthique de la Magistrature, Rapport de mission dit « Rapport Cabannes », nov. 2003, p.21.

[39] Disponible sur http://www.ac-grenoble.fr/lettres/pages/jjr/livres/notes/probite.htm. Cité par RAFOLISY (P-Y-N), *Protection juridique de l'intégrité morale et développement durable : le cas de Madagascar,* Thèse de Doctorat, Université de limoges, 2008, p. 25.

[40] RAFOLISY (P-Y-N), *Protection juridique de l'intégrité morale et développement durable : le cas de Madagascar,* Thèse de Doctorat, Université de limoges, 2008, p. 25.

indirectement aucun cadeau, avantage, privilège ou récompense pouvant raisonnablement être perçus comme tendant à influer sur l'exercice de leur fonction judiciaire »[41]. À la lecture de cette disposition, l'on comprend aisément que l'intégrité s'oppose à l'idée de corruption. Ainsi, le fait pour le juge de recevoir des présents corrompt sa conscience et ne lui permet plus d'assurer une bonne administration de la justice. En l'absence d'une disposition communautaire expresse y afférente, l'autorité désignataire pourra se servir de ces éléments pour pouvoir apprécier le caractère intègre du futur juge communautaire.

Au demeurant, comment déterminer au vu de l'apparence d'une personne qu'elle présente des garanties d'indépendance et d'intégrité ? Face à cette interrogation, il importe de dire que le législateur a bien fait de préciser l'exigence d'une expérience certaine. La condition de l'occupation des *« plus hautes fonctions judiciaires »* pour les magistrats et celle de 15 années d'expérience pour les universitaires et les praticiens[42] de droit, sont des critères susceptibles d'aider l'autorité dans la détermination des garanties d'indépendance et d'intégrité. Les conditions définies par le législateur permettent de vérifier la compétence, la solide expérience juridique, la circonspection et l'objectivité du futur juge. Au Québec, par exemple, la fonction de juge est réservée aux personnes inscrites au Barreau depuis au moins dix (10) ans[43]. À cela, la doctrine a ajouté d'autres critères notamment, le sens élevé des valeurs morales, des qualités humaines telles que la compassion, la générosité, la patience et de bonnes habitudes de travail[44]. C'est dire que le nombre d'années passées au service n'est pas une garantie d'indépendance ou d'intégrité. Le plus important, ce sont des valeurs morales dont dispose le candidat à la fonction de juge communautaire. Ce sont des valeurs intrinsèques que le futur candidat manifeste à travers son comportement qui sont de nature à orienter les autorités de désignation dans le choix de juge pour une bonne administration de la justice communautaire.

---

41 Article 5 alinéa 2 du Code d'éthique judiciaire du 02 janvier 2005 de la Cour Pénal Internationale.

42 BADET (S-G), *Contrôle intra normatif et contrôle ultra normatif de constitutionnalité : contribution à l'identification des sous catégories du modèle kelsenien de justice constitutionnelle à partir des systèmes belge et béninois,* Thèse de Doctorat en droit, Université Catholique de Louvain, 2011-2012, P. 433.

43 Loi sur les juges, LRC. 1985, ch. J-1, article 3, Loi sur les Tribunaux judiciaires, L.R.Q., c. T-16, article 87.

44 Rapport du Comité Spécial de l'Association du Barreau canadien sur la nomination des juges au Canada de 1985, Cité par REID (H), « La nomination des juges, doit-on exiger de nouveau critères ? », *Revue générale de droit,* Volume 25, n° 2, 1994, pp. 313-319., Spéc. p. 314.

B. Les conditions contextuelles d'accès à la fonction de juge

Les conditions contextuelles font référence aux conditions qui dépendent des aspirations des autorités de désignation. La question de la sélection des juges devant siéger au sein des organes spécifiques en charge du contentieux communautaire est d'un intérêt certain. Par définition, la désignation se *« rapporte à un acte pris par une autorité à la suite d'une sélection, opérée avec le concours d'autres organes et dépouillée de quelques contraintes de choix »*[45]. Elle participe de la légitimité démocratique dont jouissent les juridictions[46] communautaires. La proposition des candidatures multiples par les États (1) devant être examinée par la Conférence des Chefs d'État (2) marque l'évolution de ce processus en zone CEMAC.

1. La proposition des candidatures multiples par les États

La fonction de sélection des candidatures par les États s'exprime plus concrètement dans la délicate opération de désignation des juges qui seront plus tard nommés par la Conférence des Chefs d'État. Cette opération de sélection a connu une évolution considérable à l'issue des réformes institutionnelles marquées par la révision de l'ensemble des normes communautaires en 2008. Il convient de rappeler que selon la Convention de 1994 relative à l'ancienne Cour de Justice communautaire, les États avaient la possibilité de proposer une seule candidature devant faire l'objet de validation mécanique par la Conférence des Chefs d'État. Désormais, il y a comme une sorte de démocratisation caractérisée par une implication accrue de candidats. Selon les dispositions de la Convention régissant la Cour de 2009, *« ils (les membres de la Cour) sont choisis parmi plusieurs candidats présentés par chaque État membre (...) »*[47]. Ce choix permet désormais à l'organe de nomination qu'est la Conférence des Chefs d'État de ne plus être spectateur passif des *« obscures batailles internes »*[48]. Cette démocratisation affecte la dynamique de la représentation des États au niveau communautaire et impacte directement la bonne administration de la justice. Comme dans le cadre des partis politiques, la sélection des candidats en interne c'est-à-dire dans le cadre des primaires est un moment clé du processus démocratique.

---

[45] FOUMENA (G-Th), « La désignation des juges constitutionnels en Afrique noire francophone », *Revue africaine de Droit et de Science Politique*, n° 18, 2019, pp. 63-98, Spéc., p. 80.

[46] ATANGANA AMOUGOU (J-L), « La Cour constitutionnelle béninoise : Un modèle de justice constitutionnelle pour l'Afrique », *In la constitution béninoise du 11 décembre 1990 : Un modèle pour l'Afrique ?* Mélanges en l'honneur de Maurice AHANHANZO-GLELE, Paris, L'Harmattan, 2014, pp. 101-113, Spéc. p. 105.

[47] Article 4 alinéa 4 de la Convention régissant de Cour de Justice de la CEMAC.

[48] ROUSSEAU (D), « Les primaires, un sens et un projet démocratiques », Pouvoir, n° 154, 2015 pp. 125-131.

S'il est vrai que le législateur a démocratisé le processus de sélection en permettant aux États de proposer plusieurs candidats à la fonction de juge communautaire, il importe de souligner que les textes communautaires sont restés muets quant au processus de désignation. Une marge de manœuvre est ainsi accordée aux États dans la définition des modalités de rétention des candidats à proposer à l'organe désignataire. Certes, le législateur a défini en des termes généraux le profil des potentiels juges, mais il s'est abstenu de se prononcer sur l'organe chargé d'examiner les candidatures. Cette mission relève-t-elle de la compétence des Organes suprêmes chargés de la nomination des juges au niveau interne en l'occurrence le Conseil Supérieur de la Magistrature ou alors du pouvoir exécutif ? Face à cette interrogation, l'on observe une sorte d'opacité quant à la procédure de désignation des juges par les États. Il faut ici relever la flexibilité du législateur communautaire *« traduite par les modalités substantielles et formelles non réglementées »*[49]. Cette souplesse se manifeste concrètement par l'absence de contraintes liées au choix et à la possibilité d'une discussion contradictoire.

Le caractère flexible du législateur relativement à la présentation des candidatures est susceptible d'impacter la bonne administration de la justice communautaire et très précisément sur l'indépendance et l'impartialité des juges finalement retenus pour exercer au niveau des juridictions communautaires. Le moins que l'on puisse dire, c'est que le mode actuel de proposition des juges par les États expose la haute juridiction communautaire à ce que le Professeur Fabrice HOURQUEBIE a appelé le *« procès en illégitimité »*[50] du fait de la politisation des juges[51] nommés discrétionnairement par les États et proposés à la Conférence des Chefs d'État pour examen.

2. L'examen des candidatures par la Conférence des Chefs d'État

Organe suprême de la CEMAC, la Conférence des Chefs d'État définit les grandes orientations de la politique communautaire. Parmi ses attributions, figure la mission de procéder à la nomination des magistrats communautaires[52] telle que proposée par les États. Dans cette perspective, le législateur CEMAC a fait preuve d'une avancée significative. Avant les réformes institutionnelles, la Conférence des Chefs d'État n'avait pas de choix à opérer en ce qui concernait la nomination des juges. Elle était confrontée aux candidatures uniques des États, et se contentait de les valider. Tout portait

---

49 FOUMENA (G-Th), « La désignation des juges constitutionnels en Afrique noire francophone », *Op.cit.*, p. 79.

50 HOURQUEBIE (F), « La composition du Conseil constitutionnel, Un exotisme bien français », *In Mélanges dédiés au Doyen FRANCIS V. WODIE*, Presse universitaire de Toulouse, 2016, pp. 239-248, Spéc. p. 241.

51 CASSIA (P), CLAY (Th), « Le Conseil Constitutionnel se meurt, vive la Cour Constitutionnelle ! », *Revue de droit d'Assas*, n°5, p. 109.

52 Article 4 de la Convention régissant la Cour de Justice de la CEMAC.

à croire que cette méthode de nomination serait à l'avance biaisée et porterait atteinte à la bonne administration de la justice communautaire.

Quoi qu'il en soit, les efforts du législateur, certes louables, sont encore sujets à interrogation. Au fait, *« la Conférence des Chefs d'État étant d'abord une structure politique, ne dispose pas de tous les outils nécessaires pour évaluer notamment sur le plan des compétences, les candidats proposés par les États »*[53]. Il en ressort donc que la maîtrise des éléments purement techniques, en ce qui concerne la nomination des personnes à la fonction de juge communautaire, échappe à la Conférence des Chefs d'État. Ni la Convention relative à la Cour, ni le Statut des membres de la Cour, ne font aucune précision en ce qui concerne les critères permettant ainsi à cet organe politique de pouvoir porter son choix sur tel ou tel candidat proposé par les États.

Ainsi, pour un choix objectif, le législateur CEMAC devrait aller dans le sens du législateur européen qui a fait preuve d'une évolution louable. Jusqu'en 2009, il a été donné de constater qu'au sein de l'Union Européenne, il n'existait aucun Organe en charge du contrôle objectif du choix des juges par les États. Chaque État était donc seul à se prononcer sur l'indépendance et les mérites du juge à proposer[54]. Mais dans la logique de la Construction d'une *« Communauté de droit »*, il a fallu penser un mécanisme coercitif pouvant aider les États dans la vérification du respect des garanties prévues. Le parcours professionnel des candidats seul ne suffisait pas pour affirmer leur indépendance, encore fallait-il entrer dans les méandres pour y déceler d'éventuelles failles. C'est dans cette perspective que l'Union Européenne a pensé la création d'un Comité[55] chargé du réexamen du choix des États. Au regard du caractère rigoureux de la composition[56] de ce Comité, l'on peut dire que le travail par lui effectué est d'une efficacité certaine dans

---

[53] LEVOA AWONA (S-P), *Les compétences juridictionnelles dans l'espace CEMAC et l'espace OHADA,* Thèse Doctorat en droit, Université de Yaoundé II, 2009, p. 163.

[54] Intervention de Jean Marc SAUVE, Vice-Président du Conseil d'État au collège d'Europe Bruges sur le thème *« la sélection des juges de l'Union Européenne : la pratique du Comité de l'article 255 du Traité de l'Union (un comité est institué afin de donner un avis sur l'adéquation des candidats à l'exercice des fonctions de juge et d'avocats de la Cour de Justice et du Tribunal avant que les Gouvernements des États membres ne procèdent aux nominations conformément aux articles 253 et 254)»,* Le lundi 4 novembre 2013, Disponible sur www.conseil-état.fr, Consulté le 19 mars 2018, à 23h-37mn.

[55] Ce Comité a pris fonction le 1er mars 2010. En effet, ce Comité se met en place pour un mandat de quatre ans. Il a deux missions principales : d'une part, mettre à distance le mécanisme de nomination des juges, les passions politiques et les enjeux de pouvoir, d'autre part, s'assurer que les juges qui seront nommés disposent des qualités nécessaires à l'exercice de leurs futures fonctions, *Idem*, Lire aussi ROUSSELOT (R), «Tribunal : Une réforme du statut de la Cour de Justice de l'Union Européenne en demi-teinte», Disponible sur www.europeanpepers.eu, Consulté le 20 mars 2018 à 01h-05mn, p. 280.

[56] Ce Comité est composé de sept personnalités, choisi parmi les anciens membres de la Cour de Justice et du Tribunal, des juristes chevronnés dont l'un choisi par le parlement, Information disponible sur www.blogdroiteuropéen.com, Consulté le 20 mars 2018 à 00h-44mn.

l'approfondissement d'un pouvoir judiciaire indépendant, hautement qualifié et légitime.

Dans le cadre de la Cour européenne des Droits de l'Homme, la rigueur de cette procédure est encore plus renforcée, car, le travail du Comité est finalement évalué par la Commission Parlementaire[57]. Si ce système venait à être adopté au sein de la CEMAC, il serait d'une contribution non négligeable pour la bonne administration de la justice. Le Comité pourrait par exemple être composé des anciens membres des Cours de Justice, des juristes expérimentés, praticiens ou professionnels du droit CEMAC[58]. Le Parlement CEMAC étant déjà effectif, il importe de lui permettre, dans la mesure du possible, d'exercer pleinement son rôle de contrôle démocratique à l'effet de mieux participer aux processus décisionnels[59]. Cela permettra aux juges de ne pas être liés par la volonté des États membres dans l'exercice de leur fonction.

II. L'OFFICE RETENU DU JUGE COMMUNAUTAIRE DANS L'ADMINISTRATION DE LA JUSTICE

Le législateur communautaire n'est pas resté muet en ce qui concerne l'encadrement de l'exercice de la fonction de juge communautaire. Il a tenu à rationaliser le cadre de cet exercice (A). Cependant, l'on observe des pratiques qui sont susceptibles de fragiliser l'office du juge communautaire (B).

A. La rationalisation du cadre d'exercice de la fonction de juge

« *Ce n'est pas au citoyen d'avoir confiance dans ses juges, mais aux juges d'inspirer confiance au citoyen* »[60]. Il en résulte que le juge est soumis à une obligation certaine : celle d'inspirer la confiance des citoyens. Pour cela, les attributs liés à sa fonction de juge (1) et la protection dont il bénéficie sont des facteurs qui font de lui, un juge objectif (2).

---

[57] KOTSAP MEKONTSO (A-D) ; « Les juges de la Cour Commune de Justice et d'Arbitrage (CCJA) et la sécurité des investissements étrangers dans l'espace OHADA », Disponible sur www.legavox.fr, Consulté le 18 mars 2018 à 20h-50mn, Publié le 16 juin 2017.

[58] BURGORGUE-LARSEN (L), « Des idéaux à la réalité. Réflexion comparée sur les processus de sélection et de nomination des membres des Cours Européennes et interaméricaines des droits de l'homme », *In Revue des Droits de l'Homme,* Revue de Centre de Recherche et d'étude sur les droits de fondamentaux, Disponible sur www.revdh.revues.org/949. 2014, Consulté le 20 mars 2018 à 02h-38.

[59] Communauté Economique et Monétaire de l'Afrique Centrale, « Parlement communautaire », Disponible sur www.cemac.int/service/le-parlement-communautaire, Consulté le 18 mars 2018 à 21h36.

[60] CASAMAYOR (S-F.), *Les juges*, Édition du Seuil, Paris, 1ère édition, 1956, p. 112.

1. L'affirmation des attributs liés à la fonction de juge

L'exercice de la fonction de juge communautaire est un office très délicat. Elle le serait encore davantage si elle n'était pas accompagnée d'un certain nombre d'attributs[61]. Ces derniers sont pour l'essentiel l'indépendance et l'impartialité.

La notion d'indépendance ayant préalablement été définie, celle d'impartialité apparaît comme l'ensemble de principes développés principalement par la jurisprudence, qui servent à faire en sorte que la personne qui siège dans la juridiction n'ait pas de *« préjugés »* [62] ou des raisons qui pourraient la conduire à pencher vers une *« solution »*. L'impartialité comme l'indépendance sont des vertus qui caractérisent la personne du juge et qui garantissent, par conséquent, le droit à un procès équitable. Pour la doctrine, *est « impartial, celui qui ne préjuge pas une question et qui ne manifeste pas de préférence pour une partie »*[63]. En clair, et dans le silence absolu d'une telle définition en droit communautaire, l'impartialité peut s'entendre comme l'absence de tout préjugé que pourrait avoir le juge communautaire en position analogue aux parties en litige et à la question qu'il devra trancher.

À l'analyse, ces définitions semblent présenter des exigences pouvant être difficilement satisfaites par un être humain[64]. L'observation absolue de ces contraintes exige du juge une *« mise à distance »*[65] de tout ce qui pourrait influer sur son point de vue. Il devra en outre faire abstraction de ses précompréhensions, de ses préjugés et de ses déterminants sociaux[66]. Étant donné que ces vertus vont au-delà de la condition humaine, l'impartialité dont peut faire preuve le juge communautaire, doit alors être relative. De manière plus simple, il est souhaitable que le juge communautaire n'entretienne pas des liens suspects avec les parties présentes devant lui. Il doit se réserver de préjuger au risque d'être pré-conditionné dans l'exercice de ses fonctions.

Au demeurant, la notion d'impartialité tend à se confondre avec celle d'indépendance. Pour marquer cette distinction, il importe de relever que dans

---

[61] ZAKI (M), « Le juge, la loi et l'architecture des pouvoirs », in, *Mélanges dédiés au Doyen Francis V. Wodié*, 2022, p. 558.

[62] HONG-ROCCA (L-M), *Le déni de justice substantiel en droit international public, Op.cit.*, p. 133.

[63] KOJEVE (A), *Esquisse d'une phénoménologie du droit,* Gallimard, Paris, 2007, p.562.

[64] Certains comme KOVEGE (A) pensent même qu'il serait impossible pour un être humain d'être impartial. Que cette exigence fondamentale appartient au seul Dieu.

[65] Expression employée par JOUANNET (E), *op.cit.*, p. 192.

[66] L'histoire de faire abstraction des déterminants sociaux remonte selon ROSANVALLON (P) dans *la Légitimité démocratique* aux XI et XIIe siècle. Les juges étaient considérés comme des hommes à part, il leur était imposé une conduite de vie particulière. Par exemple, il leur était interdit de boire et de manger avec des habitants, de se promener avec eux, de résider plus d'un mois dans le même quartier, d'épouser une femme de la ville, de recevoir les invités après le coucher du soleil pour éviter des conciliabules secrets, etc. (p.179 ouvrage *op.cit.*)

l'exercice du pouvoir juridictionnel, un juge peut être indépendant sans toutefois être impartial dans son jugement[67]. En revanche, il ne peut être impartial que s'il est relativement indépendant[68]. Autrement dit, l'indépendance peut s'exprimer sans impartialité alors que l'impartialité ne peut s'exprimer sans indépendance. Si l'indépendance se limite essentiellement à l'aspect extérieur, l'impartialité va au-delà en touchant le *« for interne du juge »*[69].

Ceci étant, la nomination des juges par la Conférence des Chefs d'État ne suffit pas pour exercer la fonction de juge communautaire. Celle-ci est conditionnée par la prestation de serment qui est primordiale et qui apparaît comme une présomption d'indépendance et d'impartialité. Par définition, le serment représente la souscription par le juge à un certain nombre de prescriptions, de devoirs et d'exigences liés à la mission qui lui incombe[70]. Il est formulé de la manière suivante dans le système juridique CEMAC : *« Je jure solennellement d'exercer mes fonctions de membre de la Cour de Justice de la Communauté Economique et Monétaire de l'Afrique Centrale, en toute indépendance et impartialité de façon digne et loyale et de garder le secret des délibérations ».* Ces paroles, sacrées soient-elles, conditionnent par-dessus tout l'accès à la fonction de juge communautaire et garantissent un bon exercice de celle-ci. Elles emportent des conséquences variées.

En effet, elles rompent le cercle des intérêts antérieurement constitués, elles font prendre en charge l'histoire et les intérêts de la juridiction par le juge nouvellement nommé, elles assignent une nouvelle représentation de soi qui oblige à s'y conformer, elles investissent au sens militaire du terme la personne, la vide de sa substance et la remplit du rôle du juge[71]. La prestation de serment étant un rite d'investiture, marque en principe la rupture entre l'autorité désignataire et la personne du juge, lequel désormais est investi d'un *« devoir d'ingratitude »*[72]. Dès lors, il peut exercer ses fonctions en toute quiétude, sans toutefois craindre une certaine pression émanant, soit des États, soit de la Conférence des Chefs d'État auprès de qui, il n'attend rien[73]. Cependant, une clarification mérite d'être faite : la prestation de serment dont

---

67 JOUANNET (E), *Indépendance et impartialité des juges internationaux,* Collection contentieux international, Paris, Édition A. Pedone, 2010, p. 291.

68 *Ibid.*, p. 291.

69 GARAPON (A), ALLIARD (J) et GROS (F), *Les vertus du juge,* Dalloz-Sirey, 2008, p. 1.

70 BOUMAKANI (B), « Le serment constitutionnel du chef de l'État en Afrique francophone », in, *Démocratie en questions* ? Mélanges en l'honneur du professeur Théodore HOLO, Presses universitaires de Toulouse, 2017, p. 51.

71 ROUSSEAU (D), *Sur le Conseil Constitutionnel : la doctrine de Badinter et la démocratie, op.cit.*, p. 37.

72 GENEVOIS (B), « La composition du Conseil Constitutionnel », *Revue de droit d'Assas*, n°5, février 2012, pp.89-95.

73 GICQUEL (J), « La mise en place du Conseil Constitutionnel camerounais », in, *Mélanges en l'honneur de Henri Jacquot,* Presses universitaires d'Orléans, 2006, pp. 253-263.

il est question ici concerne tous les membres de la Cour indépendamment de leur fonction précédente. Autrement dit, le serment est aussi exigé à ceux ayant précédemment prêté serment auprès de leur pays pour exercer une quelconque fonction juridictionnelle[74]. Mais pour une bonne administration de la justice, le législateur a défini des garanties ayant pour but de protéger la fonction de juge communautaire.

2. La protection de la fonction de juge

En vue de préserver les juges communautaires d'atteintes illégitimes à leur indépendance, le législateur CEMAC a *« pris le parti de leur réserver une protection particulière »*[75]. Exerçant des activités qui engagent les droits et libertés des particuliers et surtout, statuant selon leur propre conscience sous la conduite des textes prédéfinis, le risque est grand que les juges communautaires puissent passer outre. C'est pourquoi il leur a été aménagé une gamme considérable d'immunités et privilèges qui ne vont pas sans incompatibilités. Le juge a besoin d'être protégé pour mieux exercer ses fonctions. Dans le système juridictionnel communautaire CEMAC, cette protection est régie par la Convention régissant la Cour de justice[76].

Pour ce qui est des immunités, les textes CEMAC se sont démarqués par leur silence en la matière[77]. Ils se sont juste attelés à évoquer de manière vague la question sans en préciser la nature, ce qui laisse le champ libre à une large interprétation. Tout porte à croire qu'en dehors de l'immunité de juridiction, les membres de la Cour bénéficient aussi d'autres immunités[78]. Mais en réalité, ce n'est pas toujours le cas. L'idéal aurait été pour le législateur CEMAC d'imiter la formulation de son homologue UEMOA en indiquant expressément la nature juridictionnelle de l'immunité. Ce qui sous-entend que les membres des Cours ne peuvent faire l'objet de poursuite judiciaire pendant l'exercice de leurs fonctions. Pour le dire autrement, l'immunité de juridiction vise à soustraire les magistrats communautaires et même les greffiers de tout ou partie d'un régime de responsabilité surtout pénale. De ce fait, elle revêt une double variante : l'immunité substantielle, et l'immunité processuelle. L'immunité est substantielle lorsqu'elle met le juge communautaire à l'abri des poursuites pénales, indépendamment de la nature des infractions qu'il a

---

[74] Cette pratique est contraire à celle qu'on retrouve dans le Christianisme en ce qui concerne le baptême qui dit qu'il y a qu'un seul baptême. C'est dire qu'un protestant étant déjà baptisé et sollicitant désormais se convertir en catholique n'a pas besoin d'un autre baptême. Le baptême précédent vaut. Ce qui n'est pas le cas ici.

[75] CANIVET (G) et JOLY-HURARD (J), « La responsabilité des juges ici et ailleurs », *Revue Internationale de Droit Comparé,* Volume 58, n° 4, pp. 1049-1093, Spéc. p. 1055.

[76] Article 9 alinéa 1 de la Convention relative à la Cour de Justice de la CEMAC.

[77] Le législateur UEMOA par contre précise dans son Protocole n° 1 que *« les membres de la Cour jouissent de l'immunité de juridiction (...) »*[77].

[78] À l'instar de l'immunité diplomatique, il faut considérer les membres des Cours de justice comme des agents diplomatiques.

pu commettre dans l'exercice de ses fonctions[79]. Elle devient procédurale dès lors que par la mise à l'écart des règles ordinaires de la procédure pénale, la poursuite contre le juge se trouve entravée.

Toutefois, l'immunité n'étant pas toujours absolue, les juges communautaires peuvent se voir retirer cette prérogative par la Cour siégeant en séance plénière[80]. Dans ce cas, cette perte est compensée par le privilège de juridiction. Ce qui se traduit par l'exclusion des juges communautaires des juridictions ordinaires. Dès lors que l'immunité d'un juge a été levée, ce dernier ne peut faire l'objet de poursuite auprès de n'importe quelle juridiction. La seule habilitée à le juger pénalement est « *l'instance compétente pour juger les magistrats appartenant à la plus haute fonction juridictionnelle nationale* »[81].

Par ailleurs, la quête de la crédibilité des juridictions communautaires, va au-delà de l'immunité et des privilèges pour atteindre les incompatibilités. De manière substantielle, l'incompatibilité est l'impossibilité de cumuler certaines fonctions avec d'autres. Ainsi, les membres de la Cour devront être en marge de certaines fonctions publiques administratives et même juridictionnelles[82]. C'est dire qu'une fois nommé magistrat communautaire, l'individu devra absolument se délier de toutes ses fonctions précédentes, et se consacrer essentiellement à la fonction juridictionnelle communautaire. Même s'il lui arrivait d'exercer une autre activité professionnelle rémunérée ou non, il devra obtenir l'aval du Président de la Cour[83]. Dans ce cas, il ne pourra prendre part aux délibérations.

Quoi qu'il en soit, à la lumière du droit positif communautaire en vigueur dans la CEMAC, il apparaît que la crédibilité est une donnée réelle difficile à nier[84]. Pilier de la neutralité des magistrats communautaires, elle participe de la mise en place d'une protection effective du particulier. Il y a lieu de dire que les législateurs CEMAC/UEMOA ont pris en compte de manière très sérieuse la question sécuritaire et surtout judiciaire du justiciable à travers cette crédibilité qui est aussi préservée.

---

[79] CANIVET (G) et JOLY-HURARD (J), « La responsabilité des juges ici et ailleurs », *op.cit.*, p. 1055.

[80] C'est dans l'optique de renforcer l'indépendance et l'impartialité des juges, Article 9 alinéa 2 de la Convention régissant la Cour de Justice de la CEMAC.

[81] Article 9 alinéa 3 de la Convention régissant la Cour de Justice de la CEMAC.

[82] Article 10 alinéa 1 de la Convention régissant la Cour de Justice de la CEMAC.

[83] Voir article 10 alinéa 1 de la Convention régissant la Cour de Justice de la CEMAC.

[84] DIOMPY (A-H), « Les dynamiques récentes de la justice constitutionnelle en Afrique francophone », p.8.

B. La fragilisation de l'exercice de la fonction de juge communautaire

L'indépendance des juges communautaire peut être influencée soit par les autorités de désignation (1), soit par le système de renouvellement de mandat (2).

1. L'influence de l'organe désignataire dans l'exercice de la fonction de juge

Dans le processus de désignation des juges communautaires, les États et la Conférence des Chefs d'État occupent une place prépondérante. La seconde exerce un pouvoir magistral[85] en désignant, sur proposition des premiers, les membres de la Cour. Ce mode de nomination, semblable à une forme de politisation[86], conduit à questionner permanemment l'indépendance du juge. Il est susceptible de fragiliser l'exercice de ses fonctions, notamment en portant atteinte à son indépendance et à son impartialité. En principe, à travers la prestation de serment, le juge est délié de tout lien avec les autorités désignataires qui, en l'espèce, sont l'État et la Conférence des Chefs d'État. Cependant, le mécanisme actuel de désignation des juges est susceptible de rendre difficile l'exercice de leur fonction. Le risque est grand pour que ce dernier soit astreint à un *« devoir de reconnaissance »*[87] qu'à *« un devoir d'ingratitude »*. Ce *« devoir de reconnaissance »* pourra impacter ses décisions lorsqu'il s'agira par exemple d'une affaire qui oppose son État à un autre défendeur.

Toutefois, possibilité est donnée aux parties de récuser le juge dont l'indépendance ou l'impartialité est remise en cause. En effet, la récusation s'entend comme une procédure par laquelle une partie demande qu'un[88] ou plusieurs[89] juges soient écartés et remplacés par d'autres parce qu'ils sont

---

[85] JAN (P), « La justice et le pouvoir politique », In *Après-Demain*, n° 41, 2017, pp.20-22.

[86] BADARA FALL (A), « Le juge, le justiciable et les pouvoirs publics : pour une appréciation concrète de la place du juge dans les systèmes politiques en Afrique », p. 328, Disponible sur www.bibliothèque.auf.org, Consulté le 10 janvier 2023.

[87] KPODAR (A), « Quand les colloques nous font nous rencontrer !!! Certaines idées fortuites sur le juge constitutionnel et le pouvoir politique en Afrique », *in Actualités du droit public et de la Science politique en Afrique, Mélanges en l'honneur de Babacar Kanté*, L'Harmattan, Paris, pp. 285-295, Spéc. p. 293.

[88] Voir à cet effet, arrêt n° 005/2011-12 du 16/02/2012, NANDA Paul contre Monsieur Georges TATY, Arrêt noté par KAMWE MOUAFFO (M-C), *In RDJ-CEMAC*, n° 2, 1er Semestre 2013, p. 55.

[89] Ce fut le cas de l'arrêt N° OO3/CEMAC/CJ/10-11 du 07/12/2010, qui porte sur le désistement de la Banque Atlantique Cameroun et l'Autorité monétaire du Cameroun de la requête qu'elles ont introduite récusant les juges formant la collégialité, pour l'examen de la tierce opposition dans le litige qui a opposé d'un côté la Banque Atlantique Cameroun. S.A en présence du ministère des Finances de la République du Cameroun, de la société Amity Bank Cameroon PLC et de la COBAC et de l'autre Sieurs SIELIENOU Christophe, NGASSA Mathurin, FUTE

suspects de partialité envers l'un des plaideurs[90]. Telle qu'elle a été énoncée dans le *Vocabulaire Juridique*[91], la récusation constitue une garantie d'impartialité et d'indépendance du fait qu'elle permet au particulier de refuser d'être jugé par un magistrat dès lors qu'il conteste sa crédibilité. C'est un moyen accordé au particulier afin de prévenir la partialité du juge[92] communautaire sans contester sa compétence.

Au demeurant, le règlement de procédure de la Chambre Judiciaire CEMAC dispose que : « Le juge peut être récusé pour **« crainte raisonnable de partialité »** justifiée soit par l'expression d'opinions personnelles laissant percevoir des préjugés qu'il aurait sur la solution du litige, soit par l'existence d'un lien de parenté, d'alliance, d'amitié ou d'inimitié avec une partie »[93]. À l'état actuel de la pratique institutionnelle, quelques affaires relatives à la récusation ont été portées devant le juge dont la plus remarquable est celle opposant le Sieur NZEPA au juge Antoine MARADAS[94]. En l'espèce, le requérant ayant fondé sa requête sur le lien de nationalité pour dénoncer le risque de partialité du juge MARADAS, la Cour réagit en ces termes : « la nationalité comme la tribu ne pouvant pas constituer en soi une « crainte raisonnable de partialité, indépendamment de la personne du juge », sauf à mettre à rude épreuve l'idéal communautaire d'intégration des peuples de la sous-région CEMAC ». Par ces déclarations, le juge a tenu à mettre à l'écart l'existence du lien fondé sur la nationalité ou encore la tribu comme une cause de récusation du juge. Pourtant, il n'est qu'un humain et comme tel, il ne peut rester indifférent face à l'autorité qui l'a désigné. Dans le présent cas, la Cour aurait dû prendre une position contraire en remplaçant simplement le juge MARADAS. Ceci contribuerait à rassurer le justiciable sur la qualité de la justice qui devrait être rendue.

2. L'existence du système de renouvellement de mandat

Le renouvellement de mandat est une décision prise par l'autorité dans le but de reconduire un mandat quelconque. Selon le droit positif CEMAC, les juges sont nommés pour un mandat de six (6) ans renouvelable une fois[95].

Raphaël et la Société CPA. Les juges concernés par cette récusation étaient : Antoine MARADAS, Julienne ELENGA NGAPARO, DADJO GONI.

[90] VINCENT (J) et GUINCHARD (S), *Procédure civile*, *op.cit.*, p. 870.

[91] CORNU (G), *Vocabulaire juridique*, *op.cit.*, p. 746.

[92] LAUREOTE (X), « Le procès équitable devant le juge administratif français », Disponible sur www.halshs.archives-ouverte.fr, Consulté le 26 février 2018 à 07h01.

[93] Article 81 du Règlement de procédure de la Chambre Judiciaire de la Cour de Justice de la CEMAC.

[94] Arrêt n° Arrêt n° 003/2011- 12 du 09/02/2012, Affaire NZEPA Serge contre Antoine MARADAS.

[95] Article 4 alinéa 3 de la Convention régissant la Cour de Justice de la CEMAC, Article 10 du Statut de la Chambre judiciaire de la Cour de Justice de la CEMAC.

Selon le Professeur Charles EISENMANN, *« la meilleure garantie d'indépendance est la nomination à vie »*[96]. L'analyse au fond de la problématique du renouvellement des mandats des juges laisse le juriste perplexe quant à l'accès du particulier aux prétoires communautaires. Ce système de renouvellement de mandat est susceptible de porter atteinte à l'indépendance des juges. En le faisant, les juges pourraient adopter des comportements partisans vis-à-vis de leur État pour être promus dans la liste des prochains membres dont le mandat pourrait éventuellement être renouvelé[97]. Concrètement, les juges seront plus liés à leurs États qu'à l'intérêt général des Communautés. La preuve en est que la proposition de ces États se présente généralement sous la forme d'une *« parole d'évangile »* à laquelle la Conférence des chefs d'État ne peut déroger à l'occasion de la nomination.

Si la présence des États dans la proposition des potentiels candidats est une constante qui interpelle[98], leur présence dans le système de renouvellement des mandats l'est encore plus. Ils sont au centre du processus du renouvellement de mandat des juges, car, même si le législateur n'a pas défini les conditions de renouvellement, il faut déduire qu'il se fait par la Conférence des Chefs d'État suivant l'avis des États. De ce fait, l'intervention des États dans ce processus peut s'avérer comme un grain de sable pour la bonne administration de la Justice communautaire. Étant une émanation de la volonté des États, les juges définitivement choisis par la Conférence des Chefs d'État se présentent ainsi comme les mandataires des États à qui ils doivent fidélité.

Dans un tel contexte d'assujettissement du juge communautaire vis-à-vis de son État d'origine, il serait douteux d'affirmer une indépendance objective de la part du juge communautaire, surtout lorsque les intérêts de leur État sont en cause[99]. Il est d'ores et déjà intéressant de relever les avancées de la CEMAC lorsque cette dernière, en 2009, a procédé à la limitation des mandats des juges. Il convient cependant de signaler que cela ne suffit pas à rendre aux juges toute leur indépendance.

En effet, l'indépendance effective des juges communautaires exigerait un mandat à longue durée leur permettant d'avoir une maîtrise parfaite de leurs fonctions. Aussi, le système de longue durée apparaît comme un moyen de

---

[96] EISENMANN (Ch), *La justice constitutionnelle et la haute Cour constitutionnelle d'Autriche*, Economica, Paris, Coll. « Collection droit public positif », 1986, p. 177.

[97] TCHINDA TALLA (A), *La Cour de Justice de la CEMAC, essaie à la connaissance et à l'analyse prospective, op.cit.*, p. 52.

[98] Article 4 alinéa 3 et 4 de la Convention régissant la Cour de Justice de la CEMAC, Article 10 du Statut de la Chambre Judiciaire de la Cour de Justice de la CEMAC.

[99] LEVOA AWONA (S-P), *Les compétences juridictionnelles dans l'espace CEMAC et l'espace OHADA, op.cit.*, p. 164.

protection du juge vis-à-vis de son Gouvernement[100]. Il le préserve d'éventuels conditionnements émanant de ce dernier en cas de renouvellement. Le législateur CEMAC pourrait s'inspirer des travaux du groupe français pour la conférence intergouvernementale de 1996 dirigés par le Professeur Philippe MANIN, qui proposait la désignation des membres de la Cour pour un mandant de douze (12) ans non renouvelable[101], le renouvellement étant susceptible de corrompre les esprits[102] tant des États que de la Conférence des Chefs d'État. Or, si les juges venaient à voir leur situation se pérenniser, ils seraient plus incités à adapter leur conduite en fonction des objectifs de la Communauté, à l'instar de la satisfaction des besoins d'intérêt communautaire. Le système de renouvellement adopté constitue en réalité un frein à l'administration de la justice.

CONCLUSION

Aux termes de ces analyses, il convient de retenir que l'accès au statut de juge communautaire a évolué dans le temps. Si l'on peut relever la constance des conditions liées à la candidature du juge, il faut cependant louer l'évolution des conditions contextuelles. En effet, l'on est parti du système à candidature unique (1994-2008) au système à candidature multiple (2008 à ce jour) par État. Désormais, chaque État devra proposer plus d'un candidat au poste de juge communautaire pour permettre à l'organe désignataire qu'est la Conférence des Chefs d'État d'opérer des choix objectifs. L'idée est de faire en sorte que les juges définitivement désignés puissent exercer leur fonction en toute indépendance pour une bonne administration de la justice communautaire. Cependant, l'on assiste à une sorte d'office retenue du juge dans sa quête d'objectivité due entre autres à l'influence de l'organe désignataire et au système de renouvellement de mandat. Cette dernière technique influence fortement le juge qui espère voir son mandat être renouvelé. Il est dès lors important d'instaurer un système à mandat unique et relativement long pour permettre aux juges communautaires d'exercer leur fonction en toute indépendance. Ceci étant, il importe de dire que le législateur

---

100 VALTICOS (N), « D'une Cour européenne des Droits de l'Homme à l'autre, Pavane pour une Cour bientôt défunte », *In Liber Amicorum Mohammed Bedjaoui*, Kluwer Law International, 1999, p. 756.

101 La révision du traité de l'Union européenne. Perspective et réalité, Rapport du groupe français d'étude pour la conférence intergouvernementale sous la direction de MANIN (P). *Étude de droit des communautés européennes, 1996*, Pedone, Paris, p. 108, Cité par GNIMPIEBA TONNANG (E) et FANDJIP (O), « La Cour de Justice de la CEMAC et les règles du procès équitable », *op.cit.*, p. 336.

102 STRICHER (D), *La durée des mandats politiques, Approche institutionnelle et comparative,* Thèse de Doctorat en droit, Université de Lorraine, 2015, p. 232. L'un des partisans de la thèse du non-renouvellement des mandats se trouve être Alexis de TOCQUEVILLE, *De la démocratie en Amérique*, 13eme édition, Pagnerre, Paris, p. 162, Disponible sur www.gallica.bnf.fr, Consulté de 30 décembre 2018 à 23h-21mn.

communautaire a bien fourni les efforts dans le sens d'améliorer le travail de la justice communautaire, mais ces avancées restent jusqu'ici perfectibles.

RÉFÉRENCES BIBLIOGRAPHIQUES

ASCENCIO (Hervé), « La notion de juridiction internationale en question », *La juridictionnalisation du droit international,* Éditions A. Pedone, Paris, pp. 163-203.

ATANGANA AMOUGOU (Jean-Louis), « La Cour constitutionnelle béninoise : Un modèle de justice constitutionnelle pour l'Afrique », *In la constitution béninoise du 11 décembre 1990 : Un modèle pour l'Afrique ?* Mélanges en l'honneur de Maurice AHANHANZO-GLELE, L'Harmattan, Paris, 2014, pp. 101-113.

BADET (Segnon Gille), C*ontrôle intra normatif et contrôle ultra normatif de constitutionnalité : contribution à l'identification des sous catégories du modèle kelsenien de justice constitutionnelle à partir des systèmes belge et béninois,* Thèse de Doctorat en droit, Université Catholique de Louvain, 2011-2012, 560 p.

BELFANTI (Ludovic), « Qu'est-ce que « la bonne moralité » du magistrat ? Le clair-obscur de la notion de « bonne moralité » comme condition d'accès à la fonction de magistrat », *Les Cahiers de la Justice*, n° 2, 2013, pp. 163-170.

BOULOUIS (Jean), *Droit institutionnel de l'Union Européenne,* Montchrestien, Paris, 7e édition, 2004, 408 p.

BOUMAKANI (Benjamin), « Le serment constitutionnel du chef de l'État en Afrique francophone », in *Démocratie en questions ?, Mélanges en l'honneur du professeur Théodore HOLO*, Presses universitaires de Toulouse, 2017, pp. 341-378.

BURGORGUE-LARSEN (Laurence), « Des idéaux à la réalité. Réflexion comparée sur les processus de sélection et de nomination des membres des Cours Européennes et interaméricaines des droits de l'homme », In *Revue des Droits de l'Homme,* Disponible sur www.revdh.revues.org/949.2014, consulté le 23 novembre 2023.

CAMBY (Jean-Pierre), « La nomination des membres du Conseil constitutionnel, ou la liberté de choisir », *Revue de droit public et science politique*, novembre-décembre, 1999, pp. 1573-1583.

CANIVET (Guy) et JOLY-HURARD (Julie), « La responsabilité des juges ici et ailleurs », *Revue Internationale de Droit Comparé,* Volume 58, n° 4, pp. 1049-1093.

CASAMAYOR, *Les juges*, Édition du Seuil, Paris, 1ère édition, 1956, 204 p.

CASTERA (Pierre), *Les professeurs de droit, membres du Conseil Constitutionnel,* Thèse de Doctorat, Université de Bordeaux, 2015, 640 p.

EISENMANN (Ch), *La justice constitutionnelle et la haute Cour constitutionnelle d'Autriche*, Economica, Paris, Coll. « Collection droit public positif », 1986, 383 p.

ENGONGA EDJO'O (Baltazar), *Les réformes institutionnelles de la CEMAC, Cadre juridique et réglementaire,* Volume 2, 2015, 390 p.

ERDUSSEN (Marc), *Les douze juges : la légitimité de la Cour Constitutionnelle*, Éditions LABOR, Bruxelles, 2004, 95 p.

FOKO (Athanase), « Le Cameroun, la Cour de Justice de la CEMAC et la Cour Commune de Justice et d'Arbitrage de l'OHADA », In ATANGANA AMOUGOU (Jean-Louis), (Dir), *Le Cameroun et le droit international*, Éditions Pedone, Paris, 2013, pp. 199-220.

FOUMENA (Gaétan Thierry), « La désignation des juges constitutionnels en Afrique noire francophone », *Revue africaine de droit public*, volume 8, n° 17, 2019, pp. 63-98.

GARAPON (Antoine), ALLIARD (Julie) et GROS (Frédéric), *Les vertus du juge,* Dalloz-Sirey, Paris, 2008, 184 p.

GICQUEL (Jean), « La mise en place du Conseil Constitutionnel camerounais », In *Mélanges en l'honneur de Henri Jacquot,* Presses universitaires d'Orléans, 2006, pp. 253-263.

GNIMPIEBA TONNANG (Edouard) et FANDJIP (Olivier), « La cour de justice de la CEMAC et les règles du procès équitable », *Penant, Revue Trimestrielle de droit africain*, Éditions Jurisafrica, juillet-septembre 2009, n° 872, pp. 329-356.

HONG-ROCCA (Laure-Marguerite), *Le déni de justice substantiel en droit international public,* Thèse de Doctorat, Université de Panthéon-Assas, Paris 2, 2012, 361 p.

HOURQUEBIE (Frédéric), « La composition du Conseil constitutionnel, Un exotisme bien français », In *Mélanges dédiés au Doyen FRANCIS V. WODIE*, Presses universitaires de Toulouse, 2016, pp. 239-248.

JOUANNET (Emmanuelle), « Actualité des questions d'indépendance et d'impartialité des juridictions internationales : la consolidation d'un tiers pouvoir international ? », In *Indépendance et impartialité des juges internationaux,* Collection contentieux international, Éditions A. Pedone, Paris, 2010, pp. 271-302.

MARIN (Jean-Claude), « Le juge est-il toujours la bouche de la loi ? », Intervention à l'occasion de la Conférence-débat « club du Châtelet », Disponible sur www.paris.notaires.fr ;

PERROT (Roger), *Institutions judiciaires*, Montchrestien, Paris, 14e édition, 2010, 300 p.

RAFOLISY Patrick Yves Noël, *Protection juridique de l'intégrité morale et développement durable : le cas de Madagascar,* Thèse de Doctorat, Université de Limoges, 2008, 430 p.

REID (H), « La nomination des juges, doit-on exiger de nouveaux critères ? », *Revue générale de droit,* Volume 25, n° 2, 1994, pp. 313-319.

RENDRES (Xavier), « Chapitre 3. Des fonctions et des rôles », *Eduquer et soigner en équipe*, 2017, pp. 57-64.

RIDEAU (Joël), *Droit institutionnel de l'union et des communautés européennes*, DE BOECK Université, Paris, Bruxelles, 2e édition, 1998, 1470 p.

ROUSSELOT (Romain), « Tribunal : Une réforme du statut de la Cour de Justice de l'Union Européenne en demi-teinte », Disponible sur www.europeanpepers.eu

SANTULLI (Carlo), *Introduction au droit international*, Éditions A. Pedone, Paris, 2003, 310 p.

SCHNAPPER (Dominique), *Une sociologue au Conseil Constitutionnel*, Gallimard, Paris, 2001, 452 p.

SOBZE (Serge François.), « La contribution des juridictions communautaires au processus d'intégration sous-régionale en Afrique francophone », *Revue du droit public* - n° 5-2021, pp. 1351-1385.

STRICKLER (Yves), « L'office du juge : quel pouvoir ? Quelle décision ? », Formation École nationale de la Magistrature, Disponible sur www.hal.archive-ouverte.fr, Consulté le 12 janvier 2023.

L'INVOCABILITÉ DES NORMES COMMUNAUTAIRES CEMAC PAR LE JUGE CAMEROUNAIS

Par

DJINGLIA SAMA

Magistrat
Doctorant en droit public communautaire et international
Université de Garoua

Résumé

L'invocabilité des normes CEMAC par le juge camerounais présente un intérêt indéniable en droit communautaire en ce qu'il revient au juge national de chaque État membre d'en assurer la mise en œuvre et l'interprétation. Cette action s'inscrit dans la mouvance de l'uniformisation du droit communautaire. À la question centrale de savoir si le juge camerounais peut invoquer d'office les normes CEMAC, il ressort de la présente étude que l'invocabilité d'office de ces normes formellement reconnues au juge camerounais est perfectible. Il a été constaté que des pesanteurs d'ordre juridictionnel, structurel ou fonctionnel persistent dans l'exercice de son office. En guise de solution pratique, le renforcement de l'office offensif et constructif du magistrat de siège camerounais permettra d'accélérer le développement économique des États membres de la CEMAC, mais aussi pour une meilleure prospérité globale des économies mondiales.

Mots-Clés : Invocabilité - Application - Droit communautaire - Juge - CEMAC.

Abstract

The invocation of CEMAC standards by the Cameroonian judge has an undeniable interest in Community law in that it is up to the national judge of each Member State to ensure their implementation and interpretation. This action is part of the movement towards the standardization of Community law. To the central question of whether the Cameroonian judge can invoke the CEMAC standards ex officio, it emerges from this study that the ex officio invocation of these standards formally recognized by the Cameroonian judge is perfectible. It has been noted that jurisdictional, structural or functional constraints persist in the exercise of his office. As a practical solution, the strengthening of the offensive and constructive office of the Cameroonian magistrate will make it possible to accelerate the economic development of the CEMAC Member States, but also for a better overall prosperity of the world economies.

***Keywords**: Invocation - Application - Community law - Judge - CEMAC*

INTRODUCTION

L'invocabilité en justice d'une norme est le droit conféré à une personne de faire état de son existence lors d'une instance, dans la perspective d'obtenir la satisfaction d'une revendication[1]. L'invocabilité en droit communautaire[2]

---

[1] On s'inspire ici de la présentation de MANIN Philippe qui déclare qu'« *invoquer un accord international, c'est pour une personne faire état de l'existence d'un accord en vigueur pour tenter d'obtenir satisfaction d'une revendication* », (« À propos de l'accord instituant l'organisation mondiale du commerce et de l'accord sur les marchés publics : la question de l'invocabilité des accords internationaux conclus par la Communauté européenne », *R.T.D*, 1997, pp.399-428 (401)). Selon TEBOUL Gérard, le juge interne « *se prononce sur l'invocabilité de la convention par les particuliers, autrement dit, sur la possibilité, pour une source de droit des gens, de produire des effets dans l'ordre interne. En bref, c'est l'accès de l'individu à la norme juridique internationale qui est en cause* », in « Le juge administratif et le droit international, aspects récents de droit formel », *A.J.D.A.*, 1995, spéc p.47, pp.43-65 ; V. également, GROUX (J.), « L'invocabilité en justice des accords internationaux des Communautés Européennes », *R.T.D*, 1983, pp.203-232 ; RIDEAU (J.), « Les accords internationaux dans la jurisprudence de la Cour de Justice des Communautés Européennes : Réflexions sur les relations entre les ordres juridiques international, communautaire et national », *R.G.D.I.P.*, 1990, spéc p.359, pp.289-418.

[2] L'invocabilité du droit communautaire doit être distinguée des notions voisines telles que l'effet direct du droit communautaire, l'applicabilité immédiate du droit communautaire et l'applicabilité directe du droit communautaire. M. NGUENA DJOUFACK Arsène Landry précise que « *l'effet direct du droit communautaire repose sur l'applicabilité immédiate et directe du droit communautaire alors que l'invocabilité est une conséquence de cette applicabilité immédiate et directe. De ce fait, l'invocabilité fait partie intégrante de l'effet direct du droit communautaire* », in *Sécurité juridique et droit communautaire de la CEMAC :*

revêt plusieurs formes, notamment « *le juge national est tenu d'appliquer le droit communautaire (invocabilité d'application) ; le juge national doit écarter toute législation nationale contraire au droit communautaire (invocabilité d'exclusion) ; le juge national a l'obligation d'interpréter le droit national conformément au droit communautaire (invocabilité d'interprétation) ; le juge national peut, le cas échéant, condamner un État à réparer les dommages qui résulteraient d'une violation du droit communautaire (invocabilité de réparation) »*[3].

Les unes sont préventives ou préparatoires à la décision du juge et les autres constituent la consécration juridique ou les bases légales des décisions de justice rendues conformément au droit invoqué. Dans tous les cas de figure, invoquer une norme communautaire devant le juge camerounais revient à confier à ce dernier la sanction du droit communautaire en tant que juge de droit commun de l'ordre juridique communautaire CEMAC. En conséquence, les justiciables peuvent faire valoir, devant ce juge, les droits que cet ordre juridique leur confère.

Il y a cependant lieu de souligner que cette conception subjective de l'invocabilité est restrictive et dépassée. Désormais, l'invocabilité objective et générale des normes communautaires s'impose au regard de l'effet juridique poursuivi par les législateurs supranationaux. L'uniformisation des normes communautaires confère aux autres acteurs au procès, en dehors des justiciables, le droit d'invocabilité. Les organes institutionnels de la justice, à savoir le ministère public et les juges peuvent utilement, dans l'intérêt de la loi communautaire, invoquer ladite loi. Ainsi, l'on peut affirmer que la notion d'invocabilité a évolué, allant dans le même sens que l'avocat général JÄÄSKINEN qui relève que l'invocabilité *« a évolué suivant plusieurs branches, qui se rattachent néanmoins à un "tronc commun" incarné par le principe de monisme »*[4].

---

recherches sur la sécurité juridique dans la construction du marché commun de la CEMAC, Thèse de doctorat en droit public, Université de Dschang, 2015, 537 p., spéc., p.93.
Selon MANIN Philippe, « *l'invocabilité du droit communautaire va au-delà du cadre de l'applicabilité directe ; il est alors possible d'envisager une invocabilité en dehors de l'applicabilité directe. C'est le cas de la théorie de l'interprétation conforme et de la théorie de la responsabilité pour mise en œuvre incorrecte d'une directive* ». Lire MANIN (P.), *Les Communautés Européennes, l'Union Européenne*, Pedone, Paris, 1997, p.324.

[3] Consulter la fiche du cours sur « *L'invocabilité directe du droit de l'Union Européenne* » et « *Effet direct et invocabilité du droit de l'Union Européenne* », https://cours-de-droit.net/effet-direct-et-invocabilité-du-droit-de-l-union-europeenne-a151007592/?amp=1 publié le 26 septembre 2019, consultés le 20 juin 2022 à 08h 50 min.

[4] JÄÄSKINEN (N.), Conclusions sur Conseil de l'Union Européenne, Parlement Européen, Commission européenne contre Vereniging Milieudefensie et Stichting Stop Luchtverontreiniging Utrecht, préc. 8 mai 2014, p. 29.

En l'espèce, l'invocabilité[5] est la prérogative conférée aux parties au procès de soulever un moyen de droit communautaire devant le juge ; pour celui-ci, c'est une suggestion qui lui est faite d'appliquer la norme communautaire invoquée. En fait, lorsqu'un justiciable ou le ministère public invoque une norme communautaire CEMAC dont l'issue leur est favorable, le juge doit l'appliquer[6].

Pour l'application des normes communautaires, le Professeur GNIMPIEBA TONNANG Edouard souligne que « *les rapports entre l'ordre juridique communautaire et les ordres juridiques des États membres de la Communauté mettent ainsi en lumière trois caractéristiques propres au droit communautaire bâties autour des principes de primauté, d'applicabilité immédiate et directe du droit communautaire sur les ordres juridiques internes des États membres* »[7].

L'expression "*normes communautaires CEMAC*" renvoie donc aux normes communes aux différents pays de la CEMAC[8]. Les normes

---

[5] Dans la recherche d'une définition complète de la notion d'invocabilité, plusieurs dictionnaires ont été consultés, mais peu d'entre eux ont défini cette notion. Pour en cerner la quintessence, il importe de se référer à la doctrine et aux juridictions, notamment européennes, communautaires et nationales. Selon SALMON Jean, l'invocabilité est la « *caractéristique d'un acte juridique, autorisant un sujet de droit à en revendiquer le bénéfice à l'égard des tiers* ». Cette définition qui renvoie plus aux traités et accords internationaux prévus par les dispositions de l'article 102 (paragraphe 2) de la Charte des Nations Unies singée le 26 juin 1945 à San Francisco ne couvre pas toutes les spécificités liées au droit communautaire d'application immédiate. Le TOUPICTIONNAIRE : *le Dictionnaire de politique* a apporté quelques précisions à ce vocable qui relève beaucoup plus du jargon du droit supranational. Selon ce dictionnaire, l'invocabilité, étymologiquement, est composée de « *invoquer* » du latin « *invocare », signifiant* invoquer, appeler à son secours, et du suffixe « *-abilité* » indiquant la capacité ou la possibilité. L'adjectif « *invocable* » qualifie ce qui peut être invoqué, ce qui peut servir de justification, d'explication ; ce qui peut servir de référence, ce qui s'applique à une situation donnée. Trois définitions ont été proposées par ce dictionnaire : *« L'invocabilité est la qualité de ce qui est invocable ; en droit, la notion d'invocabilité, pour une norme est la possibilité qui est accordée aux justiciables de l'invoquer, d'y avoir recours devant leurs juridictions ; en droit communautaire, l'invocabilité signifie que le justiciable dispose de la faculté de se prévaloir d'une norme communautaire devant les juridictions nationales sans que celle-ci ait eu besoin d'être transposée dans le droit interne (ou droit national). En d'autres termes, l'invocabilité c'est faire respecter le droit communautaire. Ainsi, le justiciable peut faire sanctionner par une juridiction le non-respect du droit communautaire par le droit national »*.

[6] « *En sa qualité de relais communautaire dans l'ordre juridique interne, il revient par principe au juge national d'assurer l'application du droit communautaire* », affirme M. NGUENA DJOUFACK Arsène Landry, Thèse de Doctorat précitée, p.52.

[7] GNIMPIEBA TONNANG (E.), *L'ordre juridique communautaire de la CEMAC*, L'Harmattan, 2016, spéc., pp.97-98, 241 p.

[8] GATSI Éric précise dans ce sens que « *les actions du législateur communautaire en cette matière s'inscrivent sur le double plan substantiel et procédural. Sur le plan substantiel, il s'agit de l'ensemble des règles matérielles consacrées par le législateur en la matière tant dans le domaine civil et commercial que pénal. Sur le plan procédural, il s'agit des règles formelles instituées pour mettre en œuvre ces normes matérielles* ».

communautaires CEMAC sont synonymes des actes juridiques pris par l'institution CEMAC, ou par les organes ou institutions spécialisées de celle-ci. Plus explicitement, elles constituent « *l'ensemble des règles, relevant du droit institutionnel et du droit matériel, produites dans le cadre du processus d'intégration économique de la CEMAC, et applicables dans l'ordre juridique qu'elle institue* »[9].

Contrairement au droit OHADA qui prône l'harmonisation des législations nationales des États membres, le droit CEMAC est un droit d'intégration[10] qui postule l'uniformisation des ordres juridiques des États compositeurs avec l'ordre juridique communautaire. Dans tous les cas de figure, l'ordre juridique de la CEMAC et l'ordre juridique OHADA sont invocables par le Juge camerounais[11].

Le juge communautaire étant un juge d'attribution, le juge camerounais se voit confier la mission de droit commun pour la mise en œuvre du droit communautaire[12]. Il s'ensuit qu'en droit de la CEMAC, il revient exclusivement au juge national de connaître des mesures nationales prises en violation du droit communautaire. Celui-ci est donc juge de droit commun du droit communautaire, la Cour de Justice de la CEMAC (CJ/CEMAC) n'exerçant qu'une compétence résiduelle, celle attributive de compétence.

L'organisation juridictionnelle s'articule donc autour d'une répartition de compétence entre le juge national[13] et le juge communautaire institué. Plus explicitement, il résulte de l'architecture juridictionnelle actuelle, une redéfinition des fonctions du juge national caractérisée à la fois par un accroissement[14] et une limitation de son pouvoir. C'est dans ce sens que KENFACK Jean conclut que « *l'accroissement des possibilités d'intervention du juge national contraste sur certains points avec la réduction de ses pouvoirs* »[15].

---

[9] NGUENA DJOUFACK (A.L.), *op.cit.*, p. 29.

[10] Selon HASS Ernest, l'intégration est « *le processus par lequel les acteurs politiques des différents champs nationaux sont persuadés de tourner leur fidélité, leurs espérances et leurs activités vers un nouveau grand centre, dont les institutions disposent ou exigent de disposer d'une juridiction sur les États nationaux préexistants* », cf., HASS (E.), *The Uniting in Europe*, Stanford University Press, 1958, p.16.

[11] NKOU MVONDO (P.), *Le Juge camerounais*, PUA, Yaoundé, 2022, 441 p.

[12] Art 17 de la Convention régissant la Cour de Justice de la CEMAC, signée le 30 janvier 2009.

[13] L'expression « *juge national* » désigne le « *juge interne* » en espèce « *le juge camerounais* » par opposition au juge qui officie dans les Tribunaux et Cours internationaux, régionaux ou sous-régionaux. Il peut s'agir du juge de l'ordre judiciaire (civil, commercial, social), du juge de l'ordre administratif ou du juge des comptes ou juge constitutionnel.

[14] Son rôle est accru par une multiplication de ses possibilités d'intervention du fait de l'immédiateté et surtout de l'effet direct du droit communautaire.

[15] KENFACK (J.), « Le juge camerounais à l'épreuve du droit communautaire et de l'intégration économique », *op.cit.*, p.67.

Il importe de préciser que dans tout système juridique donné, l'importance du juge n'est plus à démontrer. L'analyse du système juridictionnel de la CEMAC[16] autorise à affirmer que la charge du juge camerounais est lourde ,et ses responsabilités immenses dans le processus de mise en œuvre du droit communautaire de la CEMAC. De cette façon, son action favorise directement l'effectivité des normes de droit.

On comprend aisément l'obligation qui pèse sur le juge camerounais en droit communautaire. Il ne saurait être un acteur passif de l'invocabilité ; il doit en être un personnage actif. L'office du juge camerounais en matière de sanction juridictionnelle des normes CEMAC au Cameroun est étendu et digne d'intérêt.

Au plan théorique, il est indéniable que la question de l'invocabilité des normes communautaires par le juge camerounais soit d'actualité, car c'est un sujet qui s'inscrit dans un contexte marqué par la sécurité juridique dans l'espace communautaire CEMAC[17]. En effet, la sécurité juridique dans l'espace communautaire CEMAC commande que les droits des justiciables de l'ordre juridique CEMAC soient préservés et la sécurisation du climat des affaires garantie par une saine application de la loi supranationale.

Le moyen d'invocabilité est d'un intérêt pratique pour l'invocateur en général[18] et pour le juge en particulier. Pour celui-ci, il est question de trouver la loi applicable au Cameroun[19] pour la motivation en fait et en droit de ses décisions.

La réflexion sur le rôle du juge camerounais dans le processus d'intégration en Afrique Centrale pose un problème scientifique qui peut se décliner ainsi qu'il suit : **le juge camerounais peut-il invoquer d'office les normes CEMAC ?**

Pour répondre à cette question, il est judicieux de convoquer la méthode du travail. La méthode principale choisie est celle dite juridique dans sa double variante dogmatique et casuistique. La méthode comparative a aussi permis de jeter de temps en temps un regard sur ce qui se passe au sein des juridictions

---

[16] Lire à propos ATEMENGUE (J.D.N), « Le droit matériel de l'intégration dans la Communauté Economique et Monétaire de l'Afrique Centrale : une lecture des textes fondamentaux », *Juridis Périodique,* n° 46, 2001, pp. 106 et svts.

[17] NGUENA DJOUFACK (A.L), *Sécurité juridique et droit communautaire de la CEMAC…*, Thèse de Doctorat précitée, p.29.

[18] En vertu du principe de droit « *pas d'intérêt, pas d'action* », le titulaire de l'invocabilité sollicite du juge national l'application d'une norme communautaire plus protectrice de ses intérêts lorsque celle-ci est en conflit avec le droit positif interne. Pour le ministère public, partie principale ou partie jointe au procès, l'intérêt est manifeste : veiller à l'application de la loi ; par ricochet, garantir l'application du droit intégré via ses réquisitions orales ou écrites.

[19] ZAMBO ZAMBO (D. J.), *Le droit applicable au Cameroun,* Thèse de Doctorat en droit public, Université de Yaoundé-Soa, 2009, 617 p.

d'autres organisations d'intégration à l'instar de la CJCE[20], la Cour de Justice de l'UEMOA, de la Cour de Justice du COMESA, etc.

À la question centrale posée, la doctrine[21] et la jurisprudence ont apporté des éléments de réponse. Selon la jurisprudence du conseil d'État français[22], « *le droit communautaire ne doit pas nécessairement être invoqué par les parties à l'instance, c'est-à-dire les sujets de l'ordre juridique communautaire que sont les États membres et leurs ressortissants, pour être appliqué par le juge. Il lui revient de soulever d'office un moyen tiré de la violation du droit communautaire* ». PUTMAN Emmanuel renchérit que « *de par son caractère supranational, le droit communautaire est d'ordre public, ce qui conduirait à une application d'office* »[23].

Dans la pratique judiciaire camerounaise, l'invocabilité d'office des normes de la CEMAC par le juge camerounais est acquise. Cependant, bien qu'elle soit formellement consacrée (I), l'invocabilité d'office des normes communautaires par le juge national est matériellement mitigée (II).

I. UNE INVOCABILITÉ FORMELLEMENT CONSACRÉE

Le droit communautaire étant un droit d'émanation internationale, « *il est donc autorisé d'affirmer que le titre habilitant le juge camerounais à appliquer les normes juridiques communautaires est un titre constitutionnel* »[24]. Dans la mise en œuvre des textes communautaires de la CEMAC, le juge camerounais est assujetti à l'obligation d'application des normes invoquées par les parties, à défaut, de les invoquer d'office.

---

[20] Dans l'arrêt n° 008/2013-14 du 26 juin 2014, affaire DJADJO MBIEULEU GEORGES, appel contre la décision de la Commission Bancaire de l'Afrique centrale (COBAC) portant retrait de l'agrément du requérant en qualité de Directeur général de Commercial Bank Tchad, le juge de la CJC a affirmé le principe d'après lequel « *la jurisprudence de la Cour de Justice de l'Union Européenne depuis sa création sert de référence à la Cour de Justice de la CEMAC* ». Voir MOUANGUE KOBILA (J.), *La jurisprudence de la Cour de Justice de la CEMAC, op.cit.*, p.161.

[21] Lire HAGELSTEEN (M.D.), « Le juge doit-il soulever d'office l'incompatibilité d'un texte avec une directive communautaire ? », *RFDA*, 7 (4), juillet-août 1991, pp. 653-662.

[22] CE, 10 juillet 1970, *Synacomex*, RTDE, 1970, p. 742.

[23] PUTMAN (E.), « L'incidence du droit communautaire en droit privé français », *RRJ*, 1997, p. 23.

[24] KENFACK (J.), « le juge camerounais à l'épreuve du droit communautaire et de l'intégration économique » *op.cit.*, p.72 ; lire aussi à propos, ABRAHAM (R.) : « Les normes du droit communautaire et du droit international devant le juge administratif français », *In Droit international et droit communautaire, perspectives actuelles, SFDI, Colloque de Bordeaux, Pedone*, Paris, 2000, p. 283.

À la différence des autres acteurs du procès[25], dont leur office n'est limité qu'à l'invocation du droit communautaire, l'office du juge est double, à savoir l'invocation et l'application de la norme communautaire.

Dans les États membres de la CEMAC, les rapports entre l'ordre juridique communautaire et les ordres juridiques nationaux sont fondés sur trois principes à savoir : le principe de l'autonomie du juge communautaire[26], le principe de l'intégration du droit communautaire dans le droit national et le principe de la primauté du droit communautaire sur le droit national. Ces principes dégagés par la CJCE et repris par le droit CEMAC fondent et justifient la plénitude de compétence du juge camerounais dans l'invocabilité du droit communautaire **(A)**, bien que cette compétence soit partagée **(B).**

A. L'INVOCABILITÉ EN MATIÈRE DE PLÉNITUDE DE COMPÉTENCE

Le juge camerounais dispose d'une plénitude de compétences en sa qualité de juge communautaire[27]. Suivant les affirmations du Recteur ISAAC Guy, « *le droit issu des sources communautaires n'est pas un droit étranger ni un droit externe, il est le droit propre de chacun des États membres applicable sur son territoire autant que le droit national* »[28]. De par sa nature, le droit communautaire possède une force spécifique de pénétration dans l'ordre juridique interne des États membres[29] en raison de sa primauté sur le droit national ainsi que de son applicabilité directe et immédiate par les juridictions nationales de chacun des États parties. Ces principes constituent le fondement

---

25 Parties au procès, justiciables ou ministère public.

26 L'ordre juridique communautaire est un ordre propre distinct de celui des États membres. L'autonomie du droit communautaire ne veut pas pour autant dire qu'il est séparé du droit national, car il en constitue même une source.

27 Lire BARAV (A.), "La plénitude de compétence du juge national en sa qualité de juge communautaire", Mélanges Jean BOULOUIS, *Dalloz*, Paris, 1991, pp. 1-20.

28 Cf. ISAAC (G.), *Droit communautaire général*, Armand Colin, Dalloz, Paris, 2008, 10e édition, 395 p.

29 L'une des spécificités du droit communautaire par rapport au droit international général est que le droit communautaire est directement et immédiatement applicable par les juridictions des États membres. Or, « *En droit international général, seuls les États cumulent la souveraineté et l'immédiateté internationales. Pour que les personnes privées puissent invoquer les normes internationales, il y a deux possibilités. En premier lieu, un traité spécifique peut expressément habiliter la personne privée à accéder aux normes et procédures internationales. En second lieu, l'État procède à ce que GUGGENHEIN a appelé « L'individualisation normative interne » pour désigner l'opération d'incorporation de la norme internationale dans le droit national par sa transformation en norme interne, invocable de ce fait par tout individu ou personne morale* ». Lire MOUANGUE KOBILA (J.), *Cours polycopié de droit institutionnel de la CEMAC, cours de 1ère année de doctorat,* FSJP/ Universités de Douala et de Dschang, 2005, disponible à la bibliothèque de recherche des Universités de Douala et de Dschang, p. 53.

de l'office communautaire du juge camerounais **(1)** et l'affirmation de son identité **(2).**

1. Les fondements communautaires de l'office du juge camerounais

Les deux principaux fondements du juge camerounais dans l'invocation du droit communautaire de la CEMAC sont les principes de l'applicabilité immédiate et de l'effet direct des normes communautaires.

L'applicabilité immédiate[30] signifie que la norme communautaire s'intègre automatiquement dans les ordres juridiques internes des États membres sans le recours d'une norme nationale d'introduction. Ce principe est consacré par les textes communautaires CEMAC, notamment par l'additif au Traité de la CEMAC relatif au système institutionnel et juridique de la communauté[31].

L'applicabilité immédiate des normes communautaires ainsi clarifiée emporte trois conséquences. Le droit communautaire est intégré de plein droit dans l'ordre interne des États, sans nécessiter aucune formule spéciale d'introduction ; les normes communautaires prennent place dans l'ordre interne en tant que droit communautaire et enfin les juges nationaux ont l'obligation d'appliquer le droit communautaire[32]. Si le droit communautaire a vocation à s'intégrer automatiquement dans les ordres juridiques internes des États membres, les citoyens communautaires à l'égard desquels il crée des droits et des obligations ont vocation à saisir le juge national, d'où l'effet direct du droit communautaire qui, comme l'applicabilité immédiate, justifie la compétence du juge national en la matière.

S'agissant de l'effet direct du droit communautaire fondant la compétence communautaire du juge camerounais, il convient de relever que le droit communautaire possède une aptitude générale à compléter directement l'ordre juridique interne en modifiant le patrimoine juridique des particuliers tant dans leurs rapports entre eux que dans leurs relations avec l'État dont ils relèvent. Par effet direct, on peut entendre concrètement « *le droit pour toute personne de demander à son juge de lui appliquer traités, règlements, directives ou décisions communautaires. C'est l'obligation pour le juge de faire usage de ces textes, quelle que soit la législation du pays dont il relève* »[33]. C'est dire

---

[30] Il y a lieu de faire une différence entre l'applicabilité du droit communautaire primaire et l'applicabilité du droit communautaire dérivé. D'avis avec M. NGUENA DJOUFACK (A.L.), Thèse précitée, « *l'insertion du droit primaire dans les ordres juridiques des États membres est subordonnée à une intervention des autorités nationales, ce qui n'est pas le cas, en principe, du droit communautaire dérivé* ».

[31] Art. 21 à 23 de l'Additif au Traité de la CEMAC relatif au système institutionnel et juridique de la Communauté du 5 juillet 1996.

[32] Le droit de recours doit être effectif et efficace, c'est-à-dire produire un effet équivalent à celui mis en œuvre à l'occasion d'une violation d'une règle de droit interne. Lire à ce sujet GAUTRON (J.C.), *Droit Européen*, Dalloz, 14 éd., Col. Mémentos, Paris, 2010, p. 166.

[33] Lire LECOURT (R.), *L'Europe des juges*, Bruyant, Bruxelles 1976, p.248.

que le droit communautaire peut créer directement des droits et des obligations au profit des justiciables, et que ces derniers pourront, dans certaines conditions, invoquer les normes communautaires avec effet direct à l'appui d'un recours devant le juge national. Selon HOEVEN, « *nul ne conteste plus, aujourd'hui, que les traités internationaux peuvent directement accorder des droits ou imposer des obligations aux individus et non pas seulement se cantonner à produire des effets de droit à l'égard des sujets classiques du droit international que sont les États* »[34]. Ainsi, l'effet direct constitue un des caractères substantiels du droit communautaire qui fait partie de ce qui le distingue du droit international général classique, même si une doctrine et même la jurisprudence de la Cour Permanente de Justice Internationale (CPJI)[35] reconnaissent l'applicabilité directe du droit international.

L'invocabilité du droit communautaire par le juge national est donc la conséquence de son effet direct. Si ces deux caractères du droit communautaire n'étaient pas accompagnés d'un troisième à savoir sa primauté sur le droit national, ce serait créer inéluctablement un conflit des lois non résolu entre les deux ordres juridiques.

La compétence reconnue au juge national en matière communautaire se fonde aussi sur la position technique qu'il occupe dans le processus d'intégration du droit communautaire dans les ordres juridiques nationaux.

2. Le rôle affirmé du juge camerounais en droit communautaire CEMAC

Quels sont les attributs conférés au juge camerounais dans son office communautaire ? La réponse à cette question renvoie à deux considérations. Il est juge de droit commun et gardien des droits des justiciables communautaires.

Les textes[36] et la jurisprudence[37] de la CEMAC consacrent le juge national de chaque État partie comme juge principal de droit commun de la norme

---

[34] HOEVEN (J.), « *La notion d'applicabilité directe du droit international* », *R.B.D.I*, 1980, pp.243 et s.

[35] La CPJI a déclaré que « *Selon un principe de droit international bien établi, un accord international ne peut, comme tel, créer directement des droits et des obligations pour les particuliers* ». Mais que toutefois, « *on ne saurait contester que l'objet même d'un accord international, dans l'intention des parties contractantes, puisse être l'adoption, par les parties, de règles déterminées, créant des droits et obligations pour les individus et susceptibles d'être appliqués par les tribunaux nationaux* ». *Cf.* CPJI, *Affaire de la compétence des tribunaux de Dantzig*, avis du 3 mars 1928, série B, n°15-17.

[36] Art 17 de la Convention régissant la Cour de Justice Communautaire.

[37] Arrêt n° 002/CJ/CEMAC/CJ/08 du 20 novembre 2008, affaire société WARDI AMDJARASS TRANSIT SA C. État du Tchad, demande de sursis à exécution de la décision n° 106/DGDDDI/DRDC du 6 septembre 2007 du Directeur Général des Douanes et droits indirects du Tchad portant suspension des activités de la société requérante. Dans un attendu, le juge a motivé sa décision comme suit : « *Que le contrôle de la légalité de tels actes relève*

uniformisée, tandis que le juge communautaire de la CJ-CEMAC ne dispose que d'une compétence d'attribution secondaire.

Tout ce qui ne relève pas de la compétence expresse de la juridiction communautaire[38], juridiction d'attribution, est de la compétence du juge national. C'est du moins l'économie de la règle de la compétence de droit commun en matière communautaire reconnue au juge national.

En ce qui concerne la CEMAC, les articles 26 et suivants de la Convention régissant la Cour de Justice de la CEMAC confèrent compétence aux juridictions nationales dans l'application du droit communautaire élaboré par les organes de la CEMAC[39]. En effet, par l'organisation du renvoi préjudiciel qu'elle opère, c'est-à-dire la saisine de la CJC par les juridictions nationales, à l'instar des juridictions camerounaises, cette disposition implique la compétence de ces dernières dans l'application du droit communautaire. Par son action dans ce cadre, le juge national arbore les couleurs du juge communautaire[40]. Il est d'autant plus conforté dans ce titre qu'à l'exception des recours exclusivement attribués au juge communautaire institué, il est appelé à connaître de la totalité du contentieux mettant en cause l'application du droit communautaire CEMAC. Certes, le contentieux communautaire, en raison de la technicité des questions sur lesquelles il porte, a des allures d'un contentieux spécifique[41] ; mais son traitement ne prive pas totalement le juge national de l'exercice de ses compétences naturelles.

En tant que juge naturel du droit communautaire, il revient au juge national de faire appliquer le droit communautaire intégré au droit interne des États membres. Par ce fait, il assure la protection des droits issus des sources communautaires[42]. Si le juge communautaire concourt aussi à la protection juridictionnelle des droits issus des sources communautaires, seul le juge national peut infliger des sanctions pénales aux violations du droit

de la compétence du juge national, juge de droit commun du droit communautaire qui seul peut saisir la Cour de Justice de la CEMAC par renvoi préjudiciel pour l'interprétation du Traité, la légalité et l'interprétation de tout autre texte communautaire ».

[38] Au rang des matières relevant de la compétence exclusive de la Cour de justice se trouvent classés, le contentieux administratif communautaire, le recours en responsabilité extracontractuelle, le contentieux de la fonction publique, le contentieux des pratiques anticoncurrentielles et le contentieux bancaire, les différends entre États membres étant exclus en raison de la nature hybride de leur règlement où prédomine la voie diplomatique.

[39] En effet, contrairement à l'article 2 du Traité OHADA qui fixe le cadre du droit uniforme, aucune disposition des textes CEMAC ne limite son droit matériel.

[40] Voir à ce sujet ISSAC (G.), *Droit communautaire général, op.cit.*, p.232 ; LECOURT (R.), *L'Europe des juges, op.cit.*, p. 9.

[41] À ce jour, huit secteurs de ce droit ont déjà été partiellement ou complètement réglementés à savoir, le droit bancaire et le droit des changes, le droit de la concurrence, le droit fiscal, le droit douanier, le transport unimodal et multimodal, le Code de l'aviation civile et le Code des investissements.

[42] Sur l'ensemble de la question, lire KENFACK (J.), « Le juge camerounais à l'épreuve du droit communautaire et de l'intégration économique », *op.cit.*, p. 70.

communautaire. Le juge national bénéficie des compétences communautaires étendues tant en matière civile qu'en matière pénale.

La reconnaissance d'une place importante au juge national dans le système juridictionnel communautaire peut résulter des articles 8 de la Convention UMAC et 10 de la Convention UEAC, qui énoncent une obligation de coopération à l'égard des États[43] afin d'assurer l'efficacité du droit communautaire. Cette obligation de coopération octroie un rôle stratégique au juge national en la matière.

Comparativement au droit communautaire européen, le Professeur Joël RIDEAU, pour reconnaître cette place stratégique dévolue au juge national, dit qu'il « *est dans le système communautaire l'autorité la mieux à mesure d'assurer la pleine efficacité de cette modalité fondamentale de l'impact du droit européen dans les ordres juridiques nationaux* »[44].

Le juge national occupe ainsi une place de choix dans le système juridictionnel de la CEMAC, car il reste le meilleur garant de la protection des droits fondamentaux, et a une compétence quasi exclusive pour statuer sur les sanctions pénales aux atteintes des droits issus des sources communautaires.

L'action du juge national comporte cependant des risques d'arbitraire qu'il convient d'éviter. Ainsi, les textes juridiques communautaires de la CEMAC n'ont pas donné un chèque en blanc au juge national dans l'exercice de sa plénitude de compétence. Dans la perspective de l'application uniforme et de la cohérence du droit communautaire, la compétence du juge camerounais reste cependant encadrée.

B. L'INVOCABILITÉ EN MATIÈRE DE COMPÉTENCE PARTAGÉE

L'office du juge camerounais statuant en matière communautaire de la CEMAC est formellement encadré[45]. Cet encadrement permet une canalisation des fonctions communautaires du juge national de façon à éviter les disparités nationales dans l'application effective de ce droit.

Après avoir examiné sa compétence, deux cas de figure se présentent pour le juge : soit il applique la norme communautaire invoquée conformément au principe de la primauté **(1)**, soit il opère le renvoi préjudiciel lorsque ladite norme pose des difficultés d'interprétation ou de validité **(2).**

---

[43] RIDEAU (J.), *Le droit au juge dans l'Union Européenne,* L.G.D.J, Paris, 1998, p. 230 et s.

[44] *Ibid.*, p. 883.

[45] KENFACK (J.), « Le juge camerounais à l'épreuve du droit communautaire et de l'intégration économique », *op.cit.*, p. 67.

1. Le juge camerounais, garant de l'application uniforme du droit communautaire CEMAC

L'application uniforme du droit communautaire dans l'ensemble des États membres de la CEMAC passe nécessairement par la garantie du principe de la primauté de ce droit sur les lois camerounaises. En tant que juge de droit commun de la norme communautaire, le juge camerounais est chargé d'assurer le règlement du conflit entre son droit interne et le droit communautaire. Il en résulte la primauté du droit communautaire, qui s'impose au juge national, lui dictant ainsi l'éviction de la loi nationale contraire, par l'application du droit communautaire.

Toutefois, le juge camerounais prend soin de déterminer le domaine de la primauté dans le règlement des conflits entre le droit camerounais et le droit communautaire.

Pour le juge camerounais, la primauté vaut uniquement à l'égard des lois nationales et des pratiques prétoriennes[46]. Ce faisant, il s'inscrit dans la logique du juge administratif français qui s'appuie sur l'article 55 de la Constitution pour conférer au droit communautaire un statut de primauté sur les normes de nature législative[47]. C'est dire que les normes constitutionnelles ne sont pas visées par la primauté du droit communautaire. Il en résulte que les normes communautaires ont un statut infra-constitutionnel ou tout au plus égal à celui de la Constitution. Bien plus, lorsque les actes juridiques de la CEMAC sont en conflit avec la Constitution camerounaise, le juge ne pourra pas en tirer les conséquences juridiques, par exemple dans l'hypothèse de leur inconstitutionnalité[48]. Le juge s'inscrit donc dans une stratégie de défense de l'ordre juridique national. À ce titre, il a pour mission de préserver sa propre Constitution contre les atteintes en provenance d'un ordre juridique étranger susceptible de l'affecter.

Dans le cadre de sa fonction de règlement des conflits entre le droit camerounais et le droit communautaire, le juge national est doublement interpellé. Le premier volet de cette tâche consistera à régler la question de la hiérarchie des normes entre une norme du droit communautaire et le droit positif camerounais. Le second aspect de cette activité vise la détermination du caractère directement applicable ou non d'une règle juridique communautaire[49].

---

[46] *Ibid*, p.73.

[47] Cass.1er juin 2000, Dlle Fraise, R.D.P, 2000, p. 1037.

[48] Lire OLINGA (A.D.), « Réflexion sur le droit international, la hiérarchie des normes et l'office du juge au Cameroun », *Juridis Périodique*, 2005, n° 63, pp. 3-18.

[49] En droit de la CEMAC, le principe consacré est celui de l'applicabilité immédiate et de l'effet direct complet du règlement communautaire. Voir dans ce sens, Arrêt n°013/ 2013 du 31 mars 2011, affaire dame MBADINGA MATSIENDI C. École Inter-État des Douanes de la CEMAC

En tant que garant de la suprématie du droit communautaire sur le droit national, le contrôle de la primauté des normes communautaires sur le droit national incombe au juge national. Si désormais le droit communautaire s'intègre dans le droit interne du fait de l'applicabilité immédiate, le principe de la primauté du droit communautaire sur le droit national exige que le juge interne s'assure que les lois, les actes administratifs, les règlements, soient conformes au droit communautaire. Ce contrôle s'effectue généralement par le biais des recours en appréciation de légalité ou en excès de pouvoir devant le juge interne.

Les décisions jugées illégales peuvent émaner des autorités administratives, et peuvent concerner les demandes d'autorisation d'importation, des obstacles tarifaires ou non tarifaires au commerce intracommunautaire ou les demandes d'indemnisation suite à l'exécution de certaines obligations communautaires à incidences financières significatives, les demandes liées à la contestation d'une imposition. Il en est de même du juge constitutionnel qui, à travers la vérification de la conformité à la Constitution d'une loi en cours de promulgation, pourra être amené à veiller à la primauté de la règle juridique communautaire[50]. C'est dire que l'action du juge national, en tant que facteur de cristallisation des normes juridiques communautaires dans les ordres juridiques des États membres, est incontestable.

À défaut de leur application pour le règlement immédiat des litiges communautaires, le juge saisit la CJ-CEMAC d'un renvoi préjudiciel en interprétation.

2. Le juge camerounais, garant de l'interprétation uniforme du droit communautaire CEMAC

À la lecture des Traités constitutifs de la CEMAC, peuvent faire l'objet du renvoi préjudiciel en interprétation, les actes de droit fondamental, les actes de droit privé, qu'ils soient unilatéraux, conventionnels ou juridictionnels. Ainsi, le juge camerounais est un partenaire obligé en matière de renvoi préjudiciel, car une compétence préjudicielle lui est dévolue en la matière.

Aux termes des articles 17, 18 et 19 de la Convention de Libreville régissant la CJ/CEMAC, un mécanisme de renvoi préjudiciel a été institué. Ces dispositions établissent un partage de fonctions juridictionnelles entre le juge communautaire et le juge national. Dans ce sens, il revient au juge communautaire d'assurer la fonction d'interprétation du droit communautaire

---

(EIED)/ Commission de la CEMAC, recours en réparation pour non réintégration dans un poste de cadre après avoir été relevé de ses fonctions par erreur.

[50] Sur l'ensemble de la question, lire NGANDO SANDJE (R.), « La primauté du droit communautaire dans la jurisprudence des Cours africaines », *RADP*, vol X, n° 21, 2021, pp. 149-178.

et d'appréciation de la validité des actes institutionnels. Au juge national, il incombe la mission de mise en œuvre concrète, c'est-à-dire d'application effective de ce qui a été décidé par le juge communautaire[51]. Autrement dit, il appartient au juge camerounais, dans le cadre de cette articulation des fonctions juridictionnelles, d'appliquer aux fins de solutionnement des litiges dont il est saisi, le droit interprété et apprécié par le juge communautaire[52]. Il en résulte une fragmentation du procès entre deux juges dont la coopération est plus que jamais indispensable en vue de l'homogénéité de la mise en œuvre du droit communautaire sur le territoire camerounais.

S'agissant de la compétence préjudicielle, elle porte d'abord sur l'interprétation, c'est-à-dire qu'elle a pour objet de déterminer le sens et la portée des dispositions juridiques de la CEMAC, mais aussi des notions auxquelles les dispositions concernées, explicitement ou implicitement, se réfèrent. Il peut aussi être question de la détermination des actes ou des faits juridiques régis par le droit communautaire, de la précision des effets d'une norme dans le temps, de la recherche du caractère directement applicable ou non d'une norme, ou de la portée de la primauté des normes visées, dans l'ordre juridique camerounais. Il revient donc au juge interne de tirer les conséquences de l'arrêt d'interprétation et de l'appliquer au cas dont il est saisi.

La compétence préjudicielle vise aussi l'appréciation de la validité. L'objet de cet exercice est le contrôle de la légalité des actes édictés par les institutions communautaires sans toutefois en tirer les conséquences. Les juridictions nationales ont l'obligation de donner suite à une exception d'illégalité lorsqu'elle a été soulevée dans l'affaire faisant l'objet d'un litige principal[53].

Le renvoi préjudiciel prévu par le droit CEMAC a une nature dualiste. Celle-ci tient au fait qu'il peut être obligatoire ou facultatif. À cet effet, l'alinéa 2 de cet article dispose que « *chaque fois qu'une juridiction nationale (...) doit statuer en dernier ressort, elle est tenue de saisir préalablement la Cour de Justice. Cette saisine devient facultative lorsque la juridiction nationale (...) doit statuer à charge d'appel* ». De cette disposition, il apparaît clairement que si la juridiction administrative camerounaise statue en dernier ressort, elle a l'obligation de saisir la Cour de Justice. Par contre, si elle statue en premier ressort, elle est libre de saisir ou non la Cour de Justice d'une question préjudicielle. C'est dire donc, comme l'a relevé le Professeur René

[51] Cf. art 18 de la Convention régissant la Cour de Justice Communautaire de la CEMAC.

[52] ISSAC (G.), *Droit communautaire général*, *op.cit.*, p. 234.

[53] L'article 49 de l'acte additionnel n° 6/00/CEMAC-046CCE-CJ-02 portant statut de la Chambre Judiciaire de la Cour de Justice de la CEMAC semble limiter le renvoi préjudiciel à l'interprétation, par le silence qu'il conserve s'agissant de l'appréciation de la légalité des actes institutionnels. Cet oubli, quoique déplorable, ne saurait être interprété comme une volonté de mettre à l'écart les recours considérés, car la Convention de Libreville régissant la CJC prime sur l'acte visé.

CHAPUS, que « *la compétence de la Cour (communautaire en matière d'interprétation) n'exclut toutefois pas entièrement celle des tribunaux nationaux* »[54].

La demande de renvoi peut intervenir à tout moment de la procédure à l'initiative des parties au procès ou d'office par le juge camerounais. Il n'est pas nécessaire que l'exception soit soulevée en instance. Le justiciable a la faculté d'y recourir, même en cassation. Dans tous les cas, l'incidence est l'obligation faite aux juridictions nationales, en l'occurrence le juge camerounais, de renvoyer et de surseoir à statuer jusqu'à l'issue de l'arrêt d'interprétation de la CJ/CEMAC.

L'obligation vaut sur certains points lorsque cette dernière statue en dernier ressort[55]. S'agissant des juridictions inférieures, il importe de distinguer selon que le renvoi vise l'interprétation ou l'appréciation de la validité. En effet, lorsqu'une exception préjudicielle est soulevée devant une juridiction inférieure, cette dernière a la faculté de trancher elle-même la question visée. Pour ce qui est du renvoi en appréciation de la validité, toute liberté de choix du juge camerounais de statuer à cet échelon est à écarter. Il faut d'ailleurs dire que l'obligation de renvoi lie aussi bien les juridictions inférieures que les juridictions situées au niveau le plus élevé de la hiérarchie.

À ce niveau d'analyse, deux constats s'imposent. Au premier point, force est de constater que la communauté des juges camerounais doit connaître une profonde évolution, de manière à favoriser leur rattachement à l'ordre juridique supranational de la CEMAC et à développer des relations de coopération avec les juges institués de la Cour de Justice CEMAC. C'est ainsi que se développent des techniques spécifiques d'application du droit commun[56]. Et, c'est également de cette manière que s'harmonisent les techniques d'élaboration des décisions de justice et de formation des jurisprudences. Tout cela concourt à la formation du juge communautaire CEMAC.

Au second point, selon que l'on passe du droit communautaire au droit interne, les principaux bénéficiaires des libertés diffèrent. Le droit interne assure la protection des nationaux alors que le droit communautaire protège essentiellement les ressortissants des États membres de la Communauté, à travers les principes de non-discrimination en raison de la nationalité, de

[54] Sur le pouvoir d'appréciation du juge national en matière de renvoi préjudiciel, voir aussi BATAILLER (F.), « le juge interne et le droit communautaire », *AFDI*, 1963, p. 758.

[55] C'est le cas de la Cour Suprême statuant en matière civile, commerciale, sociale ou de l'assemblée plénière de cette juridiction statuant en matière administrative, du Conseil Constitutionnel.

[56] Il s'agit notamment des principes tels que l'applicabilité immédiate, l'effet direct des normes communautaires, la primauté du droit communautaire sur le droit national et la recherche des principes communs à tous les États membres.

l'égalité de traitement, etc. Par conséquent, le juge communautaire vise à établir à travers son action une égalité de traitement entre citoyens nationaux et communautaires. Il y a cependant lieu d'observer qu'une exploration de la jurisprudence camerounaise révèle une apathie dans l'utilisation des normes produites au niveau communautaire dans le solutionnement des problèmes posés, ce qui dénote une pratique insuffisante de l'invocabilité d'office par le juge camerounais.

II. UNE INVOCABILITÉ MATÉRIELLEMENT MITIGÉE

Par son action, le juge camerounais est le révélateur au niveau communautaire de l'état de méconnaissance dont le droit communautaire fait l'objet sur le plan interne. Il est ainsi plus que jamais appelé à s'investir afin d'assurer l'effectivité et l'efficacité de l'application du droit communautaire dans l'ordre juridique camerounais.

D'avis avec Monsieur KENFACK Jean[57], *« les rapports entre le juge camerounais et le droit communautaire doivent être pensés en termes bilatéraux, c'est-à-dire en termes d'apports mutuels entre ces composantes de l'ordre juridique communautaire »*. D'évidence, cet ordre juridique modifie les conditions dans lesquelles le juge camerounais exerce ses fonctions. En retour, la garantie de l'effectivité des droits que l'ordre juridique communautaire consacre est largement à la charge du juge camerounais. C'est tout à l'honneur du juge national, car l'architecture actuelle des compétences qui lui sont dévolues lui permet d'invoquer d'office et d'appliquer le droit communautaire de la CEMAC.

Seulement, en droit interne, il peut exister des obstacles susceptibles d'empêcher le juge national d'assurer pleinement l'effectivité et l'efficacité attendues. En effet, quelle que soit la rigueur observée sur le plan théorique, les obstacles pratiques ne sont pas à exclure. Ainsi, l'application des droits supranationaux de l'intégration par le juge camerounais n'est pas toujours parfaite, elle est émaillée des défaillances. L'analyse mettra en exergue les résistances du juge camerounais qui sont à la fois actives et passives. Ces dernières engendrent des conséquences diverses et variées. Dans la pratique prétorienne, le juge s'incline en faveur de son droit national, relativisant ainsi l'invocabilité d'office des normes communautaires (A). C'est une attitude extrêmement critiquable (B).

---

57 KENFACK (J.), « Le juge camerounais à l'épreuve du droit communautaire et de l'intégration économique », *op.cit.*, p.75.

A. UNE INVOCABILITÉ D'OFFICE RELATIVE

Le juge camerounais au contact du droit communautaire n'exerce plus seulement un office de droit interne, mais aussi de juge de droit commun du droit communautaire. Ce rôle a été remarquablement mis en exergue par le juge communautaire européen dans son arrêt Administration des Douanes de l'État contre SA Simenthal du 09 mars 1978 : *« tout juge saisi, dans le cadre de sa compétence, a, en tant qu'organe d'un État membre, pour mission de protéger les droits conférés aux particuliers par le droit communautaire »*[58]. Cette affirmation communautaire a été par ailleurs reprise par certaines juridictions européennes, à l'instar du Conseil d'État français qui considère que la juridiction administrative est « .... *Juge de droit commun de l'application du droit communautaire...* »[59].

À ce propos, l'on peut formuler l'hypothèse qu'en Afrique Noire Francophone, le rôle communautaire des juridictions nationales n'a pas encore été appréhendé à sa juste mesure[60].

Cette retenue des juridictions des États d'Afrique Noire Francophone s'observe dans leur office de juge communautaire de droit commun et dans le recours au renvoi préjudiciel.

L'application judiciaire des normes de la CEMAC « *pose des problèmes spécifiques qui dénotent une maîtrise très approximative des techniques et mécanismes institués, surtout par ceux qui sont appelés à mettre en œuvre* »[61]. Si l'on essaie de bien cerner les obstacles judiciaires bien entendu mesurables à l'application effective des droits de l'intégration, ceux-ci pourront être identifiés à partir du travail juridictionnel.

Une étude sur la déclinaison des résistances peut être l'occasion de dérouler toutes les manifestations relatives au phénomène de résistances inhérentes au juge camerounais. Il importe donc, dans un premier temps, de procéder à une analyse des attitudes actives et passives affichées par le juge camerounais dans la mise en œuvre des droits supranationaux d'intégration **(1)**. Et dans un second temps, de proposer des solutions pratiques **(2)**.

---

[58] Rec. 1978, p.629 ; RTD eur. 1978, p.381, note D. Carreau. Voir dans le même sens, l'arrêt du Tribunal de Première Instance des Communautés Européennes, 10 juillet 1990, TETRA PAK RAUSING C/ Commission, aff. T 51/89, Rec, II, 309, p.42.

[59] Conseil d'État français, ass, 30 octobre 2009, Mme Perreux, AJDA 2009, p.2385, chron., S.-J., Liéber et D.Botteghi.

[60] ONDOUA (A.), « existe-t-il un droit national de l'intégration communautaire en Afrique Francophone ? », *Palables Actuelles n°6 : « La fabrique du droit en Afrique »,* pp.236-44, spéc., p.41.

[61] POUGOUE (P.G.) et KALIEU ELONGO (Y.R.), *L'introduction critique à l'OHADA,* PUA, Yaoundé, 2008, 160 p.

1. La réticence du juge camerounais à l'invocabilité des instruments juridiques d'intégration

La pratique judiciaire des droits supranationaux d'intégration est encore insuffisante au Cameroun. La Professeure ATANGANA MALONGUE Thérèse fait d'ailleurs observer que : « *Le juge camerounais se montre assez vigilant en ce qui concerne l'application du droit international au Cameroun. La pratique judiciaire du droit international au Cameroun est donc encore insuffisante et ne permet pas de faire ressortir avec certitude l'attitude du juge face au droit international* »[62].

Cette pensée met en exergue les résistances actives et passives[63] du juge camerounais à l'invocabilité des instruments juridiques d'intégration.

En premier lieu, il importe de relever les réticences actives à l'invocabilité des instruments juridiques d'intégration par le juge camerounais.

Outre des cas isolés d'inapplication à tort par le juge national, notamment camerounais, la réticence à l'invocabilité met en péril l'unité du droit d'intégration et empêche la réalisation de sa pleine effectivité. Dans le contexte camerounais, les droits supranationaux de la CEMAC sont affectés par cette forme de résistance.

Cette résistance, traduite par une action judiciaire contraire, affecte de façon mesurée le processus de la mise en œuvre des instruments normatifs, et constitue un défi aux exigences de la justice. Il demeure que la résistance judiciaire active est sans doute la plus affectante. Bien qu'elle réduise les efforts de la pleine effectivité, elle ne constitue pas de toute évidence une profonde obstruction de nature à compromettre le chemin de ladite effectivité.

Il est vrai que la pratique des juridictions a évolué, les cas d'inapplication ne sont pas assez fréquents. Il reste que les cas isolés d'inapplication pouvaient être considérés de manière mesurable comme préjudiciables pour l'effectivité d'application.

L'argument de « *l'irréductible souveraineté étatique* » est souvent avancé par la doctrine[64] pour justifier le comportement réfractaire du juge national

---

[62] Voir dans ce sens, BIPOUN WOUM (J.M.), « Rapport Général », in *Le Cameroun et le droit international*, (s/dir.) de Jean Louis ATANGANA AMOUGOU, Éditions A. Pedone, Paris, 2013, p.9.

[63] Cette situation n'est pas propre seulement au juge camerounais, mais elle est perceptible dans l'office des juges des États membres de la CEMAC. Lire à propos, ISSA ABAKAR (A.), « Zoom sur les résistances du juge tchadien à l'application effective des droits supranationaux de la CEMAC et de L'OHADA », *R.I.D.S.P*, vol. 2, n°2, février 2022, pp.211-234.

[64] Voir PELLET (A.), *Harmonie et contradiction de la justice internationale*, 2000, cité par TOGOLO (O.), « Le juge camerounais et le juge de la CEMAC : regard prospectif », *Juridis Périodique*, n° 63, 2005, pp. 76-87, (spéc. p. 83).

face au droit communautaire. On estime que le juge national a peur de perdre son autorité. Pourtant, il n'en est rien. Car il tire son autorité de la loi, et le recours au droit communautaire qui fait partie intégrante du droit national ne l'empêche pas d'appliquer le droit en vigueur. Ce type de comportement sied aux juges qui ont du mal à s'adapter à la loi nouvelle et au nouvel ordre juridique, car attachés à la routine qui résulte du non-renouvellement de savoirs juridiques[65]. Cette argumentation qui tire son fondement du fait que le juge national « *se voit imposer une autre autorité puisée hors de sa sphère étatique qui lui assigne des obligations impératives de faire ou de ne pas faire* »[66] peut prospérer face au droit international classique, mais manque de pertinence en droit communautaire. Outre la résistance active à l'application du droit communautaire de la CEMAC par le juge camerounais, l'on déplore sa résistance passive.

En second lieu, il convient de déplorer les réticences passives à l'invocabilité du droit communautaire par le juge camerounais.

L'inclination du juge camerounais au droit national s'explique par un manque d'enthousiasme et de perspicacité que semble afficher le juge camerounais à l'égard des droits supranationaux en général, des droits de la CEMAC en particulier.

Le passif du juge camerounais dans l'application du droit communautaire se dégage de l'utilisation maladroite du droit communautaire. La jurisprudence KAMTE Honoré et autres de la Cour d'Appel du Littoral[67] est à cet égard instructive. Cette forme de résistance reste aussi craintive. Elle résulte bien évidemment d'une gamme de comportements variés imputables aux acteurs judiciaires. Les divers comportements non exemplaires des acteurs judiciaires se transforment en obstacles atténuant l'effectivité de la mise en œuvre juridictionnelle des normes juridiques d'intégration.

En réalité, « *même dans les matières dans lesquelles les juges se doivent d'invoquer d'office des dispositions du droit international [d'intégration], tout est mis en œuvre pour l'éviter* »[68]. Il est donc clair qu'au premier contact avec les droits supranationaux, le juge camerounais pense que certains d'entre eux à l'instar de ceux de la CEMAC, ne sont que de simples déclarations qui ne traduisent pas concrètement la réalité de certains besoins. Fort de ce constat, la pratique camerounaise laisse voir une posture négative du juge camerounais dans la recherche et l'application du droit de l'intégration. En

---

[65] ZULANDICE ZANKIA, *op.cit.*, p. 280, note n° 328.

[66] FIPA NGUEDJO, *op.cit.*, p. 168, supra, note n° 148.

[67] Les faits de l'espèce et les décisions rendues en instance et en appel ont été commentés par KENFACK (J.) dans son article « Le juge camerounais à l'épreuve du droit communautaire et de l'intégration économique », *op.cit.*, p. 74.

[68] NGUEFACK (M.R.), « le droit international, instrument pour la défense devant le juge camerounais : regard d'un avocat » *op.cit.*, p. 111.

effet, il est à relever que dans certains cas, « *tout se passe comme si tous les praticiens de droit intervenant dans la cause s'étaient entendus pour qu'elle soit examinée exclusivement sous l'angle du droit interne* »[69]. Dans le même ordre d'idées, une autre doctrine après avoir relevé le repli des parties aux pratiques du droit national a ajouté que tout se passe « *dans l'indifférence apparemment totale des juges* »[70].

Cette situation regrettable dans laquelle se trouve le juge national est d'ailleurs reconnue par les magistrats camerounais qui affirment que certains d'entre eux « *ont des connaissances insuffisantes en droit communautaire* »[71], qu'il y a absence de magistrats spécialisés en droit communautaire devant les juridictions d'instance. À ce sujet, ils proposent *« la spécialisation des magistrats en droit communautaire* »[72], à travers leur formation.

Tout compte fait, ces facteurs limitatifs, mais mesurables ont des conséquences sur l'intégration du droit communautaire CEMAC. Le plaidoyer pour une pleine application uniforme du droit de la CEMAC passe nécessairement par une mobilisation judiciaire de l'office offensif et constructif du juge camerounais.

2. les solutions pratiques

Comme solutions pratiques, l'office offensif et l'office constructif du juge camerounais seront mis en œuvre.

Maillon essentiel dans le processus d'enracinement du droit communautaire, le juge national est aussi, à bien des égards, chargé de régler quelques conflits normatifs entre le droit interne et le droit communautaire. La première sollicitation consiste à assurer la hiérarchie des normes, c'est-à-dire à veiller à ce qu'une règle de droit national ne soit pas contraire à une règle communautaire. Le second domaine de vigilance du juge national vise la détermination du caractère directement applicable ou non d'une règle juridique communautaire.

Ainsi, en sa qualité d'artisan principal de l'intégration du droit communautaire dans son pays, le juge national a pour mission de vérifier la conformité des actes administratifs et des actes de droit privé aux normes juridiques de la CEMAC. Il s'agit presque d'un examen de validité de l'acte juridique interne par rapport au droit communautaire. Le juge national doit veiller à ce que les contrats internes respectent le droit communautaire. Les nombreuses hypothèses envisageables sont les contrats à prix imposés, les

[69] *Idem.*
[70] Observation d'ISSA-SAYEGH (J.), « Thèmes généraux sur l'OHADA et l'intégration juridique », *Revue de droit uniforme*, UNIDROIT- Rome, 1999-1, p.3.
[71] Voir FIPA NGUEPJO (J.), *op.cit.*, p. 170, *supra*, note n° 148.
[72] *Ibidem.*

conventions d'interdiction d'exportations ou d'importations, les contrats d'exclusivité, les accords de partage de marché. Plus concrètement encore, c'est le cas de la validité d'une convention d'interdiction d'exportation au regard des règles régissant la concurrence en zone CEMAC.

Dans ces différentes hypothèses, le rôle du juge national est plus significatif. Dans le domaine du contentieux administratif, le contrôle de la supériorité des normes communautaires sur les actes administratifs s'effectuera généralement à travers le recours pour excès de pouvoir devant le juge interne ou directement devant le juge communautaire. Il pourra porter sur les décisions des autorités administratives donnant suite aux demandes d'autorisation d'importation, aux obstacles tarifaires ou non tarifaires au commerce intra-communautaire émanant des opérateurs économiques, ou sur les demandes d'indemnité suite à l'exécution de certaines obligations communautaires à incidence financière significative, voire sur les demandes liées à la contestation d'une imposition ou des taxes directement applicables.

Il en ira de même du juge constitutionnel qui, à travers la vérification de la conformité à la Constitution d'une loi en cours de promulgation, pourra être amené à assurer la suprématie de la règle juridique communautaire. Il doit user de beaucoup d'ingéniosité sur ce point si la loi qui contredit le droit communautaire est déjà entrée en vigueur. Il s'ensuit que l'action du juge national dans le sens de la cristallisation des normes juridiques communautaires dans son ordre juridique est indéniable et requiert une certaine subtilité.

En l'état actuel de la législation communautaire, le juge national occupe une position stratégique devant le conduire à assumer des responsabilités essentielles dans l'optique de la mise en œuvre de l'ordre juridique communautaire. Agent de l'intégration du droit communautaire dans le droit interne, le juge camerounais devrait vérifier la conformité des actes administratifs et des actes de droit privé aux normes juridiques de la CEMAC.

S'il appartient au juge national de veiller à ce que le droit communautaire s'applique effectivement dans les États membres, son rôle de moteur de l'intégration du droit communautaire dans l'ordre juridique interne se précise de plus en plus, car il apparaît comme le juge des conflits entre le droit interne et le droit communautaire.

Dans son office constructif, le juge camerounais a l'obligation de favoriser l'intégration du droit communautaire CEMAC sur le territoire national. Cette obligation se déduit du principe général selon lequel *« toute personne doit pouvoir bénéficier, devant les juridictions nationales, d'un recours effectif contre les décisions nationales pouvant porter atteinte à un droit reconnu par les traités »*[73]. Ce principe trouve une application privilégiée avec la théorie de l'acte de gouvernement qui *« ne paraît pas conforme à l'exigence de protection juridictionnelle en cas de violation du droit communautaire »*[74]. Il faut alors considérer que la théorie des actes de gouvernement n'est pas opérante dans la sphère communautaire.

Dans les États membres de la CEMAC, les juges n'ont pas encore eu l'occasion de se prononcer sur la question. Il est permis tout de même de penser qu'une autorité administrative compétente, saisie d'une demande d'abrogation ou de modification adéquate de l'acte réglementaire indûment maintenu en vigueur, sera tenue de satisfaire à une telle demande. Le refus de l'autorité en cause serait censuré par le juge administratif, avec pour conséquence la confirmation de l'obligation d'abroger. Ainsi, tout acte administratif réglementaire édicté en méconnaissance des objectifs d'une directive communautaire encourt l'annulation. Il en va pareillement des décisions individuelles prises sur le fondement de l'acte réglementaire incompatible, dont on peut obtenir l'annulation par le juge national, qui dispose d'ailleurs des compétences étendues et illimitées en matière communautaire.

Il peut paraître paradoxal de dissocier le caractère contraignant d'une disposition communautaire de son effet direct. Le lien entre les deux notions se retrouve dans le raisonnement de la CJCE par lequel cette dernière a admis l'invocabilité des directives. La Cour affirme alors qu'*« il serait incompatible avec l'effet contraignant (d'un acte) d'exclure en principe que l'obligation qu' (il) impose puisse être invoquée par des personnes concernées »*[75]. Strictement entendues, les deux notions ne se confondent pourtant pas[76]. À propos de l'effet direct, il s'agit de s'intéresser aux éventuels effets que l'obligation de fidélité produirait directement pour les particuliers. Si le préjudice subi est le fait d'un manquement de l'État à une obligation précise découlant d'une disposition bénéficiant d'un effet direct, il ne fait aucun doute que le justiciable pourra invoquer ces dispositions pour obtenir le rétablissement de sa situation. Le débat consiste à savoir si les particuliers peuvent se prévaloir, notamment devant les autorités nationales, de l'obligation de fidélité qui incombe aux États en vertu des dispositions du droit originaire dont le caractère général et imprécis a été mentionné ci-dessus. Dans tous les cas de figure, le défaut d'invocabilité des normes

---

[73] *Cf.* CJCE, 19 mars 1991, *Commission c/ Belgique, in* : www.curia.europa.eu/fr/content/juris/index_tab.htm, *consulté* le 19 mai 2022.

[74] *Cf.* RIDEAU (J.) (Dir.), *Le droit au juge dans l'Union européenne, LGDJ*, Paris, 1998, 230 p., cité par MOUANGUE KOBILA James, *Cours polycopié de droit institutionnel de la CEMAC, op.cit.*, p.56.

[75] CJCE, 06 octobre 1970, F. Grad, affaire n° 9/70, Rec., p. 82.

[76] *Cf.* M. Blanquet, ouvrage précité, pp.242 et s. L'auteur démontre que l'article 5 du Traité posant l'obligation de fidélité des États a un caractère contraignant alors que son effet direct est absent.

communautaires par le juge national peut être préjudiciable au développement des ordres juridiques communautaires et nationaux.

B. UN DÉFAUT D'INVOCABILITÉ D'OFFICE PRÉJUDICIABLE

Dans la préface du livre *L'ordre juridique communautaire de la CEMAC*, le Professeur GUIMDO DONGMO Bernard-Raymond soulignait que « *le nouvel ordre juridique communautaire de la CEMAC ne saurait souffrir ni de l'approximation, ni de la subjectivité, ni de l'opportunisme* »[77]. Selon ce dernier, ne pas respecter ces spécificités de l'ordre communautaire conduirait à un triple risque : un risque de perte de confiance entre autorités communautaires et les États membres ; un risque de recours juridictionnel devant la Cour de Justice Communautaire contre les institutions (recours en carence) et contre les États membres (recours en manquement) et un développement accru de l'insécurité juridique au détriment à la fois des particuliers (personnes physiques et morales) et des autorités communautaires et morales.

À l'analyse, l'invocabilité juridictionnelle relâchée dans l'office du juge camerounais statuant en matière communautaire de la CEMAC a des conséquences dans l'ordre juridique communautaire **(1)** et encourt des sanctions dans l'ordre juridique interne **(2).**

1. les conséquences dans l'ordre juridique communautaire

Dans le système juridique camerounais, le droit d'intégration, bien qu'incorporé dans ce système, relève d'un ordre juridique autonome possédant ses propres caractères couronnés d'impérativité. Alors, le juge camerounais *« non seulement est-il appelé à assurer l'application effective du droit communautaire, mais aussi, il lui incombe d'obvier à toute atteinte susceptible d'entraver cette application »*[78]. Il n'en demeure pas moins que l'attitude du juge camerounais n'a pas toujours satisfait pleinement aux attentes souhaitées.

Du fait de la réticence du juge à invoquer pour appliquer le droit intégré, les caractères qui lui sont rattachés, en l'occurrence sa primauté et son effet direct, restent compromis. Cette compromission du caractère impératif des normes de la CEMAC est source d'insécurité juridique pour les justiciables communautaires et compromet l'objectif poursuivi par la communauté.

---

[77] GNIMPIEBA TONNANG (E.), *L'ordre juridique communautaire de la CEMAC*, L'Harmattan, 2016, spéc., pp.14 et 241.

[78] BARAV (A.), *La fonction communautaire du juge national*, Thèse de Doctorat d'État en droit public, Université Robert Schuman, Strasbourg, 1983, p. 61.

En premier lieu, par ses résistances passives et actives à l'invocabilité des normes communautaires de la CEMAC, le juge compromet non seulement la primauté, mais aussi l'effet direct desdites normes.

La réticence du juge camerounais à appliquer les droits supranationaux d'intégration réduit indéniablement la prospérité de ces droits et obstrue son application effective. Elle engendre, en revanche, l'incertitude et instaure des décisions judiciaires inconvenantes. Comme conséquence, elle prive les justiciables de tous les avantages dont ils pourraient bénéficier, si ces droits étaient appliqués.

Pour parvenir à une application effective et efficiente du droit communautaire, il faut nécessairement une implication exemplaire du juge national.

En second lieu, il convient de relever que la mission essentielle de la Communauté est de « promouvoir un développement harmonieux des États membres dans le cadre de deux Unions : une Union Économique et une Union Monétaire ». L'atteinte de cet objectif ambitieux d'intégration est effectuée principalement par l'usage de l'instrument juridique. Cette nouvelle approche s'inscrit en droite ligne du nouveau régionalisme juridique ayant cours au niveau planétaire depuis quelques années[79]. Cette nouvelle ambition sécuritaire du droit communautaire de la CEMAC dans un nouvel ordre juridique ne doit pas être compromise par l'inertie des juges nationaux des États membres de la Communauté.

2. Les sanctions dans l'ordre juridique interne

L'inclinaison du juge camerounais à son droit national a pour conséquence le rendu des décisions inconvenantes susceptibles d'ouvrir un chemin aux voies de recours et d'enclencher une procédure de recours en manquement de l'État camerounais.

L'analyse approfondie de certaines décisions rendues par les juridictions camerounaises permet d'affirmer que juges et justiciables quelques fois ne se penchent pas efficacement vers les enjeux normatifs d'intégration. Il est des cas où juges et justiciables évitent indéniablement les instruments normatifs d'intégration par un repli aux règles relevant de leur sphère étatique.

Un auteur a relevé que « *la vocation du droit international à s'appliquer devant les Tribunaux internes est acquise, son application par ces juridictions est restée source de confusion et de malentendus* ». Le droit international ou communautaire bien qu'appliqué, il se révèle que la pratique judiciaire au Cameroun reste encore insuffisante du fait du nationalisme juridique du juge.

---

[79] GNIMPIEBA TONNANG (E.), *L'ordre juridique communautaire de la CEMAC*, *op.cit.*, pp. 14 et 241.

Si l'application de ce droit est significative, il est clair que les résistances antérieurement relevées font que le juge national notamment camerounais s'incline à tort ou par simple réflexe à son droit national. C'est dire que le relatif rejet des instruments juridiques d'intégration fait que le juge camerounais préfère appliquer son droit national.

Dans l'affaire KAMTE Honoré[80], les commerçants camerounais avaient fait importer des États-Unis d'Amérique une forte cargaison de vêtements de seconde main dont la vente était interdite sur le territoire camerounais. Au port de Douala, la marchandise était déclarée en transit pour la République centrafricaine. Pourtant, elle était destinée à être vendue sur le territoire camerounais. La marchandise fut saisie et les auteurs de cette fraude arrêtés. Le Tribunal correctionnel de Douala les condamne sur la base d'un avis du ministre du Commerce interdisant la vente des habits de seconde main au Cameroun. Les contrevenants font appel et la Cour d'Appel leur donne raison, car le juge d'instance avait fondé sa décision sur un avis du ministre et non sur le texte communautaire[81]. Le raisonnement du juge de première instance « *était en effet curieux. En considérant que la prohibition de la vente de vêtements de seconde main était le fait d'un avis du ministre, il faisait primer un texte au caractère réglementaire d'ailleurs incertain... sur une législation communautaire* »[82].

Les différentes voies de recours[83] contre de telles décisions sont les seuls palliatifs pour sauver l'État du Cameroun d'être poursuivi en manquement par le fait des décisions judiciaires[84].

---

[80] Arrêt rendu le 20 juillet 1982 par la Cour d'Appel du Littoral à Douala.

[81] Voir Chapitre 69 de l'ancien Code UDEAC des Douanes.

[82] Voir PRISO ESSAWE (S.J.), *op.cit.*, p.308, (note n° 57).

[83] Opposition, appel, pourvoi, tierce opposition et révision sont, entre autres, les modes de voie de recours en droit processuel camerounais.

[84] L'article 139 de l'Acte Additionnel n° 03/21-CEMAC-CJ—CCE-15 du 15 octobre 2021 portant règlement de procédure de la Cour de Justice Communautaire dispose que : « *Dans le cas où, en violation du traité de la CEMAC, des conventions subséquentes et du droit communautaire CEMAC, un État manque à ses obligations, les autres États membres et les Institutions, Organes et Institutions spécialisées de la Communauté ainsi que toute personne physique ou morale ayant un intérêt à agir peuvent saisir la Commission pour le déclenchement de la procédure de constatation du manquement par la Cour de Justice Communautaire.*
Conformément à l'article 35 du Traité de la CEMAC, ce recours n'est recevable que si la Commission a préalablement adressé un rapport dans ce sens au Conseil des ministres.
Le Conseil des ministres doit se prononcer sur le rapport à lui adressé par la Commission dans un délai de deux mois.
En cas de silence du Conseil des ministres, à l'expiration de ce délai de deux mois, le Président de la Commission saisit la Cour de Justice aux fins de faire constater le manquement et de prononcer les sanctions.
Le régime des sanctions applicables en cas de manquement est défini par des textes spécifiques ».

Le recours pour manquement d'État [85] vise à réprimer, à l'initiative de la Commission ou de tout autre État membre, la violation des règles communautaires par les États eux-mêmes, dans leurs activités matérielles comme dans leurs activités normatives. Selon AYO Charmand Armel, « *la réforme institutionnelle et normative entreprise en 2006 au sein de la CEMAC a atteint son point d'orgue le 25 juin 2008. Il en est ainsi de la formalisation du recours en manquement* »[86].

L'article 139 précité prévoit la possibilité pour un État membre d'exercer un recours en manquement à l'encontre d'un autre État membre, mais une telle procédure n'a pas encore été initiée en zone CEMAC.

En droit européen cependant, la Cour a rendu en 2012 (CJUE, gr. ch., 16 oct. 2012, aff. C-364/10, Hongrie c/ Slovaquie) et en 2020 (CJUE, gr. ch., 31 janv. 2020, aff. C-457/18, Slovénie c/ Croatie) deux arrêts particulièrement intéressants en la matière. En effet, ces derniers révèlent une tentative de politisation de la procédure du recours en manquement par les États membres concernés, ainsi qu'une tendance à la juridictionnalisation de leurs différends politiques[87].

Selon l'arrêt Brasserie du Pécheur, le principe de la responsabilité de l'État pour violation du droit communautaire est : « *valable pour toute hypothèse de violation du droit communautaire par un État membre dont l'action ou l'omission est à l'origine du manquement* ». Plus précisément, la CJCE pose le principe suivant : « *la responsabilité d'un État membre pour violation du droit communautaire peut être engagée, quel que soit l'organe de l'État membre à l'origine de l'infraction. Peu importe que cet organe relève du pouvoir législatif, exécutif ou judiciaire (...)* ». Ainsi, toute action ou omission contraire au droit communautaire de toute autorité ou tout organe de l'État membre est susceptible de conduire à l'engagement de la responsabilité de l'État.

Si la violation des normes primaires n'est pas assortie de conséquences de droit destinées à sanctionner, il est clair que c'est la validité du système qui sera mise en cause. La responsabilité est donc indispensable à tout système de droit et capitale au fonctionnement de tout ordre juridique. Il est certes inappliqué dans les communautés intégratives en Afrique Francophone, mais « *il y a lieu de rappeler que le principe de la responsabilité de l'État pour*

---

[85] Pour une étude approfondie, lire AYO (C.-A.), *La saisine du juge pour manquement d'État en droit communautaire CEMAC*, Éditions Universitaires Européennes, 2019, 128 p.
[86] *Ibid.*, p.130.
[87] GUILLOUD-COLLIAT (L.), « *Le recours en manquement entre États membres : quand la Cour de justice se montre diplomate* », *Revue de l'Union européenne*, 2021, pp.72 et s.

dommages causés aux particuliers par les violations du droit communautaire qui lui sont imputables est inhérent au système du traité »[88].

Dans son arrêt FRANCOVICH du 19 novembre 1991, la CJCE qui avait reconnu dès 1991 le principe de la responsabilité de la puissance publique nationale pour violation du droit de l'Union européenne, affirme que cette responsabilité vaut « *quel que soit l'organe étatique dont l'action ou l'omission a été la cause* » du préjudice, c'est-à-dire y compris lorsqu'est en cause une loi contraire au droit de l'Union européenne adoptée par le législateur national.

En 2003, par un autre arrêt, précisément l'arrêt KÖBLER, la CJCE a reconnu que la responsabilité d'un État membre est également engagée lorsque des décisions juridictionnelles de juridictions suprêmes méconnaissent le droit de l'Union européenne et des justiciables communautaires[89].

Ni l'État du Cameroun, ni un autre État membre de la CEMAC, n'a encore connu une telle procédure en dépit de l'existence de certains cas qui pourraient être qualifiés de manquements au droit communautaire.

CONCLUSION

La volonté intégrationniste ne va pas sans rencontrer des obstacles qui peuvent être techniques ou politiques, car les systèmes nationaux et communautaires n'ont pas été conçus pour les mêmes finalités[90]. C'est qu'on doit s'attendre à ce que les contacts entre le juge camerounais et le droit communautaire soient désormais plus nombreux et plus diversifiés, surtout en raison du contexte nouveau de la construction communautaire[91].

Il apparaît au terme de cette étude que l'office du juge camerounais statuant en matière communautaire CEMAC a évolué dans le sens de la conquête des droits des justiciables. L'étendue remarquable du champ de sa compétence le prouve. Cependant, dans sa recherche d'équilibre entre l'application du droit national et la loi supranationale, il se révèle que la balance penche souvent en faveur de son droit interne. Il revient alors au juge camerounais de prendre la pleine mesure de son office communautaire en adoptant non seulement une politique jurisprudentielle ferme, mais aussi en ayant à cœur la préoccupation première de la motivation de ses décisions. À cet effet, le juge doit pouvoir se

---

[88] CJCE, arrêt du 19 novembre 1991, Francovich et Bonifaci c/ République italienne, aff. C-6/90 et 9/90, Rec., I, p. 5405.

[89] JOLIET (R.), « La protection juridictionnelle des particuliers contre les manquements étatiques », *RFDA*, 10 (4), juillet-août 1994, pp. 647-662.

[90] RIDEAU (J.) : « Le rôle des États membres dans l'application du droit communautaire », *A.F.D.I,* 1972, p.889.

[91] KENFACK (J.) : « Le juge camerounais à l'épreuve du droit communautaire et de l'intégration économique », *op.cit.*, p.65.

montrer « *pragmatique et pédagogue* »[92] dans son office. Cette posture donnera une crédibilité certaine à son office et une certaine assurance dans sa démarche. À ce sujet, des motifs d'espoir existent. Ainsi, un parcours de la jurisprudence camerounaise récente permet de constater une légère tendance à la prise en compte progressive des caractères originaux du droit communautaire. Le juge y procède par prudence, mais aussi avec audace, parfois caractéristique d'un exercice d'apprentissage qui concourt à se frotter à un droit peu habituellement pratiqué. Des solutions formelles et pratiques ont été suggérées pour éliminer ces handicaps à une « *cemacisation* »[93] de l'invocation et de l'application uniforme du droit communautaire par les juges nationaux. Les chantiers sont nombreux et souvent urgents, mais il convient impérativement de les réaliser. C'est à ce seul prix que l'entreprise de construction de l'espace juridique communautaire pourra satisfaire aux enjeux qui sous-tendent son institution. Sous ce rapport, le rôle du juge national, notamment camerounais, est central.

RÉFÉRENCES BIBLIOGRAPHIQUES

ABRAHAM Ronny, « Les normes du droit communautaire et du droit international devant le juge administratif français », In *Droit international et droit communautaire, perspectives actuelles,* SFDI, Colloque de Bordeaux, Pedone, Paris, 2000, pp. 223-283.

ATEMENGUE Jean De Noël, « Le droit matériel de l'intégration dans la Communauté Economique et Monétaire de l'Afrique Centrale : une lecture des textes fondamentaux », *Juridis Périodique*, n° 46, 2001, pp. 106-113.

AYO Charmand Armel, *La saisine du juge pour manquement d'État en droit communautaire CEMAC*, Éditions Universitaires Européennes, 2019, 128 p.

BARAV Amihud, « La plénitude de compétence du juge national en sa qualité de juge communautaire », Mélanges Jean BOULOUIS, Dalloz, Paris, 1991, pp. 1-20.

BARAV Amihud, *La fonction communautaire du juge national,* Thèse de Doctorat d'État en droit public, Université Robert Schuman, Strasbourg, 1983, 626 p.

BATAILLER François, « le juge interne et le droit communautaire », *AFDI*, 1963, pp. 735-778.

GAUTRON Jean Claude., *Droit Européen*, Dalloz, Paris, 14 éd., Col. Mémentos, Paris, 2010, 316 p.

92 TEITGEN-COLLY (C.), in, *Les figures du juge administratif*, Actes du colloque organisé le 28 juin 2013 par le Centre d'études et de recherches sur l'administration publique et l'Association des juristes de contentieux public, École de droit de Sorbonne, Université Paris 1-Panthéon Sorbonne, LGDJ, Paris, Lextenso éd., 2015, p. 2.

93 Pour paraphraser LABAYLE (H.), « Européanisation des procédures nationales », *Revue de la Confédération nationale des avocats : le barreau de France,* 2011, pp. 30-33.

GNIMPIEBA TONNANG Edouard, *L'ordre juridique communautaire de la CEMAC,* L'Harmattan, Yaoundé, 2016, 241 p.

GROUX Jean, « L'invocabilité en justice des accords internationaux des Communautés Européennes », *R.T.D,*1983, pp. 203-232.

HAGELSTEEN Marie Dominique, « Le juge doit-il soulever d'office l'incompatibilité d'un texte avec une directive communautaire ? », *RFDA*, 7 (4), juillet-août 1991, pp. 653-662.

HASS Ernest, *The Uniting in Europe*, Stanford University Press, 1958, 552 p.

ISAAC Guy, *Droit communautaire général*, 10e édition, Armand Colin, Dalloz, Paris, 2008, 232 p.

ISSA ABAKAR Abdéramane, « Zoom sur les résistances du juge tchadien à l'application effective des droits supranationaux de la CEMAC et de L'OHADA », *R.I.D.S.P*, vol. 2, n°2, février 2022, pp. 211-234.

JOLIET R., « La protection juridictionnelle des particuliers contre les manquements étatiques », *RFDA*, 10 (4), juillet-août 1994, pp. 647-662.

LABAYLE Henri, « Européanisation des procédures nationales », *Revue de la Confédération nationale des avocats* : le barreau de France, 2011, pp. 30-33.

MANIN Philippe, « À propos de l'accord instituant l'organisation mondiale du commerce et de l'accord sur les marchés publics : la question de l'invocabilité des accords internationaux conclus par la Communauté européenne », *R.T.D.*, 1997, pp. 399-428.

NGANDO SANDJE Rodrigue, « La primauté du droit communautaire dans la jurisprudence des cours africaines », *RADP*, vol X, n° 21, 2021, pp. 149-178.

NGUENA DJOUFACK Arsène Landry, *Sécurité juridique et droit communautaire de la CEMAC : recherches sur la sécurité juridique dans la construction du marché commun de la CEMAC*, Thèse de doctorat en droit public, Université de Dschang, 2015, 537 p.

NKOU MVONDO Prosper, *Le Juge camerounais*, PUA, Yaoundé, 2022, 441 p.

POUGOUE Paul Gérard et KALIEU ELONGO Yvette Rachelle, *Introduction critique à l'OHADA*, PUA, Yaoundé, 2008, 160 p.

PUTMAN E., « L'incidence du droit communautaire en droit privé français », *RRJ*, 1997, pp. 435-449.

RIDEAU Jean, « Le rôle des États membres dans l'application du droit communautaire », *A.F.D.I,* 1972, pp. 864-903.

RIDEAU Jean, « Les accords internationaux dans la jurisprudence de la Cour de Justice des Communautés Européennes : Réflexions sur les relations entre les ordres juridiques international, communautaire et national », *R.G.D.I.P.*, 1990, spéc., pp. 289-418.

TEBOUL Gérard, « Le juge administratif et le droit international, aspects récents de droit formel », *A.J.D.A.*, 1995, spéc., pp. 43-65.

POSTFACE

Il est toujours délicat de justifier le titre d'un ouvrage collectif, lorsqu'il s'agit à un certain niveau d'établir le rapport entre le questionnement méthodologique et la constitution du savoir. Le point de référence pour identifier l'axe de cet ouvrage serait donc à la fois une interrogation et un processus. Il s'agit d'abord de savoir s'il est possible de dégager une orientation commune d'analyse capable de formuler un raccourci rationnel à la critique des problèmes non résolus, ou mal résolus dans le cadre de la Communauté Economique et Monétaire des États de l'Afrique Centrale (CEMAC). Bien évidemment, un tel questionnement est susceptible de recevoir une réponse et d'intéresser tous ceux qui sont amenés à se frotter à ces problèmes, indépendamment de toute discipline, qu'ils soient étudiants, chercheurs, ou esprits curieux, la commande d'une évaluation des caractéristiques logiques consacrées à l'institutionnalisation des modèles économiques cède le pas à plusieurs sphères de pensée unique. Tel est le cas de la CEMAC, dont les idées et les origines se distinguent par leur vision. En mettant l'accent sur le dialogue de cette institution au cours de la dernière décennie, par une confrontation constante des résultats non obtenus, il est légitime de révéler de manière multivoque les variables observées. À mon humble avis, se livrer à des exercices de cette nature est rare, le regard que je porte sur ce chef-d'œuvre se veut rassurant en ce qu'il permet au lecteur de comprendre et de participer au débat entre les deux temporalités de l'économie des pays de la zone CEMAC :

- les contraintes liées à la réalisation du dessein intitulé *« Unité et hiérarchie »* du cadre institutionnel et de la politique monétaire ;
- la reconnaissance des difficultés relatives à ses succès.

Les participants à cet ouvrage ont mené des enquêtes qu'ils proposent aux lecteurs, selon les domaines au profit d'une approche qui permet d'interpréter les résultats qui échappent à la vue des modélisateurs. Cette double temporalité permet d'imaginer que certains acteurs avaient dès le départ une interprétation particulière à l'esprit de la régionalisation et qu'ils attendaient les grands programmes de développement secours. Et pourtant, il est intéressant de rappeler qu'une sous-région rivalise avec les autres par son insigne, lorsque le code de cet insigne a des grandeurs négatives, il est judicieux d'émettre des signaux mouvants à partir du monde extérieur.

À l'inverse, il faut envisager plus ou moins un schéma de ses variations économiques, ce qui relève du domaine des experts. L'économie n'est ici qu'un exemple extrême, du constat global, on peut lire plusieurs thèmes qui permettent de mettre en cause les ruptures et les permanences des liens communautaires. Malgré ces variables nouvelles qui expliquent les postures et les positions diverses des citoyens de cet espace communautaire, il se développe une solidarité politique, économique et monétaire en raison du cadre démocratique offert aux citoyens par l'État.

Finalement, cette réflexion n'a pas la prétention de rendre compte de toute la richesse des actes qui engendrent la satisfaction ou le désir du progrès économique d'une telle institution, encore moins de substituer à l'autorité sa responsabilité. Mon propos ici est une invite prospective qui consiste à poser un regard sur les opérations et les faits en un moment où la fortune des États de cette communauté se fait revendiquer par les témoignages des citoyens. Les contributions dans cet ouvrage confèrent ainsi au lecteur le pouvoir de réorganiser ses propres questions et de les déplacer sur les nouveaux objets. Sans trop de difficultés, l'on peut affirmer dans une perspective ouverte que les États de l'Afrique centrale ont stabilisé le cadre de leurs échanges, et apportent de manière pragmatique un paradigme qui renverse les logiques de plusieurs cloisons de leur histoire.

L'analyse de chaque thème dans cet ouvrage fournit un relief d'indices logiques sur la nature de ce paradigme et en dégage des signaux qui ont des interférences sur la paix et la stabilité collectives des politiques économiques et monétaires de ses institutions.

Achille Elvice BELLA

Maître de conférences en histoire culturelle
Chef de département d'histoire à l'École normale supérieure de Yaoundé
Chargé de Mission auprès des Services du Premier ministre (Cameroun)

Structures éditoriales du groupe L'Harmattan

L'Harmattan Italie
Via degli Artisti, 15
10124 Torino
harmattan.italia@gmail.com

L'Harmattan Hongrie
Kossuth l. u. 14-16.
1053 Budapest
harmattan@harmattan.hu

L'Harmattan Sénégal
10 VDN en face Mermoz
BP 45034 Dakar-Fann
senharmattan@gmail.com

L'Harmattan Cameroun
TSINGA/FECAFOOT
BP 11486 Yaoundé
inkoukam@gmail.com

L'Harmattan Burkina Faso
Achille Somé – tengnule@hotmail.fr

L'Harmattan Guinée
Almamya, rue KA 028 OKB Agency
BP 3470 Conakry
harmattanguinee@yahoo.fr

L'Harmattan RDC
185, avenue Nyangwe
Commune de Lingwala – Kinshasa
matangilamusadila@yahoo.fr

L'Harmattan Congo
219, avenue Nelson Mandela
BP 2874 Brazzaville
harmattan.congo@yahoo.fr

L'Harmattan Mali
ACI 2000 - Immeuble Mgr Jean Marie Cisse
Bureau 10
BP 145 Bamako-Mali
mali@harmattan.fr

L'Harmattan Togo
Djidjole – Lomé
Maison Amela
face EPP BATOME
ddamela@aol.com

L'Harmattan Côte d'Ivoire
Résidence Karl – Cité des Arts
Abidjan-Cocody
03 BP 1588 Abidjan
espace_harmattan.ci@hotmail.fr

Nos librairies en France

Librairie internationale
16, rue des Écoles
75005 Paris
librairie.internationale@harmattan.fr
01 40 46 79 11
www.librairieharmattan.com

Librairie des savoirs
21, rue des Écoles
75005 Paris
librairie.sh@harmattan.fr
01 46 34 13 71
www.librairieharmattansh.com

Librairie Le Lucernaire
53, rue Notre-Dame-des-Champs
75006 Paris
librairie@lucernaire.fr
01 42 22 67 13

www.ingramcontent.com/pod-product-compliance
Lightning Source LLC
LaVergne TN
LVHW021140061026
849535LV00002B/305
* 9 7 8 2 3 3 6 4 8 2 3 8 5 *